KB063696

조선후기 경자양전 연구

조선후기 경자양전 연구

한국역사연구회 토지대장연구반

혜안

책 머리에

　본 연구는 한국역사연구회 토지대장연구반의 두 번째 공동저작물로서, 첫 번째 저작물인『대한제국의 토지조사사업』(1995)에 이은 조선후기 庚子量田 연구서이다.

　1719~1720년의 庚子量田은 조선후기 최대의 마지막 양전사업이었다. 그것은 단순한 토지측량 사업이 아니었다. 향후 국정 전반에 미칠 영향이 적지 않았으며 어떠한 방식으로 양전사업이 진행되는가에 따라 조선후기의 체제적 성격이 달라질 수 있었기 때문이다. 경자양전 이후 대한제국기에 들어 시행된 光武量田地契事業(1899~1904)이 일제 침략에 맞서 추진되었지만 마무리되지 못하고 중단되고 말았던 것을 생각해 보면, 경자양전사업이야말로 조선후기의 구조적 성격을 결정할 수 있는 중요한 사업이었던 것을 알 수 있다.

　양전사업의 결과물인 量案에는 많은 정보가 담겨 있다. 그러한 정보 가운데 가장 중요한 것은 등장인물의 신분과 토지소유에 관한 내용이다. 광무양안에는 그 외에도 경자양안에 실려있지 않은 각 마을 농민들의 가옥에서부터 향교, 서원, 관청, 물레방아 등에 관한 위치와 그 존재를 싣고 있어 삶의 방식에 대한 구체적인 정보를 제공해 주고 있다. 따라서 양안을 통해 당시 농민 생활상의 일 단면을 복원할 수 있기에 이용하기에 따라 좋은 자료가 될 수 있다. 본 연구도 처음에는 이 같은 점에 착안하여 중세농민의 생활을 복원하는 방법을 논의했지만 구체적인 자료발굴이 어려워 마무리되지 못한 채 핵심 주제인 토지소유와 경영 문제에만 매달리게 되었다.

양안 상의 신분은 등장인물의 신분적 지위와 토지소유의 상관관계를 알려주고 있기 때문에 1960년대 이래 크게 주목된 바 있다. 양반만이 토지소유를 하고 있는 것이 아니라 중인, 상민, 천민노비도 소유하고 있다는 것이 밝혀졌다. 특히 상천민 가운데 대토지소유자가 등장하고 있다는 점은 중세 양반만의 특권적 토지소유가 아니라 일반 서민도 토지집적이 이루어졌다는 점과, 그것을 가능케 한 것은 농업기술의 발달과 상품화폐경제의 확대였다는 점이 주목되었다. 이러한 연구를 토대로 본 연구에서는 양전을 둘러싼 18세기 전반의 조선국가와 그 사회적 성격을 추적하는 데 초점을 두었다. 1960년대 이후의 농업사 연구가 일제 식민사관론자들의 정체론을 타파하는 데 초점을 두었다면 본 연구는 양전사업의 역사적 성격과 그것이 지니는 역사상을 주목하고 그것을 발전시켜온 내적 동력이 무엇이었는지를 확인하는 데 주력하였다.

본 연구는 양전사업의 역사적 성격과 그 결과물인 양안의 형식과 내용을 분석하는 가운데 핵심 주제인 토지소유와 그 성격을 주목하였다. 내용은 크게 3부로 나누어, 제1부에서는 조선 숙종대 양전의 정치학과 양전론, 제2부에서는 경자양전의 시행과 양안의 기능, 제3부에서는 경자양안의 토지소유와 그 성격으로 나누어 12편의 개별 논문을 실었다. 이들 논문은 대개 경자양전반 모임 때 기획된 주제로서 각자의 개별 책임 하에 공동연구를 진행하였다. 다양한 접근방법을 통해 경자양전의 역사상을 밝혀냄으로써 18세기 초반 경자양전을 둘러싸고 벌어졌던 역사적 상황을 재정리하는 계기가 되었다.

이 책은 『대한제국의 토지조사사업』(민음사, 1995)이 나온 지 13년 만이며 공동연구반이 구성된 이후 두 번째 성과물이다. 1998년 2월 조선후기 경자양전팀이 만들어지면서 시작된 연구는 학술진흥재단 연구지원을 받으며 가속화되었다. 1998년 12월부터 시작하여 1년 만에 초고를 완성하였고 2000년 5월 최종 결과물을 『역사와 현실』(한국역사연구회) 특집호에 게재하면서 일단락을 짓게 되었다.

규장각 양안과 씨름하는 과정을 통해 다양한 양안의 형태를 접할 수 있었고 작성 방식에 대해 비교적 정확히 추적할 수 있었다. 그것은 규장각 양안 원본을 직접 확인할 수 있었기 때문이며 micro-film에서 드러나지 않았던 생생한 정보가 확인되었기 때문이기도 하다. 이에 양안의 형식으로부터 구체적인 내용분석에 이르기까지 다양한 주제가 마련될 수 있었다. 양전조직과 기재 형식은 물론이고 양안의 형식과 장부 상의 특징, 그리고 추수기와의 관계 등을 추적하는 가운데 경자양전의 역사적 성격에 대해 좀 더 심도있는 분석이 가능하게 되었다. 양전사업이 강행될 수밖에 없었던 재정상황으로부터 양전을 둘러싼 정치경제적 입장과 논쟁이 검토되었고, 또한 양전이 마무리되기까지 양전론을 둘러싼 논의가 세밀히 추적되었다. 아울러 경자양전의 소유자 확인 과정과 납세자 확정 상황을 통해 양안의 기능과 성격을 확인하게 되었다.

경자양전반 구성원 중 오인택, 김건태, 염정섭, 최윤오의 박사학위논문이 이 시기를 전후하여 나온 것도 경자양전 공동연구반의 또 다른 성과라고 할 수 있다. 이 같은 일련의 작업은 향후 1910년 토지조사사업 연구로 연결되면서 한국사회경제사 연구의 핵심 주제인 토지 문제를 보다 깊이 풀어내는 계기가 될 수 있었다. 현재 진행되고 있는 토지조사사업에 관한 공동연구도 동시에 토지대장연구반의 성과물로 출판될 예정이다.

뒤늦게나마 성과를 모아 출판하기로 결정하고 기꺼이 맡아주신 도서출판 혜안의 오일주 사장과 편집부 여러분에게 다시 한 번 감사를 드리며, 앞으로도 한국사 분야의 전문 출판사로 더욱 발전하기를 기원한다.

2008년 8월
한국역사연구회 토지대장연구반

차 례

제3부 경자양안의 토지소유와 그 성격 417

14

제1부

조선 숙종대 양전의 정치학과 양전론

朝鮮 肅宗代의 量田의 政治學

이 세 영

1. 머리말

조선시대에, 『經國大典』戶典 量田條에 의하면, 量田은 20년마다 한 번씩 실시하며, 量案은 3질을 작성하여 호조, 각 道, 각 邑에 1질씩 보관・관리하도록 되어 있다. 그러나 양전은 『경국대전』이전에도 20년마다 정기적으로 실시되지 않았으며, 조선후기에 양전 실시 여부를 논의하는 자리에서 관료들이 20년마다 한 번씩 양전한다고도 말하고 있는 것으로 보면, 대체로 20년마다 양전하는 것을 國法으로 알고 있었던 것 같다.

20년마다 한 번씩 실시하기로 규정된 양전은 기본적으로 道 단위 이상의 전국을 대상으로 하는 전국적 양전이었다. 그러나 막상 양전을 실시하는 과정에서 흉년을 당하거나 특별한 사정이 있는 道들은 양전할 수 없게 됨에 따라 결과적으로는 몇 개의 道나 심지어는 1道의 몇 개 邑만을 양전하고 마는 것으로 끝나기도 하였다. 그리고 그 다음 週期에는 역시 전국적 양전을 계획하지만 대개는 전번에 미처 양전하지 못했던 道부터 양전을 추진하였다. 혹은 처음부터 몇 개의 道만 선정해서 양전하기도 하였다.

우선 조선시대에 시기별 양전 실시상황을 보면 <표 1>과 같다. 壬辰戰爭 이전에 전국을 대상으로 한 양전은 太宗年間과 成宗年間에 두 차례 있었다. 그러나 두 차례 모두 일시에 양전하지는 않았다. 그리고 西北

兩界地方인 평안도와 함경도의 양전은 별도로 계획되었던 것 같다. 宣祖 10년(1577)에는 양전하기로 결정했으나 100여 명에 달하는 京差官과 監官들을 차출할 수 없어서 곧 중지되었다. 壬辰戰爭 직후인 宣祖 34년 (1601)에는 전쟁으로 경지가 황폐화되어 세입이 크게 줄어들고 양안이 소실되었기 때문에 우선 起耕田畓만 打量하기로 결정하였고, 이어 3년에 걸쳐서 打量하였다.1) 顯宗 1년(1660)에는 8道를 대상으로 양전하기로 결정했지만 흉년으로 곧 중지되었으며,2) 肅宗 17년(1691)에도 모든 道를 차례로 양전하라는 敎旨를 내렸음에도 불구하고 오랫동안의 기근에서 벗어나지 못한 상황에다 또 풍수재해까지 겹치게 되자 양전 논의 자체가 이듬해로 연기되었고, 결국에는 양전하지 못하고 말았다. 이후 전국적 양전이 제대로 실시된 것은 1899~1904년의 '光武量田'이었다. 이렇게 볼 때, 조선 전 시기를 통해 전국적 양전을 실시한 것은 4번뿐이었다. 그러나 양전은 설사 8道 가운데 몇 개의 道만에 그치더라도 국법에 따라 정기적으로 계획하고 추진하였으며 또 실제로 실시하였음을 볼 수 있다.

한편, '道別量田' 실시상황을 살펴보면, 경기도와 下三道(충청도, 전라도, 경상도)의 양전은 15세기 말까지는 20~30년마다 정기적으로 실시되었다. 반면 황해도와 평안도, 함경도는 太宗年間에 전국적 양전이 실시되었을 때 처음으로 打量된 이후 거의 70년 만인 成宗年間에 이르러서야 또 한번 양전되었다. 평안도와 함경도의 양전은 서북양계지방으로서 지방자치의 재정체계가 인정되었기 때문에 중앙정부에 긴요한 것은 아니었을 것이다. 양계지방과는 다르지만 황해도의 양전은 使行으로 인한 황해도민의 특별한 賦役부담으로 유보되기도 했던 것 같다. 이러한 사정은 조선후기에도 마찬가지였다.

壬辰戰爭 직후 긴급하게 전국의 時起田만을 대상으로 한 이른바 '癸卯

---

1) 『宣朝實錄』 권134, 선조 34년 2월 27·28일.
2) 『顯宗改修實錄』 권3, 현종 1년 6월 16일.

量田'(1603)이 있었다. 이때에 물론 下三道도 양전하였다. 그로부터 30년 후인 仁祖 12년(1634)에 下三道를 대상으로 이른바 '甲戌量田'을 실시하였다.3) 경기도와 강원도도 함께 추진하였으나 흉년으로 중단되었다.4) '甲戌量田'(1634)은 '癸卯量田'(1603) 당시 측량에서 제외되었던 陳田과 그동안에 개간된 新田을 파악하기 위한 것이었다. 그런데 양전이 제대로 이루어지지 않아 이듬해 재양전하였으며, 그 결과 起耕田 54만여 結을 확보함으로써 壬辰戰爭 이전의 수준을 거의 회복하였다.5)

顯宗 1년(1660)에 8道를 모두 양전하려고 했지만 이듬해 흉년이 들고 이어 전염병이 돌아서 포기하고 다만 그 가운데서 농사형편이 가장 나은 경기도만 양전하고 말았다.6) 경기도 양전은 顯宗 3년(1662)의 양전이 마지막이었다. 특히 경기도는 이미 仁祖 12년(1634)에 下三道와 함께 양전하려고 했지만 흉년으로 실시하지 못하였다. 따라서 '癸卯量田' 이후 60여 년이 지났기 때문에 근거로 삼아 조사할 만한 田籍도 없었고, 田結 數는 예전의 13만 結에서 3만 結로 줄어들어서 우선적으로 양전하지 않을 수 없었던 것이다.7) 顯宗 6~8년(1665~1667)의 함경도 양전은 1602년 '壬寅打量' 이후 陳田이 많아졌는데도 貢物은 여전히 壬寅年(1602)에 정한 元結 數로 수취하고 있었기 때문에 道民들이 打量해 주기를 원해서 당시 監司였던 閔鼎重이 실시한 것이었다.8) 顯宗 10년(1669)에 충청도와 황해도의 '己酉量田'이 있었다.9) 충청도는 홍주·공주·청주·충주 등 4邑부

---

3)『仁祖實錄』권30, 인조 12년 8월 1일.
4)『仁祖實錄』권31, 인조 13년 7월 25일.
5) 三南의 元田畓 결수는 895,491결 64부 1속이며, 그 가운데 起耕田 결수는 540,962결 31부 8속이었다. 기경전 가운데 개간된 신전은 182,719결이었다(『仁祖實錄』권31, 인조 13년 7월 24일).
6)『顯宗改修實錄』권3, 현종 1년 6월 16일.
7)『顯宗實錄』권5, 현종 3년 7월 24일, 8월 5일.
8)『顯宗實錄』권9, 현종 5년 10월 19일 ;『顯宗改修實錄』권13, 현종 6년 7월 23일 ;『顯宗改修實錄』권17, 현종 8년 7월 8일.

터 시작하여 20邑을 양전하고, 흉년으로 이듬해로 연기했는데 결국은 다 실시하지 못하고 말았다.[10) 또 황해도는 判府事 宋時烈과 호조판서 閔鼎 重의 강력한 제안으로 양전을 시작했지만 해일로 연기하고 4邑을 양전하 는데 그쳤다.[11)

　　肅宗年間에 이르러 가장 시급한 과제는 軍役制와 良役制를 變通하는 일이었다. 그리고 그 변통책으로서 結布法·戶布法·口錢法 등이 제안 되고 있었다. 또 하나는 田政紊亂을 해결하여 '均稅均賦'를 달성하는 것 이었다. 前者는 새로운 개혁책을 강구하는 것이어서 쉬운 일이 아니었다. 반면에 後者는 이미 국법으로 규정되어 있는 양전을 실시함으로써 해결 될 수도 있는 것이었다. 따라서 肅宗 즉위 초부터 量田論은 제기되기 시 작하였다. 우선 '己酉量田'(1669) 때에 처음부터 빠진 전라도·경상도·강 원도와 미처 양전하지 못한 충청도와 황해도의 나머지 邑들부터 양전하 자는 것이었다. 특히 '癸卯量田'(1603) 이후 한 번도 양전하지 못한 강원 도의 전정문란은 심각하였는데, '癸卯量田'(1603) 이후 거의 100년만인 肅 宗 34년(1708)에야 양전할 수 있었다.[12) 그러나 16邑만을 양전하고 말았 다. 肅宗 17년(1691)에 전국적 양전이 무산된 이후 전세수입의 대부분을 차지하고 있었던 下三道의 양전은 매우 절급한 것이었다. 그리하여 三南 은 '甲戌量田' 이후 80여 년만인 肅宗 45~46년(1719~1720)에 '庚子量田' 을 실시하였다.[13) 이후 3週期 만인 純祖 11년(1811)에 下三道의 양전이 추진되었으나 1811년 평안도 농민전쟁 때문에 실현되지 못했다.[14) 이어 서 純祖 19~20년(1819~20)에 전라도·경상도 2道의 '庚辰量田'을 추진

---

9) 申琓은 "충청도와 강원도는 반 정도 양전하다 중지하고, 해서는 다만 4읍만을 양 전했다"고 말하고 있으나 강원도 양전은 없었던 것 같다(『絅菴集』 권4).
10) 『顯宗實錄』 권15, 현종 9년 11월 23일 ; 『顯宗實錄』 권17, 현종 10년 11월 9일.
11) 『顯宗實錄』 권15, 현종 9년 11월 23일 ; 『顯宗實錄』 권17, 현종 10년 11월 9일.
12) 『肅宗實錄』 권46, 숙종 34년 12월 19일.
13) 『肅宗實錄』 권60, 숙종 43년 9월 22일.
14) 宮嶋博史, 『朝鮮土地調査事業史の硏究』, 1991, 99쪽.

하였으나 경상도 10邑만을 양전하고 말았다.[15] 따라서 壬辰戰爭 이후에
는 '경자양전'이 '道別量田'으로서는 마지막 양전이었던 셈이다.

한편 英祖·正祖年間에는 量田政策을 바꾸었다. 道 단위 이상의 전국
적 양전을 폐지하고 '邑別量田'을 실시하였다. 실제로 전국적 양전을 시
행하는 데는 많은 문제가 있었다. 鮮初부터 양전을 전담하는 상설 관청은
두지 않았다. 따라서 양전에 필요한 인력과 재정을 항상 갖추고 있는 것
은 아니었다. 양전할 때가 되면 임시로 量田廳 혹은 均田廳을 설치하고,
'均田使(敬差官·量田使)－都都監－面都監－分所都監' 조직을 갖추거나
여의치 않으면 '觀察使－守令－面任(監官, 書員)'의 기존 행정조직으로
양전을 실시하고자 하였다. 이때 가장 큰 문제는 均田使를 비롯하여 양
전실무에 밝은 인력을 구하는 일과, 양전 종사자들의 급료와 紙筆墨價
등의 막대한 양전비용을 특별히 마련하는 일이었다. 이 때문에 20~30년
마다 양전하는 것이 국법임에도 불구하고 양전할 때마다 그 실시 가부를
새삼스럽게 논쟁하였고, 흉년이 들게 되면 양전비용을 조달할 수 없기 때
문에 양전을 할 수 없거나 중도에 중지하였던 것이다. 그렇다고 양전을
그만둘 수는 없었다. 이미 정기적으로 양전이 실시되지 않음으로써 수세
대상인 實結數가 계속 줄어들어 가고 있었던 것이다. 또 '均稅均賦'는 그
만두고라도 점점 늘어나고 있었던 貧農에 대한 '白徵'이 구조화되어 가고
있었다. 반면 나라의 재정은 더욱 압박받고 있었다.

한편 肅宗 45~46년(1719~1720)의 '庚子量田'으로 최대의 收稅結數를
확보하였고, 또 실제로 수령 주관 아래 양전이 실시되고 있는 사정에서
굳이 道 단위 이상의 전국적 양전을 할 필요가 없었다. 수령 책임 아래
일정한 수세결수를 유지하면 되었던 것이다. 그리하여 주로 '邑別査陳量
田'을 추진하였으며, 그리고 이 '邑別量田'은 굳이 20년마다 실시할 필요
는 없었다. 특별히 전정이 문란하여 收稅가 되지 않거나 民怨이 제기되

15) 『備邊司謄錄』 208冊, 순조 19년 9월 12일.

는 邑을 선정하여 수령 주관 아래 양전하도록 하였다.[16] 물론 英祖·正

16)
<표 2> 조선시기 양전실시 현황

量田 시행년도	量田地域
1389(高麗辛昌元)	전국(除, 平安·咸鏡兩道, 南部沿岸地域, 濟州道)
1401(太宗元)	沿海州郡
1405(〃 5)	忠淸·全羅·慶尙 3道
1406(〃 10)	京畿·黃海·江原 3道
1411(〃 11)	平安·咸鏡 2道(~1413)
1419(世宗元)	濟州道
1428(〃 10)	江原·全羅 2道
1429(〃 11)	忠淸·慶尙 2道
1432(〃 14)	京畿
1461(世祖 7)	〃
1462(〃 8)	忠淸·全羅 2道
1463(〃 9)	慶尙道
1471(成宗 2)	黃海道
1476(〃 7)	江原道
1486(〃 17)	平安道
1488(〃 19)	咸鏡道
1492(〃 23)	京畿·忠淸 2道
1493(〃 24)	全羅·慶尙 2道
1522(中宗17)	江原道
1524(〃 19)	全羅道(~1525)
1603·04(宣祖36·37)	8道(5道?)('癸卯量田')
1613(光海君5)	三南
1634(仁祖 12)	三南('甲戌量田')
1663(顯宗 4)	京畿道
1665(〃 6)	咸鏡道
1669(〃 10)	忠淸道 公州·淸州·尼城·天安·洪州·溫陽·木川·提川·扶餘·保寧·林川·庇仁·靑陽·淸安·延豊·恩津·結城·全義·平澤·定山(20邑)('己酉量田')
	黃海道 黃州·海州·安岳·平山(4郡)('己酉量田')
1701(肅宗 27)	黃海道 康翎·瓮津·殷栗(3邑)
1709(〃 35)	江原道 通川·襄陽·蔚珍·旌善·杆城·高城·寧越·平昌·歙谷·平海·江陵·三陟·原州·洪川·春川·橫城 (16邑)
1719·20(〃 45·46)	三南('庚子量田')

祖年間 以前에도 '邑別量田'이 없었던 것은 아니었다. 그러나 그것은 '道別量田'을 실시하다가 중지하게 됨으로써 누락된 邑을 양전하는 경우였다.

　그러나 '邑別量田'도 한계를 가지고 있었다. 지주제의 발달로 점점 증가하고 있었던 '田多負少'한 富民들과 土豪地主들은 수령과 결탁함으로써 결국 그들의 전세부담을 貧農들에게 전가시키고 있었고, 심지어는 양

量田 시행년도	量田地域
1727(英祖 3)	慶尙道 開寧
1729(〃 5)	慶尙道 蔚山
1736(〃 12)	江原道 旌善
1737(〃 13)	京畿道 楊根 등 6邑(8邑?)
1745(〃 21)이후 수년	全羅道 陳田改量
1746(〃 22)	黃海道 信川
1748(〃 24)	咸鏡道 會寧・茂山
1749(〃 25)	黃海道 金川
1750(〃 26)	慶尙道 慶州・長鬐・迎日・興海(4邑)
1756(〃 32)	黃海道 黃州・載寧
1759(〃 35)	黃海道 松禾, 京畿道 水原・長湍, 忠淸道 永同・沃川
1761(〃 37)	江原道 楊口
1762(〃 38)	京畿道 振威・富平
1767(〃 43)	咸鏡道 會寧
1777(正祖 1)	慶尙道 咸安
1791(〃 15)	慶尙道 昌原, 忠淸道 結城・懷仁
1793(〃 17)	黃海道 安岳(중단)
1831(〃 31)	慶尙道 興海
1843(憲宗 9)	慶尙道 漆原
1846(〃 12)	慶尙道 昌原・金山・鎭海・聞慶・咸昌
1856(哲宗 7)	慶尙道 眞寶・靈山
1869(高宗 6)	慶尙道 彦陽・東萊
1872(〃 9)	黃海道 平山
1879(〃 16)	忠淸道 溫陽
1898~1904(光武 3~8)	量地衙門(1898~1902) 量田 124郡 地契衙門(1901~1904) 量田 94郡

＊ 비고 : 宮嶋博史, 『朝鮮土地調査事業史の硏究』, 1991, 43쪽 ; 朴準成, 「17・18세기 宮房田의 확대와 所有形態의 변화」, 『한국사론』 11, 1984, 193~194쪽.

전 자체를 방해하거나 저지하고 있었다. 따라서 '邑別量田'은 도리어 전정문란을 심화시켰고, 19세기에 이르러서는 마침내 民亂의 결정적 요인이 되었던 것이다. 다시 三南을 중심으로 '道別量田'을 추진해야 했다. 그러나 중앙정부는 이미 통제력을 상실하여 양전을 실시할 수 없었다.

'道別量田'이든 '邑別量田'이든 20년마다 양전한다는 것은 실제로 매우 어려운 일이었다. 그래서 英祖·正祖年間에는 '邑別量田'도 陳田을 조사하는 방향으로 나아갔던 것이다. 한 번 양전해서 陳田 및 雜頉田·時起田 모두를 포함한 元結을 파악하고 해마다 실시하는 年分給災를 제대로 실시하여 과세할 수 있는 實結數를 확보하고 유지할 수 있다면 굳이 정기적으로 전국적 양전을 할 필요는 없었다. 年分制度는 양전제를 대신하고 보완할 수 있는 제도였던 것이다. 그러나 新起田이 起耕田으로 잡히지 않고, '以起爲陳'으로 陳田이 늘어나고 각종 雜頉田이 늘어남으로써 時起結數가 줄어들고, 특히 壬辰戰爭 이후 훈련도감을 비롯한 軍門의 증설로 증가하는 군비지출을 충당하기 위해서는 양전을 실시하지 않을 수 없었다. 특히 전세수입의 대부분을 차지하고 있는 下三道의 양전은 거를 수 없는 것이었다. 그러나 조선후기에는 下三道의 양전마저도 정기적으로 실시되지 못했다. '甲戌量田'과 이후 85년 만에 실시한 '庚子量田'이 있을 뿐이었다.

17세기 후반 이후 전정은 크게 문란해졌고, 그만큼 양전의 필요성은 자주 제기되었다. 전정문란은 곧 '均稅均賦'가 이루어지지 않아 田稅가 제대로 수취되지 않는 것이었다. 전정문란의 요인은 세 가지였다.

첫째는 양전이 정기적으로 실시되지 않고 있다는 것이었다. 結負制 아래서 토지비옥도는 세액 산정에 결정적인 요소였는데 자연적인 토지비옥도는 시간이 지남에 따라 달라지기 마련이었다. 특히 조선후기에는 深耕法이나 施肥法 등의 농업기술이 발달하여 전체적으로는 토지생산성이 크게 향상되고 있었다. 그러나 토지소유주에 따라 비옥도는 토지별로 큰 차이가 있었다. 지주의 토지들은 대체로 비옥한 반면 가난한 농민들의 토지는 척박하였던 것이다. 그리고 전세수취에서 누구를 전세 납부자로 할 것인가는 중대한 문제였다. 전세 부담자는 당연히 토지소유주가 되어야 할 것이었다. 조선전기에는 세대교체에 따른 재산상속으로 토지소유주가 바뀌는 경우 외에는 별로 없었다. 이것이 아마도 20년마다 양전하는 것을 국법으로 정한 가장 큰 요인이었을 것이다. 그러나 조선후기에는 新田들이 개간됨에 따라 새로운 토지소유주들이 등장하는가 하면 경작지가 陳田으로 되면서 토지소유주들이 없어지고도 있었다.[17] 또한 土地賣買가 활발하게 이루어짐에 따라 소유주가 빈번히 바뀌고 있었다. 이처럼 토지 비옥도와 토지소유주는 20년 동안이 아니라 그 안에도 수 차례 바뀌는 것들이었다. 이것들이 그나마 정기적으로 양전되어 양안에 반영되어야 함에도 불구하고 그렇지 못했고, 따라서 '均稅均賦'는 이루어질 수 없는 것이었다.

둘째는 양전방식이 개선되지 않음으로써 양전실무자인 面任・監官・書員들의 부정을 막지 못하고 있기 때문이었다. 물론 양전 실무자들의 부정을 원천적으로 막을 수 있는 양전방식이란 있을 수 없었을 것이다. 양전방식은 토지 자체(地番 犯向 等第 形狀 地目 面積 結負數 등)와 그 토지의 陳起 여부 및 소유자와 경작자, 面 혹은 邑 단위의 元結 總數와 時起實結 總數를 가능한 한 정확하게 파악하고자 하는 것이었고, 이러한 사항들이 변함에 따라 양전방식 또한 부분적으로 개선되어 가고 있었다. 그런데 양전의 일차적 목적인 전세수취에서 가장 중요한 것은 地租額인 結負數였다. 결부수는 토지면적과 토지비옥도인 田品 等第에 의해서 산정되는데, 면적 측량과 等第는 바로 면임, 감관, 서원들의 손과 입에 달려 있었던 것이다. 兪集一은 그들의 부정을 막을 수 있는 양전제로서 '方田法'을 고안하고, 황해감사로 재임시에 황해도 3邑(강령군 옹진군 은율군)

---

17)『肅宗實錄』권27, 숙종 20년 10월 17일.

을 양전한 적이 있었다.[18] 이듬해 申琓은 이 '方田法'이야말로 감관들의
농간과 토호지주들의 漏結을 막을 수 있는 획기적인 양전제임을 소개하
고 새로운 양전법으로 方田法을 채택할 것을 제안하였다.

> 遵守冊(『田制詳定所遵守條畫』, 1653)에 있는 양전제는 비록 詳密한 것
> 같아도 監色의 舞弄과 田夫의 詐欺를 실로 막기 어렵다. 等數의 高下는
> 面任의 입에 맡겨지고, 尺量의 盈縮은 使令의 손에 맡겨진다. 뇌물의 多
> 少가 그 높고 낮음을 결정한다.……方田設施法은 井田의 맥락에서 나왔
> 는데 규모가 치밀하여 조그만 틈도 없다. 옛날의 量法은 다만 5가지 田形
> 으로 長短廣狹에 따라 尺量하는 법으로서 곳에 따라 바뀌어서 이미 양전
> 한 후에도 잘했는지 못했는지를 쉽게 살필 수가 없다. 尺量分等할 때 盈
> 縮과 高下가 다만 監色의 손에 맡겨지기 때문에 뇌물이 행해지고, 姦謀
> 를 막기 어려운 것이다. 이번 양전법은 墩을 설치하고 標를 세워 井井이
> 문란하지 않고, 산림 천택이 모두 그 범위 안에 있다. 한 墩 안에서 사람
> 들은 각각 土品의 高下와 結負의 多少를 갖게 된다. 각자 辨整하여 마침
> 내 평균에 다다르게 되고 높낮이와 경중이 여러 사람의 입에 의해서 결정
> 된다. 때문에 수뢰가 행해질 수 없고, 姦謀가 끼어들 수 없다. 옛날에는
> 법제가 치밀하지 못해 漏結이 많았으며, 부민은 '田多負少'하고 궁민은
> '地少負多'하였다. 이번(황해도 3읍의 양전)에는 방위가 이미 세워져 경계
> 가 스스로 정해졌다. 옛날에 土豪들이 隱漏한 結負들이 이에 이르러서는
> 모두 드러났다.[19]

이 '方田法'은 말하자면 경지의 축소도 즉 일종의 地籍圖를 작성함으
로써 이전의 양전법에서 나타나는 문제점들을 해결하고자 한 것이었
다.[20] 그러나 '方田法'은 이후 법제로 채택되지 못했다. 현행의 양전제로

---

18) 『肅宗實錄』 권35, 숙종 27년 9월 10일.
19) 申琓, 『絅菴集』 권4, 疏箚 進八條萬言封事冊子箚 壬午.
20) 최윤오, 「肅宗朝 方田法 시행의 역사적 성격」, 『國史館論叢』 38, 1992, 26～30쪽.

이득을 얻고 있었던 監官과 吏民들, 이들에게 뇌물을 주거나 영향력을 행사하여 隱漏시키고 있던 '田多負少'한 富民과 지주들, 그리고 이들의 隱結‧餘結에 지방재정을 일정정도 의존하고 있었던 수령들 또한 '方田法'을 받아들일 리가 없었던 것이다. 더욱이 兪集一이 '方田法'에 의한 양전을 제안했을 때 일부 大臣과 堂上官들조차 부정적인 태도를 취한 것을 보면 '方田法'은 새로운 양전제로서 채택될 수 없었던 것이다. 그래서 申琓도 "方田之制 雖曰美法 臣固知難行於今日"이라고 인식하고 있었다.[21] 이후 量田論이 제기될 때마다 '方田法'이 거론되긴 했지만 '光武量田' 때까지도 시행된 적이 없었다. 지주들의 계급적 이해와 확연하게 맞물려 있는 양전제는 쉬이 개선될 수 없는 것이었다.

셋째, 지주들이 양전 자체를 방해하거나 저지하였고, 17세기 이후에는 양전과 양안을 무력화시켰다. 그들은 우선 양전 때에 감관‧수령과 결탁하여 起耕田을 '成川浦落' 등의 陳田 명목으로 빼돌리고 있었고, 개간이나 買得 등으로 새로 얻은 토지는 元帳付田畓(元結)에서 아예 제외시키고 있었다. 따라서 起耕田과 加耕田의 대부분은 실제로 지주들의 토지였던 것이다. 양전의 일차적 목적이 陳田과 加耕田을 찾아서 收稅結數를 늘리는 것이었던 만큼 지주들이 양전을 반대하는 것은 당연한 것이었다. 그러나 지주들 또한 양전을 반대만 할 수는 없었다. 지주제가 발달하면서 나타나는 새로운 현상은 소유권분쟁이었다. 個人量案이나 和會文記, 賣買文記만으로는 소유권을 보장받을 수 없게 되었다. 그들은 이제 토지의 소유주로서 토지소유권을 公認받을 수 있는 公簿에 등재되어야만 했다. 한편 정부는 양전과정에서 지주들의 그러한 행태를 알고 있었고, 그것을

---

21) 申琓, 앞의 책, "此法(方田法)之行 喜之者 多單弱困苦無能之人 故雖有誠懇而不能以言自達 不樂者 皆財力繇智有餘之人 故其所懷雖實私意 善爲設辭以惑群聽 賢士大夫之喜安靜者 又不能深察其情 望風沮戱 例爲不可行之設以助其勢 當此人心不淑俗習曉詭之日 豪猾沮撓之類 必倍於宋時 方田之制 雖曰美法 臣固知難行於今日".

막기 위해서 토지상태는 물론 토지에 관련된 모든 것을 조사하고자 했으며, 무엇보다도 납세자인 토지소유주를 정확히 조사하여 기재하고자 하였다. 그 결과 양안은 토지소유대장으로서의 성격을 갖게 되었다. 따라서 지주들은 어떤 형식으로든 양안에 기재되어야 했다.

지주들이 일단 양전을 받아들여 갔다면 그들은 어떻게 했을까?

> 1字 5結 가운데 富民의 토지가 字 앞부분에 있으면 뇌물을 쓰면 매우 헐하게 執負하고, 字 끝 부분에 있는 負數를 늘려서 그 수를 보충한다. 字 끝 부분의 토지는 뇌물을 쓰면 앞에서 미리 加負를 하고 끝에서 줄여준다. '直田' 종류로 허리가 잘록한 것은 뇌물을 주면 허리를 넓게 해주어 負數를 半으로 줄여준다. 뇌물을 주지 않으면 위를 넓게 하여 負數가 倍가 된다.……부민은 '田多負少'하며 궁민은 '地少負多'하다.[22]

즉, 지주들은 그들의 토지는 넓고 비옥함에도 불구하고 감관·色吏들과 결탁하여 양안에는 결부수가 낮추어진 척박한 토지로 등재시키고 있었던 것이다.[23] 양전의 또 하나의 목적이 토지의 沃瘠을 가려 田品을 제대로 매겨서 均稅均賦를 이루고자 하는 것이었던 만큼 지주들이 양전을 기피하는 것은 역시 당연한 것이었다. 量田尺을 1등 量尺으로 표준화하고, 田形을 더욱 세분화하며, 公式에 따라 結負數를 산정함으로써 토지면적과 결부를 정확하게 파악해 가고 있었고, 兪集一의 '方田法'과 같은 量田法을 모색해 갔지만 그럴수록 지주들은 감관과 면임, 심지어는 수령과 더욱 결탁하여 양전을 무색케 하고, 양안을 虛簿로 만들었다.

수령들은 대체로 土豪地主들과 이해를 같이 하고 있었다. 양전 실시 여부가 논의될 때 항상 '得人'과 양전비용이 문제로 제기되고 있었다. '得人'이란 곧 유능한 수령이 있어야 양전할 수 있다는 것이었다. 수령은 양

---

22) 申琓, 앞의 책.
23) 『肅宗實錄』 권61, 숙종 44년 4월 9일 ; 『景宗修正實錄』 권1, 경종 원년 10월 6일.

전기간에는 임기가 만료되어도 교체되지 않았으며, 양전에서 그의 가장 중요한 일은 감관·색리들을 감독하여 加耕田과 漏結을 찾아내고,[24] 토질의 비옥함과 척박함을 살펴서 등급을 제대로 매기는 일이었다. 수령이 제대로 양전을 수행한다면 양전의 목표인 '均稅均賦'뿐만 아니라 자연스럽게 結數를 늘릴 수 있었다.[25] 이 때문에 토호지주들은 양전을 싫어하였고, 小民들은 찬성하였다.[26] 토호지주들은 으레 양전 전후에 마치 모든 농민들이 양전을 반대하는 것처럼 여론을 조성하여 '民怨'을 제기하였고, 수령을 직접 비방하기도 하였다. 수령 가운데는 이미 부정을 저지르고 있었기 때문에 자신들을 비방하는 民怨을 가장 두려워하였다. 수령에 대한 '毁譽'와 民怨은 결국 토호지주들의 입에서 나왔던 것이고, 그것은 곧 수령직의 파직으로 이어지고 있었기 때문에 수령들은 土豪들과 밀월관계를 유지할 수밖에 없었다.[27]

수령들이 토호들에게 매일 수밖에 없는 또 하나의 이유는 '隱結' 때문이었다. 隱結은 以前부터 내려오는 結數가 있고, 혹은 매년 年分 마감 후 남는 結數가 있었다.[28] 이러한 隱結은 지방의 官用을 돕거나 民役을 보충하는 재원으로서 중앙정부에서 사실상 묵인하고 있었다. 이러한 隱結은 대체로 토호지주들의 '漏結'로부터 확보되고 있었기 때문에 수령은 그들의 漏結을 인정하지 않을 수 없었다. 양전 때에 당연히 이러한 漏結을 조사, 보고해야 함에도 불구하고 수령들은 읍의 관용이 줄어들거나 혹은 전직 수령이 죄를 입을 것을 염려하여 보고하지 않는 것이었다. 토호들의 漏結은 결국 빈농들에 대한 白徵으로 이어지고 있었다.[29]

---

24) 『肅宗實錄』 권34, 숙종 26년 1월 21일.
25) 『仁祖實錄』 권30, 인조 12년 8월 27일.
26) 『顯宗改修實錄』 권7, 현종 3년 4월 27일.
27) 『肅宗實錄』 권64, 숙종 45년 1월 29일.
28) 『肅宗實錄』 권64, 숙종 45년 10월 20일.
29) 『英祖實錄』 권61, 영조 21년 4월 5일.

수령들과 土豪 혹은 豪佑들 간의 유착은 점점 심해지고 있었다. 양전이 실시될수록 토호지주들은 더욱 '田多負少'하고 빈농들은 더욱 '地少負多'해졌으며, 빈농에 대한 白徵은 이제 구조화되어 가고 있었다. 더욱이 양전이 수령 주관 하에 '邑別量田'으로 추진된다면 문제는 더욱 심각해질 것이었다. '邑別量田'은 전정문란을 더욱 부추기고 있었고, 그러한 전정문란은 마침내 19세기에 이르러 민란의 직접적 요인이 되었던 것이다.

이상 조선시기의 量田史를 볼 때, 16세기 중반까지는 양전을 그런대로 정기적으로 실시했지만 그 이후에는 그렇지 못했다. 양전이란 것이 특별한 경제정책으로 수행되는 것이 아니고 이미 국법으로 제도화된 것이었기 때문에 17세기 이후에도 정부는 정기적으로 양전을 추진하곤 하였다. 농업생산력의 발달에 따라 농업경제 또한 크게 성장하고 있었기 때문에 국가의 입장에서 양전은 더욱 더 자주 그리고 철저하게 실시되어야 할 필요가 있었다. 그러나 실제는 그렇지 못했다. 국가재정을 좌우하는 三南地方의 양전도 정기적으로 실시되지 못했던 것이다. 사실은 양전을 제대로 실시할 수 없었다고 말해야 할 것이다. 양전은 이미 국가의 정책으로서 집행될 수 없었던 것이다. 국가권력은 사족들의 자기 분열과 정치세력의 잦은 교체 및 세도정치에 따라 원심분리되고 있었으며, 그러한 국가의 量田策은 지주제의 발달로 형성되고 있던 지주계급의 저항에 의해 관철될 수 없었다. 均稅均賦를 목표로 하는 양전의 좌절은 전정의 문란을 가져왔고, 그러한 전정문란은 양전을 더욱 필요로 하였지만 재정의 압박 속에서 실시할 수밖에 없던 양전은 도리어 전정문란을 더욱 촉진시킬 뿐이었다. 이제 전정문란은 구조화되어 가고 있었던 것이다.

이러한 정치, 경제의 흐름 속에서 국가는 三南을 대상으로 '庚子量田'을 실시하였다. 壬辰戰爭 직후 비상책으로서 時起田만을 대상으로 한 '癸卯量田'(1603), 이후 30년 후에 '甲戌量田'(1634), 그리고 85년 후에 '庚子量田'(1719~20)이 있었다. 본고는 이 '庚子量田'을 실시할 수 있었던 배경을 정치사의 차원에서, 즉 어떤 정치세력들이 하나의 경제정책으로서 양전을 계획하고 실시하였는지를 검토해 보고자 한다.

2. 정권의 변동과 量田論

仁祖 12년(1634)의 下三道 '甲戌量田' 이후 다시 下三道 量田論이 제기된 것은 顯宗 1년(1660)이었다. 이 해에 일단 양전하기로 결정했으나 흉년으로 곧 취소되었고, 顯宗 10년(1669)에 충청도 10읍만 양전하였다. 그러나 下三道 전체로 보면 한번 걸렀기 때문에 肅宗 즉위년부터 量田論은 다시 제기되기 시작하였고, 양전을 실시한 것은 肅宗 45~46년(1719~20) '庚子量田'에 이르러서였다. 肅宗年間은 이른바 '換局政治期'로서 집권세력의 잦은 교체에 따라 정국 또한 자주 바뀌는 시기였다. 여기서는 이러한 정국변동에 따른 量田論의 추이와 양전실시 여부를 추적하고자 한다.

우선 肅宗年間의 정국 변동에 대한 시기구분은 홍순민·박광용의 연구 결과를 따르기로 한다.[30] 또한 정책을 제안하고, 심의와 결정 그리고 집행하는 과정에서 정치력을 발휘하는 정치집단의 구분은 홍순민의 '政治集團의 類別'을 따르기로 한다.[31]

17세기 말에서 18세기 초에 걸치는 肅宗年間은 그때까지 유지되어 오던 '朋黨政治'가 변질되면서 英祖·正祖年間의 '蕩平政治'로 넘어가는 과도기로서 정권이 자주 교체되는 이른바 '換國政治期'였다. 朋黨政治期에는 '公論'을 바탕으로 士林세력이 정국을 주도해 갔고, 또한 공론에 의해 정치가 이루어져야 한다는 원칙을 국왕이나 士林들이 견지하였다. 그

---

30) 洪順敏, 「肅宗初期의 政治構造와 '換局'」, 『韓國史論』 15, 1986, 129~200쪽 ; 박광용, 『朝鮮後期 '蕩平' 硏究』, 서울대 박사학위논문, 1994. 8.

31) 홍순민, 위의 논문, 1986, 135쪽.

러나 兩亂의 충격으로 士林들은 그들이 그동안 이해하였던 성리학의 이념과 이해를 회의하기 시작하는 한편 또한 그것을 실천하고 구체화하는 단계에 들어서면서 그때까지 유지해왔던 사족으로서의 집단적 정체성을 잃고 서로 이해를 달리하는 '현실의 정치세력'으로 나타나기 시작하였다. 士林들은 이제 公論을 형성할 수가 없었고, 그것을 함께 실천할 수도 없게 되었다. 이제 국왕이 개입할 수밖에 없었다. 公論에 의한 정치에서는 국왕은 절대권력의 행사자일 수가 없었다. 그러나 이제 국왕은 이념적으로 최고 통치자일 뿐 아니라 현실적으로도 가장 강력한 권력으로 힘을 발휘하기에 이르렀다. 그리고 국왕과 가장 가까운 정치집단으로서 인척이 역시 득세할 것이었다. 換局은 바로 국왕이 주도하는 정국이었다. 특히 숙종의 개인적인 처지와 성향, 그리고 인사정책은32) 一黨에게 거의 전권을 주는 일진일퇴의 정국을 조장하였다.33)

---

32) 여러 換局 가운데 가장 전형적인 것은 '丙申處分'(1716. 7)에 의한 '丙申換局'이었다. 이 병신처분으로 老論이 전권을 쥐게 되었는데, 이에 비판적이었던 少論 부수찬 윤순은 다음과 같은 글을 올렸다. "설사 한 가지 잘못한 일이 있더라도 높고 낮은 관리들이 어떻게 하루 동안에 모두 죄를 지을 수 있겠습니까. 전하가 조정의 관리들을 바꾸어 놓기를 원래 장기 짝 옮기듯 하였지만 아직까지 오늘의 조치처럼 갑작스럽고 급한 적은 없었습니다.……사람을 사랑하고 미워하는 원칙이 정해지지 않고 지조를 일정하게 지키지 못해서 반년 사이에 풍파가 두 번이나 일어나 정승을 올리고 떨구기를 마치 어린아이를 부르고 물리치는 것과 거의 같이하며, 모든 관리들의 벼슬을 떼고 올리는 것도 객주 집에 나그네들이 드나드는 것과 다름이 없습니다. 그러므로 물리침을 당한 사람도 예상사로 보고 벼슬길에 오르는 사람도 확고한 뜻이 없으며 누구나 마음을 다하고 애를 써서 나라 일을 담당하는 사람이 한 명도 없습니다(『肅宗實錄』권58, 숙종 42년 7월 신미일)." 이에 대해 숙종은 장황하게 늘어놓은 말이 참으로 놀랍고 이상하다고 대답하였다. 少論의 윤순이 편견을 가지고 있다고 생각했던 것이다. 숙종의 이러한 인사조치를 그의 '병집' 때문이라고 비판하는 신하들이 많았는데, 이때는 특히 숙종이 병을 앓은 지 5년째였고 실명의 위기를 맞고 있었다. 그래서 그 병집이 더욱 심해졌기 때문이라고 지적하였다.

33) 『肅宗實錄』권58, 숙종 42년 8월 병신일, "수찬 박사익이 말하기를……대체로 東人, 西人의 두 당파는 그 뿌리가 굳고 흐름이 넓어져서 이미 100年間의 고질로

換局은 곧 집권당의 교체를 가져왔는데, 집권당의 핵심 관료집단은 영의정, 좌의정, 우의정의 '三公'이었다. 이들은 비변사에서 주요 정책의 심의와 의결을 주도하였다. 따라서 이들의 구성상의 변동은 곧 집권당의 교체와 같이 하였다(<표 3> 肅宗年間의 三相·戶曹判書·三南觀察使 현황).

이 시기 정국은 거의 一黨이 專權을 행사하는 집권당의 교체가 5차례 이루어졌다. 즉 (1) 肅宗 즉위년 '甲寅禮訟'으로 남인이 집권하는 '甲寅換局'(1674), (2) 肅宗 6년(庚申, 1680년 4월)의 남인이 패퇴하고 서인이 집권하는 '庚申換局', (3) 肅宗 15년(己巳, 1689년 3월)의 남인이 재집권하는 '己巳換局', (4) 肅宗 20년(甲戌, 1694년 5월)의 남인이 완전히 失勢하게 되는 '甲戌換局', (5) 肅宗 42년(丙申, 1716년 7월)의 소론이 물러나고 노론이 집권하는 '丙申處分' 등이 그것이었다.

1) 南人 집권기(1674~1680. 3)의 量田論

顯宗代에는 두 차례(1659년, 1674년)의 禮訟 논쟁이 있었다. 성리학의

되었으므로 이것은 어찌할 도리가 없습니다. 그러나 지금 이러니저러니 하는 것과 같은 것은 전하의 세대부터 시작되었습니다. 그 문제를 논한다면 자질구레한 문제를 다투는 것에 불과한 것이고 그 기간을 말한다면 겨우 20~30년이 지났는데도 말할 수 없이 점점 심각해져서 이런 지경에 이르렀습니다.……옛 선비가 말하기를 '조정에 당파가 있으면 임금은 자책해야 한다'라고 하였습니다. 전하가 비록 표준을 세우고 도리로 다스린다 하더라도 아래 사람들의 당쟁에 관한 폐습을 없애기는 어렵겠는데 더구나 이따금씩 자신이 그것을 직접 조장해서 옳고 그른 것이 자주 변하게 만들었으니 당쟁이 격화되고 또 격화되어 오늘의 형편에 이른 것은 괴이할 것이 없습니다. 매번 판국이 한 번 바꾸어질 때마다 문득 패거리들에게 은혜와 보복이 가해지면서 나라의 원기를 겪어 버리게 됩니다. 전하도 이미 지내 보았기 때문에 그것이 무익하다는 것을 알고 있을 것입니다. 그런데 또 다시 되풀이하면서 그만두지 않고 있으니 앞으로 어떤 지경에 이르겠습니까."

사회적 실천윤리인 禮를 어떻게 실천할 것인가를 놓고 서인과 남인이 다툰 것이었다. 특히 예송은 禮를 표방하고 있으나 다른 한편으로는 王室의 宗統 문제를 둘러 싼 서인과 남인 사이의 정치적 대결이라는 성격을 띠고 있었다. 禮의 적용에 있어 서인은 '天下同禮'로서 왕가의 차별성을 부정하는 데 비해 남인은 '王士庶不同禮'로서 왕가의 특수성을 주장하였던 것이다.

孝宗이 승하하였을 때(1659년) 母后인 仁祖妃 趙大妃의 服을 三年服으로 하자는 남인의 주장을 누르고 朞年服으로 하자는 서인의 주장이 채택됨으로써 서인이 顯宗年間 줄곧 우세를 유지하였다. 그러나 顯宗 15년(1674) 顯宗妃인 仁宣王后의 장례에 이번에는 조대비의 服을 朞年服으로 하자는 남인의 주장이 大功九月服으로 하자는 서인의 주장을 누르고 채택됨으로써 이후 肅宗 초년에는 남인이 대거 정계에 진출하게 되었다.

한편 兩亂 이후 군제와 국방 개념이 五衛制의 국경방어체제에서 상비군영제의 수도권 방어체제로 바뀌었고, 그에 따라 軍門(訓練都監, 御營廳, 禁衛營, 摠戎廳, 守御廳)의 권력과 경제력이 증대되자 兵權을 놓고 남인의 淸南과 濁南 그리고 勳戚[34] 간에 쟁탈전이 벌어졌다. 그동안 군문을 장악하고 있던 勳戚을 견제하기 위하여 남인들이 都體府를 설치하고 장악함으로써 정치권력의 중심이 濁南 쪽으로 기울어졌다. 그러자 肅宗과 勳戚은 그것에 반발하였다. 마침내 肅宗 6년(1680) 4월 '許堅 逆謀事件'을 계기로 남인들은 중앙정계에서 대거 축출당하였다(庚申換局).[35]

---

34) 肅宗年間의 勳戚으로는 淸風 金氏家, 光山 金氏家, 驪興 閔氏家 그리고 安東 金氏家와 종실로서 密城君派 全州 李氏家 등이 있었다. 이들 가문들은 또한 서로 인척관계를 맺고 있다. 다섯 가문의 家系圖를 제시하면 이 글 <표 4> 淸風 金氏世譜, <표 5> 光山 金氏世譜, <표 6> 驪興 閔氏世譜, <표 7> 安東 金氏世譜, <표 8> 璿源續譜 密城君派 全州 李氏世譜와 같다. 이외에 <표 9> 全州 崔氏世譜(崔錫鼎家)와 <표 10> 達城 徐氏世譜(徐文重·徐宗泰家)가 있다.

35) 홍순민, 앞의 논문, 1986, 168~180쪽.

이 시기 이전의 양전으로는 顯宗 3년(1662) 경기도 양전이 있었고, 顯宗 6~8년(1665~1667)에 당시 감사였던 閔鼎重이 주관하여 실시한 함경도 양전이 있었다. 또 顯宗 10년(1669)에 충청도와 황해도를 대상으로 한 '己酉量田'(1669)이 있었다. 충청도는 '甲戌量田'(1634) 때에 전체적으로 田品을 너무 낮게 책정했기 때문에 그 폐단을 교정하기 위해서, 그리고 황해도는 양전한 지가 너무 오래되어 전정 문란이 심하였기 때문에 우선 시급하게 양전해야 할 필요가 있었던 것이다.

충청도 양전은 顯宗 9년(1668) 11월부터 道 안에서 가장 큰 4읍인 홍주, 공주, 청주, 충주부터 시행하였고, 충청감사 閔維重의 계청에 따라 道 전체로 확대하기로 하였다.[36] 그러나 이듬해 2월에 宋浚吉(1606~1672)은 농사철 전까지는 道 전체를 양전할 수가 없고 또 감사였던 閔維重이 질병이 있고 공무가 많아 직접 답사하지 못한다는 말을 듣고 감사를 체임하거나 혹은 均田使를 별도로 차출해서라도 양전을 마칠 것을 제안하였다. 이에 따라 閔維重은 監司를 체직하고 균전사로서 양전만을 전담 실시하였다.[37] 또 황해도 양전은 영의정 鄭太和의 반대에도 불구하고 판부사 宋時烈, 호조판서 閔鼎重의 강력한 요청에 따라 실시하게 되었다.[38]

그러나 두 道의 양전은 이듬해 농사철 전에 완료하지 못하였고, 가을에 재개하려고 했지만 마침 호서의 수재와 해서의 해일 피해가 너무 컸기 때문에 계속할 수 없었다.[39] 특히 충청도의 경우 '甲戌量田'(1634) 때와는 반대로 田品을 1등씩 높게 매겼고 또한 隨起隨稅田(續田)이 모두 元田으로 들어가게 되어 民怨이 크게 일어나고 있었다.[40] 균전사였던 閔維重은 結數를 늘이려는 데만 힘써서 대부분 실상대로 양전하지 않았으므로 湖民

---

36) 『顯宗實錄』 권15, 현종 9년 11월 23일.
37) 『顯宗實錄』 권16, 현종 10년 2월 3일.
38) 『顯宗實錄』 권15, 현종 9년 11월 23일.
39) 『顯宗實錄』 권17, 현종 10년 10월 5일.
40) 『肅宗實錄』 권14, 숙종 9년 10월 11일.

들은 '盜臣을 두는 것이 차라리 낫다'라고까지 원망하고 있었다.[41] 이에 처음부터 양전을 반대했던 영의정 鄭太和, 좌의정 許積의 의견에 따라 미처 양전하지 못한 두 道의 邑들은 이듬해 가을까지 중단하였다.[42] 그러나 이듬해 가을에 가서도 다시 양전하지 못하였고, 결국 충청도는 20邑, 황해도는 4邑만 양전하고 말았다.

그런데 남인이 집권하고 나서는 양전 자체가 거론되지 않았다. '己酉量田'(1669) 때는 서인이 남인보다 우세한 시기이기도 하였지만 宋時烈, 閔鼎重, 閔維重 등 서인의 핵심세력이 '己酉量田'(1669)을 추진하였던 데 비해 남인의 許積 등은 양전을 반대하는 입장이었다. 이러한 분위기는 남인 집권기인 이 시기에도 그대로 계속되었던 것 같다. 또한 '己酉量田'(1669) 때에 미처 실시하지 못한 충청도와 황해도의 나머지 邑들, 그리고 兩南 地方과 평안도를 대상으로 하는 양전이라도 실시해야 함에도 불구하고 일단 '己酉量田'을 실시한 이후 얼마 되지 않아서인지 정식으로 量田論은 제기되지 않았다. 사실 충청도와 황해도의 '己酉量田'(1669)은 적실하게 측량하지 않고 田品을 높이 매겨 結數를 늘렸기 때문에 양전 직후부터 民怨이 크게 일어났다. 따라서 재양전해야 한다는 여론이 비등했지만 풍년들 때를 기다려 재양전하기로 하고, 일단 新結을 따르되 稅米를 半으로 줄여 걷는 것으로 미봉되었었다.[43] 따라서 이제 와서 충청도만이

---

41) 『顯宗實錄』권15, 현종 9년 11월 23일.

42) 『顯宗實錄』권17, 현종 10년 11월 9일.

43) 『顯宗實錄』권17, 현종 10년 11월 9일 ; 『顯宗實錄』권18, 현종 11년 4월 10일, 9월 18일, 10월 16일. 執義 申命圭가 아뢰기를, "양전은 국가의 대사이니 한번 잘 못되면 그 피해가 적지 않습니다. 전 목사 李河岳이 일찍이 충주 목사로 있을 때 향임 李萬栽를 신임하여 양전을 위임한 채 그가 하는 대로 맡겨 두었습니다. 이만재는 자기와 친하고 소원한 지를 따져 마음대로 등급을 높이고 내렸으므로 온 고을 백성이 통분해 하지 않는 자가 없어 감사에게 가서 호소하였습니다. 감사가 조사하도록 하자 이하악은 또 심리하지 않아 충주의 백성이 앞으로 살아갈 수 없다고 합니다. 이하악과 이만재를 모두 잡아다 문초한 다음 죄를 결정하시고 양전은 풍년이 들기를 기다려 다시 하도록 하소서" 하니, 上이 따르면서 말하

라도 다시 양전해야 마땅했지만 量田論은 제기되지 않았다. 그것은 '己酉
量田'(1669)이 끝나고서부터 계속되었던 전국적인 흉년과 기근 때문이기
도 하였다. 특히 肅宗 즉위년 이후에는 극심한 여름 가뭄으로 인한 흉년
과 기근이 계속되었던 것이다(<표 11> 肅宗年間의 災害와 전염병 발생
현황).

  이때에 취할 수 있는 田政은 두 가지일 수밖에 없었다. 하나는 이미 民
怨의 대상이 되고 있었던 '己酉量案'을 폐기하는 것이었다. 이조참판 李
蓥는 "백성을 편안하게 하는 것으로 호서의 양안을 폐기할 것"과[44] "거듭
신칙해서 다시 看審하도록 하여 災害地는 감해 주고, 호서의 己酉年 量
結을 혁파하여 지나치게 고통받는 원성을 없애자"라고 상소하였다.[45] 이
에 따라 監司가 직접 부분적으로 전세가 무거운 곳을 개량하여 해소시키
거나, 직접 개량하지 못한 나머지 읍들은 田品을 낮추어 줌으로써 전세부
담을 줄여 주었다. 또 하나는 年分을 철저히 실시하여 給災하는 것이었
다. 年分은 매년 실시하는 것이지만 연이은 가뭄과 흉년으로 災結이 특
별히 많이 발생했기 때문이었다. 그러나 陳災가 여러 해에 걸쳐서 발생했
기 때문에 각 年別 陳田을 구별하는 것은 쉬운 일이 아니었다. 따라서
'書員 → 守令 → 京差官' 조직으로 踏驗損實하여 실제로 경작하고 있는
實結로 마감하는 길밖에 없었다.[46]

기를 "이만재는 감사로 하여금 가두고 치죄하게 하라. 다만 양전하는 일은 이제
와서 다시 한다면 다른 고을에서도 이를 본받게 되어 반드시 그지없게 될 것이
다" 하였다. 신명규가 또 탑전에서 연계하자 상이 대신들에게 문의하였는데, 허
적이 아뢰기를 "충청도의 양전은 모두 형편없는데, 청주가 더욱 심합니다. 충주
만 다시 할 일이 아닙니다" 하였다. 신명규가 인하여 청주 및 기타 균등치 않게
된 곳을 다시 측량할 것을 청하니, 상이 풍년들기를 기다려 하라고 명했다. 이하
악은 의금부의 조율로 인하여 고신을 빼앗겼다.

44) 『肅宗實錄』 권5, 숙종 2년 2월 28일.
45) 『肅宗實錄』 권6, 숙종 3년 5월 17일.
46) 『肅宗實錄』 권5, 숙종 2년 3월 20일, 3월 28일.

한편 국왕의 비호 아래 宮家의 民田 침탈은 계속되고 있었다. 兩亂 以後 流離했던 농민들이 다시 돌아와 황폐해진 땅을 개간함으로써 17세기 중엽에는 거의 전쟁 이전의 농지규모를 확보하였고,[47] "夫三南量田之後 生齒日繁 墾田日增 舊所不食之地 無不盡闢"이라 했듯이 옛날에는 경식할 수 없었던 곳이 모두 개간된 상태였다.[48] 그러나 '甲戌量田'(1634) 혹은 '己酉量田'(1669) 이후 오랫동안 양전하지 않았기 때문에 이미 개간된 경작지라도 '甲戌量案'이나 '己酉量案' 상에는 여전히 '無主陳田'으로 올라 있었다. 또 양안 상의 陳田 가운데는 양전 때에 土豪나 豪强品官들이 서원, 수령과 결탁하여 陳田 명목으로 기재시킨 비옥한 경지도 많이 있었다. 아무튼 양안 상의 많은 陳田은 실제로 경작되고 있는 곳이었다. 그런데 宮家는 지금 경작되고 있는 그곳을 '量案上無主地'임을 빙자하여 折受받고 있었다. 그것은 王室의 명확한 民田 침탈이었다.

肅宗 5년(1679) 12월, 사간원의 계를 보면,

근래 여러 宮家에서 양안에 주인이 없는 陳田을 가지고 연이어 허가를 받아 농장을 설치할 계획을 세우고 있습니다. 비록 양안에는 주인이 없는 것으로 되어 있으나 甲戌年 이후 40여년 동안에 民人들이 入案을 받아서 힘들여 起耕하여 자기 토지로 삼고, 서로 매매하여 서로 건네 준 文券까지 있는데, 이를 통 털어 양안에 주인이 없다 하여 마음대로 빼앗고 있습니다. 청컨대 양전한 뒤에 개간하여 文券이 있는 토지는 돌려주고, 이제부터는 이러한 길을 막아서 冒占하는 폐단을 막아 버립시다.[49]

이에 대해 肅宗은 허락하지 않았다. 職田法이 폐지된 이후 왕실의 경제적 기반을 확보하기 위하여 제정된 것이 折受制였다. 따라서 이 절수

---

47) 『仁祖實錄』 권47, 인조 24년 8월 기축.
48) 『孝宗實錄』 권13, 효종 5년 11월 임인.
49) 『肅宗實錄』 권8, 숙종 5년 12월 7일.

제가 폐지되지 않는 한 국왕들의 지원 아래 '量案上無主地'를 빙자한 절수도 근절될 수 없었다. 그러나 이러한 왕실의 宮房田 확대는 민인들의 저항을 받을 수밖에 없었고, "人君每於此等事 不免偏護宮家 此盖蔽於私故也"라는[50] 史臣의 비평에서 보듯이 '왕은 私에 매여서는 안 된다'는 명분에 어긋날 뿐더러 국가 재정수입을 줄이는 것이었기 때문에 朋黨에 관계없이 신료들의 비판을 받고 있었다. 淸南은 勳戚과 濁南에 비해 상대적으로 열세에 있어서였던지 특히 비판적이었던 것 같다.[51] 이후 궁방전 절수 혁파 논의는 계속되었고, 마침내 그 대안책으로 '乙亥定式'(肅宗 21년, 1695)의 '給價買得制'를 시행하게 되었다.[52]

2) 西人 집권기(1680. 4~1689. 2)의 量田論

'庚申換局'은 남인집권기에 중앙정계에서 활약했던 정치집단, 즉 勳戚·淸南·濁南 사이에 형성되었던 세력균형을 깨고 濁南이 都體府를 복설함으로써(肅宗 4년 12월) 권력을 독점하려는 기미가 나타나자 국왕과 勳戚이 이에 반발하여 남인을 축출하고, 그 결과 실세한 정치집단으로 잠복하고 있던 서인이 재등장한 것이었다.

이 시기에 勳戚은 兵權을 기반으로 하여 정치적으로 크게 영향력을 행사하였다. 그러나 그 핵심인물인 金錫冑가 죽자(肅宗 10년 9월) 勳戚은 세력이 급속히 약화되었고, 이후 노론과 소론이 중요 정치집단으로 부상하여 정국을 운영하였다. 이러한 가운데 정치적 역량이 성숙한 肅宗은 肅宗 12년(1686)부터 종실을 기반으로 왕권의 독자적 영역을 확장하려는 움직임을 보였다. 이러한 국왕의 움직임에 대해서 노론과 소론은 서로 정치

---

50) 『肅宗實錄』 권12, 숙종 11년 9월 을유.
51) 『備邊司謄錄』 31冊, 숙종 1년 윤 5월 11일.
52) 박준성, 「17·18세기 宮房田의 확대와 所有形態의 변화」, 『韓國史論』 11, 1984, 185~278쪽.

적 입장을 달리하면서도 공통적으로 비판하고 견제하였다. 이에 肅宗은 노론과 소론을 교체하며 정국의 조정을 꾀하는 듯하다가 양자 모두를 축출하고 남인을 재등장시키니 이것이 '己巳換局'(肅宗 15년, 1689년 2월)이었다.[53]

이 시기에 훈척과 노론·소론이 주요 정치집단으로서 함께 정국을 운영하고 있었지만 <표 3>에서 보는 바와 같이 소론은 훈척과 노론에 비해서 비세였다. 훈척과 노론이 중심세력이긴 하지만 顯宗代에 外戚이었던 安東 金氏家와 肅宗代에 외척이 된 驪興 閔氏家의 두 가문이 노론의 핵심세력이었다. 두 가문은 또한 <표 6>과 <표 7>에서 보는 바와 같이 이후 인척관계를 맺으면서 世道세력으로 등장해 갔다. 한편 선배급인 南九萬을 비롯하여 三司의 후배 관료들이 훈척과 노론을 견제하고 비판하면서 소론의 주류를 이루고 있었다.

지난 남인집권기에는 흉년이 계속되었고 또 양전 주기에 걸리지도 않았기 때문인지 量田論 자체가 제기되지 않았었다. 그렇더라도 '己酉量田'(1669) 직후부터 그 양전의 문제점과 民怨이 제기되고 있던 터라 마땅히 抽桎量田이라도 실시해야 했고, 또한 '己酉量田' 때에 빠졌던 兩南地方과 강원도·평안도 量田도 제기되어야 했지만 그렇지 않았다. 그리고 '己酉量案'이 폐기되지도 않았다. 그렇다면 許積을 비롯한 남인들이 양전을 반대했기 때문이었을까. 사실 그들의 집권기간으로 볼 때 양전을 시행하기에는 너무 짧은 기간이었다.

여느 시기도 대체로 그러하였지만 이 시기의 量田論도 주로 大臣들이 제기하였다. 국가의 주요 정책들은 肅宗이 大臣들과 備局 堂上들을 引見하는 자리에서 논의하고 결정되었는데, 국가의 대사였던 양전도 마찬가지였다. 양전 실시 여부와 실시 시기 등에 대해서 肅宗은 대체로 대신들의 의견을 따라 결정하였으며, 반면에 여타 관원들의 제안은 廟堂에서 논

---

53) 홍순민, 앞의 논문, 1986, 180·197쪽.

의하여 품의하도록 하였다. 그러면서도 숙종은 廟堂의 노론의 독주를 견
제하기 위해서였던지 臺閣의 소론의 의견을 채택하기도 하였던 것 같다.

　서인은 집권하자마자 당연하게도 남인들을 숙정하였다. 경제정책의 실
정을 들어서 '許堅逆謀' 관련자들을 중심으로 남인들을 처단하고자 하였
다. 남인들의 대표적 경제실정은 年分給災의 부정이었다. 남인들의 새로
운 농업정책은 없었다. 다만 가을 추수 전에 정기적으로 실시하는 年分給
災뿐이었다.

　年分給災는 田政의 한 축으로서 양전을 보완하는 매우 중요한 농업정
책이었다. 어쩌면 양전보다도 年分給災가 국가재정과 농민의 이해에 훨
씬 더 민감하고도 긴요한 것이었다. 20년마다 양전하기로 되어 있지만 그
러나 이미 정기적으로 이루어지지 않는 상황에서 年分給災는 한 해의 국
가재정과 농민들의 전세부담을 결정적으로 좌우하는 것이었기 때문에 국
가나 농민의 입장에서 그것은 철저하게 실시되어야만 했다. 농업기술이
발달하고 전국적으로 농업생산력 수준이 웬만큼 평균화되어 가고 있었던
때라 평년작이 계속된다면 수령과 서원배들이 연분시에 부정을 저지르거
나, 과세 불균이 초래될 리는 거의 없었다. 그러나 풍흉이 일정하지 않고
더욱이 지난 몇 년처럼 흉년이 계속될 때는 年分給災는 언제 어디서나
民怨을 불러일으킬 수 있었다. 문제는 수령과 서원들의 災傷差錯(재해를
입은 경지의 조사 보고를 사실과 다르게 하는 것)이 점차 의도적으로 이
루어져 가고 있었고 그로 인해 과세결수가 점점 줄어들고 있다는 것이었
는데, 이러한 재상차착의 근본적 원인은 양전을 하지 못하고 그것도 오랫
동안 실시하지 않은 데서 비롯되는 것이었다.

　그런데 우의정 閔鼎重은 '許堅逆謀' 관련자들을 문초하는 鞫廳에서,

　　전년도 敬差官 元稅, 權歆 등이 묵은 농토를 경작하는 토지로 만들기
　도 하고, 災傷인 곳을 잘 결실된 곳으로 만들기도 해서 백성들의 원성이

많으니, 모두 죄를 논하기를 청합니다.

라고 하여 元梲과 權歆이 敬差官으로서 災傷差錯을 저질렀다고 하여 처벌을 요청하였다. 우의정 李相眞과 영의정 金壽恒은 田結數 과다책정을 이유로 충청감사였던 趙威明과 전라감사였던 權大載의 처벌을 요구하였다.[54] 또한 호조판서 閔維重도 영남지방의 답험에서 陳田을 起耕田으로 만들어 民怨을 산 敬差官 安圭를 원절과 같이 처벌하기를 요구하였다.[55] 이러한 요청은 모두 받아들여져서 그들은 문초당하고 유배되었다. 사실 지난 몇 년처럼 흉년이 계속되었을 때에는 敬差官과 감사에게 재상차착이나 연분마감시 전결수 과다책정은 있을 수 있는 일이었다. 그것을 굳이 실정으로까지 지적할 수는 없는 일이었다. 그럼에도 불구하고 그것을 그들의 실정으로 돌리는 것은 그들을 처벌하기 위한 빌미였을 뿐이고, 그들을 처벌하려 했던 실질적 이유는 남인집권기에 權大載 등이 宋時烈과 金壽恒의 賜死를 주장했기 때문이었다. 어쨌든 수령과 서원들의 災傷差錯은 과세결수의 감소를 가져왔고 따라서 그것은 양전의 필요성을 부추겼다.

이어 서인들은 그들이 추진하다가 남인집권기에 중단되었던 충청도와 황해도의 抽栍量田 문제를 제기하였다. 두 道의 '己酉量田'(1669)은 양전 직후부터 재양전을 실시해야 한다는 주장이 제기되었고 '己酉量案'의 폐기가 요청되었던 터라 두 道에서 미처 양전하지 못한 나머지 邑들의 양전은 시급한 과제였다. 그리하여 호조에서 두 道의 양전을 이미 품의하였고, 肅宗 6년(1680) 가을 추수 이후에 양전하기로 결정했었다. 그런데 일찍이 '己酉量田'(1669) 때에 충청감사직을 그만두고 오로지 균전사직만을 맡아 양전을 지휘감독했던 閔維重은 이제 호조판서가 되어, 해마다 잇달

---

54) 『肅宗實錄』 권9, 숙종 6년 5월 19일.
55) 『肅宗實錄』 권9, 숙종 6년 5월 21일.

아 기근이 든 끝이라 양전하기에는 부적절한 시기라 하여 조심스럽게 양
전실시를 반대하였고, 영의정 金壽恒도 民力이 아직 회복되지 않음을 들
어 양전하기 어렵다고 하였다.56) 이에 따라 肅宗은 이듬해에 다시 계품할
것을 지시하였다. 그러나 이듬해인 肅宗 7년에는 또 다시 가뭄과 흉년이
들어서 三南道와 북쪽지방에는 監賑御史를 파견해야만 하는 실정이었
고, 경기도와 충청도는 가뭄이 더욱 심하였기 때문에 충청도 양전은 연기
될 수밖에 없었다.

충청도 推栍量田은 다시 제기되어야 했다. 그런데 肅宗 8년(1682) 2월,
肅宗이 지난해의 災異에 대한 방책을 묻는 자리에서, 좌의정 閔鼎重은
충청도·황해도의 재양전을 제의하지 않고 대신에 兩南의 전정문란과 양
전의 필요성을 조심스럽게 제기하였다.57) 그리고 肅宗 9년 9월에 閔鼎重
은 이제는 감사가 주관해서 강원도부터 양전하자고 주장하였고,58) 이듬
해에는 막강한 총호사가 되어 수령들로 하여금 결수를 줄이지 못하도록
경계할 것을 촉구하였다.59) 三南은 그나마 '甲戌量田'(1634)이라도 실시했
지만 강원도는 '癸卯量田'(1603) 이후 오랫동안 양전하지 않아 8道 가운데
서 전정문란이 가장 심하다는 것이었다. 강원도가 양전한 지 가장 오래된
것은 사실이었다. 그러자 肅宗은 閔鼎重의 의견에 따라 강원도부터 우선
양전할 것을 윤허하였다.60)

그런데 肅宗 9년 10월에 비변사는, '己酉量田'(1669) 때에 양전한 20邑
을 포함하여 충청도를 전면 재양전하자는 소론인 대사헌 趙師錫의 의견
을 받아들여서 다음과 같은 글을 올렸다.

---

56) 『肅宗實錄』 권9, 숙종 6년 8월 3일.
57) 『肅宗實錄』 권13, 숙종 8년 2월 3일.
58) 『肅宗實錄』 권14, 숙종 9년 9월 13일.
59) 『肅宗實錄』 권15, 숙종 10년 3월 18일.
60) 『備邊司謄錄』 37冊, 숙종 9년 9월 15일.

비변사가 아뢰기를, 행대사헌 조사석이 '호서를 왕래할 때에 沿路에서 民怨을 들은 바 있어 아룁니다. 호서 각 읍의 전정문란은 '甲戌量田'(1634) 때에 輕歇하게 하였기에 '己酉量田'(1669) 때에 그 폐단을 교정코자 列邑으로 하여금 속이고 隱漏하지 못하도록 엄칙하였기에 당시 수령 및 감관이 전품의 등수를 올리는 데에 힘써서 바로 民怨이 있게 되었습니다. 그 가운데 청주는 당시 목사 尹世喬가 善治했다고 하지만 너무 엄혹하고, 또 감사의 명찰을 두려워하여 量田分等을 높이려고만 해서 6등이 5등으로, 5등이 4등으로 차례로 올라가서 民怨이 크게 일어났습니다. 또 隨起隨稅田이 모두 元田으로 들어갔습니다. 道臣이 너무 무겁다는 것을 듣고 직접 개량하여 심한 것은 해소시켰습니다. 그 밖의 親審하지 못한 곳은 본 道에 분부하여 減等게 했는데도 아직도 이정되지 않아 지금도 民怨이 되고, 民害가 되고 있습니다. 이러한 읍들은 빨리 개량하지 않을 수 없습니다. 또 '己酉量田'(1669) 때에 양전하지 못한 邑이 또한 많은데 民들이 모두 양전을 원한다고 합니다. 본 도에 분부하여 12월부터 개량해서 농사를 시작하기 전에 끝마치도록 함이 실로 마땅하니 廟堂으로 품처케 하소서' 하니 왕이 말하기를 '諸道의 양전을 모두 할 수 있는데 우선 강양도부터 시행한다. 호서 민정이 이와 같다면 廟堂에 명령해서 본 도에 분부하여 일체 개량할 수 있다'고 명하였습니다. 湖西양전은 己酉年에 다만 약간 邑에서 실시하고 또 전체에 미치지 못하였습니다. 양전한 邑 역시 대부분 이정하지 못하여 民怨이 되고 있습니다. 금년은 稍稔하고 民들이 원한다고 하니 개량을 진실로 그만둘 수 없습니다. 해조에 명령하여 강원도 예에 의해 事目을 마련하여 본 도에 下送해서 거행하도록 함이 어떨지요.

이에 대해 肅宗은 충청도 양전도 윤허하였다.[61] 양전한 지 오래되어 전정문란이 심한 강원도의 양전도 문제였지만 '己酉量田'(1669) 이후 여전히 民怨이 되고 있는 충청도의 양전도 더 이상 미룰 일이 아니었던 것

---

61) 『備邊司謄錄』 37冊, 숙종 9년 10월 11일.

이다. 그런데 당시 충청감사였던 尹以道는 무슨 이유에서였는지 곧바로
양전을 시행하지 않았다. 이 때문에 윤이도는 결국 파면되었다. 그러자
이듬해 정월 19일에 좌의정 閔鼎重은 "호서의 양전은 이제까지 일을 시
작하지 못하였으므로 앞으로 농사철 전에 끝낼 수 없을 것이니 우선 멈
추소서"라고 제의하였고, 이에 肅宗은 호서양전을 중지시켰다.[62] 양전하
기로 결정한 지난 해 10월부터 양전을 시작했다면 물론 농사철이 시작되
기 전에 마칠 수 있었을 것이다. 그리고 이미 늦었더라도 농사철까지는 2
달 가량 남아 있었기 때문에 양전할 수도 있었다. 사실 양전 실시 기간이
양전 반대의 이유는 될 수 없었다. 한편 2월에 소론의 판부사 李尚眞은
閔鼎重이 주장해 온 강원도 양전을 중지할 것을 제의하였다.[63]

이처럼 노론의 호조판서 閔維重, 좌의정 閔鼎重, 영의정 金壽恒 등은
충청도 양전을 반대하는 대신 강원도 혹은 兩南의 양전을 주장한 데 반
해 소론의 대사헌 趙師錫, 판부사 이상진 등은 강원도 양전을 반대하는
대신 충청도 재양전을 주장하고 있었다. 노론들이 재해나 양전기간 등을
이유로 충청도 양전을 반대하고 있지만 정작 이유는 다른 데에 있었다.
閔維重은 일찍이 '己酉量田'(1669) 때에 균전사로서 충청도 양전을 실시
한 자였다. 그는 양전을 완수하지도 못했지만 結數를 늘이는 데 급급했기
때문에 '盜臣'이라고까지 비난받았던 것이다. 그래서 지금까지 民怨의 장
본인이 되고 있는 터에 재양전하거나 나아가 道 전체를 양전한다면 그의
과오는 분명해질 것이었다. 그렇지 않아도 勳戚으로서 비판받고 있던 차
에 충청도 재양전은 老論들에게 정치적으로 치명적인 것이 될 수 있었다.
少論들은 이미 그것을 잘 알고 있었고, 그렇기 때문에 더더욱 충청도를
우선 양전하자고 주장했던 것이다.

이미 量田事目이 반포되었지만 실질적으로 중단 상태에 들어가 있던

62) 『肅宗實錄』 권15, 숙종 10년 1월 19일.
63) 『肅宗實錄』 권15, 숙종 10년 2월 5일.

충청도·강원도 양전은 肅宗 10년(1684) 가을을 기다려야 했다. 그러나 그 해는 한재가 너무나 심해서 가을 추수전망이 거의 없었다. 그러자 그 해 7월 사간원의 대사간 李寅煥, 헌납 金斗明, 정언 沈枰 등은 "正經界 均賦役은 王政이 廢할 수 없는 것이지만 지금의 民情을 생각할 때 이번 양전은 크게 '窮民之弊'가 될 것이며, 上年이라도 어려운데 하물며 참혹한 재해에 용이하게 할 수 있겠는가"라고 하고 충청도와 강원도 두 道의 양전을 중지할 것을 諫請하였다. 이에 따라 두 도의 양전은 마침내 중단되고 말았다.[64] 肅宗 11~12년의 이른바 '乙丙饑饉'을 가져올 만큼 한재가 심했기 때문에 양전을 중단할 수밖에 없었지만, 결과적으로는 老論 대신들의 의견이 기각되었고 그들을 견제하고 비판해 왔던 少論 대각의 의견이 채택된 셈이었다.

肅宗 10년 9월에 勳戚의 핵심인 金錫胄가 갑작스럽게 죽음으로써 勳戚세력은 크게 위축되었다. 반면에 南九萬을 위시하여 三司의 少論들이 대두하였지만 老論이 여전히 우세한 정국이었다. 肅宗은 측근세력이던 勳戚이 약화되자 勳戚을 지원하는 한편 왕실 자체의 역량을 키우고자 하였고, 경제적으로는 宮莊을 확대하고자 하였다.[65] 그러자 老論·少論은 함께 왕과 戚里들의 권세와 內需司를 공격하였다. 이를테면 호남에서 내수사가 농민들이 投托한 民田을 양안 상에 내수사 토지로 기재된 것을 근거로 차지하려고 하자 老論·少論은 이구동성으로 그것을 民田 침탈로 비난하였다.[66]

宮房田의 折受는 여전히 문제가 되고 있었다. 肅宗도 절수의 폐단을 익히 알고 있었다. 따라서 숙종 14년 4월에 南九萬 등이 이전에 몇 차례 거론되었던 職田制의 부활과 절수 혁파를 다시 제기함에 따라 마침내 折

---

64) 『備邊司謄錄』 41冊, 숙종 10년 7월 16일.
65) 홍순민, 앞의 논문, 1986, 192쪽.
66) 『肅宗實錄』 권17, 숙종 12년 1월 13일.

受制를 폐지하고 대신 왕실로 하여금 토지를 사들이게 하는 '給價買得制'를 채택하기에 이르렀다.[67]

그런 가운데 肅宗 12년 12월에 老論의 좌부승지 李濡(金壽恒의 처남)가 중단되었던 강원도 양전을 마무리할 수 있는 방안을 제시하였다.

> 강양도 민폐가 매우 많은데 그 근원은 경계가 바르지 못한 데서 나옵니다. 반드시 먼저 양전한 후에 변통할 수 있는데 금년 凶荒이라고 하니 양전은 停罷를 면치 못합니다. 신이 巡歷할 때 物情을 자세히 들으니 수령 및 민인 가운데 그 利害를 조금 아는 자들은 애석해 합니다. 대체로 일시에 타량하는 것은 擧措가 중대하여 쉬이 搔擾를 초래하는데 지금 만일 待農한 즉 不遑이게 되면 시행할 수 있는 날은 없을 것입니다. 신의 생각으로는 甲子打量(肅宗 10년, 1684) 때의 문서가 모두 있으니 각 邑 수령으로 하여금 이 문서를 가지고 고칠 수 있으면 고치고, 그대로 둘 수 있는 것은 그대로 두어 책을 만들어서 감영에 보내되 기한을 정하지 말고 시간을 두고 성취할 수 있도록 하며, 감사 한 사람이 완료할 수 없으면 後來者가 역시 할 수 있고, 이같이 하면 搔擾 없이 효과가 있을 것입니다.[68]

즉 중단된 양전을 재개할 수 없는 상황에서 부분적으로 양전하여 작성한 양안을 釐整하자는 것이었다. 양전을 시행한 지 오래되어 전정문란이 심하던 차에 양전을 실시하게 되었지만 그나마 양전이 제대로 실시되지 않아 도리어 民弊만 키웠던 것이다. '수령-감관' 조직으로 양전했는데 "容奸者도 있고, 일을 몰라 그르친 자도 많았으며", 量田事目대로 元田과 續田을 구분해야 했는데 그렇지 못하고 속전이 모두 원전으로 들어감으로써 결과적으로 結數만 늘어났던 것이다.[69] 이러한 양안 이정방안에 대해 老論의 영의정 金壽恒, 우의정 李端夏도 동의했으며, 肅宗도 "소요없이

67) 박준성, 앞의 논문, 1984, 210~211쪽.
68) 『肅宗實錄』권17, 숙종 12년 12월 5일.
69) 『備邊司謄錄』41冊, 숙종 13년 10월 19일.

이정할 수 있다면 아뢴 바에 따라 분부하라"고 하여 허락하였다.

그렇다면 양전을 시작하지도 못하고 중단된 湖西量田은 어떻게 되었는가. 肅宗 13년 8월에 역시 少論의 지평 李楨翊은 호서의 양전 시행을 제안하였다. 그리고 그는 원래 儒宮의 토지였던 原城 覺林寺의 位田을 內帑의 社儲로 옮긴 것도 시정할 것을 간청하였다. 그러나 肅宗은 위전 문제는 들어주지 않고, 호서양전은 묘당에 내려보냈는데 결국 시행되지 않았다.[70] 이미 少論의 기세는 꺾이고 있었던 것이었을까. 肅宗과 老論·少論 간의 대립과 긴장이 감도는 속에서 肅宗 15년 1월, 영의정 金壽興은 일찍이 閔鼎重이 조심스럽게 제기하였던 兩南의 양전을 포함하여 三南의 양전 시행을 요청하였다. 이에 肅宗은 즉시 시행하라고 명하였다.[71] 그러나 少論의 호조판서 柳尙運은 반대하였고, 여러 대신(少論의 좌의정 趙師錫, 우의정 呂聖齊)과 의논하여 청하기를

　　三南의 양전은 가을을 기다려 다시 의논하여 거행하고, 강춘도의 量田文簿(量案)도 또한 동시에 이정함이 마땅합니다.

라고 하니, 肅宗은 옳게 여겼다.[72] 강원도의 양안은 이미 이정하기로 결정했었는데 실제로는 진행되지 않고 있다가 삼남양전과 함께 가을을 기다리게 되었다. 한편, 이미 張氏의 오빠인 張希載를 중심으로 한 南人들은 장씨가 왕자를 낳은 것을 기화로 본격적으로 득세해 가기 시작하였다.

3) 南人 재집권기(1689. 2~1694. 4)의 量田論

肅宗 15년 1월, 왕자의 세자 책봉에 반대하는 西人들의 상소가 빗발치

70) 『肅宗實錄』 권18, 숙종 13년 8월 12일.
71) 『肅宗實錄』 권20, 숙종 15년 1월 3일.
72) 『肅宗實錄』 권20, 숙종 15년 1월 23일.

면서 肅宗과 西人은 첨예하게 대립하였고, 결국 왕자 昀은 '元子'로 책봉되었다. 그러나 2월에 宋時烈이 원자 책봉도 너무 빠르다는 상소를 올린 것이 숙종을 격분케 함으로써 老論·少論을 막론하고 西人들은 대부분 파직되어 실세하게 되었고, 그 대신에 權大運·睦來善·金德遠 등을 위시한 南人들이 다시 등장하였다('己巳換局'). 肅宗은 직접 睦來善·金德遠의 이름을 추천명단에 써넣어 좌·우의정에 임명하는 한편 宋時烈을 귀양보내고, 宋時烈과 가까운 李翊·金益勳·李頤命 등도 삭탈관작하여 귀양보냈다. 또한 三司 관원들도 모두 교체하였다. 그리고 2월 무신일, 權大運을 영의정에 임명함으로써 정권교체를 일단 마무리하였다. 5월에는 仁顯王后 閔氏를 폐비시키고,[73] 6월에는 宋時烈을 賜死시키는 한편 '庚申換局'으로 공훈을 얻은 西人들을 모두 삭훈하고, 과거시험 합격자들을 모두 취소시켰으며, 濁南들을 모두 복권시켰다.

지난 번 西人들이 집권하면서 그랬듯이 이제 南人들도 西人집권기에 西人들이 시행한 정치·경제·군사제도와 정책들을 계승하기보다는 중지시키고, 정략적인 차원에서 비판하고 바꾸면서 西人들을 단죄하고자 하였다. 양전책도 마찬가지였다.

'己巳換局' 직전에 少論의 호조판서 柳相運의 건의에 따라 삼남양전과 강원도의 양안 이정작업은 肅宗 15년 가을부터 시행하기로 이미 결정한 것이었다. 또한 황해도 양전은 '己酉量田'(1669) 때에 4읍만 양전하고 말았던 것이다. 그러나 이 사업은 다시 거론되지 않았다. 대신에 그 해 겨울에 황해도 관찰사 權奠은 양전하여 백성의 힘을 펼 수 있도록 해달라는

---

73) 『肅宗實錄』권21, 숙종 15년 5월 정유일, "임금은 편벽된 사랑에 한창 빠져 분노가 격발한 결과 왕비의 잘못을 들추어 죄를 만들어 내느라고 못하는 짓이 없었다." "肅宗이 말하기를, 성종이 윤씨를 내쫓은 뒤에 여러 신하들 중 극력 간쟁한 사람이 없었는데……지금 세상 풍속이 퇴폐해지고 패거리끼리 결탁하는 것이 더욱 심해져서 임금은 저버릴지언정 자기 패거리는 구원하지 않을 수 없다고 하면서 성종 때에는 없던 행동을 하고 있다".

장계를 올렸다. 비변사의 覆奏가 있었지만 허락하지 않았다.[74] 전국적 양
전은 아니지만 '己酉量田'(1669)을 실시한 지 20년이나 되었고, 양전을 계
획했다가도 취소하거나 중단하게 된 이유 가운데 하나는 흉년과 기근이
었던 만큼 이제 稍稔이 계속되고 있었다면[75] 양전을 실시할 수 있었는데
도 南人들은 量田論을 제기하지 않고 있었다. 반면에 肅宗이 먼저 다음
과 같은 備忘記를 내렸다.

　　맹자는 말하기를 '어진 정사는 반드시 經界로부터 시작된다'고 하였으
　니 토지의 경계를 바로 세우는 것은 나라의 정사에서 무엇보다도 먼저 해
　야 할 일이다. 우리나라에서는 경계가 바로 서지 못하여 부역이 고르지
　못하다. 여러 도의 양전을 한꺼번에 다 할 수는 없으나 점차로 이 規例를
　실행하면 고르지 못한 채로 그냥 내버려두고 돌보지 않는 것보다는 낮지
　않겠는가. 묘당에서 상의하여 가지고 지시를 받아 처리하게 하라.[76]

　　그 후 대신들의 제의에 의하여 肅宗 18년부터 전국적으로 양전을 시행
하게 하였다. 그러나 이내 영의정 權大運, 좌의정 睦來善은 양전을 시행
하지 않고 내년 농사 형편을 보고 양전실시 여부를 다시 논의하자고 하
였다.

　　영의정 權大運 ; 일전에 備志辭旨를 보니 '正經界均賦役'은 시급한 과제
　　로서 여러 道의 양전을 차례로 거행하라는 교지가 있었으니 이는 실
　　로 왕정에서 우선해야 할 것입니다. 臣 주위에서 누가 흠앙하지 않겠
　　습니까. 다만 삼남은 大侵을 겪어 민생이 아직도 소생하지 못하고, 畿
　　邑은 이미 양전하였고, 우선 할 수 있는 곳은 兩西인데 지금 여러 道
　　에 風水之災가 있고, 海西 역시 참혹하게 그 재해를 입어 금년 농사는

---

74) 『肅宗實錄』 권21, 숙종 15년 12월 27일.
75) 『肅宗實錄』 권23, 숙종 17년 윤7월 정축일.
76) 『肅宗實錄』 권23, 숙종 17년 7월 28일.

稍稔이라고 할 수 없습니다. 양전은 균역을 위해서인데 擾民之端이 없지 않으니 이때 이를 행한 즉 백성을 위한다는 것이 도리어 민폐가 될 것이니 잠시 앞으로 年事를 보아 다시 품의하여 거행하는 것이 어떨지요.

좌의정 睦來善 ; 계속되는 흉년 끝에 금년 농사는 稍稔의 기미가 있다고 해도 양전은 갑자기 행하기 어렵습니다. 하물며 듣자니 여러 道가 풍수의 재해를 입고 있다고 합니다. 잠시 내년 年事를 보고 품처함이 어떨지요.[77]

지난해에 삼남에 흉년이 들어 가장 심한 고을들의 조세와 대동미를 감해준 것은 사실이었다.[78] 그러나 그 해는 농사가 웬만큼 되었고, 내년의 농사 형편은 알 수 없는 일인데 이를 근거로 양전실시 여부를 재론하자고 하는 것은 사실 양전을 하지 말자는 것이었다. 肅宗은 그들의 의견에 따라 내년에 다시 논의하자고 하고 말았다. 이로써 오랫만에 실시할 수 있었던 전국적 양전은 또 무산되었다. 이전에도 그랬지만 南人들은 대체로 양전을 기피하고 있었다. 당쟁에서 탈락되어 갔던 南人들이 이미 향촌에서 토호지주로 자리잡아 가고 있었기 때문이었을 것이다.

肅宗은 그의 정치적 기반이었던 勳戚세력이 퇴조하자 宗室을 기반으로 한 왕권의 독자적 영향력을 키우려고 하고 있었다. 그러나 그것은 '士'와 士의 공론 중심의 정치를 지향하는 老論·少論의 비판을 받지 않을 수 없었다. 肅宗과 西人의 대립과 갈등은 더욱 심해지고 있었다. 그러던 차에 왕자가 태어남으로써 張希載 일파가 득세하기 시작하였다. 그러나 이들은 그 출신기반의 취약함으로 인해 왕권을 보완할 수 있는 독자적인 정치세력이 될 수 없었다. 肅宗은 세자 책봉에서 西人들의 동의를 얻지 못하자 대안적인 정치세력을 찾게 되었는데, 그것이 南人들이었다. 따라

77)『備邊司謄錄』45冊, 숙종 17년 8월 4일.
78)『肅宗實錄』권23, 숙종 17년 정월 기축일.

서 南人들이 집권하게 된 것은 그들이 西人과의 정책적 대립 속에서 肅宗에 의해 정치적 동반세력으로 선택된 것이 아니라 肅宗과 老論·少論 간의 갈등과 대립의 틈에서 반사 이익으로 얻어진 것이었다. 그런 만큼 이 시기에 南人들은 독자적인 정치세력으로 자리잡지 못하였고, 나름의 정책을 제안하거나 집행할 수도 없었다. 그들은 정계에서 三司 관원들의 비판을 받고 있었고, 밖으로 민심도 얻지 못하고 있었다.[79] 민심을 잃은 것은 肅宗도 마찬가지였다. 고립무원 속에서 閔黯 一派가 할 수 있는 것은 西人들의 失政을 들어서 정치적으로 보복을 가하는 것이었다. 마침내 그 도를 지나친 것이 肅宗 20년 4월 南人의 영수인 閔黯이 咸以完의 고변을 기화로 老論을 일망타진하고자 '甲戌獄事'를 일으킨 것이었다. 그러나 그 결과는 도리어 南人들의 축출로 끝나고 말았다.

4) 老論·少論 집권기(1694. 5~1716. 6)의 量田論

肅宗 20년(1694) 3월 23일, 우의정 閔黯은 咸以完의 告變을 기화로 옥사를 크게 확대하여 차제에 老論을 일망타진하고자 하였다. 南人정권을 몰락시키고 西人이 재집권하여 廢妃 閔氏를 복위시키려는 환국의 음모가 老論 측의 金春澤과 少論 측의 韓重赫을 중심으로 이루어졌음이 鞫問을 통하여 밝혀졌다. 그런데 3월 29일에는 西人 金寅의 逆告變이 있었다. 肅宗이 총애하고 있던 淑嬪 崔氏(英祖의 生母)에 대한 독살 음모였다. 肅宗은 심경의 변화를 일으키기 시작했다. 그렇지 않아도 지난 몇 년

---

79)『肅宗實錄』권24, 숙종 18년 11월 신유일, "사간원에서 제의하기를, 조정의 규율이 날로 퇴폐해지고 인심은 갈수록 꺼리는 것이 없게 되고 있습니다. 거리에서 수군덕거리는 것만으로도 부족하여 속된 가요를 지어내고 있으니 의도가 지극히 교묘합니다. 처음에는 수도 부근의 나무꾼들이 부르더니 관서 기생이 부르는 노래로 되어 멀리 전파되었습니다. 듣기에 놀랍고 이상하며 온 조정의 관리들이 그 조롱을 받게 되었습니다. 한때 어리석은 백성들이 마음대로 조정을 조소하고 모욕하며 깔보고 있으니 당대의 심한 수치입니다".

동안 왕비 張氏 및 그 일파들, 그리고 西人을 필요 이상으로 제거하고자
했던 南人들에게 염증을 느끼고 있었다. 또 민비를 폐위시킨 일도 내심
후회하고 있던 차였다. 김연의 告變을 계기로 肅宗은 완전히 돌아서고야
말았다.

4월 1일 밤 2경에 肅宗은 갑자기 비망기를 내려 우의정 閔黯을 "君父
를 우롱하고 縉紳을 漁肉으로 만들었다"고 질책했다. 이어 국문을 집행
하고 있던 南人들을 축출하고 '己巳換局'으로 몰락했던 西人들을 다시
등용하는 '甲戌換局'을 단행하였다.

換局을 단행한 그 날로 肅宗은 영의정에 南九萬, 좌의정 朴世采, 우의
정 尹趾琓, 훈련대장 신여철, 병조판서 徐文重, 이조판서에 柳尙運 등 少
論들을 대거 기용하였다. 肅宗의 원자정호를 반대했던 老論들에 대한 미
움이 아직은 사라지지 않았던 것이었다. 사실 宋時烈・金壽恒・金壽興
・金萬重・閔鼎重 등 老論 선배들은 이미 죽고 없었다. 이들은 이제 복
관되었다. '己巳換局'으로 位板이 땅에 묻히게 된 李珥와 成渾도 다시
문묘에 배향되었다.

'甲戌換局'으로 世子(경종)의 후원 세력이었던 南人과 禧嬪 張氏가 몰
락했다. 이들의 몰락은 세자의 지위마저 불안하게 하였다. 이때 남구만・
윤지완・최석정・유상운 등 少論들은 장씨 남매와 세자의 보호를 자임하
고 나섰다. 이제 정국은 장씨 남매의 처벌과 세자 보호를 둘러싸고 老論
과 少論이 정면 대결하는 구도가 전개되었는데, 老論보다는 少論이 정국
을 주도하였다. 그러나 肅宗 26년(1700) 8월 14일 민비의 죽음, 장희빈의
自盡으로 南人 잔류들이 완전히 축출당하고 老論이 득세하기 시작하면
서 세자 보호를 놓고 老論과 少論의 싸움은 더욱 노골화되었다. 肅宗 32
년(1706) 少論 儒生 任溥와 南人 유생 李潛의 옥사로 좌의정 李世白, 동
의금 유지발 등을 비롯하여 우의정 申琓・金昌集・李光迪・李畬 등 老
論 대신들이 파직되었다. 肅宗은 그러나 옥사를 더 진전시키지 않았고,

처벌된 老論 대신들도 곧 다시 敍用하였다. 얼마 후 또다시 원자정호시 宋時烈을 비난하는 李潛의 상소가 있었는데, 이번에는 少論이 타격을 받았다. 그러나 肅宗 42년(1716) '丙申處分'까지는 老論과 少論은 그런대로 균형을 유지하고 있었다.[80]

이 시기까지는 충청도와 황해도를 대상으로 한 '己酉量田'(1669)이 마지막 양전이었다. 그러나 그 때에 두 도의 모든 읍들을 양전하지도 못했을 뿐더러 양전이 적실하게 이루어지지 않았기 때문에 양전하지 못한 나머지 읍들을 대상으로 하는 양전 혹은 전면 再量田論이 제기되어 왔었다. 또한 이를 포함하여 지난 南人집권기에 실시하기로 했다가 미루어진 8道 양전이 여전히 현안으로 남아 있었다. 전국적 양전은 아니더라도 三南量田 특히 '甲戌量田'(1634) 이후 양전하지 못한 전라도, 경상도 양전은 시급한 과제였다.

換局 즉시 좌의정으로 기용된 朴世采는 우선 황해도 양전을 제안하였다. 그는, 방백이나 수령들은 대개 모두가 구차하게 눈 앞의 일만 하고 과감하게 변통하는 계책을 세우지 못함으로써 민생들이 피해를 입고 곤궁해지는데 황해도는 아직 대동법도 시행하지 않아 도민들이 가장 많은 고통을 받고 있으며, 대동법도 문제지만 그에 앞서 먼저 양전을 실시해야 할 것이라고 말하였다. 이미 해주·평산·황주·안악 등 큰 4읍은 양전하여 성안했고('己酉量田'), 나머지는 모두 작은 고을이기 때문에 어려울 것이 없다는 것이었다. 특히 새 감사 金夢臣은 人才인 만큼 양전을 시행하도록 하라고 촉구하였다.[81] 그러자 이내 肅宗은 金夢臣에게 朴世采의 箚子를 보이고 대동법과 양전 시행을 검토할 것을 面諭하였다. 그 해 겨울에 金夢臣이

---

80) 이성무,『조선시대 당쟁사 2』, 2000, 74~85쪽.
81)『肅宗實錄』권27, 숙종 20년 8월 6일.

田政의 結役은 路上, 路下(금천에서 황주까지의 關西大路의 오른쪽은
路上, 왼쪽은 路下가 됨) 간에 차이가 있어 양전하여 대동법을 시행하는
것이 혹은 편리하고 혹은 불편한 점이 있습니다. 그 중에서 시행할 수 있
는 곳을 가려 내년 봄에는 양전을 하고 가을에는 대동법을 시행하면 편리
할 듯합니다.

라는 장계를 올리자, 備局은 道 전체를 통털어 양전하기가 편리한 지 않
은 지를 종합하여 검토하고, 자세히 보고할 것을 지시하였다.[82]

　한편, 肅宗 20년(1694) 10월, 肅宗은 가을의 번개와 우뢰를 변괴로 여기
면서 求言備忘記를 내렸다.[83] 이에 대해 많은 신료들이 應旨上疏를 올렸
는데, 백성의 고통에 관한 것으로는 두 가지였다. 하나는 宮房田의 폐단
이고, 또 하나는 전정의 문란이었다. 그리고 전정문란의 대책으로는 양전
을 제안하고 있었다. 이를테면 設書 崔啓翁은

　양전을 한 지 이미 60년이 지났습니다. 둔덕과 골짜기가 뒤바뀌고 비옥
도가 같지 않으며 백성들이 모여들거나 흩어졌다 하면서 묵히는 땅과 붙
이는 땅이 서로 현저한 만큼 고쳐 측량하지 않을 수 없습니다.[84]

라고 하여 양전의 필요성을 역설하였다.

---

82)『肅宗實錄』권27, 숙종 20년 8월 6일.
83)『肅宗實錄』권27, 숙종 20년 10월 계묘일, "조정을 놓고 말한다면 충직과 불순을
분별하지 못하여 연달아 이리저리 뒤집히곤 하였다. 지금 비록 뉘우쳐 깨닫고
교화와 정사를 개혁하지만 부진상태는 날이 갈수록 하루하루 심해지니 어떻게
만회하겠는가? 백성의 생활로 말하면 돌보는 뜻이 간절하지 않은 것은 아니나
혜택이 아래에 미치지 못하고 원망이 연이어 일어나서 허물어질 형세가 눈앞에
다가오고 있으니 어떻게 구제하겠는가?……임금의 덕이 부족한 점, 조정의 정사
가 잘되고 못된 것, 백성들에게 이롭고 해로운 것들을 숨김없이 다 말하되 말이
비록 맞지 않더라도 내가 죄를 주지 않을 것이다……".
84)『肅宗實錄』권27, 숙종 20년 10월 17일.

그러나 肅宗 21년(1695)부터 4년 동안 전국이 여름 가뭄으로 인하여 흉년이 들었으며(<표 11> 肅宗年間의 재해와 전염병 발생 현황), 특히 肅宗 24~25년(1698~99)에는 癘疫이 서쪽지방에서부터 발생하여 전국적으로 번지기 시작하였다(<표 12> 조선시기 전염병 발생 현황). 때문에 이 기간에는 量田論도 제기되지 않았으며, 어느 곳도 양전할 수 없었다. 4년여 흉년이 끝날 무렵 다시 量田論을 제기한 것은 좌의정 崔錫鼎이었다.

오랫동안 양전하지 않아 隱漏된 토지가 많아 세입이 감소하고 賦稅가 不均한데, 균전사가 檢覈하는 것도 폐단이 있으니 각 고을 수령으로 歸正하게 하되, 감사에게 균전사를 겸임하게 하고, 도사를 가려서 낭청을 삼아 여러 고을에 나누어 다니면서 득실을 조사하게 하소서. 兩南·관동·해서를 우선적으로 거행하게 하고, 기호의 諸道는 차례로 개량하게 하소서. 그리고 一道 가운데 완급의 구별이 없을 수 없으니 도마다 2년으로 나누어 양전을 끝마치게 하되 節目과 事目은 묘당에서 마련하게 하소서. 도사와 수령으로 직무를 감당하지 못하는 사람은 즉시 罷黜시키고, 감사도 極選하여 보내게 하소서.85)

즉 양전의 목적과 시행 절차, 그리고 우선 양전해야 할 곳 등을 분명하게 정리하였다. 먼저, 양전의 목적을 분명히 하고 있다. 그것은 과세결수를 확보하여 세입을 증가시키는 것과 균세를 실현하자는 것이었다. 지금까지 보아 왔듯이 몇몇 도만이라도 정기적인 양전을 못한 지가 30년 혹은 60년이나 되어서 宮房의 民田 침탈에서 드러났듯이 소유권 분쟁이 일어날 만큼 이미 경계가 문란해졌으며, 또한 起陳이 반복되고 토지비옥도가 바뀌었다. 소유권 사정이 제대로 이루어지고 田品에 맞는 結負數를 책정해야만 均稅는 이루어질 것이었다. 더욱이 肅宗年間에는 해를 거르지 않고 한재와 수해가 들었기 때문에 陳田이 계속 늘어났던 것이다. 이미 加耕田은 최대로 늘어나 있었기 때문에 그것이 계속 발생하는 陳田을 상쇄시키지는 못했으며 따라서 陳田의 계속적인 증가는 세입을 감소시키고 있었다. 반면에 軍門의 증설과 굶주리는 농민들에 대한 賑恤로 지출은 늘어나고 있었던 것이다. 정부로서 전세수입의 증대는 양전의 최우선 목적이었다. 둘째는 '監司(균전사)−守令(낭청)−面任·書員'의 기존의 행정조직을 이용하여 양전하자는 것이었다. 그러면서 우선 감사와 수령을 엄격하게 선임하고 그 직무수행을 진퇴에 연결시켜 양전 과정의 부정을 없애자는 것이었다. 셋째, 일시에 전국적 양전을 할 수 없는 형편에서 양전한 지 가장 오래된 도(지역)부터 양전하고, 한 도의 양전도 2년에 걸쳐서 형편에 따라 선후를 정해서 점차적으로 양전하자는 것이었다. 넷째, 양전조직이나 시행 방법에서 도나 지역의 특수성만을 고려하면 자칫 불균과 불평등을 초래하기 때문에 量田節目 혹은 量田事目은 반드시 비변사에서 작성하여 내려보내자는 것이었다. 말하자면 崔錫鼎은 당시의 여러 정황을 고려하여 가장 현실성 있고 가능성 있는 양전책을 제안한 것이었다. 이후 少論들은 崔錫鼎이 제시한 양전 목적이나 양전조직, 시행 절차와 방법 등에 동의하면서 이후 量田論을 주도하였다.

이듬해 정월 비변사회의에서 肅宗과 영의정 徐文重, 수찬 吳命峻 등은 매우 구체적으로 삼남의 양전문제를 논의하고 결정하였다.[86] 즉 우선 비변사에서 量田節目을 제정하여 각 도에 지시할 것, 漏結과 隱結을 찾을 것, 전국에 풍년이 들기를 기다려서 일시에 시행하려면 결코 실시할 만한 때가 없기 때문에 약간 풍년이 든 고을부터 점차적으로 시행할 것 등을 결정하였다. 양전 목적을 더욱 구체화하였고, 특히 양전 시기와 대상 지역을 결정함에 있어서 융통성을 가지게 되었다. 법전의 양전 규정은 이제 더 이상 현실성과 유효성이 없어져 버린 것이었다. 양전 시기는 20년마다에서 풍흉 여부로, 道 단위의 광역양전에서 '邑別量田'으로 바꾸는 것이

---

86) 『備邊司謄錄』 51冊, 숙종 26년 1월 21일.

었다.

그러나 수령 주관 아래 邑量田을 하는 데는 2가지 문제가 해결되어야
했다. 하나는 감사와 수령이 별도로 해당 읍 양전을 위해 별도로 간략한
양전절목을 만들어야 한다. 한 고을의 양전을 시행함에서는 전국적 차원
에서 작성한 양전사목을 그대로 적용할 수는 없는 일이기 때문이다. 또
하나는 각 읍의 양전실무자로서 專算을 익힌 자가 있어야 한다. 즉 읍 차
원에서 전산자를 별도로 양성해야 하는 것이다.[87] 이 가운데 읍 양전절목
을 만들 수는 있지만 전산자는 단기간에 양성할 수 없었다. 읍 양전을 할
수 없었던 것은 사실 전산자가 없는 것도 그 이유 중의 하나였다. 나라
전체의 양전책으로서 읍양전을 채택하고 실행하기 위해서는 준비가 필요
했다. 그러나, 廣域量田이든 邑量田이든 양전조직에서 가장 중요한 사람
은 실질적으로 수령이었고, 결국 수령의 능력과 태도가 양전의 성패를 판
가름할 것이었다.

이미 좌의정 崔錫鼎의 건의에 의해 肅宗 26년(1700) 가을부터 양남·
관동·해서를 우선 양전하도록 했던 바, 이해 8월 비국회의에서[88] 최석정
은 다시 전정이 매우 문란한 영동과 관서도 포함해서 함께 양전하자고
주장하였다. 그러나 入侍한 縡臣들 가운데 호조참판 李寅燁, 교리 任守
幹 같은 이들은 災荒 끝이라 여러 도를 함께 양전할 수는 없다고 말하기
도 하였다.

---

87) 『備邊司謄錄』 51冊, 숙종 26년 2월 17일. 숙종 26년(1700) 2월에 경상도 언양현이
  특별히 전정이 문란해서 감사의 양전 요청 장계를 받아들여 양전하라고 결정했
  을 때 당시 호조판서 金構는 한 고을 양전을 시행함에 있어서 양전사목을 모두
  적용할 수 없으니 우선 본 도 도사로 하여금 연분답사 때의 예에 의해 당해 읍
  수령과 공동으로 간략한 절목을 만들기를 건의하였고, 영의정 서문중은 고 상신
  鄭太和가 "시행이 매우 어려우며, 각 읍의 관리로서 전산을 익힌 자가 매우 적
  다"고 한 말을 근거로 언양의 양전은 호조판서의 건의대로 본 도에서 거행하되
  전산법의 예습방법을 각 고을에 통보해서 준비하자고 건의하였다.

88) 『肅宗實錄』 권34, 숙종 26년 8월 5일 ; 『備邊司謄錄』 51冊, 숙종 26년 8월 8일.

양전의 일차적 목적이 이젠 분명히 隱結과 漏隱을 찾는 것으로 인식되었는데, 당시 은루결을 빠짐없이 찾을 수 있는 양전법으로 兪集一의 이른바 '方田法'이 세간에 회자되고 있었다. 호조판서 金構는 兪集一이 마침 경상감사로 임명되자 그에게 그의 '方田法'으로 영남부터 양전하자고 제의하였다. 특히 김구는, '方田法'은 양전기간을 단축시킬 수 있고, 측량할 때 田夫가 입회할 필요도 없으며, "한 고을을 모두 이 법에 따라 차례로 直方으로 구획하면 경계가 반듯하여 은폐될 수 없어 중간에 누락되는 폐단이 없을 것"이라면서 '方田法'의 장점을 역설하였다. 좌의정 李世白도

금년 농사가 꽤 풍년이 예상되니 양전을 해야겠습니다. 한 도부터 시행하든 혹은 서너 고을부터 시험해 보든 조정의 참작에 달려 있습니다. 현재 경상감사 兪集一이 시무에 마음을 두고 方田法을 평소 강구하여 시행할 만하다고 늘 말하였으며, 지금 관찰사로 있습니다. 영남은 또 권세 있는 자가 많아 전정이 더욱 문란하여 한 마을 전체가 누락된 곳도 많이 있다고 하니 재양전해야 합니다. 방전의 측량법은 매우 간편하여 굳이 풍년을 기다려야만 시행할 수 있는 것도 아니요, 또 백성을 소요하게 하는 일도 없을 것입니다. 경계가 분명한 바둑판 같이 반듯반듯하고 문란하지 않으니 비록 천만년 후일지라도 바뀔 수 없습니다.……금년에 양전을 시행한다면 兪集一로 하여금 시행토록 함이 좋을 듯합니다.[89]

라고 하여 '方田法'이야말로 권세가의 隱漏結을 적발할 수 있고, 더욱이 지금까지 양전을 가로막았던 이유 가운데 하나가 흉년이었는데 그에 관계없이 언제나 양전할 수 있는 획기적인 측량법임을 강조하면서 영남부터 양전하자고 제안하였다. 다만 '方田法'은 新法으로 시험된 적이 없기 때문에 먼저 몇 고을에서 시험해 보고 점차 도 전체로 확대 실시하자고

---

89) 『備邊司謄錄』 51冊, 숙종 26년 8월 8일.

하였다. 좌부승지 趙泰東도 같은 의견이었다. 그는 '方田法'은 심지어 年分의 착란도 해결할 수 있을 것이라고 말했다. 우의정 申琓은 '方田法'에 의한 양전을 영남부터 점차 여러 도로 확대 시행하되 두메산골이 많은 강원도의 경우는 시행하기 어려울 것이라며 '方田法'의 한계도 지적하였다. 이에 대해 肅宗도 "양전을 지금까지 미루어 온 것은 크게 개탄할 일이며, 만약 풍년든 해를 기다려 양전한다면 할 수 있는 때가 없을 것"이라면서 兪集一로 하여금 영남부터 양전할 것을 지시하였으며, 직접 측량하는 것은 수령이기 때문에 수령을 특별히 신칙할 것을 당부하였다.

그렇다면 과연 兪集一의 '方田法'으로 영남부터 양전을 시행할 수 있었을까? '方田法'의 내용이 그러하건데 '方田法' 양전을 가장 꺼려하고 반대하는 이들은 바로 隱漏結의 장본인이면서 향촌에 농장을 소유하고 있던 高位官人地主들, 在地의 토호지주들, 그리고 은루시켜주는 대신에 토호지주의 일부 隱餘結로 지방재정과 私用을 해결하고 있었던 수령들이었을 것이다. 아니나 다를까 兪集一은 부임 직전에 불의에 臺官의 탄핵을 받아 부임하지 못하고 교체되었다. 탄핵의 이유는 좌의정 李世白이 나중에 말했듯이 사실 터무니없는 것이었다.[90] 그러면 영남양전도 중지되어야 했는가. 방법은 두 가지였다. 하나는 兪集一을 균전사로 파견하여 '方田法'으로 양전하게 하는 것이고, 또 하나는 새로 부임하는 감사가 옛

---

90) 『肅宗實錄』 권34, 숙종 26년 8월 10일, 9월 18일, 9월 20일, 12월 20일. 정언 이성조가 경상감사 兪集一을 논핵하기를, "이미 재주와 국량도 없고 또 명성과 공적도 모자라는데 일찍이 동쪽 지방 고을을 맡아서 제 몸을 살찌우고 제 집을 윤택케 했다는 책망을 많이 초래했으며, 뒤에는 서쪽 지방 고을을 지키면서 또한 백성을 몰아 물에 빠뜨린 죄가 뚜렷이 드러났습니다. 청컨대 遞差하소서" 하였다. 兪集一은 이 탄핵을 받고 체차되었으며, 9월 18일부로 승지에 임명되었다. 그러나 9월 20일 승지 崔錫恒이 兪集一이 탄핵을 당한 억울함을 변호하고, 여러 大臣들도 잇따라 모두 변호하니, 왕은 "당초 臺啓를 나도 이미 그 근거가 없음을 알았는데, 지금 여러 사람의 말을 들어 보니 더욱 환하게 깨달았다"고 하였다. 兪集一은 바로 그 날짜로 황해도 관찰사로 임명되었다.

날 측량법에 의해 양전하는 것이었다. 결론은 후자였다. 그러면서도 "앞으로 어느 도의 방백 자리가 나면 兪集一을 차출하여 그가 강구한 '方田法'으로 시험하도록 하자"고 했다.[91]

'方田法'에 의한 양전은 다시 시험대에 올랐다. '方田法'은 새로운 측량법이었던 만큼 시행과정에서나 그 결과를 예측컨데 여러 가지 문제가 제기될 것이었다. 兪集一은 肅宗 26년(1700) 9월 20일부로 황해도 관찰사로 임명되었는데, 해주 목사 겸 감사로 부임하고서 이듬해(1701) '方田法'에 의해서 황해도의 강령·옹진·은율을 양전했고 그 결과 전품의 고하가 실제대로 집등되고, 많은 은루결을 찾아냄으로써 이전보다 약 1.5배 이상의 결부수를 확보했다. 兪集一이 어디든지 감사로 부임하면 '方田法'에 의해 양전하도록 하자는 것은 이미 허락된 상태였다.[92] 그런데 이듬해 7월에 肅宗이 대신과 당상들을 만나는 자리에서, 영의정 崔錫鼎이 아뢰기를,

'方田法'은 (기존의) 양전법과 제도가 달라 백성들이 처음 보는 것이니,

---

91)『肅宗實錄』권34, 숙종 26년 9월 21일.
　　호조판서 김구 : 兪集一을 균전사로 차출하여 영남으로 보내 양전토록 하려 했으나 대신이 불편하다고 합니다. 당초에 '方田法'에 의한 영남양전은 兪集一이 방백이 되었기 때문입니다. 지금은 兪集一이 교체되었으니 양전문제도 정지되는 것입니까? 영남의 양전은 그대로 시행할 것입니까? 처분이 있어야 할 것입니다.
　　좌의정 이세백 : 따로 균전사를 차출하여 보냄은 일에 모순이 있습니다. 감사가 담당하는 것만 못할 것입니다.
　　우의정 신완 : 금년 농사가 약간 풍년이고, 경계에 대한 정책도 매우 긴급하며, 兪集一이 마침 방백이 되어 그 강구한 법을 시행하게 한 것입니다. 지금 만약 균전사를 따로 보내는 경우 소요스런 폐단이 없지 않을 것입니다. 앞으로 어느 도의 방백 자리가 나면 兪集一을 차출하여 그가 강구한 법, 즉 '方田法'에 의해 시험하도록 하는 것이 편의할 듯합니다.
　　숙종 : 균전사는 사실 불편하다. 대신이 아뢴대로 하라.
92) 주 90) 참조.

賦稅를 참작하여 내게 하여서 民情을 진정시키도록 하소서.

라고 하였고, 좌의정 이세백이 아뢰기를,

　　兪集一의 장계로 보면, 방전의 법이 漏失이 전혀 없다고 하니, 법인 즉
　　매우 좋습니다. 그러나 백성들이 모두 불편하다고 하니 그냥 추수할 때까
　　지 기다렸다고 상의해도 늦지 않을 것입니다.

라고 하였다. 이에 肅宗은 가을에 다시 논의하기로 하였다.[93]

　그 해 가을에 다시 황해도의 강령·옹진·은율 등 3읍을 어떻게 수세
할 것인가가 재론되었다. 세 가지 의견이 제시되었다. 하나는 영의정 崔
錫鼎·우의정 申琓·병조판서 金構·호조판서 金昌集의 의견으로, 균일
하게 1결 반을 1결의 비율로 결수를 감하여 부세를 내게 하자는 것이고,
둘째는 등급을 낮추어 부세를 내게 해서 民役을 덜어 주자는 것이며, 셋
째는 이미 打量했더라도 즉시 시행할 필요가 없으니 모든 고을을 타량한
뒤에 일제히 부세를 내게 하자는 것이었다. 肅宗은 첫째의 의견을 따라
수세방침을 결정하고, 양전하지 못한 나머지 읍들은 풍년을 기다려 시행
하자고 하였다.[94]

　'己酉量田'(1669) 때에 타량한 4읍(황주·해주·안악·평산)을 제외하면
이 세 읍을 포함하여 황해도는 '癸卯量田'(1603) 이후 거의 백 년이나 양
전하지 않았고 따라서 전정이 문란하여 우선적으로 양전할 지역으로 지
목되어 온 곳이었다. 그런 만큼 제대로 타량만 한다면 많은 결수를 확보
할 것이었다. 더구나 '方田法'에 의해 양전한 결과 은루결이 모두 적발되
고 비옥함과 척박함이 사실대로 가려져서 현행 과세 실결수보다 1.5배 가

93)『肅宗實錄』권35, 숙종 27년 7월 15일.
94)『肅宗實錄』권35, 숙종 27년 9월 10일.

량 늘어난 新結數가 확보된 것이었다. 大臣과 당상들조차 이처럼 결수가
많이 늘어나리라고는 미처 예상하지 못했던 것 같다. 그들은 양전 결과에
매우 당황했고, '民心'을 빗대어 결수를 줄여 주어 수세하자고 하였다. 하
지만 아예 양전하지 않았으면 모르지만 일단 타량한 이상 그렇게 조치할
수는 없었다. 그들이 말하는 '民心'의 '民'은 사실 일반 민인들이 아니라
그동안 양전하지 않음으로 인해서 이익을 얻고 있던 지주들이었을 것이
다.95) 예전의 양전법에 의한 양전도 훼방하고 반대했거니와 하물며 '方田
法'에 의한 양전은 그들로서는 도저히 받아들일 수 없었을 것이다. 가난
한 농민들은 '己酉量田'(1669) 이후 民怨을 제기하였고 계속 양전을 원해
왔다. 따라서 빈농들이 양전을 반대했을 리는 없었다. 아무튼 3읍만의
타량으로 끝났고 나머지 읍들은 풍년을 기다려 양전하자고 했다. 하지만
과연 계속 양전할 수 있었을까? 이는 兪集一의 거취와 관련된 문제였다.
다행인지 불행인지 모르지만 兪集一은 감사 임기가 이미 만료되었었다.
만일 그로 하여금 양전을 계속하게 하려면 그의 임기를 연장해야 했다.
영의정 崔錫鼎은,

> 명년에 만약 큰 흉년이 들지 않는다면 어찌 갑자기 정지할 수 있겠습니
> 까. 兪集一은 그 瓜期가 이미 지나갔으나, 무릇 신하를 부리는 도리는 마
> 땅히 오랫동안 맡겨서 成效를 책임지우는 것이니, 지금 만약 그대로 목사
> 를 겸임한 채 그 가족들을 거느리고 가게 한다면 감사가 반드시 職事에
> 힘을 다할 것입니다.96)

라고 하여, 兪集一의 감사 임기를 연장할 것을 제안하였다. 이에 대해 판

---

95) 한강 이북 지역에서는 황해도가 전체적으로 들이 많고 비옥하였기 때문에 조선
   후기에 지주제가 발달하면서 서울 거주 관료들이나 궁방이 토지를 많이 소유하
   고 있는 곳이었다.
96) 『肅宗實錄』 권35, 숙종 27년 9월 10일.

의금부사 李畬는 "兪集一은 이미 양전하는 일로 仍任하였고 흉년으로 양전할 수도 없을 뿐더러 앞으로도 언제 양전할지도 모르는데 양전을 위하여 仍任하는 것은 어렵다며 代任을 내야 한다"는 의견을 냈고, 좌의정 이세백도 같은 의견을 냈다.[97] 肅宗은 결국 老論의 의견을 받아들여 兪集一을 체직시켰다. 장희빈의 自盡으로 이미 老論 우세 정국이 전개되기 시작했던 것이다.

그러나 兪集一의 '方田法'을 다시 제기한 것은 老論의 우의정 申琓이었다.[98] 그는 肅宗 28년(1702) 8월에 8조의 시정개혁안을 제시하였는데, 제8조에서 '方田法'에 의한 8도 양전을 제안하였다.

여덟 번째는 經界를 바르게 하는 것이니, 우리나라의 量制는 처음에 매우 소략하였는데 六等으로 고친 후에 조금 균등하게 되었습니다. 임진왜란 후 갑진년에 비로소 兩西와 關東을 개량하였습니다. 인조 갑술년에 兩南을 개량한 지가 이제 이미 70년이 되었고, 湖西와 관동을 반쯤 개량하다가 중지하였으며, 海西는 단지 네 고을(사실은 세 고을)만 개량한 지도 또한 40년이 되었습니다. 중간에 간사하게 속이는 폐단을 모두 막을 수 없고, 세력이 강한 자들이 이익을 독점하여 세입이 더욱 줄어들게 되니 한 번 고쳐서 바로잡지 않을 수 없습니다. 작년 兪集一의 방전법은 그가 地部에 올린 丘井量法과 繡衣의 書啓로 본다면 실로 간사함을 막는 묘법이 될 것이니 진실로 이를 8도에 두루 시행한다면 수백 년 동안 문란해진 경계를 정돈할 수 있을 것입니다. 오직 성상께서 뜻을 결정하여 시행하도록 하소서.[99]

---

97) 『肅宗實錄』 권35, 숙종 27년 11월 29일.
98) 갑술환국 이후 남구만·윤지완·최석정·유상운 등 일군의 少論세력은 장씨 남매와 세자의 보호를 자임하고 나섰다. 정국은 이 문제를 둘러싸고 老論과 少論이 정면 대결하는 구도로 바뀌었다. 그런데 장희재의 처벌을 놓고 少論 사이에서도 의견이 일치하지 않았다. 특히 좌의정 박세채는 남구만이 장희재를 구원하려는 것에 대해 그 부당성을 누차 지적하였다. 이로 인해 박세채의 문인 가운데 유득일·김구·신완 등은 老論으로 전향하기도 하였다.

즉, 그는 지금까지의 양전사를 꽤 정확히 정리한 뒤에 오랫동안 양전하지 않음으로써 빚어진 전정 문란을 兪集一의 '方田法' 양전으로서 모두 해결할 수 있다고 말하고 있는 것이었다. 전정 문란의 핵심은 양전 과정에서의 양전 실무자들의 농간과 富豪들의 漏結에서 비롯되는 것인 바, 이것을 바로 '方田法'에 의해서 원천적으로 근절시킬 수 있다는 것이었다. 肅宗은 이 8조의 시정개혁안을 찬탄하였고, 묘당으로 하여금 충분히 강구해서 처리하도록 하겠다고 답변하였다.

그러나 申琓의 8조 책자 이후 한참 동안은 어떠한 量田論도 제기되지 않았다. 특히 老論·少論을 막론하고 어느 누구도 '方田法'에 의한 양전을 제안하는 이는 없었다. 다만 肅宗 31년(1705) 12월에 少論의 부수찬 柳鳳輝가 老論이 주관하였던 良役釐整廳의 양역 변통의 실패를 지적하고, 당시 釐整筍管堂上이었던 兪集一을 탄핵하면서

　　……당상 兪集一은 말재주가 조금 있고 스스로 칭찬하여 뽐내기를 잘하는데, 한번 海西의 양전을 맡아서는 그 미숙한 행정이 지금까지도 웃음거리가 되고 있습니다. 그리고 다시 이정을 구관하게 되어서는 졸렬한 기량이 바닥이 났습니다.[100]

---

99) 『肅宗實錄』 권37, 숙종 28년 8월 11일.
100) 『肅宗實錄』 권42, 숙종 31년 12월 21일 ; 『經世遺表』 권9, 地官修制 田制別考三. "肅宗戊子(乙酉年임) 兪集一以量田事遭彈 上疏自明曰 臣之奉命量田 只是三邑 而臺臣以爲 一道之民 罵不絶口 如在水火 網罟量法 載在流來事目中 臣於其時 知其難便 拔去於新事目中 故三邑亦無此行用之事(3읍을 방전법에 의해 양전하지 않았다고 말하지만 앞의 기록에 의하면 방전법(新法)으로 양전한 것으로 보임. 주 93) 참조) 而今以自作一網 遍量原野爲辭 强名之曰 網田 至以撤家立標 數畝之田 片片分裂 結卜亦分 賦役多岐爲辭 豈不駭怪乎 所謂方田 非臣所創 亦非新奇之法 此實宋儒張載朱熹遺制 而不過吾東量法加方圍一著 使田夫各自繩量 毋容監色弄奸而已 設墩立標之處 相距以三百六十步爲準 卽方一里爲井之聖法 墩之高廣 例爲二尺 不過一方席之地 爲此而毀民之家 其果近里乎".

라고 하여, 지난 4년 전 兪集一의 황해도 3읍 양전을 失政으로 지적하였다. 즉 兪集一의 '方田法'에 의한 황해도 양전은 결과적으로 실패했다는 것이었다. 이러한 평가에 대해서 전에는 '方田法'을 획기적인 측량법으로 강조하면서 '方田法'에 의한 양전을 주창했던 崔錫鼎·金構·李世白·申琓 등 老論·少論을 불문하고 어느 누구도 이의를 제기하지 않았다. 이때는 肅宗 27년(1701) 장씨의 죽음 이후 세자 보호를 둘러싸고 老論과 少論이 혈전을 벌이고 있던 때라 어떤 문제든 상대 朋黨에 대한 비판과 비난을 할 법한데 兪集一의 황해도 양전에 대해서만은 의견을 같이 하고 있었다. 사실 그들은 3읍의 양전 결과를 인정하지 않았고, 늘어난 新結數를 일괄적으로 줄여서 수세했던 것이다. 말하자면 그들은 방전법에 의한 양전을 부정하는 것이었다. 사실 그들에게 '方田法'은 '위험'한 것이었다. 그들의 계급성은 '方田法'을 용납할 수 없었던 것이다. 그래서 申琓도,

> 방전법의 시행을 기뻐하는 자는 대부분 힘 없고 피곤하고 능력이 없는 사람들이다. 때문에 비록 간절한 마음이 있더라도 말로 표현할 수 없다. 반면에 기뻐하지 않는 자는 모두가 재력과 달변과 지혜가 있는 사람들이다. 때문에 그 생각하는 것이 개인적인 것일지라도 말을 잘하여 여러 사람들을 현혹시킨다. 어진 선비와 대부로서 안정을 즐기는 자들은 또한 그 사정을 깊이 살필 수 없어서 관망하고 주저하면서 으레 시행할 수 없다는 말로 그 세를 부추긴다. 이처럼 인심이 맑지 못하고 습속이 타락한 때에는 교활하고 훼방하는 자들이 송대보다 반드시 두 배나 많을 것이다. 방전제는 비록 좋은 법이지만 지금 시행하기 어렵다는 것을 확신한다.[101]

라고 하여 '方田法'을 싫어하는 자들은 모두 재력과 지식을 가진 사람들이고, 사대부들 역시 으레 시행할 수 없다고 하면서 그 세를 돋구고 있다는 것이었다. 그래서 '方田法'이 좋은 법이기는 하지만 막상 시행하기는

---

101) 『絅菴集』 권4, '進八條萬言封事冊子箚'.

어렵다는 것을 확신한다고 말할 정도였다. 이후 '方田法'에 의한 量田論
은 거의 200여 년 동안 제기되지 않았다. '方田法'이 다시 거론되는 것은
高宗年間에 兪集一의 손자 兪鎭億의 「方田條例」(1897)에서였다.[102]

　한편 황해도 어사 宋正明의 보고에 따라 대동법 실시와 관련하여 양전
문제가 제기되었다.[103] 선조 41년(1608) 경기도부터 시행되기 시작한 대동
법은 황해도에서는 실시 여부에 대한 논의만 계속되어 왔을 뿐 아직도
시행되지 않고 있었다. 다만 結當 쌀 5두를 걷는 詳定法은 실시되고 있
었다. 해서민들의 부역은 매우 번다하였는데 詳定米 이외에 군포와 잡역,
관용 그리고 칙사 접대비용 등을 따로 부담하고 있었다. 특히 客使가 나
올 때 들어가는 비용은 해서민들을 가장 곤궁하게 하는 것이었다. 그나마
그들이 지탱해 갈 수 있었던 것은 상대적으로 전세가 가벼웠기 때문이었
다. 해서의 원장부의 전결수는 광해군년간에 11만여 결이었는데 갑술년
(1634) 이후 行用結數는 5만여 결로 줄었고, 이때에는 4만여 결에 불과하
였다. 만약 이 결수를 기준으로 하여 영남 대동법에 따라 13두씩을 거두
면 1년 비용을 지급하고 남는 쌀은 한 번의 勅需에 해당하는 6천 석 정도
된다고 하였다. 대동미는 중앙에 상납되기 때문에 8두만큼을 더 부담해야
하는 것이다. 수세결수를 늘여야만 그만큼 부담이 줄어 들 것이었다. 바
로 여기서 양전의 필요성이 제기되었다.

　환국 직후 좌의정으로 기용된 朴世采는 이미 대동법을 실시하기에 앞
서 양전해야 한다고 주장했었고, 당시 감사로 내려갔던 金夢臣도 양전을
먼저 한 이후에 대동법을 시행하면 편할 것이라는 장계를 올린 적이 있
었다.[104] 그리고 행호조판서 趙泰采도

---

102) 최윤오, 앞의 논문, 1992 ; 왕현종, 「대한제국기 量田・地契事業의 추진과정과
　　성격」, 『대한제국의 토지조사사업』, 1995, 47쪽.
103) 『備邊司謄錄』 57冊, 숙종 32년 5월 23일.
104) 『肅宗實錄』 권27, 숙종 20년 8월 6일.

　만약 양전을 먼저 시행하여 토호들과 品官들의 隱結을 찾아내어 가난한 백성들과 일체로 양전한다면 균역을 기할 수 있을 것입니다. 해서의 산협에 가까운 전답은 모두 척박한데 한결같이 결부를 따라서 양전하면 그 전답에서 나오는 것으로는 비록 쌀 12두를 내더라도 마련하기가 어려워 백성들의 힘이 지탱하기가 어려움이 오늘날보다 더 심할 것입니다. 대동과 양전을 하지 못하는 것은 이 때문입니다.[105]

라고 하여, 지금 그대로 양전하고 대동미를 부과한다면 오히려 민인들의 부담만 가중시킬 뿐이며, 양전할 바에는 반드시 토호들과 품관 지주들의 은결을 찾아서 대동법을 시행해야만 균역을 기할 수 있다는 것이었다. 행병조판서 李頤命·형조판서 徐文裕 등은 趙泰采의 의견에 동의하였다. 반면에 영의정 崔錫鼎·이조판서 李寅燁·좌부승지 임윤원 등은 우선 대동법을 시행하자는 의견을 냈다. 그 근거는 우선 백성들의 무거운 부담을 덜어주어야 한다는 것, 양전하면 陳田에도 과세하게 된다는 것, 달리 민역을 변통하지 않으면 민인들이 지탱하기 어려울 것이라는 것 등이었다. 그러기 위해서 감사는 목사를 겸하여 1년을 더 仍任시킬 것을 제안하기도 하였다. 결국 감사 李濟의 의견을 듣고서 결정하기로 하였다.

　이듬해(1707) 겨울에 감사의 목사 겸임 문제와 대동법 시행 여부 문제가 다시 논의되었다. 이때 호조판서 尹世紀는 "칙사의 비용도 적지 않아 부족할 경우 민결에서 책징해도 각 고을에서는 그나마 약간의 隱結이 있어서 지탱할 수 있었는데 은결을 모두 색출하여 대동법을 시행한다면 각 고을은 어려울 것"이라고 말하면서 대동법을 먼저 시행하는 것에 반대하는 의견을 표시했다. 이런 사정은 海西만이 아니었다. 사실 각 고을은 중앙정부의 묵인 아래 얼마간의 은결을 보유하였고, 그것으로 읍 재정을 보충하고 있었다. 이 때문에 감사나 수령들은 은루결을 적발하고자 하는 양

---

105) 『備邊司謄錄』 57冊, 숙종 32년 5월 23일.

전을 기피할 수밖에 없었던 것이다. 이후 감사의 목사 겸임과 대동법 문제는 양전과 분리된 채 논의되었다.

한편, <표 11>과 <표 12>에서 보는 바와 같이 여름 가뭄과 전염병, 그리고 기근이 계속되고 있었다. 양전을 하지 못하는 이러한 상황에서 양전을 대신하는 것은 年分이었다. 국가로서 일정한 수세결수를 확보하고 유지할 수 있는 길은 年分給災를 제대로 실시하는 것뿐이었다. 年分給災를 위한 현지 답험의 책임자는 수령이었지만, 그들은 대체로 감관·색리들에게 일임하고 있었다. 따라서 전결의 잉여와 부족은 감관과 색리의 손에 달려 있었으며, 그들의 농간으로 인해 실행 결수가 계속 줄어들고 있었다.

양전 결과 양안에 일단 '時起'로 등재되면 계속되는 흉년으로 혹은 경작을 포기함으로써 陳田이 되더라도 給災를 하지 않는 것은 대체로 농민들로 하여금 힘써 개간하고 묵지 못하게 하려는 것이었다. 時起田으로서 전세를 낼 수밖에 없기 때문에 어쩔 수 없이 경작하리라는 것이었다. 때문에 힘있는 토호지주들은 양전할 때면 감관·수령과 결탁하여 어떻게든지 기경지를 陳田으로 등재시키고 있었고, 연분시에는 재결을 받고자 했다. 그래서 급재는 실제로 농민들에게 혜택이 돌아가는 것이 아니었다. 각 읍 토호 및 서원들이 실결을 殘戶에게 전가시키고 그들의 전답은 災結로 돌리고 있었기 때문이다.[106] 토호들이 빼돌리는 陳田과는 달리 사실상의 陳田 가운데는 금새 起耕할 수 있는 것도 있지만 더러는 여러 해 동안 묵어 이미 숲이 되어버렸거나 강가에 있어서 홍수로 개천이 되어버려 이내 覆沙·浦落田이 된 것도 있었다. 이러한 토지에 대해서는 당연히 급재를 해야 하고 양전하게 되면 양안에는 陳田으로 등재되어야 하지만 그렇지 못했기 때문에 民怨이 일어나기도 하였다. 이때 民怨을 의식하는 수령들은 규정을 어기고 급재하기도 하였다.[107] 문제는 수령이 상

---

106) 『備邊司謄錄』 59冊, 숙종 34년 8월 23일.

습적으로 그리고 고의적으로 실결을 재결로 **빼서** '私用'하고 있는 것이었
다. 이러한 수령들에게 지금까지는 杖 100번으로 처벌했지만 별 효과가
없었다. 그래서 肅宗은

> 연분의 허와 실을 서로 속이고 있다. 예전에도 이런 폐단은 있었지만
> 근래에는 더욱 심하다. 수령이 오로지 감관·색리에게 맡겼기 때문에 농
> 간하여 은루하는 폐단이 이와 같다. 昨日에 하직하는 수령을 인견할 때
> 친히 하교하여 신칙하였다. 수령이 餘結을 私用하는 것에 더욱 놀라게 되
> 었다. 반드시 從重科罪하여 그 폐단을 막아야 한다. 杖 100은 가벼운 듯
> 하다. 환상을 虛錄한 것과 죄가 같다는 말은 진실로 잘 생각한 것이다. 이
> 것을 年分事目 중에 첨입하여 頒示함이 좋겠다.108)

라고 말하였다. 즉 앞으로 災傷差錯하는 수령은 虛錄의 법률로 논하되,
'30負 이상이면 拿問하고, 10負 이상이면 罷職하며, 30負 拿問 예에 따라
그 負數를 정한다'라는 것을 연분사목에 첨입하자고 하였다. 그러나 대
신·대관들의 의견은 재상차착과 隱結을 私用하는 것은 함께 죄가 되지
만 죄를 범한 사정은 같지 않으니 '隱結 私用'을 '還上 虛錄'을 처벌하는
법률로 다스릴 수는 없다는 것이었고, 또한 지방의 의론도 30부를 숨긴
자를 금고의 법률로서 처벌하는 것은 과중하다고 하였다. 따라서 災傷差
錯의 죄는 그전대로 다스리고, 隱結을 私用한 것이 10결일 경우에만 환
곡허록의 예로 처벌하기로 하였다.109) 그러나 年分給災의 부정으로 인하
여 실결의 축소는 계속되고 있었다. 가중처벌한다고 막을 수는 없었다.
수령과 감관·서원들은 가중처벌 때문에 오히려 양전 때에 처음부터 陳
田으로 隱漏시키고 있었던 것이다. 양전도 이미 실결 축소를 막을 수 없

---

107) 『備邊司謄錄』 59冊, 숙종 33년 12월 19일.
108) 『備邊司謄錄』 59冊, 숙종 34년 7월 29일.
109) 『備邊司謄錄』 59冊, 숙종 34년 8월 27일.

게 되어가고 있었다.

肅宗 34년(1708) 9월, 지난 西人집권기에 老論들이 제안했던 강원도 양전 문제가 다시 제기되었다. 강원도는 肅宗 10년(1684)에 閔鼎重의 건의에 의해 양전하였는데 양전 결과 몇몇 고을의 결수가 크게 줄었었다. 춘천의 경우 무려 900여 결이나 감소되었다. 새로운 결수를 기준으로 과세할 수는 없었다. 몇 년 안에 다시 타량하기로 했었으나 그럭저럭하다가 이때까지 양전하지 못하고 있었다. 강원도는 삼남과 달리 평지는 元田이되고, 산 허리 이하는 續田이 되며, 산 허리 이상은 개간을 금지하였다. 그런데 평지가 적기 때문에 원전이 많지 않고, 속전은 해를 걸러 묵혀서그 비옥도를 考準하기 어렵고, 양전사목에 山田은 隨起收稅하고 묵히면 陳田으로 인정해 주기로 했지만 수령들은 일단 양안에 '時起田'으로 올라 간 뒤에는 진결로 허가해 주지 않았기 때문에 民怨이 특별히 많았다. 또한 다른 지방에서도 그렇듯이, 富豪들은 땅은 많고 결수는 적으며, 殘弱한 농민들은 경작지는 적은데 전세는 무거웠기 때문에 균세를 위해서도 양전은 불가피한 것이었다. 그러나 역시 도의 모든 읍들을 일시에 양전하기는 어려웠다. 그리하여 영의정 崔錫鼎은 감영 근처 몇 고을과 영동에서 다소 나은 몇 고을만 양전하기로 하고, 균전사와 종사관을 파견하는 대신 감사로 하여금 시종 총찰하자고 하였다. 그러나 호조판서 金宇杭은,

　　원주와 춘천에는 호족이 많고, 양안을 재검토하는 일은 이들에게 불리한 일이기 때문에 방해하는 말로 이미 선동하고 있습니다. 대체로 흉년에 백성을 소요하게 하는 것은 매우 염려스런 일이고 일시에 타량하기 어려운 것은 대신이 진달한 바와 같으니 영동과 감영 소속의 몇 고을만 우선 거행하는 것이 좋을 듯합니다.

라는 의견을 냈고, 당시 감사 宋正奎가 타도 출신의 監官을 파견해 달라

고 요청했는데 다른 道의 감관은 보내지 않는 것만 못하다고 반대하였다. 肅宗은 양전하겠다는 의지를 천명하고, 감영 소속의 몇 고을과 영동의 9군만 그해 안으로 실시하되, 종사관 2, 3명만 차송하고 타도 출신의 감관은 별도로 파견할 필요가 없다고 지시하였다. 그리고 영의정 崔錫鼎은 量田節目을 부분적으로 개정하였다.

> 감사 송정규가 보낸 책자에, 관동은 영남과 가깝지만 전품이 현격한 만큼 垈田과 가장 좋은 땅은 4등으로 정하고 기타의 전답은 5, 6등으로 차차 내려가야 한다고 합니다. 등수가 너무 낮은 것 같지만 결수는 전보다 틀림없이 많아질 것입니다. 상소 5개 조항 중에 字號와 員長은 차차 고지한다는 일과, 田案에 주인의 이름을 기재함에 있어서 양반은 다만 奴의 이름만 내세우는데 상놈의 이름은 으레 같은 이름이 많기 때문에 폐단이 많으니 지금부터는 조례로 정하여 2품 이상을 제외하고는 관직과 성명을 바로 쓰기로 하자고 하였고, 또 繩尺은 『大典』에 실려 있는 各等의 자를 사용하자고 말합니다. 이 이외의 절목은 갑자년에 정한 바를 기초로 다소 첨삭하여 계하할 것이니 감사에게 별다른 의견이 있으면 추후에 상의하여 조정하자는 일도 함께 분부해야 하겠습니다. 감사로 하여금 주관하게 하려면……겸순찰의 예에 의하여 겸균전사 직함을 써 넣어야 합니다.

이미 崔錫鼎은 당시의 현실에 맞게 양전의 방향과 방법을 제시한 적이 있었는데, 이번 강원도 양전에서 실제로 적용해 보자는 것이었다. 즉, 강원도의 토질에 맞게 전품을 조정하자는 것, 조선 초기처럼 隨等異尺으로 측량하자는 것, 田主 혹은 時主의 이름을 實名으로 기재하자는 것, 감사가 균전사를 겸하게 하자는 것 등이었다. 이 가운데 전주의 이름을 실명으로 기재하자는 것은 지주제가 발달하고 양전이 오랫동안 실시되지 않는 가운데 납세자를 지정하고 소유권을 사정해야 할 필요성이 제기되고 있기 때문이었다. 이제 양안은 수세장부를 넘어서 토지소유대장으로 기

능하게 될 것이었다.[110]

그러나 이후 감사 송정규의 의견을[111] 반영하여 절목을 다시 개정하고, 양전 대상지역은 영동의 9군과 영하의 몇 고을로 한정하였다.[112] 그리고 균전사로 강원도 관찰사 송정규, 종사관으로는 전 장령 鄭必東, 전 부사 鄭復先, 부사과 李思晟을 각각 임명하였다.[113] 그해 10월 10일부터 양전하였는데, 감사 송정규가 대간의 지적을 받는 바람에[114] 균전사는 관찰사 李台佐로 교체되었고, <표 2>에서 보는 바와 같이 모두 16읍을 양전하였다.

한편 삼남양전은 여전히 남은 과제였는데, 양전의 필요성을 제기한 것은 少論의 교리 鄭栻이었다. 그는 肅宗 37년(1711) 5월에,

> 양전을 외방에서 폐지하자 실지의 결수가 점점 축소되고 있습니다. 이 것은 세력이 강한 족속(豪右)과 교활한 아전(猾吏)들이 제멋대로 隱漏하고, 가난한 집의 피폐한 백성만이 불공정한 租賦에 응한 데서 연유한 소치이니 진실로 한심합니다.[115]

라고 하여 양전이 실시되지 않음으로써 나타나는 문제, 나아가서 양전을

---

110) 『備邊司謄錄』 59冊, 숙종 34년 9월 25일.
111) 감사 송정규는 세 가지를 다시 장계하였다. 그 하나는 눈이 오는 시기를 알기 어려우니 일을 시작한 뒤에 눈이 오면 중지하였다가 논이 녹으면 속행한다는 것, 둘째는 稍實邑은 시행하기를 원하는 자가 있으니 이런 곳부터 시행하고 싶다는 것, 셋째는 수령들 중에 불편한 사정을 논보한 사람이 있으면 그런 곳은 우선 중지하고 후일을 기다린다는 것이었다. 그 가운데 절목의 한 가지는 서울의 종사관은 폐단을 가져 온다는 것, 영동은 都事와 營將으로 하여금 살피게 하고, 영서의 4都會官은 京官으로 차송한다는 것 등이었다.
112) 『備邊司謄錄』 59冊, 숙종 34년 10월 1일.
113) 『肅宗實錄』 권46, 숙종 34년 10월 4일.
114) 『備邊司謄錄』 59冊, 숙종 34년 12월 19일.
115) 『肅宗實錄』 권50, 숙종 37년 5월 22일.

시행할 수 없는 이유를 말하고 있는 것이었다. 이에 대해 肅宗은 "이 폐단은 8도가 똑같다. 강원도는 이미 양전하였으니 모든 道도 마땅히 차례로 거행해야 할 것이다"라고 하여 앞으로 8도 모두를 양전하겠다는 의지를 표명하였다. 그러나 양전은 좀처럼 실시되지 않고 있었다. 그러다가 肅宗 41년(1715) 12월에 가서야 좌의정 金昌集은

　　세입이 부족해서 경비의 사용을 이어가기 어려운데, 이것은 전결의 제도가 허술한 데서 연유합니다. 양전을 시행한 지 오래되었으니 각 도의 감사와 수령으로 하여금 먼저 조금 충실한 곳부터 시작하여 양전의 정책을 시행케 하소서.116)

라고 하여 양전의 필요성을 제기하였고, 이듬해 정월에 肅宗은 행판중추부사 李畬・영의정 徐宗泰・좌의정 金昌集을 인견하는 자리에서 金昌集의 의견을 따라 우선 三南과 畿甸을 양전하기로 결정하였다.117)
　　그러나 삼남양전을 실시하게 되는 것은 '丙申處分'으로 金昌集 일파의 老論세력이 전권을 장악한 지 3년이 지난 肅宗 45년(1719)에 이르러서였다.

3. 老論 집권과 '庚子量田' 실시(1716. 7~1720)

1) 政治 狀況

　'甲戌換局'이후 老論과 少論의 세력 균형은 시기적으로 약간 차이는 있어도 계속 유지되고 있었다. 이면에는 세자 보호를 위한 少論과 南人의 움직임으로 少論과 老論의 대립은 계속 격화되어 가고 있었다. 그러

116)『肅宗實錄』권56, 숙종 41년 12월 4일.
117)『備邊司謄錄』69冊, 숙종 42년 1월 28일.

나 표면적으로는 평온이 지속되었던 것이다. 肅宗은 양자의 대립을 적절히 이용하여 요직을 분담시키는 등 두 당파의 극한적인 대립을 지양함으로써 어느 한편의 일방적인 독주를 용납하지 않았던 것이다. 세 차례의 換局을 경험한 肅宗의 정치력은 이미 성숙해 있었다. 그는 당쟁을 부추기기도 하고, 조절하기도 하면서 정국을 안정적으로 운영하였다.

그러나 약 15년 동안의 老論과 少論의 세력 균형은 肅宗 41년(1715) 『家禮源流』 발간으로 마침내 깨지기 시작하였다. 이 책은 처음에 尹宣舉와 兪棨가 공동으로 편찬하기 시작했었다. 그런데 얼마 후 유계가 무안군수로 나가게 되면서 그 초본을 尹宣舉의 아들인 尹拯에게 부탁했다. 유계가 죽은 후 그 손자 兪相基는 尹拯과 상의도 없이 좌의정 李頤命에게 간행을 청탁하여 肅宗의 재가를 받고 尹拯에게 원고를 넘겨 달라고 요구하였다. 그는 尹宣舉가 편집에 도움을 준 것은 인정하나 공동편찬자라고는 볼 수 없고 따라서 유계의 단독집필을 주장하고 있었다. 반면에는 尹拯은 宋時烈이 지은 尹宣舉의 묘지명을 근거로 공동집필을 주장하였다. 결국 兪相基는 이 책의 초본 원고를 확보하여 老論 權尙夏의 서문과 鄭澔의 발문을 받아 간행하였다.

그런데 이 책의 저작권을 둘러싼 두 집안 간의 다툼이 老論과 少論 간의 싸움으로 확대된 것은 서문과 발문의 내용 때문이었다. 權尙夏는 그의 서문에서 尹拯이 스승인 兪棨를 배반했다고 극도로 비난하였다. 鄭澔도 역시 발문에서 尹拯이 背師했다고 비난하였다. 그러나 책을 열람한 肅宗은 오히려 鄭澔를 파직시키고 그의 발문을 쓰지 못하게 하였다.[118] 일찍이 老論과 少論이 '父子師生' 간의 의리 문제로 다툴 때 '임금과 스승에는 경중이 있다'라는 지시(肅宗 44년의 이른바 '戊寅指示')를 내려 少論을 두둔해 주었고, 또한 少論의 정신적 지주였던 尹拯을 존경했던 肅宗이었던지라 그러한 조치를 취할 만하였다. 그러나 그것은 老論에게는

118)『肅宗實錄』권56, 숙종 41년 11월 계사일.

큰 타격이 아닐 수 없었다. 이에 대사간 權尙夏를 비롯하여 老論은 연일
鄭澔에 대한 파직 명령을 철회해 줄 것을 요청했으나 소용이 없었다.

　정언 조상건은 과거 宋時烈·尹鑴·尹拯의 관계를 설명하고, 尹拯은
이번 『가례원류』 문제로 자기 스승을 두 번이나 배반하기에 이르렀다고
비난하였다.[119] 그러자 肅宗은 "상건이 어떤 놈이기에 임금을 조금도 두
려워하지 않는지 아주 나쁘다"고 하고 그의 벼슬을 빼앗고 성문 밖으로
내쫓으라고 지시하였다. 이때 약방관리로 있던 老論의 제주 趙泰采, 도제
주 李頤命 그리고 도승지 李墅 등은 그 말을 취소하기를 간청했고, 사간
원에서도 계속해서 조상건에 대한 조치를 철회하라고 간언하였다. 또한
정언 朴師翼은 肅宗의 '戊寅指示'를 반박하고 그것을 취소할 것을 간언
하기도 하였다.[120]

　이에 질세라 少論의 교리 李眞儒는 權尙夏의 서문까지 삭제할 것을
주장하면서 '어진 선비' 尹拯을 모욕한 모든 사람들, 이들에 대한 처벌을
막은 사헌부와 사간원, 그리고 尹拯의 제자들과 士林들의 상소를 막은
내의원 관리들을 모두 귀양보내라고 간청하였다. 나아가서 趙泰采와 李
頤命 등은 일찍이 인사권을 남용한 적이 있으며, 좌의정 金昌集은 임진
년에 과거시험을 주관하면서 부정을 저질렀다고 비판하였다.[121] 이처럼
이제 少論은 『가례원류』와 사제 간의 의리 문제를 넘어서 老論을 전면적

---

119) 『肅宗實錄』 권57, 숙종 42년 2월 갑자일.
120) 『肅宗實錄』 권57, 숙종 42년 2월 경진일. "정언 박사익이 말하기를,……무인년에
　　내린 지시를 특별히 들어 나라의 계책이 이미 정해졌다고 하였습니다. 그러나
　　신은 그렇지 않다고 봅니다. 대체로 부자간의 윤리는 물론 더없이 중대합니다.
　　그러나 스승과 제자 사이의 의리도 어떻게 대수롭지 않은 것으로 만들어서야 되
　　겠습니까. 나라의 논의는 공정한 것을 위주로 하는 만큼 임금이라고 해서 마음
　　대로 주장할 수 없고 일반 사람이라고 해서 주장을 굽힐 수도 없는 것입니다. 전
　　하는 비답 속에 '나라의 계책이 이미 정해졌다'고 한 말을 취소하여 유교를 다행
　　하게 하기 바랍니다".
121) 『肅宗實錄』 권59, 숙종 42년 2월 계미일.

으로 공격하기 시작하였다.

특히 金昌集·李頤命·趙泰采 등은 李健命과 더불어 이른바 '老論 4大臣'이 되는 노론세력의 핵심들이었다. 父親代의 노론 1세대가 끝나고 안동 김씨가의 金昌集을 중심으로 한 노론 2세대가 이미 肅宗 36년(1710)부터 득세하고 있었다. 이때의 노론핵심들은 동문이나 사제관계에 더하여 안동 김씨가를 중심으로 인척관계를 맺고 있었다. 갑술환국 이후 노론의 핵심이 되는 <표 3>의 李世白·閔鎭長·閔鎭遠·李畬·趙泰采·李濡·李頤命·金宇抗·李健命·權尙夏 등은 金昌集과 같은 세대로서 그와 8촌 이내의 인척관계를 맺고 있었다(<표 7>). 말하자면 안동 김씨가는 이후 세도가문으로서의 기반을 확고히 하고 있었던 것이다. 그러나 이러한 정치세력의 형성은 그 자체로는 매우 견고하고 밀도가 높았지만 다른 한편으로는 사족적 입지가 사실상 축소되는 것이어서 정치세력으로서의 탄력성과 지속성을 유지하기는 어려웠을 것이다. 안동 김씨가 일파가 정치세력으로 계속 유지되기 위해서는 결국 왕실과 외척관계를 맺지 않을 수 없었을 것이다. 아무튼 소론은 이 기회에 노론 특히 안동 김씨가 일파를 제거하고자 하였고, 노론의 새 영수로 부각되고 있는 좌의정 金昌集을 마침내 공격하기에 이르렀던 것이다.

그동안 『가례원류』 문제에 가능한 한 개입을 꺼려해 왔던 金昌集도 이제는 대응하지 않을 수 없었다. 그는 宋時烈이 尹宣擧의 묘지명을 쓰면서 尹宣擧를 욕설한 말이 없고, 아버지와 스승, 임금을 섬기는 데 경중이 있을 수 없으며, 이미 경중의 차이가 없는 이상 설사 맞지 않는 문제가 있다 하더라도 의리상 관계를 끊을 수 없는 것인데 尹拯은 이 가운데 어느 하나도 실행한 것이 없었으니 스승을 배반한 죄목을 면할 수 없다고 말하였다. 그리고 肅宗에 대해서는 일찍이 3대(효종, 현종, 숙종)에 걸쳐서 존경한 스승(宋時烈)을 버릴 수 없다는 것을 생각하지 않고 사람들더러 제 마음대로 욕질하게 하면서 도리어 한때 우대했다는 이유로 의리를

저버린 사람(尹拯)만 돌봐주는 것은 무엇 때문이냐고 따졌다. 이에 대해
肅宗은 "경의 차자 내용을 보니 헐뜯는 논의를 도와 부추기면서 한 마디
한 마디가 더 심각하니 나는 실로 유감스럽다"라고 하였다. 그러자 金昌
集은 불안해 하면서 성 밖으로 나가 버렸다.[122]

 이어 중추부판사 李畬, 대사성 閔鎭遠, 4부학당의 유생 윤득화 등 115
명, 그리고 성균관 유생 김순행 등 56명이 宋時烈을 옹호하고 尹拯을 비
방하는 상소를 올렸다.[123] 이제 宋時烈과 尹拯 가운데 누가 옳은가라는
시비 문제로 비화되어 조정은 또다시 혼란의 도가니로 빠져들었다. 肅宗
은 새로운 처분을 강구하지 않을 수 없었다. 일단 肅宗은 전과 같이 少論
의 입장을 지지하면서[124] 權尙夏·鄭澔·閔鎭遠·趙泰采·金昌集 등을
파직 혹은 삭탈관작하거나 문외출송시켰다. 조정은 소론으로 가득 찼고,
소론은 차제에 노론을 일망타진하고자 하였다.

 그러나 肅宗은 7월 초하루 지평 朴弼夢의 趙泰采를 비판하는 상소를
접하고서 마침내 소론의 저의에 통분하고,[125] 처음 '懷尼是非'의 빌미가
된 宋時烈이 쓴 尹宣擧 묘갈명과 尹拯의 '申酉疑書'(尹拯이 신유년에 宋
時烈에 보내려던 편지)를 가져오라고 지시하였다. 그리고 다음과 같은 판
결을 내렸다.

---

122) 『肅宗實錄』권57, 숙종 42년 2월 정해일.
123) 『肅宗實錄』권57, 숙종 42년 2월 기축일, 3월 갑오일.
124) 『肅宗實錄』권57, 숙종 42년 3월 갑오일. 尹拯의 제자인 전 세마 최석문 등이 宋
   時烈을 비방하고 尹拯을 옹호하는 글을 올리자, 肅宗은 "너희들이 억울한 사실
   을 까밝힌 것은 진정에서 나온 것이다. 옛날의 어진 신하(尹拯)가 옳게 처신한
   시말을 더욱 상세히 알 수 있다. 전번에 한 지시의 기본내용이 과연 틀리지 않았
   다"라고 대답하였다.
125) 『肅宗實錄』권58, 숙종 42년 7월 무오일. 숙종은 지평 박필몽의 상소에 대답하기
   를 "한편의 취지는 순전히 관리들을 일망타진하는 데 있다. 趙泰采의 죄상을 나
   열한 것은 제멋대로 극도로 허구날조한 것이다. 조금이라도 두려워하는 마음이
   있다면 어찌 감히 이럴 수 있겠는가. 참으로 놀랍고 통분할 일이다"라고 하였다.

신유의서에는 尹拯이 宋時烈을 비난한 글이 많지만, 묘갈명에는 宋時烈이 尹宣擧를 욕한 내용이 없다.[126]

이는 少論에 대한 지지를 전면 부정하는 것이었다('丙申處分'). 이어서 肅宗은 대대적으로 인사를 교체하였다. 2월 이후 처벌받았던 金昌集·權尙夏·李畬·李頤命·閔鎭遠·鄭澔 등 老論 인사들을 모두 다시 등용하고 반대로 少論을 대거 축출하였다.[127] 그리고 이번 '懷尼是非' 再版의 발단이 되었던 『가례원류』를 승정원에 내려 보내서 權尙夏의 서문을 다시 찍어 넣으라고 지시하였고, 또 정호의 발문도 그대로 두라고 지시하였다. 8월에 가서는 좌의정 金昌集의 요청에 의해 尹宣擧 文集板本을 없애 버리도록 하였다.[128] 또한 성균관 유생 김치후 등 80여 명의 요청을 받아

126) 『肅宗實錄』 권58, 숙종 42년 7월 계해일.
127) 『肅宗實錄』은 老論이 편찬하였고, 뒤에 少論이 보궐정오하였다. 『肅宗實錄』 권58, 「보궐정오」에서는 '병신처분' 직후 상황을 "이날에(7월 계해일) 임금은 수십 번의 지시를 내려 조정관리들을 배격해서 물리치고 패거리 사람들을 불러들여썼다. 李頤命과 金昌集이 다시 권세를 부렸다"라고 쓰고 있다.
128) 『肅宗實錄』 권58, 숙종 42년 8월 신해일. 숙종이 지시하기를 "그 판본을 없애 버림으로써 옳고 그름을 명백히 하는 뜻을 보일 것이며, 이후부터 이러한 변론에 관한 상소문을 일체 받아들이지 않는다면 문란한 폐단을 막을 수 있을 것이니 승정원에서는 이대로 집행할 것이다"라고 하였다.
한편, 「보궐정오」의 같은 날짜에는 金昌集을 비난하는 다음과 같은 사론이 실려 있다. "아, 창집의 죄를 어찌 다 이루 처단할 수 있겠는가. 유림의 싸움이 30년 동안이나 그치지 않고 점점 더 격화되다가 신구의 상소문에 이르러서는 극도에 다다랐다. 창집은 정승자리에 있는 몸으로서 엄하게 반대해서 막는 대신 도리어 귀신같은 무리들이 하던 논의를 주워 모아 가지고 불에 키질하고 흐르는 물에 파도를 일으켰다. 자광의 수법을 본받아 주석을 내고 말을 끌어 붙여 죽은지 오랜 사람에 대한 화를 빚어내어 임금의 뜻으로 하여금 처음에는 배격하다가 나중에 변하게 하도록 한 것도 창집 때문이며, 사헌부의 의논이 잠시 공정하게 나오다가 인차 형편없이 된 것도 창집 때문이었다. 마침내 젊은 유생들이 몹시 격분하고 우울해서 의금부 옥에 갇히게 된 것도 창집 때문이며, 연이어 귀양살이를 하게 되면서 선비들이 거의 피를 흘리게 된 것도 창집 때문이었다. 그러니 저 狗

들여 尹拯에 대한 '어진 신하' 칭호를 사용하지 못하게 하였으며,129) 尹宣擧와 尹拯의 관직과 작위마저 추탈하였다.130) 尹拯 부자에 대한 이러한 일련의 조처들은 少論의 입지와 명분에 치명적인 타격을 주었다. 결국 肅宗의 '丙申處分'은 20여 년 동안 계속되어 온 '懷尼是非'와 老論과 少論의 세력균형에 종지부를 찍고, 노론 일당의 독재정치의 서막을 여는 것이었다.

이어서 老論의 집권을 다시 한 번 확실하게 해준 것은 '丁酉獨對'였다. 肅宗은 정유년(肅宗 43년, 1717) 7월 19일에 老論으로서 종친인 좌의정 李頤命을 '獨對'하여 '세자 교체'의 뜻을 전하고, 이어서 세자의 대리청정을 결정하였다.131)

___

의 무리들이야 무엇을 책망할 것이 있겠는가. 대신으로서 차마 이렇게 행동하니 세상도리가 정말 무참하게도 변하였다".

129) 『肅宗實錄』권58, 숙종 42년 12월 을묘일.
130) 『肅宗實錄』권59, 숙종 43년 5월 임오일.
131) 『肅宗實錄』권60, 숙종 43년 7월 신미일. 신시에 임금이 희정당에 나가 행중추부판사 李濡·영의정 金昌集·좌의정 李頤命 등을 불러서 만나 보았는데, 승지 이기익·가주서 이의천·겸춘추 김홍적·대교 권적이 따랐다. 행중추부판사 서종태·조상우·김우항은 병을 핑계로 부름을 어기고 끝내 오지 않았다. 창집이 나서서 임금의 건강을 물으니 임금이 말하기를 "지금 왼쪽의 눈병이 더욱 심해서 전혀 물건을 보지 못하며 오른쪽 눈으로 물건을 보는데 희미해서 분명치 못하다.……달리 할 만한 일이 없으니 크게 변통하는 방도를 취한 뒤에야 한 몸도 좀 편안하고 나라 일에도 근심이 없을 수 있기 때문에 여러 대신들을 만나보고 의논하려고 한다." 창집이 말하기를 "……신이 외부에서 들은 바에 의하면 좌의정(李頤命)이 들어 와 참가해서 말할 때 아주 중대한 전하의 지시가 있었다고 합니다. 이러한 일에 대해서는 예로부터 임금들은 쉽사리 말을 내지 않았습니다. 만약 이에 대해서 말을 올린 바가 있다면 신 등은 응당 한사코 간할 것입니다." 유가 말하기를 "변통할 데 대하여 지시한 것은 앞으로 어떻게 하자고 하는 것인지 모르겠습니다." 임금이 말하기를 "들어와서 진찰할 때 내가 이미 넌지시 그 실마리를 꺼내었는데 대신(좌의정 李頤命)은 우리 왕조의 세종 때 일을 가지고 말을 하였다. 그리고 당나라 태종이 태자를 가르쳐서 정사를 보게 한 일은 『강목』에 있다. 지금 나의 병이 이렇게 깊어져서 왼쪽 눈은 물건을 볼 수 없을 뿐만 아니라 오른쪽 눈도 장차 볼 수 없게 되겠으니 절대로 여러 가지의 사무에 응할

甲戌換局 당시만 해도 肅宗은 왕세자의 보호에 온 힘을 기울였다. 그러나 장희빈이 賜死된 이후 肅宗은 서서히 왕세자를 멀리 하였다. 장희빈에 대한 증오심이 커질수록 세자에 대한 미움도 더해 갔다. 더군다나 淑嬪 崔氏에게서 延礽君(뒤에 영조가 됨)이 태어났고(肅宗 20년, 1694), 또 5년 후에 溟嬪 朴氏에게서 延齡君을 보게 된 후에는 肅宗은 세자를 홀대하기까지 하였다. 세자는 불안하였고, 매사에 의욕을 잃었으며, 주견을 갖지 못하고 눈치만 보았다. 그럴수록 肅宗은 그런 모습을 못마땅해하였고, 세자에 대한 기대와 희망을 버리고 마침내 세자의 교체마저 생각하게 되었다. 그런데 세자의 교체를 위해서는 먼저 갑술환국 이후 세자의 보호를 자임해 왔던 少論을 제거해야만 했다. 따라서 '병신처분'은 바로 少論을 축출하는 換局策의 하나였던 셈이다.

그러나 肅宗과 老論이 세자를 교체하기 위해서는 명분과 빌미가 있어야 했다. 또한 少論이 비록 失勢했지만 여전히 버티고 있었다. 그동안 세자에게 반감을 품고 있었던 老論으로서는 '獨對'를 통하여 세자 교체를 부탁 받은지라 내심 반갑고, 나아가 延礽君의 대권 승계를 바람직하게 여기고 있었다. 하지만 그렇다고 먼저 나서서 세자 교체를 도모할 수는 없었다. 끊임없이 少論의 견제를 받고 있는 상황에서 '獨對'는 그 자체만으로도 또다시 老論의 失權을 초래할 수 있는 것이기 때문이었다. 老論은 명분에 어긋나지 않으면서도 왕위를 延礽君에게 승계시킬 수 있는 묘책을 강구해야 했다. 老論의 핵심이었던 閔鎭遠은 '태조 → 정종 → 태종'의 승계 방식을 제안하였고, 이 안은 곧 老論의 당론으로 채택되었다. 그

수 없는 형편이다. 그런데 억지로 일에 응하려고 하면 이는 내가 죽는 날을 재촉하게 될 것이다. 세자더러 정사를 보게 하는 문제는 나의 본의이며, 다시 좌의정을 부른 것도 대체로 이 때문이었다."……임금이 지시를 내리기를 "5년 동안이나 계속 앓던 끝에 눈병이 심해져서 물건들이 더욱 혼미하게 보이고 일 처리에 수응하기가 점점 어렵게 되었으니 나라 일이 우려된다. 우리 왕조와 당나라 때의 옛 사적에 근거하여 세자로 하여금 정사를 보게 할 것이다"라고 하였다.

러나 이 구상은 실행하기 어려웠다. 肅宗 생전에 경종에게 선양한다는 것
은 불가능한 일이었다. 肅宗의 구상은 세자 자체를 교체하는 것이었기 때
문이다. 선양 다음의 차선책은 '대리청정'이었다. 세자의 대리청정에서 그
의 실정을 빌미로 그를 퇴진시킨다는 것이었다.[132] 이 점에서 노론은 肅
宗의 생각과 일치하였다. 肅宗은 이미 좌의정 李頤命과의 '獨對'에 앞서
李頤命·제주 閔鎭厚 등과 세자의 대리청정을 검토하였고,[133] 이어 '獨
對'를 통해 李頤命에게 은밀히 세자 교체의 뜻을 전한 것이었다. 이러한
전제가 있었기 때문에 肅宗의 대리청정 제의에 대해 老論들은 기꺼이 받
아들였고, 나아가 정성껏 보좌하겠다고까지 다짐하였다.

　세자의 대리청정 명이 내려지자마자, 少論의 비난과 의혹의 상소가 터
져 나왔다. 82세의 중추부영사 尹趾琓은 病樞를 이끌고 시골로부터 도성
으로 들어와서, 지금은 세자로 하여금 정사에 참여하여 배우게 하는 것이
마땅하며 정사를 보도록 하는 조치는 천천히 토의해도 늦지 않을 것이라
고 말하고, 또한 '獨對'로 말하면 상하가 모두 잘못을 면치 못할 것이라고
규탄하였다. 그러자 영의정 金昌集은 『國朝寶鑑』에서 文宗의 史蹟을 근
거로 '정사에 참여하여 결정한다는 것과 정사를 보는 것은 다른 것이 아
니다'라고 즉각 반박하고 사임을 청하였다. 판부사 李濡도 윤지완을 비판
하는 차자를 올리고 사임을 청하였다. 이에 肅宗은 "영부사는 상소문에

---

132) 이성무, 앞의 책, 2000, 119~124쪽.

133) 『肅宗實錄』 권60, 숙종 43년 7월 신미일. 당시 도제주였던 영의정 金昌集은 병
　　으로 집에서 치료중이어서 참여하지 못하였다. 그러자 肅宗은 특별히 좌의정 李
　　頤命더러 참가하도록 지시하였다. 肅宗은 왼쪽 눈이 어두워서 문건들을 처리하
　　기가 어려워 정사를 제대로 볼 수 없기 때문에 변통책을 제시하라고 지시하였
　　다. 李頤命은 "지시가 이러하니 밑에 있는 신하들 치고 그 누군들 변통할 방도
　　에 대해서 힘껏 생각하지 않을 사람이 있겠습니까. 그런데 아래에서 변통할 만
　　한 것이란 문서를 축소하는 일에 지나지 않습니다"라고 하였다. 肅宗은 당나라
　　태종이 말년에 중병 중에 변통한 일을 상기시키면서 세자의 대리청정을 생각하
　　고 있었다. 李頤命 등도 그것을 알고 있었지만 선뜻 제안할 수는 없다. 그래서
　　"끝내 생각이 나지 않습니다"라고 하여 회피하고자 하였다.

서 아무 말이나 마구하고 있으며 그가 규탄한 것도 말이 되지 않는다"고 일축하고, 金昌集과 李濡의 사임을 만류하였다.[134) 대리청정과 '독대'에 대한 少論의 의구심이 더해 가는 가운데 세자는 8월 1일부터 대리청정을 시작하였다.

肅宗의 믿음을 얻지 못한 채, 대리청정이 덫이라는 것을 알면서도 받아들일 수밖에 없었던 세자, 세자로 책봉된 이래 老論과 줄곧 사이가 좋지 않았고 이제는 그들에게 완전히 포위된 채 숨도 제대로 쉬지 못하고 눈치를 보아야만 했던 세자는 老論의 입장을 거스르지 않는 선에서 정사를 볼 수밖에 없었다. 특히 이때에 老論의 영수인 영의정 金昌集의 영향력은 少論의 형조판서 趙泰耉가 "헤아릴 수 없는 죄명이 나라의 권세를 잡고 있는 대신에게서 나왔다"고 비난할 정도로 거의 절대적이었다.[135) 세자는 거의 金昌集의 의견에 의존하고 있었다.[136) 언제든지 세자의 실

134) 『肅宗實錄』 권60, 숙종 43년 7월 병자일.
135) 『肅宗實錄』 권60, 숙종 43년 9월 병술일 ;『肅宗實錄』 권61, 숙종 44년 5월 초하루 기유일. 정언 이명의는 "임금이 스스로 정사를 할 수 없으므로 의지할 사람은 정승뿐입니다. 그러니 만일 적임자가 아니면 나라가 그 화를 받게 되는 것입니다. 지금 정승의 맨 윗자리를 차지한 사람(영의정 金昌集. 숙종 43년 5월에 영의정에 임명되었다가 이 상소로 이듬해 8월에 사임함. 이듬해 7월에 다시 영의정에 임명되어 신임사화 때까지 봉직함)이 한 번 선비들에 대한 화를 빚어낸 뒤로는 선비들에게 용납될 수 없다는 것을 스스로 알아차리고 양심도 체면도 다 버리고 권세를 탐내면서 뇌물 주고받는 길을 크게 열어서 사사집에 뇌물들이 몰려들게 하였으며 개인 패거리를 묶는 데 힘썼으니 모든 임명은 그로부터 다 나오고 있습니다.……호기스러운 기세가 하늘을 찌를 듯하였고 한 세상을 턱으로 지시한 일단을 볼 수 있습니다."라고 상소하여 金昌集을 비난하였으며, 이어 老論의 핵심들인 李健命·정호·이희조·김유·이사명 그리고 三司의 관원들을 싸잡아 비난하였다.
136) 『肅宗實錄』 권60, 숙종 43년 12월 기미일. 영의정 金昌集이 병을 구실로 네 차례나 사임을 청했을 때, 세자는 "이렇게 어려운 일이 눈에 넘쳐나는 때를 만나서 변변치 못한 내가 복잡한 정사를 대리하고 있으므로 밤낮 두려워서 어찌할 바를 모르겠다. 아, 내가 성공하느냐 하는 것은 실로 두세 명의 보좌하는 신하에게 달려있으니 돌보지 않고 나를 버리거나 나라 일을 홀시해서는 안 된다는 것이 명

정을 문제삼아 그를 퇴진시키려고 하는 老論인지라 그럴 수밖에 없었겠지만 세자는 일부로라도 책잡히지 않기 위해서 지나칠 정도로 신중을 기했고, 老論으로서도 미안할 만큼 老論의 모든 정책 제의를 그대로 받아들이고 있었다. 세자는 대리청정을 하고 있다기보다는 차라리 시험당하고 있는 것이었다.137)

　세자가 이처럼 老論의 압박을 받고 있기는 하였지만 그렇다고 老論의 전횡을 그대로 두고만 볼 수는 없었다. 인사·형벌·군사 등 중요한 정사는 여전히 肅宗이 맡고 있었기 때문에 그 밖의 정사에서 설사 실정을 한다고 해도 치명적인 것은 없을 것이었고 이어서 조만간에 왕위에 오를

　　백하다. 전후한 사람들(少論의 이세덕과 홍만우 등)의 경우에 심보가 아주 음험하다. 너그러운 도량을 가진 경으로서 무엇을 개의할 것이 있겠는가. 경은 훌륭한 사람들이 생각했던 것을 명심하고 옛 사람들이 수고를 다한 것을 생각하여 다시는 사정과 병고를 구실로 삼지 말고 빨리 나와서 정사를 볼 것이다"라고 하였다. 세자는 肅宗의 신임을 받고 있던 金昌集·李頤命·趙泰采 등에 의지하지 않을 수 없었던 것이다.

137)『肅宗實錄』권60,「보궐정오」, 숙종 43년 9월 병자일. 老論 대신들이 숙종의 세자 대리청정 제의에 동의하기는 했지만 특히 金昌集의 본심은 다른 것이었다. 세자가 少論 곽만적의 상소에 따라 대리청정을 종묘에 알릴 것을 지시하고, 대신들의 의견을 물었을 때, 영의정 金昌集은 반대 의견을 가지고 있었다. 세자의 대리청정을 종묘에 告한다는 것은 그것을 국가적으로 인정하고 공식화한다는 명분을 얻는 것이고, 규례상 당연한 조치였다. 그럼에도 불구하고 金昌集이 반대했던 것은 세자와 세자의 대리청정을 공식적으로 인정할 수 없었기 때문이었다. 숙종이 '獨對'한 뒤에 8월 19일에 여러 대신들을 불러 의논할 때에 金昌集은 "시험해 보는 것이 좋겠습니다"라고 말했었다. 이것이 바로 金昌集의 본심이었다. 이 말을 베낀 것이 나돌게 되었는데 후에『일기』에서 삭제해 버렸다. 이에 대해 少論이 편찬한『보궐정오』에서는 "대리청정 요청이 처음에는 시험삼아 해보자는 데서 나왔던 것이며, 나라의 근본을 굳건히 하거나 백성들의 뜻에 결부시키려고 한 것이 아니기 때문에 유독 모든 사람들과 다른 의견을 가졌던 것이다. 그러면서도 일의 원칙으로 보아 혹시 중한 일로 되어 귀신이나 사람들이 알아 차릴까봐 걱정하였다. 그러니 그의 흉악한 마음과 다른 기도는 신사년과 임오년에 있었던 일을 기다릴 것 없이 여기에서도 알 수 있는 것이니 쳐야 할 것이 아니겠는가"라고 평가하고 있다.

것이며, 또한 어린 시절부터 그의 보호를 자임해 왔던 少論도 여전히 건재하고 있었기 때문에 의지할 데가 있었던 것이다. 또한 과거에 비추어 보면 이번 老論의 정권장악은 일시적인 것일 수도 있었다. 肅宗과 老論은 이러한 세자의 처지와 政勢觀을 잘 알고 있었다. 늦게나마 肅宗은 이제 죽음을 앞두고 세자에게 국정의 일부를 맡기면서 과거에 대한 회한 속에서 그 지난한 권력다툼과 붕당교체를 끝내고 싶었다. 그래서 세자가 '丙申處分'과 '獨對'에 대해 또 달리 생각할 것을 염려하면서,

> 요즈음 있었던 문제로 말하면 처분도 바르고 옳고 그른 것도 명백한 만큼 영원히 후세에 가서도 의혹을 가질 수 없을 것이다. 문제가 儒敎와 관계되니 돌아보건대 왜 중대하지 않겠는가. 그러므로 특별히 말하는 것이니 너는 나의 뜻을 지켜 흔들리지 말 것이다.[138]

라고 하여 특별한 지시를 내렸다. 이 지시는 당연히 老論에게는 매우 중대한 의미를 갖는 것이었다. 老論은 少論의 정신적인 지주인 尹拯 부자와 그 붕당을 밀어 낸 다음에 현재 자기들의 지위에 역사적인 합법성과 사상적인 정통성을 확실히 부여하고 싶었다. 그래서 이 肅宗의 특별한 지시를 만천하에 공인시키면서, 老論의 정신이면서 상징인 宋時烈·宋浚吉을 공자 사당에 배향하고 제사지내게 하고자 하였다. 말하자면 '懷尼是非'를 영원히 종결짓자는 것이었다. 老論은 尹宣擧 서원(사액서원)을 철폐시키는 한편 지방 유생들로 하여금 '兩宋'에 대한 제사 요청 상소를 계속 올리도록 하였다.[139] 그러나 少論 측의 반대 상소도 만만치 않았다. 그런데 세자는 尹宣擧 서원 철폐는 승인하면서도 "이 문제(후자)는 일의 원칙으로 보아 중대한 일이니 만큼 요구대로 승인할 수 없다"는 입장을 계

---

138) 『肅宗實錄』 권60, 숙종 43년 7월 기묘일.
139) 『肅宗實錄』 권60, 숙종 43년 9월 기사일 ; 『肅宗實錄』 권61, 숙종 44년 2월 을사일.

속 견지하면서 老論을 견제하고자 하였다.[140] 즉 세자에게는 '丙申處分'
도 어떻든 그동안 계속되어 왔던 붕당교체의 하나에 지나지 않았던 것이
다. 이러한 세자의 태도는 老論에게 매우 못마땅한 것이었다. 그러자 老
論은 肅宗의 유훈을 상기시키면서 세자를 공공연하게 비판하였다. 肅宗
이 살아 있을 때 유교에 관한 시비를 분명히 해 두고 싶었던 것이다.[141]
그러나 그 내막을 잘 알고 있던 세자는 '兩宋'을 공자사당에 배향하고 제
사지내는 것만은 끝내 승인하지 않았다. 이에 老論은 肅宗의 말년에 이
를수록 세자의 개인적인 자질과 정사 집행을 직접적이고 노골적으로 비
판하였고,[142] 肅宗도 심지어 비망기를 통해서까지 세자를 나무랐다.[143]

140) 『肅宗實錄』권61, 숙종 44년 3월 무오일. 경기도·황해도·충청도의 유생 윤수
준 등이 宋時烈·송준길·박세채 등을 공자사당에 배향하고 제사지내기를 청하
자 세자는 "세 어진이들을 공자사당에 함께 제사지낼 데 대한 요청이 물론 공정
한 논의에서 나왔음을 알 수 있다. 그러나 이 문제는 일의 원칙으로 보아 중대하
므로 승인할 수 없다"라고 하였다.

141) 『肅宗實錄』권61, 숙종 44년 4월 기묘일. 교리 조상경·부수찬 김상윤 등이 상소
하기를, "……아, 유교에 관한 시비는 크게 정해졌고, 전하의 처분도 공명정대하
여 그른 것을 징계하고 옳은 것을 장려하는 도리에 있어서 엄하고 철저하지 않
은 것이란 없었습니다. '나의 뜻을 네가 준수하고 흔들리지 말아야 한다'는 지시
는 우리 저하를 경계하여 타이른 것인데 그야말로 간곡하고도 절실한 말이었습
니다. 그런데 오늘날을 놓고 보면 전하가 굳게 지키면서 흔들리지 말라고 한 것
이 처음보다 못하여 작년과 금년 이래로 통제가 차츰 해이되었습니다. 서원을
허물지 말라는 지시에 이르러서는 또 다시 한 번 흔들렸습니다. 이것은 대개 밑
에 있는 사람들이 아름다운 뜻을 받들어 나가지 못한 탓이기도 합니다. 또한 우
리 전하가 사특한 것을 배척하는 것이 확고하지 못하여 그렇게 된 것이라고 하
지 않을 수 없습니다." 왕이 대답하기를, "……尹宣擧에 대해서는 추후로 벼슬과
작위를 빼앗고, 관청에서 공급하던 것도 없앴으며 글을 써 주었던 현판도 떼어
버렸다. 이것은 시비를 명백히 한 것이나 다름이 없다. 그런데 처음보다 못하다
고 말하니 무슨 소리인지 알지 못하겠다".

142) 『肅宗實錄』권63, 숙종 45년 6월 무오일. 약방에서 들어 와 세자를 진찰하였다.
도제주 李頤命이 제의하기를, "……근래에 듣자니 접결할 때 어려운 문제를 논
의하는 일은 없고 서둘러 읽고 '達'자를 찍고 나오는 데 지나지 않는다고 합니
다. 이것은 대궐 안에서 보고 규례대로 비준하는 것과 다른 점이 없으니 생각하

세자는 온갖 수모를 무릅쓰고 버텨 나갈 수밖에 없었다. 그리고 ‘懷尼是非’의 여지를 여전히 남겨둔 채 기다릴 뿐이었다.

2) 財政 악화와 양전

그러면 이제 이러한 정세 아래서 어떻게 삼남지방을 양전할 수 있었는지를 살펴보자.

經界가 바르지 못한 것, 계속되는 給災로 인하여 實結이 줄어드는 것,[144] 그리고 구조화되어 가는 小民들에 대한 白徵 등으로부터 양전의

건대 무슨 유익한 점이 있겠습니까.……저하가 많은 신하들을 대할 때 반드시 주고 받는 말을 마치 메아리처럼 ‘옳다’, ‘아니다’라고 한다면 마음과 뜻이 서로 통할 수 있습니다. 그런데 그저 묵묵히 지내면 상하간의 마음이 서로 믿음을 줄 수 없는 것입니다. 하늘과 땅이 어찌 멀리 떨어져 있지 않겠습니까. 그러나 두 가지 기운이 서로 유통하기 때문에 좋은 비가 내려서 만물이 성장하는 것입니다. 임금과 신하의 도리도 이와 같습니다." 세자가 대답하기를, "누누이 경계할 데 대하여 진술한 것을 어찌 유의하지 않겠는가"라고 하였다.

143) 『肅宗實錄』 권63, 숙종 45년 6월 을묘일.
144) 실결 즉 현재 경작되고 있는 시기결수가 정확히 얼마나 줄었는지는 알 수 없다. 각 도들은 가장 최근에 양전한 양안에 기초하여 전결 원장부를 작성하였는데, 어느 도는 갑술양안(1634)을 사용하고, 혹은 계묘양안(1663), 혹은 기유양안(1669)을 사용하였다. 강원도는 肅宗 34년(1708)에 양전했지만 16개 읍만 양전하고 중단됨으로써 1708년 양안을 사용하지 않고 있었다. 따라서 가장 최근의 양안은 ‘기유양안’인 셈인데, 전국적으로 양전하지 않은 지가 49년 이상이나 되는 것이었다. 그동안 田品은 고사하고 田形 자체가 바뀌어서 廢耕되어 ‘雜頉地’가 늘어남으로써 평년도 應稅結數가 원장부에 비하면 거의 그 반으로 줄었다고 하였다. <표 13>에 의하면, ‘甲戌量田’ 직후 전국의 원장부전답결총수는 1,537,494여 결인데 시기결수는 그 반을 약간 넘는 865,537여 결이었고, 숙종 9년 경에는 전결총수와 시기결수가 모두 줄어서 각각 1,312,860여 결과 819,079여 결이었다. 특히 시기결수 즉 과세결수는 5만여 결이 줄었음을 볼 수 있다. 그것은 바로 "근래에 20년마다 양전하는 것을 지킬 수 없어서 장부와 ‘行用實結’이 이처럼 서로 차이가 나게" 되었던 것이다(『備邊司謄錄』 70冊, 숙종 43년 6월 3일). 그리하여 당시 영의정 金昌集은 ‘8結 作夫制’의 개선을 논의하는 자리에서 실결의 축소와 그

필요성은 누차 제기되고 있었다. 특히 실결이 계속 줄어듦에 따라 세입도 계속 줄어들어 이미 한 해의 경상비용마저 충당하지 못하고 있었다. 그리하여 肅宗은 42년(1716) 정월에 행판중추부사 李畬·영의정 徐宗泰·좌

해결책을 다음과 같이 제안하였다. "田政은 위로는 경비의 많고 적음에 관련되고 아래로는 生民의 利病에 관계됩니다. 그런데 개량한 지가 오래되어 전형이 누차 변해서 옛날의 경작지가 지금은 陳田이 되고 옛날의 진황지가 지금은 耕食되고 있습니다. 때문에 양안 상의 實結로서 出役하기 어렵고, 給災할 때에는 허실이 서로 섞여 혹은 실결이 災結이 되고 혹은 재결이 실결이 되니 이는 흉년의 막대한 폐단이 됩니다. 수령의 審定과 감사의 更審은 곳마다 친검할 수 없고, 비록 京差官을 보내도 주시하기 어렵습니다. 때문에 이전의 실결을 지금의 총수에 비교하여 만일 부족하면 반드시 이전의 결수에 준하여 책정해 버립니다. 또 該曹는 결수의 감축을 우려하여 비록 모든 곡식이 흉년일지라도 급재의 명목은 成川浦落 등 곳일 뿐입니다. 때문에 수령된 자는 이미 재결을 얻지 못하면 白地徵稅하기가 어려워 처음부터 씨를 뿌리지 않은 곳은 혹은 成川으로 달아 빼버리고, 전혀 낫을 댈 수 없는 곳은 浦落으로 빼버려서 처음부터 그 해의 세를 줄이려고 하는데 일단 마감을 하면 영원히 제외되어 버립니다. 때문에 해마다 실결이 줄어드는 것은 여기서 비롯되는 것입니다. 금년의 농사는 확실히 미리 헤아릴 수 없는데 만일 上豊年이 들면 그 전의 상풍년의 실결에 준하고, 中年이나 下年이 들면 역시 그 전의 중년이나 하년의 실결에 의하여 결정한다면 위로는 지나치게 감손되지 않을 것이며, 아래로는 백성들을 병들게 하지 않을 것이며, 해조는 다만 比年의 예를 지켜 실결을 책봉하면 될 것입니다. 급재명목 같은 것은 본도로 하여금 사실대로 구별하고 이어 수령을 엄칙해서 성천포락으로 영원히 제외되는 災田과 혼동하여 함부로 급재하지 않도록 하면 誤災로 영원히 懸頉되는 폐단을 조금은 줄일 수 있을 것이라고 합니다. 이는 상중하 3등으로 해마다 비교하자는 것인데 전정에 관련되는 일인 만큼 상확하지 않을 수 없습니다(『備邊司謄錄』70冊, 숙종 43년 9월 2일)". 즉, 양전이 오랫동안 시행되지 않고 있는 상황에서 '比年之規'를 시행하고 '成川浦落'만 급재하다 보니 많은 實結들이 모두 성천포락 명목의 陳田으로 빠지게 되어 실결이 줄어든다는 것이다. 따라서 '年分 3等'의 '比年之規'를 시행한다면 실결 축소를 막을 수 있고 백지징세도 막을 수 있다는 것이었다. 그러나 이것 역시 근본적인 해결책이 될 수 없었고, 그 해결책은 하루빨리 양전을 시행하는 것뿐이었다. 따라서 양전의 목적은 '성천포락' 등의 陳田과 雜頉田 등을 명확하게 가리는 것, 田品을 제대로 매기는 것, 그리고 수령과 지주들이 원장부에 올리지 않는 '隱漏結'을 찾아내는 것이 될 것이었다.

의정 金昌集을 인견하는 자리에서 좌의정 金昌集의 제의에 따라 삼남지
방과 畿甸을 양전하기로 결정하였었다. 그런데 마침 그해 가을에 전국적
으로 유례없는 흉년과 기근이 들어 양전을 실시할 수가 없었다. 그러한
흉년과 기근은 염병까지 겹쳐서 3년 동안이나 계속되었다. 그동안 양전을
가로막았던 원인 가운데 하나가 흉년이었던 만큼 이러한 상황이 계속되
는 동안에 양전한다는 것은 거의 불가능한 일이었다.

  그러나 계속되는 흉년으로 재정은 더욱 어려워지고 있었고 그럴수록
양전 실시는 더욱 절박하였다. 이제 정부는 최소한의 재정을 확보하기 위
해서라도 양전을 실시해야만 했다. 이즈음 국가의 재정은 내내 제기되어
왔던 양역문제가 해결되고 있지 않는 데다가[145] 전세 수입의 감소, 거듭
되는 흉년으로 발생하는 기근 해결을 위한 救濟穀 지출의 증가, 그리고
군사비 지출의 증가로 더욱 고갈되어 가고 있었다.

  이때에 전세 수입이 감소하는 이유는 두 가지였다. 하나는 연분급재로
인하여 수세결수가 줄어들고 있는 것이었다.[146] 肅宗 43년 12월에 호조판
서 權尙游는 수령들이 흉년을 기화로 수세결수를 줄임으로써 전세 수입
이 평년도의 반에도 미치지 못하고 있음을 다음과 같이 말하고 있다.

  정상적인 해에 조세로 받아들이는 쌀이 13만 섬에 지나지 않는데 1년
  동안에 쓰는 경비와 거의 맞먹습니다. 그런데 작년(肅宗 42년, 1716)에는
  여러 도들에서 큰 흉년이 들어 조세로 받아들인 쌀이 크게 줄어 다만 5만
  8천여 섬뿐이다 보니 앞으로 대어 나갈 일이 막연하지만 대책이 없습니
  다. 올해 농사가 그다지 잘되지는 못하였지만 지난해에 비해서는 대단히

---

145) 『肅宗實錄』 권61, 숙종 44년 6월 계미일, 교리 박사익과 수찬 김상옥의 求言箚
    子, "……이웃이나 친족들을 침해하며 죽은 사람의 몫까지 물리는 것은 실로 우
    리나라의 고질적인 폐단입니다. 양인신역을 변통할 데 대한 방도를 묘당에서 강
    구한 지도 지금 몇 해가 되어 오는데 이 일을 맡아 나서는 사람이 없어서 하는
    일 없이 세월만 보내고 있습니다……".
146) 주 142) 참조.

나은 편이고 각종 재해도 작년보다는 많지 않으니 조세로 받아들일 수량
을 넉넉히 잡아야 할 것입니다. 황해도·강원도·경기·충청도 등 네 도
에서 대략적으로 계산한 보고를 얻어 본 데 의하면 어떤 곳에서는 증가되
기도 하고, 어떤 곳에서는 감소되기도 하였습니다. 충청도의 경우는 작년
과는 현격하게 다르다고 하는데 줄어든 실지 면적이 그다지 차이가 없으
니 여기에는 이해되지 않는 점이 있습니다. 대체로 토지를 검열할 때 수
령들 가운데는 더러 구차스럽게 명예를 바라는 동시에 혼히 간사한 아전
들에게 속임을 당하는 경우가 없지 않으며, 각 도의 감사들은 또 검열해
서 愼飭하지 않기 때문에 실지면적이 많이 누락되기도 합니다. 경상도와
전라도에서 만일 이와 같은 일이 반복되는 날에는 나라의 모양이 말이 아
닐 것입니다.[147]

그런데, 肅宗 43년(1717)의 농사가 전년도에 비해 나아졌고, 특히 삼남
지방의 농사는 다른 도들보다 잘되었다고 했지만 전세 수입은 크게 늘어
나지 않고 있었다. 호조에서는 재정이 고갈되어 관료들에게 나누어 줄 녹
봉과 군사들에게 매달 줄 料食을 이어댈 수가 없게 되자 선혜청과 어영
청의 미곡을 가져다 썼다. 그래도 부족하여 아산 창고에 있는 정유년
(1717) 분의 조세·대동미·호포와 황해도 각 고을들의 세곡을 3월 이전
에 반드시 바치도록 조치하고 있었다. 아울러 조세수량이 감소된 각 고을
들의 수령을 파면시켰다. 그것은 흉년을 기화로 여러 가지 명목의 재결을
빙자하여 수령들이 고의적으로 혹은 아전들과 결탁해서 수세결수를 누락
시키고 있다고 판단하고 있었기 때문이었다.[148] 이어 肅宗 44년(1718)에
는 국가 재정의 대부분을 부담하고 있는 삼남지방의 농사도 잘되지 않았
다. 4년 동안 해마다 경상수지는 적자였다.

또 하나는 거듭되는 흉년과 재해로 조세를 감면해 주기 때문이었다.

---

147) 『肅宗實錄』 권60, 숙종 43년 12월 병오일.
148) 『肅宗實錄』 권61, 숙종 44년 정월 기미일.

<표 11>에서 보는 바와 같이, 肅宗 42년(1716)에는 전국 8도에 전례 없는 극심한 흉년이 들었고, 이듬해에 삼남지방의 농사는 좀 나은 편이었지만 서쪽과 북쪽은 여전히 흉작과 기근이 계속되었으며, 그 다음 해에는 삼남지방의 농사도 잘 되지 않았다. 이러한 사정은 기해년에 이르러서도 삼남지방을 제외한 나머지 지역에서는 좀처럼 나아지지 않고 있었다. 더욱이 전염병이 돌아 농사를 더욱 어렵게 만들고 있었다. 흉년과 기근은 으레 전염병을 불러 일으키고 또한 더욱 극성스럽게 만드는 것이었다.

<표 12>에서 보듯이, 肅宗年間에는 전염병이 가장 많이 발생하였고, 그 가운데서도 후반기(肅宗 27~46년, 1701~1720)에는 전염병으로 染病이 돌아서 사망률이 매우 높았다(<표 14>).

<표 14> 숙종 43~45년(1717~1719년) 전염병 환자와 사망자 현황

	경기도	충청도	전라도	경상도	강원도	황해도	평안도	함경도	계
숙종43년		12,640	3,670	8,869		540	37,443		63,162
(1717년)		3,387	892	1,980		44	575		6,878
숙종44년	2,750	14,603	650	4,760	1,030	4,890	54,614	12,040	95,337
(1718년)	1,384	6,432	640	3,105	480	437	1,023	2,473	15,974
숙종45년	3,111	4,063	24,172	6,403		6,181	16,037	2,661	62,628
(1719년)	869	644	3,818	548		879	4,240	492	11,490
계	5,861	31,306	28,492	20,032	1,030	17,041	108,094	14,701	221,127
	2,253	10,463	5,390	5,633	480	1,360	5,838	2,965	34,342

* 단위 : 명. 각 칸의 윗줄 - 전염병환자 수. 아랫줄 - 사망자 수

특히 肅宗 43년(1717) 이후에는 염병이 전국을 휩쓸고 사망자가 속출하자,[149] 肅宗은 직접 祭文을 지어 전염병 귀신에게 제사를 지내기까지 하

---

149) 肅宗 43~45년(1717~1719)의 전염병 환자와 사망자 현황은 <표 14>와 같다. 3년 동안에 환자 221,127명에 사망자가 34,342명에 이르렀다. 그러나 각 도의 보고에 포함되지 않은 것을 포함하면 그 수는 훨씬 많았을 것으로 추측된다. 肅宗 44년 5월의 보고에 의하면 중앙과 지방의 군사와 백성들이 죽은 자가 몇십 만이나 된다고 하였으며, 서울 5부와 교외 병막의 전염병 환자가 1만 명을 넘는다고 했다. 이듬해 7월의 보고에 의하면 4월 이후부터 계산하면 사망자가 모두 7,400여

였다.150) 이 전염병은 肅宗 45년(1719) 7월 말부터 수그러들었다. 이러한 상황에서 정부는 전국의 농형을 대체로 3등급으로 분류하여 조세를 감면해 주고 있었다. 그리하여 당시 약방의 제주 閔鎭厚는 그러한 조세감면책이 계속될 때에는 나라가 유지되기 어려울 것이라고 말하고 있었다.

　지금 기근 끝에 전염병이 크게 성하여 동쪽과 서쪽 두 교외에는 病幕들이 잇달았으며, 5부에서 비변사에 보고한 것도 그 인원 수가 1만 명을 넘어 밭에서 농사짓는 사람을 볼 수 없다고 합니다. 설사 앞으로 다른 재해가 없다고 한들 어떻게 농사를 짓지 않고서야 수확을 할 수 있겠습니까. 진휼청과 강화도에 축적한 것이 이미 거덜나서 모든 관리들에게 줄 料食도 이어대지 못할 가 봐 걱정됩니다.……우리나라는 불행하게도 언제나 흉년드는 해가 많다 보니 전후하여 재해 때문에 덜어준 적이 한두 번이 아니었습니다. 지난해에도 등급을 감해 주라는 지시가 있었으나 지금은 옛 것을 복구해야 하겠습니다.151)

<hr />

명이며, 장계에 포함되지 않은 사대부들과 경기의 교외 및 수도까지 합치면 그 수는 2배에 이를 것이라고 추측하고 있다.

150)『肅宗實錄』권62, 숙종 44년 11월 정유일. 중신을 북쪽 교외에 보내어 제사를 지냈다. 임금이 친히 제문을 지어 내려보냈다. 제문은 이러하였다. "……더구나 이 전염병은 온 나라가 다 마찬가지여서 황해도의 한 도에 비길 것이 못되는데 억만무고한 백성들의 목숨을 귀신은 어찌하여 가련하게 보지 않는가. 아, 이번의 지독한 전염병으로 말하면 그 전 역사책에서도 보기 드문 일이며 요원의 불길처럼 퍼지고 있어 막을 수 없다. 그래서 잠시 그쳤다가 다시 퍼지면서 전후하여 3년 동안이나 끌고 있으니 전염되지 않은 집이 없고 고통을 당하지 않는 사람이 없으며, 중앙이나 지방의 한 조각의 정결한 땅도 없어서 살아나갈 길이 막혀 꼼짝못하고 죽기를 기다리고 있다.……여름철에 농사를 짓지 못하다 보니 눈에 보이는 것은 황폐한 농토이고 겨울철에 한지에 나앉다 보니 굶주림과 추위가 몸을 조인다. 그래서 온 가족이 몰살거나 주인이 없어서 시체를 매몰하지 못하여 시체들은 서로 쌓이고 깔리고 있으며 마을들은 거의 텅 비어 있다. 만약 이것을 멈춰 세우지 않으면 사람들은 전부 죽고 말 것이다……".

151)『肅宗實錄』권61, 숙종 44년 5월 기유일.

이처럼 숙종 42년(1716) 이래 아예 농사를 지을 수 없거나 혹은 흉작으로 인하여 전세 수입이 현저하게 줄어들고 있었다. 그리고 그간의 저축도 이미 바닥이 나 있었다. 이러한 국가 재정의 고갈 상태는 이제 국가의 위기로까지 인식되고 있었다.[152]

한편 이처럼 전세 수입이 줄어드는 상황에서 국가 재정을 더욱 어렵게 만들었던 것은 새로운 재정 지출이었는데, 그 하나가 기근 해결을 위한 救濟穀을 마련하여 배급하는 일이었다. 숙종 42년(1716)부터 전국적으로 해마다 흉년과 기근이 계속되었는데 특히 서북양계지방은 참혹할 정도였다고 한다.[153] 흉년에 전염병이 겹쳐서 아사자가 속출하고 있었던 것이다. 따라서 백성들을 기근에서 구제하는 일은 국가가 당면한 가장 시급책이 되고 있었다. 정부는 기근이 심한 지역에 監賑御史를 파견하여 賑恤廳의 곡식을 구제곡으로 배급하였다. 진휼청은 본래부터 일정한 조세수입이 없었기 때문에 호조로부터 조세수입 일부를 떼어 받아 그것을 母穀으로 해서 이자곡을 모아 賑恤穀을 마련하고 있었다. 그런데 문제는 당시의 상황에서 진휼곡을 마련할 수도 없을 뿐더러 그나마 저축해온 진휼곡마저 다 써버린 것이었다. 당시 진휼청 당상관 閔鎭遠의 보고에 의하면, "진휼청에서 지난 10여 년 동안 저축해온 12만 斛의 쌀을 지난해(숙종 43년, 1717)에 기근구제를 위해 다 써버리고 1만 7천 여 斛만 남았다"

---

152) 『肅宗實錄』 권62, 숙종 44년 7월 갑자일. 약방에서 들어 와 진찰하였다. 진찰이
    끝난 다음 제주 민진후가, 해마다 기근이 드는 통에 저축이 고갈되어 나라의 형
    세가 위험에 도달했다는 것을 진술하고 더욱 독실하게 공경하고 두려워하는 데
    힘쓰고 검소하게 절약하는 정사에 힘을 다하며 세자를 잘 인도함으로써 나라의
    운명을 이어나가게 할 것을 청하니, 임금이 그 의견을 좋게 받아들였다. 이때에
    공무를 집행하는 대신이 없으므로(영의정 金昌集은 사임소를 계속 올리고 있었
    고, 좌의정 權尙夏는 실제로 궐직하고 있었으며, 우의정 趙泰采도 사직소를 올
    려 놓은 상태였다.) 민진후는 비변사의 당상관으로서 매번 진찰하러 들어가는 기
    회에 한두 가지 시급한 정사들을 문의해서 결정하였으니 원칙상 구차스럽고 중
    요한 사무가 밀린 것이 아주 심하였다.
153) 『肅宗實錄』 권61, 숙종 44년 정월 임자일.

고 하였다.[154] 조세수입은 없고 수지상태가 적자인 대부분의 중앙관서들이 저장곡을 서로 차용하고 移劃하는가 하면 지방 감영들 역시 監營穀을 서로 차용하는 것이 이미 관례가 되고 있었다. 그러나 재정에 여유가 있는 중앙관서나 감영은 아무 데도 없었다. 호조는 재정이 이미 고갈된 마당에 진휼청에서 구제곡을 끌어올 수 있는 곳은 강화부와 남한산성, 북한산성 그리고 일부 군영들뿐이라 판단했다. 그곳들은 비상상황을 대비하여 군량을 비축하고 있었기 때문이다. 그러나 그 군량곡도 관료들의 녹봉 등 다른 용도로 이미 지출되고 있었다. 강화부는 이미 고갈상태였고, 남한산성과 북한산성, 훈련도감 정도가 근근히 구제곡을 보충해 주고 있었다.[155] 기근 구제가 긴급한 현안과제이고, 구제곡이 군량 못지 않게 긴요

---

154) 『肅宗實錄』권61, 숙종 44년 4월 계미일. 공조판서 閔鎭遠이 세자에게 글을 올렸는데 요지는 이러하였다. "본청(閔鎭遠이 진휼청의 당상관을 겸하고 있었다)에서 오랫동안 저축하고 있던 12만 곡의 쌀을 작년에 기근구제를 위한 정사 때에 다 써버리고 남은 것은 다만 1만 7,000여 곡뿐입니다. 그런데 지금 수도 안의 기근상태는 참혹하여 작년과 다름이 없습니다. 이 달에 들어와서는 집집마다 밥 짓는 연기가 끊어지고 사람마다 굶주리고 있습니다. 게다가 전염병까지 몹시 성하여 죽는 사람들이 계속 생겨나고 있으니 듣고 보는 것마다 참으로 슬프고 가슴이 아픕니다. 그럼에도 불구하고 자신은 기근을 구제하는 직책에 있으면서 수수방관하고 있습니다. 우리 전하의 백성들을 그처럼 물과 불 속에서 해매게 하여 울부짖도록 하고도 구제하지 못하는 것은 신의 죄입니다……".

155) 『肅宗實錄』권61, 숙종 44년 정월 초 계축일. 청천강 이북의 감진어사 김운택이 접견을 요청하였으므로 왕이 불러서 만나보았다. 운택이 제의하기를 "청천강 이북은 재해가 아주 참혹한데 떼 준 곡식이 아주 적어서 써나가기에 부족합니다. 청컨대 남한산성과 황해도, 안흥, 양진 등 여러 곳에 있는 쌀을 각각 5,000섬씩 얻었으면 합니다"라고 하였다. 왕이 (조)태채와 도제주 李頤命에게 물어보니 그들은 다 그 절반 수량만 승인해 주어야 할 것이라고 하였다. 왕이 그 의견을 따랐다.

『肅宗實錄』권61, 숙종 44년 5월 기미일. 경기감사 김연이 세자에게 글을 올려 도 안의 백성들이 굶주리고 있는 형편에 대하여 말하고 옮겨 온 租 5~6만 곡을 얻어서 구제할 것을 청하였다. 세자가 그 글을 비변사에 내려보냈는데 당시 대신들이 모두 성 밖에 나가 있었으므로 심의하여 제의할 사람이 없었던 관계로

한 것이었지만 그렇다고 비상시를 대비한 군량을 모두 구제곡으로 대용할 수는 없는 일이었다. 또한 북한산성의 호위를 위해 산성 밖에 탕춘대 축성을 계획하고 있었는데 그 축성을 위해서 모든 군영의 군자를 투입하려 하고 있었던 것이다. 결국 매년 조세수입이 확보되지 않는다면 국가의 기본재정은 물론 구제곡이나 군자를 보충할 수 있는 것은 還穀이나 籌錢일 것이었다. 그러한 사정은 지방의 각 감영에서도 마찬가지였을 것이다. 中樞府判事 李濡는 당시 사정을 다음과 같이 말하고 있었다.

> 우리나라의 1년 세입은 본래 1년 동안의 비용으로는 부족하므로 급할 때 의지하는 것은 오직 각 고을에 내준 還上穀으로써, 흉년을 만나면 구제미로 쓰고 병란을 당하면 군량으로 쓰는 것입니다. 그런데 근래에 재해를 입은 각 고을에 대한 등급을 나누는 규정과 관련하여 혹 받기도 하고 혹 중지하기도 합니다. 뿐만 아니라 재해를 입은 등급을 보고 묵은 해의 몫까지 뒤로 물려 바치게 하는 것은 제 손으로 늦추어 주는 것으로 되어 결국 면제하게 되므로 나라의 곡식은 이로부터 줄어들게 됩니다.[156]

이에 의하면, 정부는 구제곡이나 군량을 확보하기 위해서 이미 환곡을 운용하고 있음을 볼 수 있는데, 최근에는 계속되는 흉년으로 환곡 捧上을 늦추어 주거나 탕감해 주었기 때문에 재정 적자가 늘어나고 있다는 것이다. 흉년뿐 아니라 평시에도 재정 적자가 만성화된다면 결국 환곡이자는 조세로 전환될 것이었다. 실제로 18세기 이후 환곡제는 三政의 하나가 되었고 환곡제의 폐단은 농민항쟁의 직접적 요인이 되었던 것이다.

재정 적자의 정부가 마지막으로 의지한 것은 軍門의 軍糧이었는데, 그

예조판서 송상기가 글을 올려 강화도와 북한산성과 양진창고에 있는 쌀 각각 2,000섬과 남한산성의 쌀과 콩 7,000섬을 떼 줄 것을 청하니 세자가 좋다고 하였다.
156) 『肅宗實錄』 권62, 숙종 44년 7월 기해일.

것은 뒤집어 말하면 재정이 군비로 과다 지출되고 있다는 것이었다. 따라서 재정 적자를 줄이기 위해 우선 탕춘대 축성을 중지하고, 또 근본적으로 일부 軍門을 폐지하자는 주장이 제기되었다.

탕춘대 축성은 숙종 29년(계미년, 1703) 당시 영의정이었던 申琓이 청나라의 자문에 경보가 있는 것과 관련하여 갑자기 사변이 발생하면 피난처가 있어야 한다며 북한산과 都城 사이의 탕춘대에 축성을 제의했던 것이다. 그러나 반대가 많아 추진하지 못하다가 숙종 30년(1704) 8월 李濡가 우의정이 되어 탕춘대보다는 북한산에 축성할 것을 주장하는 바람에 먼저 북한산성을 축성하게 되었다. 그런데 북한산성은 형세가 고립되어 그것만으로는 수도 사람들의 피난처가 될 수 없다는 문제점이 제기됨으로써 다시 탕춘대 축성 논의가 진행되었다. 그런데 북한산성을 쌓으면서 이미 국력을 소진했고, 더구나 북한산성의 경영을 맡고 있던 經理廳이 노론계 인물들과 모리배들의 부정축재처가 되고 있었던 터라 소론들은 탕춘대 축성을 반대하였고 차제에 경리청마저 폐기하자고 주장하였다. 때문에 탕춘대 축성 공사는 진행되지 못하고 있었다.[157] 노론이 집권한 이후 중추부판사 李濡는 다시 탕춘대 축성의 필요성을 설명하면서 가능한 한 모든 재력을 동원하고 심지어는 籌錢을 해서라도 축성 공사를 시작해야 한다고 주장하였다.[158]

---

157) 『肅宗實錄』 권62, 숙종 44년 윤8월 무진일.

158) 당시 史官의 다음 글에서 李濡가 북한산성과 탕춘대 축성에 집착했던 이유를 대략 짐작할 수 있다. "(이)유는 본래 일을 맡아 성사시킬 것을 생각하였으며 심지어 경리청을 처음으로 둔 것도 대개 그가 청한 것이었다. 그리고 이어 그 일을 여러 해 동안 관할하여 긁어들이는 정사를 많이 하였다. 그러나 나이가 많은 데다가 기력이 쇠퇴하였고 식견과 생각도 짧았다. 일을 맡은 무리들은 모두 다 저자를 맡아보는 간교한 것들이어서 이속의 문이 활짝 열리자 가난한 백성들과 이해관계를 놓고 다툼질을 함으로써 중앙과 지방에서 그들의 피해를 입었다. 성을 쌓는 데 대한 의견도 틀린 것은 아니었으나 성을 쌓고 지키는 문제에서 요령을 얻지 못하였으므로 그저 성을 쌓는다는 원망을 사고 백성들을 잃게 되므로 사람들은 모두 다 우려하였다(『肅宗實錄』 권62, 숙종 44년 7월 경술일)".

　북한산성은 나라의 큰 계책이 달려있는 곳입니다. 탕춘대가 그 밖을 호
위하게 되었으니 그와 관련하여 성을 쌓는 일은 형편으로 보아 그만둘 수
없습니다. 전하는 자신의 생각으로 결심을 내리고 딴 의견에 흔들리지 말
기 바랍니다. 빨리 대신이 장수와 함께 가서 성터자리를 살펴본 후에 기
한을 정해 가지고 공사를 시작하도록 지시해야 할 것입니다. 그리고 경리
청에서 마련한 공사에 쓸 양식을 가지고는 이어댈 수 있지만 돈과 천은
모자라니 금위영과 어영청 두 영에 저축한 천과 비변사에서 관할하는 영
남의 활 쏘는 군사들이 내는 무명이 모두 300~400동인데 그것을 대용하
도록 하는 동시에 돈을 주조하도록 함으로써 재력을 보충하기 바랍니
다.159)

　이에 대해 문학 柳復明은 당시의 폐정 20여 조목을 거론하면서 그 첫
번째와 두 번째로 경리청의 파행 운영과 탕춘대 축성을 꼽았다.160) 즉 백
성들이 곤경에 빠져 있고, 경리청·호조·병조·진휼청·태창·군자감
그리고 군영들의 재정과 저축이 고갈된 상태에서 당시는 성을 쌓을 때가
아니라는 것이었다. 이 주장은 타당한 것으로 받아들여졌고, 나중에 李濡
와 閔鎭厚도 탕춘대 축성 제의는 자신들의 과오였다고 시인함에 따라 숙
종은 3품 이상의 관료들을 모두 입궐시켜 다시 논의하도록 하였다. 대부
분은 성을 쌓을 때가 아니라는 데 동의하였다. 일부는 경리청까지 해산해
야 한다고 주장하였다. 2달 뒤에 영의정 金昌集·판부사 李頤命·우의정
李健命 등은 여러 의견들을 종합하여 당분간 탕춘대 축성을 중지하고 기
근과 전염병이 해결된 뒤에 다시 논의하자고 제의하였고, 숙종도 그 제안
을 받아들임으로써 마침내 공사는 중지되었다.161) 결국 都城 방어를 위해

---

159) 『肅宗實錄』 권62, 숙종 44년 8월 기해일.
160) 『肅宗實錄』 권62, 숙종 44년 7월 무신일.
161) 『肅宗實錄』 권63, 숙종 45년 2월 을사일. 임금이 지시하기를 "북한산성을 쌓은
　　것은 원래 목적이 있었던 것이다. 큰 계책을 정하고 나서 이내 포기하는 것은 아
　　이들의 놀음과 같다. 어찌 이럴 수 있겠는가. 탕춘대에 성을 쌓는 공사에 대해서

서는 탕춘대 축성이 필요했지만 재정이 뒷받침되지 못하는 상황에서 공사를 추진할 수가 없었던 것이었다.[162]

한편 영의정 金昌集은, 軍米布가 징수되지 않는 상황에서 일부 軍門의 폐기가 불가피하다는 의견을 냈고,[163] 우의정 李健命도 양역 폐단을 갑자기 고칠 수 없는 조건에서 일차적인 수습 방도는 가장 문제가 되고 있던 禁衛營을 우선 폐기하는 것이라고 하였다.[164] 이는 말하자면 양역변통 문제를 본격적으로 제기한 것이었다. 그러나 양역변통과 군문 조정은 양전과 함께 추진하기에는 너무나 큰 문제였다. 사실 양역제도 개혁은 숙종조 초기부터 제기되었었고, 숙종 29년(1703)에는 良役釐整廳을 설치하여 1차 개혁을 시도했지만 성공하지 못했었다. 그리고 이후 정쟁과 양전

는 여러 신하들이 올린 의견이 대부분 부당하다고 하는 만큼 중지하는 것이 좋겠다"라고 하였다.

162) 『肅宗實錄』 권63, 숙종 45년 4월 정미일. 탕춘대 축성을 중지한 이상 경리청은 존속시킬 필요가 없었다. 북한산성을 쌓을 때 금위영·총융청·수어청 세 군문에 공사 감독을 맡겼었는데 통솔이 제대로 이루어지지 않는다고 하여 李濡의 간청에 의해 별도의 관할기관으로 경리청을 두었던 것이었다. 그런데 경리청은 설치할 당시부터 소론의 지탄 대상이 되었던 것을 보면 북한산성 축성은 하나의 빌미였고 사실은 노론세력의 경제력을 확보하기 위해서 설치되었던 것으로 보인다. 그것은 유복명이 李濡가 경리청을 맡아서는 '긁어들이는 정사를 했다'던가, 헌납 이봉익이 "이 경리청이 원망을 사고 재물을 소모하여 나라를 병들게 하고 백성들을 해친 정상에 대해서는 해와 달처럼 명백한데도 아직 죄다 환히 알지 못하고 있습니다. 거간군의 무리들과 여우와 쥐새끼 같은 무리들이 혹은 料食을 해결한다고 하고 혹은 利息받는다고 하면서 8도를 싸다니며 여러 모로 침해하고 있습니다. 그것은 나라의 보탬이 되는 것은 없고 다만 개인의 주머니를 채우고 있습니다. 백성들은 이로 말미암아 이득을 잃고 나라의 저축은 이로 말미암아 거덜이 나고 있으니 만약 오늘의 급선무를 논한다면 경리청을 없애는 것이고 탕춘대에 성 쌓는 것을 중지하는 것은 다만 그 다음가는 문제입니다(『肅宗實錄』 권63, 숙종 45년 4월 기유일)"라고 하여 李濡를 비판하는 데서 확인할 수 있다.

163) 『肅宗實錄』 권63, 숙종 45년 정월 임인일.

164) 『肅宗實錄』 권63, 숙종 45년 4월 임자일.

에 밀려서 계속 미루어져 왔다. 따라서 양전이 일단 마무리된다면 그것은
국가가 최우선적으로 해결해야 할 과제인 셈이었다. 그러나 그것이 영조
조에 '均役法'으로 정리되기까지는 많은 시간과 노력을 필요로 하였다.

　이처럼 커져가고 있는 재정 적자와 그 해결책에 대한 논의는 불가피하
게 양전실시 문제와 같이 논의될 수밖에 없었다. 이때의 재정 적자는 일
시적이고 특별한 사정에 따른 재정 지출의 증가에서 비롯되는 것도 있었
지만 근본적으로는 국가 재정의 대부분을 차지하고 있는 전세수입이 확
보되고 있지 않기 때문이었다. 재정 운영원리는 기본적으로 '量入爲出'이
었다. 따라서 일정한 전세수입을 확보하기 위해서는 무엇보다도 우선 양
전을 실시하여 수세결수를 확정해야만 했다. 숙종과 위정자들은 그것을
잘 알고 있었다. 예년 같으면 양전을 거론조차 할 수 없는 상황이었지만
정권은 물론 국가를 위기로까지 몰아가고 있던 재정상태를 감안할 때 양
전은 더 이상 미룰 수만은 없는 절박한 과제였다. 그리하여 그동안 양전
실시를 계속 주장해 왔던 영의정 金昌集은 숙종 43년(1717) 9월에 조심스
럽게 다시 양전 실시를 건의하였다.

　　약방에서 들어와 진찰하였다. 임금이 두부에 있는 風府와 天柱 左右穴
　에 침을 맞았다. 제조 金昌集이 말하기를, 전정이 문란하여 부역이 고르
　지 못하기에 年前에 이미 양전하라는 명이 있었습니다만 마침 年事가 흉
　년이 들었기에 즉시 거행하지 못했습니다. 금년에는 年事가 조금 잘 되었
　으니 바로 역사를 시작하기에 합당합니다. 그러나 균전사를 보내면 소란
　이 일어날 우려가 있으니 다만 道臣으로 수령을 검칙하여 편의에 따라
　한다면 행할 수 없지는 않을 것입니다. 제조 閔鎭厚가 말하기를, 다시 양
　전하지 않을 수 없습니다. 숙종이 말하기를, 仁政은 반드시 經界로부터
　시작한다고 했다. 政事 가운데 큰 것으로는 양전보다 더 한 것이 없다. 어
　떻게 폐지하고 행하지 않을 수 있겠는가. 대신이 전달한 것이 사의에 맞
　다. 균전사는 차출하지 말라. 호판(호판은 權尙游인데, 試才 때문에 북도

에서 돌아오지 않음)이 올라오면 사목을 마련하여 즉시 거행하도록 하라.165)

즉 영의정 김창집은, 숙종 43년(1717)에는 삼남지방의 농사 형편이 좋기 때문에 즉각 양전하되, '道臣－守令' 조직을 통해서 실시하자고 건의하였다. 숙종의 양전 의지도 단호해서 양전사목을 작성하여 즉시 실시할 것을 지시하였다. 그래서 호조는 각 도에 일시에 모든 읍을 양전할 것이라는 관문을 보냈다.

그런데 양전사목이 작성되지 않았거나 준비가 부족해서였던지 11월에 들어가서도 양전을 착수하지 못하고 있었다. 그러자 지평 黃璿은 호남과 영남의 여러 도에 풍년이 조금 들기는 했지만 흉년으로 지쳐 온 끝이라 民人들의 피곤한 정상이 지난해와 다름없는 만큼 1, 2년쯤 더 기다렸다가 풍년이 들었을 때 양전하자고 양전 연기를 주장했고,166) 정언 趙尙絅은 일시에 양전하기에는 어려움이 많으니 몇 고을부터 점차로 양전하자는, 말하자면 읍별양전을 제안하기도 하였다.167) 또한 경상감사 權𢢝은 80여 년 동안 양전하지 못한 것은 그때마다 흉년이 들어서이기도 했지만 더 큰 이유는 인심이 교활해져서 간사한 길을 막을 수 없었기 때문이라고 말하기도 하였다.168) 이것은 현행 양전제로는 양전해 봐야 실익이 없다는 '量田無益論'으로, 현행 양전제의 개선 필요성을 제기하는 것이었다. 이러한 견해들은 과거에도 양전하려 할 때마다 나왔던 것인데, 양전을 반대하는 것은 아니지만 그렇다고 적극적으로 지지하는 것도 아니었다. 이에 대해 세자도 "매양 고식적인 정사를 행할 수는 없다"라든가, "단연코 그만둘 수 없다"라고 하며 조속히 양전을 실시할 것을 명하였다. 사실 세자

---

165) 『肅宗實錄』 권60, 숙종 43년 9월 22일.
166) 『肅宗實錄』 권60, 숙종 43년 11월 3일.
167) 『肅宗實錄』 권60, 숙종 43년 11월 21일.
168) 『肅宗實錄』 권60, 숙종 43년 11월 22일.

는 양전에 대해 특별한 생각을 가졌던 것은 아니고 다만 父王의 뜻을 받들어 충실하게 이행하려 했던 것 같다. 그럼에도 불구하고 12월까지도 양전에 들어가지 못하고 있었다. 그렇게 되면 으레 양전하기 어렵다는 상황론이 나오곤 했는데, 아니나 다를까 장령 鄭東後는 "흰 눈이 들판을 뒤덮어 田畝를 구분할 수 없고, 눈이 녹기를 기다린다면 농사철이 임박해지기 때문에 봄 전에는 양전할 수가 없을 것"이라면서 내년 추수 때까지 양전을 연기하자는 의견을 냈다.[169] 결국 양전은 또 해를 넘기고 있었다.

3) 量田 決行과 양전조직

그렇다면, 숙종과 세자의 즉각적인 양전 실시 명령에도 불구하고 이처럼 양전에 들어가지 못하는 이유는 무엇 때문이었을까. 숙종의 말대로 政事 가운데서 가장 큰 일인 양전을 하기 위해서는 몇 가지 기본사항을 준비해야 한다. 우선 量田事目 혹은 量田節目을 작성해야 한다. 대체로는 이전 양전 때의 사목을 준용하거나, 아니면 당해년도 양전 대상지역의 사정, 작황, 민인들의 생활상, 그리고 기타 특별한 상황을 참작하여 변용하거나 새로운 사항을 추가해서 새로운 양전사목을 작성하였다. 그런데 미리 작성된 양전사목대로 양전될 리는 없었고 양전과정에서의 여러 가지 사정을 반영할 수밖에 없기 때문에 대체로 양전사목이 완성되는 것은 대개 양전을 마친 후였다. 어떻든 그 가운데 중요한 사항은 양전조직, 量田尺과 결부 산정, 陳田과 加耕田 등의 처리방침, 田畓主名의 기재 방식, 그리고 양전비용의 조달 문제 등이었다. 양전실시 여부가 보통 '得人'과 양전시기 및 비용 확보 여부에 의해서 결정되는 바 이 가운데서 양전실시 가능성과 양전의 성패를 좌우하는 것은 양전조직과 양전비용이었다.

양전조직은 별도로 양전청을 설치하고 '균전사-종사관-면도감-감

---

169)『肅宗實錄』권60, 숙종 43년 12월 25일.

관'의 조직으로 하거나, 아니면 기존의 행정조직을 이용하되 감사와 수령
으로 하여금 균전사와 종사관을 각각 겸직하게 하는 것이었다. 그런데 별
도의 조직으로 양전할 경우에는 계획대로 신속하고도 효율적으로 양전할
수 있을지는 모르지만 현지의 사정을 잘 모르는 양전관들이 양전사목대
로 양전하기 때문에 으레 수령이나 민인들의 반발을 불러 일으키게 되고,
또한 수령과 농민들의 비협조로 양전도 제대로 이루어질 수 없었다. 그리
고 양전 기간 동안이나마 별도의 조직을 위한 경비와 부수비용 또한 민
인들에게는 추가되는 부담이었다. 때문에 그동안에 양전은 대체로 기존
의 행정조직을 이용해서 실시해 왔다. 아무래도 수령들이 현지의 사정과
사람들의 관계를 잘 알고 있기 때문에 효율적으로 양전할 수 있고, 또 양
전 비용도 덜 들기 때문이었다. 그러나 문제가 없는 것은 아니었다. 수령
들은 일반적으로 양전을 꺼리고 적어도 자기 재임기간만이라도 피했으면
하였다. 임지의 이서배들, 민인들과 이해관계를 같이해 온 수령들로서는
양전사목에 따라 陳田을 정확하게 가리거나, 隱漏結과 加耕田을 새로 찾
아내거나, 실재대로 執等할 수가 없었던 것이다. 물론 감영의 재정 때문
에 일정 정도의 隱餘結이 묵인되기도 했지만 수령과 이서배들의 '私結'을
보장해 주는 대가로 많은 지주들의 起耕田들이 漏結되거나, 陳田으로 빠
지거나, 減等되어 있었던 것이다. 때문에 양전한다고 해도 기껏해야 예전
양전 수준의 결수를 확보하면 그나마 다행한 일이었던 것이다. 수령의 개
인적 자질도 문제이겠지만 수령이 양전관으로서 임무를 제대로 수행할
수 없는 상황과 구조가 이루어져 가고 있었던 것이다. 더구나 오랫동안
양전하지 않은 끝에 실시하게 되는 양전에서 수령 중심의 양전조직은 도
리어 많은 폐단만 낳고 있었던 것이다.

　아니나 다를까 감사와 수령들은 이번 양전도 역시 노골적으로 거부하
고 있었다. 당초 양전을 실시하기로 결정했던 해를 넘긴, 숙종 44년(1718)
3월에 영의정 김창집은,

전정의 문란은 실로 오랫동안 양전하지 않은 데서 비롯됩니다. 고로 삼남을 改量하는 일을 결정하여 분부하였습니다. 수령 가운데도 혹 개량하자는 의견이 있었는데 그 명이 내려감에 미쳐서는 도신 수령 모두 담당할 뜻을 가지고 있지 않고 다만 미루는 것으로 일삼고 있으니 어찌 이런 일이 있을 수 있습니까. 당초에 감사가 均田使를 겸하게 하고, 도사를 종사관으로 한 것은 다만 그 폐단을 없애고자 한 것인데 여러 가지로 핑계를 대면서 지금까지 아직 奉行하지 않고 있으니 참으로 미안한 일입니다. 重臣 가운데 구관당상 2인을 특별히 선출하고 또 종사관 3인을 정하여 도신과 더불어 논하여 하도록 하고 때때로 종사관을 보내 檢飭하면 慨念의 뜻이 있을 것입니다.[170)

라고 하여 도신과 수령들이 양전을 이행하지 않고 있기 때문에 별도의 양전조직을 갖출 수밖에 없음을 지적하고 있다. 즉 양전하기 위해서는 감사와 수령을 제외할 수밖에 없다는 판단이었다. 그리하여 4월에 가서는 양전 구관당상으로 權尙游와 閔鎭遠, 종사관으로 金在魯·朴師翼·金東弼 등 3명을 차출 임명하고,[171) 선조 36년(1603) '계묘양전' 때의 균전청에 준하여 양전청을 설치해서 가을 양전을 대비시켰다.[172)

그런데 그 해 가을에 헌납 尹錫來는 소환을 받고 남쪽으로부터 올라

170) 『備邊司謄錄』 71冊, 숙종 44년 3월 13일.
171) 『備邊司謄錄』 71冊, 숙종 44년 4월 20일.
172) 『備邊司謄錄』 71冊, 숙종 44년 윤 8월 24일. 비변사가 상계하기를, "작년 삼남 양전하는 일을 결정할 때 省簡도록 했습니다. 균전사는 각 그 도의 감사로 겸행하도록 하고, 종사관은 도사가 맡도록 했습니다. 올 3월에 구관당상 2인, 종사관 3인을 도신과 더불어 왕복상의하여 실시할 것을 다시 결정하였습니다. 양전당랑(당상과 낭청)은 이미 차출한 즉 따로 설청하여 그 문서를 구관하지 않을 수 없습니다. 대략 계묘 균전청의 예를 따라 청의 이름을 양전청이라 하고 병조, 호조에서 料布를 받고 있는 서리 각 2명, 사령 각 2명씩을 정해 보내며, 1명은 文書直이라 부르고, 수직 군사 2명은 병조에서 정해 보내며, 처소는 긴요하지 않은 공해처를 선택하여 정하고, 2품 奉使印信 1顆는 역시 병조에서 이송하여 문서를 酬應하도록 하면 어떻겠습니까." 왕이 답하기를, "그렇게 하라".

와서 '一時量田'보다는 '長期邑別量田'을 건의하였다. 그 이유는 농사형
편은 지난 몇 해와 비교할 때 조금 낫지만 흉년과 기근 뒤끝에 전염병이
심하기 때문에 일시에 양전하면 민인들이 괴로워하고 원망할 것이라는
것이었다.[173] 이에 대해 영의정 김창집, 우의정 이건명은 즉각 반박하고
양전하는 것을 기정사실화하였다. 양전령을 또 취소할 수는 없는 일이었
다.[174] 그럼에도 불구하고 충청감사 金興慶과[175] 경상감사 李㙫,[176] 그리
고 전라감사 洪錫輔 등 삼남 감사들은 윤석래와 같은 의견을 계속 제출
하고 있었다.[177] 현지의 사정을 잘 알고 있는 삼남의 감사들과 수령들로
서 양전을 연기하거나 상대적으로 충실한 읍부터 차례로 양전하자는 의

---

173) 『肅宗實錄』권61, 숙종 44년 9월 1일.
174) 『肅宗實錄』권62, 숙종 44년 9월 5일. 세자가 대신과 비국의 여러 재신들을 인접
하여 정사를 논하였다. 우의정 이건명이 말하기를, "영남은 올해에 대체로 조금
풍년이 들었습니다. 관동과 서북은 흉년을 면치 못합니다. 헌납 윤석래가 상서하
여 양전 일을 논했습니다. 작년에 명년 가을이 되기를 기다려 거행하라는 전교
가 있어서 이미 분부하였는데, 조정의 명령은 자주 고칠 수 없습니다." 세자가
그대로 따랐다. ; 『備邊司謄錄』71冊, 숙종 44년 9월 7일. 영의정 김창집이 말하
기를, "헌납 윤석래가 올린 글 중에서 2가지를 묘당으로 하여금 품처하라는 명
이 있었습니다. 환곡에 관한 것은 바야흐로 결정하였는데, 양전은 작년에 내년
가을을 기다려 거행하라는 교지가 있었기 때문에 이제 겨우 삼남에 분부하였습
니다. 지금 또 정지하고 약간 읍만 시행한다면 자주 고치는 것이 되어 진실로 미
안한 일입니다. 지금 잠시 그대로 두는 것이 어떨지요." (숙종이) 명령하여 말하
기를, "지금 잠시 그대로 두라"고 하였다.
175) 『肅宗實錄』권61, 숙종 44년 9월 20일. 충청감사 金興慶이 말하기를, "금년 여름
전염병은 호서가 더욱 참혹합니다. 양전은 조금 충실한 곳부터 우선 시행하고,
심한 고을에는 서둘러서 거행할 수 없습니다. 대조께 품지해서 묘당에 하순하여
조처하소서"하니 세자가 윤허하였다.
176) 『肅宗實錄』권61, 숙종 44년 9월 26일. 경상감사 이집이 상계하기를, "거듭 흉년
끝에 잇따라 혹독한 전염병을 만나 사망한 참혹함이 거의 병화와 같습니다. 양
전할 시기가 아닙니다. 백성들이 소복하기를 기다려 천천히 거행하소서." 비변사
에서 말하기를, "지방에서 언제나 탈을 핑계대는 것으로, 기한을 물려서 시행하
는 것을 허락할 수 없습니다." 세자가 이를 옳게 여겼다.
177) 『備邊司謄錄』71冊, 숙종 44년 12월 18일.

견을 내는 것은 충분히 있을 수 있는 일이었다. 전염병이 심한 것은 사실
이었고 특히 호서지방은 참혹하였다(<표 11>). 의성 현령 李眞望의 상서
는 시기부적절론과 함께 도저히 양전할 수 없는 현지상황에 대한 여러
고을의 첩소와 도의 장문을 국가의 經用 때문에 양전을 강행하려는 비변
사가 무시하거나 막고 있다고 비판하였다.178)

　몇 년째 연기된 양전이고, 예상된 것이었지만 감사와 수령의 반발 때문
에 양전조직을 바꾸어서라도 이번 가을에는 기필코 시행하려고 했던 양
전은 예기치 않았던 염병의 극성과 여전한 감사들의 반대에 부딪쳐 조정
하지 않을 수 없게 되었다. 영의정 김창집을 중심으로 한 노론핵심세력의
量田强行論에 제동을 건 것은 역시 노론의 실세로서 숙종의 특별한 신임
을 받고 있던 약방 도제주 이이명이었다. 그는 숙종과의 獨對로 인하여
그동안 근신중에 있었는데, 숙종 44년(1718) 10월 13일 약방 入診 때에 다
음과 같은 의견을 제안하였다.

　　양전은 국가의 큰 정치입니다. 祖宗 때에 20년마다 반드시 양전했기 때
　문에 그 新起 加耕을 現出하는 것에 지나지 않았고 그 일은 매우 쉬웠습
　니다. 중세 이래 혹은 전쟁, 혹은 饑荒으로 날로 廢弛해지고, 혹 100여 년,
　혹 60, 70년마다 양전하여 이로 인해 양전은 매우 어려운 일로 되었습니
　다. 하물며 근래에는 인심이 점점 거짓되고 田里間에는 역시 公論이 없
　습니다. 田主는 그 토지의 비옥함을 속이고, 이웃들은 그 結怨을 싫어하
　여 역시 솔직하게 알려주지 않습니다. 等數를 審定해도 그 사실을 알기
　어렵습니다. 더욱이 양전 때에는 부자는 監色에 뇌물을 쓰니 富戶들은 대
　부분 下等을 차지하고 빈민들은 대부분 高等으로 매겨집니다. 賦稅가 不
　均하니 원망과 고통이 날로 심해집니다. 개량은 진실로 조금이라도 늦출
　수 없습니다. 작년에 묘당에서 시행하기를 청하여 聖上이 특별히 거행하
　라 한 것은 바로 이 때문입니다. 단 작년에는 災荒이 이미 극도에 달하였

---

178)『肅宗實錄』권62, 숙종 44년 11월 26일.

고, 올해는 疾疫이 전에 없이 심하여 都下의 사망자가 계속 줄을 잇는데, 大戶로서 사망자가 數十人이요 小戶는 사망자가 數人입니다. 호당 2명으로 계산하면 都下 5만 호는 십만 명이 됩니다. 이것이 어찌 재앙이 아니겠습니까. 도하가 이와 같으니 외방도 모두 그러할 것입니다. 혹은 全家가 사망한 자도 있다고 합니다. 올 봄 삼남양전 때 田主가 없는 곳이 많았다고 합니다. 양전을 정지한 후에 질병은 계속되어 그치지 않고 가을 초에 약간 수그러들더니 근래에 時氣가 이상하더니 다시 馳發해졌습니다. 사람들이 모두 두려워합니다. 삼남의 농사가 稍稔이라 할지라도 인력이 딸려서 평년에도 미치지 못합니다. 감영 병영이 순력하고, 경차관을 보내 檢田하는 일이 모두 일시에 이루어지고, 환상 대동 신포의 납입이 모두 가을 겨울에 있습니다. 염병으로 다 죽게 된 백성들에 대한 侵擾가 백 가지입니다. 또 量田大役事를 더하게 되면 그 고통은 필연지세입니다. 가까스로 살아 있는 백성들을 督驅하여 주인없는 토지를 양전하는 것도 충분히 생각할 수 있지만 외방의 말을 전해 듣건대, 事目은 임의로 陞降을 허용하지 않기 때문에 등수가 이전처럼 그대로고 관원은 성심껏 담당하지 않고 다만 감색에게 위임하기 때문에 간폐가 백출하여 이와 같이 가면 필경에는 양전이라는 이름만 남고 재앙이 궁민에게 미칠 뿐입니다. 또 겨울 전에 마치지 못하면 당연히 다시 내년 봄에 시행하게 되고 추동의 염병이 봄에 이르러 심하지 않을 지는 알 수 없는 일입니다. 실익이 없는 일로 염병 중에 강행하면 당초에 경계를 바르게 하고 백성을 구한다는 뜻이 과연 있겠습니까. 신의 생각으로는 삼남의 稍實 읍의 양전을 즉시 정지하도록 명하여 殘氓으로 더욱 곤궁하지 않도록 하고 농사가 풍년이 들고 민생이 안정된 후에 다시 거행하면 좋을 듯합니다. 일전에 嶺道臣이 양전 정지를 청하였고, 묘당은 복달하여 거행하도록 하였습니다. 근래 기강이 해이해지고 조령이 수 차례 바뀌어 백성들이 대부분 믿지 않으니 이 폐단은 생각하지 않을 수 없는데 만일 생민들에게 해만 되고 실사에 실익이 없다면 오로지 이를 마음에 두어 민정을 거듭 어길 필요는 없습니다. 묘당으로 다시 논의하여 품처하면 어떻겠습니까.[179]

---

179) 『備邊司謄錄』 71冊, 숙종 44년 10월 15일.

즉, 양전은 늦출 수 없다는 것, 조령을 자주 번복함으로써 국정 운영능
력을 의심받고 기강이 서지 못하고 있지만 그럼에도 불구하고 염병 중에
양전을 해 봐야 이번 양전의 취지도 실현하지 못할 뿐더러 민생들에게도
실익이 없기 때문에 양전을 연기하자는 것이었다. 영중추부사 李濡도 여
기에 동조하고 나섰다. 삼남 감사들의 양전연기론과는 달리 이이명의 양
전연기론은 매우 설득력이 있는 것이어서 숙종도 내심 동의하고 있었다.
그러나 걸리는 것은 조정의 체통과 위신의 문제, 즉 국가 기강의 문제였
다. 재앙같은 염병으로 양전을 연기할 수밖에 없지만 결과적으로는 감사
와 수령의 양전 반대와 거부에 밀려서 연기하게 되는 모양세였다. 숙종은
말년에 와서까지 왕과 조정의 체통이 손상되는 것을 참을 수가 없었다.
영의정 김창집이 주도하는 비변사도 마찬가지였다. 양전을 강행할 수도
없었지만 그렇다고 물러설 수도 없었다. 비변사는 묘책을 건의하였다.

　　작년 조가에서는 약간 읍에서 먼저 시행하고 올 가을을 기다려 거행하
　기로 하였습니다. 지금 여역이 다시 치발해지고, 이때 백성들을 소요하게
　하는 것은 진실로 매우 우려되는데 다만 조령이 수 차례 바뀌는 것은 실
　로 요즈음의 고질적인 폐단입니다. 비록 명령이 내려진 후 외방은 모두
　관망하고 지키지 않고 있는데 지금 만일 갑자기 정지하도록 명하면 국체
　는 전도됨을 면치 못합니다. 이전의 명령에 따라 거행하도록 하고 그 기
　한을 촉급하게 정할 필요는 없을 것입니다. 각 읍은 먼저 여역이 심하지
　않은 읍부터 순차로 개량하고, 일이 되어가는 것을 보고 완료되는 면을
　따라 순영에 보고하고 반드시 춘경이 시작되기 전으로 기한을 정하되 혹
　아직 다 마치지 못하면 명년 가을을 기다려 완료하면 합당할 것 같습니
　다. 이 뜻을 삼남 도신들에게 분부하는 것이 어떨지요.[180]

매우 적절한 대책이었다. 숙종은 그렇게 하도록 명령하였다. 비록 이미

---

180) 『備邊司謄錄』71冊, 숙종 44년 10월 29일.

결정된 양전방침을 조정하는 것이 되었지만 어떻든 양전을 계속 진행하
도록 한 것이었다. 사실 이때까지 일부 지역에서는 양전을 진행하고 있었
다. 전라감사 홍석보가 보고한 바에 따르면, 봄철에 이미 개량한 것이
3,000결이나 된다고 하였다.[181] 그러나 12월에 들어서면서 양전은 이미
정지상태에 있었다.

이번 양전에서처럼 지방관들이 왕명과 朝令을 거부하거나 태업하는
것으로 나타나고 있는 국가 기강의 해이 현상은 사실 어제 오늘의 일이
아니었다. 숙종년간 내내 '換局'이 되풀이됨에 따라 정책 결정이나 조정
의 명령 또한 번복과 폐기를 되풀이하였으며, 그것들이 집행될 시간도 없
었지만 집행당사자에게는 이내 견책과 처벌이 뒤따르곤 하였다. 따라서
수령들은 아예 처음부터 조정의 명령을 수행할 뜻을 갖고 있지 않았던
것이다. 왕과 조정은 총체적으로 수령과 민인들의 불신의 대상이 되어가
고 있었다. 더욱이 이즈음 숙종은 중병을 앓은 지 이미 5년이나 되었고
실명까지 하게 되어 정상적인 정사를 수행할 수 없는 상태였다. 세자는
비록 대리청정을 하고는 있지만 그의 지위는 어쩌면 과도기적인 것으로
서 부왕으로부터의 신임과 실질적인 권한을 위임받지 못한 처지였다. 또
한 세자가 그의 자질이나 건강상태로 보아 장차 왕위에 올라 왕권을 제
대로 행사할 수 있을 지에 대해서는 조야가 모두 의심하고 있었다. 더욱
이 세자는 노론세력에 포위되어 독자적인 운신의 여지를 거의 갖지 못하
고 있었다. 따라서 숙종과 세자의 명령은 왕명으로서의 권위와 힘을 잃고
있었다. 또한 거의 전권을 행사하다시피 하고 있는 김창집 일파의 노론정
치세력에 대한 불신과 비판도 이미 오래되었다.[182] 국가 기강의 해이는

---

181) 『肅宗實錄』 권62, 숙종 44년 10월 무진일.
182) 『肅宗實錄』 권61, 숙종 44년 4월 9일, 4월 10일. 정언 成震齡은 재상 이하 내외
    관 모두를 비난하고, 북한산성 축성을 중지할 것과 양전을 연기하자는 내용의
    상소를 올렸다. 특히 그는 "오늘 나라 일이 이렇게까지 한심함에도 불구하고 심
    지어 계책을 세우는 곳인 묘당에서까지 청렴하지 못하다는 비난을 받고, 아첨하

며 비방을 당한 자들이 도리어 윗자리를 차지하고 있습니다. 그리고는 가부를 결정짓지 않고 우물쭈물하는 것을 정승(우의정 李健命을 가리킴)이 할 일로 여기고 있고, 분쟁이나 조화시켜 그치게 하는 것을 집안의 계책으로 삼고 있으니 여러 가지 일들이 서로 엉키어 백 가지 일이 바르지 않다고 하여 무엇이 괴이하겠습니까"라고 하여 말하자면 노론정권을 총체적으로 부정하였다. 세자의 부당한 비답을 받은 그는 이튿날 사임을 청하면서 "오늘 대신들은 세상 사람들의 기대에 부합되지 않는다고 하는 데 대하여 식견 있는 사람들을 기다리지 않고도 알 수 있습니다. 대개 청렴하지 못하다거나 아부한다거나 하는 비난으로 말하면 재상 자신에게 달려 있는 것입니다. 이미 나라 사람들의 비방을 들었음에도 불구하고 정승자리에 올라가고 작위가 아주 높아지면 나라 일을 바로잡을 대책은 생각하지 않고 제 한 몸을 보전할 꾀만 생각하고 있습니다……"라고 하여 우의정 이건명을 비판하고 나섰다.

『肅宗實錄』권61, 숙종 44년 5월 초하루. 정언 이명의가 글을 올려서 영의정 김창집 이하 노론 중신들을 비판했는데, 그 혐의는 다음과 같다.

영의정 김창집 : 적임자가 아님. 권세와 뇌물을 탐냄. 뇌물을 받고 군사통솔자를 추천함. 종남 밖의 산기슭에 별장을 짓고 부자들과 모리행위를 함("근래에 이르러 관리들과 선비들이 올린 글에는 모두 선비들의 화를 만든 우두머리로 배척하고 있는 것입니다. 만약 조금이라도 사람의 마음을 가진 사람이라면 응당 뒤로 움츠리고 물러나기에 겨를이 없어야 할 것입니다. 그런데 체면을 내던지고 돌아간 아버지의 훈계도 잊고 더욱더 방종하게 굴면서 조금도 거리낌없이 제 마음대로 위엄을 보이고 생색을 내면서 못하는 노릇이 없습니다").

鄭澔 : 윤증·윤선거의 서원 철폐를 청함.

이조참판 李喜朝 : 간사한 성품과 말재간을 가지고 아첨을 잘 함. 거짓선비의 행세를 하여 벼슬자리에 오름.

평안감사 김유 : 스승을 배반하고 시류에 아부함. 탐욕스러워서 황해감사 재임시 관청창고를 탕진함.

李師命 : 집안(이이명)의 권세를 이용하여 모사를 일삼음.

이 상소문이 들어가자 숙종은 비답을 내리지 않고 이명의를 교체하라고 특별지시하였다. 그리고 "그런데 이명의는 겉으로는 재해를 만난 데 핑계 대고 말을 올린다고 하면서 안으로는 조정을 문란하게 할 계책을 품고 여러 신하들의 없는 죄를 끝없이 날조하였다. 그 한편에 대한 글의 정신은 오로지 영의정에게 돌려진 것이었는데 전혀 이치에도 닿지 않는 허다한 죄명을 생판으로 만들어내어 곧장 헤아릴 수 없는 죄에다 몰아넣고 있다.……이조참판을 모욕하고, 전임대신 이이명을 헐뜯는 데 이르러서도 못하는 짓이 없었으니 놀랍고 원통하기 그지없다. 오랫동안 병으로 앓고 있는 중에 조금이라도 생각하게 되면 대뜸 화가 치밀어 이제 절정에 이르고 있었던 것이다.

　그러나, 숙종은 이제라도 조정의 체통과 위신을 세우고, 또 양전도 실시해야만 했다. 그 방법으로 무엇이 있었을까. 중신들의 의견을 듣기로 했다.[183] 먼저 영중추부사 이유는, 기근에다 癘氣가 또 치성하고, 겨울철이라 궁색하고, 삼도 방백들이 거행할 뜻이 없는 만큼 일시 정지하되 "조령을 格廢"하는 것을 일삼는 수령을 믿을 수 없기 때문에 양전청은 그대로 두고 양전사목을 잘 만들어서 내년 가을에 균전사를 파견하여 양전하자는 의견을 냈다. 도제주 이이명도 지난 번의 의견에다 양전청은 파하지 말고 양전절목을 충분하게 연구해서 작성하여 내년 가을 양전에 대비하자고 말했다. 또한 그는 여역이 시작되기 전에 양전명령이 내려간 만큼 양전을 고의적으로 거부한 삼남의 번신들을 문책함으로써 국가 기강을 세워야 한다고 주장했다. 이 주장에 대해서는 도제주 민진원도 동의하였다. 즉 그는, 충청감사 김홍경은 부임한 지 얼마 되지 않아 겨울 전에 양전할 수 없었다 치더라도 양남 감사들은 "명령이 내려간 후 이리 저리 미루다가 한 겨울에 들어갔고, 그 (양전)시기가 미루어진 것을 다행으로 여기고 스스로 정폐함에 이르렀다"고 지적하고 양도 감사의 중벌을 주장하였다.

　이러한 의견들을 수렴한 숙종은, 이번 가을 양전을 일단 정지하되 이미 설치된 양전청을 파하지 말고 내년 가을에 양전을 재개하도록 할 것이며, "비록 시절이 좋고 풍년이 든 때라도 이러한 수령과 감사로 말하면 오늘날의 모양을 면치 못할 것이다. 가을에 다시 양전할 때 그들이 지금보다 나으리라고는 알 수 없다"는 판단 아래 양전조직에서 감사와 수령을 배제하고 양전당상이나 균전사를 파견하여 양전할 수밖에 없을 것임을 비

　올라 가슴이 막히기 때문에 조목별로 밝히지 못하는데 만약 엄하게 징벌하지 않는다면 뒤에 올 폐해로 하여 나라가 나라구실을 못하게 될 것이다. 이명의를 멀리 귀양보낼 것이다."라고 하였다.
183) 『備邊司謄錄』71冊, 숙종 44년 12월 18일.

쳤다.184) 그리고 근본적으로는 조가의 명령을 이행하지 않는 수령의 행태를 고치지 않고서는 양전을 실시할 수 없을 것이라는 생각에서 양도 감사를 추고하도록 함으로써 또한 국가 기강을 세우고자 하였다.

그런데 이 결정을 가장 불만스럽게 생각한 자는 영의정 김창집이었다. 그는 이번 양전을 발의하였고, 그렇지 않아도 한 차례 연기된 것에 대해 못마땅해 오던 터에 또 양전을 정지하게 되었고 더구나 감사를 추고하는 것에 그치고 있었기 때문에 유감을 갖지 않을 수 없었다. 그는 이번 양전이 여느 때와 마찬가지로 실시되지 못하게 된 근본 원인은 수령이 豪佑와 함께 사취하는 경제적 이득 때문에 양전을 회피하기 때문이고 또 그것을 용인해 주는 감사 때문이라고 생각하고 있었다.

나라의 治亂은 庶官에 달려 있습니다.……기강이 해이해져서 감사는 조정의 명을 행하지 않고, 수령은 상사의 명령을 준수하지 않고 있습니다. 비록 양전의 일로 말하더라도 수령은 사사롭게 누락된 結卜를 쓰는 것에 욕심을 내고, 豪佑는 그 災實을 眩亂시키는 것을 이롭게 여기는데, 수령의 毁譽가 호우의 입에서 나오므로 호우가 불편하다고 하면 수령은 이를 편들어 감사에게 보고하고, 또 뒤따라 치계하면서 갖가지로 推托하여 일부러 지연시키고, 마지막에는 量尺의 장단과 민간의 여역 때문이라고 평계를 삼고 있으니 신은 처음부터 일을 피한 감사를 견책해서 파직하지 않을 수 없다고 생각합니다. 수령은 도리를 어기고 명예를 구하면서 오로지 포상을 희망하고 있을 뿐만 아니라 또한 불법을 많이 행한 것으로 말미암

---

184) 『備邊司謄錄』71冊, 숙종 44년 12월 18일. 임금이 말하기를, "厲疫은 인력 밖의 일이고, 東作이 또 가까워지니 금일 잠시 정지시킨 본 뜻은 이 때문이다. 외방에 내려진 조령을 그때마다 번신들이 이행하지 않고, 매번 이와 같으면 무슨 일을 할 수 있겠는가. 승지 입시 때 양전을 해야 한다고 한 자 및 번임들이 쉽게 이전의 의견을 바꾸고 이왕의 명령을 무효화시키는 것을 일로 삼는다. 이러한 모양으로는 비록 시절이 좋고 풍년이 들더라도 성사할 전망이 있겠는가. 감사 수령들은 모두 조령을 봉행할 뜻이 없다. 만일 이 폐단을 고치지 않으면 비록 가을 후 다시 거행하더라도 여전할 것이다".

아 백성들이 자기를 비난할까 두려워하므로 姦猾함을 만나도 감히 그 立
落을 밝히지 못하고 응당 받아들여야 할 물건도 깎아 주는 것을 德色으
로 여기고 있습니다.[185]

그리하여 그는 감사의 파직을 강력히 요청하였다. 이에 세자는 경상감
사 이집과 전라감사 홍석보를 파직시켰다. 다만 충청감사 김홍경은 부임
한 지 얼마 되지 않아 파직을 면하였다. 그리고 수령에 대해서는 임지의
호우들과 결탁하거나 여론에 편승하는 것을 원천적으로 끊기 위해서 그
임무를 '七事'로만 엄격히 제한하고, 그 치적에 따라 공과를 묻고자 하였
다.[186] 결국 이번 양전을 정지시키는 한편 양도 감사를 파직시킴으로써
양전은 반드시 실시하리라는 것과 국가 기강이 분명히 서있음을 과시하
고자 하였다.

숙종 45년(1719) 7월 14일, 우의정 이건명은

봄 사이에 양전의 역사를 우선 정지하라는 명이 있었는데, 지금 이미
가을이 되었습니다. 만약 양전의 폐해가 있다 하여 폐지해 버린다면 오히
려 괜찮겠지만 그렇지 않다면 成命이 있은 지 이제 이미 3년이 되도록 거
행하지 않았으니 국체가 존엄하지 못하게 되고, 외방에서는 조령을 가볍
게 여길 것입니다. 10월 이후에 곧 거행하되, 먼저 균전사를 차출해서 양
정을 미리 강구하게 하는 것이 합당할 듯합니다.[187]

---

185) 『肅宗實錄』 권63, 숙종 45년 1월 29일.
186) 『肅宗實錄』 권63, 숙종 45년 4월 10일. 영의정 김창집이 말하기를, "근래에 수령
    이 명예를 구하는 것이 풍습을 이루어 응당 받아들여야 할 물건을 일체 받아들
    이지 않으며, 심한 경우는 대동 전세까지도 또한 제때에 봉납하지 않고서 혹 관
    청에서 방납하여 이로써 명예를 구하고 있어 민속이 날로 변하고 있으나, 어사
    의 염문하는 서계에 포장하는 말은 도리어 이것을 앞세우니, 그 전부터 내려온
    폐단이 적지 않습니다. 지금부터는 수령의 치적은 다만 七事로만 논하고, 그밖
    의 명예를 구하는 정사는 서계에 거론하지 못하게 하는 것이 진실로 합당합니
    다." 세자가 옳게 여겼다.

라고 하여 연기된 양전의 재개를 건의하였다. 그리고 양전조직으로는, 이미 설치된 양전청에 양전 당상과 낭청을 임명해 놓고 있었는데 이번에는 양전 당상 대신에 균전사를, 낭청 대신에 군관을 파견하기로 하였다.[188] 그리고 '甲戌量田'의 예에 따라 균전사를 파견하기 때문에 서울에 본청 즉 양전청을 설치할 필요가 없다고 하여 양전청을 혁파하였다.[189] 따라서 '비변사/호조－균전사－군관'의 조직으로 양전할 것이었다. 이는 이미 '감사－수령'으로는 양전할 수 없다고 판단하고 있었기 때문이었다.

그런데 이 해 8월 16일에 지평 洪禹傳은,

지금 개량하는 일은 시작한 지 여러 해가 되었는데, 곧 다시 정지하여 아이들 장난과 같이 되었습니다. 국체의 손상됨을 염려함은 그럴 만하였습니다. 그런데 폐막을 생각하면 양역의 폐단만 하겠습니까. 양역의 폐단은 팔도가 똑같아 옛날의 부호가 모두 파산하였고 부성했던 촌락이 지금은 절반이나 황폐한 마을이 되었습니다. 그런데 국가의 계책을 담당한 자들은 급하지 않은 전정에 급급하고 있습니다. 가령 양역을 곧 마치고 새 양안을 이룬다면 민생의 困瘁만 더할 것이고, 국가의 위급한 형세에 보탬이 되지 않을 것입니다. 兩南에서 양전하는 일에 의아한 점이 있습니다. 갑술년 양전시 舊尺은 진실로 法尺을 준수하는 데 어긋남이 있었으나 당시 균전사가 계품하자 대신들로 하여금 의논하게 한 후 선왕이 아랫사람을 이롭게 할 양으로 長尺을 쓰도록 하셨으니 한때 잘못을 저지른 일이 아니었습니다. 舊尺(甲戌尺)과 新尺(이번 양전시 사용하려고 했던 양척)의 길이가 半寸에 지나지 않지만 양남에서 자를 고쳐서 더 얻게 되는 수량을 통계하면 3, 4만 결에 이릅니다. 조정에서는 법척을 준용하는 데만 힘쓰고 결부를 더 얻는 데 이로울 것이 없다고 하는데 누가 믿겠습니까.……개량하는 일을 치워 버리고 풍년이 들기를 조금 기다려 천천히 의

---

187) 『肅宗實錄』 권64, 숙종 45년 7월 14일 ; 『備邊司謄錄』 72冊, 숙종 45년 7월 14일.
188) 위와 같음.
189) 『備邊司謄錄』 72冊, 숙종 45년 8월 13일.

> 논하여 거행하되 만약 개량에 힘쓰던 뜻을 양역을 변통하는 일에 좋은 계책을 강구하여 시행한다면 백성을 구제할 수 있을 것입니다.[190)]

라고 하여 양전 연기를 주장하는 글을 올렸다. 그 이유는 양역제 개선이 양전보다 더 시급하고 중요한 과제이며, 양전도 結數를 늘이기 위한 양전이 되어서는 안 된다는 것이었다.

양역제의 폐단과 그 개선의 당위성과 필요성에 대해서는 누구나 다 알고 있었다. 다만 그것이 너무나 큰 문제였기 때문에 이후 과제로 미루어 놓은 것이었다. 따라서 양역변통은 양전 연기를 위한 새로운 문제 제기가 되는 것은 아니었다. 문제는 이번 양전의 목적과 관련된 것이었다. 양전의 목적은 두 가지였다. 하나는 加耕田·陳田·隱漏田 등을 수괄하여 수세결수를 확보하자는 것이고, 또 하나는 均稅均賦를 위한 것이었다. 수세결수를 늘리는 것은 조정이 바라는 바이고, 균세균부는 민인들이 바라는 것이었다. 그러나 조정은 增收를 위해 양전한다고 말할 수는 없었다. 그것은 민인들의 엄청난 저항과 반발을 초래할 것이기 때문이었다. 그래서 양전의 명분을 항상 전정문란의 해결과 균세균부를 위한 것이라고 표방하였다. 물론 제대로 양전한다면 균세균부를 기할 수 있게 되고 자연히 증수도 따를 것이었다. 이번 양전도 마찬가지였다. 그러나 앞서 보았듯이 이번 양전은 국가의 재정확보를 위해 절실하게 요구·제기된 것이었다. 그러면서도 조정은 지금까지 한 번도 增結을 위해 양전한다고 말한 적은 없었다. 오랫동안 양전하지 못한 끝이라 양전하는 것만으로도 많은 문제를 낳을 것이기 때문이었다.

양전척의 길이는 조정과 농민들 모두의 이해가 걸려 있는 매우 민감한 사안이었다. 그런 마당에 홍우전이 이번 양전에 短尺을 사용할 것이라고 말한 것은 단순히 양전 연기로 그치는 것이 아니라 잘못하면 이번 양전

---

190) 『肅宗實錄』 권64, 숙종 45년 8월 16일.

자체를 원천적으로 무산시킬 수 있는 빌미를 제공하는 것이었다. 특히 그것은 토호지주들이 농민들을 선동하여 양전을 반대할 결정적인 빌미가 될 것이었다. 어쨌든 이렇게 양전척 길이 문제가 제기된 이상 앞으로 양전한다고 해도 단척을 사용할 수는 없을 것이었다. 따라서 洪禹傳의 양전연기론은 지금까지의 감사·수령들의 양전연기론이나 시기 부적절로 인한 양전 연기 주장과는 질적으로 다른 것이었다.

조정이나, 그렇지 않아도 양전이 계속 연기되는 것에 불만을 가지고 있었던 영의정 김창집·우의정 이건명 등 양전강행론자들은 당황하지 않을 수 없었다. 아니나 다를까 그들은 즉각 반박하고 나섰다. 8월 29일, 세자가 대신과 비국당상들을 접견하는 자리에서 영의정 김창집은,

> 지평 洪禹傳이 上書하여 양역을 변통하고 양전을 정지할 것을 청하였습니다. 양전은 오히려 서서히 논의하여 거행할 수 있지만 지금 민폐로 절급한 것은 양역이라는 것입니다. 그 얘기는 계속되었습니다. 조정의 양전하는 본 뜻은 결수를 더 얻으려는 것이 아니라, 조종조에서 20년에 한 번씩 양전하던 법이 오랫동안 폐지되어 전정이 문란하고 요역이 불균해졌으므로 한 번 정돈하지 않을 수 없기 때문입니다. 대조께서 이 폐단을 깊이 생각하여 속히 이정하려 했지만 道臣들이 즉시 거행하지 않아 지금까지 미루어져 매우 미안한 일입니다. 금년은 삼남 농사가 나쁘지 않아 시행할 수 있고 이미 시작되었는데, 그 사이 작은 폐단이 없지 않으나 이미 명령이 내려간 상태에서 또 정지한다면 전도되는 것입니다. 양역변통책으로는 다만 호포·구전·유포·결포 4조가 있는데, 그 중 실행할 수 있는 것을 취해서 지금 마땅히 商確하여 논의해서 행해야 하지만 양전을 우선 거행하는 것이 마땅합니다.

라고 하여, 이번 양전 실시의 배경, 특히 양전의 목적이 增結에 있지 않다는 것,[191] 父王 숙종이 이미 결심하여 양전 명령을 내린 상태라는 것,

191) 세액 결정의 기준이 되는 結負數는 量田尺과 田品의 等第에 의해서 산정되는
것이기 때문에 양전척의 길이와 執等 문제는 농민들의 이해가 직접적으로 걸려
있는 가장 민감한 사안이었다. 숙종 44년(1718) 가을에 양전청은 양전척을 遵守
冊에 의거하여 삼남에 만들어 보냈었다('遵守尺'이라 부름). 이 준수척은 경기의
'계묘양전'(1663)과 호서(16읍)의 '기유양전'(1669) 때에 사용한 것으로서, 그 길이
는 1등 1척을 포백척 '2尺 1寸 2分 6釐'로 정한 것이었다. 그런데 마침 광주목에
'갑술양전' 때에 사용했던 양전척이 남아 있었는데, 그것은 그 길이가 '2척 2촌
2분 6리'로서 새로 만든 자('新尺' : 준수척)보다 1촌이 더 길었다. 준수책에 의거
하여 만든다는 것이 착오로 길어져 버린 것이었다. 갑술양전 당시 양전사 朴潢
의 이의 제기로 어느 자를 쓸 것인가를 쟁론하다가 인조의 '위를 덜어 아래를 이
롭게 하자'는 뜻에 따라 결국 '2척 2촌 2분 6리'의 長尺을 사용하기로 결정했었
던 것이다. 이제 전라감사 홍석보의 문제 제기로 다시 신척(준수척)과 갑술척(장
척) 가운데 어느 것을 사용할 것인가가 쟁점이 되었다. 그러나 이 해 가을 양전
정지로 더이상 논의되지 않다가 이듬해(숙종 45년, 1719) 가을 양전을 앞두고 지
평 홍우전의 양전 연기 상소를 계기로 다시 문제가 되었다. 두 가지의 주장이 있
었다. 하나는, 양전청, 전라감사 홍석보, 전라도 균전사 김재로, 영의정 김창집,
호조판서 송상기, 예조판서 민진후, 지중추부사 이홍술, 대사간 이기익, 부응교
김운택, 장령 남세진, 묘당 등 다수의 견해로, 長尺을 쓰자는 것이었다. 그 이유
는 先王 仁祖의 뜻을 따르자는 것, 갑술년에 이미 장척을 사용했기 때문에 이번
에도 장척을 사용함으로써 연속성을 유지해야 한다는 것, 어차피 양전척에 정확
성을 기할 수 없는 이상 촌, 분을 다툴 필요가 없다는 것, 준수척을 사용하여 결
부수를 더 얻는 것은 민심을 거슬리는 것만 못하다는 것이었다. 겉으로는 표명
하지 않았지만 당시 양전의 일차적 목적은 결부수를 확보하는 것이었다. 그런데
토호지주들의 선동에 의한 양전 자체를 반대하는 여론이 비등하던 터에 더구나
준수척(단척)을 써서 결부수를 더 얻으려고 한다는 소문이 이미 퍼져서 소요가
일어나고 있었기 때문에 자칫하면 양전 자체를 실시할 수 없는 상황이 될 것이
었다. 따라서 양전만이라도 시행하기 위해서는 불가피하게 장척을 사용할 수밖
에 없었다. 이 견해는 법과 원칙을 준수하기보다는 양전 자체를 위해서 토호지
주들의 반대를 무마하고 그들과 타협하는 '현실론'이었다. 둘째는, 판중추부사
이이명, 우의정 이건명, 판중추부사 김우항 등의 소수 견해로서, 준수척(단척)을
사용해야 한다는 것이었다. 그 이유는 그렇지 않아도 국가 기강이 해이해진 터
에 법과 원칙을 지킴으로써 양전을 조금 미루더라도 법도가 살아 있음을 보이자
는 것, 계묘양안과 기유양안을 사용하고 있는 만큼 형평성을 유지해야 한다는
것, 그리고 준수척을 쓰는 것이 결코 소민·빈농들에게는 손해가 되지 않는다는
것이었다. 특히 이 세 번째 이유는 양전이 누구를 목표로 해야 했는가를 분명히

그리고 양역변통책도 강구하고 있다는 사실 등을 세자에게 설명하였다. 그것은 세자가 전후 맥락을 모르고 혹 양전 명령을 취소하지 않을까 싶어서였던 것이다. 우의정 이건명도 "애초에 시작하지 않았으면 그만이지만 정유년(1717)부터 경영하여 이제 3년이 되었는데, 만약 또 정지한다면 나라의 체통이 어찌 손상되지 않겠습니까"라고 하여 양전을 기정사실화하고자 하였다. 공조판서 李晩成, 형조판서 權愭, 그리고 知事 이홍술도 大臣들과 같은 의견이었다. 이에 세자는 양전에 대해 별다른 주견을 갖고 있지도 않았을 뿐더러 부왕의 뜻과 成命, 대신들의 의견을 무시할 수도 없는 처지에 있었기 때문에 양전을 그대로 집행하라고 명할 수밖에 없었다.[192] 이미 전라도 균전사로 차출된 김재로는 이번 양전이 '균세균부'를 위한 양전이 되어야만 한다는 것을 다시 한 번 확인하였다.

삼가 듣건대, 외방의 민정이 극히 소요하여 모두가 말하기를 '조정에서 經用이 고갈되어 전결을 찾아내는 거조를 하게 된 것이니, 백성들의 곤궁함은 돌아보지 않고 반드시 결부수를 많이 얻는 것을 주로 한다'라고 한답니다. 무릇 80여 년간 은루된 것으로 찾아지는 것이 너무나 많을 텐데, 무고한 小民들 가운데는 혹 陳田으로 實役을 지는 자가 있을 것이며, 혹

보여주는 것이었다. 이이명은 "포백척 1촌도 양전척으로 4분 7리입니다. 면적 1만 자가 1결이 되는 것인 즉 남는 것이 4부 7속인데, 천만 결에 이르면 얼마나 남겠습니까? 가난한 백성이 소유한 전지는 온 결이 대개 드무니 비록 구척(단척)을 쓰더라도 증가되는 負, 束이 극히 적습니다. 富裕한 자의 田地는 밭둑이 연하여 있으니 조금 증가되더라도 크게 해롭지 않는데, 지금 그들의 뜻에 억지로 따라서 다시 법 밖의 자를 쓰도록 허가함이 마땅하겠습니까? 그리고 긴 자를 쓰면 온 나라를 통해서 누실되는 것이 20분의 1은 될 것이요, 구척을 쓰면 백성에게 손해됨은 지극히 적을 것이니 경중을 비교할 때 결코 中正한 방도가 아닙니다."라고 하여, 지주들의 여론에 밀려서 長尺을 사용해서는 안 된다고 주장하였다. 숙종과 세자는 처음에는 준수척(단척)에 동의했다가 결국의 다수의 견해에 밀려 장척을 사용하도록 하고 말았다(『備邊司謄錄』 71冊, 숙종 44년 12월 18일 ;『肅宗實錄』 권63, 숙종 45년 9월 15일, 9월 23일, 10월 10일).

192) 『肅宗實錄』 권64, 숙종 45년 8월 29일 ;『備邊司謄錄』 72冊, 숙종 45년 9월 3일.

은 박토인데도 무거운 부세를 내는 자도 있을 것입니다. 개량의 본의가
어찌 수괄에 있겠습니까. 대체로 경계를 바르도록 하고 등수를 적실하게
하면 부세를 균평하게 하는 효과가 있을 것입니다. 지난 겨울에 성상께서
경연 중에 교시하시기를 개량의 거행은 더 많은 결수를 얻기 위해서가 아
니고 전정이 문란하여 이정하지 않을 수 없다고 하였습니다. 이 크신 임
금의 말씀을 뉘라서 흠앙하지 않겠습니까. 개량이 완수된 후 元數를 총계
하여 혹 전에 비해 감축된 즉 일 맡은 신하를 죄주더라도 역시 사직시키
지 않으며, 그렇지 않고 결수가 조금이라도 늘고 부역이 조금이라도 균등
하게 되었으면 이것으로 된 것이며, 조정에서 多少를 加得했는가를 묻지
않는 것은 실로 대체에 합당합니다. 또 **토호들이 누락시킨 결부**는 이를
찾아 낼 적에 당연히 怨謗이 있을 것입니다. 그러나 소민의 토지로 말하
면 설령 조정의 (收租)案에 들어가지 않은 것이 있어도 이는 관가에서 숨
긴 결부이거나, 혹은 서원배들이 도둑질해 먹는 자원이 되어 있으므로 해
마다 **田役**을 그들이 일찍이 내지 않음이 없습니다. 이제 모두를 찾아내어
조그만 땅뙈기(寸地尺土)도 남김없이 하더라도 이를 가지고 원망하는 일
이 조금도 없을 것입니다. 그리고 소민들 가운데 겁내고 원망하는 것은
오직 등급을 너무 높게 매기는 데에 있을 뿐이니, 등급을 매길 때 **審愼**하
지 않을 수 없습니다.……영왈, 그렇게 하라.193)

---

193) 『備邊司謄錄』72冊, 숙종 45년 9월 13일, 9월 14일. 토호들의 墾田, 加耕田 등은
元結數에서, 그리고 起耕田은 舊陳·仍陳·川反浦落·覆沙 등을 빙자하여 상
당 부분 시기결수에서 빠져 있었고, 그나마 시기결수로 잡혀 있는 기경전도 대
부분 하등으로 집등되어 있었다. 반면에 소민들의 경지는 그 일부가 官用을 위
한 隱結로 묶이되거나 서원배들의 '偸結'이 되고도 있었지만 그 모두가 어쨌든
전세를 부담하고 있는 실결로 파악되고 있었고, 그리고 더구나 실제보다 上等으
로 매겨져 있었기 때문에 양전 때에는 내심 전품이 실제대로 매겨지기를 기대하
곤 했었다("量田中 土品高下 繩尺伸縮 最是大段緊要之節 而土豪富輩 行賂用
奸 品好之地 務從輕歇 賤民無勢之類 以其不得行賂之故 雖是瘠薄之田 執負過
多 民怨之朋 專由於此", 『新補受敎輯錄』量田). 사실 결부 산정에 결정적인 것
은 양전척의 길이라기보다는 전품의 등제였다. 1등전 1결 1만 척을 기준으로 할
때, 1촌이 더 짧은 척을 사용하면 4부 7속이 늘어나지만, 1등씩 높게 매겨짐에
따라 15부씩 늘어나기 때문이다. 때문에 집등 문제는 소민들에게 초미의 관심사

이후 이미 양전을 실시하는 가운데서도 양전을 정지하자는 의견이 나오기도 하였다. 충청우도 균전사를 겸임하고 있던 충청감사 권업은, 기근 끝에 흉년이나 다름없고, 민생이 困瘁해서 환상과 신포를 감당할 수 없기 때문에 기유년(1669)에 개량한 읍들만이라도 제외하던가(<표 2> 참조), 아니면 도 전체의 양전을 정지해 줄 것을 요청했다. 그러나 받아들여지지 않았다. 영의정 김창집과 세자는 '기유양전'이라도 50년이나 되었기 때문에 차제에 도 전체를 일제히 양전하라고 명령했다.194)

결국, 숙종 42년(1716) 가을에 실시하기로 했던 삼남 양전은 계속 연기되다가 숙종 45년(1719) 10월에 이르러서야 비로소 시행되었다. 숙종 41~

였다. 그런데 숙종 45년(1719) 9월 경의 量田事目(숙종 43년에 작성한 「康熙丁酉量田事目」은 가경처 외에 이미 양안에 올라 있는 전답의 전품은 陞絳하지 못하도록 규정하였다)은 舊量('갑술양안'을 말함)과 비교하여 위 아래로 1, 2등을 넘지 않도록 규정하였다. 이것은 遵守冊을 그대로 따른 것인데, 감색들의 농간과 원결의 지나친 감축을 막겠다는 의도였다. 그러나 이것은 실제대로 양전하고 과세한다는 '균전 균부세'의 취지와는 거리가 먼 것이었다. 여기에 이의를 제기한 것은 이이명이었다. 그는 "전후로 대부분 매우 척박해졌을 텐데도 등수가 높은 것도 역시 많을 것이다. 지금 만일 그 분분함을 염려하여 限度를 정하여 陞降하면 거의 前案을 그대로 답습하게 될 것이고, 剩縮이 없다. 이것 역시 良規는 아니다. 만일 舊案을 따르게 한다면 개량할 필요가 있겠는가"라고 하여 실제대로 양전할 것을 주장하였다. 그러나 양전사목은 그대로 하달되었다. 다만 양전 직전에 김재로의 의견을 받아들여 '사실대로 등급을 매기게 하되 예전 등급에 비해 너무 변경시키지 말라'는 뜻을 균전사들에게 특별히 분부하는 것으로 그치고 말았다. 그러나 사목이 개정된 것도 아니고, 등급을 조정하는 절차와 과정이 복잡하고 까다로웠던 만큼, 전품이 실제대로 매겨졌을 지는 의문이었다. 나중에 조문명이 "등급의 수는 여전히 고쳐지지 않았다"고 평가했을 때 김재로가 "사목 안에 승강은 1등급을 넘지 못한다고 하고, 그 후에 또 2등급의 승강을 허용하였으니 전혀 등급의 수를 고치지 않았다고는 할 수 없습니다"라고 궁색한 변명을 한 것을 볼 때 실제로 전품의 승강은 거의 없었고 따라서 갑술양안의 전품을 그대로 승계하는 것이었다. 그렇다면 결국 양전 전의 토호지주들의 '田多負少'와 소민들의 '田少負多'의 현상은 계속될 것이었고, '均田 均賦稅'의 양전이 되지는 못할 것이었다.

194) 『備邊司謄錄』 72冊, 숙종 45년 9월 15일.

42년의 전국적인 대흉년과 기근('乙丙飢饉'), 그리고 숙종 43년 2월부터의 전국적인 염병의 극성은 양전을 실시할 수 없게 만들었던 것이다. 예전의 경우에 비추어 보면 그러한 상황에서 양전의 정지와 연기는 너무나 당연한 것이었다. 그럼에도 불구하고 마침내 양전을 강행할 수밖에 없었던 것은 도리어 그러한 상황이 가져올 국가 재정의 파탄, 그리고 그로 인한 노론정권과 숙종의 위기 의식 때문이었다. 삼남으로부터의 세수는 국가 재정의 근간이었다. '갑술양전' 이후 오랫동안 양전하지 않아 전정문란은 극도에 달했으며, 이에 더하여 5년 여에 걸쳐 계속된 흉년과 기근·염병은 삼남의 농민과 농촌을 황폐화시킴으로써 세수는 전혀 이루어지지 않고 있었다. 이로 인한 국가 재정의 위기는 김창집 정권과 국가의 존립을 위태롭게 하는 것이었다. 숙종 재위 초기부터 제기되었지만 환국의 정쟁 속에서 표류해왔던 양역변통과 양전의 2대 개혁과제 가운데 양전은 이제 더이상 미룰 수 없는 과제였다. 그리고 양전을 추진할 만한, 어느 정권보다도 강력한 김창집 노론정권이 서 있었다. 또한 그동안 환국의 정쟁 한 가운데서 키를 잡고 있었던 숙종도 여전히 세자를 믿지 못한 채 불치의 병으로 죽음을 앞두고서 늦게나마 양전만이라도 반드시 실시하고 싶었던 것이다.

그동안 양전을 강력하게 추진해 왔던 비변사는 이제 주관부처가 되어 양전 채비를 서둘러 갖추기 시작하였다. 양전조직을 강화하기로 하였다. 이미 삼남 각 도에 1명 씩 차출한 균전사에다 세 도의 감사를 각 도의 우도균전사로 겸임임명함으로써 양전조직을 보강하였다. 특히 삼남 각 도의 감사로 하여금 균전사를 겸임케 한 것은 이미 양역변통을 시작하였고, 중앙에서 파견된 균전사 1명으로는 양전에 충실을 기할 수 없고, 그리고 경비를 줄일 수도 있기 때문이었다.[195] 9월 5일에 다음과 같이 균전사를

195) 『備邊司謄錄』 72冊, 숙종 45년 8월 29일. 비변사에서 말하기를, "삼남 균전사는 각 도에 1명씩 이미 차출하였습니다. 여러 의견에 의하면 양역이 이미 시작하였

임명하였다.196)

　　　　삼남 균전사 望
　경상좌도 전 부제학 李縡 → 黃龜河(1719. 10) → 沈壽賢(1720. 2)
　　　우도 감사　　吳命恒
　전라좌도 이조참의　金在魯
　　　우도 감사　　申思喆
　충청좌도 대사간　洪錫輔 → 金雲澤(1719. 10)
　　　우도 감사　　權　憘

　충청도 균전사로는 일찍이 尹憲柱가 차출되었는데 대간들의 탄핵을
받아 해직되었었다.197) 그런데 이번에 임명된 홍석보는 일찍이 전라감사
로 있을 때 양전 연기를 건의했다가 경상감사와 함께 파직된 적이 있었
는데, 그것을 혐의로 사직하고자 하였다. 비변사의 만류에도 불구하고 양

고 균전사가 내려갔으니 장차 출입하면서 검찰하는 일이 있을 것인데 다만 1명
을 차송하면 간단히 해치워 버릴 폐단이 있을 것이고, 전에 2명을 차출한 예가
있으니 지금도 역시 그렇게 거행해야 한다고 말합니다. 다만 사람을 구하기 어
렵고 또한 외방에 폐단을 줄 염려가 있다고 합니다. 해당 도의 감사로 균전사를
겸임하게 하여 差下하고 그로 하여금 좌우도 양역을 분장하면 편할 것입니다.
이것을 삼도에 분부하고 균전사절목은 호조로 즉시 마련하고 별단을 발표하여
내려보내면 어떨지요." 세자가 답하여 말하기를, "그렇게 하라".
196)『備邊司謄錄』72冊, 숙종 45년 9월 5일.
197)『備邊司謄錄』72冊, 숙종 45년 7월 29일. 대사간 黃龜河, 정언 申晢이 말하기를,
"양전은 중요하고도 어렵습니다. 조가에서 방백에게 위임하지 않고 반드시 균전
사를 차출하는 것은 직접 簿案을 관검하기 위해서만이 아니라 그 聲望을 빌어
一道를 장악하기 위해서입니다. 옛날 선조대에 이 명을 받은 자는 모두 일대에
이름을 날렸던 자들입니다. 지금 그 사람을 지명할 수 있다면 그 簡寄의 뜻이 어
찌 우연이겠습니까. 호서 균전사 윤헌주는 지망이 낮고 또 술 실수가 있습니다.
일찍이 호남관찰사를 맡았을 때 과다하게 失儀하여 웃음거리가 되었습니다. 결
코 이 임무를 맡겨 열읍을 우습게 보게 할 수 없습니다. 청컨대 호서 균전사 윤
헌주를 바꾸십시오".

전이 시작된 10월에 들어가서도 부임하지 않자 홍석보를 파직시키고 그 대신으로 金雲澤을 임명하였다. 또한 李絳도 처음 균전사로 임명 당시 外職에 있었기 때문에 교체시켜 주면서까지 부임하도록 촉구하였는데 끝내 부임하지 않자 파직시키고 우부승지 黃龜河로 교체하였다.[198] 그런데 황구하는, 일찍이 대사간으로 있을 때 호서균전사로 임명된 윤헌주가 地望이 평소 낮고 또 술 실수가 있었음을 들어 교체를 간한 적이 있었는데, 이번에 자기가 균전사로 임명되자 三司에서 윤헌주 교체 간언을 들어 그 부당성을 지적하였기 때문에 사면하고자 하였다.[199] 삼사의 탄핵은 근거와 정당성이 없는 것이었지만 이후에도 계속되었기 때문에 이듬해 2월에 沈壽賢으로 교체되었다. 사실 그가 사면하고자 했던 것은 균전사직을 꺼려했기 때문이었다.

앞서 보았듯이 균전사를 기피하거나 감사로서 양전을 반대하거나 혹은 태업하는 것은 일반적인 현상이었다. 조정에서는 그렇게 된 구조와 사정을 잘 알고 있었다. 따라서 양전 등 국가의 주요 정책을 집행하기 위해서는 균전사 같은 특별직은 물론 감사나 심지어는 수령까지도 자기 정파의 인물을 택차하지 않을 수 없을 것이었다. 이번 균전사와 감사로 임명된 인물들도 경상감사 오명항을 제외하면 모두가 노론계 핵심 인물들이었다.

이로써 양전조직은 '비변사/호조-균전사-종사관' 계통을 기존 행정조직인 '호조-감사-수령' 계통으로 보완시킨 모양을 갖추게 되었다. 이렇게 되면 결국 실질적인 양전관은 수령이 되는 것이었다. 그리하여 양전하는 동안에는 삼남의 수령들은 임기가 만료되거나, 파면에 해당하는 죄과가 아닌 한 교체시키지 않았다.[200] 이제 양전의 성공 여부는 현장의 양전

---

198) 『備邊司謄錄』 72冊, 숙종 45년 9월 9일, 10월 6일, 10월 7일, 10월 8일, 10월 10일.
199) 『肅宗實錄』 권64, 숙종 45년 10월 14일.
200) 『備邊司謄錄』 71冊, 숙종 44년 11월 24일. 우의정 이건명이 말하기를, "남원 현감 최상정은 나이 70으로 누차 감사에 장계를 올렸는데 양전 때문에 체직을 허

관인 삼남 각 고을의 수령, 그리고 그들의 지휘 감독을 받는 감관(面任輩)과 색리(書員輩)들에 달려 있었다.

그런데 수령들은 처음부터 양전을 반대했었고, 그래서 공식적인 양전 조직에서 배제되었지만 행정계통과 그 지위상 실질적인 양전관이 될 수밖에 없게 된 이상, 그들이 양전을 제대로 실시하리라는 것을 기대하는 것은 어려운 일이었다. 과연 양전이 끝나자마자 민원이 제기되기 시작하였다.

井田法이 폐지된 이후로 富民이 兼并하는 폐단이 있어 온 지가 대개 이미 오래 되었습니다. 이때 삼남의 전답을 개량하여 전세를 정하였으니, 어찌 거룩한 일이 아니겠습니까? 그러나 조정에서는 다만 균전의 명칭만 사모하고 균전의 실상은 구하지 아니하며, 관찰사·군수·현령은 그 적임자를 얻지 못해서 간악한 좌수·별감과 교활한 아전들로 하여금 중간에서 농간을 부리게 하였습니다. 勢家의 전답은 하등으로 매기고 곤궁한 小民들의 전답은 상등으로 매겨서 허위로 서로 속이고 간교한 폐단이 백방으로 발생하여 결부의 수량은 옛날에 비해서 약간 증가되었는데도 백성

용하지 않았다고 합니다. 그리고 수일 전에 비국에 바로 사표를 제출하였습니다. 이는 일 자체를 인지하지 못한 소치입니다. 또 일찍이 양전시에 수령이 자주 교체되는 것을 허락하지 않은 것은 무릇 전정의 중대성 때문입니다. 최상정의 나이 70은 법대로 하면 응당 교체해야 하나 양전이 벌어지는 때를 당하여 체이할 수 없습니다. 듣건대 근기에 있다고 하니 추고하여 하송을 재촉함이 어떨지요." 답왈, "그렇게 하라".
『備邊司謄錄』 73冊, 숙종 46년 1월 2일. 전라좌도 균전사 김재로가 말하기를, "……이후 허실을 물론하고 대간의 상달로 교체되는 자는 진실로 어찌할 수 없는데 兩銓에 신칙하여 삼남 수령은 양전을 마칠 때까지 비록 시종직이거나 승천의 경우라도 모두 의망하지 않도록 함이 어떨지요." 영왈, "그렇게 하라".
『肅宗實錄』 권65, 숙종 46년 2월 3일. 濫率한 수령들은 당연히 체직되어야 함에도 불구하고 그대로 두었는데, 다만 의성 현령 李眞望은 파직되었다. 그것은 그가 양전할 시기가 아니라고 하여 처음부터 양전을 반대했기 때문이었다(『肅宗實錄』 권62, 숙종 44년 11월 26일).

들의 원망은 도리어 심함이 있습니다. 세상에서 말하기를, '삼남에서 인심을 잃은 것은 전지의 개량에서 비롯되었다'고 하는데, 이는 참으로 맞는 말입니다.[201]

즉, 이번 양전에 균전사를 겸직하기도 했던 감사, 실질적 양전관인 군수, 그리고 현령들이 양전실무자인 좌수·별감·서원들의 농간을 막지 못함으로써 양전을 그르쳤다는 것이다. 감관·색리들의 농간을 막지 못하는 것은 수령 개개인의 자질의 문제가 아니었다. 수령과 감관·색리들

---

201) 양전은 숙종 45년(1719, 기해) 10월부터 이듬해(경자) 9월까지 약 1년여에 걸쳐서 실시되었다. 조세 부과 대상인 時起結數는 경상도 262,000여 결, 전라도 245,500여 결, 충청도 160,300여 결, 총 667,800여 결로 보고되었다(『景宗修正實錄』권1, 경종 즉위년 10월 6일). 그런데 이 결총은 양전 직후 初案에서 집계되었던 결수로 보인다. 이후 민원이 일어나서 과다책정된 읍들을 査定하고 再量해서 正案으로 마감된 결수는 <표 13>의 561,901여 결로 10만여 결이 줄었던 것같다. 특히 문제가 되었던 충주목의 경우 초안에서 6,000~7,000결 이상이 증가된 것으로 보고되었는데 재량한 결과 2,000결로 최종 보고되었다. "삼남 근 200읍 가운데 新量이 稍均한 곳은 거의 없다. 나주 담양 등 읍은 신결이 증가한 것이 처음에는 5,000~6,000결이었으나 끝내 수천 결로 마감되었을 따름이다. 이와 유사한 사례는 매우 많다. 충주의 경우 初量의 허위와 再量의 착오를 이미 조정에서 알고 있다. 本主人들이 傳하는 바를 들으니 혹은 舊量에 비하여 배나 증가했다고 하고 혹은 6,000~7,000결 이상이 증가했다고 하는데, 本邑에서 上報한 수는 증가분이 다만 2,000여 결이다(『承政院日記』547권, 경종 2년 11월 3일)". 이에 의하면, 삼남의 元結數는 969,145결(충청도 255,208결, 전라도 377,159결, 경상도 336,778결)로서 갑술양전의 895,856결(충청도 258,460결, 전라도 335,577결, 경상도 301,819결)보다 73,289결이 늘어났다(약 8%). 반면 시기결수는 667,800여 결(「양전등록」672,521결)로서 갑술양전 직후의 514,976결보다 152,824결이나 증가하였다(약 29.7%). 정안의 결수 561.901결로 보면 40,925결이 늘었다(약 8%). 양전 직후 원결수에 비해 시기결수가 이렇게 크게 늘어난 것은 토호지주들보다는 소민들의 전품이 상등으로 매겨지고, 소민들의 진전이 시기전으로 등재되고, 산화전과 황무지 등이 소민들 이름으로 기경전으로 등재되었기 때문이었다. 반면에 대부분의 가경전은 토호지주들의 것이었을 텐데 감색들의 농간으로 田簿에서 누락되었다.

은 이미 하나였고, 구조화된 전정 문란의 일각을 이루고 있었다.202) 때문
에 애초에 감사까지 포함하여 수령을 양전조직에서 배제하고 균전사와
종사관을 파견하고자 했던 것이다. 그러나 이번 양전이 "大擧"양전이었
기 때문에 삼남의 감사를 특별히 지망이 있는 인물로 임명하는 한편 균
전사를 겸직케 하였다. 그러나 양전은 결국 '균세균부'를 위한 양전이 되
지 못하고 말았다. 그것은 어쩌면 양전사목의 규정으로 볼 때 예고된 것
이었다.

　양전의 파행상은 여러 가지로 나타났지만, 특히 이번 양전이 제대로 실
시되지 않음으로써 민원의 대상이 된 것은 세 가지였다. 첫째는, 위에서
지적했듯이 감관·색리들의 부정으로 勢家 즉 토호지주들의 전답은 하등
으로 매겨지고, 궁민들의 전답은 상등으로 매겨졌다는 것이었다. 양전의
목적 가운데 하나가 富民의 '田多負少'와 궁민의 '地少負多'를 시정하고
자 토지의 沃瘠을 가려서 전품을 실제대로 매겨 '균세균부'를 이루자는

---

202) 『備邊司謄錄』72冊, 숙종 45년 10월 20일. 호조에서 진달하기를, "삼남양전시 절
　목은 이미 재가를 받아 반포하였는데, 그 가운데 또 따로 결정하지 않을 수 없는
　것이 있습니다. 대체로 근래 각 읍에는 모두 은결이 있습니다. 혹은 전부터 내려
　오는 결수가 있고, 혹은 매년 (연분)마감 후 남는 결수가 있습니다. 그것으로 관
　용을 돕고 또 민역을 보충합니다. 그 규례는 같지 않지만 금령을 어기고 있는 것
　은 마찬가지입니다. 매년 연분시 은결의 폐단을 엄칙하는데도 불구하고 각 읍은
　전례에 매이고 또 대부분 견제하여 끝내 査出하여 보고하는 일이 없습니다. 조
　가 역시 수괄할 수 없어 그대로 방치합니다. 일이 매우 허술합니다. 이번 양전은
　조가의 大擧措인 만큼 수령들은 역시 반드시 유념하여 봉행해야 합니다. 이러한
　은루처는 그대로 엄폐해 두어서는 안 될 것인데, 혹은 관용이 구차해질 것을 염
　려하고, 혹은 前官이 죄를 입을 것을 염려하여 일일이 조사보고하지 않는 즉 은
　결의 폐단은 앞으로도 여전할 것입니다. 특별히 엄칙하는 길이 있어야 합니다.
　균전사가 내려간 후 각 읍의 新舊隱結을 자수하여 거두어서 책을 만들게 하고,
　元田과 함께 타량하도록 하며, 자수자는 연분사목에 의해 前後官 모두 면죄시킵
　니다. 혹 사실대로 보고하지 않고서 발각되는 자는 역시 사목에 의해 還上虛錄
　의 예에 따라 감죄함이 마땅합니다. 이러한 뜻을 삼남 감사 및 균전사에 알리는
　것이 어떻겠습니까." 대답하기를, "그렇게 하라".

것이었는데, 이번 양전은 시정하기는커녕 이전의 문란상을 더욱 심화시킨 것이었다. 더욱이 結總이 늘어났다면 궁민의 전품은 더욱 상향 조정되었을 것이고 그에 따라 전세부담도 훨씬 커졌을 것이다. 둘째는, 소민들의 陳田이 기경전으로 파악된 것이었다. 이번 양전을 주도하고 추진하였던 영의정 김창집은 충청좌도 균전사였던 김운택의 상소를 통해 충주목 양전이 이번 양전이 목적했던 바 '균세균부'를 위한 양전이 되지 못했음을 인정하고, 그 원인이 감관·색리들의 농간에 있었을 것임을 지적하면서 특별한 사정을 건의하였다.

> 부제학 김운택의 사직상소 하단에……이르기를, '엊그제 충주목사 宋堯卿의 보고를 보니 "금년의 양전은 크게 균역을 결하여 아래는 손해요 위는 이익을 얻어 백성들의 원망은 하늘을 찌를 듯합니다. 그 가운데 본 고을은 더욱 심하여 오래 묵어 밭의 형체도 전혀 없는 곳을 起耕으로 마구 기록하는 등 온 경내가 모두 그러합니다. 토품을 매김에 올림만 있고 내림은 없어 백성들은 모두 원망하며 장차 환산할 것 같으니 변통이 있어야 합니다"라고 청하였습니다. 조정에서 백성을 위한 길로 한 번 사정하는 것은 당연한 일이니 청컨대 본 고을로 하여금 일일이 적간하여 장부를 만들어 호조에 올려 보내게 하여 신이 받은 바 초안과 우선 대조하여 특별히 사검하되 과연 보고한 바와 같다면 먼저 신의 죄를 다스리고, 도감관 이하도 역시 事目에 의하여 죄를 논한 뒤에 일일이 시정하여 백성들의 원망을 풀어 줄 것이며, 신의 상소를 묘당에 내려 변통해 주기를 품지하도록 했으면 한다'고 하였습니다. 대체로 균전사가 내려갔을 때에는 백성들이 稱冤하고 진정하는 일이 없었는데 서울로 올라 온 뒤에 이러한 백성의 원망이 많으니 과연 수상한 일입니다. 그후 본 고을도 역시 교체되었으니 감관·색리 등이 혹 틈을 노려 농간을 부린 폐단이 없지 않을 것입니다. 특별히 사정하는 일이 없을 수 없으니 그 상소에 의하여 본 고을로 하여금 적간, 사정하라고 호조에 분부하는 것이 어떻겠습니까? (임금이 이르기를, 호조에 분부하는 것이 좋겠다)203)

여기서 보듯이, 감관·색리들의 농간의 또 하나는 '오래 묵어 밭의 형체도 없는 곳', 말하자면 오래된 진전을 기경전으로 혼록한 것이었다.[204]

---

203) 『備邊司謄錄』 73冊, 경종 즉위년 11월 20일.
204) 『備邊司謄錄』 72冊, 숙종 45년 9월 14일 ; 『承政院日記』 679권, 영조 5년 1월 23일. 처음 양전사목(숙종 43년 양전청에서 작성한 것)에 진황지는 모두 6등으로 기재하도록 하였다. 전부터 양전할 때에 書員들이 田夫와 짜고, 時起田은 강등하여 결부수를 줄여 주고 진황지는 고등으로 매겼기 때문에 이후 개간하려고 하는 자도 전세가 무거울 것을 꺼려 개간하지 않았기 때문에 이번 양전에는 6등으로 매김으로써 개간을 권장하자는 것이었다. 그런데 갑술양전 때에도 처음에는 그렇게 규정했는데 그렇게 하면 수령·서원의 농간을 은폐하는 구실이 된다고 하여 개정하도록 하였었다. 이에 따라 이번 양전에서도 개정하였다. 즉 四方의 時起田의 등수에 따라 각기 1등씩 감하여 집등하도록 하였다. 가령 사방 시기전이 1등이면 진전은 2등이 되며, 사방이 5등이면 6등이 되고, 사방 시기전의 등수가 다르면 가장 가까운 곳에 따라 정한다는 것이었다. 등수야 어떻든 진전으로 기재되는 이상 과세될 것은 아니었다. 그런데 그것을 감색들이 과세대상인 시기전으로 등재했던 것이다. 이와 더불어 소민들의 진전이 起耕田으로 등재되었던 것은 진전에는 '主'를 懸錄하지 못하도록 한 균전사들의 節目 때문이었다. 처음 양전사목에는 전답의 陳起를 물론하고 '主'를 현록하도록 했는데, 균전사들은 진전에 '主'를 현록하면 후일에 소유권 분쟁이 있을 수 있고, 또 '主'가 있으면 다른 사람이 耕食하려 해도 薄土에 公私 간에 수세하는 것이 많아서 기경하지 않을 것이라는 생각에서 균전사들이 따로 절목을 만들어 '主'를 현록하지 못하도록 했던 것이다. 그러자 전주들이 토지를 잃을까봐 모든 진전을 기경전으로 바꾸어 '主'가 기재되기를 바랬다. 이것은 감색들도 바라던 것이었다. 그런데 나중에 수조안에서 진전으로 빠지지 못했기 때문에 결국 白地徵稅를 당하게 되는 것이었다.
한편, 이렇게 되면 起田만이 아니라 陳田·未墾處·자갈밭·山火田·川反浦落田 등 모두에 '主'를 기재한 것이 되고, 그 '主'의 실체는 소유주였을 것이다. 그러나 오래된 전답(久遠田畓)의 경우 '主'는 실제의 소유주가 아니고 양전 당시의 '主', 즉 '時主'이기도 했다. 그것은 전라도 균전사로 내려가 있던 김재로의 "개량 때 오래된 전답의 송사가 일제히 일어나 첩소가 아주 번거롭습니다. 즉시 처결할 수 있는 것은 주객을 정하여 실제대로 양안에 기록해야 하겠지만 또한 간혹 미처 상세히 조사하지 못하여 성급하게 결정하기 어려운 것들도 있으니 우선 時執으로서 양안에 기재하고, 조용하게 사판하여 과연 명백한 本主가 있으면 量名에 구애되지 말고 즉시 추급할 것을 정식하면 소송자는 역시 成案 후라도 또

또 산화전도 대부분 원장부 결수로 들어갔다.[205] 그리고 충주목의 경우
처음 초안을 작성할 때에는 토호지주들의 가경전, 진전명목의 은결도 모

한 추가하여 판단해서 되돌려 주는 길이 있음을 알고 아마도 망급분하지 않을
것입니다"라는 의견과 이것을 그대로 事目化한 양전사목("改量時 久遠田畓之訟
卽決者 趁時處決 定其主客從實懸量 而有未及詳查難處於遽決者 姑以時執懸
量 而從容查卞 果有本主 則勿以量名爲拘 卽爲推給")으로 추측해 볼 수 있다.
그런데 양안을 작성할 때 처음부터 '本主'와 '時主'를 구분해서 기재할 수는 없
었을 것이고, 또 일단 정안이 완료된 후에는 '時主'를 '本主'로 수정하는 것이
쉽지 않았기 때문에 처음부터 모두 '時主'로 기재했던 것 같다. 이것은 남아 있
는 '庚子量案'에서 확인할 수 있다(『備邊司謄錄』73冊, 숙종 46년 1월 2일 ; 『新
補受敎輯錄』戶典 量田).

205) 『備邊司謄錄』73冊, 숙종 46년 4월 20일. 호조에서 진달하기를, "이번 삼남양전
에 내려보낸 절목 가운데 山火田을 일체 打量하되 모두 6등으로 시행하라 하고
별도로 책을 만들어서 元田과 섞이는 폐단이 없도록 하였고, 또 火田成冊은 字
號를 배당하지 말고 다만 '某面 某山 某地名 第幾作, 田形, 長廣尺數, 東西四
標, 作者姓名만 쓰고 主字를 쓰지 말도록 한다'고 했습니다. 그런데 지금 들은건
대 각 읍 양전시 산화전의 대부분이 元帳의 결수 안으로 들어갔다고 합니다. 이
는 절목의 본 뜻과 크게 다릅니다. 대개 산화전은 대부분 산골짜기 계곡 사이에
있어서 혹 금년에 기경해도 명년에는 진전이 되고, 혹은 이쪽이 진폐되어도 혹
은 저쪽이 기경되기도 합니다. 전부터 매년 隨起收稅한 것은 이것 때문입니다.
금번 양전시 타량 건은 비록 원전과 함께 거행하더라도 만일 화전을 원전으로
混錄하여 결수를 채우는 방도가 된다면 앞으로 陳頉이 매우 많을 뿐만 아니라
실결도 점차 줄어 들 것입니다. 한 번 장부에 들어가 매년 세금을 내면 민간의
원망 역시 반드시 적지 않을 것입니다. 신칙하여 이정하는 길이 없을 수 없습니
다. 무릇 산화전에 자호를 배정하지 않고 主名을 쓰지 않도록 한 일은 모두 내려
보낸 절목에 따르고, 별도로 성책하여 본조에 올려 보내도록 하며, 절대로 원전
과 혼록시키지 않도록 해야 합니다. 혹 이미 입록된 곳은 모두 즉각 삭제할 것을
삼남 균전사에게 즉시 알리는 것이 어떨지요." 명령하여 말하기를, "그렇게 하
라."; 『英祖實錄』권9, 영조 2년 5월 27일. 시독관 尹心衡이 말하기를, "깊은 산
협의 백성들이 화전을 가지고 생업을 삼는데 경자년에 개량할 때 그 세금의 과
중함을 괴로워하여 모두 원전에 입속하기를 자원한 탓으로 높은 산꼭대기까지
도 모두 양안에 편입되어 진실로 불쌍하고 측은합니다. 지금 만약 산중턱 이상
은 도로 화전에 귀속시키게 하고, 열읍에 분부하여 무거운 세금을 부과하지 않
게 한다면 산협의 백성들도 보존될 수 있을 것입니다".

두 파악되었었는데 正案을 작성할 때에 그것을 빼버리고 궁민들의 진전
을 기경전으로 하여 대체했던 것으로 보인다.[206] 그런데 이렇게 된 데에

---

206) 『承政院日記』547권, 경종 2년 11월 3일. "三南近二百邑中 新量之稍均者 盖無
幾焉 而如羅州潭陽等邑 新結所增 始則五六千結 而終勘以數千結而止 則他邑
之類比者 盖不勝其多矣 至於忠州 則初量之虛爲 再量之錯亂 業而朝廷之所知
而每聞本州人所傳 則或云所增 幾倍於舊量 或云所增 殆過六七千結云 而本邑
上報之數 則所增只是二千餘結 其色吏之奸竊 其將爲幾千結耶 聞其正田等數
增衍之外 山面火耕之田 盡入於元帳云 然則上報之數 本不可爲準 而幾倍舊量
之說 恐非虛妄也 盖量田之政 事至重而役至鉅 改量改案之際 奸僞易行 精審極
亂 而頃年量田 擧皆麤疎刻薄 故各邑結數之所增 雖有多寡之不同 而大邑所增
之數 少不下數千結 至於奸吏所竊 擧不啻倍蓰 此則彼此陳墾 互相盈縮 而正案
之所漏 守令之所昧 田簿之亦莫了其歸宿者也 以此推之 忠州所增之幾倍於舊
案 而上報之僅止二千結 亦無足怪矣".
양전의 결과는 결국 양안으로 나타난다. 양전 직후 草案을 작성한 뒤에 초안의
측량 尺數와 등수를 기초로 解負하고 대조한 후 正案을 작성하였다. 양전 고을
의 크기와 양전 인원의 수에 따라 차이가 있겠지만, 대략 양전하는 데 추수 후부
터 이듬해 봄갈이 전까지 4개월 정도 걸렸으며, 그리고 초안 작성하는 데 1개월,
정안 작성하는 데 2~3개월이 소비되었다. 그런데 '量田之政 事至重而役至鋸
改量改案之際 奸僞易行 精審極亂'이라 했듯이 감관·서원·색리들의 농간은
양전 과정과 양안작성 과정에서 이루어지고 있었다. 위의 기사에서도 확인할 수
있듯이, 나주·담양 등 읍은 처음에는 5, 6천 결이 늘어났지만 정안으로 최종 마
감된 것은 수 천 결이었으며, 충주의 경우도 균전사가 받은 초안 상에는 6, 7천
결이 증가되었지만 균전사가 귀경한 뒤 정안으로 보고된 것은 2천 결이었다. 정
안 작성과정에서 감색들이 농간과 부정을 저지른 것이었다. 세 읍만이 아니라
삼남의 200여 읍이 마찬가지였다는 것이다. 이러한 현상은 이번 양전에서 예고
된 것이었다. 숙종 46년(1720) 1월에 전라좌도 균전사 김재로가 제안한 정안을
작성하는 두 가지 방법이 논의되었다. 하나는 균전사가 양전한 고을의 정안까지
를 완성하는 것이고, 또 하나는 균전사는 각 고을의 초안이 모두 도착하기를 기
다려 '親看入籠 堅固封標 仍令各自輸送'한 후 귀경하고, 한양의 공청에 균전청
을 설치해서 뒤에 각 고을에서 올라온 수정 정안을 기초로 최종 정안을 작성하
는 것이었다. 전자는 균전사가 지방에 오래 머무를 수 없고, 정산 요원이 부족하
며, 비용이 많이 든다는 이유로 기각되었고 두 번째 방법이 채택되었다. 그리고
여기에 더하여 균전사가 머무르는 동안에 양전을 일찍 마친 읍의 경우는 정안까
지를 작성하자는 것이었다. 후자에 따르면 정안도 정밀해질 수 있고 감색들의

는 소토지소유 농민들의 이해도 반영된 측면이 있었다. 균전사들이 처음 개량할 때 전답의 陳田·起耕田은 물론하고 田主를 기재하도록 한 量田事目을 변경하여 따로 절목을 만들어서 진전은 전주를 기재하지 못하도록 한 까닭에 전주들이 토지를 전부 잃을까봐 진전도 기경전으로 바꾸어 전주가 기재되기를 원했던 것이었다.[207] 물론 收租時에는 당연히 진전으로 제외될 줄 알았었다. 그러나 막상 收租案에서는 진전으로 제외되지 않았기 때문에 결국 白徵을 당하게 되었던 것이다. 삼남의 모든 읍들이 그러했다.[208] 셋째는, 감관·색리들은 수십 년 동안 개간되지 않은 곳, 자갈밭, 山火田 등을 땅 없는 농민들 명의의 起耕田으로 등재하였던 것이다.[209] 당시에는 舊陳田은 물론 閑曠地, 沮濕地, 낮은 산자락, 심지어는

부정과 폐단도 없앨 수 있겠다는 것이었다. 이걸로 비추어 보면 충주의 경우는 초안과 나중에 올라 온 수정 정안으로 보고된 결수가 4, 5천 결이나 차이가 생긴 것이었다. 과연 두 번째 방법으로 집행되었는지는 확인할 수 없지만 경자양전에 대한 평가로 미루어 보면 부정적이다. 이점은 영조 2년(1726)에 김재로가 "양전은 몇 달 안에 완전히 마침을 얻었으나 양전 뒤에 文書 수정이 양전 때에 비하여 조금 늦었습니다"라고 한 데서 양안 작성에 약간의 문제가 있었음을 추측해볼 수 있다(『備邊司謄錄』 73冊, 숙종 46년 1월 3일 ; 『增補文獻備考』 권142, 田賦考2 經界2).

207) 숙종 44년(1718)에 양전청에서 처음 양전사목을 작성할 때는 '甲戌事目'(갑술양전사목), '己酉事目'(기유양전사목), '戊子事目'(무자년 1708년 강원도 양전사목) 가운데 가장 가까운 '무자사목'을 준수하여 양전사목(『丁酉量田事目』)을 작성하였다(『備邊司謄錄』 72冊, 숙종 45년 9월 15일). 그러나 양전 시행과정에서는 양전 대상지역이 삼남이고, 양전척의 길이가 문제로 제기되면서 '갑술사목'에 따라 수정하였다. 이와는 별도로 균전사들은 총론인 '갑술사목'에 기초하여 각론격인 '私節目'을 작성하여 시행하기도 하였다(『量田謄錄』[규장각 : 經古 333.35-Y17]).

208) 『承政院日記』 677권, 영조 5년 1월 23일. "慶尙監司 朴文秀疏曰……陳田則當初改量時 朝家勿論田畓之陳起 使之懸主 而其時均田使以爲陳許懸主 非但後來有爭端 且有其主 則人雖欲耕食 而以其薄土公私收稅之多 必不起耕 然則後來大弊 必在於此 乃作節目 以陳田則使之勿爲懸主 故田主慮其土之全失 皆以陳爲起而懸主曰 雖今於陳田 以起懸主 將來田政之時 官家豈不懸頉以陳乎 由是爭以起懸主 而其後朝家不以其陳而許頉 白地徵稅之弊 邑皆有之".

209) 『承政院日記』 648권, 영조 3년 10월 24일. "慶尙監司 黃璿疏曰……其中陳田一

연안 갯벌까지 모두 신전으로 개간되고 간척되었으며, 또한 토지생산성
도 높아졌기 때문에 비록 85년 만의 양전이라 할지라도 실제대로 양전만
되었다면 마땅히 옛날의 元總과 시기결수 이상을 확보할 수 있을 것이었
다. 그럼에도 불구하고 면임배들이 이렇게까지 하면서 결수를 채우려고
했던 것은 바로 토호지주들의 加耕田과 新田을 時起結에서 漏結시켜야
했기 때문이었다. 그것은 감영의 재원으로 묵인되기도 했지마는 바로 수
령·감관·색리들의 ‘私結’이기도 하였다.[210]

양전 결과, 궁민들의 전세부담은 더욱 커졌고, 더욱이 그들은 이제 白
徵까지 당하게 되었다. 양전이 끝나면서부터 삼남의 모든 고을에서 민원
이 일어나기 시작하였다. 영의정 김창집도 양전의 이러한 문제점을 인정
하지 않을 수 없었다. 김창집 一派의 노론정권은 이미 인심을 잃고 있었
다. ‘申壬獄事’로 김창집 등 노론 ‘四大臣’이 賜死됨으로써 노론정권이
붕괴되자, 간원에서는 ‘新量’(경자양안)을 버리고 ‘舊量’(갑술양안)을 그대
로 사용하자고까지 간청하고 있었다. 말하자면 ‘경자양전’을 원천적으로
무효화하자는 것이었다. 이에 이르자 비변사에서는 그 대안을 건의하지
않을 수 없었다.

이제 이 새로 양전한 것(新量)이 이미 3년이 지났는데도 민간에서 억울
함을 하소연하는 것이 그치지 않고 있습니다. 대저 양전의 어려움은 예로
부터 그러하였습니다마는 己酉年(현종 10년, 1669)의 양전으로 말하면, 土
品의 기름지고 척박한 것과 等數의 높고 낮음을 일일이 고르게 바로잡지

事 尤爲道內一大巨瘼 所謂量後陳田 非特打量後陳廢者也 庚子改量時 面任輩
爲其苟充實結 或以累十年未墾處 勒令懸主 或有貧民之無田者 見其磽确處 猶
倖日後之敷籤 遂以其名懸主 凡係量案懸主之地 例入於新起之中 至今七八年
白地徵稅 黎民之寃苦 莫甚於此 値玆歉歲 辛苦耕作之田 已成赤地 尙難納稅
況此積年 荒廢之地 責其科外之租 則孑遺之民 無以聊生 其他川反浦落等處 亦
多此類”.

210) 주 201), 204) 참조.

못하여 民怨이 오늘날에도 줄어들지 않고 있는데, 시행한 지 50년 동안 점차 釐正하였습니다. 新量의 고르지 못한 것이 비록 각 도가 똑같다고 하나 만약 선동한 백성의 비방으로 인하여 3년 동안 시행한 양전을 갑자기 버리면 朝家의 擧措가 顚倒될 뿐만 아니라, 중간의 간교한 폐단 또한 이루 말할 수가 없을 것입니다. 지금의 계책으로는 新量 가운데서 가장 억울함을 일컫는 곳과, 산골의 묵정밭(山薈)과 陳田 가운데 起字(기경전)에 섞여 기록되어 해마다 時起田과 다름없이 징세하는 것은 모두 이정하되, 각별히 정밀하게 조사하여 허실을 서로 입는 폐단이 없도록 할 것이니, 청컨대 이로써 삼남의 道臣에게 분부하소서(임금이 윤허하였다).211)

비변사는, 민원은 양전 후에 으레 있어 왔다는 것, '기유양전' 후에도 그랬으며 그리고 부분적으로 제기된 문제점은 시간이 지나면서 점차 시정되었다는 것, 따라서 '경자양전'도 마찬가지라고 인식하고, 그러면서도 '경자양전' 후에 특별히 문제가 되고 있는 백징에 대한 이정책을 제안하고 있는 것이었다. 그것은 '新量'은 폐기할 수 없다는 것, 문제가 되고 있는 각 읍을 대상으로 白徵당하고 있는 진전을 가려내자는 것이었다. 말하자면 부분적인 개량책인 셈이었다. 그러나 이 계책은 이후 양전정책의 기본 방향이 되고 있었다. 무엇보다도 백징은 전품의 상등 집등으로 인한 전세부담의 가중과는 비교될 수 없는 너무나 분명한 과실이었고 또 시급히 해결되어야 하는 문제점이었다. 그렇다고 양전한 지 얼마 안 되는 시점에서 시간과 비용이 많이 드는 전면적인 삼남 재양전을 시행할 수는 없었다. 따라서 이젠 수령 책임 아래 주로 陳田을 대상으로 하는 '邑別査陳量田'을 실시하게 될 것이었다.

숙종과 김창집 노론정권이, 나라의 재정과 나라의 절박한 위기 의식에서, 예년 같으면 도저히 양전할 수 없었던 어려운 조건에서, 여러 차원의 반대와 저항을 무릅쓰고 강력하게 실시했던 '경자양전'은, 그러나 처음에

---

211)『景宗實錄』권3, 경종 2년 11월 16일.

목적하고 기대했던 바의 성과를 이루지 못했던 듯하였다. 그것은 어쩌면 절박한 재정 위기 속에서 최소한의 수세결수를 확보하기 위해서 이미 시행되고 있던 양전제의 법칙과 원칙을 양보하면서까지 양전할 수밖에 없었기 때문에 예고된 것이었는지도 모른다. 경기도·황해도의 양전 문제가 제기되었을 때 비국의 당상·재신들은 '경자양전'을 평가하면서 경기와 해서의 양전 실시 여부에 대해 의견을 개진하였는데, 그 평가는 정파에 따라 엇갈렸다. 당연한 것이겠지만 노론 출신들의 평가는 대체로 긍정적이었다.[212] 이를테면 지중추부사 申思喆은,

> 삼남은 갑술년에 양전한 후 비로소 경자년에 양전하였습니다. 그 기간이 거의 백년에 가까웠으니 백성이 양전을 보지 못한 지가 오래되었습니다. 조정의 명령이 내려가자 외방이 騷擾하였습니다. 모름지기 갑술년 이전에 박엽이 균전사가 되어 양전하였는데, 법을 세우는 처음에 인명을 많이 죽여서 그 때에 어린애도 울었다는 말이 있었다고 합니다. 경자년에 양전을 마친 후에 백성은 해되는 바가 없고 徭役이 자못 나아졌기 때문에 마침내 원망하는 말이 없었으니 대개 양전은 하지 않을 수 없습니다.

라고 하여 경자양전을 좋게 평가하였다. 즉 너무 오랜만에 양전해서 소요가 있었지만 옛날처럼 법대로 각박하게 양전하지 않았고, 결과적으로 백성과 나라에 모두 유익했다는 것이었다. 당시 전라감사로서 전라우도 균전사를 맡아 직접 양전을 지휘 감독했던 그로서는 이처럼 평가할 수밖에 없었을 것이었다. 또 병조판서 김재로는,

> 기해년의 양전 때에 조정의 의논이 매우 重亂한 것으로 여겨서 疏章 사이에 '土崩瓦解'의 말이 있기에 이르렀습니다. 신이 호남의 임무를 맡아

---

212) 『備邊司謄錄』 88冊, 영조 6년 11월 16일 ; 『增補文獻備考』(隆熙 二年本) 권142, 田賦考2 經界2.

직접 그 일에 임하였는데, 양전은 본디 지극히 행하기 어려운 일은 아니
었습니다. 읍마다 도감관이 있고, 面과 里마다 각각 일 맡은 사람이 있어
서, 일시에 함께 행동을 취하여 모두 통기와 조리가 있고, 민심도 소요하
기에 이르지 않았으니, 몇 달 안에 능히 완전히 마침을 얻었으나 양전 뒤
에 문서 수정이 양전 때보다 조금 늦었습니다.

라고 말하였다. 즉 양전하면 마치 난이라도 일어날 것처럼 어렵게 생각했
지만 막상 양전은 조직적이고 체계적으로 실시되었고 따라서 소요도 없
었고, 다만 양안 작성에 다소 문제가 있었다는 것이었다. '경자양전'을 정
치적으로 결정하고 추진했던 이가 영의정 김창집이라면 양전의 기본 방
향과 방침, 방법과 절차 등 양전실무 차원에서 모든 사항을 결정하게 한
이는 김재로였다. 또 그는 전라좌도 균전사로서 직접 양전을 지휘·감독
하기도 하였다. 그런 만큼 그가 경자양전의 문제점을 특별히 지적할 수는
없었을 것이다. 그가 '경자양전'을 시행함에 있어 기준으로 삼은 것은 다
름 아닌 '갑술양전'이었다. 사실 '갑술양전등록'에 근거하여 양전 실무차
원의 모든 것을 조정하고 결정했었다. 따라서 '갑술양전'의 결과에 비추
어 보건대 '경자양전'은 성공적이라고 평가할 수도 있을 것이었다. 그러
나 '경자양전'이 거의 100년 전인 '갑술양전'의 수준에 머물렀다면 그것
은 실패한 것이나 다름없었다. '갑술양전' 이후 100년 동안의 변화와 전
정 문란을 해소할 수는 없었을 것이었기 때문이다. 당시는 전정 문란과
농민 문제를 해결하기 위해 새로운 양전제가 요구되는 시점이었고, 그래
서 실제로 유집일의 '방전법' 같은 양전제가 모색되기도 하였던 것이다.
또한 영의정 洪致中은 양전 결과 나타난 여러 가지 문제점을 '경자양전'
의 문제라기보다는 '大擧量田'(전국적인 도단위 양전)에서 으레 제기되는
것쯤으로 생각하면서 그에 대한 직접적 평가를 피하고 있었다. 다만 그러
한 문제점은 양전제의 결점이라기보다는 양전제가 제대로 운영되지 못하
는 데서 비롯되는 것이었기 때문에 '得人'을 잘 하면 해소될 수 있다고

강조하였다("양전은 오로지 사람을 얻음에 있습니다").

한편, 소론인 우의정 趙文明의 평가는 전혀 달랐다. 그는

신이 金溝에 待罪(금구 縣監)하였을 때에 마침 경자년의 양전을 당하여
이를 보았는데, 이는 큰 擧措였습니다. 경비를 씀이 매우 많고 등수는 고
쳐지지 않은 까닭에 실로 양전의 효과가 없었습니다.

라고 하여, 경자양전은 비용만 많이 들고, 특히 전품이 실제대로 매겨지
지 않음으로써 양전의 실효가 없었다고 지적하였다. 전품 등제의 문제만
있는 것은 아니었다. 양전 직후에 정언 李廣道,[213] 영조 2년에 황해감사
李墺,[214] 영조 3년에 경상감사 黃璿,[215] 영조 5년에 경상감사 朴文秀[216]
등은 이미 미간지·진전·산화전 등이 小民들의 이름으로 기경전으로 편
입된 문제와 전안의 부실 등을 지적하고 있었다. 조문명을 포함해서 그들
이 소론이기 때문에 혹은 양전 책임자가 되어야 하는 수령으로서 양전을
반대하기 때문에 그처럼 '경자양전'을 비판하는 것만은 아니었다. 그들 가
운데 일부는 오히려 수령직을 맡고 있었기 때문에 양전 결과의 실상과
문제점들을 정확히 파악할 수 있었다. 사실 그들의 현지 보고와 지적에
따라 영조대의 양전책은 '邑別査陳量田'으로 나아가고 있었던 것이다. 그
렇다고 보면 그들의 경자양전에 대한 비판과 지적은 매우 정확한 것이었
고, 또한 이후 양전책의 방향을 바꾸게 한 점에서 의의가 있었다고 보아
야 할 것이었다.

그러나 노론과 소론, 지위와 직책을 불문하고 그 누구도 양전제도 자체
의 개혁을 제안하는 사람은 없었다. 이미 한 번 제기되었던 유집일의 '방

213) 『承政院日記』 547권, 경종 2년 11월 3일. 주 205) 참조.
214) 『備邊司謄錄』 80冊, 영조 2년 7월 7일.
215) 『承政院日記』 648권, 영조 3년 10월 24일. 주 208) 참조.
216) 『承政院日記』 677권, 영조 5년 1월 23일. 주 207) 참조.

전법' 같은 양전제는 다시 재론되지 않았다. '大擧量田'의 개선책으로 '邑別量田'은 이미 최석정에 의해서 제안되었던 것이었고, 오랫동안 양전하지 못한 끝에 일단 삼남양전을 마친 이상 거기서 당연히 제기될 수 있었던 진전 문제를 개량하는 차원에서 '査陳量田'으로 나아가는 것, 결국 영조대 이후의 '읍별사진양전'책도 따지고 보면 기존 양전제의 개량책일 뿐이었다. 그리고 그러한 양전제가 제대로 운영되기 위해서는 '得人'을 강조할 수밖에 없을 것이었다. '수령'은 계속 문제가 되었고 또 될 것이었다. 그래서 '수령의 읍별사진양전'책으로 나아갈 것이었다. 그러나 기존의 양전제로는 17세기 후반 이후 구조화되어 가고 있던 전정문란을 해결할 수 없었다. 그렇기 때문에 그 이면에서 대토지소유와 지주제는 계속 발전해 갈 수 있었다.

4. 맺음말

조선의 전 시기를 통해서 선초의 국법에 규정된 양전은 정기적으로 계획되고 추진되었다. 그러나 최소한 1개 道 이상의 양전, 즉 '大擧量田'이 정기적으로 실제로 실시되었던 것은 16세기 중반까지였다. 그 이후에는 전국 8道의 '癸卯量田'(선조 35년, 1603), 삼남을 대상으로 한 '甲戌量田'(인조 12년, 1634), 황해도와 충청도의 '己酉量田'(현종 10년, 1669), 삼남의 '庚子量田'(숙종 46년, 1720), 그리고 '경자양전' 이후 180여 년 만에 전국적으로 실시된 '光武量田'(고종 36~41년, 1899~1904) 등이 있었다. 물론 '경자양전' 이후 양전이 없었던 것은 아니었다. 英祖년간부터는 '대거양전' 대신에 '邑別量田'이 실시되었다. 그것도 처음에는 거의 매년 실시되다시피 했지만 19세기에 이르러서는 그나마 점점 뜸하게 실시되었다. 그런데 이 '읍별양전'은 '대거양전'을 그 규모와 성격에서 보완하거나

축소하는 차원에서 실시되었던 것은 아니고, '경자양전' 이후부터 문제가
되기 시작한 농민소유지에 대한 '白徵'과 '過徵'이 특별히 심한 읍을 선정
해서 수령 주관 아래 실시했던, 陳田 조사와 整第를 목적으로 한 이른바
'抽栍量田'이었다.

　兩亂으로 국가의 위기를 모면한 조정은 우선 전국의 時起田만을 대상
으로 '계묘양전'을 실시하였다. 그로부터 30여 년 후인 인조 12년(1634)에
삼남을 대상으로 '갑술양전'을 실시하였다. 그것은 '계묘양전' 당시 양전
에서 제외되었던 陳田과 그동안에 개간된 新田을 파악하기 위한 것이었
다. 그 결과 起耕田으로 54만여 결(신전 182,719결 포함)을 확보함으로써
전란 이전의 수준을 거의 회복하였다. 이후 한 주기 걸러 '갑술양전' 때에
미처 실시하지 못했던 경기도 양전(현종 3년, 1662), 함경도 양전(현종 6~
8년, 1665~1667), 충청도와 황해도의 '기유양전' 등을 실시했다. 충청도의
20읍과 황해도의 4읍에 그친 '기유양전'은 '갑술양전' 때에 전품을 너무
낮게 매기고 隱結을 다 색출하지 못했다는 평가 때문에 이제는 반대로
전품을 높이 매기고 또 短尺으로 측량해서 結數를 늘렸기 때문에 양전
직후부터 민원과 재양전론이 비등했었다. 그동안 移秧法과 畎種法 등이
개발되어 토지생산성이 획기적으로 향상되었고, 개간지에 대한 면세조치
와 '以起耕者爲主' 정책으로 개간을 적극 장려했기 때문에 '갑술양전' 이
후에는 전국의 토지가 경작되지 않는 곳이 없다고 할 정도였다. 그러나
삼남지방의 경우, '경자양전' 때까지 오랫동안 양전하지 않았기 때문에
실제 경작지이면서도 양안 상에는 여전히 '無主陳田'으로 등재된 토지가
많았고, 加耕田과 新田도 역시 모두 파악되지 않고 있었다. 그것들의 대
부분은 물론 지주들의 토지였다. 그리고 지주들은 과거에 수조권분급 주
대상자였던 궁방과 양반관료, 그리고 양반토호들로 이루어져 가고 있었
다. 따라서 양전한다면 그 목표는 그러한 지주들의 陳田 명목의 토지와
'漏結'되고 있는 加耕田과 新田이어야 할 것이었다.

숙종대에 이르러 어느 정치세력도 양전을 적극적으로 실시하려 하지 않았다. 서인·소론·노론보다는 남인이 더욱 그러하였다. 남인이 양전을 더욱 기피했던 것은 그들의 官界 진출이 일찍부터 막히고 또 그들이 여러 차례의 당쟁에서 패퇴함으로써 일찍부터 양반토호지주로 정착해 가고 있었기 때문이었을 것이다. 어느 정파를 막론하고 그들은 흉년이 들었다거나, 양전할 수 있는 마땅한 量田官과 수령이 없다거나, 양전비용을 조달하기 어렵다거나, 양전하면 民冤과 民擾가 일어날 것이라는 등의 이유를 들어 양전 자체를 반대하곤 하였다. 누구보다도 양전을 맨 먼저 그리고 강력하게 반대하고 나섰던 것은 양전실무 주체였던 수령들이었다. 그들은 으레 농민들이 양전을 원망한다는 여론을 들어 양전을 반대하거나 연기시킴으로써 결국은 양전을 실시하지 못하도록 하고 있었다. 그런데 양전론이 제기될 때마다 농민들의 입을 빌어 양전에 대한 반대 여론을 조작하고 선동함으로써 수령들을 조종한 것은 사실 양반토호들이었다. 그들은 과세지를 확보하고 '均賦均稅'를 이루기 위해서는 이제 양전은 일차적으로 그들의 소유지를 표적으로 해야만 한다는 것을 잘 알고 있었다. 물론 그들은 선초의 양전제에 의한 양전을 얼마든지 비켜갈 수 있었다. 元帳付田畓에서 '漏結'되면서, 陳田 名目으로, 그리고 時起田의 경우 실제보다 낮은 전품으로, 그들의 토지는 계속 확대되면서 과세지에서 빠져나가고 있었던 것이다.

이처럼 계급적 기반을 같이하면서 양전을 기피하는 정파들과 양반토호지주계급에 일격을 가한 것은 숙종 27년(1701)에 兪集一이 황해도 관찰사로 임명되어 자신이 고안한 '方田法'으로 강령 등 3읍을 전격적으로 양전한 것이었다. 당시에 양전의 목적은 '隱結'과 '漏結'을 색출하는 것으로 분명히 인식되고 있었고, 그럴 수 있는 양전제로 유집일의 '방전법'이 세간에 회자되고 있었다. 당시 영의정 崔錫鼎, 좌의정 李世白, 우의정 申琓, 좌부승지 趙泰東, 호조판서 金構 등은 '방전법'이야말로 토호지주들의 은 결·누결을 찾아내고 전품을 실제대로 매김으로서 '갑술양전' 이후 문란해진 전정을 일거에 釐整할 수 있을 것으로 생각하여 '방전법'에 의한 양전을 적극 주장하고 나섰다. 그러나 '방전법'이 그러할진대 국가의 정책으로 혹은 어느 정파의 당론으로 채택될 리가 없었다. 그러던 차에 유집일은 관찰사로서 황해도 3읍을 양전하여 현행 實結數보다 1.5배나 늘어난 新結數를 확보하였다. 그 결과는 위정자들을 놀라게 하고 당황하게까지 하였으며, 이후 200여 년 동안 '방전법'을 다시는 제기하지 못하도록 하고 말았다.

그렇다면 '경자양전'은 어떻게 실시할 수 있었을까? '갑술양전' 이후 오랫동안 양전이 실시되지 못하였고 그나마 양전을 보완해 왔던 年分給災 또한 제대로 실시되지 않았기 때문에 과세결수는 계속 줄어들어 가고 있었다. 반면에 정파의 이해에 따라 軍門이 증설되고, 숙종 말년에 거듭되었던 전염병과 재해로 인하여 구제곡 방출이 계속 증가됨으로써 국가재정은 심각한 위기를 맞고 있었다. 비상시를 대비하여 저축해 온 군량마저 이미 고갈되어 가고 있었다. 오랜 정쟁 끝에 마침내 정권을 장악한 金昌集 一派의 노론정권은 재정의 위기를 정권의 위기이자 국가의 위기로까지 인식하고 있었다. 숙종도 마찬가지였다. 그리하여 국가 재정의 대부분을 부담하고 있던 삼남지방의 양전만이라도 실시하지 않을 수 없었다. 그렇다고 '방전법'에 의한 양전을 강행할 수는 없었다. 그동안도 수령들과 토호지주들의 반대와 저지로 양전이 미루어져 왔거니와 오랫동안 양전하지 못한 끝이라 그들의 반대와 저항 또한 더욱 거셌다. 그러나, 지주들도 양전을 거부할 수만은 없었다. 지주제가 발달하면서 토지소유권 분쟁이 빈발하고, 양안이 소유권 사정의 근거가 되어가고 있었기 때문에, 지주들은 자신의 이름으로 혹은 奴名을 빌어서라도 양안에 등재되어야 할 필요성을 느끼고 있었다. 양전은 지주들과 타협하는 선에서 이루어질 수밖에 없었다. 그리하여 김창집정권은, 지주들을 파악하는 대신에 그들의 진전 명목의 토지와 '누결'을 묵인해 주고 또한 그들의 기경지의 전품은 '갑술양전' 때의 수준으로 조정해 줌으로써 양전을 실시할 수 있었다. 그러나 그러고서도 적어도 '갑술양전' 수준의 과세결수를 확보하기 위해서는 未墾地·山火田·陳田 등을 농민들의 이름으로 時起田에 편입시킴과 동시에 그들의 시기전의 전품 또한 실제 이상으로 높게 매겨야만 했다. 그 결과는 당연하게도 농민들에 대한 '白徵'과 '過徵'을 가져왔다. '경자양전'이 거의 90여 년 전의 '갑술양전'의 수준에 머물렀다면, 그것은 '균부균세'를 위한 양전과는 거리가 먼 것이었다. 그리하여 여전한 전정문란 속에서 지주제는 계속 발전할 것이었다.

이렇게 보면, 조선시기의 양전은 대략 세 시기로 나누어 볼 수 있다. 첫 번째는 16세기 중반까지로, 주 목적은 수조권 분급대상지를 파악하기 위한 것으로서 따라서 기경전을 대상으로 정기적으로 양전을 실시했던 시기이다. 두 번째는 18세기 초 '경자양전'까지인데, 兩亂 이후 陳田 발생을 계기로 진전의 외피를 쓰고 확대되어 가고 있던 지주들의 時起田과 新田·加耕田 등이 이제는 과세대상지가 됨으로써 가능한 한 많은 과세지를 확보하려는 국가의 양전사업이 지주계급에 의해 진통과 좌절을 겪는 한편에 부분적으로 '방전법' 같은 양전제로의 개혁을 모색했던 시기였다. 세 번째는 '광무양전' 직전까지로, 앞 시기에 선초의 양전제의 개혁이 실패함으로써 '白徵'과 '過徵'으로 나타나는 전정문란을 수령 주도 아래 '邑別査陳整第量田'으로 해결하려 했던 시기였다. 그러나 그것은 앞 시기에서 제기되었던 전정의 과제, 즉 과세지 확보와 '均賦均稅'를 국가 주도가 아닌 수령 주도로 해결하고자 한 것이었는데, 이는 이미 모든 부분에서 '私權'과 '私的領域'이 확대, 발전하고 있었고 특히 전정에서 그 중심에 서 있던 수령과 지주계급의 '私的領有'를 저지할 수는 없었다. 결국 '白徵'과 '過徵'에 대한 농민계급의 저항은 '農民叛亂'으로 표출되고 있었다.

<표 1> 道別量田 실시 상황

	경기도	충청도	전라도	경상도	강원도	황해도	평안도	함경도
공양왕 (1389-1391)	1389	1389	1389	1389	1389	1389		
태종 (1401-1418)	1406	1405	1405	1405	1406	1406	1411-13	1411-13
세종 (1419-1450)	1432	1429	1428	1429	1428			
세조 (1455-1468)	1461	1462	1462	1463				
성종 (1469-1494)	1474 1492	1474 1492	1475 1493	1475 1493	1476	1471 1486		1488
중종 (1506-1544)			1524-25		1522			
선조 (1568-1607)	(1577) (1601) 1604	(1577) (1601) 1603	(1577) (1601) 1603	(1577) (1601) 1604	(1577) (1601) 1604	(1577) (1601) 1604	(1577) (1601) 1604	(1577) (1601) 1603
광해군 (1608-1622)		1613	1613	1613				
인조 (1623-1649)	(1635)	1634	1634	1634	(1635)	(1634)		
현종 (1660-1674)	(1660) 1663	(1660) 1669 (20읍)	(1660)	(1660)	(1660)	(1660) 1669 (4읍)	(1660)	(1660) 1665-67
숙종 (1675-1720)	(1691)	(1691) 1719-20	(1691) 1719-20	(1691) 1719-20	(1691) 1709 (16읍)	(1691) 1701 (3읍)	(1691)	(1691)
순조 (1801-1834)		(1811)	(1811) (1819-20)	(1811) (1819-20)(10읍)				
고종 (1864-1907)	1899- 1904	1899- 1904	1899- 1904	1899- 1904	1899- 1904	1899- 1904	1899- 1904	1899- 1904

* 전거 : 『朝鮮王朝實錄』, 『備邊司謄錄』, 『增補文獻備考』

* 표에서 괄호 안의 숫자는 양전하기로 결정했지만 실시하지 못한 연도를 표시함.

* 영조·정조년간에는 道別量田을 실시하지 않고 주로 邑別量田을 실시함.

<표 3> 肅宗年間의 三相·戶曹判書·三南觀察使 현황

	숙종 1년 (1675년)	숙종 2년 (1676)	숙종 3년 (1677)	숙종 4년 (1678)	숙종 5년 (1679)
영의정	許　積(남)	허　적(남)	허　적(남)	허　적(남)	허　적(남)
좌의정	鄭致和(노) 3.金壽恒(노) 7.權大運(남)	권대운(남)	권대운(남)	권대운(남)	7.閔　熙(남)
우의정	金壽恒(노) 3.權大運(남) 7.許　穆(남)	허　목(남)	허　목(남)	4.민　희(남)	7.吳始壽(남)

	숙종 6년 (1680)	숙종 7년 (1681)	숙종 8년 (1682)	숙종 9년 (1683)	숙종 10년 (1684)
영의정	4.金壽恒(노)	김수항(노)	김수항(노)	김수항(노)	김수항(노)
좌의정	4.鄭知和(노)	민정중(노)	민정중(노)	민정중(노)	12.정지화(노)
우의정	4.閔鼎重(노) 李尙眞(소)	이상진(소)	6.金錫胄(노)	김석주(노)	2.南九萬(소)

	숙종 11년 (1685)	숙종 12년 (1686)	숙종 13년 (1687)	숙종 14년 (1688)	숙종 15년 (1689)
영의정	김수항(노)	김수항(노)	7.남구만(소)	8.金壽興(노)	2.여성제(소) 2.권대운(남)
좌의정	6.남구만(소)	남구만(소)	5.이단하(노)	2.조사석(소)	1.여성제(소) 3.睦來善(남)
우의정	6.鄭載崇(소)	9.李端夏(노)	5.趙師錫(소) 7.李　翩(노)	1.李　翩(노) 6.呂聖齊(소)	3.金德遠(남)

	숙종 16년 (1690)	숙종 17년 (1691)	숙종 18년 (1692)	숙종 19년 (1693)	숙종 20년 (1694)
영의정	權大運(남)	권대운(남)	권대운(남)	권대운(남)	5.南九萬(소)
좌의정	睦來善(남)	목래선(남)	목래선(남)	목래선(남)	5.朴世采(소)
우의정	金德遠(남)	2.閔黯(남)	민암(남)	민암(남)	5.尹趾完(소)
호조판서	吳始復(남)	오시복(남)	1.柳命天(남)	10.오시복(남)	4.李世華(소)
경기감사	睦昌明(남) 權 珪	柳命堅(남)	權 瑎(남) 禹昌績(남)	沈 檀	鄭 重徽 姜 鋧(소)
충청감사	李麟徵(남)	沈 撥	朴 紳	洪萬朝(남)	金 洀 李弘迪 黃 欽(노)
전라감사	6.李玄紀	이현기	5.洪萬朝 9.李鳳徵	2.朴慶俊	5.崔奎瑞(소)
경상감사	6.李聃命(남)	7.閔昌道	10.이현기	11.李瑞雨	윤5.李寅煥

	숙종 21년 (1695)	숙종 22년 (1696)	숙종 23년 (1697)	숙종 24년 (1698)	숙종 25년 (1699)
영의정	남구만(소)	8.柳尙運(소)	유상운(소)	유상운(소)	유상운(소)
좌의정	3.유상운(소)	8.尹趾善(소)	윤지선(소)	윤지선(소)	4.최석정(소) 7.서문중(소)
우의정	2.유상운(소) 3.申翼相(소)	6.윤지선(소) 8.徐文重(소)	3.최석정(소)	9.이세백(노)	이세백(노)
호조판서	이세화(소)	9.李世白(노)	이세백(노)	9.민진장(노)	민진장(노)
경기감사	金載顯	李彦綱	李畬(노) 宋 昌	李徵明 趙亨期	趙相愚(소)
충청감사	李 塾(노)	洪受疇(노)	閔鎭厚(노) 申厚命 任弘望	金盛迪	崔商翼 宋相琦(노)
전라감사	2.李秀彦 9.金萬吉	김만길	3.沈 權 5.金宇杭(노)	4.兪得一(노)	6.朴泰淳 8.金時傑
경상감사	이인환	5.李善溥 12.李彦紀	이언기	9.金世翊 11.李世載	

	숙종 26년 (1700)	숙종 27년 (1701)	숙종 28년 (1702)	숙종 29년 (1703)	숙종 30년 (1704)
영의정	1.서문중(소)	6.崔錫鼎(소)	2.서문중(소)	1.최석정(소) 9.申 琓(노)	신 완(노)
좌의정	1.이세백(노)	이세백(노)	이세백(노)	9.李 畬(노)	이 여(노)
우의정	2.閔鎭長(노) 6.신 완(노)	신 완(노)	신 완(노)	9.金 構(노)	8.李 濡(노)
호조판서	1.김 구(노)	2.金鎭龜(노) 7.徐宗泰(소) 7.金昌集(노)	김창집(노)	5.趙泰采(노)	조태채(노)
경기감사	柳之發	徐文裕(소)	李益壽	尹世紀	李思永
충청감사	李 宏	李震休(소)	趙泰耆(소)	金 演(노)	李德成 李 濟
전라감사	김시걸	6.洪萬朝 12.韓聖佑	한성우	4.閔鎭遠(노)	9.徐文裕(소)
경상감사		2.崔錫恒(소)	10.趙泰東	7.朴 權	6.金 演(노)

	숙종 31년 (1705)	숙종 32년 (1706)	숙종 33년 (1707)	숙종 34년 (1708)	숙종 35년 (1709)
영의정	6.최석정(소)	최석정(소)	최석정(소)	최석정(소)	최석정(소)
좌의정	이 여(노)	3.서종태(소)	2.김창집(노) 11.李 濡(노)	이 유(노)	1.李頤命(노)
우의정	12.서종태(소)	3.김창집(노) 11.이이명(노)	11.서종태(소)	서종태(소)	1.尹 拯(소)
호조판서	2.金鎭圭(노) 11.조태채(노)	11.尹世紀	윤세기	7.金宇杭(노)	6.兪得一(노) 8.李寅燁(소)
경기감사	李世載	金宇杭(노) 朴 權	李健命(노)	李彦綱	金 演(노)
충청감사	李 壄 朴泰恒	李彦經	許 墀	李善溥 盟萬澤	韓配夏
전라감사	10.權尙遊(노)	8.洪重夏(소)	4.李光佐(소)	7.朴弼昌	4.李震壽
경상감사	김 연(노)	7.李 壄	李 壄	3.洪萬朝	11.李師尙(소)

	숙종 36년 (1710)	숙종 37년 (1711)	숙종 38년 (1712)	숙종 39년 (1713)	숙종 40년 (1714)
영의정	4.李畬(노)	1.서종태(소)	서종태(소)	이 유(노)	10.서종태(소)
좌의정	4.서종태(소)	4.김창집(노)	김창집(노)	4.이이명(노) 9.김창집(노)	김창집(노)
우의정	4.김창집(노)	5.趙相愚(소)	조상우(소)	8.김우항(노)	김우항(노)
호조판서	7.崔錫恒(소) 윤7.김우항(노)	김우항(노)	12.趙泰耉(소)	조태구(소)	10.李建命(노)
경기감사	申鉎(노)	朴弼明(소)	尹德駿(소) 金萬埰	洪萬朝	鄭澔(노) 李善溥
충청감사	洪重夏(소)	趙道彬(노)	韓配周 宋正明(노)	宋正明(소)	沈壽賢(노)
전라감사	이진수	2.李海朝	1.柳鳳輝(소)	유봉휘(소)	7.李準
경상감사	6.兪命弘	8.李宜顯(노)	6.李坦	이 탄	6.洪禹寧(노)

	숙종 41년 (1715)	숙종 42년 (1716)	숙종 43년 (1717)	숙종 44년 (1718)	숙종 45년 (1719)
영의정	서종태(소)	서종태(소)	5.김창집(노)	김창집(노) (8월,해임)	7.김창집(노)
좌의정	김창집(노)	김창집(노)	5.이이명(노) 10.權尙夏(노)	권상하(노)	권상하(노)
우의정	김우항(노)	11.이이명(노)	5.權尙夏(노) 10.조태채(노)	8.李健命(노)	이건명(노)
호조판서	이건명(노)	7.조태구(소) 7.權尙游(노)	권상유(노)	8.조태구(소) 9.권상유(노)	1.조태구(소) 2.宋相琪(노)
경기감사	2.최석항(소)	2.李晚成(노) 7.兪集一(노)	7.金興慶(노) 11.李宜顯(노) 12.金演(노)	11.이태좌(소) 12.李澤(노) 12.李埜(노)	7.黃一夏(노) 11.이광좌(소) 12.李肇(소)
충청감사	6.李世勉(소)	윤3.尹行敎(소) 5.洪致中(노) 6.李世最(소) 7.權愷(노)	2.尹憲柱(노)	2.韓祉 8.김홍경(노)	1.李泓 1.權儨(노)
전라감사	10.金普澤(노)	6.朴鳳齡(소) 7.宋正命(노) 11.김보택(노)	5.홍치중(노)	8.洪錫補(노)	2.申思喆(노)
경상감사		4.吳命峻(소) 6.홍치중(노) 7.吳命恒(소) 7.權愷(노)	6.權儨(노) 1.홍우녕(노)	4.李墈(노)	9.吳命恒(소)
강원감사		3.洪重夏(소) 7.兪命雄(노) 7.李晚聖(노)	11.金相稷(노)		
황해감사		金揉(노)	4.李喬岳(노)		
평안감사		趙泰老(노)	5.김 유(노)		
함경감사		6.李坦			

	경종 원년 (1720.6)	경종 1년 (1721)	경종 2년 (1722)	경종 3년 (1723)	영조 원년 (1724.8)
영의정	김창집(노)	12.조태구(소)	조태구(소)	9.崔奎瑞(소)	11.李光佐(소)
좌의정	11.이건명(노)	12.최규서(소)	최규서(소)	9.최석항(소)	10.이광좌(소) 11.柳鳳輝(소)
우의정	11.조태구(소)	20.최석항(소)	최석항(소)	10.이광좌(소)	10.유봉휘(소) 11.趙泰億(소)
호조판서	8.조태구(소) 10.閔鎭遠(노)	10.조태억(소) 12.金演(노)	10.李台佐(소)	9.유봉휘(소) 10.김 연(노)	3.조태억(소) 9.吳命恒(소)
경기감사	6.유명웅(소) 6.李 墣(노)	5.沈宅賢(소) 12.權 懍(노)	1.權 珪 1.朴泰恒 3.조태억 5.李正臣	5.이세최(소)	4.徐命均(소)
충청감사	7.趙榮福(노)	3.洪禹傳(노) 4.南道揆 4.尹陽來 6.李世瑾 11.서명균(소)	5.李宜晩	5.尹惠敎 12.權益寬	9.宋寅明(소)
전라감사	8.한 지 10.심택현(노) 12.兪命弘	11.朴師益(노) 12.李師尙(소)	1.이집(노) 3.權重慶 7.黃爾章		2.李廷濟(소)
경상감사	11.趙泰億(소)	8.洪禹傳(노)	4.兪命凝(소) 10.李廷濟(소)	8.李世瑾(소)	3.金東弼(소)

* 전거 :『朝鮮王朝實錄』,『靑選孝』
* 이름 앞의 숫자는 해당 관직에 임명된 月임.
* ( ) 안은 黨色 구분임. 이름만 있는 자는 분명하지 않아서 생략함.

<표 4> 淸風金氏世譜(仲房派 維系)

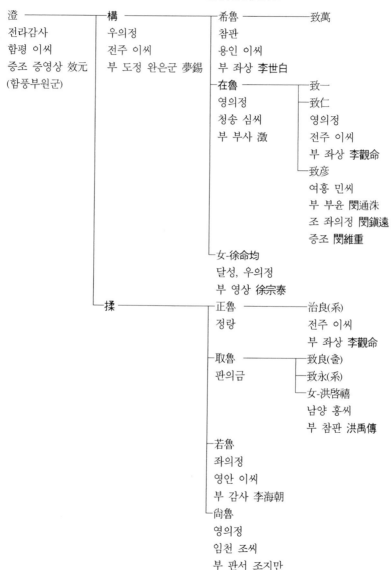

澄 ──────
전라감사
함평 이씨
증조 증영상 效元
(함풍부원군)

構 ──────
우의정
전주 이씨
부 도정 완은군 夢錫

希魯 ──────── 致萬
참판
용인 이씨
부 좌상 李世白

在魯 ──────┬── 致一
영의정   ├── 致仁
청송 심씨   │   영의정
부 부사 澂   │   전주 이씨
               │   부 좌상 李觀命
               └── 致彦
                    여흥 민씨
                    부 부윤 閔通洙
                    조 좌의정 閔鎭遠
                    증조 閔維重

女-徐命均
달성, 우의정
부 영상 徐宗泰

揉 ──────
正魯 ──────── 治良(系)
정랑   전주 이씨
                부 좌상 李觀命

取魯 ──────┬─ 致良(출)
판의금   ├─ 致永(系)
             └─ 女-洪啓禧
                남양 홍씨
                부 참판 洪禹傳

若魯
좌의정
영안 이씨
부 감사 李海朝

尙魯
영의정
임천 조씨
부 판서 조지만

* 淸風金氏世譜(仲源派 垍系)

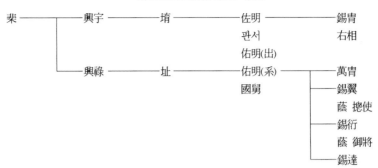

```
棐 ─────┬── 興宇 ─────── 垍 ─────── 佐明 ─────── 錫胄
        │                          판서        右相
        │                          佑明(出)
        │
        └── 興祿 ─────── 址 ─────── 佑明(系) ─┬── 萬胄
                                    國舅      ├── 錫翼
                                              │   蔭 摠使
                                              ├── 錫衍
                                              │   蔭 御將
                                              └── 錫達
```

<표 5> 光山金氏世譜(金長生系)

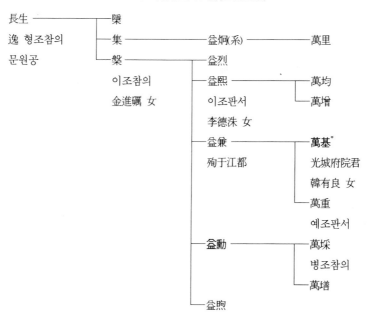

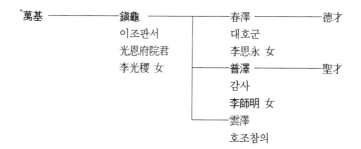

<표 6> 驪興閔氏世譜(立岩公派)

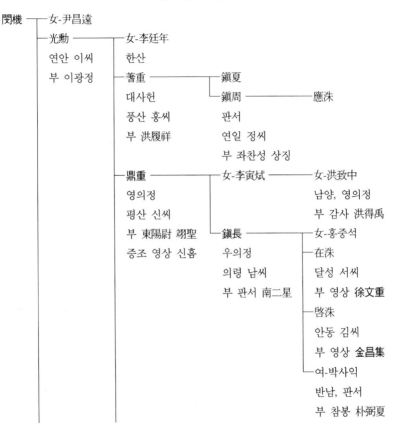

閔機 ── 女-尹昌遠
　　 ── 光勳 ──── 女-李廷年
　　　　연안 이씨　　　한산
　　　　부 이광정　　　蓍重 ──────── 鎭夏
　　　　　　　　　　　대사헌　　　　　 鎭周 ──────── 應洙
　　　　　　　　　　　풍산 홍씨　　　　판서
　　　　　　　　　　　부 洪履祥　　　 연일 정씨
　　　　　　　　　　　　　　　　　　　부 좌찬성 상징

　　　　　　　　　　 鼎重 ──────── 女-李寅斌 ──── 女-洪致中
　　　　　　　　　　 영의정　　　　　　　　　　　 남양, 영의정
　　　　　　　　　　 평산 신씨　　　　　　　　　　 부 감사 洪得禹
　　　　　　　　　　 부 東陽尉 翊聖
　　　　　　　　　　 증조 영상 신흠　　 鎭長 ──────── 女-홍중석
　　　　　　　　　　　　　　　　　　　우의정　　　　 在洙
　　　　　　　　　　　　　　　　　　　의령 남씨　　 달성 서씨
　　　　　　　　　　　　　　　　　　　부 판서 南二星　부 영상 徐文重
　　　　　　　　　　　　　　　　　　　　　　　　　 啓洙
　　　　　　　　　　　　　　　　　　　　　　　　　 안동 김씨
　　　　　　　　　　　　　　　　　　　　　　　　　 부 영상 金昌集
　　　　　　　　　　　　　　　　　　　　　　　　　 여-박사익
　　　　　　　　　　　　　　　　　　　　　　　　　 반남, 판서
　　　　　　　　　　　　　　　　　　　　　　　　　 부 참봉 朴弼夏

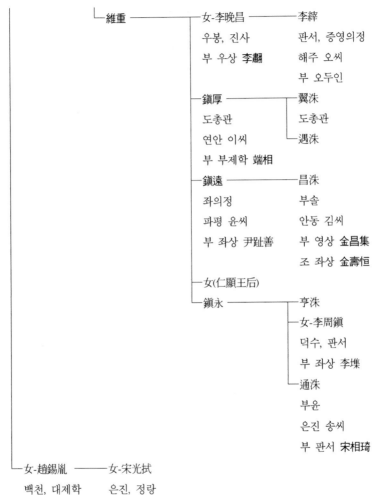

└維重 ─────── 女-李晩昌 ─────── 李縡
　　　　　　　우봉, 진사　　　　판서, 증영의정
　　　　　　　부 우상 李翿　　　해주 오씨
　　　　　　　　　　　　　　　　부 오두인

　　　　　　　鎭厚 ─────── 翼洙
　　　　　　　도총관　　　　　　도총관
　　　　　　　연안 이씨　　　　─遇洙
　　　　　　　부 부제학 端相

　　　　　　　鎭遠 ─────── 昌洙
　　　　　　　좌의정　　　　　　부솔
　　　　　　　파평 윤씨　　　　안동 김씨
　　　　　　　부 좌상 尹趾善　부 영상 金昌集
　　　　　　　　　　　　　　　　조 좌상 金壽恒

　　　　　　─女(仁顯王后)

　　　　　　　鎭永 ─────── 亨洙
　　　　　　　　　　　　　　─女-李周鎭
　　　　　　　　　　　　　　　덕수, 판서
　　　　　　　　　　　　　　　부 좌상 李堥
　　　　　　　　　　　　　　─通洙
　　　　　　　　　　　　　　　부윤
　　　　　　　　　　　　　　　은진 송씨
　　　　　　　　　　　　　　　부 판서 宋相琦

└女-趙錫胤 ─────── 女-宋光拭
　백천, 대제학　　　　은진, 정랑
　부 감사 廷虎　　　　부 판서 송준길

<표 7> 安東金氏世譜

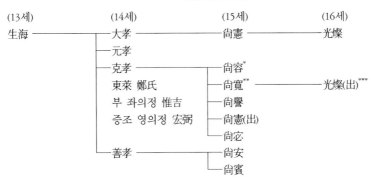

(13세)	(14세)	(15세)	(16세)

生海 ──── 大孝 ──────── 尙憲 ──────── 光燦
　　　├ 元孝
　　　├ 克孝 ──────── 尙容*
　　　　東萊 鄭氏 　　 ├ 尙寬** ──────── 光燦(出)***
　　　　부 좌의정 惟吉　├ 尙譽
　　　　증조 영의정 宏弼├ 尙憲(出)
　　　　　　　　　　　　└ 尙宓
　　　└ 善孝 ──────── 尙安
　　　　　　　　　　　　└ 尙賓

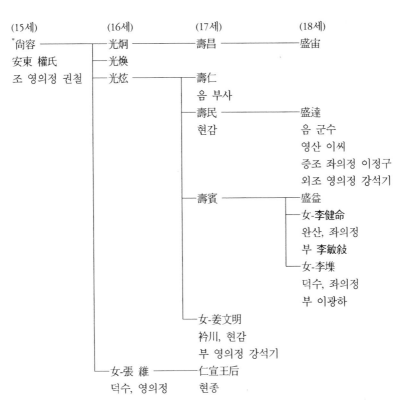

(15세)	(16세)	(17세)	(18세)

*尙容 ──── 光烱 ──── 壽昌 ──────── 盛宙
安東 權氏　├ 光煥
조 영의정 권철├ 光炫 ──── 壽仁
　　　　　　　　　　　음 부사
　　　　　　　　　├ 壽民 ──────── 盛達
　　　　　　　　　　현감　　　　　　음 군수
　　　　　　　　　　　　　　　　　　영산 이씨
　　　　　　　　　　　　　　　　　　증조 좌의정 이정구
　　　　　　　　　　　　　　　　　　외조 영의정 강석기
　　　　　　　　　├ 壽賓 ──────── 盛益
　　　　　　　　　　　　　　　　├ 女-李健命
　　　　　　　　　　　　　　　　　완산, 좌의정
　　　　　　　　　　　　　　　　　부 李敏敍
　　　　　　　　　　　　　　　　└ 女-李㙫
　　　　　　　　　　　　　　　　　덕수, 좌의정
　　　　　　　　　　　　　　　　　부 이광하
　　　　　　　　　└ 女-姜文明
　　　　　　　　　　衿川, 현감
　　　　　　　　　　부 영의정 강석기
　　　　└ 女-張 維 ──── 仁宣王后
　　　　　덕수, 영의정　　현종

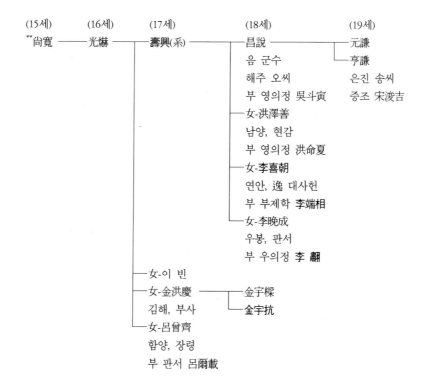

(15세)　　　(16세)　　　(17세)　　　　　(18세)　　　　　(19세)

**尙寬 ── 光爀 ── 壽興(系) ──┬── 昌說 ────┬── 元謙

음 군수　　　　　　└── 亨謙

해주 오씨　　　　　은진 송씨

부 영의정 吳斗寅　증조 宋浚吉

├── 女-洪澤善

남양, 현감

부 영의정 洪命夏

├── 女-李喜朝

연안, 逸 대사헌

부 부제학 **李端相**

└── 女-李晩成

우봉, 판서

부 우의정 **李 翿**

├── 女-이 빈

├── 女-金洪慶 ──┬── 金宇樻

김해, 부사　　　└── **金宇杭**

└── 女-呂曾齊

함양, 장령

부 판서 呂爾載

(16세)	(17세)	(18세)	(19세)

```
***光燦 ─────┬── 壽增 ─────────── 昌國 ─────────┬── 致謙
              │                                    │   磻南 朴氏
              │                                    │   부 錦昌副尉 泰定
              │                                    │   외조 소현세자
              │                                    ├── 女-李夏朝
              │                                    │   부 李端相
              │                                    └── 女(寧嬪, 숙종후궁)
              │
              ├── 壽興(出)
              ├── 壽恒****
              ├── 女-李挺岳 ──── 李世白 ─────────── 李宜顯
              │   용인, 목사      좌의정              좌의정
              │
              ├── 女-李重輝 ────┬── 李濡
              │   전주, 군수     │   영의정
              │                 └── 女-權尙夏
              │                     안동, 좌의정
              │
              ├── 女-宋奎濂 ──── 宋相琦 ─────────┬── 女-李夏崑
              │   은진, 판서      대제학            ├── 女-서명빈
              │                                    └── 女-閔通洙
              │
              ├── 女-李光稷 ────┬── 이수형(계)
              │                 └── 女-金鎭龜 ─────── 金春澤
              │                     광산, 판서
              │                     부 영의정 金萬基
              │
              ├── 壽徵(庶)
              ├── 壽應(庶)
              ├── 壽稱(庶)
              ├── 壽能(庶)
              └── 女(庶)-許 墅
                  부 영의정 許積
```

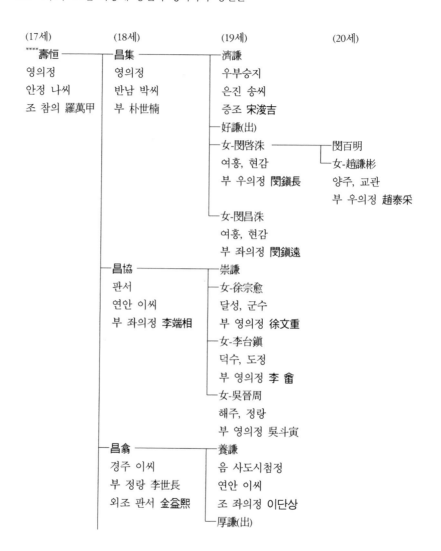

(17세)   (18세)   (19세)   (20세)

壽恒 ―――――― **昌集** ―――――― 濟謙
영의정   영의정   우부승지
안정 나씨   반남 박씨   은진 송씨
조 참의 羅萬甲   부 朴世楠   증조 宋浚吉

                                好謙(出)

                                女-閔啓洙 ―――――― 閔百明
                                여흥, 현감   女-趙謙彬
                                부 우의정 閔鎭長   양주, 교관
                                                                 부 우의정 趙泰采

                                女-閔昌洙
                                여흥, 현감
                                부 좌의정 閔鎭遠

               昌協 ―――――― 崇謙
               판서   女-徐宗愈
               연안 이씨   달성, 군수
               부 좌의정 李端相   부 영의정 徐文重
                                女-李台鎭
                                덕수, 도정
                                부 영의정 李畬
                                女-吳晉周
                                해주, 정랑
                                부 영의정 吳斗寅

               昌翕 ―――――― 養謙
               경주 이씨   음 사도시첨정
               부 정랑 李世長   연안 이씨
               외조 판서 金益熙   조 좌의정 이단상

                                厚謙(出)

```
┌─ 昌業 ──────────────── 祐謙
│  완산 이씨              고령 신씨
│  부 익풍군 涑           부 목사 㵢
│  조 흥양군 儆           조 우의정 신익상
│                        외조 좌의정 李端夏
│                   ┌─ 彦謙 ──────────────── 亮行
│                   ├─ 信謙
│                   │  진사
│                   │  완산 이씨
│                   │  부 좌의정 李頤命
│                   │  조 교리 李敏采
│                   │  증조 영의정 李敬輿
│                   │  외조 판서 金萬重
│                   └─ 女-趙文命 ───────────── 趙載浩
│                      풍양, 좌의정           우의정
│                      부 趙仁壽
├─ 昌緝 ──────────────── 用謙
│  생원, 왕자師           청송 심씨
│  남양 홍씨              부 참판 심 홍
│  증조 영의정 홍서봉      조 참의 沈壽亮
└─ 昌立 ──────────────── 厚謙(系)
   완산 이씨              음 장예원 사평
   부 판서 李敏敍         생부 昌翕
   외조 좌의정 元斗杓     은진 송씨
```

<표 8> 全州李氏世譜(密城君派)

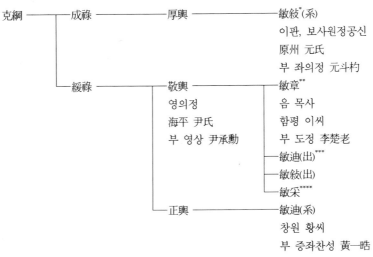

```
克綱 ──── 成祿 ──────── 厚興 ──────────── 敏紋*(系)
                                          이판, 보사원정공신
                                          原州 元氏
                                          부 좌의정 元斗杓
       ──── 緩祿 ──────── 敬興 ──────────── 敏章**
                         영의정             음 목사
                         海平 尹氏           함평 이씨
                         부 영상 尹承勳       부 도정 李楚老
                                        ── 敏迪(出)***
                                        ── 敏紋(出)
                                        ── 敏采****
                ──────── 正興 ──────────── 敏迪(系)
                                          창원 황씨
                                          부 증좌찬성 黃一晧

克維 ──── 榮祿
       ── 應祿
       ── 女-李爾瞻
          광주
```

*敏敍 ── 觀命 ── 望之
　　　　　좌의정, 무신공신1등　　안동 김씨
　　　　　덕수 장씨　　　　　　　부 金昌緝
　　　　　부 판서 장선징　　── 翊之
　　　　　안동 권씨　　　　　── 徽之
　　　　　부 권중만　　　　　── 弘之
　　　　　　　　　　　　　　── 女-兪肅基
　　　　　　　　　　　　　　── 女-沈廷賢
　　　　　　　　　　　　　　── 女-趙重晦
　　　　　　　　　　　　　　── 女-金致良
　　　　　　　　　　　　　　　청풍, 현령
　　　　　　　　　　　　　　　생부 金取魯
　　　　　　　　　　　　　　── 女-申最寧
　　　　　　　　　　　　　　── 女-金致仁
　　　　　　　　　　　　　　　청풍, 영의정
　　　　　　　　　　　　　　　부 영상 金在魯
　　　　　　　　　　　　　　── 庶女-金益謙
　　　　　　　　　　　　　　　안동, 별제
　　　　　　　　　　　　　　　부 부사 金昌國

　　　　── 健命 ── 勉之
　　　　　좌의정　　　　　　　창녕 조씨
　　　　　광산 김씨　　　　　　부 참봉 조하언
　　　　　부 승지 金万均　── 性之(出)
　　　　　안동 김씨　　　── 述之
　　　　　부 군수 金壽賓　　경주 김씨
　　　　　　　　　　　　　　부 영상 金興慶

　　　　── 女-洪重箕
　　　　　풍산, 첨정
　　　　　부 판서 홍만용
　　　　── 女-南鶴鳴
　　　　　의령, 주부
　　　　　부 영상 南九萬
　　　　── 女-金昌立
　　　　　안동
　　　　　부 영상 金壽恒

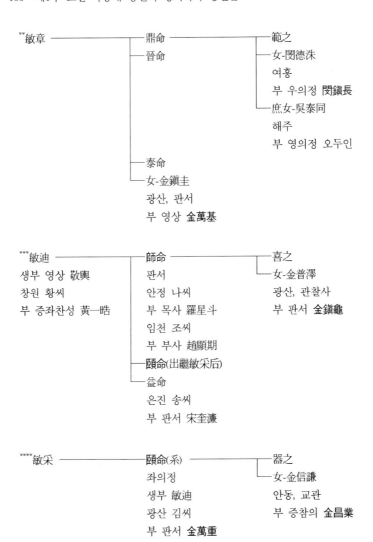

敏章 ——— 鼎命 ——————— 範之
          晉命   女-閔德洙
                         여흥
                         부 우의정 閔鎭長
                       ┗ 庶女-吳泰同
                         해주
                         부 영의정 오두인

          泰命
        ┗ 女-金鎭圭
          광산, 판서
          부 영상 **金萬基**

敏迪 —————————— **師命** ——————— 喜之
생부 영상 敬興   판서   女-金普澤
창원 황씨   안정 나씨   광산, 관찰사
부 증좌찬성 黃一晧   부 목사 羅星斗   부 판서 **金鎭龜**
                   임천 조씨
                   부 부사 趙顯期
                 ┣ 頤命(出繼敏采后)
                 ┗ 益命
                   은진 송씨
                   부 판서 宋奎濂

敏采 ——————————— **頤命(系)** ——————— 器之
                    좌의정   女-金信謙
                    생부 敏迪   안동, 교관
                    광산 김씨   부 증참의 **金昌業**
                    부 판서 **金萬重**

<표 9> 全州崔氏世譜

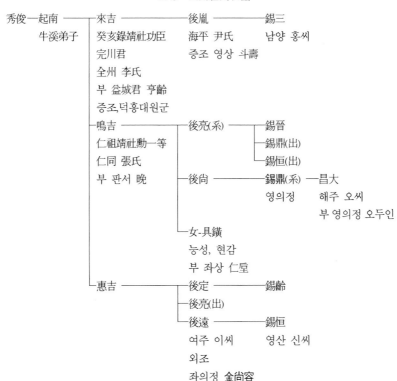

<표 10> 大丘徐氏世譜

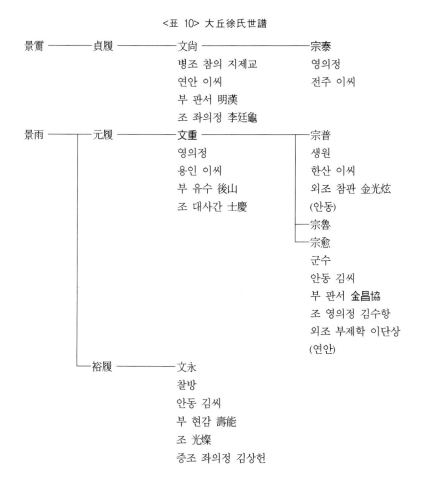

景霌 ──────── 貞履 ──────── 文尙 ────────── 宗泰
　　　　　　　　　　　　　　　병조 참의 지제교　　　영의정
　　　　　　　　　　　　　　　연안 이씨　　　　　　전주 이씨
　　　　　　　　　　　　　　　부 판서 明漢
　　　　　　　　　　　　　　　조 좌의정 李廷龜

景雨 ──────── 元履 ──────── 文重 ──────── 宗普
　　　　　　　　　　　　　　　영의정　　　　　　　생원
　　　　　　　　　　　　　　　용인 이씨　　　　　　한산 이씨
　　　　　　　　　　　　　　　부 유수 後山　　　　외조 참판 金光炫
　　　　　　　　　　　　　　　조 대사간 士慶　　　(안동)
　　　　　　　　　　　　　　　　　　　　　　　　─宗魯
　　　　　　　　　　　　　　　　　　　　　　　　─宗愈
　　　　　　　　　　　　　　　　　　　　　　　　군수
　　　　　　　　　　　　　　　　　　　　　　　　안동 김씨
　　　　　　　　　　　　　　　　　　　　　　　　부 판서 金昌協
　　　　　　　　　　　　　　　　　　　　　　　　조 영의정 김수항
　　　　　　　　　　　　　　　　　　　　　　　　외조 부제학 이단상
　　　　　　　　　　　　　　　　　　　　　　　　(연안)

　　　　　　　　 裕履 ──────── 文永
　　　　　　　　　　　　　　　찰방
　　　　　　　　　　　　　　　안동 김씨
　　　　　　　　　　　　　　　부 현감 壽能
　　　　　　　　　　　　　　　조 光燦
　　　　　　　　　　　　　　　증조 좌의정 김상헌

<표 11> 숙종년간의 재해와 전염병 발생 현황

- 1674년 : 흉년. 신해년(1671) 이전의 환자곡, 함경도에서 임자년(1672) 이전의 것 탕감
- 1675년 : 여름 가뭄. 몇 년째 온 8도가 기근
- 1678년 : 여름 가뭄
- 1681년 : 오랜 동안 가뭄. 흉년. 경기도 충청도 더욱 심함. 바람 재해. 삼남도와 북쪽지방에 어사를 파견, 구제케 함
- 1685년 : 여름~가을 혹심한 가뭄. 기근
- 1686년 : 8도 기근
- 1690년 : 서흥현(?) 전염병 심함
- 1692년 : 여름 가뭄
- 1695년 : 여름 가뭄. 8도 감사들에게 구제에 힘쓸 것을 지시
- 1696년 : 8도 대기근. 감사들에게 구제에 힘쓸 것을 지시
- 1697년 : 여름 가뭄. 서쪽지방·함경도 기근. 8도 기근
- 1698년 : 아사자 속출. 호서에 감진어사 파견. 전염병
- 1699년 : 4년 동안 큰 흉년이 듦. 전염병, 서쪽지방에서 8도로 번짐. 여름 가뭄
- 1701년 : 여름 가뭄
- 1704년 : 여름 가뭄
- 1706년 : 북관과 영동에 감진(구제)어사 파견
- 1707년 : 痲疹(홍역)이 심해서 죽은 자가 많음
- 1708년 : 삼남지방 전염병 극심. 여름 가뭄
- 1710년 : 기근 구제 지시
- 1711년 : 기근 구제 지시
- 1712년 : 여름 가뭄
- 1713년 : 기근 구제 지시. 호남에 감진어사 파견
- 1714년 : 전염병 심함
- 1715년
  · 기근 구제 지시. 진도군 10년 째 흉년
  · 7월, 여러 道들에서 농사가 안됨. 북도가 더욱 심함

- ·10월, 황해도 흉년. 진도는 10년 동안 흉년들고 있음. 수원 재해. 바닷가등
  지 재해 듬. 제주도 심함
- 1716년
  - ·제주도에 감진어사 파견
  - ·1월, 제주 3년 동안 기근. 아사자 4만7천명
  - ·6월, 충청도 수해. 예산·정산·공주 등 인가 300호 침수, 유실
  - ·6월, 수재 끝에 가뭄. 경상도 수해, 인가 640호 침수, 유실. 60여명 죽음
  - ·7월, 혹심한 가뭄. 수십년 이래 가장 심함. 8도에 재해가 듬. 평안도 선천
    부 水災, 120여호 침수, 13명 죽음. 충청도 회덕현 水災, 50여호 침수
  - ·8월, 경기·충청·평안·전라·경상도 등에서 익사자 200여명 발생
  - ·8도의 흉년 가장 극심
- 1717년
  - ·1월, 제주도 재해 극심
  - ·2월, 진휼청의 구제에 날마다 3천명씩 모여듬
  - ·2월, 전국적으로 전염병 극성, 사망자 속출. 평안도 313명(환자수)/10명(사
    망자수), 전라도 920/110, 경상도 930/150, 충청도 360/100. 소 3,700여
    마리 죽음
  - ·3월, 충청도의 경우 토지없이 기아자가 10만 3천명. 태안·보령이 더욱 참
    혹. 서울 기아자 5천명
  - ·3월, 경상도 전염병 2,279/240
  - ·3월, 전라도 전염병 500/130
  - ·4월, 충청도 홍산 등 26개 마을 전염병 3,400/1,422
  - ·5월, 진휼청, 기아자 25,200명에게 마른 식량 867섬을 나누어 줌
  - ·5월, 수도에 전염병이 퍼져 교외근처의 움막에 나간 사람이 1,000여 명
  - ·5월, 충청도 염병 7,234/1,219. 9호 온 가족 모두 사망
  - ·6월, 경기도 전염병 1,130/?, 전라도 2,250/652, 충청도 1,100/230, 경상도
    4,700/675, 황해도 320/?
  - ·6월, 진휼청, 5부의 전염병 환자로서 교외 움막으로 내보내어 의지할 데
    없는 사람 3,000여 명에게 식량 제공
  - ·7월, 8도에 홍수, 서쪽도와 북쪽도에는 해충 극성. 모든 道에 전염병 퍼져

감
- 8월, 경상도 전염병 960/915, 황해도 220/44
- 9월, 강원도 홍수, 집들이 유실되고 무너진 것이 328호, 147명 익사, 압사자 16명
- 9월, 평안도 재해 참혹, 5,000섬 보냄
- 9월, 삼남지방 농사가 어느정도 됨
- 11월, 평안도 재해 극심
- 12월, 평안도 전염병 37,130/565, 충청도 876/416
- 12월, 전라도 해충과 우박 피해로, 충청도는 강가의 지역이 수해를 입어 이미 흉년
- 1718년
  - 평안도에 감진어사 파견
  - 작년, 3남의 농사는 좀 나은 편. 서쪽과 북쪽은 해마다 기근. 청천강 이북은 참혹함
  - 1월, 전염병 만연. 충청도 2,140/642
  - 1월, 전염병 경상도 305/75, 충청도 1,970/413, 황해도 530/17
  - 2월, 충청도 6,485/1,454. 전염병 경상도 2,424/297, 충청도 2,528/ 595, 평안도 25,160/?, 황해도 360/?, 전라도 650/240
  - 4월, 충청도 전염병으로 3,068명 죽음. 도성 안 전염병과 기근으로 아사자가 있음
  - 4월, 경상도 전염병으로 2,387명 죽음. 전라도 460여 명 죽음
  - 5월, 보리농사 흉년. 8도가 2달 동안 가뭄. 전염병 극심. 중앙과 지방의 군사와 백성들이 죽은 자가 몇 십만이나 됨. 서울 5부 교외 병막 전염병 환자가 1만 명을 넘음
  - 7월, 수도에 전염병으로 죽는 자가 무수. 황해도 기근
  - 9월, 올해 농사는 이전 몇 해에 비해서 좀 나은 편
  - 9월, 올해의 전염병은 유례가 없을 정도. 도감의 군사들이 많이 죽음
  - 9월, 함경도 전염병 1,470/230, 경기도 2,750/1,384
  - 9월, 평안도 전염병 1,770/400
  - 10월, 강원도 전염병으로 380명 죽음. 온 가족이 몽땅 죽은 것이 22호

- · 10월, 지난 해 재해 심함. 올해 전염병 극심. 3남도의 농사도 잘되지 않고 있음
- · 10월, 평안도 전염병 2,314/540, 황해도 1,700/120
- · 11월, 함경도 전염병 6,000/1,000
- · 11월, 강원도 전염병 1,030/100
- · 11월, 황해도 전염병 2,300/300
- · 12월, 평안도 전염병 4,550/83, 강화부 561/96, 개성부 440/71, 충청도 1,480/260, 함경도 4,570/1,243, 경상도 2,031/346. 소 병이 돌아 130두 죽음

- 1719년 기해년
  - · 1월, 가혹하게 재해를 입은 道들에 구제소를 설치. 작년 겨울부터 전염병이 다시 성함. 충청도 전염병 1,643/240, 4호는 온 가족이 죽음. 평안도 8,348/1,380, 경기도 3,111/869, 황해도 3,200/378, 경상도 3,173/348. 한성부 온 집안이 다 죽은 호수 1,101호, 한 집이 다 죽은 것은 418호. 작년보다 더 심함
  - · 1월, 전염병 평안도 3,339/1,940, 전라도 13,684/2,101
  - · 1월, 전염병 충청도 2,420/404
  - · 2월, 전염병 강화부 1,101/607, 황해도 1,381/321
  - · 2월, 전염병 전라도 3,628/947, 개성부 147/65, 함경도 2,661/492
  - · 3월, 전염병 경상도 3,230/200, 황해도 1,600/180, 평안도 4,350/920, 전라도 6,860/770
  - · 6월, 서쪽 방면에 기근
  - · 7월, 황해도 수재. 6월 그믐부터 7월 3일까지 큰 비가 옴. 익사자 217명, 침수 수몰 2,400여 호. 이 해에 경기도 강변 마을과 강원도 일대 모두 수재 입음, 황해도가 가장 극심함
  - · 7월, 경기도 수해, 유실 수몰 700여 호, 강원도 유실 수몰 600여 호. 8도와 수도에 번진 전염병이 좀 수그러듦. 4월 이후부터 계산하면 사망자가 모두 7,400여 명, 장계에 포함되지 않은 사대부들과 경기의 교외 및 수도까지 합치면 그 2배에 이를 것
  - · 8월, 강원도 수재, 유실 수몰 백 수십 호. 금성 고을 유실 침수 500여 호

· 10월, 황해도 금년 수해 참혹
- 1720년
　· 2월, 서쪽, 북쪽에 기근이 듬

<표 12> 조선시기 전염병 발생 현황

病名 / 연도	痘疫	瘧疾	癘疫	紅疫	時病	惡病	疫	熱病	染病	溫疫	輪疾	기타	합계
1392~1420							6			1			7
1421~1440		1				2	8			1			12
1441~1460	1	1			5	2				1		1	11
1461~1480					3		1						4
1481~1500			3			1							4
1501~1520			1				4			1		1	7
1521~1540			21	2			1						24
1541~1560		1	61					1	2				65
1561~1580			13										13
1581~1600		2	10				3			1			16
1601~1620	1		18		1		2			1			23
1621~1640			20	1			3		1				25
1641~1660	1		40				5		2			1	49
1661~1680	7		83	1			9		28			2	130
1681~1700	2		31		5		5		6			7	56
1701~1720		1	19	4			1		44				69
1721~1740	2		22	4					1			1	30
1741~1760			31		1		4						36
1761~1780			6		1		1						8
1781~1800			18	1	1		1				7		28
1801~1820			1								4		5
1821~1840			2								2	4	8
1841~1863			4								2		6
합 계	14	4	406	11	11	11	56	1	82	8	15	17	636

* 비고 : 김호, 『허준의 동의보감 연구』, 2000, 291쪽.

<표 13> 道別 元結數와 時起結數

	경기도	충청도	전라도	경상도	황해도
고려 말	實田:131,755결 荒遠田:8,387결				
태종 4년 (1404년)	149,300결 —	223,090결	273,990결	224,625결	90,925결
세종조(세종 실록지리지)	200,347결 —	236,300결	277,588결	301,247결	104,722결
선조 25년 이전(1)					
선조 25년 이전(2)					
선조 37년 (1604년)	100,359결 —				108,211결
광해군 3년 (1611년)	150,000여결 39,000여결	260,000여결 110,000여결	440,000여결 110,000여결	430,000여결 70,000여결	110,000여결 60,000여결
인조 12년 (1634년)(1)		258,460결 —	335,577결	301,819결 —	
인조 12년 (1634년)(2)					
인조 17년 (1639년)	— 55,320결	— 131,455결	— 190,470결	— 193,051결	— 79,233결
숙종 9년 (1683년)					
숙종 46년 (1720년)(1)	101,256결 58,335결	255,208결 124,742결	377,159결 217,015결	336,778결 220,144결	128,834결 69,537결
숙종 46년 (1720년)(2)	101,256결 —	255,208결 —	377,159결 —	336,778결 —	128,834결
영조 2년 (1726년)	108,266결 60,227결	201,691결 141,131결	335,629결 199,518결	301,905결 208,296결	56,480결 54,665결
영조 20년 (1744년)	104,816결 55,310결	255,209결 133,196결	338,899결 217,027결	336,240결 226,044결	130,112결 69,233결

	강원도	평안도	함경도	계	비고
고려말				實田:623,097결 荒遠田:175,030결	
태종 4년 (1404년)	59,989결 —	6,648결 —	3,271결 —	1,031,838결 —	
세종조(세종 실록지리지)	59,989결 —	308,751결 —	130,413결 —	1,619,257결 —	개간 예정지 포함
선조 25년 이전(1)				1,459,245결 —	임진전쟁 이전, 李晬光『芝峯類 說』
선조 25년 이전(2)				1,515,500결	『증보문헌비고』 제141권 경계1
선조 37년 (1604년)	33,833결 —	(田案散失)	100,080결		癸卯量田, 『증보문헌비고』 제141권 경계1
광해군 3년 (1611년)	28,000여결 11,000여결	170,000여결 94,000여결	120,000여결 47,000여결	1,708,000여결 541,000여결	
인조 12년 (1634년)(1)				895,856결 —	甲戌量田, 『증보문헌비고』 제141권 경계1
인조 12년 (1634년)(2)				1,537,494결 (3남：865,537결)	甲戌量田, 李晬光 『芝峯類說』
인조 17년 (1639년)	(隨起收稅)	(隨起收稅)	— 46,573결		
숙종 9년 (1683년)				1,312,860결 819,079결	徐文重『朝野記 聞』
숙종 46년 (1720년)(1)	40,451결 14,090결	90,804결 77,341결	61,243결 29,229결	1,391,733결 810,433결	庚子量田, 『國朝彙言』
숙종 46년 (1720년)(2)	44,051결	90,804결	61,243결	1,395,333결	庚子量田, 『증보문헌비고』 제142권 경계2
영조 2년 (1726년)	34,374결 12,029결	— 66,866결	115,155결 87,776결	1,220,366결 830,508결	경기도 : 개성부, 강화부 포함
영조 20년 (1744년)	40,510결 14,265결	103,586결 78,814결	91,773결 60,404결	1,401,135결 851,503결	경기도 : 개성부 포함

(1) 전거 :『증보문헌비고』,『경세유표』(『지봉유설』,『국조휘언』)
(2) 각 간의 위쪽 숫자는 원결수(元帳付田畓結數)이고 아래쪽 숫자는 시기결수임.
  '—'는 없음을 표시함

(3) 선조 25년 이전(임진전쟁 이전)의 원결총수가 『지봉유설』과 『증보문헌비고』가 다르며, 인조년간 갑술양전의 삼남 시기결수의 총수도 다르다. 또 숙종년간 경자양전의 원결총수가 다른 것은 강원도 원결수가 (1) 40,451결, (2) 440,051결로 다르게 파악되었기 때문이다.

(4) '경자양전' 이후 숙종·영조년간에 원결수는 139만 ~ 140만 결 정도이며, 시기결수는 81만~85만 결 정도이다. 따라서 시기결수는 원결수의 60% 수준이다.

숙종대 후반 量田論의 추이와 庚子量田의 시행[*]

염 정 섭

1. 머리말

　肅宗 후반인 1719년부터 1720년에 걸쳐 수행된 庚子量田은 조선 정부가 三南 지역을 대상으로 시행한 마지막 量田이다.[1] 庚子量田은 甲戌量田(仁祖 12, 1634년) 이후 80여 년이 지난 뒤에 시행한 본격적인 양전이었다. 庚子量田은 1719년 均田使가 三南에 파견되면서 본격적으로 실행에 옮겨졌지만, 그 이전부터 量田을 수행해야 한다는 주장이 대두하여 여러 차례 논란을 겪다가 비로소 현실화 된 것이었다. 17세기 이후 토지를 둘러싸고 나타난 여러 가지 사회경제적 변화에 대한 조선 정부의 주요한 대응이 곧 庚子量田이라고 할 수 있다. 경자양전의 시행을 둘러싸고 논란을 벌이는 여러 가지 量田論은 결국 당대의 사회경제적 변화에 대하여 어떤 방향으로 대응해 나가야 되는지를 보여주는 것이다. 따라서 庚子量田의 성격을 검토하기 위해서는 경자양전 시행과정에서 대두한 여러 가지 양전론을 자세히 살펴볼 필요가 있다.

　경자양전에 대한 주요한 연구성과를 살펴보면 우선 17세기부터 18세기 말에 이르는 시기에 추진된 양전사업을 전면적으로 검토한 연구를 찾아

---

[*] 본 글은 책 뒤편 출전에 표시된 원 논문을 발표한 이후 여러 연구자의 도움을 받고 많은 자료를 보충하여 대폭 수정, 보완하였다.

1) 『度支志』 外篇 권4, 版籍司 田制部二 量田.

볼 수 있다.[2] 이 연구는 경자양전 과정에서 나타난 量田 論議를 量田을 둘러싼 사회적 갈등으로 정리하였다. 그런데 경자양전이 실행에 옮겨지는 전체적인 논의를 시기적으로 살핀 것이 아니라는 점에서 아쉬움이 있다.

이밖에 경자양전을 계기로 조선왕조의 田政 운영이 收稅制의 변동이라는 방향으로 나아가게 되었다고 설명한 연구도 나와 있다.[3] 경자양전을 통해 田政 개선 등을 획득하지 못하였기 때문에 수세제 변동을 모색한 것이라고 설명하였다. 그런데 이 연구는 양전 시행의 목적과 원칙을 검토하고 그것의 성격을 파악하려는 것이었기 때문에 양전 논의의 추이를 주로 정리한 것이 아니었다. 따라서 본 글에서는 지금까지의 연구성과를 기반으로 숙종 후반 量田 論議의 추이와 庚子量田 시행과정에서 나타나는 여러 가지 量田에 대한 논란을 정리하고 庚子量田의 성격을 설명하려고 한다.

본 글의 내용은 다음과 같이 구성될 것이다. 우선 1715년(肅宗 41) 12월 이후 1719년 가을 庚子量田의 실행으로 귀결되기까지의 기간을 대상으로 양전 논의의 추이를 시간적인 흐름에 따라서 살펴본다. 그리하여 여러 차례의 곡절을 거쳐 양전을 실행에 옮길 수 있었던 과정을 더듬어 본다. 그리고 이러한 量田論의 추이를 검토하는 과정에서 양전 施行論의 기본적인 목표와 또한 양전 保留論이 제기하고 있는 문제가 무엇이었는지 검토할 것이다. 나아가 두 입장이 당대의 역사적 상황 속에서 갖고 있던 성격을 고찰한다.

다음으로 庚子量田을 본격적으로 실행하는 세부적인 양전방식을 둘러싸고 나타난 양전논의의 추이와 내용을 검토할 것이다. 양전추진의 조직

---

2) 吳仁澤,「肅宗朝 量田의 推移와 庚子量案의 성격」,『釜山史學』23, 1992 ;「17·18세기 量田事業 硏究」, 부산대학교 대학원 사학과 박사학위논문, 1996.

3) 李哲成,「肅宗末葉 庚子量田의 實態와 歷史的 性格 - 比摠制로의 변화와 관련하여 - 」,『史叢』39, 1991.

또는 주체의 문제인 量田廳의 설치 문제, 均田使의 파견 문제 등을 살펴볼 것이다. 그리고 양전의 실행규정이라고 할 수 있는 量田事目의 여러 조목 가운데 당시의 사회경제적 변화 추이 속에서 문젯거리로 등장하였던 조목을 집중적으로 검토할 것이다.

마지막으로 전체적인 차원에서 庚子量田의 역사적 성격을 찾아볼 것이다. 18세기 초반 당시에 양전을 하지 않을 수 없었던 이유, 그리고 양전의 궁극적인 목적이 무엇이었는지 양전 시행론을 중심으로 살펴보고, 경자양전이 지닌 역사적 의의를 매겨 볼 것이다. 경자양전을 둘러싼 여러 가지 논의를 살펴보는 이유는 결국 양전 시행론과 양전 보류론이 갖고 있는 역사적인 성격을 확인하고 나아가 기해·경자양전이 어떠한 역사적 의의를 가진 것인가 살펴보기 위한 것이라고 할 수 있다.

2. 숙종대 후반 量田論의 추이

1) 숙종대 후반 量田 논의의 전개

조선 시기에 量田이란 田土의 田品, 長廣尺數 등을 파악하여 收稅 단위인 結負를 산출하고, 起耕(起陳)여부, 田主 그리고 田土의 위치 등을 국가의 公的인 통치체제로 조사하여 量案으로 정리하는 작업이었다. 조선전기이래 여러 차례 수행된 量田을 통하여 그 결과로 原帳付 結數를 파악하여 量案에 기록하였다. 조선 시대에 국가는 경작지로 활용되고 있는 田土를 파악하기 위해 20년마다 1회의 量田을 실시하도록 규정하고 있었다.4) 그러나 15세기 동안 京畿와 三南 地域은 대체로 30년에 1회 정도 간격으로 量田을 실시하였다.

16세기에는 全羅道와 江原道 지역 이외에서는 量田이 실시되지 않았

---

4) 『經國大典』 권2, 戶典 量田條.

다. 16~17세기에 국가에서 파악한 三南지역의 田結數 추이를 보면 16세기 후반 임진왜란 직전에 三南의 結總이 110만 여결로 최고치를 기록하였다. 日本과 전란을 치르면서 국가에서 파악한 結負數가 크게 격감되어 1603년의 量田에서 획득한 結負數는 29만여 結에 불과하였다. 30년이 지난 1634년 甲戌量田을 거친 뒤에야 약 90萬結을 原帳付로 확보할 수 있었다.[5] 1634년 甲戌量田 이후 80여 년이 지난 뒤에 1719년부터 1720년까지 己亥・庚子量田이 三南지역을 대상으로 실시되었다.[6]

숙종 후반 대략 1715년(肅宗 41) 12월 이후 量田施行論이 본격적으로 제기되어 1719년(肅宗 45)에서 1720년(肅宗 46)에 걸치는 己亥・庚子量田이 시행되었다.[7] 庚子量田으로 귀결되는 논의의 추이를 우선 量田 論議가 진행된 시간 순서에 따라 정리하면서 찬성과 반대 또는 보류의 주장을 편 대표적인 인물을 살펴볼 필요가 있다. 조선시기에 여러 차례 제기된 量田論에 제대로 역사적인 의미를 부여하고 평가하기 위해서는 量田論 자체만 살펴서는 부족하다. 量田論을 제시한 각 주창자들의 전반적인 사상적인 경향을 검토하고, 아울러 정치적인 배경까지 살펴보아야 한다. 그래야 量田論의 성격을 정확하게 규정할 수 있을 것이다. 이러한 검토 작업은 일단 장래의 과제로 남기고 여기에서는 일단 量田論의 자체적인 논리구조를 살펴보면서 내적인 의미를 보다 면밀하게 분석하는 작업을 수행할 것이다. 量田 施行論과 量田 保留論이 가진 역사적 의미를 그 내

5) 吳仁澤, 「17・18세기 量田事業 硏究」, 부산대학교 대학원 사학과 박사학위논문, 1996.
6) 庚子量田 이후 三南 전역을 대상으로 量田사업이 수행되지 못하였다. 따라서 대한제국 시기에 거행된 光武量田 이전의 유일한 대규모 量田이었다. 庚子量田 이후 英祖代에 들어서면 전라도 지역 등에서 陳田을 파악대상으로 삼는 査陳이 진행되었고, 量田 자체도 郡縣 단위 정도의 소규모 수준에서 추진되었을 뿐이었다(吳仁澤, 위의 논문, 1996).
7) 이철성, 「肅宗末葉 庚子量田의 實態와 歷史的 性格-比摠制로의 변화와 관련하여-」, 『史叢』 39, 1991.

적인 논리틀에서 살펴보면서 각각의 입장을 대변하는 인물이 처해 있는 자리를 규정할 것이다.

1715년(肅宗 41) 12월 좌의정 金昌集이 箚子를 올려 兵制와 良役 變通에 대한 의견을 개진하였다.[8] 이 箚子에서 金昌集은 量田 施行을 분명하게 건의하였다. 그는 "稅入이 부족해서 경비의 사용을 이어가기 어려운데, 이것은 田結의 제도가 허술한 데에서 말미암은 것이다. 量田을 시행하지 않은지 오래 되었으니, 청컨대 各道의 監司와 守令으로 하여금 먼저 稍實한 곳에서부터 시작하여 점차 量田을 시행하게 해야 한다"라고 주장하였다.[9] 김창집이 차자를 올린 뒤 어떠한 논의가 진행되었는지 알기 어렵다. 그렇지만 한달 정도가 지난 뒤 본격적으로 조정에서 量田 시행여부를 논의하게 만든 단서 구실을 한 건의였다.

肅宗은 1716년(肅宗 42) 1월 26일 영의정 徐宗泰, 좌의정 金昌集 등을 만난 자리에서 전년 12월에 좌의정 金昌集이 올린 건의를 언급하면서 "작년에 左相이 올린 의견이 바로 나의 뜻과 일치한다. 量田은 원래 시행하기 어려운 일은 아니니, 결의를 다져 행하는 것이 마땅하다"라고 量田 施行의 입장을 표명하였다.[10] 肅宗은 풍년이 들기를 기다려 量田을 一時에 시행하는 것은 기대하기 어려운 방식이라고 평가하였다. 그 대신 金昌集이 전년 12월에 올린 대로 監司와 수령으로 하여금 稍實處로부터 점차 量田을 수행해 나가는 점진적인 방식을 채택하여 결의를 다져서 수행하

---

8) 김창집이 이때 올린 良役變通論은 良丁收括과 經費節減하는 방식의 소극적인 변통론이었다(『肅宗實錄』권56, 숙종 41년 12월 병인, 40-562).

9) 『肅宗實錄』권56, 41년 12월 병인 40-562 ; 金昌集, 『夢窩集』권6, 論訓局變通之道兼陳時弊箚, 乙未(韓國文集叢刊 158, 130~136쪽) ; "又言 稅入不足 經用難繼此由於田結虛疎 而量田之不行 久矣 請令各道監司守令 先從稍實處 漸次行量田之政".

10) 『備邊司謄錄』69冊, 숙종 42년 1월 28일, 6-787, "(上曰) 量田已久 經界不正……田政重事 訖無釐正之時 不可置之 而若欲待八路年豐 發遣均田使 一時爲之 則了無其期 上年 左相箚辭 正合予意 而元非難行之事 決意行之 爲宜矣".

면 별달리 시행하기 어려운 문제는 아닐 것이라고 주장하였다. 이러한 肅宗의 입장 표명은 실제로 量田 施行을 결정한 것이나 마찬가지라고 할 수 있다.

숙종이 양전 施行을 주장하자 좌의정 金昌集은 외방에서 田政이 소루하게 된 상태인데 해마다 給災를 내려주어 實結이 감축되어 있는 점과 賦役이 매우 不均하다는 점을 들어 찬성의 의사를 피력하였다.[11] 그리고 關東은 山峽의 땅이라서 均量하기 어렵지만 三南과 畿甸은 量田을 실행하지 않으면 안 된다고 주장하였다. 반면에 영의정 徐宗泰는 量田을 맡아서 수행할 인물을 얻기 어렵다는 점을 들어 量田 保留를 주장하였다. 하지만 이때 서종태의 입장도 量田 자체에 대해서는 단서를 달긴 했지만 찬동의 의사를 표명한 것이었고, 金昌集은 전폭적으로 지지하는 입장을 취하고 있었기 때문에 肅宗은 양전 시행으로 어렵지 않게 결론을 내렸다.[12]

老論인 金昌集과 少論인 徐宗泰가 취하고 있는 입장은 사실 量田 施行論과 量田 保留論이 담고 있는 여러가지 구성 요소를 잘 보여주는 것이라고 할 수 있다. 양전 시행론이 양전을 시행하지 않아 현재 발생하고 있는 제반 폐단을 지적하면서 결단코 양전을 수행해야 한다는 입장을 피력하고 있다면, 양전 보류론은 양전이 실제로 수행되기 위한 현실적인 여건의 성숙을 기다려야 한다는 논리, 그리고 여기에 量田을 수행할 만한 적당한 인물을 얻어야 한다는 得人論이 가세하는 양상을 보여주었다.

1716년 1월의 논의는 결국 肅宗의 特敎에 의거하여 量田 施行이라는 결론으로 귀결되었다.[13] 하지만 量田 작업의 실제 수행으로 이어지지는

---

11) 『備邊司謄錄』 69冊, 숙종 42년 1월 28일, 6-787, "左議政 金曰 外方 田政甚疎 逐年給災 實結漸縮 不但此爲可慮 賦役 亦甚不均 臣等 慨然 累有所達矣".

12) 『備邊司謄錄』 69冊, 숙종 42년 1월 28일, 6-788 ; "上曰 左相 箚辭誠好 依此爲之 則極爲簡便矣".

13) 1716년 1월에 내려진 量田 特敎가 결국 1719년에서 1720년에 걸친 己亥·庚子

못하고 말았다. 즉 이때(1월)의 논의가 量田 시행으로 결말이 났지만, 실제 量田의 시행은 이해 가을 수확을 거두고 난 다음에나 가능한 작업이었다. 그런데 이해 가을에 凶年이 들면서 양전을 수행할 여건이 조성되지 못하였던 것이다.[14] 그리고 1717년 초반까지도 양전을 수행하지 못하고 있었던 상황은 給災 문제를 다룬 비변사의 啓辭에서 분명하게 알 수 있다. 1717년 정월에 閔鎭厚가 啓한 내용 가운데 各道 田結의 原帳付에서 災年에 分給할 結數를 分數로 미리 定式하자는 것이 있었다.[15] 閔鎭厚가 건의한 이 문제에 대하여 결국 6월 초3일 비변사가 啓辭를 올려 적당한 방안인지 여부를 논의하였는데, 備邊司의 啓辭에서 당시의 量案 현황을 다음과 같이 언급하였다.

  諸道는 혹은 甲戌量案을 사용하고 혹은 癸卯(1663년)量案 또는 己酉(1669년)量案을 사용하고 있다. 가장 최근의 것이 사실은 49년이나 된 것이다. 그런데 토지의 형태가 여러차례 변하고 버려진 것이 많아져서 當年에 세금을 내는 結數를 原帳付와 비교하면 거의 그 半이나 줄어들어 있다. 대개 근래에 20년에 한번 量田하는 法을 遵行할 수 없어서 帳付와 현재 사용하는(行用) 實結이 서로 어긋남이 이와 같은 것이다.[16]

備邊司에서 지목하고 있는 바와 같이 당시 量田이 거의 50년이나 시행되지 않아 量案에 기록된 原帳付 結數와 실제로 賦稅를 수취할 때 사용

量田으로 완료되었다(吳仁澤,「경자양전의 시행과정과 양안의 기재 형식」, 63회 연구발표회 발표문, 한국역사연구회, 1999).
14)『備邊司謄錄』70冊, 숙종 43년 9월 23일, 6-973(이 기사에 실린 金昌集과 肅宗의 언급을 참고할 수 있다).
15)『備邊司謄錄』70冊, 숙종 43년 정월 25일, 6-883.
16)『備邊司謄錄』70冊, 숙종 43년 6월 초3일, 6-943, "諸道 或用甲戌量案 或用癸卯 己酉量案 最近者 四十九年 而田形累變 雜頉夥然 當年應稅結數 比原帳付 則 幾減其半 蓋近來 不能遵行二十年一量田之法 帳付與行用實結 相左 以致如 此".

하는 行用 實結이 서로 어긋나지 않을 수 없는 상황을 맞이하고 있었다. 이후 조정에서의 양전 수행 논의가 활발하게 진행되었던 것으로 보인다. 그런데 量田 시행에 적극적이던 숙종이 7월 眼疾로 왕세자에게 代理聽 政시키고 뒤로 물러나면서 量田 수행에 박차를 가하지 못하고 있었다.[17]

金昌集, 閔鎭厚 등이 양전 추진을 계속 진행하던 1717년 가을에는 量 田事目이 논의의 우선 순위에 올라와 있었다. 1717년(肅宗 43) 8월 30일 충청감사 尹憲柱가 올린 狀啓에서 언급한 道內의 폐단 가운데 田政의 폐단을 검토하는 자리에서 閔鎭厚는 다음과 같이 지적하였다.

> 禮曹判書 閔鎭厚가 말하기를, "……田政의 紊亂은 오래도록 量田을 하지 않은 해로움에서 연유한 것이다. 그러므로 聖上이 이것을 염려하여 이미 改量하라는 명령이 있었다. 그러나 아직 거행하지 못하고 있다. 今年은 監司로 하여금 形勢를 상세히 살피게 하고, 만약 事目 가운데 變通한 것이 있으면 그때마다 즉시 申聞하게 하여 稟處하는 것이 좋을 듯하다"라고 하였다.[18]

이때 肅宗이 내린 改量의 王命을 실행에 옮기지 못한 상태에서 閔鎭厚는 監司로 하여금 事目 변통 즉 量田事目의 현실적인 수정을 가하게 해야 한다는 방안을 제시하였던 것이다. 영의정 金昌集 등은 왕세자와 引接하는 자리에서 윤헌주의 장계 내용을 조목조목 검토하고 있었다.

충청감사 윤헌주가 도내의 폐해로 지적한 것 가운데 하나가 田政이었다. 윤헌주는 改量한 지가 이미 오래 되어 田地의 형태에 누차 변함에 따라 옛날에 起墾하던 것이 지금은 陳荒된 것이 많고, 또한 반대로 옛날에

---

17) 『肅宗實錄』 권60, 숙종 43년 7월 신미, 40-661.
18) 『備邊司謄錄』 70冊, 숙종 43년 9월 초2일, 6-964, "(禮曹判書) (閔)鎭厚 曰……此 皆由於量田久不爲之害 故聖上爲是之慮 旣有改量之命 而始未擧行 今年 則令 監司 詳察形勢 如有事目變通處 則使之隨卽申聞 而稟處 恐好矣".

陳荒田이던 것이 지금은 耕食하는 것도 많다는 점을 지적하였다. 그러므로 量案에 기재되어 있는 實結로는 出役시키기 어렵고, 給災할 때에도 虛失이 뒤섞이고 있는 실정을 설명하였다. 그리하여 上中下로 比年(較年)하는 방식 등을 건의한 것이다. 이에 대하여 閔鎭厚가 量田이 이미 시행하라는 王命이 내려져 있음을 지적하면서 감사로 하여금 형세를 살피게 하고, 또한 量田 事目을 변통해야 한다고 한 것이다.[19]

한편 같은 자리에 참석하였던 병조판서 李健命은 윤헌주가 狀啓한 내용 가운데 比年하는 규칙을 災結을 分給하는 것과 동질적인 것으로 판단하고, 이미 年分事目을 頒下한 상황이기 때문에 장계에 의거하여 시행할 여지가 없다고 주장하였다.[20] 이건명은 충청감사 尹憲柱가 올린 장계 내용에서 제기한 '田政의 해결을 위한 改量'이라는 문제제기를 當年度의 年分事目의 문제로 한정시켜 파악하였던 것이다. 물론 윤헌주가 장계에서 청한 결론은 이른바 比年이라는 것이지만, 이러한 比年이라는 것이 제대로 수행되기 위해서는 實結의 정확한 파악, 즉 改量을 전제로 한 성격의 주장이었다. 결국 事目의 變通이 아니라 改量을 본질적으로 요구하는 것이었다. 그런데 이건명이 윤헌주의 장계 내용을 事目의 문제로 한정시키고, 다만 成川 등의 사안만 제대로 파악하도록 엄칙할 것을 요구하자, 왕세자가 이건명의 의견에 적극 동조하는 결론을 내려 버리고 말았다.[21] 왕세자는 적극적인 量田의 입장을 표명하는 것이 마땅한 자리에서 이를 회피하는 모습을 드러냈다. 앞서 肅宗이 적극적인 양전 시행을 강조하였던 것과 사뭇 다른 입장이었다.

왕세자의 양전에 대한 소극적인 입장 표명으로 주춤하던 양전 추진은 9월 22일 金昌集이 肅宗이 침을 맞는 자리에 入侍하여 다음과 같이 주장

---

19) 『肅宗實錄』 권60, 숙종 43년 8월 신해, 40-673.
20) 『備邊司謄錄』 70冊, 숙종 43년 9월 초2일, 6-964.
21) 『備邊司謄錄』 70冊, 숙종 43년 9월 초2일, 6-964, 965.

하면서 본격적인 양전 시행의 계기를 마련하였다.

> 量田을 행하지 않은 지 오래되었다. 田政이 紊亂하고 賦役이 不均하다.
> 그러므로 臣이 年前에 이러한 폐단을 箚子로 올려 진술하여 이미 허락을
> 받아 또한 特敎가 내렸다. 그러나 마침 농사가 흉년이 든 것 때문에 즉시
> 거행하지 못하였다. 비록 凶年이라고 하더라도 稍實處로부터 漸次 量田
> 을 행하면 진실로 不可함이 없을 것이다. 그리고 今年은 三南의 年事가
> 자못 풍년이니 바로 양전을 시작하기에 마땅하다.[22]

金昌集은 量田이란 흉년이 든 해에도 우선 稍實處에서부터 시작하여
점차 나아가면 되는 것인데, 今年에는 三南에 豊年이 들었으니 즉시 量
田을 시작해야 한다고 주장하였다. 게다가 공조판서 趙泰采의 말을 빌려
서 湖中의 守令이 모두 量田하지 않으면 안 된다는 말을 하고 있다는 점
과 여러 기타 論議도 모두 이와 같다고 덧붙였다. 전반적인 논의의 분위
기를 양전수행 불가피론으로 몰아가는 것이었다.

金昌集과 더불어 閔鎭厚도 '昨年(1716년 정월)의 特敎'를 거론하면서,
外方에 나가 있는 호조판서 權尙游가 돌아오면 즉시 量田을 擧行하게
하자는 의견을 개진하였다. 이에 대하여 병석에 누워 있던 肅宗은 양전
수행을 다음과 같이 지시하였다.

> 孟子가 이르기를 "仁政은 반드시 經界를 바르게 하는 데에서 시작된
> 다"라고 하였다. 政事 가운데 커다란 것으로 量田보다 더한 것이 없다.
> 어찌 폐지하고 행하지 않을 수 있을 것인가. 年前에 大臣이 차자를 올렸
> 고 이어서 特敎가 있었는데 연이어 年事가 凶年이 들어 지금까지 미루어
> 졌다. 지금 大臣이 진달한 것이 진실로 사리에 맞는 말이다. 均田使는 차
> 출하지 말고, 戶判이 올라오기를 기다린 후에 事目을 마련하여 즉시 擧

22) 『備邊司謄錄』 70冊, 숙종 43년 9월 23일, 6-973.

行하는 것이 좋겠다.[23)]

　均田使를 내보내지 말라는 것은 앞서 김창집의 주장에서 나온 것이었다. 김창집은 均田使를 내보내면 도리어 騷擾를 일으킬 우려가 있으니, 단지 道臣으로 하여금 守令을 檢飭하게 하여 便宜에 따라 거행하게 하는 것이 좋을 것이라는 의견을 덧붙이고 있었다. 이에 肅宗이 적극적으로 동조하였던 것이다.[24)] 결국 호조판서 權尙游가 外方에서 올라온 뒤에 量田事目을 마련하여 즉시 거행하게 하는 숙종의 명령이 떨어졌고, 이제 量田의 실행에 한 걸음 다가서게 되었다.

　量田事目의 정비까지 실행에 옮겨졌음에도 불구하고 1717년 가을 量田의 시행은 없었던 것으로 보인다. 당시 대리청정하던 왕세자에게 계속 量田의 보류와 정지를 요청하는 입장이 전달되고 있었다. 11월에 들어서면 본격적으로 양전을 수행해야 할 시기인데, 持平 黃璿은 上書하여 三南 改量을 보류하고 1, 2년 정도 더 기다릴 것을 주장하였다. 황선이 양전을 보류하고 연기해야 한다고 주장한 근거는 三南의 경제적인 형편이었다. 삼남에 기근이 계속 들었기 때문에 올해만 겨우 풍년이 들었다고 하더라도 아직 凋殘한 상태이고, 게다가 沿海邑에는 흉년이 들었다는 등 농사의 작황을 둘러싼 문제, 달리 말해서 農民의 경제적인 처지를 돌아볼 때 量田을 수행하기에 적합하지 않다는 주장이었다. 농사 작황이 넉넉하지 않을 때 量田을 거행하게 되면 田夫들이 양전 실무 관리를 접대하는 것 등 때문에 경제적으로 지탱하기 어려울 것이라는 것이었다. 단적으로

---

23) 『備邊司謄錄』 70冊, 숙종 43년 9월 23일, 6-973, "孟子云 仁政必自經界始 政之大者 莫過於量田 何可廢而不行乎 年前 大臣陳箚 繼有特敎 連因年事之告歉 至今遷就矣 今此大臣所達 誠爲得宜 均田使勿爲差出 待戶判上來後 磨鍊事目 卽爲擧行 可也";『備邊司謄錄』 72冊, 숙종 45년 9월 초3일, 7-179, "右議政 李(李健命)曰 量田 初不經始則已 上上年(丁酉年·1717년·肅宗 43) 旣有改量之令".

24) 『備邊司謄錄』 70冊, 숙종 43년 9월 23일, 6-973.

양전 보류의 근거를 재정의 측면, 양전 과정에 필요한 財源의 문제에서
찾고 있었다.

황선의 양전 보류론, 연기론에 대하여 왕세자는 '經界를 바로잡는 政
事'는 국가의 중요한 일이므로 절대로 중지할 수 없다는 뜻을 명백하게
밝혔다.[25] 그 뒤에 正言 趙尙絅은 11월 21일에 上書하여 "量田을 갑자기
거행하기에 어려움이 있으니, 청컨대 먼저 몇 고을에 시험하여 그 실효를
살펴보아야 할 것이다"라는 방안을 제시하면서 양전의 선행조건론을 내
세웠다. 王世子는 이러한 조상경의 제언도 수용하지 않았다.[26]

조정의 신하들이 上書를 올려 量田의 실행 자체를 보류하거나, 사전에
시험하는 조건을 충족시켜야 한다는 논의를 제기하고 있을 때 지방의 道
臣과 守令은 조정의 量田 擧行 王命을 미루기만 하고 실제로 실천에 옮
기지 않고 있었다. 慶尙監司 權㥁은 量田을 거행하지는 않고 11월 22일
上書를 올려 量政의 중지를 청하였다. 世子는 권업의 上書에 대하여 "지
금 改量하는 것은 진실로 그만둘 수 없는 일이니 속히 擧行하라"라고 언
급하면서 量田의 수행을 분명하게 지시하였다.[27] 이때 권업이 올린 上書
중에 보이는 다음과 같은 언급이 전형적인 양전 보류론, 양전 정지론의
한 모습을 담고 있다고 할 수 있다.

道內에서 예전에 量田한 것[舊量]을 그대로 사용한 것이 거의 百年이
다되었고, 田政이 紊亂하고 賦役이 不均한 것이 진실로 大臣이 진달한
것과 같다. 그런데 조정에서 因循하기를 오래도록 하면서 아직도 改檢하
지 않고 있는 것은 해마다 흉년이 들어 民을 어지럽게 하는 것을 걱정하
여 시행하지 못한 것이겠는가. 80여 년 사이에 또한 어찌 자못 풍년이 든

---

25) 『肅宗實錄』 권60, 숙종 43년 11월 계축, 40-681.
26) 『肅宗實錄』 권60, 숙종 43년 11월 신미, 40-683.
27) 『肅宗實錄』 권60, 숙종 43년 11월 임신, 40-684, "世子答曰 今玆改量 誠是不可
已之事 從速擧行".

한두 해가 없었을 것인가. 그러나 오히려 행할 수 없었던 것은 다른 것이
아니다. 人心이 옛날과 같지 않아 奸竇를 막기 어려워 善變할 수가 없어
서 가볍게 의논하지 못한 것이다.[28]

권업의 주장에서 量田 연기가 필요 불가피하다는 점을 설명하기 위한
근거는 다른 것이 아니라 "지금의 人心이 옛날과 다르다[人心不古]"라는
한 구절이다. 이 구절은 단순하게 간사한 짓이 많이 벌어지기 때문에 量
田을 하기 힘들다는 현상만 지적한 것이 아니었다. 人心의 변화는 곧 토
지에 대한 가치평가, 인식이 변화하였음을 지적하는 것이기도 하였다. 또
한 옛날과 달리 지금은 폐단이 많이 발생하기 때문에 量田을 하기 힘들
다는 것은 복합적인 의미로 해석할 수도 있는 주장이었다.

권업이 내세운 양전 보류론과 목표는 동일하지만 약간 논거를 달리하
는 주장을 장령 鄭東後가 제시하였다. 12월 25일에 올린 上書에서 掌令
鄭東後는 湖南에 蟲災 등이 있었고, 湖西 沿邊에 水害가 있었다는 점을
거론하면서 量田節目을 잘 마련하여 諸道와 列邑에 반포하고, 量田은 明
年(1718년) 秋收한 後에 一時에 거행하면 좋을 것이라는 의견을 피력하
였다.[29] 이러한 量田 연기론은 다른 것이 아니라 현실적인 準備論이라고
할 수 있다. 節目의 마련, 節目의 반포 등이 量田을 거행하기에 앞서 충
분히 준비되어야 한다는 준비의 철저를 지적한 주장이었다. 정동후의 주
장은 사실 量田을 연기시키기에 충분한 사유가 되는 것이라고 할 수 있

---

28) 『肅宗實錄』 권60, 숙종 43년 11월 임신, 40-684, "道內之因用舊量 殆近百年 田
政之紊亂 賦役之不均 誠如大臣所達 而朝家之因循許久 尙未改檢者 豈以涒歲
凶歉 爲慮擾民而莫之行也 八十餘年間 亦豈無一二稍稔之歲 而猶不能行者 無
乃 以人心不古 奸竇難防 不能善變 而有未敢輕議也".

29) 『肅宗實錄』 권60, 숙종 43년 12월 을사, 40-689, "掌令 鄭東後 上書……量田之政
區劃措置 必須預先商確 熟講而審行之 卽今 雪埋原野 田畝莫辨 差待雪消 則
又迫東作 臣愚 以爲 春前姑勿擧行 爛熳講定 預先頒布節目於諸道列邑 明年秋
收後 一時擧行 則作事有漸 田政得宜".

었다. 따라서 왕세자의 대응이 앞서 권업 등의 양전 연기 주장에 대하여 量田을 절대로 중지할 수 없다고 한 것과 달리 나타나고 있었다. 왕세자는 "量田에 대한 일은 우선 三南 가운데 稍實邑에서 거행할 것으로 廟堂에서 이미 覆啓하였다"라고 하면서 이미 三南 전체가 아니라 稍實한 邑에서만 量田을 거행하도록 보고 받았다는 점을 언명하였다.[30] 그리고 이후 稍實邑에서 量田을 수행하는 것조차 미루어져 전체 量田 사업 자체가 다음 해 가을로 미루어졌던 것으로 보인다.[31]

1717년 가을의 양전사업이 중단되고 다음 해 가을로 연기된 것은 道臣 등이 量田의 중지를 청원하는 것과 병행해서 지방 군현 차원에서 실제 量田의 실무를 수행하도록 규정된 守令들이 세월이 지나가는 것만 넘겨 다보면서 태업을 벌였기 때문이었다. 1717년 겨울과 1718년 봄이 지난 1718년(肅宗 44) 3월 金昌集이 그러한 상황을 다음과 같이 지적하였다.

田政의 紊亂은 실로 오래도록 量田하지 않은 데에서 연유하는 것이다. 그러므로 三南을 改量하는 일이 결정되어 分付를 내렸다. 守令 가운데에서도 또한 改量해야 한다는 주장을 편 사람이 간혹 있었다. 그러나 改量의 令이 내려간 이후에 道臣과 守令이 모두 擔當할 뜻이 없고 단지 미루는[退托] 것을 일삼고 있었다.[32]

애초에 金昌集은 量田의 役事가 번잡해지는 것을 방지하기 위하여 均田使를 중앙에서 파견하지 않고 監司로 하여금 均田使를 兼察하게 하면서 守令이 실제 量田을 책임지고 거행하는 방안을 제시하였다.[33] 김창집

---

30) 『肅宗實錄』 권60, 숙종 43년 12월 을사, 40-689, "答曰……量田 先行於三南稍實邑事 自廟堂 才已覆啓矣"

31) 『備邊司謄錄』 71冊, 숙종 44년 윤8월 24일, 7-65, "(備局) 達曰 三南量田 上年 待明秋擧行之意 旣已定奪矣"; 『備邊司謄錄』 71冊, 숙종 44년 9월 초7일, 7-72, "又所達 (중략) 量田 則昨年 有待明秋擧行之敎 故纔已分付三南矣".

32) 『備邊司謄錄』 71冊, 숙종 44년 3월 15일, 7-23.

의 방안에 따라서 양전의 조직을 따로 마련하지 않았던 것으로 보이는데, 1717년 가을과 겨울을 지나면서도 量田 실행 단계로 진전되지 못하고 결국 다음 해 가을로 연기되었던 것이다. 이때 量田이 연기된 것은 결정적으로 監司와 守令의 量田 擧行 不應 즉 怠業 때문이었다. 김창집이 위에서 지적한 바와 같이 均田使를 兼察해야 할 감사와 실제 量田을 맡아서 수행할 守令들이 담당하려는 뜻을 갖지 않고 어떻게 하든 미루어 보려는 태도만 견지하고 있었던 것이다.

지방관의 이러한 量田 不應은 사실 지방사회의 대토지소유자의 이해관계와 공유하는 측면을 갖고 있었기 때문에 나타난 것이 아닌가 생각된다. 土豪나 富民의 입장에서 자신의 量案에서 누락된 또는 量案에 田品이 낮게 책정된 田土가 새롭게 應稅結로 파악되거나 田品이 상향조정될 가능성을 담고 있는 量田을 떨떠름하게 여기는 것은 당연한 것이라고 할 수 있다.[34]

지방수령은 隱結 또는 隱餘結이라는 量外의 收稅地를 통해서 군현재정을 보충하고, 지방관의 재량에 따른 비용 조달을 수행하고 있었기 때문에 隱餘結이 공식적인 原帳付 結負로 표면에 드러나는 것을 달갑게 여기지 않았다. 이러한 지방사회의 반발을 量田 자체가 朝廷의 공식적인 업무의 수행이고, 王命에 근거하여 수행되는 것이라는 점에서 즉각적인 그리고 명백한 형태로 나타나지 않고 지방 守令의 怠業, 土豪나 富民의 비협조 등의 양상으로 드러나고 있었다. 따라서 지방사회의 권력관계에 밀착될 수밖에 없는 지방 守令을 양전 현장으로 밀어붙일 수 있는 현실적인 구조적 실행 방안이 필요한 상황이었다.

1718년 3월 金昌集은 양전을 맡아서 실행할 인원 구성에 대한 새로운 방안을 제시하였다. 道臣에게 均田使를 兼하게 하고, 都事를 從事官으로

---

33) 『備邊司謄錄』 70冊, 숙종 43년 9월 23일, 6-973.
34) 김건태, 「갑술·경자양전의 성격」, 『역사와현실』 31, 1999.

삼는 체제로 양전을 수행하는 것이 곤란하다는 점을 인정하게 되었던 것
이다. 그리하여 金昌集은 重臣 가운데 量田 勾管堂上 2員을 차출하고,
또한 從事官 3員을 차정하여, 이들이 道臣과 상의해서 量田을 수행하게
하는 방안을 제시하였고 이에 따라 量田조직이 새롭게 마련되었다.[35]

  양전 시행를 위한 준비를 진행시키는 도중에 4월 9일 正言 成震齡이
上書하여 北漢山城 築造의 중지를 요청하였다. 이와 더불어 성진령은 우
선 田政이 소루하여 三南에 量田의 命이 내려진 것이지만, 거듭 흉년이
들어 백성이 정상을 회복하지 못하고 있는 상황을 지적하고, 다음과 같이
量田 시행과정에서 나타나는 폐단을 지적하였다.

> 癸卯量田 할 때 人心이 아직 예스러웠지만 田品 等第가 적당하지 못한
> 폐단이 있었다. 하물며 지금은 人心의 교활함이 癸卯年보다도 심하다. 뇌
> 물이 분분하고 청탁이 잇따라, 富民과 豪族의 田土는 비옥한데도 척박하
> 게 만들거나 넓은데도 좁게 만들 것이다. 그러나 貧民과 殘戶의 田土는
> 下等을 上等으로 만들고, 작은 것을 크게 만들 것이다. 그 폐단이 量田하
> 지 않을 때보다 더하지 않을 것이라고 장담할 수 없다.[36]

  成震齡이 量田을 하지 않은 상태가 오히려 量田을 하는 것보다 낫다
고 주장한 근거는 바로 田品 等第가 여러 가지 폐단 때문에 실상을 제대
로 반영하기 어렵다는 점이었다. 田品 等第는 結負數를 산정하는 데 기
준이 되는 중요한 수치였다. 전품 등제를 실제보다 낮추거나 높이게 되면
그에 따라 結負數도 변동하게 되고, 결부수의 변화는 賦稅額의 크기에
직접적으로 반영되었다. 따라서 田土의 主人 입장에서나 국가 수취의 측
면에서 田品 等第의 변화는 민감하게 반응할 수밖에 없는 문제였다. 성
진령이 제기한 것 실제의 양전 진행과정에서 자행되어 온 당시의 고질적

---

35)『備邊司謄錄』71冊, 숙종 44년 3월 15일, 7-23.
36)『肅宗實錄』권61, 숙종 44년 4월 정해, 41-14.

인 폐단이었다. 뒤에 살펴보는 바와 같이 田品 等第의 변동 문제는 실제 己亥·庚子量田 과정에서도 주요한 논란거리였다. 하지만 成震齡의 문 제제기에도 불구하고 量田을 거행해야만 한다는 것은 돌이키기 어려운 것이었다.

1718년 가을 量田을 거행하기 위한 준비는 착착 진행되어 나갔다. 1718 년 4월 20일 量田 句管堂上 2員에 權尙游와 閔鎭遠이 임명되고, 종사관 3員에 金在魯, 朴師益, 金東弼이 차출되었다.[37] 양전구관당상은 윤8월에 3員으로 증액되었는데, 金在魯가 堂上으로 올라가고, 趙尙絅이 후임 郎 廳으로 임명되었다.[38] 그리고 이때 量田廳이 공식적으로 設廳되었다. 양 전청은 양전 堂郎이 差出된 상태에서 文書를 句管하기 위해 설치된 것 으로, 癸卯年(1663년, 현종 4) 均田廳의 예에 의거하여 만든 것이었다.[39]

1718년(肅宗 44) 가을이 된 시점에서 살펴보면 본격적으로 量田을 거 행할 준비가 갖추어져 있어 이제 한발 내딛어 실제 전답 측량에 들어서 기만 하면 되는 상황이었다. 그런데 이 시점에도 量田을 보류하고 정지해 야 한다는 주장이 계속 비등하고 있었다. 9월 1일 南邑에서 부름을 받고 조정에 돌아온 獻納 尹錫來가 上書하여 올해 농사가 다른 해에 비해서는 약간 낫다고 하지만 田野에 荒廢되어 있는 것이 많고, 饑饉과 疾疫 때문 에 一時에 전지역에서 量田을 두루 거행하기는 어렵고, 道臣으로 하여금 농사의 풍흉을 보아 순차적으로 거행하게 할 것을 주장하였다.[40]

윤석래의 주장에 대하여 비변사는 量田을 작년에 이미 올해 가을 수확 뒤에 거행하라는 王命이 있어서 이미 三南에 분부하였는데, 지금 또 停 止하고 약간 邑에서 시행하게 하면 朝令을 자주 바꾸는 것이 되어 좋지 않다는 覆啓를 올렸다. 비변사가 所達한 것에 대하여 왕세자도 동의하였

37) 『備邊司謄錄』71冊, 숙종 44년 4월 20일, 7-31.
38) 『備邊司謄錄』71冊, 숙종 44년 윤8월 24일, 7-65.
39) 『備邊司謄錄』71冊, 숙종 44년 윤8월 24일, 7-68.
40) 『肅宗實錄』권62, 숙종 44년 9월 병자, 41-36.

다.[41]

　양전을 삼남 지역 전역에 걸쳐서 수행하는 방안을 수정하여 형편이 나은 곳부터 해야 한다는 주장도 많이 제기되고 있었다. 9월 20일 충청감사 金興慶이 陛辭하면서 "금년 여름의 전염병이 湖西에서 더욱 참혹하니, 量田을 稍實處에서 우선 시행하는 것이 마땅하며, 尤甚邑에서는 서둘러 거행할 수 없을 것이다"라고 양전의 일부 시행과 일부 정지를 요청하였다.[42] 그리고 9월 26일에는 경상감사 李墍이 커다란 흉년이 계속되었고, 전염병이 돌아 사망한 사람이 많으니 量田을 서서히 거행하게 해 달라고 요청하였다. 이러한 양전 중단의 요청은 계속 받아들여지지 않았다. 비변사는 外方에서 稱頉한다고 미루어 거행하도록 허락해서는 안 된다며 양전의 중단을 거부하였고, 이를 왕세자가 받아들였던 것이다.[43]

　1718년 가을 풍흉이 거의 판명된 10월에 들어서면서 量田 保留論이 보다 든든한 기반을 갖추어 등장하였다. 그것은 바로 극심한 凶年과 전염병에 백성들이 고통을 받고 있다는 상황론에 근거하여 量田을 그만두고 보류해야 한다는 주장이었다. 10월 13일 藥房 都提調 李頤命은 肅宗을 入診하는 자리에서 다음과 같이 三南 稍實邑 量田을 보류하고 연기할 것을 주장하였다.

　　요즈음 時氣가 常道를 잃어 전염병이 다시 熾盛해지고, 三南의 농사도 풍년이 들지 않을 것이다. (중략) 굶주림과 전염병으로 거의 죽게 된 백성들을 침범하고 어지럽히는 것이 여러 가지인데 거기에다 또 量田의 役事를 더하게 되면, 그 수고와 비용으로 원망과 고통이 틀림없이 지극할 것

41) 『備邊司謄錄』71冊, 숙종 44년 9월 초7일, 7-72, "又所達……量田 則昨年 有待明秋擧行之敎 故纔已分付三南矣 今又停止 而就若干邑行之 則朝令之數改 誠爲未安 今姑置之 何如 令曰 今姑置之可也".
42) 『肅宗實錄』권62, 숙종 44년 9월 을미, 41-38.
43) 『肅宗實錄』권62, 숙종 44년 9월 신축, 41-39.

이다. 우선 풍년이 들어 백성들이 안정되기를 기다려 다시 거행하는 것이
아마도 적당할 듯하다.44)

李頤命은 기근과 전염병으로 고통받고 있는 백성을 여러 가지로 침범
하고 있는 상황에서 量田까지 덧붙이는 것이 불가능하다는 주장을 편 것
이다. 이러한 주장은 쉽사리 먹혀들어 갈 수밖에 없었다. 그리고 李頤命
은 20년에 한번 量田할 때에 새로운 起耕田[新起, 加耕]을 찾아내는 것에
불과하여 매우 쉬운 일이었는데, 中世 이래 60, 70년 또는 거의 100년이
되어서야 한번 量田하기 때문에 더욱 어려운 일이 되었다고 설명하였
다.45) 이러한 量田에 대한 인식은 다음과 같은 양전 과정에서의 어려운
점과 결합되어 量田이 더욱 하기 어려운[難行] 일이 된다고 보았다.

> 田主는 그 田土의 비옥함을 감추고, 이웃 주민은 원한을 사는 것을 꺼
> 려하여 또한 사실대로 알려주지 않아 등급을 심사하여 정하는 데에 그 실
> 제 형편을 살피기 어렵다. 게다가 量田할 때 富者는 監色에게 뇌물을 주
> 여, 貧民의 田土가 많이 높은 등급으로 들어가고, 富戶는 낮은 등급을 많
> 이 차지한다. 賦稅가 不均해지고 원한과 고통이 날로 심해진다.46)

양전 과정에서 富者들이 뇌물을 써서 田品 等第를 유리하게 낮추는
폐단은 앞서도 누차 지적된 것이었다. 이러한 점을 방비하기 위해서 등장
한 것이 예전에 부여되었던 田品 等第를 任意로 陞降하지 못하게 하는
量田事目의 규정이었다. 任意로 陞降하지 못하게 하는 규정은 실제의 田
品을 제대로 반영하게 하려는 신중함을 강조한 규정이었다. 하지만 李頤
命이 지적한 바에 따르면 이러한 사목의 규정을 따르지 않고 멋대로 예

---

44) 『肅宗實錄』 권62, 숙종 44년 10월 정사, 41-41.
45) 『備邊司謄錄』 71冊, 숙종 44년 10월 15일, 7-79.
46) 『備邊司謄錄』 71冊, 숙종 44년 10월 15일, 7-79.

전의 田品 等第를 그대로 따르고 고치지 않는 결과를 빚고 있었다. 그리고 이이명은 추위지기 전에 量田을 끝마치기도 어렵고, 孝宗代와 顯宗代에도 때를 살펴 양전을 거행한 일이 있다는 실례를 들면서, 마지막으로 三南 稍實邑 量田의 役을 중지할 것을 요청하였다.[47]

李頤命의 양전 중지 요청에 대하여 숙종은 病席에서 "大臣이 진달한 바가 옳으니, 廟堂으로 하여금 稟處하게 하라"는 명령을 내렸다.[48] 이리하여 다시 양전 거행의 시기와 방법을 논의하게 되었다. 결국 量田의 정지를 명령하지는 않고 그대로 거행하되, "그 期限을 촉박하게 정할 필요는 없고, 各邑에서 먼저 癘疫이 盛하지 않은 곳을 따라서 循次로 改量하게 하고 미진한 것은 明秋(1719년 가을)에 마치게 할 것"으로 정리되었다.[49] 즉 春耕 이전을 기한으로 하여 차례로 改量하다가 만약 완전히 끝마치지 못하면 明秋에 量田을 마치게 하는 것으로 결정을 내렸다. 즉 양전의 완전한 정지나 중단을 지시한 것이 아니었다. 계속 양전을 진행하되 各邑의 형편에 따라서 진행의 속도를 조절할 수 있게 한 것이었다.[50]

1718년 당시 이미 각 지역마다 어느 정도 양전을 진행하고 있었다. 전라감사 洪錫輔가 보고한 바에 따르면 春間에 이미 改量한 것이 3,000여 결이나 되었다.[51] 전라도 전체 結數에 비해서 많은 양은 아니지만 이제 가을 수확 이후 量田을 본격적으로 진행하는 것 자체를 중단하기는 어려운 상황이라고 할 수 있었다. 1718년 10월 당시에 아직 양전 중단의 명령이 하달된 것은 아니었다. 11월 24일 右議政 李健命이 南原 縣監 崔尙鼎을 교체하는 것을 不許하는 이유로 量田을 한창 진행하고 있는 때 '方張之時'라는 점을 지목하고 있었다.[52] 하지만 12월에 접어들면서 실제 양전

---

47) 『備邊司謄錄』 71冊, 숙종 44년 10월 15일, 7-79.
48) 『肅宗實錄』 권62, 숙종 44년 10월 정사, 41-41.
49) 『備邊司謄錄』 71冊, 숙종 44년 10월 29일, 7-82.
50) 『肅宗實錄』 권62, 숙종 44년 10월 계유, 41-42.
51) 『肅宗實錄』 권62, 숙종 44년 10월 무진, 41-42.

始役이 진행되지 않고 있는 상황을 맞이하면서 변통이 필요하였다.

1718년 12월 18일 肅宗을 入診하였을 때 영중추부사 李濡과 都提調 李頤命이 量田의 중단과 量田事目의 講定을 주장하였고, 提調 閔鎭遠이 量田廳을 철폐하고 量田使를 파견할 것을 주장하였다. 이때의 논의 과정에서 外方의 道臣 등이 가을 수확이 끝난 뒤에 量田을 수행하라는 왕명을 제대로 받들지 않고 있음이 낱낱이 드러났다. 특히 전라감사 洪錫輔는 監賑 御史일 때는 改量을 극력 주장하다가 藩任을 맡으면서 改量이 不可하다는 입장으로 표변하였다.[53] 李頤命은 監司들이 改量이 不可하다고 여겨서 始役하지 않고 있다고 설명하였다. 결국 肅宗은 量田을 다만 停止하되, 量田廳을 철폐하지 말고 均田使 파견여부를 가을이 되면 그 때 稟處하라는 결론을 내렸다.[54] 이제 1718년 가을 겨울의 양전 시행은 중단되고, 다시 1년 뒤로 연기되고 말았다.

1718년까지 양전을 구체적으로 진행하는 방식은 중앙에 설치된 量田廳을 중심으로 하는 것이었다. 京廳으로 양전청이 존재하고 있지만, 아직 量田의 책무가 기본적으로 監司와 守令에게 부여되었고, 중앙의 量田廳에 자리한 量田勾管堂上과 從事官이 이를 감독하는 방식이었다. 하지만 1718년 12월 양전의 중단을 결정한 자리에서 閔鎭遠이 均田使를 파견하는 것이 좋을 것이라는 의견을 개진하고 廟堂에서 파견의 당부를 의논하게 되었다.

1719년(肅宗 45) 4월 초순까지는 아직 均田使의 파견이 결정나지 않은 상태였다. 그리하여 量田 堂上으로 權尙游, 閔鎭遠 외에 호조판서 宋相琦를 추가로 임명하여 三道를 分管하게 하는 상황이었다.[55] 1719년 4월 25일 전라감사 申思喆이 王世子에게 균전사의 파견을 요청하여 동의를

52) 『備邊司謄錄』 71冊, 숙종 44년 11월 24일, 7-89.
53) 『備邊司謄錄』 71冊, 숙종 44년 12월 21일, 7-98~101.
54) 『肅宗實錄』 권62, 숙종 44년 12월 신유, 41-47.
55) 『備邊司謄錄』 72冊, 숙종 45년 4월 12일, 7-139.

얻었다. 신사철은 균전사 요청의 근거를 지난 甲戌年(1634년, 인조 12) 量
田할 때의 일에서 전례를 찾아서, 조정에서 특별히 均田使를 보내어 道
臣과 더불어 같이 打量하게 하는 舊例를 따라야 할 것이라도 하였다. 이
에 대하여 왕세자는 均田使를 마땅히 정해서 내려보내야 할 것이라고 적
극적인 찬성 의사를 표명하였다.

1719년 7월에 均田使를 차출하여 三南에 내려보냈다. 均田使가 내려
감에 따라 京廳으로 존재하였던 量田廳은 혁파될 수밖에 없었다. 7월 25
일 均田使로 慶尙道 李綽, 全羅道 金在魯, 忠淸道 洪錫輔가 각각 차정
되었다.[56] 충청도 균전사 洪錫輔는 중간에 尹憲柱로 교체되었다가 다시
8월 5일 다시 임명되었다.[57] 그리고 8월 14일 藥房에서 入診하는 자리에
서 閔鎭遠이 均田使를 파견하였으니 양전청을 혁파해야 한다고 주장함
에 따라 양전청이 혁파되었다.[58] 균전사의 파견이 결정되어 양전의 시작
만 기다리고 있을 무렵인 8월 29일 영의정 金昌集, 우의정 李健命 등이
왕세자를 引接하여 入侍하였을 때 양전의 실행에 대하여 다시 한번 논의
를 진행하였다. 前 持平 洪禹傳이 올린 時弊 上書에서 量田 停止를 주장
하였기 때문이었다. 洪禹傳은 비용의 문제를 제기하면서 양전의 정지를
요청하였지만, 당시 조정의 분위기는 이미 시작한 量田을 하지 않을 수
없다는 방향으로 잡혀 있었다. 그리하여 金昌集, 李健命을 비롯한 備局
堂上들은 모두 양전의 계속 진행을 통한 완결을 지지하였다.[59]

균전사를 各道에 2員을 差下하는 방안이 제기되었다. 즉 9월 2일 비변
사에서 諸道 監司가 아울러 均田使를 兼하는 것으로 差下하여 하여금
左右道 量役을 分掌하게 하는 것이 매우 타당할 것이라는 의견을 개진하
여 세자의 응낙을 받았다.[60] 이후 9월 5일 三南 均田使를 다시 差定하면

56)『備邊司謄錄』72冊, 숙종 45년 7월 25일, 7-164.
57)『備邊司謄錄』72冊, 숙종 45년 7월 29일, 7-166 ; 숙종 45년 8월 초5일, 7-168.
58)『備邊司謄錄』72冊, 숙종 45년 8월 14일, 7-173.
59)『備邊司謄錄』72冊, 숙종 45년 9월 초3일, 7-179.

서 均田使와 各道 감사가 각각 左右道를 나누어 맡아 量田의 책무를 다하게 하였다. 이때 임명된 사람은 慶尚左道에 前 副提學 李縡, 右道에 監司 吳命恒, 全羅左道에 吏曹參議 金在魯, 右道에 監司 申思喆, 忠淸左道에 大司諫 洪錫輔, 右道에 監司 權𢢝 등이었다.[61] 이 가운데 洪錫輔는 후에 金雲澤으로 교체되었고, 李縡는 黃龜夏로 교체되었다가 다시 沈壽賢으로 교체되어 심수현이 量田을 담당하였다.

量田이 본격적으로 진행되면서 양전에서 사용하는 量尺에 대한 논의가 또한 여기저기에서 일어났다. 앞서 1718년에도 양전청에서 改量할 때 사용하는 量田尺을 遵守尺으로 해야 한다는 주장을 폈고,[62] 전라감사 洪錫輔는 量田에 舊尺(즉 甲戌尺)을 사용해야 한다는 주장을 편 적도 있었다.[63] 1719년 9월 전라도 균전사 金在魯가 甲戌尺과 遵守尺의 차이를 자세히 설명하고, 약간 길이가 긴 甲戌尺을 사용하는 것이 백성을 위하는 길이라는 취지로 논의의 자리를 마련하면서 본격적으로 量田尺을 둘러싼 논의가 진행되었다. 三南에 파견한 均田使가 1719년 가을에 본격적으로 量役을 진행하게 되면서 이러한 양전척을 선택하기 위한 논의와 더불어 量田의 결과물인 量案의 正案을 修整하는 방식에 대해서도 논의가 이루어졌었다. 그리고 量田事目의 여러 조목에 대한 상세한 토의도 진행되었다. 이후 1720년(肅宗 46) 1월에 들어가면 正案 修整의 문제와 더불어 均田廳을 京中에 설치하는 것을 집중적으로 논의하였다.

己亥·庚子量田으로 귀결되는 肅宗 후반 量田 시행여부를 둘러싼 논의는 1715년 12월 金昌集의 改量 주장으로부터 시작되었다. 量田의 實行과 保留(연기·중지) 등을 포함한 여러 가지 量田을 둘러싼 논의가 수시로 일어나서, 여러 사람이 참여하였다. 量田을 실시하는 目的에 대한 여

---

60) 『備邊司謄錄』72冊, 숙종 45년 9월 초2일, 7-179.
61) 『備邊司謄錄』72冊, 숙종 45년 9월 초5일, 7-182.
62) 『肅宗實錄』권62, 숙종 44년 10월 갑인, 41-41.
63) 『肅宗實錄』권62, 숙종 44년 12월 을묘, 41-46.

러 주장이 등장하였고, 量田을 연기하거나 중단해야 한다는 여러 사람의 의견도 개진되었다. 게다가 양전의 추진 주체, 양전의 주요한 시행규정의 문제도 주요한 논의의 대상이었다. 그리하여 양전의 전 과정을 둘러싼 논의는 사실상 1720년 10월 三南의 改量을 끝마칠 때까지 계속되었다.[64] 게다가 量田의 결과에 대한 평가 부분까지 量田論의 주요한 내용이라고 할 수 있으므로 己亥·庚子量田이 완료된 이후 등장하는 평가도 주목할 필요가 있을 것이다. 먼저 量田 保留論의 내용과 성격을 검토하고 이어서 量田 施行論을 살펴본다.[65]

2) 量田 保留論의 내용과 특색

1715년 12월 김창집이 量田 施行 논의를 본격적으로 제기하면서, 이에 대한 반론으로 量田 保留論이 끊임없이 등장하였다. 양전을 보류해야 한다는 주장은 한편으로는 중앙관서의 관리들 주로 臺諫들이 제기하였고, 다른 한편으로는 道臣과 守令들이 개진하였다. 1716년 정월에 내린 肅宗의 特敎로 量田 施行이 결정된 이후의 양전 수행을 반대하는 논의는 量田 反對論이라기보다는 量田 保留論이라고 할 수 있다. 量田의 불가피함을 인정하면서 양전 시행을 연기하려는 주장도 있고, 양전 시행에 필요한 전제조건이 충족되어야 한다는 주장도 있었다. 이런 주장과 대비되는 보다 독특한 양전 보류론은 量田보다 더 시급한 다른 조처가 필요하다는 주장이었다. 1716년 정월 이후 朝野에서 제기된 양전 보류론을 우선 논거

---

64) 『景宗實錄』 권2, 경종 즉위년 10월 기해, 41-138, "三南改量田 訖 慶尙道 應世摠 二十六萬 二千結零 全羅道 二十四萬 五千五百結零 忠淸道 十六萬 三百結零 結負 比舊 頗增 而奸弊百出 虛僞相蒙 民弊 反有甚焉".

65) 量田 施行論과 量田 保留論의 내용을 살펴보면서 조선후기 量田論의 제기가 갖고 있는 사회경제적 의미가 무엇인지 밝혀질 것으로 생각된다. 국가권력을 장악하고 있던 집권세력의 量田論은 향촌사회에 거주하던 변혁적인 士族이 제기한 量田論과 다른 성격을 지니고 있음이 드러날 것이다.

와 주장의 성격에 따라 구분하고 하나하나 살펴보려고 한다.

　量田을 보류해야 한다는 주장은 우선 量田의 불가피성을 인정하는 견해와 그렇지 않은 견해로 나뉘어진다. 量田의 불가피성을 인정하지 않고 다른 제도적인 개선(예를 들어 良役變通)이 보다 급선무라는 주장, 그리고 量田의 효과에 대해서 不信을 표명하는 견해는 量田의 불가피성을 인정하면서 양전을 보류해야 한다는 주장과 다른 논거에서 출발한 것이라고 설정하지 않을 수 없다. 따라서 양자를 우선 구별해서 살펴보아야 할 것이다.

　量田의 불가피성을 인정하면서 양전을 보류해야 한다는 주장은 다시 두 가지로 나뉘어진다. 하나는 해마다 농사 작황에 차이가 발생하는 등 여러 가지 조건에 근거하여 當年의 量田을 중지·연기해야 한다는 주장이고, 다른 하나는 量田을 수행하기 위해서는 여러 가지 전제조건이 충족되어야 한다는 주장이었다. 전자는 일시적인 양전 보류론이고, 다른 하나는 전제조건 충족론이라고 할 것이다. 양자는 기본적으로 양전 시행 자체를 반대하지 않는 논리라는 점에서 공통점을 가지고 있다. 그리고 양전의 결과 무엇인가 효과를 얻을 것이라는 데에 동의하고 있다는 점도 공통점이다.

　1716년 1월 肅宗의 特敎로 量田 시행이 결정되는 자리에서 양전 보류론을 제기한 영의정 徐宗泰의 주장은 뒤이어 등장하는 양전 보류론의 제반 요소를 모두 갖춘 것이었다.[66] 이때 제시된 영의정 徐宗泰의 주장을 따라가 보면 양전 보류론이 등장하는 근거를 쉽게 찾아볼 수 있다. 서종태는 均田 즉 量田은 王政의 先務이고, 法典에 期限이 정해져 있어서 본래 그렇게 하기 어려운 일은 아니라고 전제하였다. 그러면서도 量田을 수행하는 사업이 重大하고, 흉년과 재해가 연이어 발생해서 오래도록 폐지되어 있었다는 현실 파악을 덧붙이고 있었다. 따라서 지금 토지가 바르지

---

66) 『備邊司謄錄』 69冊, 숙종 42년 1월 28일, 6-787.

않고 문란하게 되어 버려서 결국 부세가 균등하지 않아 백성이 피해를 당하고 있음도 지적하였다. 이제 이러한 상황인식에 근거하여 당연히 量田을 수행해야 마땅하다는 주장을 펴야 할 순간, 徐宗泰는 守令을 '得人'해야만 즉 守令으로서 量田을 제대로 수행할 만한 적당한 인물을 얻어야만 量田을 實行할 수 있다는 논리로 자신의 전반적인 논의의 결론을 매듭짓고 있었다.[67]

徐宗泰는 계속해서 앞서 先王朝(顯宗代)에 京畿와 湖西에서 量田을 設行한 이후에 이어서 諸道에 두루 시행하지 못한 것과 昨年에 江原道에서 실행하다가 또한 곧 그만두어 끝마치지 못한 점을 지적하였다. 그리고 이 자리에서 물러나 신하들이 상의하는 것이 좋을 것이고, 혹 2道에서 먼저 量田을 수행하고 점차적으로 진전시키는 것이 마땅할 것이라고 주장하였다.[68]

몇 개의 道에서 양전하는 것이 합당하다는 서종태의 계속된 주장은 실상 守令得人論의 제약을 뛰어넘어 제기된 것이 아니었다. 그렇기 때문에 즉 서종태는 지금 양전을 시행할 지역의 守令이 모두 적당한 사람이라는 점을 인정하지 않는 이상 양전의 수행에 대한 찬성은 명목상의 호응에 불과한 것이고 언제든지 守令得人論으로 양전 중단론 또는 양전 보류론을 제기할 수 있는 논리적인 바탕을 마련하고 있었던 것이다. 게다가 서종태의 논리 가운데에는 언제든지 양전을 중단시킬 수 있는 비장의 요소를 갖추고 있었다. 그것은 흉년이 들어 지금까지 量田이 오래도록 폐지된

---

67) 『備邊司謄錄』 69冊, 숙종 42년 1월 28일, 6-787, "領議政 徐曰 聖人患不均 均田 是乃王政之先務 法典自有限年 此非難行之事 而因擧措重大 灾荒荐仍 自至於 因循久廢 土地不正 多所紊亂 故賦租之出 全未均整 民受其害 然此事 守令 必 得人後 可行矣".

68) 『備邊司謄錄』 69冊, 숙종 42년 1월 28일, 6-788, "先王朝(顯宗代) 京圻湖西 設行 後 仍未遍行於諸道 昨年 行於江原道 而亦旋寢 不得畢行矣 今承聖敎 臣等 退 而相議 或爲先行於二道 漸次行之 爲當矣".

것이라는 현실인식이었다. 이제 풍년이 들지 않고 흉년이 들게 되면 언제
든지 양전 중단을 청원하려는 입장을 내비친 것으로 풀이된다.

徐宗泰가 제기한 守令得人論은 量田을 수행하기 위해서는 적당한 전
제조건을 갖추어야 한다는 성격의 논의로 파악된다. 이러한 입장을 이후
여러 사람의 주장에서도 확인되고, 양전 시행을 주장한 사람들의 주장에
서도 발견할 수 있다. 守令은 郡縣의 총괄적인 행정을 담당하는 자리로
서, 중앙정부와 지방 향리의 중간적인 위치에서 民을 직접 다스리는 말단
의 관원이었다. 따라서 守令을 적당한 인물로 채워 놓았는가 하는 부분은
量田을 비롯한 여러 가지 시책이 제대로 완수될 수 있을지 여부를 좌지
우지하는 관건이었다.

得人論이라는 量田의 전제조건을 내세우는 입장은 1718년(肅宗 44) 11
월에 上書를 올린 義城 縣令 李眞望의 量田 保留論에서 得時論으로 보
다 강화되었다. 이진망은 본관이 全州인데, 領議政 李景奭의 曾孫 李羽
成의 아들로 1696년(肅宗 22) 生員이 되고 1711년 式年文科에 壯元, 持
平, 正言 등을 역임하였다. 1713년 曾祖 李景奭을 위해 辨誣 疏를 올렸
고, 1725년(英祖 1) 大司成으로 少論 李光佐의 伸冤을 상소한 少論 인물
이었다.

이진망은 上書에서 量田 시행 자체를 반대하거나 또는 量田이 별달리
효과가 없는 사업이라는 견해를 피력하지 않았다. 대신 양전을 수행하는
방도를 제시하면서 두 가지 전제 조건을 달아 놓았다. 이진망이 제시한
전제조건은 다음과 같이 得人과 得時라는 것이었다.

(量田)法이 훌륭하지 않은 것이 아니라 하더라도 행하는 데에 적당한
道가 있어야 한다. 그 道는 바로 得人에 있다. 그런데 得人보다는 오히려
得時(때를 얻는 것)가 더욱 중요하다. 得人이라는 것은 守令이 반드시 총
명하게 주변을 살피고, 仁恕 두 가지 德을 모두 갖춘 연후에 量田과 같은
일을 성취할 수 있고, 소루하거나 각박한 폐단이 없게 할 수 있다는 것이

다. 得時라는 것은 또한 반드시 天災가 일어나지 않고 농사가 계속 풍년
이 들어 사방의 百姓이 모두 安樂하여 無事한 연후에 커다란 役을 일으
켜 수행하고 뒤이은 폐단이 없을 수 있다는 것이다.[69]

　이진망이 내세운 조건은 첫째 앞서 徐宗泰가 지적한 대로 守令得人論
이었다. 둘째가 이른바 得時論인데 이는 天災地變이 없고, 農事가 계속
豊年이 들어서 四方 百姓이 모두 安樂하게 無事해야 한다는 것이었다.
이러한 조건은 당시의 농업환경에서 달성하기 매우 힘든 조건이었다. 이
진망의 주장대로 量田을 시행하기 위한 전제조건 두 가지를 모두 충족시
키는 것은 굉장히 어려운 일이었다. 사실 실현 불가능한 전제 조건이라고
평가할 수 있을 것이라고 생각된다. 정리하자면 守令의 得人 與否는 차
치하고라도 得時라는 조건은 사실상 당대의 농업환경에서 거의 달성하기
힘든 상태라고 보인다. 이진망은 이러한 조건을 내세우면서도 量田法 자
체는 충분히 아름다운 제도라는 점을 부인하지는 않았다. 하지만 時勢를
살펴서 量田을 수행해야 한다는 논리를 내세운 것이었다.[70] 이제 量田은
엄청난 전제조건의 충족을 통해서만 가능한 국가적인 大役事의 위치로
옮아가게 되었다.
　이진망이 주장한 양전 보류론은 한편으로는 충분히 타당한 의견이었
다. 특히 得時를 강조한 부분은 일정한 수긍을 얻어낼 수 있는 것이었다.
그러나 다른 한편에서 풍년이 든 해에 양전을 거행할 수 있다는 주장은

69)『肅宗實錄』권62, 숙종 44년 11월 경자, 41-45, "(量田)法非不善 行之有道 其道
在於得人 而得人猶未若得時 何謂得人 人必聰察 仁恕二德 具備然後 可以集事
而無疏漏殘刻之弊 若其時 則又必天災不作 年穀屢豊 四方百姓 皆安樂無事 然
後 可以興行大役 而無後弊矣".
70)『肅宗實錄』권62, 숙종 44년 11월 경자, 41-45, "古之君子 將欲行事 無論法制之
善不善 必先觀時勢之當不當 臣非敢詆量田法 亦非以量田爲不可行 惟願國家
擧直而錯枉 量時而審勢 長官淸而太守好 年穀登而百姓足 然後 如量田法者 數
千百其條 咨議者 所欲行而行之實未爲妨也".

언제나 내세울 수 있는 당연한 전제조건을 제시한 것에 불과한 것이었다. 그리고 得人이라는 주장은 사실상 조선의 守令 임용의 구조적인 틀 속에서 현재 상황이 크게 변혁된다는 것은 백년을 기다려도 무망한 변화였다.

得人과 得時라는 양전의 전제조건을 내세우는 양전 보류론과 약간 성격을 달리하는 의견이 1719년 洪禹傳이 제기한 量田 次善論이었다. 결론적으로 洪禹傳이 주장한 핵심은 量田이 지금 해야 할 가장 시급한 政事가 아니라는 것이었다. 1719년(肅宗 45) 8월 持平 洪禹傳은 時弊 上書를 올려서 量田보다는 良役變通이 훨씬 급선무라는 주장을 제기하였다. 洪禹傳은 改量하는 政事보다 良役變通이 훨씬 시급한 일이라는 점을 다음과 같이 설명하였다.

> 지금의 폐단을 헤아려 본다면, 어찌 良役의 폐단 만한 것이 있을 것인가. 대저 良役의 폐단은 八道가 모두 같다. 옛날의 부자가 지금은 모두 파산하였고, 옛날의 번성하던 마을이 지금은 절반이나 황폐한 마을이 되었다. 오늘날 국가의 계책을 담당한 자들은 이 위급함을 구제하는 것을 마땅히 물이 새는 독을 들어 바닥이 타는 솥에 쏟아 붓듯이 다른 것을 돌아볼 여가가 없는 것처럼 해야 할 것이다. 그런데 바야흐로 또 급하지 않은 田政에 급급하고 있다. 가령 量役을 마치고 새로운 量案을 이룩하여도 단지 民生의 어려움만 더할 것이고, 국가의 위급한 형세에는 보탬이 없을 것이다.[71]

지금 발등에 불이 떨어진 것처럼 시급하게 처리하여 백성의 고통을 덜어 줄 최선의 방책은 良役을 변통하는 것인데, 지금 급하지 않은 田政(不急之田政)에 매달리는 것은 국가의 위급한 형세를 해소하는 데 전혀 도

---

71) 『肅宗實錄』 권64, 숙종 45년 8월 병진, 41-79, "試究當時之弊瘼 豈若良役之弊哉 夫良役之弊 八道同然 昔之富戶 今皆破産 昔之盛村 今半爲墟 爲今日國家計者 救此之急 宜若奉漏沃焦 不暇他顧 而方且汲汲於不急之田政 藉令量役卽畢 新案卽成 只益民生之困悴 無補國勢之危也".

움이 되지 않는다는 주장이었다. 良役의 폐단으로 富戶가 파산하고, 盛村
이 황폐하게 변해 버리는 현실적인 상황을 타파하는 것이 최우선의 과제
라는 입장이었다.

洪禹傳은 또한 量田尺의 문제에 대해서도 仁祖代에 法尺보다 긴 長尺
인 甲戌尺을 사용한 것이 일시적인 잘못에서 기인한 것이 아니라 아랫사
람을 보태 주는(益下) 仁政에서 비롯한 것인데, 지금 法尺을 준수하려는
입장을 내세우는 것은 結負를 늘리려 한다는 혐의에서 벗어나지 못할 것
이라고 지적하였다.72) 그리고 그는 量田의 시행과정에 들어가는 비용을
還穀의 耗穀으로 조달하는 것도 비판하였다. 改量할 때 들어가는 糧食,
紙筆墨 등을 還耗로 충당하는 것이 비록 백성을 위해 폐단을 제거하려는
데에서 나왔다고는 설명하기는 하지만 결국 還穀의 元還까지 손을 대게
되어 환곡의 감축을 초래할 것이고, 이는 三南의 還穀을 거의 비게 만들
것이라는 지적이었다. 還穀이 감축되면 장차의 군사적인 변란이나, 시급
한 진휼에 대비할 수 있는 糧穀의 비축이라는 소기의 목적을 수행할 수
없게 만드는 것이었다.

洪禹傳이 제기한 量田을 不信하면서 保留해야 한다는 주장은 良役變
通의 시급성 뿐만 아니라 量田 과정 자체에 내재한 위와 같은 문제점에
서도 유래한 것이었다. 홍우전은 量田하려는 의지를 良役을 變通하는 政
事로 옮겨서 善策을 강구하여 시행하면 지금 병들어 있는 民을 구해 낼
수 있을 것이라고 결론을 맺었다.73)

---

72) 洪禹傳에 따르면 兩南에서 半寸이 짧은 法尺을 적용하게 되면 거의 3, 4萬結을
    더 얻게 된다고 하였다(『肅宗實錄』 권64, 숙종 45년 8월 병진, 41-79). 실제로는
    두 量田尺의 길이가 半寸이 아니라 1寸이 차이가 나는 것이기 때문에 3, 4萬結
    이상의 차이가 날 것이고, 게다가 兩南이 아니라 三南을 대상으로 계산하면 차
    이는 더 벌어질 것이다.
73) 『肅宗實錄』 권64, 숙종 45년 8월 병진, 41-79, "若以銳於改量之意 移之良役變通
    之政 講究善策而行之 則痼瘵之民 猶可及救".

양역변통 우선론을 대상으로 벌어진 조정의 논의는 사실상 양전 시행 여부라는 본질적인 부분까지 검토하는 것이 될 수 없었다. 왜냐하면 1719 년 8월이라는 시기가 시행이 결정된 이후 多年間 중단되었던 量田을 본격적으로 추진하는 시점이었기 때문이었다. 量田을 시행하는 것을 당연한 것으로 파악하고 있고 또한 量田 시행을 주도하였던 朝廷의 重臣들이 洪禹傳의 상소를 계기로 새삼스럽게 양전 시행 자체를 밑바닥부터 재검토할 수 없었던 것이다. 실제로 8월 19일 備局 堂上들이 개진한 의견은 지금 시작한 量田을 중단할 수 없다는 입장에 근거한 것이었다.[74]

徐宗泰, 李眞望, 洪禹傳이 각각 나름대로의 입장에서 量田 保留論을 개진하였다. 이 가운데 洪禹傳의 주장은 그가 노론집권세력의 일원이었다는 점에서 서종태나 이진망의 주장과 차별화할 수 있다. 洪禹傳은 洪啓禧의 아버지로 본관이 南陽이고 宋時烈에게 수학한 인물이었다. 그는 老論의 일원으로 조정에서 활약하였고, 1727년 수원 부사로 있을 때 소론 인사인 南九萬과 尹趾完, 崔錫鼎 등을 숙종의 廟庭에서 出鄕할 것을 주장하다가 삭탈관직 당하기도 하였다.[75] 따라서 洪禹傳이 제기한 양역변통 우선론은 庚子量田 당시 집권층의 일원으로서 제기한 것이기 때문에 앞서 서종태와 이진망의 量田 保留論과 차이가 있는 것이었다.

量田 保留論의 가장 현실적이고 구체적인 발현형태는 1717년 가을과 겨울에 감사와 수령이 벌인 양전 불응, 양전 거부 즉 量田 태업이었다.[76] 당시 지방관들이 양전실행이라는 조정의 명령에 불응하던 사정은 결국 양전을 중지하거나 보류해야 한다는 입장의 표현이었다. 이러한 수령의 양전 태업은 사실 지방사회의 대토지소유자의 이해관계와 공유하는 가운

---

74) 『備邊司謄錄』 72冊, 숙종 45년 9월 초3일, 7-179(이 자리에서 의견을 개진한 사람은 위의 記事에 따르면 領議政 金昌集, 右議政 李健命, 工曹 判書 李晩成, 知事 李弘述, 刑曹判書 權㦉이었고, 모두 양전 중단을 반대하였다).
75) 『英祖實錄』 권12, 영조 3년 7월 을묘, 41-640.
76) 『備邊司謄錄』 71冊, 숙종 44년 3월 15일, 7-23.

데 발생한 것이었다.[77)]

土豪나 富民의 입장에서 量田으로 자신이 갖고 있는 토지의 부세부담이 증대될 가능성을 꺼리는 것은 당연한 것이었다고 할 수 있다. 그러한 부세부담은 量案에 누락되어 있던 토지가 등재되거나, 또는 田品이 낮게 책정되어 있던 토지의 등급이 올라가는 방향으로 나타날 수 있었고, 결국 量田과정에서 밝혀지게 될 문제였다. 따라서 土豪와 富民은 이러한 가능성을 담고 있는 양전을 떨떠름하게 여기고 있었다.[78)]

한편 지방 수령도 量案에 등재되어 있지 않은 토지를 隱結 또는 隱餘結이라는 명목으로 파악하고 있었다. 그런데 隱餘結에서도 量案에 기록된 토지와 동일한 수취를 수행하고 그 수취액으로 각 지방군현의 재정을 보충하거나 지방관의 재량에 따른 비용 조달원으로 이용하고 있었다. 따라서 지방 수령은 이러한 용도의 隱餘結이 공식적인 原帳付 結數로 파악되어 지방재정으로 전용할 수 없게 되는 예상되는 결과를 달갑게 여기지 않고 있었다.

지금까지 살펴본 대로 量田 保留論은 守令得人論, 得時論, 量田의 폐단 지적, 量田 次善論, 암묵적인 수령의 양전 태업 등의 내용을 담고 있었다. 그리고 量田 保留論의 본질적인 성격은 결국 量田을 하지 말자는 것이나 다름없었다. 양전 시행 자체에 대한 반대를 주장하면서도 여러 가지 조건을 내걸거나 다른 주장을 내세우거나 아예 量田을 아예 할 수 없게 만들어 버리려는 量田 反對論과 다른 것이 아니었다.

3) 量田 施行論의 내용과 목표

숙종 후반 1719년에서 1720년에 걸쳐 수행된 三南지방의 己亥·庚子

77) 吳仁澤, 「17·18세기 量田事業 硏究」, 부산대학교대학원 역사학과 박사학위논문, 1996, 74~86쪽.
78) 김건태, 「갑술·경자양전의 성격」, 『역사와 현실』 31, 한국역사연구회, 1999.

量田은 결과적으로 量田 施行論이 현실적으로 충분한 힘을 확보하였기 때문에 실행에 옮겨질 수 있었다. 하지만 보다 당대의 상황을 충실하게 고려할 때 이때 量田이 시행된 것은 양전 시행론이 가진 우월한 논리적 체계에 기인한 것이라기보다는 양전 시행론을 주장한 인물들이 가진 정치적, 경제적 배경에 근거한 것이었다. 따라서 量田論議를 검토하는 작업은 양전 시행론의 논리적 체계뿐 아니라 양전 시행론을 주장한 사람들의 정치적 사상적 배경도 검토의 대상으로 삼지 않을 수 없다. 달리 말해서 量田의 시행으로 결말이 맺어진 양전 시행론의 논리적 구성요소와 더불어 양전 시행론자의 구성을 살펴보아야 할 것이다.

우선 양전 시행론을 주도적으로 제기한 인물은 1715년 12월 차자를 올려 量田論의 불씨를 제공한 金昌集이었다. 金昌集은 이후에도 均田使 파견 문제 등의 논의과정에서 주도적으로 양전 시행론을 주장하였다. 그리고 김창집과 더불어 후에 老論四大臣으로 불린 李頤命, 李健命, 趙泰采 등이 모두 당시의 양전논의에서 시행론의 입장에 서 있었다. 그런데 이들 가운데 李頤命은 1718년 가을 量田 保留論이 제기되었을 때 李濡와 더불어 量役 중단을 요청한 인물이었다. 따라서 老論四大臣을 모두 양전 시행론의 주요한 인물로 보는 것은 어렵다. 또한 老論 일파인 洪禹傳도 앞서 살핀 바와 같이 1719년에 양역변통 우선론을 제기한 점을 같이 고려해야 할 것이다. 老論 집권세력 내부에서 量田을 최우선으로 밀어붙여야 할 것인가의 문제에 대해 논란의 여지가 있었을 가능성이 있지만, 이들의 기본적인 입장은 역시 量田을 수행하지 않을 수 없다는 것이었다. 아직까지는 불분명하지만, 노론 정파의 사회경제적 정책의 지향을 좀 더 확인할 필요가 있을 것으로 생각한다. 특히 洪禹傳이 제기한 양역변통 우선론의 실질적인 역사적 의미를 좀더 천착하여 量田 施行論과의 상관관계가 무엇인지 검토해야 할 것이다. 양전 시행론을 주장한 이들은 良役變通 문제에 대해서도 일정한 견해를 표명하고 있었다. 앞서 金昌集

은 소극적인 방식의 양역변통론을 제기하였다.79)

1710년 이후 肅宗 재위 후반기에 들어서면 숙종의 적극적인 태도로 良役 대변통론에 대한 논의가 무성하게 전개되고 특히 노론측의 의견제시가 많았지만, 戶布 등 新法을 갑자기 시행하기 어렵다는 결론을 도출하였다.80) 逃故里定과 軍丁民戶 均齊論과 같은 양역제 운영상의 문제점을 부분적으로 개선하는 소변통론을 취하는 선에서 마무리되었고, 老論은 少論과의 집권경쟁에서 士族의 후원을 받기 위해 士族에게 收布하는 것이 현실적으로 어렵다는 점을 잘 알고 있었다. 사실 숙종 후반기 良役變通 논의는 柳鳳輝가 減匹論을 제시하면서 이러한 방향의 소변통론으로 논의가 모아지던 시기라고 할 수 있다.81) 따라서 量田施行論을 노론측이 제기하고 강하게 실행에 옮긴 것은 양전 추진세력의 권력기반을 양전 수행과정에서 보다 공고하게 다져두려는 의도도 담겨 있다고 해석해 볼 수 있다. 이러한 정치적 배경을 고려할 때 1720년의 양전 시행은 양전 시행론이 가진 우월한 논리적 체계에 기인한 것이라기보다는, 양전 시행론을 주장한 인물들이 가진 정치적, 경제적 권력에 근거한 것이었다고 볼 수 있다. 양전 시행론의 주장 내용 속에서 시행론의 내용과 양전 시행의 목표를 살펴본다.

1720년 三南의 改量 작업이 끝마무리지게 된 것은 실제로 양전 시행의 알맹이를 확보한 것이라고 할 수 있다. 그렇다면 量田을 줄기차게 주장하고 때에 따라 즉 기근, 질병에 따른 변통책을 제시하면서도 결국 三南의 改量을 관철시킨 양전 시행론의 논거는 무엇이었는지 살펴볼 필요가 있다. 양전 시행론을 주장한 사람들이 量田을 해야만 한다고 주장하면서 내

79) 『肅宗實錄』권56, 숙종 41년 12월 병인, 40-562.

80) 鄭萬祚, 「肅宗朝 良役變通論의 展開와 良役對策」, 『國史館論叢』 17, 국사편찬위원회, 1990.

81) 鄭演植, 「조선후기 '役摠'의 운영과 良役 變通」, 서울대학교대학원 국사학과 박사학위논문, 1993.

세운 근본적인 이유는 무엇인가를 살피려고 한다.

대다수 양전 시행론자가 주장한 양전 시행의 근본적인 이유는 田政의 紊亂과 賦役의 不均이었다.[82] 18세기 초반인 당시에 사용되던 量案은 수십 년 전에 작성된 1634년의 甲戌量案, 1663년의 癸卯量案, 또는 1669년의 己酉量案인 실정이었다. 비변사는 1717년 당시의 양안이 실제의 田形 등 전토의 사정을 반영하지 못하고 있다고 지적하였다. 양전이 거의 50년이나 시행되지 않아 양안에 기록된 原帳付 結數와 실제 賦稅 수취에 사용하는 結數가 서로 어긋난 상황을 맞이하고 있었다.[83] 이러한 사정이 양전 시행론자들이 주장하는 당시의 양안의 모습이었다.

田政紊亂과 賦役不均 두 가지는 사실상 하나의 문제를 달리 표현한 것이라고 할 수 있다. 田政이란 토지에 대한 파악과 수취를 동시에 포함하는 개념이기 때문에, 田稅와 大同 등에서 발생하는 賦役의 不均은 결국 田政의 문란에서 비롯되는 것이었다. 따라서 양전 시행의 근본적인 이유로 田政紊亂과 賦役不均을 제시한 견해는 量田을 수행함으로써 田政의 문란을 극복해야 한다는 입장이었다. 그런데 실제로 量田을 하게 되면 田政의 紊亂을 극복할 수 있는 것인지 여부를 살펴볼 필요가 있다. 왜냐하면 量田을 해도 田政의 문란을 극복할 수 없는 것이 현실적인 상황이었다면 그리고 그러한 현실적인 상황을 고려하면서도 量田을 주장한 것

---

82) 田政紊亂과 賦役不均의 해소를 量田의 목적으로 지목하는 것은 量田 施行論者가 기본적인 논거이지만 量田 保留論을 주장한 사람들도 동의할 수밖에 없는 명분이었다. 한 예로 권업의 주장을 찾아볼 수 있다. 『肅宗實錄』 권60, 숙종 43년 11월 임신, 40-684, "道內之因用舊量 殆近百年 田政之紊亂 賦役之不均 誠如大臣所達 而朝家之因循許久 尙未改檢者 豈以洊歲凶歉 爲慮擾民而莫之行也 八十餘年間 亦豈無一二稍稔之歲 而猶不能行者 無乃 以人心不古 奸竇難防 不能善變 而有未敢輕議也".

83) 『備邊司謄錄』 70冊, 숙종 43년 6월 초3일, 6-943, "諸道 或用甲戌量案 或用癸卯己酉量案 最近者 四十九年 而田形累變 難頉夥然 當年應稅結數 比原帳付 則幾減其半 蓋近來 不能遵行二十年一量田之法 帳付與行用實結 相左 以致如此".

이라면 양전 시행을 주장한 논거가 무엇인지 시행론자가 주장한 속뜻을 살펴보아야 하기 때문이다.

量田 施行論과 量田 保留論을 접근하여 분석하는 태도는 약간 차이를 둘 수밖에 없다. 왜냐하면 양전 보류론자의 주장은 이미 양전 시행이 결정되어 있는 상황이었기 때문에 양전 시행을 중단시키고 보류시키기 위한 분명한 이유를 명시해야 했기 때문이다. 따라서 양전 보류론을 주장한 언사 속에서 양전 보류론의 내용과 특색을 찾아볼 수 있었다. 하지만 量田 施行論의 내용과 목표는 그 주장에서만 찾기 어렵다. 즉 양전 시행론자들이 내세우는 전정의 문란과 부세의 불균의 해소라는 주장만을 놓고 그들의 내용과 목표를 찾으려는 것은 표면적인 것을 근본적인 것으로 잘못 파악하게 될 위험성이 높다. 왜냐하면 양전 시행론의 근본적인 동기를 검토하지 않고 양전 시행의 名分만 파악하는 것이 되기 때문이다. 즉 양전 시행론의 주장 자체가 아니라 양전 시행 자체의 역사적 의의, 또는 양전 시행의 실제적 목적을 검토하는 방식으로 양전 시행론의 내용과 목표를 찾아보아야 할 것이다. 양전 보류론의 경우에서도 암묵적인 양전불응을 통해 양전 보류를 현실화시키고 있는 지방수령의 처사에서 양전 보류의 목표를 살펴볼 수 있는 경우와 마찬가지라고 할 것이다.

量田으로 田政의 문란함을 극복할 수 있는지 여부를 검토하려면 먼저 量田을 통해 田土의 어떠한 정보를 파악할 수 있는지 살펴볼 필요가 있다. 量田 과정에서 파악할 수 있는 田土에 대한 세부적인 정보는 量案의 기재내용에서 볼 수 있듯이 여러 가지가 있다.[84] 하지만 量田에서 조사하는 주요한 정보는 토지의 起陳與否, 田品 等第, 結負數, 田主 등 네 가지라고 할 수 있다. 字號, 地番 등은 토지의 위치를 분명하게 나타내려는 데에 주요한 의미가 있는 것이지, 그 자체가 토지를 파악하는 데 없어서

---

84) 量案에 대한 기초적인 설명은 오래 전에 金容燮 선생님이 밝혀 놓았다. 金容燮, 「量案의 硏究 - 朝鮮後期의 農家經濟」(上・下), 『史學硏究』 7・8, 1960.

는 안될 불변적 요소는 아니라고 할 수 있다. 그리고 四標도 마찬가지로 토지의 위치를 다른 전토와 관계 속에서 상대적으로 파악하는 데 필요한 요소이지 그 자체를 파악하는 것이 量田의 주요한 목적이라고 할 수는 없다. 따라서 위에서 지적한 起陳與否, 田品 等第, 結負數, 田主가 주요한 양전작업의 결과로 파악할 수 있을 것으로 예측 가능한 요소일 것이다.

量田 작업으로 획득할 수 있는 토지의 여러 가지 정보들이 바로 田政의 紊亂이나 賦稅의 불균을 가져오는 요인이었다. 起陳與否, 田品 等第, 結負數, 田主 등의 요소를 하나하나 살펴본다. 첫째로 田土의 起陳與否를 잘못 파악하거나 또는 누락시키는 경우 田政의 문란과 부세의 불균을 가져올 수 있었다. 量田事目에서 量田 과정의 주요한 탈법행위로 지목하는 것이 바로 起陳을 문란하게 조사하는 것이었다.[85]

둘째로 田品 等第가 현실의 土品과 유리되었을 때 비옥도를 제대로 반영하지 못하여 賦稅가 문란하게 될 수밖에 없었다. 전품 등제는 양전과정에서 田主가 가장 관심을 부여하는 요소였다. 실제의 절대적인 토지의 면적을 재는 작업보다는 田品이 매겨지고 이것을 통해서 결부수를 산정하는 것이기 때문에 田品이 매우 중요한 문제였다. 또한 庚子量田이 수행되는 과정이나, 庚子量田을 수행하기 위한 量田節目에서도 田品을 어떻게 매길 것인가의 문제는 대단히 중요한 것이었다.[86]

---

85) 1717년(肅宗 43)에 마련된 量田事目으로 『新補受敎輯錄』에 실려 있는 다음 조항이 바로 起陳의 철저한 파악을 강조하고 있다. 『新補受敎輯錄』 戶典 量田, 「康熙丁酉量田事目」, "○ 打量時 監官等 以起爲陳 以陳爲起 田形失實 循私落漏 用意妄冒者 每一負杖一十 至杖一百而止 通計滿一結者全家徙邊 佃夫之符同用奸者 亦爲一體定罪".

86) 『新補受敎輯錄』 戶典 量田, 「康熙丁酉量田事目」(1717년), "○ 諸道田畓 從前累經檢量 等數高下 旣已從實懸錄於量案中 此則前後宜無異同 今番改量時 則量後加起之處 等數高下 一從土品施行 而至於曾前量案所載 田畓等第 勿爲陞降其中或有不得已釐正者 各邑一從里中公論 抄報監營 自監營別爲摘奸 詳知其

셋째 結負數는 실제의 부세수취에서 기준이 되는 數値인데, 田品의 虛僞 뿐만 아니라 解負과정에서의 착오로 인하여 실제 매겨져야 할 結負數와 괴리가 생기는 경우가 있었다. 이는 즉시 부세 수취에 부정적인 영향을 끼치는 요소로 작용하였다.[87] 넷째로 田主를 정확하게 파악하는 가의 여부도 부세의 불균과 연결된 문제였다.[88] 이상 起陳, 田品 등제, 結負數, 田主의 요소가 量田과 田政紊亂·賦稅不均과 서로 연결되는 부분이라고 할 수 있다.

숙종 후반 量田을 시행해야 한다고 주장한 사람들의 주된 논거는 바로 田政의 문란과 賦稅의 불균이었다. 그렇다면 이들 시행론자들이 과연 양전논의 과정과 시행과정에서 위에서 네 가지 요소 가운데 어디에 자신의 입론을 두고 있었고, 실제로는 어떠한 요소에 주목하고 있었는지 살펴보면 이들이 진정으로 量田을 주장한 의도와 목표를 파악할 수 있을 것으로 생각된다.

위에서 지적한 네 가지 요소 가운데 起陳 여부의 파악 문제와 結負數 문제를 여기에서 먼저 검토한다. 田品 等第와 量田 施行論의 관계는 庚子量田 진행과정의 양전논의를 서술하는 부분에서 자세히 다룰 것이다. 그리고 田主의 문제는 量案의 기재 형식부터 다루어야 하는 복잡한 문제이기 때문에 다음 기회로 미루어서 검토하려고 한다. 다만 田主를 실제대로 파악하는 것이 庚子量田 시행과정에서 조선 정부의 주요한 목표였고

實狀 然後 始許改正 而同改正庫員字號等第成冊 一件亦爲上送本曹 以前頭摘奸時憑考之地 土豪輩如有夤緣冒僞 有所現露則都監官以下及佃夫 並繩以全家之律 該邑守令亦爲從重論罪(依大明律 制違杖一百).

87)『新補受敎輯錄』戶典 量田, 「康熙丁酉量田事目」(1717년), "○ 各邑成冊末端 必書解負人姓名 更加叩筭 果有差錯 勿論用情無情 一依事目內 量田監官落漏妄冒者例每一負杖一十 至杖一百而止 通計滿一結者用全家徙邊之律".

88)『新補受敎輯錄』戶典 量田, 「康熙丁酉量田事目」(1717년), "○ 結負欺隱之弊 多出於土豪 而畏其全家之律 例以奴名爲佃夫 而量田時 主戶知情欺隱者 則各其主戶 勿論朝官 斷以全家之律".

이 점은 확실하게 달성하였다는 점만 지적하려고 한다. 이 문제는 앞으로 검토할 여지가 많이 남아 있어 후속 연구작업을 통하여 검토하려고 한다.

경자양전에 적용된 量田事目은 起陳 문제와 結負數 문제와 연관된 조목을 규정하고 있었다. 첫째로 갑술양전 당시에 陳田으로 양안에 등재되었지만 그 후에 起耕된 토지를 量案에 등재하는 방침이 세워져 있었다.[89] 둘째로 갑술양전 당시에 진황지였다가 새롭게 경작된 加耕地를 양안에 수록하는 것도 중요한 양전 방침이었다.[90] 이러한 규정은 양전 시행론의 주요한 목적이 이러한 증가된 기경전, 그리고 진황지에서 발생한 加耕地를 양안에 등재시키려는 것이었다는 점을 확인시켜준다.

起耕田이 증대하고 陳田이 줄어드는 것은 양안에서는 時起結의 증가로 나타나고, 새로운 加耕地가 늘어나는 것은 原帳付 結負數의 증가라는 현상으로 나타나게 된다. 즉 起陳의 정확한 파악을 통하여 누락되어 있던 起耕田을 양안에 수록하는 것과 加耕地를 있는 대로 찾아내어 量案에 올리는 것이 경자양전 당시의 구체적인 量田事目의 실행규정이었다. 그런데 기경전을 정확히 파악하고 가경지를 추가로 조사하여 양안에 등재하는 것이 어떠한 의미를 지닌 것이었는지 우선 양안과 부세수취의 관계를 검토할 필요가 있다.

量田을 통해서 加耕地로 새롭게 量案에 등재된 전토는 부세수취의 대상이라는 점에서는 양전 이전과 이후에 차이가 없었다. 즉 量田의 결과로 量案에 수록된 結負數가 증대되었다고 하더라도 증대된 結負數가 모두

---

89) 『新補受教輯錄』戶典 量田,「康熙丁酉量田事目」(1717년), "○ (전략) 今番改量時 則量後加起之處 等數高下 一從土品施行 而至於曾前量案所載 田畓等第 勿爲陞降 其中或有不得已釐正者 各邑一從里中公論 抄報監營 自監營別爲摘奸詳知其實狀 然後 始許改正".
90) 『量田謄錄』庚子慶尙左道 均田使 量田私節目, "一 量不付 加耕田乙良 附近元第次下 降一字書俠 六等續某形田幾負幾束是如爲乎矣 如有二作·三作處是去等 一依元田二三作例 列錄爲旀 其中土品頗沃 與元田無甚異同者乙良 依事目比四旁 減一等入錄爲齋".

加耕地이고 새롭게 수취대상으로 설정되기 시작하는 것이 아니라는 점에
주의해야 한다. 加耕地는 이미 戶曹의 收租案에 파악되어 수취대상으로
설정되어 있었다.

실례로 1711년 宗親府의 郎廳이 量外加耕을 折受해 달라는 입장에서
올린 啓辭에서 加耕地가 수취대상에서 벗어난 田土가 아니라는 점을 알
수 있다.[91] 宗親府 낭청은 折受의 허락을 이미 받았는데 各邑에서 出給
하지 않으려고 애써서 本邑으로 환속된 것이 더 큰 폐단을 일으키고 있
다는 점을 강조하였다. 그런데 郎廳의 啓辭를 보면 各邑에서 절수를 반
대하는 이유로 제시한 것 가운데 하나가 "量案에 비록 無主라고 懸錄되
어 있지만, 지금은 모두 起墾되어 또 舊陳이 없고, 加耕 火粟이 모두 戶
曹에 入錄되어 있다"라는 것이라는 점을 찾아볼 수 있다. 이러한 점에서
종친부 낭청은 收租案에 入錄되지 않은 舊陳 황폐지를 折受하는 것은
전혀 종친부의 物力을 補用하는 데 도움이 되지 않는다고 호소하였다.

당시 호조의 收租案에는 민인의 開墾에 의한 加耕地가 이미 등재되어
있었던 것이다. 따라서 起陳與否를 판별하는 것이 주된 量田사업의 목적
은 아니었다. 물론 量田을 수행하게 되면 加耕地가 收稅案보다 上級의
국가장부인 量案에 등재된다는 의미를 지니고 있지만, 절대적으로 量案
에 등재돼야만 收稅가 가능한 것은 아니었다. 따라서 庚子量田을 주장한
인물들이 내세운 量田 施行論은 結負數의 측면에서 戶曹의 收稅案에 잡
혀 있지 않은 田結을 확보하려는 것이었다.

加耕田이 이미 수세대상이었다면 양전을 통해서 새로운 가경지를 파
악하여 原帳付 결수를 증대시키는 것이 부세수취의 당시 실상을 크게 바
꾸는 의미를 가질 수 없었다고 할 수 있다. 이전의 진황지였던 전토가 점
차 가경지로 변해 가는 과정이 이미 17세기 이후 광범위하게 발생하고
있었다. 그러한 개간의 진전에 따라서 호조는 매해마다 수조안을 새롭게

---

91) 『備邊司謄錄』 63冊, 숙종 37년 7월 3일, 6-221.

작성하면서 새로운 수세대상지로 加耕地를 파악하고 있었던 것이다.

時起結도 부세수취 관계에서 가경지와 마찬가지로 田政의 폐단이 일반적인 경우가 아니라면 당해년의 부세납부 대상 전토로 설정되어 있었다. 당해년도의 時起結은 농간이 벌어지지 않는 상황이라면 農形에 의거하여 실제 납세의 의무를 지는 것에서 벗어날 수 없었다. 또한 量案에 기록된 起陳 여부는 실상 量田이 수행된 해당 연도에만 유의미한 것이었다. 田政의 문란을 도외시한다면 양안에 陳田이라고 등재되어 있다는 것으로 전세의 부담에서 벗어날 수 없었다. 왜냐하면 해마다 農形이 달라지면서 起陳 여부도 새롭게 조사되어 호조의 수조안이 작성되기 때문이었다.

起陳 여부의 판별 문제는 사실 田土의 소유자인 田主에게 보다 커다란 관심사였다. 陳田으로 파악되어 舊陳이나 今陳으로 설정되면 즉 陳田이라는 명찰이 붙으면 賦稅 수취대상에서 벗어나는 것이 조선의 수취제도에서도 지극히 정상적인 결과라고 할 수 있다. 그러나 실제에서 陳田이라고 賦稅를 면제받는 것은 농민의 희망이 실린 당연함일 뿐이었다. 애초에 陳田이라고 인정받는 것 자체가 지난한 과정을 겪어야 가능한 것이었다. 그리고 陳田이 되었다고 해서 불법적인 守令, 吏胥의 白地徵稅를 모면하기는 어려웠다. 그렇지만 量案에 陳田이라고 등재되는 것은 백지징세가 불법인 한 면세를 주장할 수 있는 근거가 되는 것이었다. 따라서 양전을 통해서 陳起를 분별하여 정확하게 파악하는 것이 중요하였다. 이 점이 바로 법전 상으로 20년에 한번 양전을 수행해야 한다는 규정이 마련된 배경이었다. 즉 田形의 변천뿐 아니라 肥瘠의 변동을 계속 양전을 통해서 量案에 기록하는 것이 원활한 收租를 위한 관건이라고 보았던 것이다.

量田 과정에서 파악되는 加耕田 結數 그리고 時起結數 등은 그 자체로 부세 수취과정에서 중요한 요소이기는 하지만, 양전 시행이 없다고 해

서 파악하는 것이 불가능한 그러한 수치는 아니었다.

양전과정의 주요한 파악 요소 가운데 하나인 結負數의 측면에서 己亥
·庚子量田의 결과가 어떠하였는지 살펴본다. 즉 이전의 量案 등재 結負
數에 비해서 어느 정도나 田結數 즉 結負數가 증대하였는지 검토할 필요
가 있다. 경자양전의 결과 결부수가 증대하였다면 이러한 결부수의 증대
가 결국 量田施行論을 주장한 사람들의 실제적인 목표, 또는 달성한 목
표로 파악할 수 있을 것이다.

庚子量田 당시 기록인 『量田謄錄』에 기록된 三南지역의 己亥·庚子
量田 結負數를 살펴본다.[92] 『量田謄錄』에는 삼남 가운데 몇 지역의 증대
된 結負數가 均田使의 보고 형식으로 수록되어 있다. 먼저 新量 즉 己
亥·庚子量田으로 舊量 즉 甲戌量田의 結數보다 증대된 結負數를 분명
하게 기록한 慶尙道 左右道와 全羅右道의 경우를 정리하면 다음 <표
1>과 같다.

<표 1> 慶尙道, 全羅右道의 甲戌年·庚子年 結負數 현황 비교

지역	甲戌 元田畓	庚子 元田畓	增加 結負	증가율
慶尙道(A)	299,706결 32부	336,749결 67부	37,043결	12%
慶尙右道(31읍)	125,088결 83부	156,224결 25부	18,880결 14부 2속	15%
慶尙左道(40읍)	162,300여 결	180,529결 52부 2속	18,200여 결	11%
全羅右道(B)	210,610여 결	242,740여 결	32,130여 결	15%
소 계(A+B)	510,316여 결	579,489여 결	69,173여 결	13.55%

전라우도와 경상도 지역 이외에 다른 지역의 元田畓 結負數도 『量田
謄錄』에 보고되고 있기 때문에 앞으로 이들 지역의 結負數에 대한 자료
가 보강되면 전라우도와 경상도 이외의 지역에서 庚子量田으로 증대한
결부수가 어느 정도인지 찾을 수 있을 것으로 보인다.[93]

---

92) 『量田謄錄』(규장각 소장 : 經古 333.335-Y17).
93) (충청우도, 충청감사 權憘 보고) 總計 都數 137,625결 3부 6속 民時起田畓 90,001

먼저 경상좌도 40읍의 경우 均田使 沈壽賢의 보고에 따르면 元田畓 180,529결 52부 2속이어서 甲戌量田에 비해서 18,200여 결 증가하였다.94) 경상 우도는 31읍이었는데, 경상감사 吳命恒이 甲戌量田에 비해서 18,880결 정도가 증대하였다고 보고하였다.95) 나중의 보고에서는 경상좌우도를 합하면 甲戌量田에 비해서 37,043결이 증대하였다.96) 위의 두 수치를 합한 것이 나중의 것에 대략 일치하고 있다. 그런데 37,043결이라는 증대된 結數는 甲戌量田의 元結 299,706결 32부의 12%정도에 달하는 양이었다. 무엇보다 중요한 것은 慶尙右道의 경우 庚子年 1년전인 己亥年의 元田畓 結數에 비해서 14,003결 73부 3속가 증가한 것이어서 量田의 결과 대폭 結數가 증대한 것이 어디에서 연유하였는지를 여실히 보여주는 부분이다. 己亥年의 元田畓 보다 증대된 結負數는 이전에 戶曹의 收稅案이나 여타의 다른 부세수취체계에 파악된 적이 없는 漏結인 상태로 존재하던 것이라고 할 수 있다. 이러한 결부수가 14,003결 73부 3속에 달하고 있었고, 이 수치는 庚子量田으로 증대된 結負數 18,880결 14부 2속의 74.2%를 차지하고 있었다. 庚子量田으로 증대된 결부수가 甲戌量田

결 6부 4속(『量田謄錄』, 150쪽) ; (전라좌도, 均田使 金在魯 보고) 新量 元帳付 田畓 합 136,914결 7부 9속, 民起田畓 급 出稅 雜位起田畓 102,310결 44부 3속 (『量田謄錄』, 238쪽) ; (충청좌도, 均田使 金雲澤 보고) 都已上 田畓 幷 118,759 결 37부 4속, 各位陳田畓 幷 987결 93부, 起田畓 幷 6,732결 5부, 民陳田畓 幷 38,638결 78부 1속, 起田 41,165결 63부, 畓 31,234결 98부 3속(『量田謄錄』, 203 쪽).

94) 이밖에 免賦稅田畓 8,163결 81부 4속, 免稅出賦 田畓 2,914결 23부 5속, 陳雜頉 32,709결 54부 6속, 出賦稅實田畓 136,741결 92부 7속이었다(『量田謄錄』庚子 9 월 慶尙左道均田使 臣 沈壽賢 謹啓, 236쪽).

95) 오명항은 甲戌 舊量 元田畓 125,088결 83부, 己亥元田畓 各年 加耕 幷 142,220 결 51부 5속, 庚子新量元田畓 156,224결 25부(甲戌에 비해서 18,880결 14부 2속 증가, 己亥에 비해서 14,003결 73부 3속 증가)이라고 보고하였다(『量田謄錄』庚 子 8월 초9일 慶尙監司 吳命恒 狀啓, 159쪽).

96) 『量田謄錄』庚子 12월 22일, 慶尙道觀察使兼巡察使爲相考事, 253쪽 ; (경상좌우 도) 甲量 元結 299,706결 32부, 新元結 336,749결 67부.

에 비해서 15%가 증대한 것이었지만, 己亥年 元田畓에 비해서 증대된 결부수를 갑술양전과 비교해도 11.2%나 증대한 것이어서, 앞서 설명한 부분을 그대로 반영하고 있었다. 이와 같이 量案에 누락되어 있을 뿐만 아니라 호조의 收租案에도 빠져 있던 새로운 結負數를 새롭게 파악한 것이 바로 경상우도 庚子量田의 성과라고 할 수 있을 것이다. 이것은 달리 말해서 새로운 應稅結의 확보와 다른 것이 아니었다.

전라우도의 경우 감사 申思喆이 갑술양전에 비해서 庚子量田으로 확보된 결수가 얼마나 증대하였는지 보고하였는데, 전체 242,740결 가운데 32,130결 정도가 증대한 結數라고 적시하였다.[97] 이것은 갑술양전에서 확보된 結數가 210,610결 정도임을 나타내는 것이고, 증가 비율이 15%를 넘어서고 있다.

結負數의 측면에서 庚子量田의 결과를 살펴보면 결부수의 상당한 증대를 찾아볼 수 있다. 경상도와 전라우도의 경우 庚子量田의 결과 결부수의 증대는 대략 13.5%에 달하는 높은 증가율을 기록한 것이었다. 게다가 慶尙右道 庚子量田의 결과에서 볼 수 있듯이 己亥年 元田畓에 포함되지 않고 있는 부분이 증대 결부수의 대부분을 차지하고 있었다. 또한 이렇게 전년도 보다 증대된 결부수는 새롭게 應稅結로 전화된 田土로 파악할 수 있다.

경상우도의 사례에서 알 수 있는 바와 같이 양안에 누락되어 있을 뿐만 아니라 호조의 수조안에도 빠져 있던 새로운 결부수를 새롭게 파악한 것이 바로 경자양전의 성과라고 할 수 있다. 이것은 달리 말해서 새로운 원장부 결수의 확보, 새로운 應稅結의 증대였다. 양전의 결과로 양안에 추가로 수록된 결부수의 성격이 이러한 것이었기 때문에 양전 시행론을

---

97) 申思喆의 보고에 따르면 今量 田畓 雜位陳起 幷 242,740結零(甲量에 비해서 32,130結零이 증가) 己亥 時起(宮家 衙門 免税 起田畓 제외한) 田畓이 124,349 結零인데 今量 起田畓은 145,180結零(20,730結零 증가)이라고 한다(『量田謄錄』 庚子 8월 초7일 全羅監司 申思喆 狀啓, 177쪽).

주장한 인물들이 근본적으로 갖고 있던 양전 시행의 동기가 무엇이었는지 설명할 수 있다. 경자양전을 주장한 인물들이 내세운 양전 시행론은 결부수의 측면에서 호조의 수조안에서 누락되어 있던 漏結, 隱餘結을 조사하여 파악하려는 것이었다

이상에서 量田 施行論의 주요한 논거를 量田을 통해서 파악할 수 있는 田土의 정보라는 측면에서 찾아보았다. 그 결과 起陳이나 田品 等第의 측면보다는 結負數의 증대 또는 실질적인 應稅結의 확보가 주요한 量田의 결과였고, 이 점을 量田의 목표로 설정하고 있다는 결론을 내릴 수 있었다.

3. 庚子量田 시행과정의 量田 논의

1) 量田廳의 설치와 均田使 파견

己亥·庚子量田이 본격적으로 추진된 것은 사실 1718년 8월 量田廳이 설치된 이후의 일이었다. 이때 이후에도 量田 시행을 둘러싸고 여러 가지 논의가 제기되지만 결정적으로 양전 시행 자체를 무산시킬 수는 없었다. 따라서 이후 量田 논의는 구체적인 양전 시행조직, 양전의 구체적인 시행조목을 중심으로 진행되었다고 할 수 있다. 우선 양전 시행조직의 문제는 量田을 관장하는 임시관청의 설치 여부에 관련된 논란거리였다. 그리고 양전의 구체적인 시행조목의 문제는 量田事目의 여러 가지 논쟁점에 관한 것이었다. 量田事目 가운데 量田尺, 田品 等第 등을 놓고 여러 가지 의견이 제기되었다.

量田을 구체적으로 시행하는 실제의 담당자는 조선시기 對民行政의 지역별 책임자인 守令들이었다.[98] 守令이 각 군현별로 都監官 등을 두고

98) 吳仁澤, 「경자양전의 시행과정과 양안의 기재 형식」, 63회 연구발표회 발표문,

양전을 진행하는 방식은 경자양전 당시의 특유한 것은 아니었다. 군현별로 수행하는 양전을 各道의 監司가 총괄하는 방식 또한 당연한 것이었다. 따라서 양전조직의 문제는 이들 守令과 수령을 監督하는 各道 監司를 중앙에서 최종적으로 관할하는 조직을 설치할 것인가의 여부에 있었다. 이 문제가 肅宗 말년에 量田 施行이 논의되어 三南 量田으로 결론이 내려지는 과정에서 주요한 논란거리로 등장하였고, 이 문제가 마무리되면서 양전 施行 또한 실제로 이루어질 수 있었다고 판단된다.

肅宗은 量田 施行을 命한 1716년 정월의 특교에서 均田使를 一時에 파견하여 量田을 수행하는 것이 성공을 기대하기 어려운 방법이라고 간주하였다. 그 대신 김창집이 제기한 監司와 守令이 점차적으로 量田을 진행시켜 나가는 방식을 보다 현실적인 것으로 평가하였다.[99] 이와 같이 1715년 12월 김창집은 지방 守令과 中央을 연결시키는 역할을 수행하는 균전사를 파견하는 방식 대신 監司와 守令에게 量田의 책임을 전담하게 하는 방식을 제안하였고, 肅宗이 1716년 정월 여기에 동의하였던 것이다. 이 방안은 量田 논의가 본격적으로 제기되어 量田事目을 만드는 상황까지 진전된 1717년 9월에도 그대로 계승되었다. 金昌集이 量田 수행을 주장하면서 "均田使를 보낸다면 도리어 소란이 일어날 우려가 있으니 다만 道臣으로 하여금 守令을 檢飭하여 편의에 따라 하게 해야 한다"라고 말하였다.[100] 이때 병석에 있던 肅宗은 외방에 나가있던 호조판서 權尙游가 돌아오면 事目을 만들게 하였는데 均田使를 파견하지 않도록 지시하였다.[101] 이상과 같이 균전사를 파견하지 않는 방안, 道臣이 균전사의 책

한국역사연구회, 1999.

99) 『備邊司謄錄』 69冊, 숙종 42년 1월 28일, 6-787, "上曰……若欲待八路年豐 發遣均田使 一時爲之 則了無其期 上年 左相箚辭 正合予意 而元非難行之事 決意行之 爲宜矣".

100) 『備邊司謄錄』 70冊, 숙종 43년 9월 23일, 6-973.

101) 『備邊司謄錄』 70冊, 숙종 43년 9월 23일, 6-973, "上曰……今此大臣所達 誠爲得宜 均田使勿爲差出 待戶判上來後 磨鍊事目 卽爲擧行 可也";『肅宗實錄』 권

무를 兼行하게 하는 방안이 결정되어 시행되었다.

量田을 수행하기 위해 해당 지역에 均田使를 파견하는 방식은 이미 甲戌量田(1634년) 이전부터 확립된 것이었다.[102] 그런데 숙종대 이루어진 1708년 江原道 量田의 경우는 강원감사 宋廷奎가 均田使와 從事官을 파견해 달라고 요청하였지만, 감사가 총괄 책임을 지게 하는 형태로 논의가 일단락되었다.[103] 각 지역에 均田使를 파견하여 量田을 하게 하는 선례가 있고 監司도 그러한 방안을 채택해 달라고 요구하였지만, 감사에게 量田의 책임을 부여한 이유는 中央의 관리를 均田使로 파견하면 백성을 요동치게 만들 우려가 있다는 점 때문이었다.[104] 그리고 監司가 均田의 임무를 맡아 수행한다는 점을 확연하게 만들기 위해 監司에게 兼均田使라는 직함을 사용하게 하면서 量田을 총괄하여 감찰하게 하였다.

1716년 이후 量田 논의에서 균전사 파견을 자제하고 감사와 수령에게 양전의 책무를 맡기는 주장이 제기된 배경은 바로 위와 같은 점에 놓여 있었다. 그런데 1708년 강원도 量田은 실패로 돌아가 감사 송정규가 지탄을 받는 지경에까지 이르고 있었다. 宋廷奎가 量田을 멋대로 수행하여 강원도 백성들이 量田을 피해 도망쳐 盜賊이 되기도 하고, 무리를 모아 放砲하면서 罪를 부르짖기도 한다는 지탄의 소리가 높았다.[105] 강원도 量田의 실패가 단지 道臣의 잘못에서 비롯된 것으로만 볼 수는 없지만, 결국 道臣만으로 量田을 수행하기는 어렵다는 점을 보여준 예라고 할 수 있다.

道臣이 均田使를 겸행하는 방식의 양전조직은 道臣과 守令이 1717년

60, 숙종 43년 9월 계유, 40-677.

102) 朴潢(1597~1648 : 德雨, 儒軒·儒翁, 潘南)은 甲戌量田할 때 湖南左道 均田使로서 甲戌尺이 長尺임을 지적하였다.

103) 『肅宗實錄』 권46, 숙종 34년 9월 무술, 40-303.

104) 『肅宗實錄』 권46, 숙종 34년 9월 무술, 40-303.

105) 『肅宗實錄』 권46, 숙종 34년 12월 을묘, 40-309.

(肅宗 43) 9월 量田事目을 마련하여 본격적으로 양전을 추진하게 된 이후 보여주는 작태에서 잘 알 수 있듯이 실효성이 크게 떨어지는 것이었다. 앞서 살핀 바와 같이 이때 양전연기, 양전 보류 등의 논의가 제기되면서 道臣과 守令은 量田을 實行하라는 王命을 미루기만 하는 형편이었다. 김창집이 1718년 봄에 지적한 바와 같이 改量의 令이 내려간 이후에 道臣과 守令은 모두 擔當할 뜻이 없고 단지 미루는 것만 일삼고 있었다.[106] 道臣이 均田使를 兼하게 하고, 수령을 관장하게 하는 방안은 실제의 量田으로 이어지지 못하고 있었고, 따라서 量田을 실제 시행하기 위해서는 다른 방안이 필요하였다.

1718년 봄 金昌集은 전년도 수령의 태업을 지적하면서 균전사를 파견하는 방안 대신 量田句管堂上과 從事官을 차출하여 이들이 도신과 함께 상의하여 양전을 수행하게 하는 방식을 제시하였다.[107] 이에 따라 1718년 4월 양전구관당상 2員에 權尙游와 閔鎭遠이 임명되고, 종사관 3원에 金在魯, 朴師益, 金東弼이 차출되었다.[108] 양전구관당상은 윤8월에 3員으로 증액되었는데, 金在魯가 堂上이 되고, 趙尙絅이 후임 郎廳으로 임명되었다.[109] 그리고 이때 量田廳이 공식적으로 設廳되었다. 양전청은 양전 堂郎이 差出된 상태에서 文書를 句管하기 위해 설치된 것으로, 癸卯年(1663년, 현종 4) 均田廳의 예에 의거하여 만든 것이었다.[110]

1718년 4월 이후 양전 추진은 量田廳이라는 중앙 임시관아를 중심으로 이루어졌다. 양전청은 量田尺에 대한 건의를 올리기도 하는 등 양전 추진을 주도하였다.[111] 그러나 이 해 12월 18일 肅宗을 入診하였을 때 提調

106) 『備邊司謄錄』 71冊, 숙종 44년 3월 15일, 7-23.
107) 『備邊司謄錄』 71冊, 숙종 44년 3월 15일, 7-23.
108) 『備邊司謄錄』 71冊, 숙종 44년 4월 20일, 7-31.
109) 『備邊司謄錄』 71冊, 숙종 44년 윤8월 24일, 7-65.
110) 『備邊司謄錄』 71冊, 숙종 44년 윤8월 24일, 7-68.
111) 『肅宗實錄』 권62, 숙종 44년 10월 갑인, 41-41.

閔鎭遠은 "양전청에서 關文을 보낸 일을 外方에서는 전혀 거행하지 않고 있으니 設廳한 것이 무익하다. 신의 생각으로는 양전청을 다만 철파하고 전과 같이 量田使(均田使)를 차출하여 내려가서 檢督하게 한 연후에 아마도 봉행하는 효과가 있을 것이다"라고 설명하면서 量田使 즉 均田使의 파견을 요청하였다.[112]

민진원의 주장 가운데 핵심은 중앙의 관리를 지방에 내려보내는 점에서 찾을 수 있다. 중앙의 임시 관청인 양전청에 구관당상과 낭청이 자리잡고 있는 것으로는 외방의 양전 수행을 압박할 수 없다는 것이었다. 하지만 이때 민진원이 주장한 양전청 철폐 문제는 받아들여지지 않았고, 균전사의 파견 여부는 다시 품처하라는 왕명이 내려졌다. 1719년(肅宗 45) 4월 초순까지는 아직 균전사의 파견이 결정 나지 않은 상태였다. 그리하여 量田 堂上으로 權尙游, 閔鎭遠 외에 호조판서 宋相琦를 추가로 임명하여 三道를 分管하게 하고 있었다.[113]

均田使 파견 문제는 1719년 4월 25일 전라감사 申思喆이 王世子를 만난 자리에서 균전사의 파견을 적극 주장하면서 결론이 내려졌다. 신사철은 균전사 요청의 근거를 지난 甲戌年(1634년 : 인조 12) 量田할 때의 일에서 찾아, 조정에서 특별히 均田使를 보내어 道臣과 더불어 같이 打量하게 하는 舊例를 따라야 할 것이라고 하였다. 또한 그는 量田에서 토지를 재고 田品을 나누는 것을 착실하게 거행할 책무는 수령이 담당하는 것인데 균전사를 내려보내지 않으면 도신이 홀로 수령들을 감독하기가 어렵다고 토로하였다. 이에 대하여 왕세자는 均田使를 마땅히 내려보내야 할 것이라고 적극적인 찬성 의사를 표명하였다.[114]

7월에 均田使를 차출하여 三南에 下送하였다. 均田使가 下送됨에 따

---

112) 『備邊司謄錄』 71冊, 숙종 44년 12월 21일, 7-98.
113) 『備邊司謄錄』 72冊, 숙종 45년 4월 12일, 7-139.
114) 『備邊司謄錄』 72冊, 숙종 45년 4월 25일, 7-145.

라 京廳으로 존재하였던 量田廳은 혁파되었다. 7월 25일 均田使로 慶尙
道 李縡, 全羅道 金在魯, 忠淸道 洪錫輔가 각각 차정되었다.[115] 충청도
균전사 洪錫輔는 중간에 尹憲柱로 교체되었다가 다시 8월 5일 다시 임명
되었다.[116] 그리고 8월 14일 藥房에서 入診하는 자리에서 閔鎭遠이 均田
使를 파견하였으니 양전청을 혁파해야 한다고 주장한 것에 따라 양전청
이 혁파되었다.[117]

均田使가 중심이 되어 군현을 왕래하면서 양전을 守令과 더불어 수행
하는 체제가 구축되었다. 그리고 이러한 양전조직을 기반으로 실제 己
亥·庚子量田이 진행되었다. 庚子量田事目에는 "始量한 後에 各面은 3
日에 한번 本官에게 보고하고, 各邑은 10일에 한 번 均田使에게 보고한
다"라는 규정이 있었다.[118] 이에 대하여 慶尙左道 均田使가 만든 私節目
은 보고하는 일자가 촉박하여 번거롭다는 이유를 들어 다음과 같이 변경
하였다.

　一. 事目에서 "量田을 시작한 후에 各面은 3일에 한번 本官에게 보고
하고, 各邑은 10일에 한 번 均田使에게 보고한다"라고 한 것은 충분한 의
미가 있다. 이것이 勤慢을 살피려는 것에서 나온 것이기는 하지만 10일에
한 번 보고할 때 소란스럽고 감당하기 힘든 폐단이 없을 수 없다. 各面에
서 3일에 한 번 보고하는 것으로 勤慢을 알 수 있으니 各邑에서 잘 처리
하고, (균전사에게) 10일에 한번 보고하는 것은 반드시 거행할 필요는 없
다. 每 1面의 打量 작업이 끝난 뒤에 보고할 것.[119]

이상에서 살펴본 바와 같이 1716년 量田을 결정한 이후 애초부터 균전

115) 『備邊司謄錄』 72冊, 숙종 45년 7월 25일, 7-164.
116) 『備邊司謄錄』 72冊, 숙종 45년 7월 29일, 7-166 ; 숙종 45년 8월 초5일, 7-168.
117) 『備邊司謄錄』 72冊, 숙종 45년 8월 14일, 7-173.
118) 『量田謄錄』 庚子, 慶尙左道 均田使 量田私節目.
119) 『量田謄錄』 庚子, 慶尙左道 均田使, 量田私節目.

사를 파견하는 방식을 취하지 않고 監司가 均田使를 兼하게 하는 방안, 그리고 중앙에 임시 관아로 量田廳을 설치하여 量田句管堂上을 두는 방식을 두루 섭렵하였다. 그러다가 均田使를 파견하는 방식으로 결말이 난 것은 己亥·庚子量田 추진 과정에서 양전 시행론자들이 量田을 현실적으로 추진해 나가면서 가장 적합한 양전 추진 방식을 찾으려는 모색이었다.

2) 量田事目에 대한 논의

庚子量田의 시행규정인 量田事目은 여러 단계를 거치면서 마련되었다. 그리고 양전사목의 내용 중에서도 특히 몇몇 부분은 주요한 논란거리로 등장하였고, 중앙정부와 대토지소유자의 이해관계가 첨예하게 대립한 부분도 있었다.

우선 量田事目은 數年에 걸친 논의의 산물이었다. 己亥年와 庚子年에 걸쳐 量田이 수행되는 과정 자체가 수년에 걸친 논의의 결과인 것과 마찬가지로 量田事目도 오랫동안 논의를 거쳐 수립되었고, 양전을 진행하는 과정에서도 수정이 계속 더해졌다. 量田事目은 이미 이전의 量田을 수행할 때 적용하던 것이 마련되어 있었기 때문에 결국 이전의 量田事目을 보완하는 과정이었다. 그리고 실제의 量田을 수행하기에 앞서 양전사목을 마련하였다.

己亥·庚子量田의 세부 시행규정인 量田事目은 일단 1717년에 마련되었다. 閔鎭厚가 예조판서로서 1717년 8월 충청감사 윤헌주의 장계에 대하여 논의하면서 기존의 量田事目의 변통을 요청하였다.[120] 이후 숙종은 9월 22일 量田事目을 마련하라는 왕명을 내렸다. 『新補受教輯錄』에 실려 있는 康熙丁酉量田事目이 바로 이때 작성된 것으로 생각되고 있

다.[121] 戶曹는 기존에 마련되어 있던 量田事目을 기반으로 새로운 量田을 施行할 때 적용할 量田事目을 만들었을 것으로 생각된다. 기존의 量田事目 가운데 몇 부분을 수정하거나, 몇 부분을 추가하는 방식으로 이루어졌다. 康熙丁酉量田事目의 한 조목을 보면 예전 사목에서 量田使가 할 수 있었던 일을 이번에는 監司가 거행하게 규정하고 있다.[122] 그것은 바로 量田使가 직접 결단하여 처벌할 수 있는 대상자를 선정하는 것인데 1662년(현종 3, 壬寅) 京畿量田事目의 한 조목에 근거한 것이었다.[123]

1717년에 만들어진 康熙丁酉量田事目을 기반으로 하여 1719년 가을 이후 量田을 본격적으로 진행할 때까지 계속적인 수정 보완작업을 하였다. 1717년의 事目이 경자양전 과정에 그대로 적용되지 않았을 것이다. 뒤에서 언급되는 바와 같이 加耕地를 등제하는 원칙의 문제가 균전사에 의해서 제기되는데 1717년의 사목은 이러한 부분이 없기 때문이다.

양전사목의 내용 중에는 경자양전의 성격을 파악하는 데 중요한 논거가 되는 그러한 의의를 지닌 조목들이 있었다. 田品 等第의 陞降 문제, 量田尺의 선정 문제가 그것이었다. 이러한 양전사목의 조목에 대한 수정・보완 작업 과정에서 드러나는 논의야말로 己亥・庚子量田의 施行이 가진 역사적 의미를 보다 구체적으로 드러내는 부분이라고 할 수 있다.

(1) 田品 等第의 陞降

量田事目의 규정 가운데 田品 等第에 대한 조목을 둘러싸고 여러 차

---

121) 『新補受敎輯錄』 戶典 量田, 「康熙丁酉量田事目」(1717년, 肅宗 43).

122) 『新補受敎輯錄』 戶典 量田, 「康熙丁酉量田事目」(1717년, 肅宗 43), "在前事目內 量田使 守令通訓以下自斷 通政以上申聞 都監官以下犯罪者 刑推 應爲全家徙邊者 爲先家口推刷 西北極邊遠配後 申聞 都監官中 應爲刑推者 若是前朝官則別爲申聞請罪 各其監司 依此擧行".

123) 『度支志』 外篇 권4, 版籍司 田制部 2, 量田, 節目 顯宗 3年(壬寅) 九月 京畿量田事目, "一 均田使 通訓以下自斷 通政以上 啓聞 監官色吏犯罪者 刑推 全家徙邊者 爲先西北極邊定配後 啓聞".

례에 걸쳐 논란이 벌어졌다. 우선 丁酉量田事目의 규정을 보면 다음과
같다.

諸道의 田畓은 종전에 양전 작업을 여러 차례 거쳐서 等數의 높고 낮
음이 이미 실상에 따라 量案에 기록되어 있으니 이것은 예전이나 지금이
나 다름이 없을 것이다. 금번에 改量할 때에 예전에 양전 작업한 이후에
더 起耕된 곳의 等數 高下는 한결같이 토지의 비옥도에 따라서 시행한
다. 그리고 일찍이 예전 量案에 기록되어 있는 田畓의 等第는 함부로 陞
降해서는 안된다. 그 중에 부득이하게 바로잡지 않으면 안 되는 것이 혹
있으면 各邑에서 里中의 公論을 좇아 監營에 抄報하고 監營에서는 따로
摘奸하여 상세히 그 실상을 탐지한 然後에 비로소 改正을 허락한다. 그
리고 改正한 庫員, 字號, 等第를 成冊하여 1건을 또한 戶曹에 올려 보내
앞으로 摘奸할 때에 증빙 자료로 삼아야 한다.[124]

이 규정은 원칙적으로 田品 等第를 陞降하지 못하게 하는 금지규정이
나 마찬가지였다. 전품 등제를 부득이하게 고치기 취해서는 힘든 과정을
거쳐야 가능한 것이었다. 우선 마을의 公論에서 田品이 잘못 매겨졌다는
문제 제기가 있어야 하고, 수령이 그 사실을 감사에게 보고해야 하며, 감
사가 확실한지 여부를 다시 적간해야 했다. 따라서 이와 같은 여러 단계
를 거쳐서 전품 등제를 改正한다는 것은 굉장히 어려운 일이었다. 결국
새롭게 量田을 실행하기는 하지만, 田品의 측면에서는 예전의 전품 즉

---

124) 『新補受敎輯錄』 戶典 量田, 「康熙丁酉量田事目」, "諸道田畓 從前累經檢量 等
數高下 旣已從實懸錄於量案中 此則前後宜無異同 今番改量時 則量後加起之
處 等數高下 一從土品施行 而至於曾前量案所載 田畓等第 勿爲陞降 其中或有
不得已釐正者 各邑一從里中公論 抄報監營 自監營別爲摘奸 詳知其實狀然後
始許改正 而同改正庫員字號等第成冊 一件亦爲上送本曹 以前頭摘奸時憑考之
地 土豪輩如有夤緣冒僞 有所現露則都監官以下及佃夫 並繩以全家之律 該邑
守令亦爲從重論罪(依大明律 制違杖一百)".

甲戌量田 때 매겨진 田品 等第를 그대로 계승하여 기재한다는 것을 의
미하였다.

田品 등제의 변경을 엄격하게 금지한 1717년의 量田事目은 실제 己
亥·庚子量田이 진행되면서 약간 바뀌었다. 田品 等第의 陞降을 예전의
것에서 위아래로 1等을 넘지 못하게 하는 규정이 바뀌었다.[125] 1719년 9
월 전라도 均田使 金在魯가 이러한 廟堂의 규정이 실제의 토지 비옥도
의 변화, 즉 水道의 변화에 따른 土品의 변동을 반영하지 못한다는 이유
를 들어 다시 검토해야 한다는 의견을 제시하였다.

田品 等第의 상하 변동을 1등을 넘지 못하게 하는 條目이 '庚子 慶尙
左道均田使 量田私節目'에서는 다음과 같이 약간 완화되었다. 하지만 결
국 軍官의 摘奸을 거쳐야 陞降이 성립되는 것이어서, 실제적인 田品 等
第의 陞降이 이루어졌는지는 상당히 의심스럽다.

一. 옛날의 坌田이 지금은 荒蕪處가 되고, 옛날의 瘠土가 지금은 家坌
處가 된 것을 실로 서로 陞降해야 할 것이고, 수해를 당해 모래가 뒤덮인
밭과 관개 혜택을 받는 비옥한 논도 또한 내리거나 올리거나 해야 할 것
이다. 그런데 陞은 대부분 謀免하려고 하고 降은 사람마다 원하는 바이므
로 陞降할 때 반드시 크게 소란이 일어나는 폐단이 있다. 무릇 陞降할 수
있는 것은 元成冊 중에서 任意로 陞降해서는 안 되고 상세히 摘奸하여
응당 陞降할 것만 차례 순서 위에 찌를 붙여 구별하고 또한 따로 成冊을
만들어 사유를 갖추어 주석을 달고 面成冊을 修正할 때 一體 上送한다.
軍官을 파견하여 摘奸한 후에 陞降할 것.[126]

田品의 陞降을 일단 面成冊을 만들 때 상세히 적간할 수 있게 규정하
였지만, 실제 양안상에 등재되기 위해서는 軍官의 파견을 통한 적간을 거

---

125)『肅宗實錄』권64, 숙종 45년 9월 임오, 41-82.
126)『量田謄錄』庚子, 慶尙左道 均田使, 量田私節目.

쳐야 했다. 결국 己亥·庚子量田 과정에서 논란거리였던 田品의 승강 문제를 甲戌量田 당시의 것을 대부분 준용하는 것에 머물렀던 것으로 생각된다. 즉 실제의 田品의 변동을 제대로 반영하는 방향으로 田品 等第가 수행되지 못한 것이었다.

庚子量田의 田品 等第를 매기는 작업에서 현실의 변동상을 완벽하게 조사하여 반영하는 방법 대신에 타협적인 방식으로 1等 내외의 加減만 인정한 것은 사실 田主 중에서도 대토지소유자의 기득권을 인정한 것이라고 할 수 있다. 田品 等第가 논란거리로 등장하는 기본적인 이유가 量案의 田品이 실제의 토지의 비옥도를 제대로 반영하지 못하고 있다는 점이었다. 또한 田品과 관련된 주요 폐단으로 지목되고 있는 것이 바로 부자들의 전토의 田品이 지나치게 낮게 매겨져 있다는 것이었다. 그런데 이렇게 현실과 유리된 田品 等第를 송두리째 變通하는 것이 아니라 甲戌의 田品을 그대로 용인하는 수준에서만 그친 것은 土豪의 이해관계가 그대로 수용된 것이라고 해도 무방한 결말이었다.

한편 加耕田으로 새롭게 量案에 등재된 토지의 田品은 6등으로 매겨졌다. 量田을 통해서 새로 확보한 加耕田을 6等 田品을 매기는 것이 기본적인 원칙이었던 것이다. 다만 비옥한 加耕田인 경우에만 四方의 田土보다 1等 낮춰서 매기게 하였다.[127] 이러한 규정은 사실 加耕田을 확보하려는 것에서 연유한 것이기도 하지만, 현실적으로 가장 많은 加耕田을 가지고 있을 지방사회의 유력세력의 입장을 감안한 것이라고 볼 수 있다.

陳荒地의 田品을 모두 6等으로 매기게 하는 양전사목의 내용은 1719년 김재로의 반론에 의해서 바뀌었다. 金在魯는 仁祖代의 故事를 들어 주변의 토지에 비해 1等을 낮추어 田品 등제를 매기면 될 것이라고 설명

---

127) 『量田謄錄』庚子, 慶尙左道 均田使, 量田私節目. 一量不付 加耕田은 附近의 元第次 아래에 "降一字書俠六等續某形田幾負幾束"이라고 쓰는데 한 가지로 元田 2·3作의 例대로 하여 列錄한다. 그 중에서 土品이 자못 비옥하여 元田가 크게 다르지 않은 것은 事目대로 四方에 비교하여 1等을 減하여 入錄할 것.

하였다.[128) 陳荒地를 6等으로 기록하게 하는 것은 守令에게 要譽하는 길을 열어 주는 것이라고 仁祖가 지적하였다. 따라서 인조의 지적에 따라 四方을 살펴서 1등을 내려 매기게 하는 것으로 정리되었던 것이다.

전품 등제의 문제를 살펴보았을 때 얻을 수 있는 결론은 三南 전역을 양전하면서도 甲戌의 田品을 대부분 승계하는 데 멈춰 버린 채 한 걸음도 나가려고 하지 않았다는 점이다. 이 점은 달리 말해서 庚子量田이 대토지소유자의 기존의 기득권을 허물어 버릴 정도의 수준에서 시도된 개혁적인 사업이 아니었음을 분명히 보여준다고 할 수 있다. 오히려 기존의 질서를 유지시키고 강화시키려는 방향에서 수행된 것이었다. 앞에서 庚子量田의 결과 많은 結負數를 확보하게 되었다는 점을 알 수 있었는데 그럼에도 불구하고 커다란 양전진행상의 반발에 부딪치지 않았던 것은 바로 田品 等第에서 기존의 기득권을 유지시켜 주었기 때문이었다.

(2) 正案 修整의 절차

正案을 修整하는 절차라는 것은 三南 각 郡縣에서 현지 측량 작업을 수행하면서 守令이 만든 草案을 修整하여 正案을 만드는 작업을 어떻게 수행할 것인가 라는 문제이다. 正案으로 修整하면서 量田尺으로 측정한 長廣尺數를 結負로 환산하는 解負작업도 병행하고 있었다. 양전을 본격적으로 진행하던 1719년 가을 이후 이 문제를 둘러싸고 여러 가지 의견이 개진되었다. 크게 두 가지 의견이 등장하여 절충적인 방안으로 결정되었다.

1720년 정월 전년 가을부터 삼남에 내려가 量役을 수행하였던 전라도 均田使 金在魯와 충청도 균전사 金雲澤이 入對하기를 청하여 世子가 召見하였다. 이때 金在魯가 草案을 가지고 京司로 올라와 均田廳을 설치하여 正案으로 修整하는 방안을 제시하였다. 김재로는 예전에 正案 修整

---

128) 『肅宗實錄』 권64, 숙종 45년 9월 임오, 41-82.

을 監司가 관장하는 방안도 고려하였지만, 실제 형세를 살펴보니 改量하여 成冊하는 일이 매우 번잡하여 監司가 모두 관장하기 어렵다는 것을 알게 되었다고 토로하였다. 따라서 各邑의 草案이 다 도착하면 均田使가 가지고 올라와서 京中에 均田廳을 설치하고, 戶曹의 算員과 各司의 書吏 중에서 算術에 능한 자로 하여금 正案으로 修整하게 하는 것이 좋다고 주장하였다.[129]

　충청도 균전사 金雲澤은 正月 이내에 양전을 끝마치면 균전사가 本道에서 각 고을의 계산에 능한 사람을 都會處에 불러모아 使役을 시켜서 正案을 작성하는 것이 마땅하다는 의견을 제시하였다. 金雲澤의 의견은 金在魯의 주장과 그리 배치되는 것이 아니었다. 김운택 자신이 그러한 입장을 표명하였고, 正月 이내라는 시간적인 전제조건에 합당할 때에만 균전사가 현지에서 正案을 작성하게 해야 한다는 것이기 때문이었다.[130]

　비변사가 며칠 뒤에 覆啓한 내용은 바로 김운택의 의견에 따른 것이었다. 우의정 李健命이 "金雲澤이 진달한 바에 의거해서 均田使가 本道에 있을 때 各邑의 文書를 量田을 끝마치는 대로 즉시 修正하되, 미처 修正하지 못한 것들은 올라온 뒤에 磨勘하는 것이 便하고 좋을 것이다"라고 의견을 제시하고, 세자가 이 의견을 따르도록 命한 것이었다.[131] 이와 같이 正案을 작성하는 방식을 놓고 여러 가지 방안이 제시되어 논의가 계속되었다.[132]

(3) 量田尺의 선정

　己亥・庚子量田이 실제로 진행되는 과정에서 가장 논란이 된 것은 量田尺 문제였다. 量田尺이란 量田 작업에 사용하는 길이의 단위이기 때문

---

129) 『肅宗實錄』 권65, 숙종 46년 1월 기사, 41-93.
130) 『肅宗實錄』 권65, 숙종 46년 1월 기사, 41-93.
131) 『肅宗實錄』 권65, 숙종 46년 1월 임신, 41-93.
132) 草案과 正案 작성에 관련된 부분은 本書에 실린 오인택 교수의 글을 참조.

에 정확한 수치의 자를 정확하게 만들어 사용하면 아무런 문제가 일어날 여지가 없었다. 그럼에도 불구하고 量田尺이 복잡한 문제로 등장한 배경은 1634년(인조 12) 甲戌量田 당시에 사용한 量田尺 즉 이른바 甲戌尺이 遵守尺보다 약간 길이가 길었다는 점에 있었다.[133] 遵守冊에 기록된 量田尺은 布帛尺으로 환산하였을 때 2尺 1寸 2分 6釐인데 반하여 甲戌量田 당시에 사용한 量田尺은 布帛尺 2尺 2寸 2分 6釐여서 布帛尺으로 1寸이 길었던 것이다. 量田尺의 長短은 실제 量田과정에서 파악한 長廣尺數를 結負로 환산할 때 환산한 結負 숫자에 차이를 가져오게 하는 요인이었다. 1719년에 洪禹傳은 兩南에서 半寸이 짧은 法尺을 적용하게 되면 거의 3, 4萬結을 더 얻게 된다고 지적하였다.[134]

甲戌尺과 遵守尺이라는 두 가지 量田尺의 길이 차이는 실제로 계산하면 약 4.5~4.6cm정도로 대단한 것이 아니었지만, 면적을 계산하는 단위로 올라가고, 전체적인 結數를 감안하면 洪禹傳의 지적대로 몇 萬結의 차이를 초래할 수 있었다.[135] 그리고 甲戌尺은 長尺이고 舊尺이라고 파악하고, 반면에 遵守尺은 短尺이고 新尺이라고 간주하는 인식이 팽배해 있

---

133) 遵守尺이란 『田制詳定所遵守條劃』에 보이는 量田尺을 가리킨다. 현재 남아 있는 『田制詳定所遵守條劃』의 末尾에 '順治四年' 즉 1653년(효종 4)에 戶曹에서 開刊한 것으로 표기되어 있지만, 이때의 開刊은 이 책을 새로 만들었다는 編纂의 의미가 아니라, 木板을 새로 짜서 찍어냈다는 刊行의 의미로 생각된다(李榮薰의 「『田制詳定所遵守條劃』의 제정년도 - 同尺制에서 異尺制로의 移行說 검토 -」, 『고문서연구』 9・10, 1996).

134) 『肅宗實錄』 권64, 숙종 45년 8월 병진, 41-79.

135) 周尺을 20.81cm로 환산하고 여기에 기준하여 量田尺을 구하면 1等尺은 周尺 4척 7촌 7분 5리이므로 99.37cm이다. 그리고 布帛尺 46.7cm를 기준으로 遵守冊의 규정에 따라 포백척 2척 1촌 2푼 6리인 一等田尺을 구하면 46.7cm×2.126=99.28cm가 된다. 양자는 거의 차이가 없다. 그런데 甲戌尺을 환산해 보면 포백척 2척 2촌 2푼 6리이므로 46.7cm×2.226=103.9cm가 된다. 따라서 두 量田尺의 실제 길이는 4.53~4.62cm 정도 차이가 난다. 周尺 등의 길이에 대한 설명은 다음 논문에 근거한 것이다. 박흥수, 「도량형제도」, 『韓國史』 24, 국사편찬위원회 편.

고, 게다가 甲戌量田 당시 사용한 甲戌尺이 각 지역에 잔존하고 있는 상
황에서, 短尺을 量田尺으로 채용해야 한다는 주장은 改量을 통해 結負를
늘리려 한다는 혐의에서 자유로울 수 없었다.[136] 庚子量田 당시 量尺을
둘러싼 논의는 遵守尺=短尺을 사용해야 한다고 주장한 사람들과 甲戌
尺=長尺=舊尺을 사용해야 한다고 주장하는 사람들 사이에 진행되었다.

　量田尺에 대한 논의는 1718년 10월경부터 본격적으로 진행되었다. 당
시 量田을 실행하던 와중이었는데, 앞서 戶曹에서 遵守尺에 근거한 量田
尺을 내려보내 양전기준으로 삼게 해 놓은 상황이었다. 1717년에 작성된
量田事目에 이미 遵守冊에 의거한 量田尺을 만들어 監營에 보내 이에
의거하여 量繩을 제작하게 하는 규정이 실려 있었다.[137] 그런데 1718년
10월 전라감사 洪錫輔가 本道에 있는 갑술년에 사용한 量田尺(舊尺)을
새로 내려온 新尺(遵守尺)과 비교해 보니 새로운 量田尺이 이전의 量田
尺보다 1寸이 짧아 이것으로 量田하면 백성들의 원망이 있을 것이라는
점을 지적하면서 量田尺을 둘러싼 논의의 불을 지폈다.[138]

　量田廳은 이미 호조에서 三南에 遵守冊의 見樣에 의거하여 내려보낸
양전척 즉 홍석보가 이른바 新尺으로 지목한 短尺을 사용해야 한다는 법
전에 입각한 주장을 전개하였다.[139] 또한 양전청은 壬寅年(1662년, 현종

---

136) 甲戌尺과 遵守尺을 각각 舊尺과 新尺으로 명칭을 붙이는 것은 甲戌量田 당시
　　를 옛날로 그리고 지금 庚子量田을 수행하는 당시를 현재로 파악하는 방식에서
　　유래한 것이지만, 실제로 역사적인 연대로 파악할 경우에는 더 오래된 尺이 遵
　　守尺이다.
137) 『新補受敎輯錄』 戶典 量田, 「康熙丁酉量田事目」(1717년, 肅宗 43), "量田尺數
　　從遵守冊定式 以一等磨鍊造作 兩端烙印 下送監營 使之依此造作 行用 量繩麻
　　索草索沾濕露水則交急短縮 必致地小負多之寃 以水濕不縮之物如竹索杻索之
　　類造作 打量".
138) 『肅宗實錄』 권62, 숙종 44년 10월 갑인, 41-41, "頃見 全羅監司(洪錫輔) 所報 本
　　道各邑 有甲戌量田時 所用之尺 而比准於今此下送之新尺 則舊尺長於新尺 一
　　寸 今若以短尺改量 則必多民怨云".
139) 『肅宗實錄』 권62, 숙종 44년 10월 갑인, 41-41.

3)에도 遵守尺을 사용하여 改量하였다는 것을 근거로 제시하였다. 임인년 量田은 실제로 1663년(현종 4, 癸卯年)에 수행된 京畿量田을 가리키는 것인데, 이때뿐만 아니라 1669년(현종 10, 己酉年)의 湖西·海西 量田에 사용한 量田尺도 遵守尺 즉 短尺이었다.

量田廳이 이미 내려보낸 短尺을 기준으로 改量해야 한다는 입장을 개진한 것은 일차적으로는 朝宗의 成憲을 준수하려는 것이었고, 또한 長尺인 甲戌尺이 일시적인 은혜를 베풀어준 것에 불과하다는 입장을 대변하는 것이었다. 또한 갑술척은 애초에 길게 만들려고 해서 그렇게 길어진 것이 아니라 量田尺을 제작하는 과정에서의 착오로 인하여 그렇게 된 것이라는 설명을 덧붙이고 있었다.[140] 이 입장의 커다란 논거는 사실 京畿와 海西 湖西에서 이미 遵守尺을 사용한 점에 있었지만, 이러한 근거는 사실 三南을 새로 改量하는 작업이 진행될 것이기 때문에 長尺 사용을 반대하는 뚜렷한 논거가 될 수는 없었다. 즉 短尺을 옹호하는 입장은 法典의 규정, 朝宗의 成憲을 준수해야 한다는 주장이었다.

전라감사 洪錫輔는 長尺을 채택하는 입장에 서 있는 인물이었다. 그는 10월에 올린 보고에서 短尺인 遵守尺을 사용하게 되면 백성의 원망을 초래할 것이라고 보고하였고, 그 이후 12월에 들어서 舊尺＝長尺을 사용하는 것이 정당하다는 의견을 上書에서 다음과 같이 개진하였다.

本道에 甲戌年에 量田한 尺이 아직 光州牧에 있는데, 地部(戶曹)에서 내려보낸 新尺과 비교해 보았더니, 1寸이 더 길었다. 量田廳에서 반드시 遵守尺의 制로 고쳐서 사용하려는 것은 진실로 그럴 만한 사정이 있다. 하지만 本道의 事勢는 일반으로 論할 수 없는 것이 있다. (甲戌量田) 당시 量田使 朴潢이 새로 만든 尺이 옛날에 있던 尺보다 1寸이 길다는 뜻으로 馳啓하자, 仁祖大王이 특별히 大臣에게 收議하게 命하고, 결국 新

---

140)『肅宗實錄』권62, 숙종 44년 10월 갑인, 41-41, "舊尺之爲二尺二寸餘者 未免違制 似是當初制作時 或未詳審之致".

尺(長尺 : 인용자)을 사용하게 하였다고 한다. 옛날의 표시가 지금도 宛然
한데, 갑자기 약간 짧은 新尺(短尺 : 인용자)으로 舊結을 改量하면, 1寸이
더 긴 부분에 장차 세금이 불어날 것이므로, 遠近에서 놀라고 村閭에서
잇따라 소란스러울 것이다.141)

洪錫輔는 계속해서 遵守尺을 固守하려고 하지 말고, 聖祖가 일찍이
시행한 成規를 따라 그대로 舊尺(長尺)을 사용하는 것이 先王을 따르는
방법이라고 설명하였다. 洪錫輔의 의견은 短尺을 적용하게 되면 당연히
한 田土의 結負가 늘어나게 되는데 이것이 백성들을 어지럽히게 만들 것
이라는 주장이었다.

위에서 살핀 바와 같이 量田尺의 길이는 크게 차이가 나는 것이 아니
었다. 하지만 長尺인 甲戌尺으로 50負인 1등전 田土는 短尺인 遵守尺으
로 결부수를 산정하면 55負로 산출되어 상당한 結負數의 차이 즉 10%의
결부 증대를 보이게 되는 것이었다.142) 따라서 소규모의 토지를 가지고
있는 영세한 農民의 입장에서는 공연히 量田尺의 길이가 짧아진 것 때문
에 結負數가 증가하게 된 것을 쉽게 납득할 수 없었을 것이다. 洪錫輔는
短尺을 사용하는 것이 백성들에게 量田을 통해 결국 세금을 증가시키려
는 것이라는 인식을 갖게 할 것이라고 파악하였다. 이는 量田을 수행하는
목표인 田政의 紊亂 해소에 도움을 주지 못하는 것이라고 보았다. 따라

141) 『肅宗實錄』 권62, 숙종 44년 12월 을묘, 41-46.
142) 1等田이고 甲戌尺으로 50負인 田土를 遵守尺으로 結負數를 산출하면 몇 負가
나오는지 계산해보자. 甲戌尺을 104cm, 遵守尺을 99cm로 추산하여 계산한다. 먼
저 甲戌尺으로 1등전 50부를 m²로 환산한다. 1把가 1척×1척이고 1負는 1把의
100배이므로, 1負는 10척×10척=(10×1.04m)×(10×1.04m)=108.16m²이고, 50부
는 108.16m²×50=5,408m²이다. 그런데 遵守尺으로 1負는 10×0.99×10×0.99=
98.01m²이다. 그러므로 이제 甲戌尺 50負 5,048m²를 遵守尺 1負 98.01m²로 나누
면(5,408/98.01) 55.29가 나오고 이것이 遵守尺으로 산정한 負數가 된다. 5負 정도
차이가 나는 셈이다.

서 長尺을 주장하는 주요한 논거는 바로 仁祖가 甲戌尺이 遵守尺보다 긴 것을 알면서도 굳이 長尺을 채용하게 한 그 德政을 본받아야 한다는 것이었다.

洪錫輔의 문제제기로 등장한 量田尺의 선정에 대하여 1718년 12월 21일 판중추부사 李頤命은 法尺을 쓰는 것이 온당하다는 주장을 폈다.[143] 李頤命이 法尺인 遵守尺을 써야 한다고 주장한 논리의 핵심은 "他道에서는 모두 法尺을 사용하였는데 유독 兩南은 그대로 舊長尺을 사용하는 것은 均田의 뜻이 아니다"라는 것이었다. 즉 앞서 살핀 바와 같이 1663년 京畿, 1669년 湖西, 海西 일부에서 遵守尺을 사용하였는데, 兩南 지역에서만 長尺을 사용하게 하는 것은 균등하게 정책을 펼치지 않는 것이라고 지적한 것이다.

量田尺의 문제가 본격적으로 대두할 계기가 마련되었지만, 이후 1718년 가을에 진행하였던 量田 자체가 다음 해로 미루어지면서 量田尺의 문제가 결론을 내리지 못하였다. 1719년 정월 영의정 金昌集은 監司와 守令이 양전을 제대로 수행하려고 하지 않고 지연시키고 있다면서, 그들이 내세우는 핑계의 하나가 量尺의 長短 문제라는 점을 지적하기도 하였다. 아직 量田尺의 선정이 완결되지 않고 있었다.[144] 하지만 量田을 본격적으로 진행시키기 위해서는 遵守尺의 사용 문제에 반론을 제기하면서 甲戌尺을 사용하자고 제의한 것에 대해 어느 한쪽으로 일단락을 짓지 않을 수 없었다.

量田尺에 대한 논란은 1719년(肅宗 45) 9월 이후 全羅道 均田使 金在魯가 적극적으로 甲戌尺을 사용해야 한다는 주장을 펴면서 결국 長尺을 사용하는 것으로 결론이 나게 되었다. 이에 앞서 8월에는 지평 洪禹傳이 量田보다 양역변통이 시급하다고 주장한 上書에서도 長尺을 사용하는

---

143) 『備邊司謄錄』71冊, 숙종 44년 12월 21일, 7-98.
144) 『肅宗實錄』권63, 숙종 45년 1월 임인, 41-55.

것이 온당하다고 하였다. 洪禹傳은 甲戌年 量田했을 때의 舊尺은 先王(仁祖)이 아랫사람을 이롭게 하려는 마음에서 사용하게 한 것이라는 점을 들고, 法尺을 遵用하려는 것은 결부를 많이 얻으려는 것으로 인식될 것이라는 점을 주장하면서 長尺의 사용을 지지하였다.[145] 9월 13일 入侍한 金在魯도 仁祖가 특별히 '損上益下하는 뜻'을 펴서 長尺을 사용하였다는 당시의 논의를 소개하면서 갑술척의 사용을 적극적으로 옹호하였다.[146]

이때 이후의 논의과정에서 金昌集, 宋相琦, 趙泰采 등은 長尺을 주장하고, 閔鎭遠, 李健命, 閔鎭厚, 金宇杭 등은 短尺을 주장하였다. 世子는 처음에는 短尺 사용을 지시하였지만, 役事를 일으킬 때에는 반드시 民心을 따르는 것이 필요하다는 배경에서 甲戌尺을 쓰는 것으로 결론을 내렸다.[147]

量田尺을 둘러싼 논란은 民心을 따르고, 民怨을 해소하는 방식으로 결론이 내려졌지만, 결국 短尺이 아닌 長尺의 사용으로 커다란 이득을 볼 수 있는 사람들은 많은 토지를 소유하고 있던 대토지소유자들이었다. 이들의 입장은 양전척을 둘러싼 논의과정에 분명하게 드러나지는 않았지만 短尺에 가장 커다랗게 반발할 수밖에 없었던 사람들이었다.

(4) 解負式의 단순화

量田事目의 주요한 내용 가운데 하나가 量田尺으로 산출한 長廣尺數를 結負로 환산하는 규정이었다. 먼저 『田制詳定所遵守條劃』에 기재된 長廣尺數를 各等田에 따라 結負로 환산하는 규정을 보면 다음과 같다.

---

145) 『肅宗實錄』 권64, 숙종 45년 8월 병진, 41-79.
146) 『備邊司謄錄』 72冊, 숙종 45년 9월 14일, 7-184.
147) 『肅宗實錄』 권64, 숙종 45년 9월 임오, 41-82 ; 『肅宗實錄』 권64, 숙종 45년 9월 갑신, 41-82 ; 『肅宗實錄』 권64, 숙종 45년 9월 병신, 41-84 ; 『肅宗實錄』 권64, 숙종 45년 10월 기유, 41-85.

舊制의 (各)等尺을 각각 사용하는 法을 罷하고, 단지 一等尺(周尺 4尺7
寸7分5釐에 準하고, 布帛尺 2尺1寸2分6釐에 準함)을 새로운 量尺으로 삼
는다. 田土의 等第 高下를 가리지 않고, 이것으로(一等尺) 各等을 모두
측량하고 해당 尺을 헤아린다(叩籌). 田積이 萬尺인 地가 一等이면 一結
이 되고, 二等이면 85負1把가 되며, 三等이면 70負1束이 되고, 四等이면
55負7把가 되며, 五等이면 40負가 되고, 六等이면 25負가 된다. 이것이
遵守冊의 量田을 解負하는 舊規이다.[148]

이 규정에서 1등전과 6등전의 결부는 정확하게 4 : 1의 비율로 매겨져
있다. 그런데 2등, 3등, 4등의 환산 結負數는 정확한 간격이 없이 매겨져
있었다.[149] 동일한 수치를 『전제상정소준수조획』에서도 찾아볼 수 있다.
복잡하게 各等田의 結負數를 환산하는 규정은 실제의 양전 상황에서
는 算術의 복잡한 계산을 필요로 하여 매우 번잡한 것이었다. 게다가 1등
전으로부터 2등, 3등, 4등으로 내려가는 단계에서 각 등전 사이는 대략 15
負 정도의 차이를 보이고 있음이 명확하여 이러한 단순한 수치로 정리되
는 것은 시간문제였을 것이다.
1718년(무술)에 드디어 量田廳에서 啓한 것으로 인하여 解負할 때 束
把를 모두 계산하지 않기로 하였다.[150] 이러한 결정은 위의 인용문에서 1
등전 1결을 2등전에서 85부 1파로 환산하는 것이 아니라, 그냥 85부로 간

148) 『度支志』外編 권4, 版籍司 田制部 二, 量田, 至孝宗 4年 癸巳(1653년), "印頒
遵守冊 罷舊制等尺各用之法 直以一等尺(準周尺 4尺7寸7分5釐 準布帛尺 則2
尺1寸2分6釐) 定爲新量之尺 無論 等之高下 以此通量各等 而叩籌該尺 田積萬
尺之地 一等則爲一結 二等則爲85負1把 三等則爲70負1束 四等則爲55負7把 五
等則40負 六等25負 此是遵守冊 量田解負舊規也".
149) 『度支志』外編 권4, 版籍司 田制部 二, 量田, 遵守冊解負舊規歌訣, "一等繩量
六等田 二等八五空一乘 七空——爲三等 五五空七四等成 單四乘位五等實 六
等二五自分明".
150) 『度支志』外編 권4, 版籍司 田制部 二, 量田, 遵守冊解負舊規歌訣, "戊戌 因量
田廳 小啓 不計把束事 定式 故不用此規".

주한다는 것을 의미한다. 『度支志』에 보이는 量田廳의 계사 내용을 보면
다음과 같다.

> 肅宗 戊戌(1718년, 肅宗 44)에 量田廳에서 啓하기를 "量田할 때 一等尺
> 으로 六等을 두루 측량한 다음에 每等마다 15負를 遞減하면 田을 계산하
> 는 것이 簡易하여 容奸할 것이 없다. 이로써 三道 監司에게 知委하여 하
> 여금 舊法을 사용하지 말고 尺量한 후에 15負를 遞減하여 磨鍊 作結하
> 게 하는 것이 어떠한가"라고 하였다.[151]

이때 양전청의 건의로 解負의 규정이 뒤바뀌었고, 그 후에도 계속 이
解負 규정이 유지되었다.[152] 量田廳의 啓辭는 解負 규정을 변경시키고,
변경된 규정을 三道 監司에게 알려 시행하게 해야 한다는 것이었다. 舊
法을 사용하지 말고 새로운 解負 규정을 숙종 말년 己亥·庚子量田을
수행하면서 결부수를 환산하는 데 적용하였음이 분명하다. 다만 경자양
전의 양전사목 가운데 바뀐 解負 규정이 보이지 않고 있다.

『전제상정소준수조획』에 규정된 解負式이 단순하게 15負씩 체감하는
규정으로 1718년 변경된 것은 결국 예전보다 結負數를 축소하여 파악하
는 것을 의미하였다. 비록 鳥足之血에 불과한 양이었지만, 民이 量田을
즐겨 받아들일 수 있게 하는 것이었다.

---

151) 『度支志』外編 권4, 版籍司 田制部 二, 量田.
152) 『度支志』外編 권4, 版籍司 田制部 二, 量田(1718년, 肅宗 44, 戊戌), "各等田 不
計負下把束之零數 只用15負遞減之規 改定 解負之法 田積 實萬尺之地 一等則
爲1結 二等則85負 三等則70負 四等則55負 五等則40負 六等則25負(此是15差
至今行之)".

4. 맺음말

己亥·庚子量田은 1720년 10월 일단락되었다. 1715년 12월 이후 본격적인 양전 시행 논의가 제기되면서 1717년에 일단 양전 시행이 결정되고, 중간에 여러 방면에서 양전 保留論이 제기되고, 또 양전 자체가 중단되는 과정을 거쳤다. 상당한 우여곡절을 겪으면서 庚子量田이 결과적으로 실행된 것은 바로 量田 施行論이 현실화되었다는 것과, 양전 시행론을 주장한 인물들이 기대하고 있던 양전의 목표가 실현되었다는 것을 의미한다고 할 수 있다. 이러한 양전의 목표, 기대 효과, 그리고 양전의 결과 나타난 변화가 바로 庚子量田에 부여할 수 있는 역사적 성격이라고 할 수 있다. 경자양전이 마무리된 상태에서 양전에 부가된 당대의 평가를 먼저 살펴본다.

1720년 10월 이후 집권세력으로 올라선 少論 집권층의 庚子量田 평가는 아주 가혹한 것이었다. 『景宗實錄』 史臣은 "結負가 옛날에 비교해서 자못 증가하였지만, 奸弊가 백가지로 나오고, 虛僞가 서로 뒤섞여서 民弊가 도리어 심하게 되었다"라고 경자양전을 평가하였다.[153] 이러한 평가는 물론 己亥·庚子量田으로 말미암아 폐단이 많아졌다는 점에 초점을 둔 것이기는 하지만, 이 비판적인 언급에서 庚子量田의 결과로 結負의 증대라는 결과물을 얻어냈다는 점을 다시 한번 알 수 있다. 陳田인 山田을 起耕으로 파악한 경우까지 있었다는 사정을 덧붙여 생각해야 한다면 庚子量田의 결과 結負가 증대한 것은 이러한 사정에서 비롯한 것이었음을 알 수 있다.

庚子量田 이후 2년이 지난 1722년이 되면 庚子量田을 통해 확보한 새

---

153) 『景宗實錄』 권2, 경종 즉위년 10월 기해, 41-138, "三南改量田 訖 慶尙道 應世搃 二十六萬 二千結零 全羅道 二十四萬 五千五百結零 忠淸道 十六萬 三百結零 結負 比舊 頗增 而奸弊百出 虛僞相蒙 民弊 反有甚焉".

로운 量案을 사용하지 말고 우선 舊量을 사용하면서 철저하게 釐正해야
한다는 주장마저 少論 집권층 일각에서 제기되었다. 10월 24일 正言 李
廣道는 忠州의 量政이 不均함을 지적하면서 '舊量' 즉 舊量案을 우선 사
용할 것을 요청하였다. 그리고 이광도는 일단 凶歲에 窮民의 원망을 풀
어주고 후에 이정해야 한다는 것과 三南 各邑의 新量이 不均한 것을 道
臣으로 하여금 상세히 조사하여 狀聞하게 하고 충주와 마찬가지로 우선
舊量을 사용하게 할 것을 같이 요청하였다.154) 舊量을 사용하는 것이 오
히려 백성들을 위하는 방법이라는 근거를 덧붙이고 있었다.155) 이광도가
내세운 주장의 요점은 三南의 庚子量案을 사용하지 말고 舊量案을 써야
한다는 것이었다. 庚子量田의 결과를 적극적으로 부정하는 입장의 주장
이었다.

　景宗은 正言 李廣道의 의견을 그대로 시행하도록 받아들였다. 그런데
11월 3일 이조판서 李光佐가 上疏하여 이광도가 제기한 量田의 일을 廟
堂에 稟處하게 하지 않은 것을 잘못이라는 점을 지적하자 다시 景宗은
묘당으로 하여금 稟處하게 하였다.156) 이후 廟堂은 11월 16일 新量한 것
을 없앨 수 없지만, 陳起를 잘못 판정한 것과 가장 원망이 심한 것을 釐
正하게 해야 한다는 방안을 제시하였다.157) 이러한 방안을 제시하면서 묘
당은 己酉年에도 土品의 膏瘠과 等數의 高下 문제를 하나하나 均正하게
하지 못해서 民怨이 지금까지 계속되고 있다는 점을 설명하여 新量한 것
이 가진 문제점의 일단을 인정하였다. 그리고 己酉年 量田을 시행한 지
50년 동안 점차 釐正하였다는 점을 들어 이번 新量도 이러한 과정을 거
쳐야 할 것이라고 설명하였다.158) 이렇게 하여 이광도가 내세운 舊量案

---

154) 『景宗實錄』 권10, 경종 2년 10월 병자, 41-259.
155) 『景宗實錄』 권10, 경종 2년 11월 을유, 41-261, "啓曰 請用舊量 意在便民".
156) 『景宗實錄』 권10, 경종 2년 11월 갑신, 41-260.
157) 『景宗實錄』 권10, 경종 2년 11월 정유, 41-263.
158) 『景宗實錄』 권10, 경종 2년 11월 정유, 41-263.

복구의 주장을 수면에서 사라지게 되었지만, 논의 과정에서 新量案이 가진 문제점이 무엇인지 명백하게 드러나게 되었다.

新量(庚子量案)에 대해서 각종의 民怨이 제기되고 있는데 그것은 다음과 같은 문제점을 안고 있기 때문이었다. 土品의 膏瘠과 等數의 高下, 즉 田品과 結負數에서 실제와 크게 어긋나 있다는 점이 새로운 庚子量案이 담고 있는 문제였다. 田品이 실제보다 더 비옥하게 매겨지고 이에 따라 結負數가 실상보다 많게 산정되었다는 것이었다. 그런데 이러한 문제점은 廟堂의 논의에서 하나의 사례로 지적된 바와 같이 己酉年(1669년, 현종 10) 量田에서도 그대로 지적되는 그러한 문제였다. 여기에서 우리는 量田의 결과에 대해서 한결같이 田品과 結負의 과도한 파악이라는 문제점이 지적되고 있음을 알 수 있다. 그러한 量田에 대한 평가는 1634년 甲戌量田의 경우에서도 마찬가지였다.

甲戌量田이 수행된 지 4년이 지난 상태에서 慶尙道 開寧 幼學 沈球는 19가지 조목을 진술한 上疏에서 量田의 문제점을 다음과 같이 지목하였다.

十四 均田을 降等해야 한다. 이번에 土田의 品을 계산하지 않고 오직 結負를 많게 하는 데 힘썼다. 田形은 모두 方直으로 기록하고, 等數는 모두 1, 2等을 사용하였다. 樹木이 숲이 된 곳도 모조리 打算하여 虛負가 매우 많다. 賦役이 浩煩하여 장차 流離할 것이다. 옛날의 量田은 장차 民을 위한 것이었는데, 今日의 量田은 장차 어찌 民을 위할 것인가. 청하건대 尤甚한 지역을 대상으로 分減하게 하면 仁政을 行하는 一端이 될 것이다.[159]

---

159) 『仁祖戊寅史草』(규장각 古4254-36) 戊寅 8월 초2일(국사편찬위원회, 『朝鮮時代史草』 I, 韓國史料叢書 第38輯, 1995, 548쪽), "慶尙道開寧 幼學沈球 上疏…… 十四 均田降等 今者 不計土田之品 惟務結負之多 田形皆以方直記之 等數皆以一二等用之 至於樹木成林之處 一樣打算 虛負甚多 賦役浩煩 勢將流離 古之量田 將爲民也 今日量田 將何以爲民耶 請擧其尤甚之官 使之分減 則行仁政之一

심구는 甲戌量田의 진행과정에서 結負를 파악하는 것만 애를 써서, 田形의 잘못 기록, 等數의 과대 평가, 樹木이 자라고 있는 곳을 執負하는 등의 잘못을 저질렀다고 주장하였다. 이와 같이 심구가 주장한 내용의 핵심은 結負가 과도하게 파악되었다는 점에 있었다.

庚子量田, 己酉量田, 甲戌量田에 대한 평가가 이렇듯 結負의 과도한 파악으로 요약된다는 점은 量田의 일반적인 성격에 대한 우리의 의문에 대해 적절한 해답을 전해주고 있다. 즉 당대의 인물들에게 문제로 인식되는 것이기는 하지만, 결국 結負의 增大가 量田의 현실적인 목표였고, 또한 양전 시행론자들이 설정한 양전 시행의 궁극적인 목적도 바로 이것이었다는 해답을 찾을 수 있는 것이다.

庚子量田 施行論과 庚子量田 전체에 대한 평가는 실제의 양전 작업의 결과에 대한 평가로 이어질 수 있다고 생각된다. 결국 경자양전의 결과물인 結負數의 增大, 起耕田의 과도한 파악이라는 현실적인 상황이 양전 시행론의 입장, 양전 시행의 성과를 분명하게 드러내어 준다고 할 것이다. 또한 이러한 결과물은 양전을 왜 하였는가를 논의하는 과정 즉 量田論議의 전개 과정에서 量田尺과 田品 等第 등의 측면에서 국가가 양보하는 가운데 얻어진 것이기 때문에 보다 분명하게 양전 시행의 목표를 찾아볼 수 있다.

양전의 현실적인 목표, 그리고 양전 시행론자들이 설정한 양전 시행의 궁극적인 목적은 바로 현실적인 田土의 여러 가지 정보 가운데 結負數를 온전히 파악하려는 것에 놓여져 있었다. 結負數의 증대를 성취하기 위하여 田品 等第의 문란을 해소하는 적극적인 개선 방안을 시도하지 않고, 또한 量田尺과 같은 작은 문제에 대해서 일정한 양보를 해주고 있었다. 집권층은 경자양전으로 당시의 田政의 紊亂을 해소하려고 했고, 賦稅의 不均을 제거하려는 목표도 가지고 있었다. 하지만 결과적으로 漏結과 隱

端也".

餘結을 조사하고 파악하여, 量案에 등재되는 原帳付 結負數의 증대를 꾀하는 것, 즉 賦稅 收取의 기본적인 대상 田結인 應稅 結負數를 확대하려는 것이 경자양전의 목표였다.

숙종대 재정 추이와 경자양전

송 찬 섭

1. 머리말

양전을 통한 토지에 대한 파악은 조선시대 중요한 국가적 사업이었지
만 특히 숙종대는 양전에 대한 논의가 지속적으로 일어났다. 그 결과 숙
종 말년에 시행되었던 경자양전은 선조대 계묘양전, 그리고 인조대 갑술
양전과 더불어 조선후기 가장 중요한 양전사업으로 꼽힌다.

조선정부는 본래 20년마다 한 차례 양전을 하기로 법제화하였으나 실
제로 시행하기는 어려웠다. 여기에는 막대한 인력과 물력이 필요하였고,
한편으로는 양전을 둘러싼 이해관계가 중앙뿐 아니라 지방사회에서도 첨
예하게 대립되었기 때문이다. 그런 가운데서도 양전을 시행하였던 이유
는 여러 가지 점에서 검토될 수 있을 것이다. 가령 임진왜란 직후의 계묘
양전은 전쟁으로 소실된 전안을 복구하고 재정 위기를 해소하기 위해 은
루결을 파악하려는 목적이었고, 갑술양전은 취약했던 계묘양전을 보완하
고 그 동안 개간되었던 진황지를 파악하기 위해 시행되었다고 한다.[1]

여기서는 경자양전이 시행되었던 배경 가운데 재정적 측면을 검토하고
자 한다. 재정 실태는 양전을 불가피하게 만든 점이 있으리라 여겨지기
때문이다. 실제로 숙종대 들어서 재정부족에 대한 우려가 계속 제기되었

---

1) 17·18세기의 양전에 대해서는 다음 논문이 참고된다. 吳仁澤, 「17·18세기 量
田事業 硏究」, 부산대학교 대학원 사학과 박사학위논문, 1996.

고 이 때문에 재정문제를 해결하기 위하여 대책이 다양하게 논의되었다.

일반적으로 재정문제를 해결하기 위해서는 두 가지 방법을 들 수 있다. 첫째는 수입을 확대하는 방법이다. 그러나 전세, 대동세 등 중요한 세액은 수취액이 정해져 있어서 수취대상을 늘릴 수밖에 없다. 둘째는 재정구조를 개선하는 방안이다. 이는 수입의 문제만이 아니라 지출의 구조를 개선하는 방법으로 해결하는 방안이다. 숙종대에 들면서 재정문제가 심각해지면서 이전 시기와 달리 두 가지 방안이 모두 논의되었다고 보인다.

이 글에서는 숙종대의 재정수입과 지출의 실태에 대한 일반적인 상황과 이를 극복하기 위해 호조에서 시도한 여러 가지 재정대책, 그리고 그 일환으로서 양전이 시행되어 가는 과정을 살펴보고자 한다.

2. 재정수입의 변화와 지출의 확대

조선시대 재정은 다양하게 구성되어 있지만 중앙에서 구체적인 수치로 거두어들이면서 또한 재정 일반에 이용할 수 있는 대표적인 수입은 전결세였다.

전결세는 크게 田稅와 大同稅로 구성되었다. 전세의 경우 조선전기 공법을 시행함에 따라 결당 수확량의 20분의 1인 20두로 정하였는데 다만 농사의 풍흉에 따라 9등급으로 나누어 4~20두 사이를 거두도록 하였다. 그러나 연분이 점차 하하년으로 고정되면서 결당 4두로 고정되어 나갔다. 이러한 관행이 인조대에 법제로서 추인되어 永定法이 실시되었다.[2] 이로써 전세가 차지하는 비중은 이전보다 줄어들 수밖에 없었다.

반면 대동세의 액수는 상당히 컸다. 전기 조용조체제에 따라 가호마다 공물을 매겼는데 조선전기 재정에서 차지하는 비중이 클 뿐 아니라 징수

---

2) 朴鍾守, 「16·17세기 田稅의 定額化 과정」, 『韓國史論』 30, 1993.

체계에서 피지배층인 농민에게 부담이 집중된다거나 지역간에도 심각한 불균 양상을 보였다. 특히 공액이 과다하거나 생산되지 않는 공물을 분정하거나 방납이 일어나면서 비리행위가 많았다. 이 때문에 17세기에 들면서 공물진상에서 현물을 징수하는 대동법이 시행되었다. 임란 이전부터 공물수미법이 시행되기 시작하였지만 그러다가 임란 후에는 전안이나 공안이 소실되는 등 재정의 위기가 일어나면서 대동법이 추진되었다.

광해군 초에 경기도에서 시작된 대동법은 숙종 3년 경상도를 시행하면서 삼남 전체가 포함되었고 숙종 34년 황해도가 시행되면서 전국으로 확대되었다. 또한 전국적으로 시행되면서 세율이 고정되었다. 초기에는 경기 강원도에는 1결에 16두, 충청도에 10두, 전라 경상도에 13두를 부과하였으나 그 뒤 대부분의 지역에서 12두로 통일되어갔다. 이를 가지고 중앙상납, 지방유치, 관청재정으로 이용하였다.

대동법을 통해 8도에서 일정한 세수를 거둘 수 있어서 파탄에 빠진 국가재정을 구제할 수 있었다.[3] 또한 대동법은 토지결수가 늘어나는 상황에서 조세를 계량화하여 수취의 불균을 줄이는 역할을 하였다. 이처럼 대동법을 시행함으로써 어느 정도 안정적인 국가수입이 가능하였다. 대동법은 공물제에 대해 토지를 통해 전국적이며 통일적인 수취방식을 형성하였기 때문에 이에 따라 토지에 대한 정확한 파악이 크게 요구되었다. 그밖에 토지에는 다른 잡역세까지 포함되어 전결세의 비중이 커졌다.

그러나 국가재정의 근간이 되는 전결세는 토지를 대상으로 일정한 액수를 거두면서도 수입의 실태는 매우 불안하였다. 결당 수취액은 법제적으로 정해져 있는 반면 전체 수취액은 여러 가지 변수로 인하여 예정대로 들어오지 않았기 때문이었다.

먼저 이 시기 국가 세입을 확보하는 데 큰 장애가 된 것이 궁방과 아문

---

[3] 대동법이 전국적으로 시행된 영조년간의 세수액은 50여만 석이었다(한영국, 「대동법의 시행」, 『한국사』 30, 국사편찬위원회, 1998, 497쪽).

둔전이었다. 궁방과 아문의 둔전이 상당한 비율을 차지하면서 국가수세지가 잠식되는 결과를 가져왔다.[4]

본래 조선에서는 왕실에 대하여 科田 또는 職田을 분급하여 경비를 확보하도록 하였다. 그러나 이러한 제도상의 보장이 사라져 가는 사이 왕실에서는 소유지를 만들고 늘여나가는 방법이 이용되었다. 그것은 국가에서 황무지를 折受해주고 궁방에서는 이를 이용하여 경제적 토대를 마련하였다. 특히 궁방전은 임진왜란을 거치면서 농민들이 흩어지고 토지가 일시적으로 경작되지 않게 되자 이 기회를 통하여 토지를 늘여 나가고자 하였다. 한편 국가에서는 황폐한 농지의 개간을 장려하기 위하여 정해진 기간에 면세 혜택을 주고 소유권을 인정하였는데 이에 궁방에서는 황무지를 대대적으로 절수받아 개간하였다.

아문둔전의 경우도 임란 이후 나타났다. 전국의 토지가 황폐하게 되고 유망민이 늘게 되자 정부에서는 황무지를 개간하고 농민을 안집시켜 농업생산을 늘릴 수 있는 방책을 구상하였는데 대체로 둔전을 설치하는 것을 해결책이라고 생각하였다.

이에 비어있는 목장, 섬, 제언 등의 토지에 둔전을 두기로 하였다. 특히 훈련도감이 설치되면서 군량을 위하여 둔전을 활용하였다. 그러나 초기에는 군사, 농량뿐 아니라 적절한 지역을 찾기 힘들어서 둔전이 많이 설치되지는 못하였다.

궁방과 아문의 둔전은 절수를 통해 설치되었다. 그런데 절수는 무주지만이 아니라 민간에서 기경한 토지까지도 포함하는 경우가 많았다. 이는 민전에 대한 침탈이나 민전의 투탁을 통해서였다. 당시 둔전에는 면세, 면역의 특권이 있어서 이러한 혜택을 끈으로 하여 민전을 끌어들였으며

---

4) 궁방전, 둔전에 대해서는 다음 논문이 참고된다.
   鄭昌烈, 「李朝後期의 屯田에 대하여」, 『李海南博士華甲紀念史學論叢』, 1970 ;
   朴準成, 「17 · 18세기 宮房田의 확대와 所有形態의 변화」, 『韓國史論』 11, 1984.

민인들도 이러한 특권을 이용하려고 자기의 땅을 궁방에 투탁하였다. 이 때문에 수세지가 많이 잠식되었다.

다음으로 전결세의 수입을 불안정하게 하는 것은 끊임없이 일어나는 재해에 대해 부세를 탕감하기 때문이었다. 재해의 탕감은 국가의 은덕을 베푼다는 의미도 있지만 실제 재해지역에서는 부세를 받기 어려웠기 때문에 탕감의 방법을 이용할 수밖에 없기도 하였다. 그와 함께 당시 농민들이 유리하면서 도적이 늘어나는 문제에 대한 대책이기도 하였다. 탕감을 통해 부담을 줄여서 농민들의 유리를 막고 농촌사회를 안정시킬 수 있다고 보았다. 따라서 재해를 당하면 가장 먼저 전세와 대동이 감면, 탕감되었다.

특히 숙종대는 재해에 대한 기록이 많았으며 그 피해가 적지 않았다.[5] 여기에는 여러 가지 요인이 있었던 것으로 보인다. 자연재해가 많았을 수도 있지만, 이앙법과 같은 농법의 변화 때문에 재해의 발생이 높아졌을 수도 있다. 또한 조선후기에 전결세에 대한 비중이 커지면서 재해에 대한 정부의 관심이 높아졌기 때문일 수도 있다.

일정한 수입규모에서 탕감이 이루어질 때 수입은 크게 타격을 받을 수밖에 없다. 더구나 재해가 발생하면 그 자체 조세수입이 줄어들기 때문에 더욱 심하였다.

반면 조선후기 상품화폐경제의 발달, 부세제도의 개편, 군사비의 증대 등으로 국가세출이 확대되어 갔다. 이 가운데 군영의 설치가 커다란 비중을 차지하였다. 임진왜란 이후 훈련도감을 비롯하여 어영청, 금위영, 수어청, 총융청 등이 차례로 설치되었다. 그러면서 軍需에 대한 비용이 크게 늘어났다.

조선전기에는 군역에서 병농일치제를 주장하였으나 조선후기에 들어

---

5) 가령 숙종 39년에 따르면 전해의 급재 때문에 줄어든 전결세는 삼남을 통틀어서 12만결이 된다고 하였다(『備邊司謄錄』 65冊, 숙종 39년 2월 12일, 454).

서 훈련도감이 설치되면서 급료제로 운영하였다. 급료제가 추진됨에 따라 정부에서는 군향청이라는 별도의 기관을 설치하여 훈련도감의 급료를 관장하였다. 이는 호조에서 재정을 담당하였다. 나아가서는 三手米制度를 실시하였지만 삼수미만으로 도감군의 급료를 지급할 수 없는 경우가 많았다. 삼수미세의 수입은 1648년(인조 12)에는 3만 9041석, 1669년(현종 10)에는 3만 5583석, 1671년(현종 12)에는 2만 5791석으로 점점 감축하고 있는데 비해 도감군의 급료는 현종 12년의 경우 미 5만 5120석, 태 5276석, 합계 6만 396석에 달하였다.[6] 이 때문에 도감군의 급료 총액이 호조 재정에서 차지하는 비중은 막대하였다. 현종과 숙종 년간 호조의 1년 경비 12만석 중 훈련도감으로 들어가는 것이 8만석이라고 할 정도였다.[7] 이는 호조 전체 세입의 2/3에 해당되었다.

그밖에도 어영군 등 여러 군영의 수많은 군사가 있었으며 게다가 각 군문에서는 재정을 늘리려고 하였다. 이러한 군문의 실상은 국가재정이 궁핍하고 민의 부담이 커지는 데 큰 원인이 되었다.

다음으로 이 시기 진휼에 대해 지출이 늘어났음을 들 수 있다. 지주전호제가 진행되면서 소빈농이 늘어났으며 이 때문에 재해를 당하면 피해를 입고 유리하는 농민이 많았다. 국가에서는 이들을 안정시키기 위해서는 진휼이 필요하였으며 이에 따라 진휼에 드는 곡식을 마련하기 위해 고심하였다.

국가는 곡물을 확보하기 위해 여유있는 아문으로부터 곡식을 조달하거나 다른 지역으로부터 이전하는 방법을 쓰거나 납속첩, 공명첩 등 각종 직첩을 판매하여 곡물을 확보하였다.[8] 국가재정 가운데는 특히 이 시기

6) 金鍾洙, 「朝鮮後期 訓練都監의 設立과 運營」, 서울대학교 대학원 국사학과 박사학위논문, 1996, 114쪽.
7) 『顯宗改修實錄』 권2, 현종 즉위년 12월 갑인(28일) ; 『肅宗實錄』 권11, 숙종 7년 5월 신미(19일).
8) 양진석, 「17, 18세기 환곡제도의 운영과 기능변화」, 서울대학교 국사학과 박사학

전세, 대동미 등 일단 계량화된 세액이 있으므로 이를 진휼에 활용하면서 국가재정이 축소되었다. 특히 조세수입의 감축과 함께 관곡 지출이 늘어나면서 타격이 더욱 심하였다.

숙종대 들면서 진휼의 방식이 크게 달라졌다. 이전에는 진휼에 쓰인 곡식이 빌려주는 식이었으나 숙종 때는 절반 혹은 3분의 1은 무상으로 공급하였다.[9] 이 때문에 진휼의 비중이 커지게 되었다.

진휼의 문제가 심각해지면서 진휼을 담당하는 관청인 진휼청의 역할도 커졌다. 진휼청은 인조 4년에 비변사에서 관리하던 구황청을 선혜청에 이속하고 상평청과 합설하여 만들었다.[10] 그런데 이전에는 진휼청은 임시로 설치된 아문이었다. 따라서 만약 의논할 일이 있으면 다른 관청의 빈 관사에서 편의에 따라 집무하였고 낭청도 비변사 武郎廳을 겸임하는 방식이었다. 그러다가 숙종대에 들면서 그 역할이 커지면서 별도로 낭청을 차출하고 형조의 직방에 진휼청을 설치하였다.[11] 그만큼 역할이 커지고 일이 많아졌던 것으로 보인다. 진휼청은 숙종 12년에 폐지되고 상평청이 그를 대신했다가 숙종 21년 대흉년과 대기근이 닥치자 다시 복설되어 기능을 발휘하였다.[12]

그 밖에 왕실을 비롯하여 외척, 封君 등 특수신분에 대한 지출도 적지 않아서 국가경비에 영향을 미쳤다. 가령 궁가의 第宅, 사당 등을 짓는 비용으로 중앙재정으로 지출하는데 그 규모가 크고 호화스럽고 하사하는 재물이 많아지자 홍문관에서는 왕이 국가 재용을 남용한다고 비판이 끊이지 않았다.[13] 그러나 왕은 왕실을 옹호하는 입장을 취하여 계속 지출하

위논문, 1999, 41쪽.

9) 『弘齋全書』 卷12, 序引5 賑濟引. 그 뒤 영조 때는 假貸法을 없애고 白給例를 두어 기민들은 받기만 하고 바치는 것을 없애도록 하였다.

10) 『萬機要覽』 財用編5, 荒政 賑恤總論.

11) 『備邊司謄錄』 36冊, 숙종 8년 12월 5일, 3-584 ; 숙종 8년 12월 10일, 3-585.

12) 『備邊司謄錄』 49冊, 숙종 21년 8월 6일, 4-718.

13) 『肅宗實錄』 권35, 숙종 27년 5월 갑진(18일).

였다.

한편으로 조선후기 役制가 개편되면서 요역에서도 雇立制가 성립된 것도 지출의 확대에 영향을 미쳤다고 보인다. 고립제는 부역노동이 쇠퇴하는 한편 상품화된 노동력을 구매할 수 있는 여건이 마련되었고, 한편으로는 농촌에서 유리한 수많은 빈민들이 서울 주변으로 몰려드는 상황에서 이들에게 생활의 기반이 필요하였으므로 궁궐공사, 축성공사 등을 중심으로 고립제가 정착되어 갔다.[14]

이러한 수입과 지출의 문제는 중앙재정에 반영되었다. 그렇다면 당시 중앙재정의 규모는 어느 정도였을까 살펴보자. 토지를 대상으로 하는 전세, 대동세를 중심으로 재정을 이루는 호조와 선혜청의 재정을 볼 때 어느 정도 규모가 정해졌다. 먼저 호조 재정을 볼 때 수입과 지출은 서로 비슷하게 이루어졌다. 효종 2년의 경우 호조 1년 수입은 화폐로 계산하면 모두 97만 2814냥이고 지출은 95만 1906냥이었고, 현종 9년은 수입 95만 2245냥, 지출 87만 5834냥이었다. 숙종 26년의 수입은 122만 9189냥이고 비슷한 시기인 숙종 28년 지출은 120만 3398냥이었다.[15] 이를 본다면 호조 재정이 느는 것과 동시에 지출도 늘어나면서 전체 액수가 고정되어 갔음을 알 수 있다. 가령 숙종대의 국가 세입은 대략 30만 석이라고 어림잡는 수치도 여기에 근거한다고 보이는데[16] 숙종 이후 대체로 이 액수로 고정되는 것이 아닌가 한다. 예를 들면 앞의 자료에 따르면 영조대의 최고치가 129만 냥 정도이고 정조대 또한 132만 냥 정도였다.

선혜청 재정의 경우 대동세는 1결에 12두 정도를 거두었으나 여기서

---

14) 윤용출, 『조선후기의 요역제와 고용노동』, 서울대학교 출판부, 1998.

15) 오일주, 「조선후기 재정구조의 변동과 환곡의 부세화」, 『실학사상연구』 3, 무악 실학회, 1984, 66~67쪽, <표 3>과 <표 4> 참조. 그러나 이 액수는 전세에다가 奴婢貢, 巫稅, 匠稅, 蘆田稅 등을 합한 실상납에다가 각종 加入을 합한 것이다. 전세만의 액수는 알 수 없다.

16) 『肅宗實錄』 권38, 숙종 29년 1월 병진(10일).

유치미를 제하고 상납분으로 구성되었으며 그 액수는 숙종대에 약 20만 석(100만 냥) 정도로 보인다.[17)

대체적인 상황은 효종, 현종대에 비해 숙종대는 대체로 늘어났음을 알 수 있다. 이는 임란 이후 기경전이 늘어났기 때문으로 보인다. 그러나 전 세, 대동세 등 수취액은 고정된 데 비해 전체 수세규모는 한정되었고 반 면 늘어나는 재정에 대비하기 어려웠다. 대동미의 중앙상납과 지방유치 가운데 상납의 비율이 점차 늘어나는 것도 이 때문이었다.[18)

3. 재정대책과 재정체계의 수립

1) 재정고갈의 실태와 절용

국가는 재정고갈에 대해 먼저 직접적으로는 수취대상을 확대하여 세입 을 늘리려는 방안을 꾀하였다. 궁방과 아문의 둔전을 통제하고 민전을 확 보하려는 시도가 그 대책이었다.

숙종 3년에는 현종 13년(1672) 이후에 설치한 둔전에 대해 혁파하도록 하였다.[19) 인조, 현종대에도 둔전 혁파의 명이 있었으나 실제로 적극적으 로 시행하지는 않았다. 그러나 실제로 모든 둔전은 그 이전에 설치되었기 때문에 실효는 거의 없었다. 오히려 둔전을 혁파하면 이것을 궁방에서 절 수하여 혁파한 의미가 없게 되는 일도 일어났으며, 한편으로는 둔전을 폐 지하면 민이 흩어질지 모른다는 주장도 나왔다.

17) 오일주, 앞의 논문, 73쪽. 선혜청의 수입에 대한 자료는 보이지 않고『京外要覽』 에 나타나는 숙종대 1년지출은 上年 25만 5675석, 中中年 19만 7997석, 下年 16 만 2816석이었다. 다만 이후 대동세 상납비율이 늘어나면서 영조대에는 선혜청 의 수입, 지출이 상당히 늘어났다.
18) 安達義博,「18~19世紀 前半의 大同米·木·布·錢의 徵收·支出과 國家財 政」,『朝鮮史研究會論文集』13, 1976.
19)『肅宗實錄』권6, 숙종 3년 5월 계묘(28일).

특히 궁방전의 경우 제대로 혁파하기 어렵기 때문에 그 대안으로 給價
買得制와 民結免稅制가 실시되기도 하였다. 급가매득제는 숙종 14년
(1688)에 시행 규정이 나타났다가 숙종 21년(1695)에 다시 급가매득 규정
이 확인되었다. 이를 乙亥定式이라고 이름하였다. 급가매득제 못지않게
중요한 것은 민결면세제였다. 곧 절수 200결을 한정하고 있는데, 이는 호
조에 세를 바치고 있던 토지로서 그것이 궁방에 절수되어 세를 궁방에
납부하게 되었던 것이다.[20]

그러나 그 뒤로도 절수가 여전히 계속되었다. 숙종 26년에 따르면 "을
해년 이후로도 절수는 그전과 같고 궁가에서 점유하는 전토는 점점 불어
나고 있다." 하였다.[21] 이러한 절수지는 여전히 대부분 면세되었던 것으
로 보인다.

이러한 상황 때문에 숙종 28년(1702) 궁가의 절수를 한계를 정하자는
대신들의 견해에 대해서 국왕은 이를 받아들이지 않았다. 당시 사신의 논
평에서도 "궁가에서 절수하는 폐단이 끝이 없어서, 후미진 산과 먼 바다
까지도 궁가에 들어가고 농민들을 수탈하여, 당시 궁장을 폐지하지 않으
면 나라가 망할 것이다."고 할 정도로 격렬하였으며 당시 대간을 비롯하
여 각 도 수령, 감사, 중앙에서 파견된 어사까지도 주장했으나 왕이 끝내
시행하지 않았던 것이다.[22]

궁방아문의 절수에 대한 이 같은 과정은 결국 민전을 확대시켜 수취대
상을 늘리기는 어렵다는 사실을 보여준다. 결국 한정된 수입에 대해 지출

---

20) 박준성, 앞의 논문, 219쪽.
21) 『肅宗實錄』 권34, 숙종 26년 12월 신미(13일).
22) 『肅宗實錄』 권37, 숙종 28년 9월 계유(25일). 이후 정조도 "숙종때 와서는 대신의
　말에 따라 특명으로 이미 절수한 것 외에는 다시 절수를 허락하지 않기로 하고
　직전제도의 부활을 논의했으며 또 값을 주어 본인이 전답을 매입하게 하자는 논
　의도 있었으나 실현되지 않았던 것이다."고 평하고 있다(『弘齋全書』 卷12, 序引
　田政引).

이 확대되면서 정부 재정은 심하게 고갈되는 상황이 발생하였다. 숙종대
의 경우에 초년보다 말년에 들면 지출이 두 배 가까이 늘어났다고 하는
데 수입은 그만큼 따라가지 못한 듯하다.[23] 이러한 상황이었기에 숙종대
에는 재정 고갈에 대해 많이 언급됨과 동시에 節用에 대해서도 계속 강
조되었다. 절용에 대한 강조는 시대와 관계없이 어느 때나 언급할 수 있
다. 그러나 이 시기에는 이는 일반적인 '절약'이 아니라 수입이 한정된 반
면 지출이 많고 탕감 등이 일상화되면서 항상적인 절용이 필요하였다.

숙종 8년 특진관 閔維重은 진휼청의 사정을 통해 당시 재정 실태를 잘
파악하고 있었다. 흉년이 여러 해 들면서 중앙과 지방의 여러 아문 창고
가 고갈되어 각종 용도를 임시 삭감하는 방법을 써서 겨우 1년을 지탱하
였다고 하면서, 대체로 현종대만 하더라도 흉년이 들었을 때 경외의 아문
에 묵은 비축이 있어서 진휼청에서 사용했는데 지금은 각 아문의 비축도
부족한 형편이어서 오직 용도를 절감하는 방법밖에 없는 실정이라고 하
였다.[24] 현종대보다도 사정이 더 나빠졌음을 엿볼 수 있다.

이러한 표현은 그 뒤에도 나타난다. 곧 숙종 21년 좌의정 柳尙運은 이
해의 흉황을 현종 11, 12년과 비교하면서 그때에는 나라의 저축이 꽤 넉
넉하였으나 지금은 경외가 다 고갈된 상황이라고 하였다.[25] 현종조에 비
해 숙종조의 재정이 더 군색해졌고 이 때문에 대책으로서 절용을 우선적
으로 강조할 수밖에 없었다.

숙종 10년 영의정 金壽恒의 주장이 이러한 절용의 의미를 잘 짚고 있

---

23) 『日省錄』정조 원년 7월 18일, 3冊 43쪽, "肅廟初一歲國用不過八九萬 而及至季
　　年則倍之". 실제 숙종말의 기록을 보면 "우리나라 세입은 1년의 經用에도 부족
　　합니다.……지금은 반년의 비축도 없으니 어찌 나라라고 할 수 있겠습니까"(『備
　　邊司謄錄』71冊, 숙종 44년 8월 25일, 7-57)라고 재정의 군색함을 토로하고 있다.
24) 『備邊司謄錄』36冊, 숙종 8년 11월 28일, 3-580. 여기서 자료에는 신축, 신해년이
　　라고 기록한 것을 현종대로 추정하였는데 이는 아래 주 25) 자료의 庚辛년을 현
　　종 11, 12년으로 추정한 것과 같은 맥락이다.
25) 『備邊司謄錄』49冊, 숙종 21년 10월 2일, 4-726.

다.

> 이제 民力이 다하고 國計가 다하여서 여러 가지로 생각해보아도 달리
> 는 구제할 수 없고, 오직 재용을 아끼고 浮費를 절약하는 것이 제일 급한
> 일이 되니, 무릇 긴요하지 않은 일에 속하는 것은 비용의 많고 적음을 논
> 할 것 없이 모두 停罷하는 것이 좋습니다.26)

그는 이 무렵 재정이 항상적으로 고갈되었으며, 그에 비해 달리 해결
방법이 없어서 절용을 해야 한다는 점을 강조하였다. 이런 상황은 단순히
흉년으로 인한 일시적인 재정결핍과는 달랐다.

또한 숙종 26년 조정 대신들은 왕에게 금년의 농사가 비록 조금 풍년
이 든 듯하지만 나라의 저축이 모두 이미 탕진되었으니, 복구한다고 해서
갑자기 자족할 수 없다고 하면서 더욱 절용할 것을 권하였다.27) 한두 차
례의 풍년으로도 재용을 채우기 어려운 상태를 보여준다 하겠다.

따라서 숙종년간 여러 가지 대책이 논의되었으나 별다른 대책이 시행
되지 않은 상황에서 절용을 강조할 수밖에 없었으며, 특히 경자양전이 시
행되기 전까지는 더욱 두드러진다.28)

또한 절용의 의미는 무조건 줄이자는 것이 아니라 근래에 비용이 많이
늘어났기 때문에 이를 제도적으로 축소하자는 점도 있었다. 숙종 41년 좌
의정 金昌集은 지금 쓸데없는 비용이 수십 년 전에 비해 이미 몇 갑절이
되었으니 호조와 병조에 명하여 근래 새로 창설된 경비를 조사하여 조목
별로 감축하도록 하자고 하였다.29)

---

26) 『肅宗實錄』 권15, 숙종 10년 7월 정묘(3일).
27) 『肅宗實錄』 권26, 숙종 26년 8월 을축(5일).
28) 가령 洪鳳漢은 정조에게 숙종 경자 이전 경비와 영조 24년 이후 경비를 절약의
　　대표적인 사례로 들었다(『弘齋全書』 卷12, 序引 財用引, "公嘗進言於先朝曰 肅
　　廟庚子以前經費 當宁甲辰以後經費 抄出取覽 旨哉言乎 蓋出法祖宗尙節約之
　　意也").

재정이 시급한 만큼 이를 마련하기 위한 임시적인 조치도 가끔 행해졌다. 그간 군사방어의 목적으로 부세에서 제외되었던 지역의 재정이 주로 이용되었다. 군사방어의 목적으로 축적되었던 江都米에서 보충한다든가, 전세가 면제되었던 함경도, 평안도의 전세를 거두는 방법이 있었다.[30)]

2) 재정체계의 재수립 시도

이처럼 전반적으로 절용을 강조할 수밖에 없는 열악한 상황이었으므로 근본적으로 재정체계를 바꾸려는 논의가 본격화되었다.

먼저 주목되는 점은 호조를 대표로 하여 재정일원화를 하려는 시도가 있었다. 이는 숙종초부터 나타난다. 숙종 1년 대사헌 尹鑴의 주장을 살펴보자.

> 토지 인민은 모두 수령에게 돌아가 地部에서 총괄해야 합니다. 지금 이 각종 절수한 곳을 백성에게 경작하도록 허용하고 그 조세를 징수하되 일체 규정에 의하며 또 호조에 분부하여 평소 징수하던 바의 수를 전과 같이 여러 궁가 각 아문에 나누어 지급하게 하면 別將 導掌 등이 그 이익을 오로지 하는 폐단이 없을 것이며 각 아문과 여러 궁가도 그 소유를 잃음이 없고 국가의 수요도 힘입는 바가 있을 것이니 이는 실로 폐단을 시정하고 백성을 편하게 하는 큰 계책입니다.[31)]

이는 곧 호조를 중심으로 재정을 일원화하려는 것이었다.[32)]

29) 『肅宗實錄』 권56, 숙종 41년 12월 병인(4일).
30) 『肅宗實錄』 권43, 숙종 32년 1월 경진(21일), 4월 정미(20일).
31) 『承政院日記』 247冊, 숙종 1년 윤5월 10일, 13冊 59쪽.
32) 영조대에 간행된 것으로 보이는 『文獻隨錄』에는 대동법이 시행되어 공납의 폐단을 없애는 좋은 제도였지만 전세와 대동이 수납처가 다르기 때문에 농민들은 양쪽으로 분납해야 했고 이 때문에 분납할 때 비용이 배가 들었고 게다가 斛上加升이나 作紙役價 등에다가 位太米, 三手糧米 등이 있어서 폐단이 심하다고

숙종 9년 사간 申懀은 호조에서 모든 재정을 총괄하여 軍需까지도 計給하도록 건의하였다.[33] 왕도 이를 받아들이기 어려웠지만 이런 주장은 당시로 봐서 대단한 변통이었다. 호조 중심의 재정일원화의 방안과 관계된다고 보인다. 또 그는 내수사 폐지를 주장하면서도 만일 이를 영구히 폐지할 수가 없으면 우선 호조에 돌려서 몇 년간 수입을 거두어 백성들을 진휼하는 비용에 보충하도록 요구하였다.

각 아문과 군문의 재용을 호조와 병조 중심으로 모으는 일도 같은 구상이라고 생각된다. 경종 원년에는 각 아문과 군문의 재용을 모두 한 곳으로 돌리되 땅에서 나오는 것은 모두 호조로 돌리고 군병이 바치는 것은 모두 병조로 돌려 그 수용을 헤아려 일체로 나누어 주자는 주장이 나타났다.[34] 이런 과정에서 쓸데없는 비용이 많이 삭감된다고 보았기 때문이다.

숙종 6년 전한 崔錫鼎은 근본적인 대책으로서 소비를 줄이고 비용을 절약하며, 수입을 헤아려 지출을 하여 차츰차츰 나머지를 남겨서 저축해서 크게 변통하는 조치를 제시하였다. 곧 위로 진상하는 것으로부터 군국의 모든 수요에 이르기까지 한 해의 대체적인 수량을 총합하여, 재량하고 변통하며 절목을 강구하고 결정해서 나라를 넉넉하게 하고 백성을 부유하게 하는 근본을 삼는 것이 급선무라고 본 것이다.[35] 단순한 절약이 아니라 규모있게 운영해 나가고자 한 것이다.

숙종 8년 우의정 金錫胄는 경상, 전라 두 도가 국가 재정에서 차지하는 비중 때문에 이 지역이 흉년이 들 때는 대책이 없다는 점을 강조하였다. 따라서 시급한 것은 절용이지만 여기서 나아가 실질적인 대책을 구상하

　　보고 전세와 대동을 하나로 합치자고 주장하였다(『文獻隨錄』 奎5321 賦稅條).
　　숙종대 이런 논의와 무관하지 않다고 보인다.
33) 『肅宗實錄』 권14, 숙종 9년 1월 무오(16일).
34) 『景宗實錄』 권3, 경종 원년 1월 계미(21일).
35) 『肅宗實錄』 권9, 숙종 6년 7월 임인(15일).

였다. 재해를 입은 고을의 부세를 견감하고 나머지 액수를 모두 합계하여
그 총계 숫자를 14등분으로 나누어 그중 13분으로써 13개월에 소용되는
경비로 삼고, 그 나머지 1분은 예비비로 삼자고 하였다. 그는 이를 지켜서
내년 경비를 지탱하게 하고, 나아가 이러한 방법으로 수입과 지출의 제도
를 만들 수 있을 것이라고 하였다.[36] 일단 다음 한 해의 운영에 대한 대책
이지만 이를 관례화한다면 제도로서 정착될 수 있다고 본 것이다. 여기에
대해 왕은 호조와 병조, 선혜청으로 하여금 일체 상의해서 하도록 하였
다.

　이러한 대책은 당시 대사헌 李端夏의 주장에서도 보인다. 그는『禮記』
에서 "3년을 농사지으면 반드시 1년 분의 비축이 있다."는 구절을 인용하
면서 올해부터 시작하여 1년에 걸치는 세금을 네 등분으로 쪼개되, 국가
의 경비는 대략 세 등분 중에서 계획을 세우고 부족한 경우 절약으로 줄
이도록 하였다. 그 뒤 묘당에서 다시 아뢰어, 세금을 거두어들이는 일은,
호조와 선혜청으로 하여금 절목을 정하게 하였다.[37]

　김석주와 이단하의 의견은 국가에서 경비를 좀 더 계획적으로 운영함
과 동시에 절약을 통한 비축을 주장하고 있다.

　이러한 대책에 대한 평가는 어떠하였을까? 진휼청에 따르면 전해의 재
감은 흉년에 따른 일시적 대책은 아니며, 국가재정이 1년간의 비축도 없
어서 국가의 존립에 관계된 커다란 문제이므로 백방으로 용도를 줄여 수
입을 헤아려 지출하는 영구적인 규례를 만들어 보려는 것이라고 하여 앞
의 대책의 의미를 짚고 있다.[38]

　대동법의 경우도 처음에는 도별 실태가 달랐다. 이는 실시과정이 도별
로 달리 시행되었던 점도 있지만 본래 부담했던 각종 공납물량의 차이와

---

36)『承政院日記』숙종 8년 10월 28일, 15冊 687쪽. 여기서 14등분은 다음 해인 1683
　　년이 윤년이어서 13개월을 상정하고 나눈 것이다.
37)『肅宗實錄』권13, 숙종 8년 11월 임술(19일).
38)『備邊司謄錄』38冊, 숙종 10년 3월 4일, 3-735.

각도의 경제 사정에 따른 營·官需의 차이, 그리고 양전을 균일하게 수행하지 못한 데 따른 군현간의 田等과 전결수가 고르지 않았던 점에서 연유되었다.[39] 따라서 먼저 결당 부과량이 도와 지역에 따라 달랐다. 경기도는 처음에는 1결당 16두였으나 현종 3년 양전에서 약 3만 결의 전답이 늘어나자 그 다음 해부터 12두로 낮추었다. 강원도는 처음에는 16두였으나 숙종 3년 일부 군현에 양전을 시행하고는 영동 9읍은 14두, 영서 양전읍 8읍은 12두, 영서의 양전하지 않은 읍은 16두로 달랐다. 충청도는 효종 2년 재시행 때에는 10두였으나 현종 15년 경비가 늘어나면서 12두로 바꾸었다. 전라도는 효종 9년 재시행 때는 13두였으나 현종 7년에 경비가 남게 되자 12두로 바뀌었다. 경상도는 처음에는 13두였으나 숙종 39년 12두로 바뀌었다. 황해도는 처음에는 군현마다 달랐으나 숙종 36년 17두로, 그리고 영조대에는 15두로 균일하게 되었다.

이와 함께 운용방법에 있어서도 달라졌다. 처음에는 공물 진상물과 농민의 제반 요역을 전결세화하면서 대동수미의 용도 역시 이들을 대상으로 하게 되어 공물 진상물의 마련을 위한 경납분과 각 군현의 관수 및 잡역의 충달을 위한 유치분으로 크게 나뉘어 지용되었다. 그러나 이 같은 상납 유치의 편성으로 전결수가 적은 군현이 경비가 부족하여 일부 군현에서는 과외 징수를 하게 되자 새롭게 收租頒降의 방법을 기초로 예산의 편성제도가 통일 정비되어갔다.[40] 이 방법은 매년 본청에서 예상되는 중앙납부량을 결정하고 영읍의 官需와 저치량을 조정, 배분하여 이를 해당 도에 내려서 시행하게 하는 방법이다.

이리하여 대동세의 支用을 위한 예산의 편성제도는 처음에는 두 가지 형태로 도에 따라 달리 되었으나 대동법의 시행이 전국에 미치게 되고 부과량도 결당 12두로 정해지게 되면서 전국적으로 예산의 편성제도도

---

39) 한영국, 「대동법의 시행」, 『한국사』 30, 1998, 493쪽.
40) 한영국, 위의 글, 500쪽.

수조반강의 방법을 기초로 통일 정비되어 갔다.

다음으로 재정에 대한 통제를 강화하는 방법도 제기되었다. 특히 궁중비용에 대해서였다. 현재 국가의 재용에 대해서는 왕의 명령이 있어도 승정원에서 관장하고 있었는데 내수사의 경우 그러한 장치가 없다는 점에서 사헌부에서 앞으로 宮內에서 수용되는 모든 물자는 반드시 승정원을 통하여 시행하도록 요구하였다.[41]

이와 같이 이 시기 중앙재정이 고갈되면서 재정체계를 고쳐나가야 되겠다는 인식이 나타났고 시행하려는 노력이 행해졌음을 알 수 있다.

4. 양전의 시행과 성과

1) 시행논의의 재정적 성격

당시 재정문제는 군제, 군역, 전제 등을 비롯하여 환곡, 궁방 등이 복합적으로 얽혀 있었다. 특히 제도의 개혁, 개선의 측면에서 군제, 군역, 전제 세 가지가 가장 중요하게 거론되었다.[42] 그러나 어느 하나 개혁이 쉽사리되지 않고 재정문제가 심각한 상황에서 숙종말 경상경비를 마련하는 방법으로 논의된 것은 양전이었다. 양전이 계속 거론된 것은 당시 여러 가지 측면을 고려했다고 보인다.

첫째 무엇보다도 군제개편이나 군역처럼 새로운 제도 마련 자체가 반발이 심한 것에 비해 양전은 제도를 별도로 마련하지 않고서도 원칙적으로 가능하였던 점을 들 수 있다. 앞에서 보았듯이 군영을 유지하는데 국가재정이 상당히 소요되어 군제개편이 끊임없이 제기되었으나 이는 권력구조와 관계있었기 때문에 매우 논란이 심하였다.

---

41) 『肅宗實錄』 권39, 숙종 30년 4월 갑술(5일).
42) 『肅宗實錄』 권13, 숙종 8년 2월 신사(3일).

가령 숙종 7년에도 중앙에서는 어영군, 훈련도감군, 금군 등 군사를 줄이는 문제에 대해서 논의가 있었다.[43] 이때 우의정 李尙眞, 호군 李敏敍, 이조판서 金錫冑 등은 軍需가 백관 급료에 비해 두 배나 되고 호조 전체 세입의 3분의 2나 된다는 점을 들어 적극 줄이도록 주장하였고, 공조판서 申汝哲, 우참찬 申晸, 병조판서 李翻 등은 이를 비판하였다. 한편 부제학 南二星은 궐번을 채우지 않는 방법으로, 영의정 金壽恒은 별대의 번을 줄이는 방법을 제시하였다. 이 같은 논의 과정을 본다면 군사를 줄이는 문제는 쉬운 일이 아니었다. 더 적극적으로는 군영을 통합해야 할 것이지만 당시 현실로서는 더욱 실행되기 매우 어려웠다.

둘째 이 시기 지속적으로 시행되어갔던 대동법을 정착시키는 데에도 양전이 필요하였다. 가령 숙종 19년 비변사에서는 지금 만약 요역을 공평하게 하고 부세를 가볍게 하려고 한다면 먼저 경계를 바로잡는데 달려 있으니 먼저 몇 년을 기다려 양전을 한 뒤에야 저절로 고쳐서 바로잡을 수 있을 것이라고 하였다.[44] 먼저 부세가 줄어들 뿐 아니라 균등하게 된다는 주장이었다.

대동법은 1608년 경기도에 처음 시작하여 숙종 34년(1708) 황해도를 마지막으로 전국적인 시행을 하였다. 그런데 시행할 때부터 양전을 하지 않은 읍에 대해서는 차별을 두었다. 특히 대동을 시행하는 과정에서도 강원도의 경우 양전되지 않은 읍은 4두, 영동은 2두를 더하고 황해도는 15두로 하였다.[45] 경기도도 실시 당초에는 1결당 16두였으나 현종 3년 양전에서 약 3만 결의 전답이 증가되어 그 이듬해부터 12두를 부과하였다. 이처럼 대동법을 통일적으로 시행하려면 양전이 필요하였다.

---

43) 『肅宗實錄』 권11, 숙종 7년 5월 을해(23일), 5월 무인(26일).
44) 『肅宗實錄』 권25, 숙종 19년 3월 신유(17일).
45) 『萬機要覽』 재용편3, 대동작공 대동법. 『弘齋全書』에 따르면 강원도에 시행할 때에도 매결 당 미 16두를 받기로 하였는데 영동과 영서의 양전읍에 한해서는 2두씩을 감하였다고 한다(『弘齋全書』 卷12, 序引5 大同引).

황해도의 경우는 대동법이 마지막까지 시행되지 않고 늦어지게 된 이유도 양전이 시행되지 않았다는 점에 있었다. 황해도에 대동법을 설행하자는 논의가 오래 전부터 있었으나 "양전을 하기 전에 대동법을 먼저 시행할 수 없다"는 주장에 막혔다. 숙종 20년에는 황해도 관찰사가 "금천에서 황주까지의 대로의 읍 가운데 시행할 수 있는 곳을 가려 내년 봄에는 양전을 하고 내년 가을에는 대동법을 시행하자"고 하였다.[46] 숙종 32년에도 호조판서 趙泰采는 황해도의 행용결수가 5만 결이 못되는데 만약 양전하기 이전에 대동법을 시행한다면 그 전결에 나온 것으로 각종 지급할 액수와 저치하는 액수를 마련하기에 부족할 것이라고 하여 양전을 기다리고자 하였다.[47]

그러나 부역 불균의 문제가 심각해지면서 지금 행용결수로 다른 도의 예와 같이 조세를 거두더라도 족히 부역을 균등하게 할 수 있다는 논리로 시행하게 되었다.[48] 균세의 입장에서 대동이 시행되었으나 역시 양전이 필요한 것은 틀림없었다.

다음으로 궁방 아문의 둔전 절수 폐단을 최소화하는 데도 양전이 필요하였다. 곧 숙종 27년 부사직 金世翊에 따르면 궁가마다 양전에 들어가지 않은 땅이라는 구실로 여러 군현에 걸쳐 절수한다고 하며, 양전을 한 지가 이미 60년이나 되어 예전 무주지가 이제는 유주지가 되어 자손에게 전해지고 있는데 단지 양전에 들지 않은 것 때문에 땅을 잃어버리게 된다는 것이다.[49] 그리고 양전 시행의 주장에는 궁방과 아문둔전에 대한 대책까지 포함될 수 있었다. 가령 숙종 20년 설서 崔啓翁은 모든 궁방전과 아문둔전은 일체 혁파하고서 대신 公稅를 지급하자고 하였다.[50] 이는 숙종대의 계속된 궁방 절수 폐지의 논의와도 관련된다. 숙종 25년에도 좌의정 崔錫鼎은 각궁의 정해진 수치 외의 면세를 정밀히 조사하게 하여 모두 호조로 들어오게 한다면 경용이 조금 넉넉해 질 수 있다고 전지에 대한 조사를 요구하였다.[51)]

무엇보다도 국가가 재정을 확보하는 방법으로 개간 등을 통해 토지 자체를 늘리기도 해야 하지만 양전을 통해 토지를 확실히 파악하여 늘리는 방법이 필요하였다.

여기에는 나아가 농민들에 대해서는 부세를 고르게 할 수 있다는 균세의 명분도 포함되어 있었다. 앞에서 좌의정 崔錫鼎은 "오랫동안 양전을 폐하였기 때문에 은루된 토지가 많아 세입이 날로 줄고 백성들의 부세가 고르지 못하다"는 생각을 가지고 있었다. 따라서 그는 숙종 27년 황해도의 3군의 개량 사례에서 이를 균전을 위한 것이며, 결수를 많이 얻으려는 의도에서 나온 것이 아니라고 하면서 양전한 결수를 감하여 민심을 얻는 방법을 취하도록 하였다.[52)]

이 같은 양전의 필요성 때문에 숙종대에는 지속적으로 양전 논의와 실시가 있었다. 숙종 6년에는 충청도와 황해도, 숙종 9년(1683)에는 강원도, 숙종 10년에는 충청도와 강원도에 대한 논의가 있었고, 숙종 15년에는 삼남에 대하여 양전을 하고자 하였다. 특히 삼남에 대한 양전 논의는 전국적으로 논의가 확대되었다고 볼 수 있다. 대체로 기근에 따른 농민들에 대한 폐단을 구실로 실행되지 않았는데, 숙종 15년 삼남의 경우 호조판서가 부정적이었다가 여러 대신들과 의논한 뒤 삼남은 가을을 기다려 다시 의논하여 거행하고 강원도도 동시에 이정하자고 하였다.[53)] 대체로 이때부터 양전의 방향으로 나아간 것으로 보인다.

---

51) 『肅宗實錄』 권33, 숙종 25년 4월 을축(25일).
52) 『肅宗實錄』 권35, 숙종 27년 9월 갑오(10일).
53) 『肅宗實錄』 권20, 숙종 15년 1월 신미(3일), 신묘(23일).

앞에서 설서 최계옹도 양전한 지 60년이 지나서 비옥도가 많이 달라지고, 개간이 많이 이루어졌기 때문에 양전을 다시 해야한다고 주장하였다.[54] 그러는 가운데 숙종 27년(1701)에는 황해도 강령, 옹진, 은율 등 3읍을 양전하였다.[55] 그리고 숙종 34년에는 강원도의 감영 아래의 여러 읍과 영동 9군의 양전이 결정되어 35년에는 강원도 통천, 양양, 울진, 정선, 간성, 고성, 영월, 평창, 흡곡, 평해, 강릉, 삼척, 원주, 홍천, 춘천, 횡성 등 16읍을 양전하였다. 그러나 삼남지방에서는 여전히 회의적이었다.

숙종 34년 전라좌도 災傷敬差官이 갑술양전 이후 70여 년이 지나 변화가 많기 때문에 양전을 다시 하자는 요청을 하자, 비변사에서는 그간 전답형태나 토품이 달라진 것이 많다는 점을 인정하면서도 만일 시행하게 되면 그 폐단이 매우 많고, 더구나 지금처럼 흉년이 든 때에는 더욱 논의하기 어렵다며 부정적인 의견을 내었다.[56]

숙종 35년부터 경비를 위해 양전이 필요하다는 주장이 많이 나타났다. 동부승지 吳命峻은 양전 이후 더 개간한 땅이 아전의 수중에 들어가서 국가의 세입이 크게 줄어들어 국가의 회계가 어렵다고 하면서 이를 찾아내자고 하였다.[57] 숙종 37년 교리 鄭栻은 양전을 외방에서 폐지하여 실결이 점차 줄어들고 있다고 주장하였고, 숙종 41년 좌의정 金昌集도 현재 세입이 부족해서 경비의 사용을 이어가기 어려운데, 이는 전결의 제도가 허술하기 때문이라며 양전을 주장하였다.[58] 이에 대해 왕은 분명히 양전을 시행할 뜻을 보였다. 정식에 대해서는 강원도는 이미 양전을 하였으니 모든 도에서도 마땅히 점차로 거행해야 한다고 하였고, 김창집에 대해서는 다음 해 대신들에게 그의 주장은 자기 뜻에 맞고 본디 거행하기 어려

54) 『肅宗實錄』 권27, 숙종 20년 10월 신해(17일).
55) 『肅宗實錄』 권35, 숙종 27년 9월 갑오(10일).
56) 『備邊司謄錄』 59冊, 숙종 34년 12월 25일, 5-877.
57) 『肅宗實錄』 권47, 숙종 35년 8월 임인(4일).
58) 『肅宗實錄』 권50, 숙종 37년 5월 경술(22일) ; 권56, 숙종 41년 12월 병인(4일).

운 일이 아니라고 적극적으로 시행을 명하였다.59) 그 뒤 흉년 등으로 상황은 안 좋았지만 김창집, 閔鎭厚 등이 양전의 불가피성을 계속 강조하였고, 이에 따라 왕도 1, 2년 풍년이 든 다음에 거행하자는 의견에 대해서도 "단연코 그만 둘 수 없다"고 할만큼 의욕적이었다.60)

물론 양전에 대한 반발도 컸다. 흉년을 구실로 양전을 연기하자든가 심지어 양전 자체를 부정하는 견해도 있었다. 숙종 43년 지평 黃璿, 정언 趙尙絅, 경상감사 權𢢝, 장령 鄭東後 등이 반대하는 소를 올렸다.61) 가령 황선은 1, 2년쯤 기다렸다가 조금 풍년이 든 다음에 거행하는 것이 마땅하다고 하였고, 조상경은 몇 읍에 시험하여 효력을 살펴보자고 하였다. 그리고 권업은 1634년 갑술양전 이후 80여 년 사이에 풍년든 때가 없어서가 아니지만 행하지 않았던 것은 저항이 있어서 경솔하게 의논을 내지 못한 것이라는 주장을 하였다. 다음 해 정언 成震齡도 지금은 예전보다 인심이 더 교활하여 양전에 따른 뇌물과 청탁이 잇따르고 부민과 호족들이 비척도를 함부로 하여 양전하지 않을 때보다 폐단이 더 심할 수 있다는 것이었다.62)

의성현령 李眞望은 양전 자체를 강하게 부정하였다. 중앙관리로부터 실무를 담당하는 이서, 그리고 농민들간에 여론이 엇갈리고 있어서 편부를 확인할 수 없다는 점과 토지조사가 잘못 시행되는 것은 농민들의 목숨을 끊는 일이며, 중국에서도 당·송시기에 토지조사를 한 뒤 반란이 일어났다고 사례를 들기까지 하였다.63) 이 때문에 숙종 44년 실제로 감사를 균전사로 삼고 도사를 종사관으로 삼았으나 모두 핑계를 대고 미루면서 거행하지 않았다.64)

---

59) 『肅宗實錄』 권57, 숙종 42년 1월 정사(26일).
60) 『肅宗實錄』 권60, 숙종 43년 11월 계축(3일).
61) 『肅宗實錄』 권60, 숙종 43년 11월 계축(3일), 신미(21일), 임신(22일).
62) 『肅宗實錄』 권61, 숙종 44년 4월 정해(9일).
63) 『承政院日記』 511冊, 숙종 44년 11월 26일, 27冊 727쪽.

이처럼 여러 가지 반론이 있었으나 결국 시행하는 방향으로 나아갔다. 시행을 강행하려는 쪽에서는 이미 왕명으로 수차 명령한 것이었다는 점에서 국가의 위신을 들어서 반드시 시행할 것을 주장하였다. 숙종 45년 우의정 李健命은 시행명령이 있은 지 이미 3년이 되도록 거행하지 않아서 국체가 이 때문에 존엄하지 못하게 되고 외방에서 조정의 명령을 가볍게 여길 것이라는 논리로서 빨리 시행할 것을 촉구하였다.[65]

2) 양전의 재정적 성과

이처럼 경자양전은 우여곡절을 겪으면서 시행되었다. 그러나 본래의 원칙을 따르면서 시행되기는 어려웠을 것이다.

무엇보다도 당시 조선 정부의 전세수취방식에 따르면 전결의 총수가 줄어들면 안되었으므로 실제 토품에 따라 등수를 정하는 것이 아니라 이전 양안에 따라 1, 2등을 감해주는 선에서 결정되었다는 점에서 한계가 있다.[66] 또한 진전의 개간을 유도하고 묵은땅이 등수가 높은 것을 이정하려고 원속전을 한꺼번에 타량하기로 하여 척박한 땅으로 원전에 실린 것은 속전으로 기록하고, 진전은 사방시기전의 전품에 따라 1, 2등을 줄여준다는 원칙이 결정되었다.[67] 그러나 양전과정에서 이 규정이 그대로 지켜지지 않았다. 오히려 없는 사람에게서 덜어서 있는 사람에게 더해주거나 진전이 기경되는 곳을 기록하였고 토품도 올라가는 것만 있고 내려지는 것이 없다는 호소가 잇따랐다.[68] 이것은 양전의 공정한 시행보다는 양전 후에도 총결수에 큰 감축이 없이 일정한 양을 수세해야 하는 조선후

---

64) 『肅宗實錄』 권61, 숙종 44년 3월 임술(13일).
65) 『肅宗實錄』 권64, 숙종 45년 7월 을유(14일).
66) 『量田謄錄』 庚子 8월 7일.
67) 『備邊司謄錄』 72冊, 숙종 45년 9월 14일, 7-187.
68) 『備邊司謄錄』 73冊, 경종 즉위년 11월 21일, 7-321.

기 전세제도의 구조적 모순 때문이었다. 또한 지주층을 지지 기반으로 삼았던 국가로서는 지주층의 강력한 반발을 무릅쓰고 양전을 시행하기 어려웠다. 따라서 양전의 필요성과 원칙과는 달리 실제 시행의 한계가 매우 컸다고 하겠다.

이런 속에서 양전이 시행된 다음 재정적 성과가 어느 정도일까?

먼저 양전 결수만을 살펴본다면 8도의 전결은 모두 139만 5333결에 달하였다.[69] 이 가운데 삼남지방만 계산한다면 97만 1971결로서 갑술양전의 89만 5489결보다 7만 6482결이 늘어났다. 시기결에 있어서도 삼남지방의 합은 67만 2521결로서 갑술양전의 54만 860결에 비해 13만 1661결이 늘었다. 원총의 증가보다 시기결의 증가가 거의 2배 가까이 되었다. 갑술양안의 진전이 상당수 개간되었거나 경자양전을 통해서 시기결로 파악되었으며 이는 곧 재정수입으로 직결된다.

그러나 결부가 늘어나면 수입과 동시에 농민의 부담도 늘어나게 마련이다. 양전 직후 민폐가 심해져서 삼남에서 민심을 잃었다고 하였다.[70] 이런 폐단 때문에 혹자는 "새로운 양전을 버리고 이전 양전을 쓰자"고 주장하기도 하였다.[71] 그러나 국가에서는 갑자기 폐지할 수 없어서 문제가 되는 곳을 시정하기로 하였다.

영조대에 들어와서는 부정적인 평가가 더 많았다. 영조 2년 황해감사 李瀷은 양전을 한 뒤 토지결수가 이전보다 늘어나지 않았고 개량 후 세입도 늘어나지 않았고 민간에 소란하기만 하고 이익이 없었다고 한다.[72]

---

69) 『增補文獻備考』 권142, 「田賦考2」. 『經世遺表』에는 『國朝彙言』을 인용하여 139만 1733결이라고 하였다. 각 도별 액수를 살펴보면, 경기도 전 6만 1862결 답 3만 9394결, 충청도 전 16만 528결 답 9만 4680결, 전라도 전 19만 4167결 답 18만 2992결, 경상도 전 19만 354결 답 14만 6424결, 황해도 전 10만 2475결 답 2만 6359결, 평안도 전 7만 1958결 답 1만 8846결, 함경도 전 5만 6212결 답 5031결, 강원도 전답 합 4만 4051결 등이다.

70) 『景宗實錄』 권2, 경종 즉위년 10월 기해(6일).

71) 『景宗實錄』 권10, 경종 2년 11월 정유(16일).

황해감사의 경우는 황해도의 양전을 반대하는 입장에서 극단적인 평가를
했을 수도 있다. 영조 6년 우의정 趙文命은 금구현감 때 양전일을 맡았는
데 비용은 많이 들고 등수는 고쳐지지 않아서 양전의 효과가 없었다고
하였다.[73]

더구나 경자양안으로 시기결이 늘어났지만 그 뒤 삼남의 시기결은 계
속 줄어들었다. 이는 이후 관리를 지속적으로 하지 못했다고 볼 수 있다.
1720년 경자양안의 삼남의 시기결에 비해 1744년 삼남의 시기결은 약 6
만 2000여 결이 줄어들었다.[74] 또한 1744년 이후 출세실결을 살펴보더라
도 꾸준히 하락하는 추세였다.[75]

<표 1> 1720년과 1744년의 시기결 비교

년도	충청	경상	전라	계
1720(숙종46)	162,512	261,831	247,490	671,833
1744(영조20)	145,338	235,340	228,910	609,588
감소결수	-17,174	-26,491	-18,580	-62,245

전거 : 『양전등록』, 『탁지전부고』

결국 경자양전은 부세의 증가라든가, 균등한 전결세 수취라는 목표를
설정하여 시행되었고 어느 정도 성과를 거두었지만 여전히 양전을 둘러
싸고 갈등을 노정하였고 특히 당시의 긴급한 상황이었던 재정문제를 해
결할 만큼 충분한 성과를 거두었다고 보기는 어려웠다. 그렇지만 험난한
과정을 거치고 많은 비용을 들여서 시도되었던 양전이 의미없다고 보기
는 어렵다. 국가의 입장에서는 대동법 등으로 재정 수입이 토지에 집중되

72) 『備邊司謄錄』 80冊, 영조 2년 7월 7일, 7-908.
73) 『備邊司謄錄』 88冊, 영조 6년 11월 16일, 8-912. 다만 행중추부사 申思喆은 "경
   자양전이 종료된 결과 인민에게 피해를 주지 않고 국가재정이 몹시 나아졌으므
   로 끝내 인민의 원망이 없었다"고 매우 긍정적인 평가를 하였다.
74) 오일주, 앞의 논문, 7쪽 참조.
75) 오일주, 위의 논문, 64쪽 <표 1> 참조.

면서 국가가 이를 중심으로 파악이 가능하였다는 점에서 찾아야 할 것이다. 그간 토지에서 변화된 부분을 새롭게 전결세의 대상으로 포함시킬 수 있었던 것이다.

경자양전 이후 더이상 전국적인 양전이 시행되지는 않았다. 그것은 전결세 수취방법이 달라졌다는 점을 들 수 있다. 기존의 답험법에서 숙종 20년을 전후하여 비총제가 실시되기 시작하여 숙종 26년 이후 계속 실시되었다.[76] 비총제는 그 뒤 영조 36년 법제화되어 정착되었다. 비총제의 방식으로 일정한 조세수입을 확보할 수 있었다.

따라서 양전의 양상도 달라서 영조조부터는 도별양전에서 읍별양전으로 바뀌었다.[77] 이는 첫째 양전을 주관하는 단위를 도별에서 군현별로 축소하여 정부의 양전 통제를 강화하고, 둘째는 부세제 운영의 모순이 심각한 군현부터 수개 군현씩 수령이 주관하여 매년 점진적으로 시행하고, 셋째 중앙정부가 일방적으로 양전을 주도하지 않고 각 군현의 희망에 따라 추진하고자 하였다. 경자양전의 폐단과 각종 진황지의 백징과 같은 폐단을 해소하려는 의도에서였다. 이제 전정의 문란이 심한 곳에서만 수시로 미봉적인 양전이 실시되었을 뿐이다.

5. 맺음말

숙종대에는 전세, 대동법 등이 시행되면서 수입은 고정된 데다가 궁방전, 아문둔전에 의해 국가 수세지가 잠식되었고 끊임없이 일어나는 재해 때문에 수입이 줄어들었다. 대신 지출은 늘어난 데다가 화폐로 지불되는 형태가 관행화되어 쓰임새가 늘어났다. 이 때문에 중앙에서는 항상적인

---

76) 정선남, 「18, 19세기 전결세의 수취와 그 운영」, 『한국사론』 22, 1988, 206쪽.
77) 오인택, 앞의 논문, 1996, 95쪽.

재정 고갈이 일어나고 여기에 대한 문제점이 많이 제기되었다.

이러한 실태 속에서 중앙에서는 부세와 재정개혁을 위해 여러 가지 방법을 모색하였다. 전세에 있어서 영정법이 실시되었고, 이전의 일부 지역에 시행되었던 대동법을 확대 시행해 나갔으며 군영의 경비를 줄이기 위해 군제개편을 꾀하였고 군역제도를 개혁하기 위하여 호포제 등이 모색되었다. 그러나 전결세에 있어서 확대되지 않자 재정 절용이 강조되었고 나아가 호조 중심으로 재정체계를 수립하려는 방법도 제기되었다.

그러나 이러한 대책이 성과를 못 거두면서 적극적으로 시행된 것은 숙종 말년의 경자양전이었다. 이는 한편으로 부세 수취가 점차 토지로 집중되는 것과도 관련 있었다. 특히 숙종대 영정법, 대동법과 같이 토지를 통해 전국적이고 통일적인 수취방식이 시행되면서 토지에 대한 정확한 파악이 필요하였다. 반면 군제개편과 군역제 개혁은 정치적, 사회적 반발이 심하였기 때문에 시행이 어려웠다.

경자양전은 갑술양전 이후 개간지를 파악하여 수세하였다는 점에서 나름대로 일정한 성과를 거두었다. 그러나 양전 이후 부세의 대상인 시기결이 줄어들면서 재정 개선에 지속적인 역할을 하지 못하였다. 게다가 숙종대 이후 전결세 수취방식이 달라지면서 양전에 대한 주장이 줄어들었다.

여기에는 한편으로는 새로운 수입구조가 형성되는 점과도 관련된다고 보인다. 그것은 바로 환곡의 재정 보용이었다. 환곡이 재정 보용의 일환으로 운영되기 시작한 뒤 숙종대에 들면 약 500만 석으로 추산될 정도로 늘어나면서 국가 수요에서 상당한 비중을 차지하였으며, 그 뒤 영정조대에 들면 완전히 부세로서 정착하게 되었다. 국가에서도 공공연히 환곡을 이용하였던 것이다.

본 논문은 숙종대에 국가적인 대사업이었던 양전에 대하여 경외에서 많은 반론이 있음에도 불구하고 끝내 시행하게 된 배경에는 국가재정과는 결코 무관할 수 없다는 생각을 가지고 다루었다. 그러나 실제로는 양전을 제기할 때 국가재정의 문제를 거론하기는 하였지만 재정 실태를 수치로서 열거한 경우는 없었다. 이는 양전이 필요하다고 느끼면서도 당시 재정이 얼마나 부족하고 양전을 하게 되면 얼마나 재정을 확보할 수 있을 것이라는 점에 대한 전망이 없었던 것은 아닐까 생각된다. 이 때문에 결국 이 시기 재정의 일반적인 추세를 통해서 양전의 시행을 살펴볼 수밖에 없었다. 앞으로 이 시기 재정 전체에 대한 구체적인 연구가 이루어진다면 양전과의 관련성도 더욱 잘 드러날 것으로 보인다.

제2부
경자양전의 시행과 양안의 기능

경자양전의 시행 조직과 양안의 기재 형식

오 인 택

1. 머리말

숙종대 말엽에 작성된 경자양안은 조선후기의 사회 경제 실태를 보여주는 자료로서 60년대부터 분석대상으로 주목을 받았는데, 최근 들어 한층 심화된 연구가 발표되었다.[1] 이들을 통하여 조선후기의 사회경제 성격을 더욱 깊이 이해하게 되었을 뿐만 아니라, 경자양안 나아가서는 전근대의 양안 성격에 대한 이해도 한층 깊어졌다.

하지만 문제점도 없지 않았다. 기초적인 검토가 불충분한 상태에서 양

---

[1] 경자양안에 대한 최근의 연구성과는 대체로 다음과 같다. 이영훈, 「양안의 성격에 관한 재검토-경상도 예천군 경자양안의 사례분석」,『조선후기사회경제사』, 한길사, 1988 ; 宮嶋博史,『朝鮮土地調査事業史의 硏究』, 高麗書林, 1991 ; 김용섭, 「조선후기 신분구성의 변동과 농지소유 - 대구부 조암지역 양안과 호적의 분석」,『동방학지』82, 1993 ; 이철성, 「숙종말엽 경자양전의 실태와 역사적 성격 - 비총제로의 변화와 관련하여 - 」,『사총』39, 1991 ; 오인택, 「숙종대 양전의 추이와 경자양안의 성격」,『부산사학』23, 1992 ; 오인택, 「조선후기 신전개간의 성격」,『부산사학』18, 1994 ; 김건태, 「갑술·경자양전의 성격」,『역사와 현실』31, 한국역사연구회, 1999 ; 송찬섭, 「숙종대 재정 추이와 경자양전」,『역사와 현실』36, 한국역사연구회, 2000 ; 염정섭, 「숙종대 후반 양전론의 추이와 경자양전의 성격」,『역사와 현실』36, 한국역사연구회, 2000 ; 김건태, 「경자양전 시기 가경전과 진전 파악 실태 - 경상도 용궁현 사례 - 」,『역사와 현실』36, 한국역사연구회, 2000 ; 최윤오, 「조선후기의 양안과 행심책」,『역사와 현실』36, 한국역사연구회, 2000.

안의 사회적 성격이 검토된 것이다. 이에 본고는 양안의 기초적인 측면을 면밀히 살피고자 하였다. 작성 과정을 통하여 양안의 기재 형식이 갖는 성격을 파악하려 한 것이 그것이다. 경자양안이 작성되는 전반적인 작업 과정을 파악하여 그 기재 형식이 어떠한 작업 과정의 산물인가를 밝히려는 것이다. 본 과제는 경자양안에 대한 종합적 연구의 일환으로서 결정된 것이지만,[2] 한층 심화된 경자양안의 이론적 연구를 위한 기초적인 검토로서도 필요하다고 보았다.

검토 순서는 토지의 측량을 거쳐서 草案이 작성되는 과정을 살펴 보고, 이어서 보통 양안으로 불리는 正案이 작성되는 과정을 파악한다. 이러한 검토를 통하여 경자양안이 작성되는 경위와 더불어 양안의 기재 형식에 대한 기초적인 사항이 드러날 것이다. 끝으로 현존하는 전체 경자양안을 대상으로 기재 형식에 대한 분석을 가하도록 하겠다.

본고의 작업범위는 양안작성과 관련된 기초적인 사실의 검토로 한정하였다. 양안의 기재 형식이 내포하는 사회적 성격에 대해서는 검토하지 못했다. 이 점은 본고의 한계이다. 이는 후일의 연구과제로 삼고자 한다.

2. 초안단계의 양전조직과 기재 형식

양전에서 필요한 조직과 인원은 작업 과정에 따라 적절하게 편성되었다. 전체적인 양전 과정은 세 단계로 나누어진다. 첫째는 打量 단계이다.

---

2) 필자는 다음의 공동 연구 성과에 힘입었다. 송찬섭, 「숙종대 재정 추이와 경자양전」, 『역사와 현실』 36, 한국역사연구회, 2000 ; 염정섭, 「숙종대 후반 양전론의 추이와 경자양전의 성격」, 『역사와 현실』 36, 한국역사연구회, 2000 ; 김건태, 「경자양전 시기 가경전과 진전 파악 실태-경상도 용궁현 사례-」, 『역사와 현실』 36, 한국역사연구회, 2000 ; 최윤오, 「조선후기의 양안과 행심책」, 『역사와 현실』 36, 한국역사연구회, 2000.

이 단계의 중심 작업은 야외에서 토지를 실제로 측량하는 것이다. 둘째는 초안을 작성하는 단계이다. 타량된 자료, 즉 토지를 측량한 자료를 토대로 초안을 작성하는 과정이다. 셋째는 정안을 작성하는 단계이다. 보통 양안이라고 하면 바로 정안을 일컫는다. 본절의 검토범위는 타량단계로부터 초안을 작성하는 단계까지이다.

균전사 감독을 받으며 각 군현은 작업 단계에 적절한 조직과 인원을 편성하였다. 당시 경상우도 균전사를 겸임하던 경상도관찰사가 좌도와 우도의 양전비용을 종합하여 보고한 자료에는 양전조직의 흔적이 남아있다. 이 자료에서 타량조직과 관련된 부분이 아래의 자료로 제시되었다.

<자료 1-1> 경상우도의 타량 조직[3]

| 指示人 一名 | 每日 甲結 三結 所量 各料 二升… |
| 走使令 一名 | (상동) |

<자료 1-2> 경상좌도의 타량 조직[4]

| 指示人 一名 | 每日 甲結 三結 所量 各料 二升… |
| 走使令 二名 | (상동) |

경상도의 경우 토지측량 실무를 직접 담당했던 직임과 인원은 <자료 1-1>, <자료 1-2>에서 볼 수 있듯이 지시인 1명과 줄사령 1~2명이었다. 양전에서 토지측량에는 줄자가 사용되었다.[5] 이 점을 감안하면 2~3명은 줄잡이에 필요한 최소 인원이라 하겠다. 이 가운데 지시인은 토지측량 실무를 주도하고 줄사령은 단순 보조자였다고 하겠다. 좌도와 우도의 줄사령 인원수가 서로 다른 점은 타량조직이 균전사 단위로 통일되었음을 나

3)『量田謄錄』庚子 12월 22일, 252쪽.
4)『量田謄錄』庚子 8월 26일, 183쪽.
5)『新補受敎輯錄』戶典 量田.

타낸다. 충청도와 전라도의 경우 자료가 남아 있지는 않지만 경상도와 마찬가지였을 것이다.

필지 단위의 토지 타량 과정에서 식별이 필요한 것들로서는 대상 필지의 지번(字號等第), 양전 방향과 사표(犯標), 경지의 형태(田形) 등이 있고, 줄자의 눈금도 판독되어야 한다. 지시인은 이들 사항을 분별하여 측량 작업을 주도했을 것이며, 아래에서 언급될 분소감관의 작업 지시를 직접 받는 역할도 담당하였던 것으로 보인다.

2~3명의 타량 실무자가 1일에 해야 할 작업량은 甲結 기준으로 3결로 규정되었다. 갑결은 갑술양안에 기재된 필지의 결부 면적을 일컫는다. 경자양전은 중간 농간을 차단하기 위하여 갑술양안에 기재된 사항을 기준으로 각 필지를 타량하는 방안을 선택하였다.[6] 이리하여 작업량 기준이 갑결을 기준으로 정해진 것이다.

<자료 2-1> 경상도 각 군현의 양전 직임[7]

每邑
都都監 一員 限七朔 每朔料 六斗式
面都監 幾員 限五十日 每日 每員 各料 二升式
分所都監 每所 各二員 每日 甲結三結所量 各料 二升式
書寫 一人 每日 新結 三字 所寫料 二升式
筭士 三人 每日 新結 三十字 叩算 各料 二升式

<자료 2-2> 경상도 각 군현의 양전 직임[8]

都都監 七十員 料米 一百九十六石
面都監 九百四十四員 料米 六百二十九石 五斗
分所都監 料米 二千六百六十三石 十四斗 九升

---

6) 오인택, 앞의 논문, 1992.
7) 『量田謄錄』 庚子 12월 22일, 251쪽, "左右道量任料米及紙筆墨價磨鍊式例".
8) 『量田謄錄』 庚子 12월 22일, 253쪽, "左右道量任料米及紙筆墨價磨鍊式例".

書寫 七十人 料米, 二百九十九石 四斗 二升
筭士 二百十人 料米 八十九石 十一斗 四升

<자료 2-1>, <자료 2-2>에 따르면, 각 군마다 도도감(도감관) 1명, 각 면마다 면도감 1명, 각 면에는 분소를 두었고, 각 분소마다 분소도감 2명이 있었다. 각 면은 대부분 2개소였으며, 토지 면적이 다른 면에 비하여 현저하게 적은 면 가운데는 지역에 따라 1개 분소뿐인 곳도 있었다. 전라도 고산현이 그러한데 해당 면은 토지 면적이 타면에 비하여 현저하게 적었다.[9]

각 면에 설치된 2개 소의 분소는 최소의 실무적인 타량조직이다. 앞에서 언급했던 지시인 1명과 줄사령 1~2명은 각 분소에 소속되었다. 따라서 각 분소의 총인원은 분소감관 2명, 줄사령 1~2명, 지시인 1명으로서 모두 4~5명인 셈이다.

2명의 분소감관은 토지의 각 분소의 타량 과정을 감독하는 직임이다. 따라서 그 담당업무 범위는 지시인과 줄사령이 행하는 실무범위와 상급 양전조직에의 보고 등으로 한정될 것이다. 경자양전이 갑술양안에 기재된 사항을 기준으로 이루어졌으므로,[10] 분소감관이 그와 같은 필지 정보를 확인하고 타량 결과를 기재하는 업무를 담당했던 것으로 보인다. 분소감관의 직임이 단순한 감독업무에 그치지 않는다는 추정은 줄사령과 지시인 2~3명으로 구성된 분소조직에서 분소감관이 2명으로 배정된 점에서도 추정할 수 있다. 뒤에서 보듯이 단순한 감독업무에 그치는 면도감, 도도감 직임은 1명이 배정되었기 때문이다.

분소감관의 1일 작업량은 갑결 3결 수준으로 규정되었다. 이는 앞에서 언급된 지시인, 줄사령의 작업량이 갑결 3결인 것과 동일한데, 분소감관

---

9) 『全羅左道 高山縣 己亥量田 導行帳』(규15034/8/1)에서 확인된다.
10) 구체적인 내용에 대해서는 오인택, 앞의 논문, 1992 참조.

의 업무가 지시인, 줄사령의 업무와 연관되기 때문이다. 분소는 각 면마다 2개씩 조직되었다. 따라서 각 면에서 1일간 타량되는 면적은 갑술양안의 결부수 기준으로 6결인 셈이다.

분소도감 위에는 면도감이 있었다. 2개의 분소가 동시에 면 내의 일정구역을 각각 타량하였으므로, 면도감은 각 분소의 타량과정을 감독하였을 것이다. 현존하는 경자양안이 면단위로 성책된 점을 감안한다면, 면도감의 업무 역시 토지의 타량과정에 대한 감독과 더불어 그 결과를 기재하는 실무적인 범주에 있었다고 할 수 있겠다. 면 단위의 양전 초안인 野草를 기재하는 것이 실무적 범주의 핵심업무였다고 생각한다.11)

면도감의 급료는 50일간에 한하여 지급되었다. 이는 각 면의 타량 소요기일이 50일임을 나타낸다. 따라서 갑술양안의 결부수 기준으로 300결(6결×50일)은 각 면의 평균적인 결부수인 셈이다. 실제 각 면의 결부 규모는 다양할 수밖에 없다. 그럼에도 300결을 기준 결부수로 설정한 근거는 알 수 없지만, 한 가지 분명한 점은 그러한 기준에 입각하여 타량작업에 소요된 예산이 보고되었다는 점이고 그 점에서 무의미한 기준일 수는 없겠다.

한편 각 군현마다 1명을 둔 도도감은 군현 내 각 면의 타량 작업을 총괄적으로 지휘하였다. 그의 급료 지급이 7개월로 한정되었음에서 도도감이 감독하는 면 단위의 타량 과정은 현실적으로 각 면 간에 늦고 빠른 차이가 있겠지만, 전체적으로는 7개월 이내에 종료된다고 볼 수 있다.

도도감의 작업 기한이 7개월인 점은 면도감의 작업기한이 50일인 점과

---

11) 『量田謄錄』 庚子 4월 21일, 96쪽, "備邊司甘結 忠清道觀察使爲相考事 (中略) 今此量役 旣是近百年 所未行之事 故各邑監官 擧皆手生 所謂野草 極其胡亂 其勢 不得不 自本官 逐庫釐正 無甚差誤 然後 乃可修報是如乎 今若監官野草 直送都會所 分其字號等第 田形 長廣 陳起 作名 許多差誤處". 여기에 언급된 각읍감관은 면단위의 양전 초안인 야초를 작성해서 각 군현의 검토를 통하여 도회소로 보내는 직임이므로, 면감관으로 볼 수 있다.

비교되는데, 이는 뒤에서 언급되듯이 작업단계의 차이에서 비롯된다. 면도감까지는 주로 야외에서의 토지측량 작업, 즉 타량단계의 작업으로서 야초 작성으로 종결되지만, 도도감 단계의 작업은 각 면의 타량작업과 더불어 각 면의 야초를 토대로 한 초안 작성까지 관련되기 때문이다.

도도감 즉 군현 단위 작업에서 중요한 것은 초안 작성이었다. 이와 관련된 인원이 <자료 2-1>, <자료 2-2>에 나타난 筭士 3명과 書寫 1명이다. 산사는 각 면의 야초에 나타난 각 필지의 전형(사각형, 사다리꼴 등)과 측량된 장광척수(가로, 세로, 높이 등)를 자료로 하여 제곱척 단위의 면적을 산출하고, 이를 6등 전품에 따라 결부수로 환산하는 작업, 자호·면단위·군현단위의 각종 전답 통계를 내는 것이 주된 작업이었을 것이다.

산사가 각 필지의 결부수를 산출하면 2건의 초안이 작성된다. 초안에는 두 종류가 있었는데, 2건은 초안으로 불렸고 1건은 本草로도 불렸다.[12] 두 유형의 초안이 어떻게 구별되는지는 현재 남아있는 초안이 없어서 분명하게 파악하기는 어렵다. 정안의 경우 3건이 작성된 것은 호조용, 감영용, 군현용이 있었는데, 초안은 그 기능이나 성격상 정안과 같은 용도별 작성은 불필요하다. 다만 단편적인 기록상으로 보아서, 군현용과 균전사용이 존재하였음은 분명하다.[13] 나머지 1건의 성격은 불명인데, 앞에서 면단위에서 작성되었다고 언급한 야초가 그 초안이라고 추정된다.

3건의 초안을 이와 같이 본다면, 면에서 작성된 아직 결부수가 산출되지 않은 야초가 도회소에 수집되고, 이를 자료로 산사의 작업이 행해지면서 군현용 초안이 작성되고, 이를 정서한 균전사용 초안이 작성되며, 1명의 書寫가 행하는 주된 작업은 균전사용 초안의 정서라고 할 수 있겠다.

---

12) 『量田謄錄』 庚子 8월 26일, 182쪽.

13) 후술되듯이, 각 균전사가 군현에서 작성하여 보고한 초안을 검토할 때 균전사용을 군현용과 대조한 후 군현용을 군현에 되돌려주었다. 이러한 작업과정에서 군현용 및 균전사용 초안의 존재를 확인할 수 있다.

이러한 추정을 뒷받침하는 근거는 <자료 2-1>, <자료 2-2>에 나타난 서사의 급료 지급 기준이다. 이에 따르면, "서사는 1명이며 매일 신결(타량 결과 새로 산출된 결부수) 3자호(15결)를 정서하며, 급료는 2승씩이다"[14]로 되어 있다. 이에서 군현별 서사는 1명이며 그들이 1일간 행할 작업량은 경자양안의 결부수를 기준으로 3자호(15결)였음을 알 수 있다. 도도감의 감독하에 작업을 행하므로 서사의 작업기간은 7개월이 최대 기한인 셈이다. 따라서 군현의 서사가 행할 예상 작업량의 최대치는 3자호(15결)×30(일)×7(개월)=630자호(3150결)이며, 이는 개략적으로 보아서 각 군현의 평균적인 원총 결수 수준임을 나타낸다.[15] 이로써 서사의 주된 임무는 군현의 초안 1건을 정서하는 수준이라고 추정할 수 있겠다.

이상에서 분소감관(지시인, 줄사령)→ 면도감→ 도도감(산사, 서사)의 양전조직을 살펴보았다. 모두 군현에서 행해지는 작업이었다. 따라서 이들 제작업의 최종적인 책임은 수령에게 있었다. 수령이 관할지역의 양전에 하자가 발생했을 때 책임을 지고 균전사로부터 처벌을 받도록 양전사목에 규정된 것은 그러한 점을 잘 보여준다 하겠다.[16] 또 경상좌도 균전사가 수령이 도감관 이하의 모든 감관들을 인솔하여 먼저 1개 면을 선택하여 시범타량을 행하면서 타량방법에 익숙하도록 교육시킨 후 비로소 각면의 타량 실무에 종사하도록 하였음도 수령과 군현양전의 관계를 잘 보여준다 하겠다.[17]

---

14) 『量田謄錄』庚子 12월 22일, 251쪽, "書寫 一人 每日 新結 三字 所寫料 二升 式".

15) 『量田謄錄』庚子 9월 13일, 184쪽, 충청좌도 균전사의 각읍 결총 보고 및 경자 9월 일 210쪽의 경상좌도 균전사의 각읍 결총 보고 참조. 또 숙종 46년(1720) 경자양전이 종료되었을 때 경상도 시기결이 26만여 결이며, 3150결×70개군현= 220,500결임도 참작할 수 있겠다.

16) 『新補受敎輯錄』戶典 量田조 참조.

17) 『量田謄錄』慶尙左道均田使量田私節目, "各邑官長 領率都監官以下諸監任 親自看審 先爲打量一面 或十餘字 或數十字 雖費旬餘日字 必須爛熳習熟 可無差

군현단위에서 도감관의 감독하에서 진행되는 정서본 초안의 작성단계는 아직 정안 작성단계가 남긴 했지만, 실제적으로는 군현양전이 종료되는 최종단계였다. 군현에서 작성된 정서본 초안은 균전사에게 보내져 검토를 받은 후 정안의 원고로 사용되었다.[18] 균전사는 정안작업에 들기 전에 군현의 양안을 검토하게 된다.

균전사의 초안 검토 작업내용은 경상우도 균전사를 겸임하던 경상감사 오명항이 각 읍의 초안을 감영에 모아서 행한 작업을 보고한 다음 내용에서 엿볼 수 있다. "갑술양안의 자호지번과 결부수를 일일이 비교하여 맞추어 보았다. 그 후에 감영에 보고된 초안과 군현의 초안 2건을 상세하게 서로 맞추어 보았다. 그 가운데 서로 순서가 어긋나고 숫자가 어긋나는 폐단이 많으므로 공문서를 보내어 수정하고, 제곱척 단위의 면적 산출과 6등전품에 입각한 결부수 환산작업을 할 때(중략)"[19]에서 경상우도 균전사는 군현의 균전사용인 정서본 초안을 취합하여 갑술양안과 대조하고, 감영에 보고된 초안을 군현 보관용 초안과 상호 비교하고 결부수 계산 등을 엄밀하게 조사하고 있음을 알 수 있다. 충청감사의 장계에서도 마찬가지 내용이 발견되며,[20] 전라감사의 장계에서도 역시 같은 내용을 찾을 수 있다.[21]

지금까지 개략적이마나 양전조직을 통하여 타량과 초안의 작성과정을 살펴보았다. 타량단계에서는 분소감관이 분소조직을 지휘하여 토지의 측량실무를 담당하였고, 면도감은 2개의 분소조직을 통하여 면단위 타량작업을 감독하고 그 결과를 갑술양안의 필지 기재순서에 따라 기재하여 군

誤 然後 分排各面 使之一時舉行爲齊".

18) 『量田謄錄』 庚子慶尙左道均田使量田私簡目(1), "事目中 以爲 始量後 各面三日一報本官 各邑十日一報均田使 亦爲有矣……至於十日一報 則不必舉行 每一面打量完畢後 修正草成冊 上送爲齊".

19) 『量田謄錄』 庚子 8월 초9일, 155쪽.

20) 『量田謄錄』 庚子 6월 29일, 145쪽.

21) 『量田謄錄』 庚子 8월 초7일, 173쪽.

현의 도도감(도감관)에 보고하였다. 각 면의 타량작업 완료기한은 50일을 기준으로 하였다. 수령의 감독하에서 도도감(도감관)은 산사・서사와 더불어 각면의 타량 보고서를 토대로 초안 작성을 감독하는 것이 주된 임무였다. 초안은 1차(야초), 2차(군현용), 3차 초안(균전사용)이 있으며, 3차 초안은 균전사에게 제출되어 정안의 원고로 사용되었다.

이상과 같이 양전조직을 통하여 고찰된 바를 염두에 두고, 전라우도의 고산현과 전주부 경자양안을 구체적으로 검토하여 보겠다.

<자료 3> 全羅右道 高山縣 己亥量田 導行帳[22]

면명	都監官	面都監	一所監官	二所監官	결부수	문서번호
1	南敏偙	鞠弼禹	李祥一 許 垾	禹祥圭 裵碩徵	429-51-4	15033/3/1
2	〃	趙孟貴	鞠弼三 高得漢	兪必城 尹志佑	247-17-7	15033/3/2
3	〃	朴萬植	兪汝寅 姜世彬		258-41-0	15034/8/1
4	〃	吳斗文	金時鼎 裵碩晋	林時樑 張世允	310-59-3	15034/8/2
5	〃	趙恒重	池○洪 李○馨	張後齊 李益華	346-43-3	15034/8/3
6	〃	金命基	鞠世殷 朴尙彦	鞠鳳義 兪就參	357-53-7	15034/8/4
7	〃	任世璋	金重恒 許 ○	韓相瑜 許 垾	291-55-8	15034/8/5
8	〃	吳命相	梁相佑 徐進建	鄭東華 李益芳	352-62-3	15034/8/6
9	〃	陳 策	韓重燁 金起秋	○○○ 李億玲	286-86-5	15034/8/7
10	〃	吳爾哲	兪○翼 張斗圭	兪必興 白世安	431-38-1	15034/8/8

* 면명은 임의의 숫자로 대신하였고, ○는 판독이 안 되는 글자를 나타낸다.

<자료 3>은 현존하는 고산현 각 면의 경자양안 말미에 기재된 내용을 옮겨 적은 것이다. 각 면에는 1소와 2소의 2개 분소가 있으며, 각 분소에는 분소감관 2명이 임명되었다. 그 위로 면에는 면도감 1명, 현에는 도감관 1명이 있다. 이로써 고산현은 기본조직 면에서 경상도와 동일한 양전조직을 편성하여 운영하였음을 확인할 수 있다.

3번 면은 다른 면과는 다른 점이 있는데, 분소가 1개만 기재되었고, 그

---

22) 전라좌우도 경자양안의 표제에는 모두 '己亥量田導行帳'으로 표기되었다. 논의의 편의상 모두 경자양안으로 칭한다.

명칭도 '1소감관'이 아니라 '감관'으로 되어 있다는 점에서 기재의 누락이
아니라 1개 분소만 두었다는 점이 확실하다. 왜 1개 분소만 편성했는지에
대한 해답은 3번 면의 결부수가 258결-41부-0속으로서 10개 면 가운데 두
번째로 적다는 점에서 찾을 수 있다. 하지만 2번 면은 결부수가 247결-17
부-7속으로 3번 면보다 더 적지만 2개의 분소를 편성했다.

이로써 고산현에서는 결부수가 적은 면에는 2개 분소를 두지 않는 경
우도 있었지만, 일률적인 기준을 정하여 각면을 통일시키지는 않았고 그
에 따른 용어 표기 역시 그러하였으며, 그러한 사정이 전라우도 균전사에
게도 용인되었음을 확인할 수 있다.

고산현 양안에서 또 한 가지 지적할 점은 면도감의 표기 상태이다. 전
체 10개 면 가운데 6개 면(2, 4, 5, 6, 7, 9면)에는 '面都監官'으로 표기되었
고, 4개 면(1, 3 ,8 ,10면)에는 '面都監'으로 표기되었다. 두 표기 사이에 실
질적인 의미 차이는 없지만, 면단위 양전 직임의 표기가 통일되지 않았다
는 점은 양전조직에 대하여 시사하는 바가 있다. 위에서 살펴본 분소문제
와 더불어 면도감 표기가 시사하는 바는 양안양식이 갖는 엄격한 형식적
통일성의 결여 문제이다.

고산현 양전조직 표기의 검토에서 두 가지 측면에서 형식적인 통일성
이 결여되었음이 파악되었다. 이러한 점들이 의미하는 바는 무엇인가. 앞
에서 언급된 분소와 면도감 표기문제는 타량작업과 초안 작성과정을 감
안하면, 일차적으로 면단위 양전 직임 자신들이 사용하였고, 이러한 표기
가 군현의 도감관 감독하의 초안 작성과정에서 그대로 사용된 것이라 볼
수 있다. 형식적인 용어 표기의 차이가 양안형식의 통일성에 아무런 문제
가 없었다는 의식의 산물이라 할 수 있다.

<자료 4>는 전주부 양안 가운데 현존하는 각면 양안의 말미에 기재된
내용을 옮겨적은 것이고, <표 1>은 <자료 4>에 기재된 각 면별 양전 직
임이름과 인원수, 결수를 정리한 것이다. 전주의 경우 고산현과 같은 전

라우도이지만, 양전조직에 대한 표기 방식상에 많은 차이점을 보여준다.

개략적으로 비교해보면, 고산현에는 도감관·면도감·분소감관의 직임과 성명이 기재되었지만, 전주부에는 도청산사, 유사, 타량도감의 직임과 성명이 기재되었다. 두 군현은 동일한 균전사의 감독을 받지만, 외형상 양전조직 표기상의 통일성을 찾을 수 없다.

<자료 4> 전라우도 전주부 각 면의 양전 직임(전주부판관 李 수결)

19	都廳筭士 (柳益燁)朴○燁 有司 幼學 鄭春賓 타량도감 品官 李泰夏	396-75-5
18	都廳筭士 朴文煥 有司 幼學 崔昌漢 타량도감(柳世亨) 品官 林天陪	결락
17	都廳筭士 (張俊傑) 金鳴秋 有司 幼學 宋廷琦 타량도감 品官 李善萬	565-63-8
16	唱準 張俊傑 都廳筭士 金鳴秋 有司 幼學 宋挺琦 타량도감 品官 崔聖龍	952-89-4
15	都廳筭士 (張俊傑) 崔瑞俊 有司 幼學 宋廷宰 타량도감 品官 崔商皓	94-16-7
13	都廳筭士 (李益昌) 姜東遇 有司 幼學 宋奎炳 타량도감 品官 李聃耆	673-61-7
12	都廳筭士 (河演)丁萬哲 타량도감(9명) 品官 朴壽甲 (李必建, 宋道玄, 柳粮長, 柳時範, 朴泰蕃, 姜瑞極, 崔碩宗, 柳運桂, 崔道明)	574-43-3
10	都廳筭士 (柳必炫) 張 翔 有司 幼學 李朝鳳 타량도감 品官 朴 璠	744-9-9
8	都廳筭士 (崔略成)鄭起晋 타량도감(7명) 崔德重 (宋遇漢, 柳光老, 金緯章, 崔象德, 崔必重, 金胤一, 李東彦)	423-34-8
7	都廳筭士 (李宜○)金南輝 타량도감 (10명) 品官 文震元 (柳起龍, 文萬義, 文道郁, 文道煥, 文道炳, 文道東, 文道赫, 文彩鳳, 姜應三, 柳世重)	589-57-4
6	都廳筭士 (崔應峻) 安東逸 타량도감 (6명) 崔成晩 (崔 ○, 李德恒, 文萬成, 林○恒, 林○○, 梁友汲)	347-7-1
5	都廳筭士 (徐文昌) 朴東煇 타량도감 (9명) 品官 李夏蕃 (李錫獜, 李德獜, 朴重碩, 張鳳翊, 張以綱, 朴泰瑞, 張泰碩, 文啓周, 朴敏矩)	413-76-2
4	都廳筭士 (鄭○○) 金日岺 타량도감 (7명) 品官 柳德新 (丁鶴老, 金昌德, 蘇厚鳳, 崔萬禧, 柳漢瑞, 南面鵬, 柳德樑)	399-83-5
2	都廳筭士 (白碩昌) 宋德中 有司 幼學 柳壽徵 打量都監 品官 梁萬瞻	결락
1	(金泰載)羅德興 有司 幼學 柳一五 타량도감(吳震明) 品官 ○世極	558-80-6

※ 왼쪽의 번호는 면명을 대신한 것이다. ○는 판독 불능한 글자를 나타낸다.
( )로 표기된 인명은 그 윗줄에 있는 '(~명)'의 내용을 나타낸다.

<표 1> 전라우도 전주부의 양전 직임 인원과 결부수

면명	1면	2면	4면	5면	6면	7면	8면	10면	12면	13면	15면	16면	17면	18면	19면
산사	2	2	2	2	2	2	2	2	2	2	2	1	2	1	2
유사	1	1	0	0	0	0	0	1	0	1	1	1	1	1	1
도감	2	1	8	10	7	11	8	1	10	1	1	1	1	1	1
결부	558	?	399	413	347	589	423	744	574	673	94	952	565	?	396
기타												창준1			

외형적 표기가 다르기는 하지만, 실질적인 양전작업은 동일한 점을 감안하여 비교해보도록 하겠다. <표 1>에 나타나듯이 전주부 각 면의 타량도감은 1~11명인데, 타량도감 인원수와 결부수의 연관은 전혀 없어 보인다. 경상감사의 보고나 고산현 양안에 따르면, 각 면에는 면도감 1명과 분소감관 4명이 있었으므로, 전주부의 타량도감 인원수도 면도감과 분소감관을 포함한 인원수와 관련된다 할 수 있다.

이 경우 남는 문제는 전주부 각 면의 타량도감이 1명으로 된 경우가 많다는 점이다. 그 가운데 16면은 952결로서 타 면에 비해 압도적으로 결수가 많지만 타량도감은 1명으로 기재되었다. 이를 감안할 때 실제 타량도감이 1명이어서 그렇게 기재된 것이라고 생각하기는 어렵다. 전주부 각 면에서 타량도감 1명으로 기재된 것은 고산현에서의 면도감 1명과 같은 의미로 보는 것이 타당하다. 즉 전주부 각 면에서는 양전담당 직임자를 기재할 때, 면도감 1명만 기재한 경우도 있고, 면도감과 분소감관을 별도의 구별없이 기재한 경우가 뒤섞여 있다.

또 하나의 의미있는 사실은 전주부 각 면의 타량도감 기재 형식이 통일되지 않았다는 점이다. 타량도감 기재란에 면도감 1명만을 기재하거나 면도감과 분소도감을 모두 기재하는 방식이 뒤섞인 것이다. 이 역시 면단위에서 그렇게 기재한 것을 군현단위에서 그대로 기재했고 그 후 균전사 역시 그러한 기재 방식을 용인했음을 말해준다. 타량도감의 기재 방식을 엄격히 통일할 필요성을 느끼지 못했던 것이며, 이는 양안의 통일성 추구라는 차원에서 그다지 중요한 문제로 인식되지 않은 결과라 하겠다.

<표 1>을 이와 같이 해석하면, 두 가지 의미있는 사실을 찾을 수 있다. 하나는, 타량도감의 수효가 7~11명에 이르는 4면, 5면, 6면, 7면, 8면, 12면은 대체로 각 면의 결부수가 클수록 타량도감의 수효도 많음을 보여준다. 이 경우 7~11명의 타량도감 가운데 1명은 면도감에 해당할 것이고, 나머지 6~10명은 분소도감인 셈이다. 고산현의 각 면에서는 2개 분소에 모두 4명의 분소감관을 두었다. 전주부 각 면에는 고산현보다 분소도감의 수효가 2~6명 많은 셈이다.

다음으로 검토를 요하는 것은 전주부 각 면의 有司와 都廳筭士이다. 도청산사는 전주부에 설치된 도청의 산사로서 각면 초안의 결부 산출과 각종 통계를 담당했을 것이다. 이는 고산현의 경우로 보더라도 무리가 없다.

그런데 각 면의 유사는 그 기능이 애매하다. 고산현이나 경상도감사의 보고에는 각 면에 유사를 둔 적이 없다. 유사의 기능이 타량단계와 관련 있다면 타량도감에 포함될 것이고, 초안단계와 관련된다면 도청산사와 관련될 것이다. 기재 순서상으로도 유사는 도청산사와 타량도감의 중간에 위치한다.

이러한 점들을 종합할 때 유사는 도청산사와 관련된 초안 작성단계의 업무를 담당했을 것으로 보는 것이 타당할 것이다. 즉 군현에서 각 면의 초안을 작성하는 과정에서 매우 중요한 것은 결부수 산출과 각종 통계 등 계산의 정확성이다. 당연히 이 과정을 감독할 직임이 필요하다. 고산현이나 경상도의 경우는 도감관이 그러한 직임을 담당하였는데, 전주에서는 면에 따라 유사를 별도로 두는 경우가 있었거나, 각 면은 사실상 모두 유사를 두었지만 기재하거나 생략한 것으로 볼 수 있다. 어느 쪽이든 양전직임의 기재 형식에 대한 군현단위의 통일성 결여라는 점에서는 마찬가지라 하겠다.

한편 도청산사 항목에는 1개 면을 제외한 나머지 면이 2명으로 기재되었다. 예외적인 면은 16면인데, '唱準 장준걸, 도청산사 김명추, 유사 유학 송정기, 타량도감 품관 최성룡'으로 기재되었다. 도청산사가 1명인 대신에 창준 1명이 기재된 것이다. 창준 직임은 그 명칭으로 보아 양안을 작성할 때 내용을 소리를 내어 읽는 일을 담당했다. 따라서 창준은 면별로 존재했다고 보는 것이 순리이다. 따라서 도청산사가 2명으로 기재된 면의 경우 2명 중 1명은 창준였을 가능성이 있다.

이상에서 경상우도 균전사의 보고서 가운데 양전조직과 관련된 직임에 대하여 살펴보고, 전라우도 균전사의 감독을 받았던 고산현과 전주부의 양전조직 상의 직임에 대하여 그 기재 형식을 중심으로 살펴보았다. 경상우도와 전라우도의 양전조직은 실질적인 기능 상으로 보아서 면단위의 타량단계와 군현단위의 초안 작성단계에 대응한 것이었다. 그러나 양전조직에 포함된 각종 직임에 대한 구체적인 기재 형식은 어느 정도의 형식적 통일성을 갖추기는 하지만 그다지 엄밀한 수준은 아니었다. 이러한 기재 형식은 양전조직 상으로 보아서 면단위의 기재 방식이 그대로 군현과 균전사에게 용인된 결과라는 점을 감안한다면, 그러한 기재 형식은 양전조직에서 중점적으로 통제하고 관리한 대상이 아니었다고 볼 수 있다.

이상의 고찰이 타당하다면, 양전조직의 인식과 판단은 타량단계에서 초안 작성을 거쳐서 정안 작성에 이르는 과정에서 남겨진 각종 양안자료의 기재 형식과 방법을 해석하는데 대단히 중요한 변수라는 점을 확인한 셈이다. 바꾸어 말하면, 양안상의 각종 기재 형식과 방법을 해석하는데 양전조직의 인식과 판단경향이 고려되어야 한다는 것이다.

3. 정안단계의 양전조직과 기재 형식

본장에서는 앞에서 살펴본 바 양전조직과 타량 및 초안 작성과정에 대한 검토에 이어서 양안 즉 정안의 작성과정을 살피도록 하겠다. 이는 3차 초안(균전사용) 작성 이후의 작업과정을 살피는 것이며, 이와 같은 검토를 통하여 양안의 기재 형식과 내용의 성격을 이해할 수 있을 것이다.

정안의 작성과정은 군현에서 타량과 3차 초안작업이 완료된 이후 각 균전사의 감독하에서 시작된다. 각 균전사 휘하에 관할 군현의 3차 초안을 모아서 검토하고 수정하는 단계, 정안을 작성하여 검토하는 단계로 진행되었다.

각 군현이 3차 초안을 완성하여 균전사에게 보고하면 균전사가 이들 초안을 검토하였다. 삼남에서 타량을 시작하여 초안의 작성과 검토가 완료된 시기는 개략적으로 보아서 숙종 45년(1719) 9~10월부터 숙종 46년(1720) 5~8월 무렵이었다. 각 군현의 타량작업이 시작된 정확한 시기는 알 수 없지만, 각 균전사가 임명되어 임지에 도착한 시기를 볼 때 숙종 45년(1719) 10월 무렵이다.[23]

각 군현의 초안 작성이 완료된 시기는 알 수 없다. 균전사의 보고에서 각 군현의 초안 작성이 완료된 시기가 언급되지 않고, 관할 전체 군현의 초안에 대한 검토가 완료된 시기만 언급되기 때문이다.

각 균전사의 보고에 따르면, 경상좌도는 경자 9월,[24] 경상우도는 경자 8월,[25] 전라좌도는 경자 5월,[26] 전라우도는 경자 8월,[27] 충청우도는 경자 6월,[28] 충청좌도는 경자 7월 무렵에[29] 각각 3차 초안의 검토를 끝냈다. 따

---

23) 『備邊司謄錄』 42冊, 숙종 45년 기해 10월 10일, 7-198.
24) 『量田謄錄』 庚子 8월 26일, 180쪽 및 庚子 9월 일, 210쪽.
25) 『量田謄錄』 庚子 8월 초9일, 154쪽.
26) 『量田謄錄』 庚子 5월 초3일, 114쪽.
27) 『量田謄錄』 庚子 8월 초7일, 171쪽.

 라서 전체적인 3차 초안의 검토는 경자년(1720) 5~9월 무렵 종료되었고, 그 이후에 정안 작성작업이 진행되었다고 하겠다.

　대체적인 작업 소요기간을 정리하면, 숙종 45년(1719) 10월부터 익년 봄까지는 각 군현의 타량과 초안 작성작업이 종료되고, 숙종 46년(1720) 봄부터 5~9월간에 걸쳐 각 균전사는 관할 내의 군현 초안을 검토하였다고 하겠다. 다음의 전라좌도 균전사의 언급은 그러한 사정을 말해준다. "다만 타량이 비록 춘경 전에 완료된다 하더라도, 초안을 작성하여 보고하는데 1개월이 걸린다. 초안을 비록 작성하여 보고했더라도 정안의 정서에 또 2~4개월이 걸린다".30) 이는 전라좌도 균전사가 숙종 46년(1720) 정월에 언급한 내용이다. 이 시점의 언급에는 아직 균전사의 초안 검토작업의 심각성과 중요성이 포착되지 않았다.

　이후 전라좌도 균전사가 숙종 46년(1720) 5월 초3일에 올린 장계에 따르면, 동년 3월 20일 무렵 도회소를 설치하여 부근 각 읍의 산사들 4, 50명을 불러들여 초안의 검토를 완료한 시점은 5월초였다.31) 초안의 검토에 40여 일이 소요된 셈이다.

　균전사의 감독하에서 이루어지는 초안의 검토에 대해서 좀 더 검토하도록 하겠다. 각 군현은 초안을 작성하면 균전사에게 2부를 보냈다.32) 군현용 1부와 균전사용 1부가 그것이다. 균전사는 우선 이 2부의 초안을 서로 대조하여 어긋나는 것을 바로잡은 후 세부적인 내용을 검토하였다. 전라좌도 균전사의 경우, 전품등급·장광척수의 오서 여부, 낙자, 결부수가 맞지 않는 것을 바로 잡았다고 보고하였다.33) 이들은 모두 결부수를 증감

28) 『量田謄錄』 庚子 6월 29일, 135쪽 및 145쪽.
29) 『備邊司謄錄』 73冊, 경종 즉위년 경자 7월 16일, 7-291.
30) 『量田謄錄』 庚子 정월 5일, 17쪽.
31) 『量田謄錄』 庚子 5월 초3일, 114쪽.
32) 『量田謄錄』 庚子 4월 20일, 90쪽.
33) 『量田謄錄』 庚子 5월 초3일, 114쪽 ; 『量田謄錄』 庚子 5월 17일, 125쪽.

시키는 요인들이었고, 초안 검토과정에서 역점을 둔 부분도 대부분 이러하였다고 생각된다.

경상좌도의 경우, 전품등급이 상향된 것, 결부수 계산착오, 부당한 결부책정 등이 지적되었는데,[34] 앞의 전라좌도 균전사의 경우와 마찬가지로 결부수의 증감문제가 감사와 수정의 초점이었다.

각 도에서 군현 초안의 검토가 이루어진 곳은 좌우도에 따라 달랐다. 좌도의 경우는 별도의 도회소를 선정하여 인근 군현의 초안을 모아서 검토하였다. 전라좌도는 초·중·종 3개의 도회소를 능주, 담양, 진안에 각각 설치하였고,[35] 경상좌도는 예천, 안동, 의성, 경주, 밀양, 청도 등 6읍에 도회소를 정하였음이 그것이다.[36] 반면 각 도의 우도는 관찰사가 우도균전사를 겸직했으므로 감영에서 작업을 행하였다. 경상감사 오명항이 장계에서 각 읍 초안을 감영에 수취하여 다각적으로 검토했음을 언급하고 있음에서 그러한 사정을 확인할 수 있겠다.[37]

균전사 관할의 각 군현 초안에 대한 검토작업에는 많은 인력이 필요하였다. 특히 전형과 장광척수로서 척 단위의 면적을 산출하는 고산작업, 계산된 척 단위의 면적으로써 6등전품을 고려하여 결부수로 환산하는 해부작업에서는 착오가 많았으므로 이를 바로 잡는데 많은 산사가 필요하였다. 전라좌도에서 각 도회소에 인근 각 읍의 산사 4, 50명을 모아서 작업했던 사례는 그러한 사정을 보여준다.[38]

또 각 읍에서 작성한 초안의 기재 형식을 통일시키는 데에도 인력이 필요하였다. 전라도관찰사가 전라우도 각 읍의 문서는 영문에서 "산사를 여러 명 정하여, 해부의 착오와 양식 규정에 어긋나는 것을 모두 수정하

34) 『量田謄錄』 庚子 9월 일, 210쪽.
35) 『量田謄錄』 庚子 5월 초3일, 114쪽 ; 『量田謄錄』 庚子 5월 17일, 125쪽.
36) 『量田謄錄』 庚子 9월 일, 210쪽.
37) 『量田謄錄』 庚子 8월 9일, 154쪽.
38) 『量田謄錄』 庚子 5월 초3일, 114쪽 ; 『量田謄錄』 庚子 5월 17일, 125쪽.

는데, 사역이 많아서 완필이 쉽지 않다."39)라고 언급하고 있음에서 그러한 사정을 짐작할 수 있다.

현존하는 경자양안에서 결부수 계산이 정확하게 나타나고, 각 균전사 관할 군현별로 양안의 기재 형식이 통일된 것은 초안에 대한 사준작업의 철저성을 말해준다. 경상좌도의 경우, "각 읍의 문서를 반드시 2건을 수봉하였다. 이들을 고산 사준한 후에 1건은 좌도균전사에게 두고 1건은 각 읍에 돌려주어, 그것을 정안에 이서하게 하였다."40)고 언급되고 있음에서 알 수 있듯이, 정안 작성은 엄밀하게 검토된 초안 내용을 이서하는 것이었다. 따라서 초안의 검토과정이 엄밀하고, 신중하지 않을 수 없었던 것이다.

각 균전사의 초안 검토가 끝나면, 이어서 정안 작성이 시작된다. 이 경우 각도의 우도는 감사가 균전사를 겸직하므로 감영에서 작업이 계속될 수 있었으므로 별 문제가 없었다. 하지만 좌도균전사는 군현에 설치된 임시도회소에서 작업했으므로 불편하였다. 이리하여 각 좌도균전사는 나름의 대안을 모색하였다. 자료 상에서 확인할 수 있는 경상좌도와 전라좌도의 사례는 그러한 사정을 잘 보여준다.

경상좌도 균전사는 초안 검토작업을 마친후 상경의 허락을 청원하면서 정안작업에 대하여 다음과 같이 대안을 제시하였다. "보관하던 초안을 감영으로 이송하여 관찰사로 하여금 좌우도를 전관하게 해 주십시오. 장차 각 읍에서 올리게 될 정안과 소신이 감영에 이송한 초안을 상준하여 성첩하면, 문서에 미진한 일이 없을 것이고 (지방에서) 해를 넘기며 머물러 있는 폐단도 없을 것입니다."41) 여기에서 파악할 수 있는 맥락적 의미는 두 가지이다. 하나는 초안의 검토 작업이 종결되면 사실상의 양전 관리임

---

39) 『量田謄錄』 庚子 6월 2일, 127쪽.
40) 『量田謄錄』 庚子 4월 20일, 90쪽.
41) 『量田謄錄』 庚子 4월 20일, 90쪽.

무는 끝났다는 것이고, 또 하나는 지방에 1년 이상 머물러 있는 것은 민폐도 심하고 자신에게도 상당히 불편하다는 것이다. 이 청원은 허락을 받았다.[42] 따라서 경상좌도의 정안은 경상우도의 정안과 함께 경상도관찰사가 마무리하였다 하겠다. 현존하는 경상좌도 경자양안 가운데 보존 상태가 양호하여 수결을 확인할 수 있는 것에는 경상도관찰사의 수결이 남아있다.[43] 경상도관찰사가 경상좌도의 정안을 마감했음을 확인해주는 사례이다.

전라좌도 균전사가 지방에 머물기를 불편해하는 사정도 경상좌도와 마찬가지였음을 다음에서 확인할 수 있다. "신의 생각은 다음과 같습니다. 균전사가 각 읍 초안이 모두 도착하기를 기다려서 대나무상자에 넣는 것을 친히 살펴보고 견고하게 封標합니다. 文目을 수송시킨 후에 상경하여 전례에 따라 한성의 공해에 균전청을 설치합니다. (중략) 정안이 차례로 도착하면 일일이 나누어 주어서 상세히 산준하게 하고 균전사는 연일 참석해서 검독하여 (중략) 문서는 면밀하고 폐단은 줄일 수 있습니다."[44] 전라좌도 역시 경상좌도와 같이 불편해하는데, 경상좌도처럼 관찰사에게 일임하는 방안이 아니고 전라좌도 균전사가 한성에 올라가 지방에서 올린 정안을 직접 마감하겠다는 점에서 차이가 있다. 전라좌도 균전사가 청원한 이 방안도 허가되어 그대로 시행되었다.[45]

---

42) 『量田謄錄』庚子 4월 20일, 94쪽, 경상좌도 균전사의 청원에 대하여 말미에 다음과 같이 기술되었음에서 청원이 허락되었음을 확인할 수 있다. "康熙五十九年四月初九日 右副承旨 臣柳 次知 達 依準".

43) 경상좌도 가운데 용궁현경자개량전안 6책, 예천경자개량전안 2책 등에 "通政大夫 守慶尙道觀察使 兼兵馬水軍節度使 巡察使 大邱都護府使 洪手決"으로 되어 있음에서 경상좌도 역시 경상도관찰사가 정안을 마무리했음을 확인할 수 있다.

44) 『量田謄錄』庚子 정월 초5일, 18~19쪽.

45) 인용 자료의 말미에 '令日 依爲之'로 기술되었고(『量田謄錄』庚子 정월 초5일, 19쪽), 그때로부터 4개월 후인 5월초에, 초안의 검토를 종료하고 상경하여 정안을 마감할 준비를 진행하였다(『量田謄錄』庚子 5월 초3일, 114~115쪽).

경상도에서는 좌우도 정안이 모두 감영에서 마감되었고, 전라도에서는 좌도 정안은 한성에서, 우도 정안은 감영에서 각각 마감되었다. 충청좌도의 경우는 어떠하였는지 자료 상으로 확인되지 않는다. 다만, 충청좌도는 경자 9월 13일 관내 각 군현의 정안을 해당 군현에 감송하였다고 보고하였음에서,[46] 지방의 도회처에서 정안을 마감했고, 우도는 역시 감영에서 마감되었다고 하겠다.

앞에서 인용된 경상·전라의 좌도균전사 언급에서 정안의 작성방법에 관련된 내용이 있었다. 경상도의 경우 각 군현에서 작성한 정안을 감영에 보내면 균전사가 이를 보관 중인 초안과 대조한 후 성첩한다는 것이 그것이다. 이 점은 전라좌도의 경우도 마찬가지이다. 정안 작성과 관련하여 전라좌도 균전사는 다음과 같이 언급하였다. "금월 초에 보성 정안이 비로소 도착하였다. 즉시 산준 이정하고 성첩하여 환송하였다."[47] 전라좌도 역시 군현에서 정서한 정안이 도착하면, 균전사는 보관하던 해당 군현의 초안과 대조하여 이상 유무를 확인한 후 관인을 날인하여 해당 군현에 돌려보낸 것이다.

이상의 작업 과정을 거쳐서 각 군현의 정안 3부가 白紙로 작성된 초안과 달리 壯紙로 작성되었다.[48] 군현용, 감영용, 호조용이 그것이다. 3부의 정안이 모두 동일한지는 확인할 수 없다. 동일하다고 생각하기 쉽지만, 전라우도의 경우 군현용은 나머지 2건과 다르게 제작되고 있어서 일률적으로 판단하기는 곤란하기 때문이다.[49]

---

46) 『量田謄錄』庚子 9월 13일, 184쪽.

47) 『量田謄錄』庚子 10월 16일, 237쪽.

48) 『量田謄錄』庚子 12월 22일, 248쪽에서 경상도관찰사가 좌우도의 경비를 종합 보고하면서, 초안 3건, 정안 3건이라 하였다.

49) 전라우도 균전사가 군현에 지시한 내용의 개요는 다음과 같다. 일과성책의 용지를 상하로 나누어 상행에는 구양안의 등제와 결부수를 써놓고, 하행에는 신양안의 등제와 결부수를 써넣는다. 이를 통하여 양안 작성과정의 농간을 통제하기 쉽고, 또 양전 후의 전송이 있더라도 이러한 규식에 입각하여 군현의 정안을 작

　각 군현 정안의 작성시기는 현존하는 경자양안의 內題에 기재된 연월
을 보면 알 수 있다. 앞에서 고찰한 타량작업과 초안 작성일자를 고려할
때 양안에 기재된 내제의 일자는 정안이 작성완료된 연월로 보는 것이
타당하다. 먼저 전라좌도와 우도의 현전하는 경자양안 내제를 정리하면
다음과 같다.

<자료 5> 전라도 경자양안의 내제

　　○ 전라좌도[50]
　　능주목 강희 59년(숙종 46, 경자) 월일
　　화순현 강희 59년 9월 일
　　순천부 강희 59년 월일
　　담양부 강희 59년 월일
　　남원현 강희 59년 12월 일
　　○ 전라우도[51]
　　전주부 강희 59년 월일
　　고산현 강희 60년 9월 일

　전라좌도의 경우, 남아있는 양안은 모두 강희 59년 경자년(1720)으로
작성년이 동일하게 기재되었다. 그 가운데 화순현의 경우 9월, 남원현의
경우는 12월로 표기되었다.[52] 이로써 본다면, 전라좌도는 정안의 작성이
강희 59년에 일률적으로 종료되었다고 볼 수 있겠다. 경자년 10월 무렵
전라좌도 균전사는 다음과 같이 장계를 올렸다. "지난 달 그믐날 소관 25
읍 중 24읍 양안(정안)을 마감하여 하송하였다. 보성이 기일을 넘겨 보내

　　성하면 판단이 용이하다. 고로 군현용 정안은 모두 이 형식에 의거하여 작성하
　　도록 하였다(『量田謄錄』庚子 8월 초7일, 174쪽).
50)『奎章閣圖書解題』사부2, 양안조 참조.
51)『奎章閣圖書解題』사부2, 양안조 참조.
52)『備邊司謄錄』73冊, 경종 즉위년 경자 8월 3일, 7-298, 299.

오지 않았으므로 조치하였다. 금월 초에 보성정안이 비로소 도착하였다. 즉시 산준하여 이정하고 성첩(관인 날인)하여 환송하였다. 이제 25읍 양안(정안)이 모두 마감되었다. 각 읍 새 양안의 총 결부수를 2건 정서해서 등사하여 호조 및 감영에 보냈다.”[53] 이로써 본다면, 전라좌도는 경자년 9~12월 경에는 도착한 정안의 검토를 완료하였다 하겠다.

한편 전라우도의 경우, 전주부는 강희 59년, 고산현의 경우 강희 60년 9월로 표기되었다. 이로써 본다면, 각 읍의 정안 작성시기가 크게 차이가 있으며, 늦은 경우는 1년 전후의 차이가 있음을 알 수 있다.

전라우도는 경자년 6월 무렵에도 초안을 수정하고 있었다.[54] 동년 8월 무렵에는 초안의 수정작업이 거의 종료되고, 정안작업이 시작되고 있었다.[55] 이어서 9월 하순경에는 좌우도 양전이 거의 마감되었다고 언급되었고, 좌우도의 결총이 보고되었다.[56] 이러한 과정을 살피면, 좌도에 비해서 우도의 정안 작성이 상당히 늦어지고 있으며, 이는 수정작업이 지체되었기 때문이라 하겠다.

<자료 6> 경상도 경자양안의 내제

○ 경상좌도
의성현 강희 59년 정월 일
용궁현(6책) 강희 61년 정월 일[57]
　　(通政大夫守慶尙道觀察使兼兵馬水軍節度使巡察使大邱都護府使
　　洪 수결)
예천군(2책) 강희 61년 임인 정월 일[58]

---

53) 『量田謄錄』 庚子 10월 16일, 237쪽.
54) 『量田謄錄』 庚子 6월 2일, 127쪽.
55) 『量田謄錄』 庚子 8월 7일, 174~177쪽.
56) 『量田謄錄』 庚子 9월 20일, 204쪽.
57) 용궁현 경자양안 6책, 말미에 관찰사의 수결이 기재되었다.
58) 예천 경자양안 2책 말미에 관찰사 수결이 있다.

(通政大夫守慶尙道觀察使兼兵馬水軍節度使巡察使大邱都護府使
洪 수결)
상주목 강희 60년 11월 일
비안현 강희 61년 3월 일
○ 경상우도
남해현 남면 강희 59년 10월 일[59]
(通政大夫守慶尙道觀察使兼兵馬水軍節度使巡察使大邱都護府使
洪 수결)

내제를 통해서 볼 때, 경상좌도의 경우 정안의 작성이 가장 이른 경우
는 의성현 강희 59년(1720) 정월이며, 늦은 것은 비안현으로서 강희 61년
(1722) 3월이다. 경상좌도 균전사의 보고에 따르면 경자년(1720) 9월에 초
안의 검토가 마감되었다고 보고되었다.[60] 그럼에도 의성현은 경자년
(1720, 강희 59) 정월에 이미 정안이 마감된 것으로 나타난 이유는 무엇인
가. 좌도의 여러 군현 가운데 타량작업과 초안의 마감이 일찍 끝난 군현
은 곧바로 좌도균전사의 초안검토를 거쳐 정안이 작성된 결과라고 보겠
다. 하지만 좌도균전사가 초안의 마감을 보고 한 경자년(1720, 강희 59) 9
월 이후에는 경상좌도도 모두 우도와 더불어 우도균전사 즉 경상감사의
감독을 받으며 정안을 작성하였다. 좌도와 우도 모두에 경상도관찰사의
수결이 나타나고 있음이 그러한 사실을 말해준다.

경상우도는 남해현 1개 읍 양안만 현전하는데, 작성시기는 강희 59년
10월로 표기되었다. 이 사례만으로는 각 군현의 전체적인 작성시기를 추
정하기 어렵다. 하지만, 경자년 8월에 초안의 마감작업이 종료되었다고
보고하고 있음을 보면,[61] 좌도와 그다지 큰 차이를 보이지는 않을 것으로

59) 남해현 남면 경자양안 말미에 수결이 있다.
60) 『量田謄錄』庚子 9월 일, 210쪽.
61) 『量田謄錄』庚子 8월 9일, 154쪽 ; 『量田謄錄』庚子 8월 14일, 165쪽 참조.

생각된다.

최종적으로 경상좌우도의 정안 작성과정을 감독하여 마무리한 경상도 관찰사는 홍우전이며, 그의 재임기간은 辛丑(1721) 8/10~壬寅(1722) 4/25 이었다. 용궁 예천 남해 양안의 수결에 나타난 홍이 바로 홍우전이었다.[62] 그리하여 1722년까지 정안마감이 늦어졌던 용궁과 예천의 정안수결에 그가 나타난 것이라 하겠다.

4. 정안의 기재 형식에 대한 검토

현재 규장각에 소장된 경자양안은 경상도 6개 읍(좌도 5읍, 우도 1읍), 전라도 7개 읍(좌도 2읍, 우도 5읍)으로서 모두 13개 군현의 양안이다.[63] 이들 13개 양안은 동일한 경자양안이지만 그 기재 형식은 각 균전사 담당지역별로 일정한 차이점이 드러난다.

우선 경상도와 전라도를 비교하면, 상호 상당히 차이가 있음을 확인할 수 있다. 경상도의 6개 군현은 좌우도 양안의 기재 형식에서 외형적 차이를 찾을 수 없다. 전라도 양안은 경상도와도 다르지만 전라도 좌우도 양안간에도 일정한 차이를 보인다. 이와 같은 점을 참작하여 검토의 편의를 위하여 세 유형으로 나누었다. 첫째 경상도형, 둘째 전라우도형, 셋째 전

---

62) 경상우도 균전사 오명항은 기해년(1719) 2월 23일 행사과로서 겸순찰사로 제수되고, 5월 4일에 감영에 도착하여 우도균전사를 겸하였다. 그 익년에 竣事를 필하였고, 경자(1720) 9월 陳情을 통하여 체직이 허락되었다. 그 후임은 조태억으로서 경자(1720) 11월 1일 부임하여 체직 상소를 올려 체직되었다. 결국 양전의 결과인 양안을 담당한 것은 오명항과 홍우전이다(『慶州先生案』 아세아문화사 영인본, 153-155쪽).

63) 『奎章閣圖書解題』 사부2, 335~339쪽 참조. 경상도 6개 군현은 남해, 비안, 상주, 예천, 용궁, 의성이며, 이 가운데 좌도는 5개이고 우도는 1개 군현이다. 전라도 7개 군현은 고산, 전주, 남원, 능주, 순천, 임실, 화순이며, 이 중 2개는 좌도이고 우도 5개 군현이다.

라좌도형이 그것이다.

　기재 형식의 차이를 기준으로 유형을 구분할 때 우선 주목하고 싶은 점은 양안의 기재 형식에서 1字 5結의 준수 여부이다. 경자양전에서 각 필지의 측량과 초안의 작성은 갑술양안의 자호지번을 바탕으로 하였다.[64] 이는 양전과정에 개입될 중간 농간의 통제 방법으로 강조된 경자양전의 원칙이었다. 하지만 정안 작성에서 각 필지는 순서대로 1자 5결의 원칙에 입각하여 새로운 자호와 지번을 할당하도록 방침이 결정되어 있었다.[65] 자호가 갖는 5결이라는 단위 기능을 활성화하기 위함이었다. 현존 경자양안 가운데 경상도형은 모두 이 원칙을 준수하였고, 전라우도형과 전라좌도형은 모두 이 원칙을 준수하지 않았다. 다음의 자료는 그와 같은 실상을 보여준다.

<자료 7> 경상좌도 예천현 경자양안[66]

　第九十八……
　第九十九西犯……
　已上出賦稅田畓幷五結以
　　田肆結玖拾肆負捌束起
　　畓伍負貳束起
　　渭字(422)
　餘壹等直田壹負伍束起上浮字(421)來
　第一西犯……
　第二……

---

64) 오인택, 「숙종대 양전의 추이와 경자양안의 성격」, 『부산사학』 23, 1992 참조.
65) 『量田謄錄』 庚子 3월 초6일, 57쪽, "備局甘結 忠淸左道均田使爲相考事……卽今行量成冊 勿論剩縮 皆係本字 而旣已行量摘奸解知數之後 則改排第次及字號 依舊例五結作字 俾便於行用 似爲得宜是乎旀". 본 甘結은 충청좌도 균전사뿐만 아니라 나머지 삼남의 모든 균전사에게도 하달되었음을 말미의 기록에서 확인할 수 있다.
66) 『慶尙道醴泉庚子改量田案』 7冊 (규14956).

<자료 8> 경상우도 남해현 경자양안[67]

第八十……

第八十一西犯……

已上田畓伍結以

　田貳結伍拾柒負陸束內……

　畓貳結肆拾貳負肆束內……

　福字(229)

餘畓伍負陸束積字(228)來……

第一西犯……

第二……

<자료 9-1> 전라좌도 임실현 기해양전 도행장[68]

一百六十五(北犯)……

北犯二作陞參等梯畓……

一百六十六(北犯)肆等直畓……

……

一百六十九(西犯)……

已上柒結柒拾玖負參束內

　起田參結貳拾壹負壹束　　畓參結伍拾肆負肆束

　舊陳田陸拾負伍束

　今陳田肆拾參負參束

　地字　海洞員

第一(南犯)……

南犯二作……

二……

67) 『南海縣庚子改量田案』 남면(규14712).

68) 『全羅左道 任實縣 己亥量田 導行帳』(규15026-10-2).

<자료 9-2> 전라좌도 능주목 서일면 기해양전 도행장69)

千字丁

第一(北犯)……

二(西犯)……

……

三十四……

三十五(南犯)二作伍等方田……

<자료 10> 전라우도 고산현 기해양전 도행장70)

上字(329)

……

第八十三……

第八十四(西犯)……

已上田畓幷陸結拾陸負柒束內

　起田柒拾貳負壹束

　起畓貳結陸負肆束

　續起田貳拾壹負貳束

　舊陳田參結拾柒負

　和字(330)

第一(東犯)……

第二……

(南犯)二作伍等直田……

第三(西犯)……

　　<자료 7>, <자료 8> 말미에서 볼 수 있듯이 경상도 양안에서는 각
자호의 결부수가 정확하게 5결 단위로 정리되었다. 하지만 <자료 9-1>,
<자료 9-2>, <자료 10>의 말미를 보면, 전라도에서는 좌우도 모두 1자

---

69) 『全羅左道 綾州牧 西一面 己亥量田 導行帳』(규15040-5-5).
70) 『全羅右道 高山縣 己亥量田 導行帳』(규15034-8-4).

5결법이 지켜지지 않았다.

또 한 가지 주목할 점은 새로 조사된 필지의 기재 형식이다. 초안단계까지의 기본적인 필지 기재는 갑술양안의 자호등제를 그대로 따른 것이므로, 새 필지가 조사되면 그 앞의 필지번호에 예속된 형태로 '二作', '三作' 등으로 표기되었지만, 정안의 작성과정에서 새 필지는 모두 새 자호와 지번을 부여받았다.[71] 경상좌우도 경자양안은 모두 그러한 원칙을 따라 필지의 지번이 정리되었기 때문에, 현존하는 경상도 경자양안에서는 그러한 표기의 흔적을 전혀 찾을 수 없다.

반면 전라좌·우도의 양안에서는 모두 '二作', '三作' 등의 표기 흔적을 찾을 수 있다. <자료 9-1>에 나타난 전라좌도 임실현의 경우 165번 필지와 166번 필지 사이에 "北犯二作陸參等梯畓"으로 된 점이 그러한 사례의 하나이다. <자료 9-2>의 전라좌도 능주목 사례에서 35번 필지는 필지번호 아래에 '二作'이라 기재되어 있다. 이는 전라도 양안의 특징이다.

이는 앞의 임실현과 동일한 형태의 초안을 바탕으로 정안을 정서할 때 새 필지에 새 번호를 부여하면서 '二作' 표기를 삭제하지 않고 그대로 기재한 형식으로 이해된다. 이를 편의상 임실형 지번, 능주형 지번으로 구별해두겠다.

<자료 10>의 전라우도 고산현에서는 和字(330) 2번 필지와 3번 필지 사이에 "二作伍等直田"으로 되어 있어서, 전라좌도의 임실형과 능주형 가운데 임실형과 일치한다. 전라우도의 경우 현존하는 양안이 고산현과 전주부 2읍이 있을 뿐인데, 전주부 양안 역시 고산현과 마찬가지로 임실형이다.[72] 이로써 사례가 불충분하기는 하지만 전라우도 전체가 임실형 지번일 것으로 추정한다.

---

71) 구체적인 내용에 대해서는 오인택, 「숙종조 양전의 추이와 경자양안의 성격」, 『부산사학』 23, 1992 참조.
72) 전주부 20개 면의 양안(규15035)이 남아 있는데 어느 것을 확인해도 마찬가지이다.

경상도의 경우 좌우도의 구별없이 모두 양안 기재 형식이 엄밀하게 통일되었다. 반면 전라좌우도는 위에서 언급한 것 이외에도 여러 측면에서 기재 형식이 달랐다. 전라좌우도의 양안 기재 형식 상의 차이점에 대하여 몇 가지를 더 살펴보기로 하겠다.

전라우도와 전라좌도는 필지번호를 기재하는 형식에도 차이가 있었다. 좌도의 경우 <자료 9-1>과 <자료 9-2>에서 모두 각 자호의 1번 필지를 '第一'이라 표기하고 2번 필지부터는 '第二'라 표기하지 않고 '二'라고만 표기하였다. 전라좌도의 다른 군현 경자양안도 동일하였다.[73] 그런데 <자료 10> 즉 전라우도의 고산현은 좌도와 달리 '第一', '第二'로 필지번호를 기재하였다. 이는 전라우도 전주부도 마찬가지였다. 필지번호 기재 형식에서 좌우도가 명확히 구별되는 것은 좌도와 우도가 각각 나름의 기준으로 기재 형식을 통일했음을 나타낸다.

또 자호의 표기에서도 전라좌도는 '○字'로 기재한 군현이 있고, '○字丁'으로 기재한 군현도 있었다. 위의 <자료 9-1>과 <자료 9-2>에 표기된 것과 같은 형식이었다. 그런데 전라우도는 <자료 10>에서 보듯이 '○字' 형식이고 이는 같은 우도인 전주부에서도 확인된다.

이상을 종합해보면, 전체적으로 전라우도는 관내 각 군현의 기재 형식의 통일성이 강하고, 전라좌도는 우도에 비해서 관내 기재 형식의 통일성이 상대적으로 약하다고 할 수 있겠다. 이 점은 경상도 양안이 좌우도 모두 동일한 기재 양식으로 통일된 점과 비교되는 전라도의 특징이다.

이러한 경향이 나타나는 주된 원인은 앞 절에서 검토된 정안 작성과정에서 찾을 수 있다. 즉 경상도 정안은 좌우도 모두 경상도감영에서 일률적으로 정리하였고, 전라도는 좌우도가 제각기 정리하였으며, 특히 전라

---

73) 『和順縣 己亥量田 導行帳』(규15037), 『南原縣 己亥量田 導行帳』(규15028), 『順天府 己亥量田 導行帳』(규14632), 『潭陽府 己亥量田 導行帳』(규27494)의 각면 양안을 확인하였다.

좌도의 균전사는 한양에서 정안을 마감하였다. 그러한 가운데서 전라좌
우도의 기재 형식상의 차이가 보다 뚜렷하게 남게 된 것이다.

끝으로 앞에서 검토한 제측면을 염두에 두고 起主의 기재 형식에 대하
여 검토를 가하겠다. 문제의 소재는 아래의 자료에 나타난 바와 같이, 전
라좌도 양안에 나타난 기주 표기의 특수성에 있다.

<자료 11>
가) 전라좌도 담양부 기해양전 도행장[74]
　　三十一(北犯) 肆等直畓…… 起　　李興達
　　三十二(東犯) 肆等直田…… 今陳 無主
　　三十三(北犯) 肆等直畓…… 起　　李興達
나) 전라우도 전주부 기해양전 도행장[75]
　　第三(北犯) 肆等直田……　　起主 鄭順位

즉 담양부 양안에서는 '起主'라고 기재되지 않고 그냥 '起'로 기재되었
다. 이는 현존하는 모든 전라좌도 양안의 통일된 기재 형식이며, 경상좌
우도와 전라우도에는 전혀 나타나지 않는다.[76] 전라좌도에서는 그러한
기재 형식을 어떤 의미로 사용했을까.

이 문제에 대한 해답의 실마리는 <자료 11>의 가)에서 찾을 수 있다.
32번 필지는 今陳 즉, 경자양전 과정에서 陳田으로 인정된 필지인데 그
아래에 '無主'라고 표기되었다. 이를 참작해보면 31번과 33번 필지의 '起
李興達'에서 '기'는 진전의 '진'에 대응하고 '이흥달'은 '無主'에 대응하며

74) 『全羅道 潭陽府 己亥量田 導行帳』 용천동면(규27494).
75) 『全羅右道 全州府 己亥量田 導行帳』(규15035-20-20).
76) 이러한 특징에 대하여 최근 제기된 해석은 '주 규정'을 반영한 흔적으로 보는 것
이다. 즉 '起'로 표기된 것은 '起主'로 표기할 만큼 '주 규정'이 발달되지 못한
결과라고 본 것이다(이영훈, 「제1장 양안 상의 주 규정과 주명 기재방식의 추
이」, 『조선토지조사사업의 연구』, 민음사, 1997, 128쪽 참조).

有主의 의미를 갖게 되는데 有主가 있으므로 그 성명으로 有主를 대신하게 된 것이다. 바꾸어 말하자면, 전라좌도에서는 '起 李興達'을 '起+主'의 표기로 간주했던 것이다.

5. 맺음말

지금까지 경자양안의 작성과정을 초안단계와 정안단계로 나누어서 살펴보고, 이를 바탕으로 현존하는 전체 경자양안을 자료로 삼아 기재 형식의 성격을 검토하여 보았다. 검토된 내용을 요약하여 맺음말에 대신하고자 한다.

균전사의 파견으로 시작된 경자양전은 3단계 작업을 거치며 진행되었다. 토지측량이 주된 작업인 打量단계, 타량의 결과를 토대로 초안을 작성하는 단계, 초안을 바탕으로 정안을 작성하는 단계가 그것이다. 대체적으로 말해서, 타량단계는 면단위, 초안 작성은 군현단위, 정안 작성은 균전사가 있는 도회소나 감영에서 이루어졌다.

면단위의 타량작업은 각 면 내에 조직된 2개소의 분소가 담당하였다. 각 분소는 감관 2명, 지시인 1명, 줄사령 1~2명으로 구성되었다. 각 면 내의 모든 필지는 이들 4~5명으로 편성된 2개의 타량조직에 의해서 측량되었으며, 1개 타량조직의 1일 작업량은 3결 수준을 기준으로 삼았다. 2개 타량조직에 의해서 측량되므로 1일 각 면의 측량 면적은 6결 수준인 셈이었다. 타량조직의 작업과정을 면단위에서 감독한 직임이 면도감(1명)이었다. 면단위의 타량작업은 50일을 기한으로 하였다. 각 면의 평균적 결부수를 300결 수준으로 인식하였던 셈이었다.

측량된 결과는 갑술양안에 등록된 필지순서에 의거하여 작성된 임시초안인 野草에 기재되었다. 야초의 특징은 결부단위의 면적을 산출할 수 있는 각 요소들을 그대로 기재하였고 아직 제곱척 단위의 면적이나 결부수가 기재되지 않았다는 점이다. 면적이나 결부수는 계산을 담당하는 筭土가 배치된 군현단위에서 기재하기 때문이다.

군현에는 1명의 도도감이 있어 3명의 筭土와 1명의 書寫 작업을 감독하였다. 도도감의 주된 업무는 초안 작성과정의 감독이었다. 초안은 야초를 토대로 산사의 계산과정을 거쳐 2부가 작성되었다. 군현용과 균전사용이 그것이다. 도도감의 작업기한은 7개월로 설정되었는데, 이는 각 군현의 초안작업 마무리 시한이 7개월임을 시사하는 것이다. 도도감 예하의 군현작업은 전체적으로 수령이 통제하고 양전에 대한 책임도 수령이 졌다.

군현에서 작성된 군현용, 균전사용 2부의 초안은 균전사의 검토를 받았다. 2부 초안의 상호 대조, 갑술양안과 초안의 대조, 초안의 각종 계산 및 기재 형식에 대한 검토 등의 작업이 이루어지고 있었다. 검토가 끝난 초안 가운데 군현용은 군현에 돌려주어 장지에 정서하여 정안을 작성하도록 하였다.

이상과 같은 양전조직과 초안의 작성과정이 전라우도의 고산현과 전주부 양안에 어떻게 기재되었는가를 살펴보았다. 경상도의 경우 동일한 기재 형식을 취하고 있어 의미가 없고 현존하는 양안 가운데 양전조직에 대한 기재 상태가 양호하여 선정된 것이다.

검토 결과 양전조직에 대한 기재 형식은 군현별로 통일성을 갖추기는 했지만, 그다지 엄밀한 수준은 아니었다. 대체적으로 보아서 면단위 기재 형식이 그대로 군현과 균전사에게 용인된 결과로 보였다. 타량과 초안 작성 과정에서 나타나듯이 양안의 핵심적 기능과 직결된 부분이 아니면 비교적 유연한 입장을 취한 것으로 보였다. 이러한 점은 양안상에 기재된 각종 기재 형식을 해석하는데 시사하는 바가 있었다. 즉 각종 기재사항에는 양전조직의 인식과 판단 경향이 내재되었다는 점이다.

균전사 단계에서 정안 작성을 위한 작업은 초안의 검토와 정안의 정서 두 단계의 작업이었다. 각 균전사가 초안의 검토를 종료한 시기는 숙종 45년(1719) 9~10월부터 숙종 46년(1720) 5~8월 무렵였다. 검토내용은 결부수 증감과 직결된 사항에 중점을 두었지만, 형식의 통일성에도 일정한 관심을 표명하였다. 검토장소는 좌우도별로 달랐다. 좌도는 관내에 몇 개의 도회소를 설치하고 그 인근 군현의 초안을 검토하였고, 우도는 감영에서 시행하였다.

초안의 검토에 이은 정안 마감작업은 각 균전사별로 달랐다. 각도의 좌도 균전사가 지방의 도회소에 장기간 체류함에 심한 부담을 느꼈기 때문이다. 특히 경상도와 전라도의 좌도균전사가 그러하였다. 이리하여 경상도에서는 좌우도 정안이 모두 경상도 감영에서 마감되었고, 전라도의 경우에는 좌도균전사가 한성에 올라가 정안을 마감했고 우도는 감영에서 마무리하였다. 충청도에서는 좌도는 도회소에서 우도는 감영인 것으로 추정되었다.

정안의 마감시기는 각 도의 군현별로 달랐는데, 대체적으로 본다면 전라좌도는 경자년(1720) 9~12월, 전라우도는 1721년 9월에 마감된 군현도 있었다. 경상도의 경우, 이른 시기의 정안은 1720년 10월 무렵에 작성된 것도 있지만, 1722년 무렵까지 마감이 지연된 경우가 많았다. 그동안 관찰사가 2번이나 교체되었고, 좌우도 정안을 모두 감영에서 마감했기 때문이었다.

현존하는 경자양안은 모두 13개 군현의 양안인데, 이들은 기재 형식으로 보아서 경상도형, 전라우도형, 전라좌도형으로 구분되었다. 경상도의 경우 좌우도 양안이 모두 감영에서 마감되었기 때문에 좌우도의 기재 형식이 엄격하게 통일되었고, 전라도의 경우 한성과 감영에서 각각 별도로 마감되면서 기재 형식상의 차이점이 커졌다.

경상도와 전라도 간의 차이는 1자 5결법의 준수 여부, 새로 조사된 필지의 기재 형식 등을 통하여 확인되었다. 또 전라우도와 좌도 간에는 필지번호의 기재 방식, 자호의 표기 등에서 차이를 보였다.

　이상과 같은 차이점을 염두에 두고 기주의 표기를 살펴보았다. 경상도와 전라우도에는 '기주'로 표기되었으나, 전라좌도는 '기'로 표기된 것이다. 기재 형식 전반에서 전라좌도는 타도와 구별되었고, 전라좌도의 '기' 표기 역시 그러한 차원의 일환으로 이해되며, 그것은 '기+주'를 '기+성명'의 의미로 사용하고 있음에서 비롯된 것이었다.

조선후기의 量案과 토지문서

오 인 택

1. 머리말

조선은 부세제 운영을 위하여 전국의 토지를 파악하여 관리하였다. 量案은 그러한 목적을 위하여 정부가 만든 토지장부였다. 하지만 토지의 私的所有를 기반으로 유지되었던 당시의 사회 구조는 개인의 토지소유권에 관한 公的인 관리를 요구하였다. 소유권의 관리를 위한 현대사회의 지적도・토지대장과 같은 공적 체계가 그것이다. 이리하여 조선에서도 측량기술과 토지소유권 의식의 제약 속에서 나름의 독특한 토지소유권 체계를 정착시켰다. 양안에 부여된 토지소유권 관리기능은 그와 같은 사회적 요구에 따른 것이었다.

그러나 애초의 조선 양안은 토지소유권 관리에서 일정한 한계를 가졌다. 양안은 소유자가 바뀌면 즉시 바뀐 소유자로 고쳐 등록할 수 있도록 고안된 장부가 아니었다. 게다가 그러한 기능을 보완할 별도의 공적 체계도 확립되지 않았다. 요컨대 양안은 항상 양전 당시의 소유자만 보여주는 한계를 안고 있었다.

이리하여 민간은 스스로 양안의 한계를 보완하여 토지소유권을 관리할 방안을 강구하였다. 각종 토지 거래에서 개인이 작성한 土地明文, 즉 민간의 토지문서가 그것이다. 결국 조선 사회의 토지소유권 관리 체계는 정부의 양안과 민간의 토지문서가 결합되어 완결되는 이원적 구조였다 하겠다.

본고는 조선후기의 이원적 토지소유권 관리체계가 변천하는 양상을 구명하려는 것이다. 검토 순서는 먼저 조선후기의 양안양식과 기주의 등록 형식이 어떻게 변천하는가를 살피고, 이어서 양안의 변천에 대응한 토지 문서 표기의 변화를 위치와 면적의 표기를 중심으로 찾아보았다.

2. 양안의 소유권 관리 기능

1) 양안의 기재 양식과 표기 형식

조선시기에는 정부방침에 따라서 道別量田과 邑別量田이 실시되었다. 조선초기의 양전부터 경자양전(1720)까지는 도별양전, 경자양전 이후부터 광무양전 이전까지는 읍별양전이 시행되었다. 두 유형 가운데 양안 양식이 갖는 사회적 의미를 보여주는 것은 도별양전이겠다. 거기에 정부가 토지를 파악하는 성격이 반영되었기 때문이다.

조선후기의 도별양전으로서는 계묘(1601) · 갑술(1634) · 경자(1720) 양전을 들 수 있다. 하지만, 현존하는 도별양안은 대한제국 시기의 광무양안을 제외하면 모두 경자양안(1720)이며, 계묘양안과 갑술양안으로서 남아 있는 것은 없다.[1]

---

1) 필자는 현존하는 갑술양안으로서 懷仁縣量案을 추정한 바 있었다(오인택, 「朝鮮後期의 量案과 土地文書」, 『釜大史學』 23, 1996). 이는 기존 연구에서 顯宗 10년 (1669)의 충청도 己酉量案으로 파악한 것을(金容燮, 『朝鮮後期農業史研究(Ⅰ)』, 일조각, 1970, 81~82쪽. 같은 책의 증보판인 『朝鮮後期農業史研究(Ⅰ)』, 知識産業社, 1995에는 회인현 양안의 분석이 포함되지 않았다.), 1669년의 기유양전 때 회인현은 양전되지 않았다는 점을 근거로(『顯宗實錄』 권15, 숙종 9년 12월 무오, 36-600) 추론한 것이다. 그러나 왕현종은(「18세기 후반 양전의 변화와 '시주(時主)'의 성격 - 충청도 회인현 사례를 중심으로 - 」, 『역사와 현실』 41, 2001) 회인현양안을 엄밀하게 검토하여 1791년의 양안임을 밝혔다. 이로써 현존하는 갑술

이러한 자료의 제한이 따르지만, 현존하는 단편적인 기록과 문서 등을
통하여 갑술양안의 기초적인 성격을 파악하고, 이것을 현존하는 경자양
안과 비교해볼 수는 있겠다. 우선 갑술양안과 경자양안의 기재 양식을 담
은 직간접적인 사례를 들면 다음과 같다.

(가) 全羅道 鎭安縣 內需司畓 甲戌量案 庫員卜數 開錄成冊(1685：갑술
　　양안)[2]
洪字丁
　　　西　二等　直畓　長四十尺　廣三十九尺　拾參卜參束　二方莫同畓南吐北道
　　　　　奴五十同　陳時态龍
第一　西　三等　直畓　長四十一尺　廣二十八尺　捌卜　東五十同畓西同畓南吐北連介畓
　　　　　奴莫同　　時日立
　　　西　二作　直畓　長三十一尺　廣十一尺　貳卜肆束
　　　　　同人　　　時同人
　二　北　三等　句腹畓　長三十五尺　活二十八尺　參卜肆束　二方路二方亂香畓
　　　　　奴連介　　時亂生

(나) 全羅道 海南尹氏家의 田畓案(갑술양안)[3]
孝字
第十四　北犯　三等　直田　長二百三十尺廣十七尺　二十五卜四束　東道三方九多金田
　　　　　　時态男
第十五　南犯　四等　直田　長二百尺五寸廣五十四尺　二十九卜八束　二方态男田二方豊男田
　　　　　　時九多金

(다) 慶尙道 尙州牧 庚子改量田案(경자양안)[4]
尋字
第七　南犯　伍等直田　東西長捌拾參尺南北廣拾陸尺　伍負參束　二方無主陳西山南貴萬畓

양안은 없는 셈이다.
2) 『鎭安縣 內需司 畓甲戌量案 庫員卜數 開錄成冊(康熙24年)』(규20361).
3) 『古文書集成』3 - 海南尹氏篇 正書本, 한국정신문화연구원, 1986, 32. 記錄類 나.
　　田畓案 (12)번, 796쪽. 본 문서는 양안상의 12개 필지를 등사한 것이다(32. 記錄
　　類 나. 田畓案 (17)번, 800쪽도 동일하다). 이 가운데 앞의 2개 필지만을 들었다.
4) 『尙州牧 改量田案』(규14954).

起主 舊成非 今族親衛李秋奴丁每

(라) 慶尙道 比安縣 庚子改量田案(경자양안)[5]

華字
第三 北犯 參等直田 東西長壹百貳拾肆尺南北廣拾貳尺 拾負肆束 東道南萬世田西孔方
　　田北同水田 起主 舊戒希 今業武金命元

(마) 全羅左道 順天府 己亥量田 導行帳(경자양안)[6]

天字丁
陳 第一 南犯 伍等直田 東西長肆拾玖尺南北廣貳拾玖尺 伍負柒束 東西山北道南石九
　　田 舊陳 朴采相　奴石山
　　二 南犯 肆等梯田 南北長柒拾玖尺北大豆參拾尺南小豆陸尺 陸負玖束 北道西愛春
　　畓東山南致命田　起 裵碩龜

5개 사례 가운데 (다)·(라)·(마)는 경자양안이어서 경자양안 기재 양식을 직접 보여준다. 하지만 (가), (나)는 문서 사용자가 필요에 따라 갑술양안을 옮겨 적은 문서이어서 갑술양안 기재 양식을 직접 보여주지는 못한다. 따라서 갑술양안 기재 양식의 원형을 알기 위해서는 (가)·(나)에 대한 일정한 비판적 검토가 필요하다.

(가)는 숙종 11년(1689)에 작성된 궁방 양안(내수사 양안)이다. 갑술양전(1634)이 시행된 지 55년이 지난 시기에 전라도 진안현 수령이 관내의 궁방 소유지를 갑술양안에서 옮겨 적고, 교체된 時作(경작자)의 이름을 조사하여 기록한 것이다. 따라서 時作 이름을 추가로 기록한 것 이외에는 갑술양안 기재 양식을 반영한 것이라 할 수 있다. 이 가운데 갑술양안 기재 양식에 해당되는 부분을 양안의 일반적 서술 순서를 감안하여 찾아본다면, (1) 자호(洪字丁), (2) 지번(?[7]), (3) 양전 방향(西), (4) 전품(二等), (5)

---

5)『慶尙道 比安縣 庚子改量田案』(규14952-5).

6)『順天府 己亥量田 導行帳』(규14633-1).

7) 본 필지는 洪字丁 第一 필지 앞에 지번이 없이 기재되었다. 양전은 기술적인 문제로 인하여 기존 양안의 지번을 기준으로 시행된다. 양전 과정에서 기존 양안

전형·전답 구분(直畓), (6) 尺數(長四十尺 廣三十九尺), (7) 결부수(拾參卜 參束), (8) 四標(二方莫同畓 南吐 北道), (9) 갑술양전시의 등록자 성명(奴 五十同), (10) 궁방양안 작성시의 진기 구분(陳), (11) 궁방양안 작성시의 경작자 성명(㙤龍)이다. 이 가운데 (1)~(10)은 뒤에서 언급되듯이 정부양안의 성격상 생략될 수 없는 기본 항목이다. 이로써 이 필지가 1634년의 갑술양전 당시에는 奴 五十同 이름으로 양안에 등록되었으나,[8] 궁방양안을 작성하던 1689년에는 㙤龍이 경작하던 궁방의 진전임을 알 수 있다. 결국 (가)를 통하여 알 수 있는 갑술양안 양식은 (1)~(9)에 있다 하겠다.

한편 (나)는 海南尹氏家에서 갑술양안을 필사하여 보관하던 田畓案에 기재된 필지 중 일부를 옮긴 것이다. (가)의 기재 순서에 따라 기본 항목을 분류해보면, (1) 자호(孝字), (2) 지번(第十四), (3) 양전방향(北犯), (4) 전품(三等), (5) 전형·전답 구분(直田), (6) 尺數(長二百三十尺廣十七尺), (7) 결부수(二十五卜 四束), (8) 四標(東道 三方九多金田), (9) 갑술양전시의 등록자(時㙤男)이다.[9] (10) 진기 구분(?) (11) 전답안 작성시의 경작자(?)이다. 이에서 (1)~(9)까지는 동일한 기재 양식임을 알 수 있겠다.

(가), (나)를 통하여 기본적인 갑술양안 기재 양식을 확인하였다. 이러한 점들을 염두에 두고 (다), (라), (마)의 경자양안 양식을 살펴보면 몇 가지 사항을 확인할 수 있다. 우선 확인해 둘 사항은 갑술·경자양안에서 각 필지의 기본 표기 항목이 거의 동일하다는 점이다. 이들 표기 항목들은

에 등록되지 않았던 새 필지는 기존 자호 전후에 적절히 배치하여 기재한다. 본 필지가 그러한 사례이겠다.

8) 奴 五十同이 갑술양안 상의 등록자인가는 논란이 예상되지만, 그 다음 필지의 사표에 東五十同畓으로 기재되었음에서 갑술양안 상의 등록자라고 봄이 타당하다고 본다. 정부양안의 사표에는 양안의 각 필지 등록자가 기재되기 때문이다.

9) (가)의 궁방양안과 마찬가지로 그 다음 필지의 사표에 二方㙤男田으로 기재되었음에서 時㙤男을 時作 㙤男이라기 보다는 전답안 작성 당시의 갑술양안 상 등록자로 보고자 한다.

해당 필지의 위치(자호, 지번, 양전방향, 四標), 과세액으로서의 면적(田品, 田形, 田畓구분, 尺數, 結負, 陳起 구분), 양안상의 등록자(陳·起主의 이름)의 3개 요소로 분류된다. 이 점을 통하여 갑술양안과 경자양안의 기본 표기 항목은 동일하며, 항목 구성의 의도는 '어디에 위치한 과세 면적 얼마의 면적을 누가 소유하였는가'를 파악하는 데에 있었음을 알 수 있다. 그러한 측면에서 보면 이들 기본 표기 항목들은 모두 생략될 수 없는 것들로 구성되었다 하겠다.

갑술양안과 경자양안은 기본적으로 정부의 토지파악이라는 기능을 행할 수 있도록 구성되었다는 점에서 동일하였다. 이는 두 기재 양식의 기본 성격이 동일함을 말한다. 그런데 각 필지 항목의 표기를 구체적으로 살펴보면, 동일한 갑술양안이나 경자양안이더라도 상호 다른 점이 있었다. 뿐만 아니라, 갑술양안과 경자양안의 표기도 서로 다른 점이 있었다. 요컨대 두 양안은 모두 정부의 토지파악이라는 기본 기능을 담당하도록 필지의 표기 항목이 구성되었다는 점에서 동일하지만, 기본 표기 항목 범위 내에서 구체적인 표기 방법은 일정한 차이점을 보인다는 것이다. 이 점을 자료에서 확인하고 그러한 현상이 양안의 사회적 성격을 이해하는 데 어떤 의미가 있는 지를 살펴보기로 하겠다.

갑술양안 양식을 보여주는 (가), (나)에서 자호의 표기를 보면 (가)는 洪字丁, (나)는 孝字이다. 이외에도 양전 방향과 결부의 표기에서 (가) '西'와 (나) '北犯', (가) '拾參卜 參束'과 '二十五卜 四束'으로 차이를 보인다. 여기서 (가)는 전라우도, (나)는 전라좌도, 즉 도별양전의 양전 단위임에 유의할 필요가 있다. 물론 이러한 표기 차이는 실제적인 의미를 갖지는 않는다. 하지만, 당시 사회에서 표기의 형식적 통일성이 현대와는 달리 그다지 엄밀하게 지켜지지 않았다는 점을 말해준다는 점에서 일정한 의미를 찾을 수 있다.

갑술양안이 표기 형식의 통일성을 엄격하게 지키지 않았음은 당시의 기록에서도 지적된 바 있다. 경자양전 당시 각도 균전사가 관할 군현의 갑술양안 상태를 살펴보고 보고한 문서에서, 경상좌도와 우도의 기재 양식이 서로 달랐음을 지적한 바 있다. 경상우도의 양안에는 長廣尺數 항목이 누락되었고, 경상좌도에는 자호를 무시하고 員을 단위로 삼았음이 그것이다.[10) 결국 갑술양안은 각도의 표기 형식 내지는 각 도내의 좌·우도별로 표기 형식이 서로 달랐다고 할 수 있다. 이러한 점들은 다음 사례를 통해서도 거듭 확인된다.

(바) 1720년 金海無後奴婢量案[11)

右部面 居仁里員 事字

西 五百五十一　三等 畓 九卜　　主內奴甲生 時僧順應
南 六百十九　　三等 田 四卜三束 主同人　　時全弘先

(사) 1682년 洪州無後奴婢量案

曜字

第四十三 東犯 一等 直畓 四夜味 長五十六尺 二十八卜六束 東途西南渠 主奴春香
　　　　　　　　　　　　　　廣五十一尺　　　　　　北京安畓

　　　內南二作 一等 直畓 五夜味 長六十一尺 二十八卜七束　　　　 同人
　　　　　　　　　　　　　　廣四十七尺

第四十四 南犯 五等 直田　　　　　長九十三尺 二卜二束　　東西春香畓南
　　　　　　　　　　　　　　廣六尺　　　　　　　山北自今畓　同人

(아) 1713년 英陽無後奴婢量案

溪字 靑祀善方 寺洞員

西犯 渠越 壹百壹 陸等 直畓 肆束　　　　量艺男　二方渠　　　成川
　　　　　　　　　　　　　　　　　　　　　　二方同人畓

西犯　　壹百拾 陸等 直田 貳拾貳負伍束　量無主 三方山　　　陳
　　　　　　　　　　　　　　　　　　　　　　西渠

---

10) 『量田謄錄』, 17쪽, 90~94쪽.
11) 全炯澤, 「朝鮮後期 內奴婢의 土地所有」, 『歷史敎育』 35, 1986, 129~130쪽(이는 아래의 (사), (아), (자)의 경우도 동일하다).

(자) 慶州無後奴婢量案

外瓦員

張字 西犯 五十五　　伍等 方田 捌負壹束 二方渠 量壬秋　時汝章肆負
　　　　　　　　　　　　　　　　二方陳　　　　　肆負壹束陳
來字 東犯 壹百十二　肆等 直田 壹負伍束 二方渠 量同人 陳
　　　　　　　　　　　　　　　　二方陳

　　이들 문서는 모두 경자양전 이전 시기의 것이므로 문서 작성에서 참고
된 양안은 갑술양안이다. 같은 경상도 양안임에도 그 표기 형식이 통일되
지 않았음을 보여준다. 요컨대 갑술양안은 전반적으로 표기 형식의 통일
성이 결여되었다 하겠다.

　　한편 (다)·(라)·(마)의 경자양안은 앞의 갑술양안을 염두에 둔다면 표
기 형식의 통일성 측면에서 한층 진전된 것이다. 충청도 사례가 거기에
포함되지는 않았지만 경상·전라도 경우를 감안하면, 충청도 양안도 마
찬가지로 보아도 좋을 것이다.

　　하지만 경자양안인 경상도의 (다)·(라)와 전라도 (마) 양안 간에는 부분
적인 표기 형식상의 차이점이 보이므로, 경자양안도 통일성 측면에서 완
전하다고는 할 수 없었다. 起主의 표기에서 경상도는 舊·今의 2개 항목
으로 되어 新·舊의 기주를 모두 기재하도록 되어 있었지만, 전라도의 경
우는 今起主 한 항목만 기재하도록 되어 있음이 그것이다. 전라도 양안
에 舊起主 항목이 없었음은 全州 양안에서도 확인된다.[12] 이 점은 전반
적으로 갑술양안에 비하여 향상된 경자양안의 통일성을 고려할 때 부분
적인 한계라 할 수 있겠다. 광무양안이 갖춘 엄격한 통일성에 비하면 더
욱 그러하다.

　　갑술양안과 경자양안의 기재 양식은 거의 동일하지만, 표기 형식의 통
일성이나 완결성 측면에서 갑술양전에 비하여 경자양안이 크게 진전된
것이다. 이는 앞서 언급된 바에 의해서도 분명하지만, 두 가지 사항이 더

---

12) 金容燮, 앞의 책, 1970, 83쪽.

지적될 수 있다. 첫째, 尺數의 표기에서 갑술양안에는 '東長'이나 '廣'과 같이 약식으로 표기되었지만 경자양안에는 '東西長'이나 '南北廣'과 같이 온전하게 기재된 점, 둘째, '起主'의 표기에서 갑술양안은 '起'이지만 경자양안은 '起主'인 점 등이 그것이다. 이와 같은 표기 형식의 변화가 갖는 의미는 경자양안 이후의 지향성과 관련하여 볼 때 한층 뚜렷해진다.

경자양전 이후부터 광무양전 이전까지의 양전은 대개 각 읍의 사정에 따라 개별적으로 邑別量田이 시행되었다.[13] 따라서 그 표기 형식은 대개 경자양안을 따르거나 그것의 약식이었다.[14] 그러한 가운데 순조 20년 (1820) 무렵 수립된 양전계획의 일환으로서 경상도에서 시험적으로 시행된 양전 규정에는 일정한 변화가 수반되고 있었다.[15] 이는 대체로 일곱 가지 측면이 지적되었는데,[16] 그 가운데 양안의 표기 형식과 관련하여 세 가지 측면이 주목된다. 첫째, 本面 田畓은 字號·第次·卜數·斗數와 夜味數·佃夫姓名 및 戶名을 등록하며, 타 邑面에 거주하는 不在地主의 경우 지주의 거주지와 성명을 등록하되, 時作도 함께 등록하도록 한다.[17] 둘째, 이전의 田案에 士夫가 그 이름을 기록하지 않고, 오직 奴名만을 등록하여 변별하기 어려웠으니, 금번 양전에서는 二品 守監司 이상은 姓某·職某·奴某, 正三品 이하는 姓名과 奴名, 양민은 姓名, 公私賤은 오직 이름을 각각 등록하도록 하며, 本主가 遠地에 거주하고 時作者가 그의 奴僕이 아닐 경우에는 별도로 主 某人, 時作 某人이라 등록한다.[18] 셋

---

13) 宮嶋博史, 앞의 책, 1991, 1장 2절 ; 본고, 4장.

14) 이에 대해서는 1871년 작성된 『彦陽縣量案』(규15016) 참조.

15) 이에 대해서는 金容燮, 「朝鮮後期의 賦稅制度釐正策 - 18세기 中葉~19세기 中葉 - 」, 『增補版 韓國近代農業史研究』(上), 一潮閣, 1984, 298~336쪽 ; 宮嶋博史, 앞의 책, 1991, 1편 2장 4절.

16) 宮嶋博史, 앞의 책, 1991, 100~108쪽.

17) 『庚辰量田事目』(연세대 도서관 소장, 이하 같음), "本面田畓 一從時起 字號第次 卜數斗數與夜味數 佃夫姓名及戶名 無一遺漏 消詳懸錄爲乎矣 田主之居 在他 邑他面者 以某面某邑居某人書之 而田主與時作 双書懸錄爲齊".

째, 양전의 四標에 人名을 기록하는 것은 舊制이지만, 常漢의 이름(名)에
는 같은 것이 많고 매매로 인하여 경지의 常主가 없으니, 人名을 기록하
여 오래지 않아 바뀌면 適淀한 바가 아니다. 금번은 四標를 모두 "某字
第幾田 某字第幾畓"이라 등록하여 永久無變하게 한다면 상호 참조(據一
憑五)할 수 있을 것이다.19)

첫째에서 언급된 바, 斗數·夜味數와 戶名의 파악은 이전의 도별 양안
에 없던 것으로서 개별 필지의 파악에서 획기적인 의미를 갖는 것이다.20)
이들 표기 형식의 제도적 기원은 갑술·경자양안 단계에서 사적으로 작
성된 각종 개별 토지문서에서 찾을 수 있다. 즉 정부 양안의 보완 차원에
서 사적으로 사용되던 사회적 경험이 정부의 공식 제도로 수용된 것이라
하겠다.

다음 장에서 언급되듯이, 두락 단위는 조선전기부터 토지문서에 널리
사용되었고, 18세기부터는 토지문서에서 거의 필수적인 단위로 사용되었
다. 그러한 사회적 추세가 양전에 반영된 것이다. 요컨대 실적을 중시하
던 사회적 요구가 양안에 반영된 것이며, 그 기능은 대한제국 시기의 海
鶴 李沂가 언급했던 바와 같이 結負로 부과된 과세액을 농민층에게 이해
시켜 중간 농간을 방지하려는 것이다.21) 이러한 측면은 토지소유권 차원
에서 양안의 기능을 한층 강화시킨 것이기도 하였다. 이 점과 관련하여

---

18) 『庚辰量田事目』, "曾前田案中 士夫不書名 只書奴名 混以難弁 今則二品守監司
以上 書其姓某職某奴某 正三品以下 悉書姓名及奴名 良民具姓名 公私賤只書
其名爲乎矣 本主在於遠地 時作者非其奴僕 則別以主某人 時作某人是如 懸
錄".

19) 『庚辰量田事目』, "量田四標之書以人名者 雖是舊制 而常漢名字 旣多相同 從以
賣買 土無常主 則錄人名 非久變幻 靡所適淀 今番段 四方犯標 皆以某字第幾
田 某字第幾畓懸錄 以爲永久無變 據一憑五之地爲齊".

20) 宮嶋博史, 앞의 책, 1991, 100쪽.

21) 金容燮, 「光武量田의 量田·地契事業」, 『增補版 韓國近代農業史研究』(下), 一
潮閣, 1984, 247쪽.

戸名의 파악을 주목할 필요가 있다.

戸名은 일명 結名으로 일컬어지는 것으로서 혼히 奴婢代錄의 변종이며 노비를 소유하지 못한 층이 사용하는 가공의 이름으로 알려져 있다. 그러나 다음 사례는 戸名이 단순한 가공 이름일 수 없음을 보여준다. 숙종 14년(1688) 무렵의 田訟에서 李召史란 인물의 갑술양안 作名(量名)은 忠今이었다. 李召史의 作名(量名)인 忠今은 처음부터 가공의 이름이었던 것이 아니고, 忠今이란 실재 인물이 갑술양안에 자신의 이름으로 등록된 토지와 더불어 후손에게 분급한 이름이었다.[22] 결국 李召史는 토지와 忠今이란 量案名을 동시에 상속받았지만, 量案名은 양전이 실시되기 전에는 수정될 수 없는 것이어서 해당 토지의 量案名인 忠今을 그대로 戸名으로 사용하고 있었던 것이다.

토지소유권자가 교체되더라도 등록된 量案名은 改量이 없으면 항상 그대로일 수밖에 없었던 토지소유권 등록제도의 구조로 말미암아 戸名의 발생은 필연적인 것이며, 토지소유권자는 항상 戸名과의 연관을 입증할 수 있는 문서를 구비해야 하였고, 정부 역시 엄밀하게 토지를 파악하기 위해서는 戸名의 파악이 불가피하였던 것이다. 이와 같이 보면, 戸名은 소유권의 출처를 밝혀주는 핵심 근거의 하나이며, 이를 파악하여 양안에 등록하려는 것은 그만큼 토지소유권을 분명하게 해야 한다는 사회적 요구의 반영이라고 할 수 있겠다.

첫 번째에서 나타나는 바, 타 邑面에 거주하는 부재지주의 거주지·성명과 더불어 時作도 함께 등록하도록 한 것은, 두 번째에서 언급된 바, 본주가 遠地에 거주하고 時作者가 그의 노복이 아닐 경우에 地主·時作을 파악하도록 된 규정과 동일한 것으로 보인다. 다만 전자가 일반적인 경우이고, 후자는 사족의 경우를 특별히 지칭한 차이가 있었다.[23] 여기서

22)『古文書』7 - 官府文書, 서울대도서관, 1991, 四三. 立案 (三) 土地 忠淸道 (35) 258쪽.

주목할 문제는 양전에서 부재지주와 時作을 파악하는 목적과 의의이다. 양안에 부재지주·時作을 등록하려는 목적과 의의는 단순히 부세 담당자의 파악에 그치는 것이 아니라,[24] 궁극적으로 부재지주의 소유권을 보호하는 데 있었다. 기존 양안 양식으로서 기주를 등록할 경우 양안으로서 부재지주·時作을 구별하여 소유자를 보호하기 어려웠던 문제를 해결하기 위한 노력의 일환이었다.[25]

세 번째의 특징은 양안의 四標에 해당 필지 사방의 起主名을 기록하던 기존의 '상대적 四標'가 자호·지번을 기재하는 제한된 의미에서의 '절대적 四標'로 변화했음을 의미한다. 주지하듯이 四標의 주된 기능은 해당 起主의 소유지 위치를 지정하여 보호하는 데 있었다. 그럼에도 四標에 사용된 이름 가운데 동일한 것이 있거나, 토지매매의 확대로 인하여 토지소유자가 자주 바뀌면서 양안의 四標가 제대로 기능하지 못하였던 문제를 해결하려는 대책으로서, 四標에 불명확하고 가변적인 소유자로서의 起主名 대신 명확하고 변함 없는 자호·지번을 기재하도록 한 것이다.

이와 같이 '상대적 四標'에서 '절대적 四標'로의 변화를 모색한 것은 궁극적으로 양안의 토지소유권 기능을 강화하려는 것이다. 이는 斗落·夜味, 戶名, 부재지주·時作을 파악하려는 의미와 동일한 맥락에서 이루어지고 있었다. 한층 강화된 양안과 토지소유권의 연관성이 그것이며, 이에는 기존의 양안 표기 형식으로서는 토지소유권의 보호에 한계가 있었던 사정이 반영되어 있었다.

이상에서 살핀 바와 같이 경자양안(1720)의 토지소유권 기능은 그 이전 양안에 비하여 크게 강화되었고, 비록 시행되지는 못하였지만 순조 20년(1820)의 양전계획은 경자양안(1720)에 비하여 토지소유권 기능을 한층 더

---

23) 『順祖實錄』 권23, 순조 20년 4월 계미, 48-161.

24) 宮嶋博史, 앞의 책, 1991, 100~102쪽.

25) 부재지주의 소유권이 침해받는 사례에 대해서는 본고의 3장을 참조.

강화하려는 양전 방침을 보여주었다. 이는 갑술양전(1634) 이후부터 양안
의 소유권 기능이 지속적으로 강화되던 추세의 반영이다.

2) 起主의 파악

갑술양전(1634) 이후 양안의 소유권 보호 기능은 전반적으로 강화되는
추세였다. 그러한 추세를 보다 직접적으로 보여주는 현상은 양안에서 기
주 표기에 나타난 제반 변화였다. 숙종 35년(1709)의 강원도 양전부터 사
족의 관행인 노비 代錄이 제한된 것이나,[26] 숙종 46년(1720)의 경자양전
부터 舊起主가 파악되기 시작한 것은 그러한 추세를 보여주는 대표적 현
상이었다.

특히 舊起主를 倂記하는 방식은 갑술양안까지 없었으며, 경자양안에
서 처음 등장한 것이다.[27] 이는 경자양안에서 舊字號(갑술양안의 字號)를
倂記한 점과 더불어 경자양안 양식에서 최대의 특징이라 할 만한 것이다.
경자양전 당시의 원래 의도는 田訟의 심리에 참고하기 위하여 갑술양안
의 기록 사항을 경자양안에 첨기하는 것이었지만, 시행 과정의 착오로 말
미암아 舊字號와 舊起主만을 병기하는 데 그쳤다.[28] 이러한 점을 감안한
다면 경자양안에 舊起主가 倂記된 점은 토지소유권과 관련된 양안의 기
능을 크게 강화한 것이라 하겠다.

이외에도 기주 파악에서 경자양안과 그 이전의 양안 사이에는 여러 측
면에서 표기 형식의 변화가 있었다. 起主의 등록 형식에 나타난 변화, 즉
양안에서 職役과 姓이 생략되고 기주의 이름(名)만 표기된 형식에서 직역

---

26) 『備邊司謄錄』59冊, 숙종 34년 9월 27일, 5-824, "田案主名 兩班只出奴名 故常
    漢之名 例多相同 以致弊端之多興 自今定式 二品以上外 直書職姓名事……".
27) 宮嶋博史, 앞의 책, 1991, 1장 2절에서 경자양안의 新·舊 起主가 병기된 사실의
    중요성이 지적된 바 있다.
28) 『版籍司辛丑謄錄』35~36쪽.

과 성이 기재되는 형식으로 된 것도 그러한 변화 중의 하나였다.

  갑술양안에는 이름만 등록된 사례가 적지 않았다. 경자양안의 舊·今
의 기주 가운데 舊起主가 갑술양안의 기주인데, 이들의 표기 실태는 갑
술양안의 기주 표기 형식을 보여준다. 현존하는 경자양안 가운데 임의적
으로 남해현 경자양안의 2개 면을 선택하여 舊起主의 표기 형식을 분류
하여 정리하면 다음과 같다.

<표 1> 남해현 경자양안의 舊起主 표기 형식 분류

	姓名	名	奴+名	합계	기타(名 또는 奴+名)
西面	186명(65%)	82명(29%)	14명(5%)	285명(100%)	3명
古縣面	384명(69%)	91명(16%)	54명(10%)	557명(100%)	28명

  남해현 경자양안에 기록된 舊起主 가운데 신분·직역을 알 수 있는 것
은 '奴某'라고 기록된 경우뿐이며 그 비율은 각각 5%, 10%이다. 신분·
직역 없이 오직 姓名만 기록된 기주의 비율은 각각 65%, 69%이며, 직역
과 姓이 기록되지 않고 오직 名만 기록된 기주의 비율은 각각 16%, 29%
에 이른다. 이에서 갑술양안에는 대부분의 기주가 신분·직역의 표기 없
이 성명 또는 名만 기록되었으며, 그 가운데 名만 기록된 기주의 비율도
낮지 않음을 알 수 있다.

  신분·직역 없이 姓名이나 名만으로 기주를 표기하는 형식은 경자양
안에는 나타나지 않지만 갑술양안에서는 그것이 주된 형식이었다. 여기
서 '성명'만 표기된 것은 평민신분, '名'만 기재된 것은 천민신분으로 추정
되기도 하였다.[29]

  갑술양안의 기주 표기 형식에서 찾을 수 있는 또 하나의 특징은 광범

---

29) 金容燮, 앞의 책, 1970, 89쪽(이는 순조 20년의 量田事目 규정을 기준으로 한 것
   이다. 여기서는 본 주제의 성격을 고려하여 이 문제에 대한 고찰은 생략하도록
   하겠다).

위하게 행해진 奴婢代錄 현상이다.[30] 신분에 관계없이 노비 소유자는 누구나 그러할 수 있었지만, 우선 주목할 것은 사족의 경우이다. 사족 소유지의 奴婢代錄 사례는 고문서에서 흔히 발견되므로 몇 가지 사례만 들어보겠다.

숙종 42년(1716) 무렵 영암에 거주하는 金斂使는 그의 奴 禾骨 名義로 올린 所志에서 "以故奴得連名 量案付"라고 하여 자신의 소유지가 죽은 奴인 得連의 이름으로 갑술양안에 등록되어 있음을 밝혔다.[31] 또 괴산에서 발급된 숙종 14년(1688)의 田訟 立案에는 田訟 중인 문제의 토지가 갑술양안에 晋州君 柳氏의 奴인 順金의 이름으로 등록되었음이 나타난다.[32] 海南尹氏家의 17세기 후반 문서에는 그 소유지가 "已上田畓 俱以私奴㸑世名 懸錄於甲戌以後量案"이라 하여, 노비 명의로 양안에 등록되었음을 보이고 있다.[33]

이와 같이 단편적으로 언급된 것 이외에, 보다 일반적인 奴婢代錄 현상을 보여주는 사례도 찾을 수 있다. 17세기 중반 무렵 海南尹氏家가 조성한 墓位畓 문서가 그것이다. 해당 문서에는 墓位畓 조성에 참여한 畓主와 量名(量案의 起主)이 모두 기록되어 있는데 이를 정리하면 다음과

---

30) 양안의 代錄 현상에 대해서는 다음 글이 참고된다. 이영훈, 「제1장 양안의 성격에 관한 재검토 - 경상도 예천군 경자양안의 사례 분석」, 『朝鮮後期 社會經濟史』, 한길사, 1988 ; 이영훈, 「제1장 양안상의 주 규정과 主名 기재방식의 推移」, 김홍식 외, 『조선토지조사사업의 연구』, 민음사, 1997.

31) 『古文書集成』 3 - 海南尹氏篇 正書本, 韓國精神文化硏究院, 1986, 4 立案 (3) 康熙 55년 12月日 海南縣立案, 35쪽.

32) 『古文書』 7 - 官府文書, 서울大 圖書館, 1991, 四三. 立案 (三) 土地 忠淸道 (35) 258쪽.

33) 『古文書集成』 3 - 海南尹氏篇 正書本, 韓國精神文化硏究院, 1986, 32. 記錄類 나. 田畓案 (22), 804쪽(본 문서는 年代 未詳이지만 㸑世가 108쪽에 의하면 1685년 생존하고 있고, 또 217~218쪽에 의하면 1607년에도 생존한 인물이다. 따라서 본 문서는 17세기 후반에 작성되었고 해당 量案은 甲戌量案일 것으로 추정된다).

같다.34)

<표 2> 1649년 海南尹氏家 墓位畓의 畓主名과 量名

畓主	量名	畓主	量名	畓主	量名
尹善道	必山	尹回天	順喜	尹百遇	貴金
尹善道	必山	尹邦壽	丁立	尹遭	十入里
尹善覺	李春	尹商弼	德金	尹磻老	莫斤
尹善昌	玉世	尹一遇	每男	尹義哲	量(?)

<표 2>에서 알 수 있듯이, 尹氏家의 墓位畓 畓主는 예외 없이 모두 奴婢代錄을 하고 있다. 이는 사족의 토지가 양안에 등록될 때 奴婢代錄을 행함이 일반적임을 보여준다.

이상에서 살핀 바와 같이 갑술양안에는 사족의 소유지가 노비로서 代錄된 경우가 일반적으로 널리 존재하였다. 문제는 이와 같은 사족의 奴婢代錄이 양전 역사에서 어떠한 의미를 갖느냐 하는 점인데, 결론적으로 말하자면 이는 사족 문화로 인한 문제이었다.

각종 立案이나 所志, 토지문서 등의 작성에서 사족은 자신의 성명을 사용하지 않고 노비 이름을 대신 사용하는 경우가 많았다. 양안에서 奴婢代錄을 행하였던 것 역시 그러한 관행의 하나로서 널리 행해졌고, 이것이 갑술양전 단계까지는 별다른 문제없이 자연스럽게 수용되었던 것이다. 그러나 갑술양전 이후부터 田訟이 확대되면서 그와 같은 관행이 커다란 문제점으로 부각되기에 이르자, 정부는 이를 금지시켰고 사족의 자각도 높아서 점차 감소되었던 것이다. 사족의 奴婢代錄이 갖는 양전 역사의 의미는 이와 같은 감소 경향에서 찾아야 한다고 믿는다.

조선후기의 신분상승 지향성을 감안한다면, 사족의 奴婢代錄 관행은 부농층이나 중간 계층에게도 일정한 영향을 주었겠지만, 그것은 대체로

---

34) 『古文書集成』 3 - 海南尹氏篇 正書本, 韓國精神文化研究院, 1986, 아. 墓位畓
(1) 尹參議善道宅所藏文券, 416쪽.

사족의 奴婢代錄과 동일한 추세로 변화하였다고 보아도 무방할 것이다. 하지만 노비층의 代錄 현상은 사족의 代錄과 성격을 달리하는 것이어서 주목할 필요가 있다.

1723년 안동부에 접수된 議送에 따르면, 16세기 후반 무렵 의성김씨가의 私奴인 從卜은 府內의 巨富로서 많은 전답을 소유하였는데, 그는 토지를 그의 私奴 이름인 大父로서 양안에 代錄하여 자손에게 분급하였다.[35] 巨富인 私奴가 그의 토지를 노비 이름으로서 代錄하고 있음에서 제기되는 의문은 이와 같은 사례가 일반적으로 존재하였는가 하는 점과, 노비층이 소유지를 代錄하게 된 배경과 성격이 무엇인가 하는 점이다. 전자와 관련하여 주목되는 것은 아래와 같은 無後內奴婢의 토지소유 실태이다.

<표 3> 道別 無後內奴婢의 평균적 토지소유 현황

도별	인원	田			畓			合		
		陳	起	合	陳	起	合	陳	起	合
全羅	7	54-7	1-20-9	1-75-6	5-4	39-5	44-9	60-1	1-60-4	2-19-5
慶尙	13	11-3	9-3	20-6	0-3	23-8	24-1	11-6	33-1	44-8
忠淸	8	11-5	50-5	62-0	2-5	55-8	58-3	14-0	1-06-3	1-20-3
江原	1	59-2	0	59-2	0	74-8	74-8	59-2	74-8	1-34-0
黃海	13	24-3	1-09-1	1-33-4	16-5	26-8	43-3	40-8	1-35-9	1-76-7
平安	27	4-7	71-0	75-9	4-6	4-1	8-7	9-3	75-1	84-6
計	69	16-3	68-2	84-4	5-8	22-8	28-6	21-1	91-0	1-13-0

---

35) 『古文書集成』 5~7, 義城金氏篇 正書本, 한국정신문화연구원, 1990, 157쪽, "所謂大父 果是一京之五代祖 從卜之奴也 從卜卽矣家故奴 而府內巨富也 許多田畓乙 皆以其奴大父名付……從卜亦無矣許多子女處 皆以大父名打量田畓 分給是乎矣".

<표 4> 道別 無後內奴婢의 토지소유 分化 실태

	全羅	慶尙	忠淸	江原	黃海	平安	計
25負미만	1	7	3	0	5	6	22(32)
25~50結	1	4	2	0	2	4	13(19)
50~1結	1	1	0	1	3	13	19(28)
1결~5결	4	1	3	0	2	4	14(20)
5結이상	0	0	0	0	1	0	1(1)
計	7	13	8	1	13	27	69(100)

※ ( )는 백분율임.

<표 3·4>의 토지소유 현황은 17세기 후반부터 18세기 전반에 걸쳐 公奴婢(內奴婢) 가운데 직계 자손을 두지 못한 無後奴婢만을 대상으로 한 통계이다.[36] 이는 無後內奴婢 가운데 토지를 소유한 노비만을 대상으로 조사된 것이어서 대상 노비의 숫자가 69명에 불과하다는 한계가 있지만, 노비층의 토지소유 실태에 대한 통계 자료가 전혀 없는 현실을 감안하면, 公私奴婢 토지소유의 일면을 엿볼 수 있는 좋은 사례이다.[37]

<표 4>에서 전체 69명 가운데 절반 정도인 49%가 50부 이상의 토지를 소유하고 있으며, 1결 이상의 소유자는 전체의 21%이었다. 이에서 확인된 의미있는 사실은 토지를 소유한 노비층 가운데 경제적으로 부유한 노비가 일정하게 존재한다는 점이다.

조선시기의 노비 소유지는 公奴婢이든 私奴婢이든 직계 자손이 없을 경우 記上法(己上法)에 따라서 노비의 상전이 취득하도록 되어 있었다.[38] 記上法의 제도적 기원에 대해서는 알려진 바 없지만, 노비층의 경제적

---

36) 全炯澤, 『朝鮮後期奴婢身分硏究』, 一潮閣, 1989, 21쪽 <표 3>을 간략하게 정리한 것이다. <표 4>는 같은 책, 28쪽에서 재인용하였다.

37) 無後內奴婢의 토지소유라는 통계 조건이 公私奴婢의 일반적인 토지소유 실태를 반영하지 못할 특별한 이유로는 생각되지 않는다. 無後奴婢가 직계 자손을 둔 奴婢보다 토지소유에서 유리해질 이유가 없으며, 또 內奴婢가 私奴婢보다 토지소유 조건이 유리하다고도 생각되지 않기 때문이다.

38) 全炯澤, 앞의 책, 1989.

성장에 대한 노비 主家層의 대응 규정으로서 발생한 것으로 생각된다. 따라서 無後奴婢일 경우 상전이 노비의 자산을 취하는 記上法은, 主家와 노비가 갖는 사회적 대립 구조의 한 표현으로서, 노비의 토지소유가 갖는 불안정성과 그들의 경제적 성장을 동시에 표현한 것이라 하겠다.

記上法은 존재 그 자체로서 노비층의 소유권을 불안정하게 하였고, 이에 대한 노비층의 현실적 대응 방식으로서 代錄이 등장하였다. 현실적으로 記上의 대상이 아닌 경우, 즉 無後奴婢가 아니더라도 상전이 노비의 토지를 자의적으로 수탈할 개연성이 있었고 실제 그러하였다.[39] 따라서 노비에게는 소유지를 자신의 私奴 등 타인 명의로 代錄하는 경향이 나타날 수밖에 없었다.

이상에서 살핀 바와 같이, 사족층은 姓名의 사용을 기피하는 관행 속에서, 노비층은 상전의 記上을 기피하는 방식으로서 각각 양안에 노비대록을 행하였다. 그러나 양안에 등록되었다는 사실이 토지소유권을 주장할 수 있는 근거의 하나로서 작용하였던 추세 속에서 기주의 노비대록이 무원칙하게 행해질 수는 없었다. 이리하여 노비대록은 토지소유권의 보호를 위하여 '一家一奴名'을 사용하는 사회적 관행을 정착시켰다. 田訟의 심리과정에서 피심리자가 "法典所載 豈可有一家田畓兩奴名量案處 其有奸濫 據此一端 可知其非", 즉 법전에 실린 바인데 어찌 一家의 田畓이 두 명의 노비 이름으로 등록되는 일이 있을 수 있는가 라고 반문하고 있음은 그러한 사정을 보여준다 하겠다.[40]

그러나 '一家一奴名'의 노비대록 관행이 지켜질 수 없는 구조적 원인도 존재하였다. 양전 과정에서 '一家一奴名'의 원칙에 입각하여 代錄하

---

39) 全炯澤, 앞의 책, 1989, 1장, "自古及今 鄕曲士夫家 不識法文 或不無奴婢田民 法外收□之事"(『古文書集成』 5~7 - 義城金氏篇 正書本, 한국정신문화연구원, 1990, 158쪽)이라고 하듯이, 主家가 노비의 전답 등 재물을 탈취하는 경우는 흔한 일이었다.

40) 『古文書集成』 5~7 義城金氏篇 正書本, 한국정신문화연구원, 1990, 159쪽.

였더라도 일정 시기가 지나서 상속·매매 등으로 인하여 2개 이상의 量名이나 戶名을 가지는 경우가 필연적으로 발생하기 때문이다. 고문서에서 2명의 奴名으로 등록된 동일인의 소유지가 나타나는 것은 그러한 사정을 보여주는 것이다. 하지만 이러한 경우도 양전이 실시되면 '一家一名'의 量名을 세우지 않을 수 없었다.

이상으로 조선후기 양안의 표기 형식과 기주 파악의 변천 실태를 살펴보았다. 갑술양전(1634) 이후부터 양안 표기 형식의 통일성이 한층 더 강화되었다. 이리하여 경자양안의 표기 형식 통일성은 부분적인 한계를 안고 있었음에도, 전반적으로는 갑술양안에 비해서 현저하게 강화된 것이었고, 순조 20년(1820)의 양전계획에 반영된 양안의 토지소유권 관리 기능은 경자양안보다 더욱 강화된 것이었다.

조선후기 양안의 소유권 관리 기능의 강화 추세는 기주의 파악방식이 변화하는 데에서 한층 명료하게 드러나고 있었다. 갑술양전까지는 양전 당시의 기주만 등록되었고, 그것도 대부분 신분·직역의 표기 없이 성명이나 이름만을 등록하는 형식이었으며, 사족의 소유지가 노비 이름으로 대록되는 관행이 전체적인 사족 문화의 일부로서 자연스럽게 수용되고 있었다. 그러나 숙종 35년(1709)과 46년(1720)의 양전에서는 양전 당시의 기주 성명과 더불어 舊기주의 성명도 등록되고, 기주의 신분·직역과 성명이 파악되었으며, 사족의 노비대록 관행도 엄격하게 제한을 받기에 이르렀다.

노비대록에는 관행적으로 행하던 사족층과는 달리 기상법을 빙자한 상전의 토지소유권 침탈을 피하기 위하여 노비층이 행하는 경우도 있었다. 이러한 노비대록은 그 성격상 실체가 거의 드러나지 않지만 노비층의 경제적 성장과 더불어 일정하게 존재하였던 것으로 보였다.

하지만 사족이든 노비이든 量名 등록이 소유권 근거가 될 수 있었기 때문에 대체로 '一家一奴名'이란 관행을 지키고 있었다.

조선후기 양안에서 표기 형식의 통일성과 기주 파악이 강화되는 것은 궁극적으로 양안의 토지소유권 관리 기능에 대한 사회적 요구가 18, 19세기에 들어서면서 지속적으로 강화되고 있음을 뜻한다. 그럼에도 그와 같은 사회적 요구가 양안에 반영될 기회는 주어지지 않았다. 부세제 운영과 관련된 양전 저지의 추세로 말미암은 것이다.41)

양안의 소유권 관리 기능이 강화된 데에는 임란 이후의 사회경제적 변동과 더불어 확대 일로에 있던 田訟의 해결 과정에서 한계에 직면하게 된 것이다. 특히 갑술양안 사용 시기 동안 대규모적인 궁방·아문의 토지절수와 지주층의 입안이 야기하였던 소유권 분쟁, 확대되던 부재지주층이 노비·時作으로부터 종종 위협받았던 소유권 문제 등은 적극적인 소유권 보호에 대한 사회적 관심을 불러일으키기에 충분하였다. 소유권과 관련하여 나타나는 조선후기 양안 표기 형식의 변화와 기주 파악의 강화는 그러한 사회적 경험을 토대로 한 것이었다.

3. 양안과 토지문서의 표기

1) 양안과 토지문서

경자양안은 그 이전에 비하여 표기 형식의 통일성이 갖춰졌고, 舊起主가 기록되어서 토지소유권 증빙 기능의 연속성도 향상된 것이었다. 이러한 측면은 순조 20년(1820)의 양전계획에서 발전적으로 계승되었다. 이는 조선후기 양안의 토지소유권 기능이 전반적으로 크게 강화되었던 추세를 보여준다.

그러한 가운데 민간에서 사용하는 토지문서의 표기 방식에서도 일정한

---

41) 지주의 양전 저지에 대해서는 오인택, 「숙종대 양전의 추이와 경자양안의 성격」, 『부산사학』 23, 1992 참조.

변화가 나타났다. 양안과 토지문서가 상호 긴밀한 연관을 갖고 있기 때문에 나타난 현상이겠다. 조선시기 개인의 토지소유권은 공적인 정부의 양안과 함께 사적인 민간의 토지문서가 있어야 온전하게 보장되었다. 특히 개인간의 소유권 이전은 사적으로 작성된 토지문서의 양도를 통하여 완결되었다.

토지문서는 토지의 취득 형태에 따라 다양하지만, 토지 취득의 주된 방식이 개간·상속·매매였으므로 대부분의 토지문서는 개간할 때 관청에 신청하여 발급 받는 立案과, 상속·매매 관련자들이 작성한 상속·매매 문서에 속하였다.[42] 이들 문서의 작성에서 위치·면적 등의 표기는 일정한 사회적 기준에 따르지 않을 수 없었으며, 통용되던 기준은 양안에 기재된 내용이었다. 양안과 토지문서는 토지의 위치와 면적 등의 기재 내용을 통하여 상호 연관되었던 것이겠다.

토지에 관한 입안은 사적으로 작성되는 다른 토지문서와는 달리 관청에서 발급되는 문서였다. 입안은 사적인 토지문서가 작성될 수 없는 경우에 한하여 사용되던 특수한 공적 문서로서, 사적으로 관리되던 소유권을 보완하였다. 소유권 근거로서의 토지문서가 기본적으로 공적 영역이 아니라 사적 영역에 머물고 있음에서 나타나는 현상의 하나였다. 토지 입안 제도의 존재 실태는 그러한 사정을 보여주고 있었다.

토지 입안은 원칙적으로 매매·상속 여부를 공증하는 입안, 토지문서의 분실·소실 등의 사실 여부를 확인하는 입안, 閑曠地·無主陳田의 개간권(소유권)을 확인·부여하는 입안의 3종이 있었다.[43]

이들 가운데 토지의 매매·상속을 공증하는 입안은 정부의 노력에도 불구하고 조선후기에는 발급을 신청하는 경우가 거의 없었다.[44] 사적인

---

42) 朴秉濠, 『韓國法制史攷』, 法文社, 1974.
43) 이와 같은 사실은 각종 고문서집 어디에서나 확인된다. 이외에 田訟과 관련된 所志·입안도 다수 존재하지만 이들은 논외로 하였다.
44) 李景植, 앞의 논문, 1973 ; 오인택, 앞의 논문, 1992.

매매・상속 문서에 크게 의존하던 사회적 관행 탓이었다.

반면에 토지문서의 분실・소실로 인하여 신청・발급되는 입안은 토지
문서의 분실・소실이 일상적일 수 없었던 만큼 수적으로는 드물지만, 토
지소유자로서는 신청을 미룰 수 없었다.[45]

각종 閑曠地・無主陳田 등의 개간과 관련된 입안도 그러하였다. 이는
개간권(소유권)의 유무와 관련되었으며, 양란 이후 광범위하게 진행된 개
간과 더불어 많이 신청・발급되었다.[46] 이는 양전될 때 해당 토지의 소유
권자(기주)로 등록되는 데 결정적인 근거가 되었기 때문이다.[47]

개인의 토지소유권 관리가 양안 이외에는 사적 영역에 의존하였기 때
문에, 입안은 사적인 토지문서의 작성이 무의미하거나 불가능할 때, 이를
보완하는 측면에서만 사용되었다 하겠다.

토지문서의 작성은 기본적으로 사적 영역에 머물렀지만, 작성된 토지
문서가 제대로 기능하기 위해서는 공적 영역과 일정한 연관을 맺지 않을
수 없었다. 양안에 등록된 토지의 위치와 면적을 매개로 토지문서가 작성
되고 있음이 그것이다. 이에는 관청의 입안이든 매매・상속 문서이든 예
외가 없었다. 이와 같은 사정을 개간과 관련된 입안은 단적으로 보여주었

45) 『古文書集成』3 - 海南尹氏篇 正書本, 한국정신문화연구원, 1986, 立案.
46) 李景植, 앞의 논문, 1973 ; 李景植, 「17世紀 土地折受制와 職田復舊論」, 『東方學
　　志』54 - 56합집호, 1987.
47) 海南尹氏家에서 경자양전시 打量監官에게 올린 所志에 따르면, 今年 打量時 民
　　家의 立案處는 다시 立旨를 출급하여 量名으로 올릴 것이라는 事目에 따라 呈
　　告하였는데, 그때 발급받은 立旨는 다음과 같다. ① 順治辛巳(1701, 숙종 27)의
　　銀所面立案, ② 順治丁亥(1707, 숙종 33) 竹島立案, ③ 康熙庚戌(1670, 현종 11)
　　五十峙立案, ④ 辛卯年(1711, 숙종 37) 白也只 堤堰處 立案, ⑤ 乙未(1715, 숙종
　　41) 蝶山岡 立案, ⑥ 甲午(1714, 숙종 40) 白蓮洞 立案, ⑦ 乙未(1715, 숙종 41) 祿
　　山面 立案, ⑧ 同年 白也只 立案이다. 이들 立旨는 "一一參商教是白乎後 打量
　　時 立量名次 立旨成給爲白只爲 行下向教是事"라 하고 있듯이 立旨의 사실을
　　확인한 후 量名에 올리기 위한 조처이었다(『古文書集成』3 - 海南尹氏篇 正書
　　本, 한국정신문화연구원, 1986, 117쪽 [69]).

다.

개간과 관련된 입안은 개간 대상지가 無主陳田인 경우와 閑曠地인 경우로 나뉘었다. 無主陳田은 양안에 등록된 토지이므로 양안의 등록 여부를 확인한 후 입안을 발급하였다. 하지만 한광지는 양안에 등록되지 않은 토지이므로 해당 토지의 위치·면적이 양안에 등록되지 않은 사실이 확인되어야 입안이 발급되었다.

해남윤씨가 신청한 해남 현산면 白也只員의 한광지 개간을 위한 所志에는 "東自牛洞大路 南至堂山 西至大海邊 崔白孫堰邊 北至椒皮寺北嶺"으로 되어 있는데,[48] 이 소지의 내용이 확인된 후 입안이 발급되었다.[49] 이 경우 사실상의 한광지임이 확인되는 것도 중요하지만, 보다 중요한 점은 양안에 등록된 필지들의 위치(자호·지번)에 포함되어 있지 않은 토지라는 사실의 확인이었다.

반면 無主陳田은 양안에 무주진전으로 등록된 토지를 의미하므로, 해당 토지의 위치(자호·지번)와 면적(결부·두락)이 확인되어야 했다. 해남 화산면에 거주하는 私奴 玉山은 해남 갑술양안의 無主陳田 가운데 "縣 山面 仙石洞員 露字陳田 二斗落只"의 입안을 신청하였다.[50] '露字陳田'에는 지번, '二斗落只'에는 결부수가 각각 생략되어 있지만,[51] 해당 無主陳田의 위치와 면적의 확인을 요청하고 있는 것이다.

개간권(소유권)을 부여하는 입안은 대상 토지가 한광지이든 무주진전이든 양안에 기재된 위치와 면적 등이 확인된 후 발급되었다. 토지문서는 양안과의 연관 속에서 제대로 기능할 수밖에 없었기 때문이다. 이 점은 상속·매매문서도 마찬가지였다. 토지문서가 특정 토지의 소유권을 주장

하는 근거 문서였던 만큼 '어디에 위치한, 어느 정도의 넓이'라는 점을 분
명히 해두지 않을 수 없었으며, 해당 토지에 대한 양안의 자호·지번과
결부수가 그와 같은 기능을 하였다.

　실제의 토지문서에는 '○字　○○(番)　○○負　○○斗落'과 같은 기본 형
식 이외에, '○○員　○○斗落', '○○面 某名人畓' 등과 같이 자호(지번)뿐
만 아니라 결부·두락조차 생략된 다양한 표기 형식이 존재하였다. 양안
을 기준으로 정확하게 문서를 작성하는 것이 원칙이지만 실제로는 약식
으로 표기되는 경우가 많았던 것이다. 이는 토지문서 작성에서 증인이 예
외 없이 기재되고 있음과 대비된다.[52] 증인의 기재 여부가 문서의 효력
여부와 직결되었기 때문이다. 이러한 점을 감안하면, 토지문서가 기본 형
식을 무시하고 약식으로 표기되었던 것은 그와 같은 관행이 토지소유권
의 근거로서 하자가 없었던 사정의 반영이라 하겠다.

　그러나 약식으로 토지문서를 표기하던 관행은 18세기 무렵부터 뚜렷한
변화를 겪고 있었다. 다음의 『慶北地方古文書集成』에 수록된 土地明文
의 표기 실태는 그러한 사정을 비교적 명확하게 보여준다.

<표 5> 『慶北地方古文書集成』의 土地明文 표기 현황

	明文件數	字號·地番 표기				結負·斗落 표기			
		字+番	字號	地番	기타	結+斗	結負	斗落	기타
16세기	171	52(30)	60(35)	1(0)	58(34)	31(18)	56(33)	80(47)	4(2)
17세기	55	24(43)	12(22)	7(13)	12(22)	32(58)	4(7)	19(35)	0
18세기	128	106(82)	6(5)	12(9)	4(3)	111(86)	11(9)	6(5)	0
19세기	46	25(54)	18(39)	0	3(7)	41(89)	0	5(11)	0
계	400	207(51)	96(24)	20(5)	77(19)	215(53)	71(18)	110(28)	4(1)

※ 각 항의 (　)는 明文件數에 대한 백분율임. 字=字號, 結=結負, 斗=斗落임.

　<표 5>는 『慶北地方古文書集成』의 明文 가운데 家舍·馬·奴婢 등

---

52) 현존하는 18세기까지의 상속·매매문서에서 증인이 기재되지 않은 경우는 나타
　　나지 않았다.

의 賣買明文을 제외하고, 토지와 관련된 400건의 明文을 시기별로 분류
한 것이다.53) 자호와 지번을 倂記한 明文의 합계는 400건 가운데 207건
으로서 전체의 51%를 차지하고 있다. 이에 대한 시기별 분포를 보면, 자
호와 지번을 倂記한 明文의 비율이 지속적으로 증가하다가 18세기에 이
르면 82%로서 최고치에 도달하고, 19세기에 이르면 급격하게 하락한다.
이와 같은 시기별 특징은 18, 19세기의 양전 역사와 밀접한 연관에서 나
타나는 현상의 하나이다.

<표 5>에서 자호·지번 표기의 기타 항목은 자호와 지번 어느 것도
기록하지 않은 토지문서로서, 주로 '○○員에 있는 田畓'과 같이 지명으
로 표기된 형식이거나, '某人畓'과 같이 인명을 사용한 형식을 나타낸다.
이에서 주목되는 것은 그와 같은 형식이 16, 17세기까지 30~20% 수준으
로 존재하나, 18세기부터는 거의 소멸되었다는 점이다.

지명이나 인명으로서 토지의 위치를 표기하는 방식은, 토지를 거래하
는 당사자들에게는 분명한 의미가 있을지라도 제3자에게는 막연한 것이
다. 이 점을 감안하면, 지명이나 인명을 사용하는 형식은 양안의 자호와
지번으로서 토지의 위치를 표기하는 형식보다 미숙한 방식이다. 따라서
지명이나 인명으로서 토지의 위치를 표기하는 방식이 자호·지번을 사용
하는 표기 형식의 비율과는 반대로 18세기 무렵부터 소멸 단계로 들어서
는 것은 토지문서에서 위치 표기 형식의 진전 추세를 말해 준다 하겠다.

이상에서 파악된 토지문서의 표기 형식 변화 동기와 관련하여 다음의
田訟 기사가 주목된다. 1722년 안동부에서 심리된 田訟에서,54) 원고측의
갑술양전을 전후한 문서에 卜數(결부수)만 기재되고 자호가 기재되지 않
았다는 점이 지적되자, 원고는 다음과 같이 대답하였다. "中古의 文記 중

53) 李樹健 編著, 『慶北地方古文書集成』, 경북대 출판부, 1981, 문서번호 314~716
번의 토지명문을 검토 대상으로 하였다.
54) 『古文書集成』 5~7 義城金氏篇 正書本, 한국정신문화연구원, 1990, 153~166쪽.

에 오직 某員이라고만 쓰고 자호를 기재하지 않았던 것은 우리 집의 문
서만 그러한 것이 아니다. 京外의 사대부집 문서 중에 아무개 도의 아무
개 이름으로 된 전답은 아무개의 몫이라 되어 있어도, 그 후의 자손들이
지금까지 收探할 수 있었던 것은 그 토지가 대대로 상속되어 매년 執持
되어 왔던 까닭이며, 비록 문서에 자호가 기재되지 않고 또 양안의 자호
가 아무개 자호로 변경되더라도 그 토지를 移封한 사실이 없었기 때문이
다."55) 또 中古 시기의 문서양식과 관련하여 "그 때(중고기) 문서는 대개
모두 그러하였다. 혹시 可稱之號(자호·지번 : 필자)가 있다 하더라도, 아
무개에게 매득한 토지이라 하거나, 아무개 이름을 가진 사람의 전답이라
하거나, 아무개 면 아무개 리의 전답이라 하였다"고 덧붙였다.56)

이 기사에서 언급된 중고기의 토지문서는 갑술양전을 전후한 시기의
문서를 일컫는 것이며, 그것은 인명·지명으로써 토지의 위치가 표기된
문서였다. 나아가 부사의 지적과 원고의 진술에서 엿볼 수 있듯이, 갑술
양안을 전후한 무렵의 토지문서는 비록 기재 내용이 허술하더라도 소유
권을 침해당할 염려가 없었지만, 그 후 100여 년이 지난 시점에서는 그러
한 문서는 비정상적인 문서로 인식되었다. 경자양안을 전후한 시기부터
는 사회 분위기가 달라져 있었던 것이다.

결국 토지문서에서 해당 토지의 위치 표기 형식은 막연하게 지명이나
인명을 사용하던 방식에서 자호·지번의 표기로 전환되고 있었으며, 전
환 시점은 양안의 토지소유권 기능이 강화되던 18세기 무렵이었다 하겠

---

55) 『古文書集成』5~7 義城金氏篇 正書本, 한국정신문화연구원, 1990, 160~161쪽,
　　"矣亦廣字田卜數段 已載於隆慶己巳傳系文記是去乎 字號數 不爲載錄是乎所
　　中古文記中 只書某員 而不書字號者 非但矣家文券爲然 至於京外士大夫家文
　　記中 或稱某道某名田畓段 某衿是如是良置 厥後子孫 至今收探者 以其世世傳
　　來 年年執持 故字號雖不載 量案雖某變 而其土則不爲移封故也……".
56) 『古文書集成』5~7 義城金氏篇 正書本, 한국정신문화연구원, 1990, 1610쪽, "其
　　時文記 大抵皆然 或有可稱之號 則曰 某人處買得田是如 或某名人田畓是如 或
　　某面某里 田畓是如 云云者".

다. 사회경제적 변동과 더불어 확대되던 田訟에 대한 대응의 형식으로서, 양안과 토지문서는 토지소유권 차원에서 일정한 연계 속에서 변화하였던 것이라 하겠다.

그러나 19세기에는 사정이 달랐다. 경자양전(1720)부터 광무양전(1898 ~1904) 직전까지 180여 년 동안, 순조 20년(1820)의 양전계획이 무산됨으로써 부분적으로 읍별양전이 실시되는 데 그쳤을 뿐, 정부가 주도하는 대규모의 도별양전은 실시되지 못하였다. 이러한 사정은 토지문서에서 자호와 지번을 병기하는 비율이 감소하고 지번을 생략하고 자호만을 표기하는 약식 기재 형식이 증가하도록 하는 결과를 낳았다. 기왕의 자호·지번 형식이 지켜졌지만 양안이 지나치게 오래되어 지번 파악이 어려웠던 사정이 작용한 탓일 것이다.[57]

한편 <표 5>의 면적 표기 형식에서도 시기별로 변화가 있음을 살필 수 있다. 토지문서에서 면적은 결부와 두락을 모두 표기하거나, 결부와 두락 가운데 한 가지로 표기된다. 결부와 두락을 모두 표기한 문서의 비율은 16세기의 18%에서 18세기의 86%, 19세기에는 89%로 증가하였다. 18·19세기 들면 대부분의 토지문서에서 결부와 두락을 倂記하는 형식이 사용된 것이다. 반면 결부와 두락 가운데 한 가지만 표기하는 형식은 16세기의 80%에서 18, 19세기의 10%대로 급격하게 감소하였다. 결국 조선 전기의 토지문서에서는 대부분 결부나 두락 가운데 한 가지가 단위로 사용되었지만, 18, 19세기에는 대부분의 토지문서가 결부와 두락을 병기하는 형식을 사용하였던 것이라 하겠다.

---

57) 19세기 들면서 양전제 개선·개혁론이 강화되는 데에는 양안이 부세제 운영 차원에서 담당하였던 기능과 더불어 소유권 관리 차원에서 제기되는 사회적 요청도 크게 작용하였다. 19세기 양전제 개선·개혁 논의의 추세에 대해서는 다음 연구가 참고된다. 金容燮, 「茶山과 楓石의 量田論」, 『한국근대농업사연구(증보판)』 상, 일조각, 1984; 崔元奎, 『韓末 日帝初期 土地調査와 土地法 硏究』, 연세대 박사학위논문, 1994의 Ⅱ장 1절.

한편 16, 17세기에는 결부와 두락 가운데 두락만 표기된 것이 결부만 표기된 것보다 높은 비율을 점하고 있는데, 이를 결부와 두락이 병기된 토지문서의 비율과 합한 비율이 각각 65%와 93%에 이르고 있음이 주목된다. 이는 조선전기의 결부제에서 조선후기의 두락제로 전환된다는 통상적인 믿음과는 달리, 조선전기부터 두락제가 일상적인 면적 단위로 사용되었으며, 조선후기에 들어서 두락제 사용이 강화되지만 그것은 어디까지나 결부제 사용의 강화 현상과 더불어 나타나는 것이었다.

또 결부제와 두락제 가운데 어느 쪽의 사용이 점차 강화되었는가를 굳이 따진다면, 조선전기에는 두락제가 결부제보다 많이 사용되다가 조선후기에는 결부와 두락의 병기 형식으로 바뀌었으므로, 결부제의 사용이 강화된 셈이라 하겠다.

이러한 추세는 부세제 운영의 모순, 소유권 관리 기능의 강화라는 두 측면과 관련되었다. 소유권 이전 과정에서 발생하기 쉬운 중간 농간을 방지하기 위하여 거래되는 토지 결부수가 정확히 인수・인계되어야 할 필요성이 커졌고, 또 결부의 실적을 파악하기 위하여 두락의 표기가 필요하였던 것이다. 나아가 양안에 등록된 결부수를 정확히 파악함으로써 토지문서의 신빙성을 높일 수 있었으므로 그러한 측면에서 토지문서의 소유권 관리 기능도 강화된 것이라 하겠다.

이상에서 『慶北地方古文書集成』에 정리된 토지문서를 중심으로 토지의 위치・면적 표기의 형식 변화를 살펴보았다. 이어서 지금까지의 분석 결과를 다른 고문서와 비교하여 보도록 하겠다. 먼저 임의로 선택한 독락당문서의 전체 분재기 31건을 분류하여 보았다.[58]

독락당문서의 분재기에서도 자호와 지번을 병기한 문서 비율이 18세기에는 87%에 이르는데, 이는 그 이전에 비하여 크게 증가한 것이다. 하지

---

58) 『嶺南古文書集成』(II), 영남대 민족문화연구소편, 1992, II 獨樂堂文書, 三. 分財記 참조. 獨樂堂文書에 대해서는 同書의 解題 참조.

만 막연하게 지명을 사용한 사례 비율도 13%를 점하고 있다.

<표 6> 獨樂堂文書 分財記의 필지 표기 현황

明文 件數		字號 · 地番 표기				結負 · 斗落 표기			
		字+番	字號	地番	地名	斗+結	結負	斗落	空欄
16세기	11	6(54)	3(27)	0	2(18)	2(18)	4(36)	5(45)	0
17세기	12	6(50)	3(25)	0	3(25)	4(33)	0	8(67)	0
18세기	8	7(87)	0	0	1(13)	7(87)	0	1(13)	0
계	31	19(61)	6(19)	0	6(19)	13(42)	4(13)	14(45)	0

※ ( )는 백분율, 字=字號, 番=地番, 斗=斗落, 結=結負.

　큰 비율은 아니지만 지역에 따라서 지명을 사용한 사례가 일정하게 존재하고 있음도 감안해야 함을 보여준다 하겠다. 결부와 두락의 병기 비율역시 18세기 들어서 87%를 점하여 그 이전에 비하여 현저하게 증가하였음을 나타낸다. 두락만을 기재한 문서 비율은 17세기에 67% 수준을 보이는데, 이는 앞서 얻은 분석 결과와 대체로 일치한다. 독락당문서의 분재기 사례 건수가 많지는 않지만, 분석 결과는『慶北地方古文書集成』의 토지문서 분석 결과와 대체로 일치한다 하겠다.

　다음은 역시 임의로 선택한 선산김씨가의 분재기 34건을 시기별로 분류한 것이다.[59]

　<표 7>에서도 18세기에는 자호와 지번을 병기한 문서 비율이 증가하고, 인명이나 지명을 사용한 문서 비율은 감소한다. 두락과 결부의 병기에서도 18세기 비율은 현저히 증가하여서, 분석 결과가 앞의 두 사례와 대체로 일치함을 확인할 수 있다.

---

59)『嶺南古文書集成』(Ⅰ), 영남대 민족문화연구소편, 1992의 高靈 善山金氏(金宗直)家門의 分財記.

<표 7> 善山金氏家 分財記의 필지 표기 현황

	明文件數	字號・地番 표기				結負・斗落 표기				
		字+番	字號	番號	人,地	斗+結	結負	斗落	空欄	계
16세기	14	1(7)	1(7)	4(29)	8(57)	2(14)	4(29)	8(57)	0	
17세기	10	0	0	4(40)	6(60)	3(30)	1(10)	6(60)	0	
18세기	10	5(50)	2(20)	2(20)	1(10)	6(60)	0	4(40)	0	
계	34	6(17)	2(6)	10(29)	15(44)	11(32)	4(12)	18(53)	0	

※ ( )는 백분율. 字=字號, 番=地番, 人=人名, 地=地名, 斗=斗落, 結=結負임.

　하지만 자호・지번이 병기된 문서 비율과 두락・결부가 병기된 문서 비율은 앞의 사례에 비하여 상대적으로 낮다. 이 점에 관해서는 선산김씨(김종직) 가문의 토지문서를 참고할 수 있다. 이 가문의 토지문서(土地明文)은 모두 8건인데, 18세기 이전의 문서 4건 가운데 자호・지번이 2건을 차지하지만, 18세기 문서는 4건이 모두 자호・지번으로 되어 있다.[60] 또 결부와 두락을 병기한 문서도 18세기의 것은 모두 결부・두락을 併記한 형식이다.

　결국 자료에 따라서 변화 정도에 차이가 있지만, 대체적으로 처음의 분석 결과와 부합하였다.

　이상에서 『경북지방고문서집성』의 토지 매매문서 400건의 분석을 중심으로 하여, 독락당문서의 분재기 31건, 고령의 선산김씨(김종직) 가문의 분재기 34건을 방증의 사례로 살펴 보았다. 이들 문서들은 모두 18세기에 이르러 그 이전과 구별되는 표기 형식의 변화를 보여주었다.[61] 위치의 표

---

60) 『嶺南古文書集成』(Ⅰ), 영남대 민족문화연구소편, 1992의 高靈 善山金氏(金宗直)家門 전답의 매매명문.
61) 물론 모든 토지문서群이 동일한 경향을 보인 것은 아니었다. 어떤 문서群은 거의 전체가 시종일관 동일한 형식으로 나타나는 경우도 있었다. 가령 『嶺南古文書集成』(Ⅱ), 영남대 민족문화연구소편, 1992, 153~184쪽의 매매명문 98점 가운데, 토지매매 문서는 14점을 제외한 84점으로서, 선조연간부터 고종연간까지 분포되었는데, 대부분의 문서가 字號・地番・結負・斗落 형식을 지키고 있었다.

기에서 자호·지번을 병기하는 형식이, 면적 표기에서 결부·두락을 병기한 형식이 각각 현저하게 증가한 것이다.

지명이나 인명을 사용하던 위치 표기 형식이 자호·지번의 표기로 전환된 것은, 조선후기 사회경제적 변동과 더불어 확대되던 田訟, 즉 토지소유권 분쟁의 대응 형식이었다. 따라서 이러한 변화는 양안의 토지소유권 관리 기능이 강화되고 있었던 사정의 표현이라고 하겠다. 토지문서는 사적으로 작성되었지만 보다 엄밀한 소유권 보호를 위하여 토지 위치의 표기에서 양안과의 연계가 불가피하였던 것이다.

한편 토지문서에서 조선전기의 면적 표기는 두락 단위가 일반적으로 사용되는 가운데, 결부나 두락 가운데 한 가지 단위만 사용되는 경향이 강하였지만, 점차 결부·두락의 병기 형식으로 변화하였다. 소유권 이전 과정에서 발생하기 쉬운 중간 농간을 방지하고, 위치 표기가 그러하였던 것처럼 양안과의 연관을 통하여 토지문서의 소유권 관리 기능을 강화하기 위한 것이다.

하지만 상대적 면적 단위인 결부는 기본적으로 당시 사회의 불신을 받았고, 이는 면적 표기 형식의 변화에 일정한 영향을 주었을 것으로 생각된다. 이 점은 다음 절에서 상론하도록 하겠다.

2) 결부의 실태

조선시기의 결부는 6등 전품에 따른 異積同稅 방식으로 산정되었다. 이는 자호·지번의 설정과 더불어 정부의 토지파악을 한층 강화하는 기능을 하였다. 하지만 결부 단위는 실적 파악을 어렵게 하는 상대적인 면

간혹 地番이 기재되지 않은 경우도 있지만 그러한 경우에도 地番이 들어갈 여백을 남겨둔 것이 많았다. 이는 地番을 써야된다고 인식하였지만, 미처 파악하지 못하였기 때문에 나타나는 현상일 것이다. 요컨대 시종일관 원칙적인 문서표기를 고수하는 경우도 있었다.

적 단위여서, 부세제 운영에서나 양전 과정에서 적지 않은 폐단을 야기하였다. 이러한 양상은 각종 부세가 토지로 집중되면서 점차 심화되었다. 이는 6등 전품제에 의한 결부제의 모순이 확대되고 있음을 뜻한다. 조선후기 실학자들이 결부제의 폐지를 주장한 것은 그러한 사정을 반영한 것이다.[62]

하지만 결부제의 문제점은 전품 이외에 측량 과정 자체에서 발생할 수도 있었다. 이 점에서 실적을 중심으로 하여 결부 실태를 파악할 필요성을 찾을 수 있겠다.

결부 실태를 파악하기 위한 방법은 당시 농촌 관행의 단위인 두락을 기준으로 하는 것 외에는 없다. 물론 두락 역시 정밀한 면적단위로서는 일정한 한계를 갖는다. 두락은 절대면적을 기준으로 산정된 단위가 아니라 파종량을 기준으로 한 단위이므로 토질, 농법 등에 따라서 일정한 차이가 예상될 수 있었다.[63] 또 수전의 경우 正租・荒租 등의 稻種, 旱田에는 大豆・粟・牟 등이 사용되는 것이 관례이었으므로 종곡의 종류에 따라서도 다를 수 있었다.

그럼에도 불구하고 조선시기에는 흔히 두락을 사용하여 결부 실적을 나타내었다. 磻溪가 1결의 실적을 稻種 40두락으로 파악한 것이나,[64] 인조대에 趙翼이 1결의 실적을 역시 稻種 30~40두락으로 파악한 것 등이 그것이다.[65]

두락은 농촌사회에서 사용된 단위로써 그 유래는 알려지지 않았다. 고려시기까지의 면적 기록에서 두락이 사용된 흔적은 나타나지 않으며, 조

62) 정약용 저, 민족문화추진회 역,『국역 경세유표』(II), 田制 9, 237~238쪽 및 田制考6, 144쪽 ; 최원규,『韓末 日帝初期 土地調査와 土地法 研究』, 연세대 박사학위논문, 1994, II장.
63) 金容燮, 앞의 책, 1970, 376~377쪽.
64)『磻溪隨錄』卷1, 田制上.
65)『增補文獻備考』(中), 田賦考 1, 동국문화사, 631쪽.

선초기부터 널리 사용되고 있었다. 이는 두락의 사용이 異積同稅의 결부
제와 밀접한 관련을 갖고 있음을 시사하는 것이다. 요컨대 두락은 異積同
稅의 결부에 대한 대응 방식으로 널리 사용된 단위이었다.

두락과 결부를 비교하기 위해서는 두락, 결부, 척수가 함께 기록된 자
료가 필요하므로 검토 자료로서 우선 남해현『花芳寺田案』을 선정하였
다.66) 본 자료는 1773년(영조 49) 무렵 작성된 사찰의 田案으로서, 남해현
경자양안 가운데 화방사 소유지를 골라 뽑아낸 후, 각 필지마다 사찰 내
의 부속처와 출처, 두락수를 기재한 것이다. 이에서 먼저 각 필지의 尺數
로서 1두락당 실적을 산출하여 구간별로 정리하면 다음과 같다.67)

<표 8>『花芳寺田案』의 1斗落당 평방 尺數 분포 실태(평방척/두락)

	300부 미만	300~400	400~500	500~600	600~700	700~800	800~900	900~1000	1000부 이상	계
필지수	6	15	33	66	45	22	9	9	7	212
%	2	7	15	31	21	10	4	4	3	

위의 <표 8>에서 알 수 있는 바와 같이 1두락은 300평방척 미만부터
1000평방척 이상의 넓은 구간에 분포하였다. 필지 수가 10% 이상인 구간
을 확인해보면, 400~800(평방척/두락)에 전체 212개 필지 중 166개(77%)
필지가 집중되었음을 알 수 있다. 이를 1등전을 기준으로 한 결부로 환산
하면 1두락은 4부~8부이며, 1결은 25두락 내지 12두락인 셈이다.

통상 언급되는 1등전 1결=20두락의 기준에서 본다면,68) 이에 해당하
는 400~600(평방척/두락)의 구간은 전체의 46%에 그치며, 그보다 넓은

---

66) 본 자료에 대해서는 金錫禧,「朝鮮後期 南海縣『花芳寺量案』分析」,『韓國文化
    硏究』창간호, 釜山大, 1988.
67) 각 필지 가운데 기재된 尺數가 마멸되었거나 불명확한 것, 2개 이상의 필지를 합
    산하여 두락을 기재한 것 등 부적절하다고 판단된 필지는 통계에서 제외하였다.
68) 金容燮, 앞의 책, 1970, 145쪽.

구간은 전체의 42%, 좁은 구간은 전체의 9%에 불과하였다. 요컨대 1결에 해당하는 각 필지의 면적(두락)에 있어서, 표준치에 해당하는 필지는 전체 필지의 절반 수준에 불과하였고, 그 나머지는 대부분 표준보다 좁은 면적을 가진 필지이었다. 두락을 기준하였을 때 결부제의 모순은 결부수가 매우 낮게 등록되어 있다는 점이다.

이상에서 살핀 『花芳寺田案』의 토지는 사찰의 소유지라는 점, 나아가 사찰 소유지는 대부분 施納과 買得으로 구성된 토지라는 점에서,[69] 분석 결과는 일정한 한계를 가질 수 있다. 당시 사찰은 관청의 수탈이 집중되던 곳의 하나이었고, 또 주로 결부 부담이 무거운 토지가 기부와 매매의 대상이 되었을 가능성도 없지 않았을 것임에도 불구하고 분석 결과는 오히려 결부 부담이 매우 가벼운 것으로 나타났다. 그러므로 경자양안의 결부와 두락이 병기된 자료로서 1740년(영조 16) 작성된 『灩溪書院田畓量案』을 살펴보기로 하겠다.[70] 본 서원의 소유지는 경자양전 당시 거의 대부분 서원의 소유지였다.[71] 이와 같은 자료의 성격은 앞서 언급한 화방사의 자료 성격을 보완해 줄 수 있을 것이다. 서원 소유지 가운데 81개 필지를 대상으로 1두락당 평방척의 분포를 살피면 다음과 같다.

<표 9> 灩溪書院 소유지의 1두락당 평방척의 분포 실태(평방척/두락)

	100 미만	100~200	200~300	300~400	400~500	500~600	600~700	700~800	800~900	900 이상
필지수	1	4	3	12	21	21	12	3	0	4
%	1	5	3	14	25	25	14	3	0	5

---

69) 金甲周, 『朝鮮時代 寺院經濟研究』, 同和出版社, 1983, 223~236쪽 ; 金錫禧, 앞의 논문, 1988.

70) 『古文書集成』 24 - 灩溪書院篇, 한국정신문화연구원, 1995, 643~668쪽.

71) 이 점은 본 전안에 기재된 토지 대부분이 동일한 경자양안의 量名, 즉 院三이란 起主名을 사용하고 있는 점에서 확인될 수 있다.

남계서원의 경우도 앞의 화방사와 마찬가지로, 1두락의 평방 척수는 전체적으로 상당히 넓게 분포한다. 그러한 가운데 300~700평방척/두락의 구간에 78%, 400~600 구간에는 50%가 각각 집중되어 있다. 1결=20두락의 기준, 즉 두락당 500평방척을 기준한 구간인 400~600의 구간의 집중률은 50%이며, 그 이상의 구간에 22%, 그 이하의 구간에 23%를 각각 보이고 있다. 남계서원의 1결 실적은 표준치에 비하여 부족한 것과 초과한 것이 비슷한 비율을 보인 것이다. 이는 남계서원이 화방사에 비하여 결부로 인한 모순을 상대적으로 적게 갖고 있음을 뜻한다. 하지만 결부 실적에 문제가 있음을 보여준다는 점에서는 남계서원도 화방사와 다를 바 없다 하겠다.

요컨대 양안의 결부는 애초 측량 단계에서 상당한 문제점을 내포한 것이었다. 이는 양전제도의 미숙성에서 토지측량 기술의 미숙성, 양전 실무자의 농간 등 다양한 원인이 작용한 결과라 할 수 있을 것이다. 이와 같이 실적과 다른 측량의 결과는 다시 1~6등급의 전품에 따른 解負 과정에 의하여 최고 4배의 실적 차이가 부가되므로 그 모순은 더욱 증폭되지 않을 수 없었다.

남계서원의 전안에는 경자양전 이후 방매된 토지가 기재되어 있는데, 그 가운데는 토지의 소출이 부세를 감당하지 못하여 방매한다고 기록한 필지들이 있었다.[72] 이는 극단적인 사례이기는 하지만, 전품과 더불어 실적(尺數)의 축소나 과장도 토지의 소유와 경영에 심각한 영향을 줄 수 있음을 보여주는 것이라 하겠다.

조선시기 1결의 실적은 대체로 40여 두락으로 인식되었다. 이는 대체로 3, 4등급을 전제한 실적이었다. 이는 1851년(哲宗 2)의 『載寧郡餘勿坪所在毓祥宮各垌結卜及支定分排成冊』을 중심한 두락과 결부의 사례 분

---

72) 『古文書集成』 24 - 灆溪書院篇, 한국정신문화연구원, 1995, 644쪽, "陞字第二十八……地出不能○○卜 故從公議 丙寅○○放賣……".

석을 통하여 사실로 입증된 바도 있었다.[73] 그러나 이것은 궁방전이라는
특수성에서 비롯된 바도 큰 것이어서, 일반 민전에서도 동일한 결과를 예
상하기는 어려운 일이었다. 『花芳寺田案』과 『灆溪書院田畓量案』의 분석
결과는 결부의 측량에서 이미 상당한 문제가 있음을 보여주었다. 표준치
에 접근한 필지 수는 전체의 절반 수준에 불과하였고, 나머지는 표준치를
중심으로 하여 상하로 분포되었다. 이러한 측량의 문제는 전품의 폐단과
결합되면 심각한 문제로 발전할 수 있는 것이었다.

6등 전품에 입각한 결부제는 전근대 사회 어디서나 있을 수 있는 측량
의 부정확성 문제를 통하여 그 폐단이 심화될 수 있음을 살펴보았다. 각
필지의 尺數가 두락을 기준으로 추출된 표준치의 상하 구간으로 넓게 분
포되어 있었던 것이다.

분석에 앞서서 전제하였듯이 두락 단위도 절대면적 단위로서 한계가
없지 않았다. 따라서 결부의 부정확성이란 분석 결과는 사실상 과장된 것
일 수도 있다. 그러나 간과되어서 안될 것은 당시 농촌사회가 결부의 정
확성 정도를 인식할 수 있는 방법이 두락 이외에는 존재하지 않았다는
사실이다. 결국 두락을 면적 단위로 인식하는 농촌사회는 사실상의 정확

<표> 灆溪書院의 매각된 토지 현황

字	番	등급	田形	負數	斗落	負/斗落	제곱척/두락
階	57	1	직답	17.3	3.0	5.77	576.00
階	58	2	반직전	11.2	1.0	11.20	1320.00
陛	28	2	직답	11.0	3.0	3.67	432.00
巨	62	3	직답	11.2	3.0	3.73	143.00
衡	21	3	직답	29.0	9.0	3.22	460.44
衡	19	3	직답	5.4		****	******
無	19	3	직답	6.6	1.5	4.40	632.00
鼓	74	4	제답	9.3	3.0	3.10	155.17
衡	20	5	직답	2.3		****	******
佐	17	5	직답	8.8	3.0	2.93	671.67

73) 金容燮, 앞의 책, 1970, 374쪽, <표 6> 毓祥宮庄土에서의 結負와 斗落關係 참
조.

성 여부와 무관하게 결부를 부정확한 단위로 받아들이지 않을 수 없었던 것이다.

이러한 측면에서 18세기 토지문서에 결부와 두락을 병기하는 단위 표기의 양식이 확대된 또 하나의 원인을 찾을 수도 있겠다. 즉 측량에 의한 결부는 상당히 부정확하여 향촌사회에서는 결부 단위로서는 그 실적 정도를 가늠하기 어려웠던 것이며, 이는 각종 중간 농간의 개입을 용이하게 하였다. 따라서 농촌사회에서는 자신들이 인식할 수 있는 별도의 단위인 두락이 중요한 의미를 가질 수 있었다.

4. 맺음말

지금까지 정부의 양안과 사적으로 작성된 토지문서의 이원적인 조선후기 토지소유권 구조에 주목하여, 양안 양식과 토지문서 표기 형식의 변천 실상을 살펴보았다. 검토된 바를 요약하고 그 의미를 찾아봄으로써 결론에 대신하고자 한다.

양안의 표기 형식에서 갑술양안(1634)과 경자양안(1720)은 크게 달랐다. 경자양안의 양식적 통일성은 그 이전에 비하여 크게 향상되었다. 뿐만 아니라, 기주 난의 양식과 표기 형식에서도 한층 엄밀해지고 舊기주가 등록됨으로서 양안과 토지문서의 연관성도 한층 강화되었다. 전반적으로 양안의 토지소유권 관리기능이 현저하게 강화된 것이다.

이러한 추세는 순조 20년(1820)의 양전계획에서 더 한층 강화되었다. 하지만 경자양전 이후 도별양전이 시행된 적이 없으므로, 강화된 소유권 관리기능이 양안에 반영될 기회는 현실적으로 없었던 셈이다. 따라서 양안의 소유권 관리기능은 사회적 요청에도 불구하고 부세제 운영과 관련된 양전 저지의 추세로 인하여 경자양안 수준 이상으로 향상될 수는 없었던 것이라 하겠다.

양안의 소유권 관리기능이 강화된 데에는 임란 이후의 사회경제적 변동과 더불어 확대되던 田訟이 크게 작용하였다. 기존 양안은 田訟 해결 과정에서 한계에 직면하였다. 특히 갑술양안 사용 시기 동안 대규모적인 궁방·아문의 토지 折受와 지주층의 입안이 야기하였던 소유권 분쟁, 증가하였던 부재지주층이 노비·時作으로부터 종종 위협받았던 소유권 문제 등이 크게 문제되었다. 이러한 경향은 적극적인 소유권 보호에 대한 사회 전반의 관심을 불러일으키기에 충분하였다. 소유권과 관련하여 나타난 조선후기 양안 양식의 변화는 그러한 사회적 경험을 토대로 한 것이다.

조선후기 양안에 나타난 소유권 관리 기능의 강화 추세는 양안과 연관되었던 토지문서에도 영향을 주었다. 토지의 위치·면적 표기와 관련하여 나타난 토지문서의 변화가 그것이다.

토지문서에 나타난 토지의 위치 표기 형식은 시기에 따라서 달라지고 있었다. 고려시기에는 四標로서 표현되었고,[74] 16·17세기까지는 자호제[75]의 정착과 더불어 자호와 지번의 병기, 자호만을 기재한 것, 지번만

---

74) 甲戌量案 이전의 量案에서 四標가 사용된 사례를 보면, 조선 초기 태종대에 귀속처가 불분명한 토지의 경우 四標를 근거로 삼아 收租하도록 戶曹에 하명한 사례가 보이고(『太宗實錄』 권4, 태종 2년 9월 병술 사헌부 상언), 신라·고려시기에도 이미 四標를 사용한 文券이 있음이 알려져 있다(旗田巍, 「新羅·高麗의 土地臺帳」, 『東洋學學術會議論文集』, 1975).

75) 5결 단위로 1자호를 할당하는 '一字五結法(자호법)'은 갑술양안에서도 적용되었다고 할 수 있다. 그 근거로서 우선 들 수 있는 것은 조선전기부터 '一字五結法'이 일반적으로 시행되었다는 점이다(李景植, 『朝鮮前期 土地分給制와 農民支配』, 서울대학교 박사학위논문, 1984, 120~121쪽 ; 尹用出, 『17·18 세기 徭役制의 변동과 募立制』, 서울대학교 박사학위논문, 1991, 29~30쪽). 다음으로 들 수 있는 사례는 다음과 같다. 숙종 14년(1688) 田訟에서 원고는 문제의 토지가 자기 소유임을 증명하기 위하여 "以甲量第次 以一字五結之次次打量", 즉 갑술양안의 필지 순서(第次)에 따라서 '一字五結'의 순서대로 측량할 것을 요청하였다

을 기재한 것, 자호와 지번에 상관없이 인명이나 지명을 사용한 것 등의 다양한 형식이 사용되었다. 그러나 18세기에 이르면 지명이나 인명을 사용한 용례가 거의 소멸되고 자호제와 관련된 표기 형식이 정착되었으며, 그러한 가운데 자호와 지번을 병기한 형식이 주된 형식으로 자리 잡았다. 田訟의 확대로 엿볼 수 있는 토지소유권 인식의 강화 추세 속에서 토지 문서는 양안과의 연관을 강화하지 않을 수 없었던 것이다.

토지문서의 면적 표기도 일정한 변화를 겪었다. 조선전기에는 두락이 널리 사용되었고, 그러한 가운데 두락·결부의 병기, 두락의 표기, 결부의 표기 등 세 유형이 뒤섞여 있었다. 이러한 형식들이 조선후기에 이르면 두락·결부의 병기 형식으로 통일되어 갔다. 두락이나 결부 가운데 한 가지만을 표기하던 형식은 부세제·소유권이 강화되던 후기의 추세 속에서 불완전하였던 탓이다. 토지 취득자는 해당 토지의 세액을 파악하기 위하여 상대적인 면적 단위인 결부의 표기를 요청하였고, 결부의 정확성 여부를 인식하기 위하여 자신들에게 익숙한 농촌 관행의 두락 단위도 필요하였던 것이다. 이와 같은 면적의 인식 추세는 강화된 부세제 운영에 대응하는 것에서 한 걸음 나아가, 토지 취득자가 소유권의 관리를 강화하는 데에도 일정하게 기여하였다.

토지문서에 사용된 기본 면적단위는 두락이었다. 두락이 표기되지 않은 문서도 존재하지만, 해당 토지의 거래가 사실상 두락단위로 이루어지고 있음을 감안한다면 그것은 생략적 표기라고 이해하는 편이 타당하다. 이러한 측면에서 본다면 두락·결부의 병기 형식이 정착되는 과정은 결부 표기가 강화되었음을 뜻한다. 결부 표기의 강화가 뜻하는 바는 두락단위를 기준으로 비교된 결부의 실적에 큰 오차가 있었다는 사실에서 찾을 수 있다. 즉 부세제 운영에서 수동적인 위치에 놓인 토지소유자가 능동적

『古文書』7 - 官府文書, 서울대 도서관, 1991, 四三. 立案 (三) 土地 忠淸道 (35) 258쪽).

으로 결부를 파악하여 여러 농간에 대응하려는 사회적 추세 속에서 토지
문서에 결부 표기가 강화된 것으로 나타난 것이다.

　이상에서 살펴본 조선후기의 양안과 토지문서의 변화 추세는 그 후에
도 지속되었다. 하지만 그러한 사회적 추세가 양안의 토지소유권 관리기
능을 제도 차원으로 강화시키지는 못하였다. 지주층을 중심으로 한 향촌
사회가 양전에 강하게 반발하였던 탓이다. 이는 양안을 통한 소유권 관리
의 강화가 부세제 운영의 강화로 귀결되는 구조적 모순 때문에 나타나는
현상이겠다.

朝鮮後期 量案의 기능과 역할

최 윤 오

1. 머리말

조선후기 量田事業은 양란 이후 폐허가 되어버린 전 국토의 토지를 재조사하는 데 최우선의 목적을 두었다. 그것은 토지에 대한 所有者를 다시 확정하고 그를 통해 納稅者를 확인하는 과정이기도 했다. 양전사업을 통한 王土에 대한 국가의 擬制的 土地支配야말로 私的 土地所有를 전제로 한 조세수취의 전 과정으로 표현되고 있었다. 그리고 그것이 가능하기 위해서는 개별 토지에 대한 사적 토지지배자로서의 起主 파악이 선행되어야 했다.

본고에서는 우선 量田 과정 전반이 經界 확정을 통해 이루어지고 있었다는 점을 주목했다. 경계 확정은 각 토지의 境界를 바로잡는다는 단순한 의미에서 출발하지만 더 나아가서는 각 토지의 권리자를 확정하고 해당 토지의 지배권자에게 조세를 부과하는 과정까지를 포함한다. 곧 토지에 대한 국가의 지배력 행사의 대상을 확정하고 그에 맞는 조세부과 과정 전반을 의미했다. 때문에 "仁政은 반드시 經界로부터 시작된다"는 孟子의 토지관은 동양에 있어 토지·조세 개혁의 원리로 기능하고 있었으며 그 때마다 논의의 중심에 등장하고 있었다. 그렇지만 경계를 말하는 경우 각 논자마다 서로 다른 의미로 사용하고 있었다는 것을 주목할 필요가 있다. 그러한 방법 중 한 가지가 井田法도 方田法도 아닌 量田法을 통한

經界策이었으며 조선국가의 양전사업을 전통적인 방법을 통해 해결하고
자 하였다.

　두 번째로 이같은 量田=經界策의 산물인 量案의 기능과 역할을 검토
함으로써 토지조사 사업의 목적을 보다 분명히 밝혀 보고자 한다.

　국가적 차원에서 시행된 조선후기의 갑술(1634)·경자(1720)년의 量田
事業은 당시기 당면 과제를 어떠한 방법으로 해결하려 했는지를 잘 보여
주었다. 이같은 양전사업의 핵심을 담고 있는 것이 量田事目으로서, 비교
적 완형으로 남아 있는 1717년(숙종 43)의 丁酉事目에는 당시 토지조사
사업을 어떠한 방법으로 수행하고 있었는지가 잘 드러나 있다. 그 대강은
조선초부터 전통적으로 실시되어온 量田法의 형식이지만 내용면에서는
당시기 발달된 토지소유 방식을 반영하는 선에서 재정리되고 있었다. 즉
20년마다 시행되는 것으로 규정되어 있는 量田=經界策으로서[1] 매 시기
마다 비중있게 논의되던 바로 그것이었다.

　한편 양전의 결과 작성된 量案은 문서로서 대단히 중요한 위치를 지닌
다. 그럼에도 불구하고 양안의 소유권대장과 조세대장으로서의 기능과
역할은 완성된 문서형식을 갖춘 것이 아니었기에 여러가지 방식으로 보
완되었다. 왜냐하면 조선시기의 양전사업이 20년마다 규칙적으로 시행된
것이 아니었기 때문이며 따라서 매년 변동하는 토지관련 정보를 담을 수
없었기 때문이다. 그렇다면 왜 양전사업이 이같이 변칙적으로 시행되었
으며 그러한 양전사업을 통해서도 국가의 토지지배는 가능했을까를 구명
해 볼 필요가 있다.

　그동안의 양안에 대한 연구는 이 같은 양전사업의 시대적 성격을 밝히
는 데 중요한 역할을 했다. 우선 양안의 연구를 통해 조선후기 사회변동
과 관련하여 토지소유가 발전하고 있었다는 점이 밝혀졌고 이는 곧 조선
후기의 내적 발전의 결과물이라는 점이 강조되었다.[2] 이후 양안의 토지

─────────────

1)『經國大典』戶典 量田, "凡田分六等 每二十年改量成籍 藏於本曹本道本邑".

조사 기능에 대해 주목하고 그것을 연구하게 된 것은 대한제국기의 근대
적 토지개혁과 관련해서였다.3) 조선후기의 양안과 지주제의 관련성을 통
해 양안의 기능이 지주제에 어떠한 영향을 미치고 있었는지가 밝혀졌
고,4) 또한 제반 토지문서 가운데 토지매매 문기는 양안의 기록과 긴밀한
관계를 갖고 작성되었다는 연구를 통해 양안이 실생활에도 크게 영향을
미치고 있다는 점도 밝혀졌다.5) 이외에도 公簿로서의 양안이 갖는 한계
를 지적한 연구도 있어6) 양안 연구에 참고된다.

行審冊 분석을 통해 양안의 종합적 기능과 역할이 어떻게 분화되어 나
타났는지를 밝히는 작업도 이루어졌는데, 행심책이야말로 양안을 그대로
베껴내 매년 行審·踏驗한 결과를 기재하고 그것을 토대로 깃기(衿記)를
작성하였다는 것이다.7) 행심책의 존재는 이같이 양안의 토지소유와 수세
행정을 보완하고 있었고 양안을 완성시킬 수 있었던 하나의 보조장부였
던 것이다. 한편 양안의 기능과 역할에 대해 주목한 연구는 아니지만 깃
기에 대한 연구가 8結作夫制와 관련하여 이루어 짐으로써,8) 향촌 내 수
세행정 전반에 걸친 윤곽이 밝혀졌다. 향후 양안의 조세대장으로서의 역
할이 어떻게 깃기로 분화되었는가에 초점을 맞추어 보완될 필요가 있다.

이 같은 연구성과를 바탕으로 양안의 기능과 역할이 점차 드러나기 시
작했다. 본고에서는 量案의 기능과 역할에 대해 다시 한 번 주목하면서

2) 金容燮,『朝鮮後期 農業史研究 I』, 一潮閣, 1970, ;『증보판 朝鮮後期 農業史研
   究 I』, 지식산업사, 1995.
3) 한국역사연구회 근대사분과 토지대장연구반,『대한제국의 토지조사사업』, 민음
   사, 1995.
4) 김건태,「갑술·경자양전의 성격-칠곡 석전 광주이씨가 전답안을 중심으로」,
   『역사와 현실』31, 1999.
5) 吳仁澤,「朝鮮後期의 量案과 土地文書」,『釜大史學』20, 1996.
6) 李榮薰,「量案의 성격에 관한 재검토」,『朝鮮後期社會經濟史』, 한길사, 1988, 제
   1부 제1장.
7) 崔潤晤,「朝鮮後期 量案과 行審冊」,『역사와 현실』36, 2000. 6.
8) 李榮薰,「朝鮮後期 八結作夫制에 대한 研究」,『韓國史研究』29, 1980.

그것이 세분화되기 이전에는 어떠한 방식으로 존재했는지를 추적하는 방법을 이용하기로 했다. 즉 분화되어 나름대로의 개별 문서로서 기능하기 이전의 양안은 다분히 종합적이며 복합적이라는 점을 통해 시계열적으로 그 문서의 발전상이 정리될 수 있다고 보았다. 그러한 특징을 통해 18세기 시대상을 명확히 읽어낼 수 있는 것은 물론이다. 量案이 17~18세기 현실에서 소유권 대장으로서의 역할과 조세장부로서의 기능과 역할을 동시에 어떻게 수행하고 있었는가를 밝히는 것이 본고의 궁극적인 목적이다.

2. 量田과 經界策

양전사업은 經界로부터 시작되며 仁政의 출발점이라고 해 왔다. 그렇다면 경계를 확정짓는다는 것은 무엇을 의미하고 있으며 왜 인정의 출발점이 되었을까. 조선시기에 사용된 경계란 용어의 용도를 살핌으로서 양전의 사회경제적 의의를 보다 분명히 해볼 필요가 있다.

양전의 역사적 성격을 살피기 위해 조선후기 최대의 양전사업이었던 1634년과 1720년의 갑술·경자양전을 중심으로 살펴보자. 현존하는 조선시기 양안 중 가장 많이 남아있는 것은 1720년의 庚子量田이다. 이때 작성된 양안으로 현존하는 것은 전라·경상 양도의 13개 군현에 지나지 않지만,[9] 17·18세기 사회상뿐 아니라 이전과 이후 조선사회의 성격을 보여주는 중요한 자료가 되고 있다. 1634년 갑술양전 이후 1720년 경자양전으로 마무리된 대표적인 양전사업은 양란 이후 철저히 파괴된 사회경제 토대를 다시 일으켜 세우고자 했던 데서 시행된 사업이라는 점에서 주목

---

9) 남해, 비안, 상주, 예천, 용궁, 의성 등 경상도 6개 군현과 고산, 전주, 남원, 능주, 순천, 임실, 화순 등 전라도 7개 군현이다.

된다.

이 시기 양전을 통해 만들어진 양안은 어떠한 내용을 담고 있을까? 그 핵심은 17·18세기 경계와 관련한 여러가지 논의와 연관이 있다.

우선 역대 왕들의 정치에 있어 경계는 모든 정치의 출발이 되고 있다는 점을 숙종대에도 발견할 수 있다. 예컨대 숙종은 양전을 거행하여 經界를 바르게 하라면서 비망기를 내리기를, "『孟子』에 '仁政은 반드시 經界에서 비롯한다' 하였으니, 경계를 바루는 것이 王政의 先務이다"라고 하였다.10) 인정이란 모름지기 경계에서 출발하니 토지제도와 조세수취를 바로잡을 때 경제적 토대인 토지로부터 파생되는 문제를 해결할 수 있다는 것이다.

이때의 경계는 다음과 같은 3가지 방법을 통해 해결된다고 보고 있었다. 즉,

① 신이 삼가 살펴보건대 井田法이 폐지된 이후로 富民이 兼幷하는 폐단이 이미 오래 되었습니다. 이때 삼남의 전답을 改量하여 稅를 정하였으니 어찌 장한 일이 아니겠습니까? 그러나 조정에서는 다만 均田의 허울만 되뇌일 뿐 균전의 실상은 구하지 못하고 있습니다.11)

② 여덟 번째는 經界를 바르게 하는 것이니, 우리나라의 量制는 처음에 매우 소략하였는데, 六等으로 고친 후에 조금 균등하게 되었다가……작년 兪集一의 方田法은……실로 간사함을 막는 妙法이 될 것이다.12)

③ 賦稅가 균등하지 않는 것은 經界가 바르지 못하기 때문이다.13)

①의 견해는 숙종대 경자양전이 끝난 후 그것을 평가하는 자리에서 나온 견해로서 井田=經界策이라고 할 수 있다. 정전법이 무너진 이후 토지

---

10) 『肅宗實錄』 권23, 숙종 17년 7월 신사, 39-250.
11) 『景宗修正實錄』 권1, 경종 즉위년 10월 기해, 41-337.
12) 『肅宗實錄』 권37, 숙종 28년 8월 경인, 39-695.
13) 『肅宗實錄』 권32, 숙종 24년 1월 갑신, 39-482.

겸병이 심화되고 그에 따라 농민의 恒産은 무너지면서 토지로부터 나오는 세는 모두 지주의 주머니로 들어가는 가운데 국가의 세입은 줄어든다는 것이다. 삼남의 전답을 개량하여 비로소 국가의 재정을 다시 일으킬 수 있었지만[14] 문제는 해결되지 않고 양전의 결과에 대해 농민의 원망이 커지고 있다는 것이다. 즉 均田의 이름만 빌어 농민을 속이고 있고 실제 농민에게는 어떠한 이익도 돌아가지 않는다는 원망이다.

정전법이 실행하기 어렵다는 논의는 정부의 정책 입안자들에 있어서는 일반적인 견해였다.[15] 정전법·균전법 등에 관한 논의는 계속되었지만, 정전법을 시행한다는 것은 현실적으로 불가능하다는 결론으로 귀결되기 마련이었다.[16] 세종의 공법 제정 때도 助法 정전론에 관한 논의는 일단 제외시킨 채[17] 貢法에 입각한 田制 개혁이 이루어졌다.[18] 이후 朝鮮朝 田制의 기본틀은 공법에 의해 유지되었고 공법의 전제개혁 방식은 이후 조선 전 시기를 관통하게 되었다. 18세기 후반 정조대에 이르러서도, 토지가 좁고 산과 계곡이 대부분 이어서 井田의 經界를 設施하기 어렵다는 것을 전제하면서 그 문란한 이유를 豪右들이 모두 제것으로 만들었다는 데서 찾았다.[19] 그런데 국가는 균전이나 양전 논의를 일체 거론치 않으니 농민을 구제할 길이 없다. 농사지을 땅을 뺏기고 자신의 전토를 소유하고 있지 못하니 힘을 다하려 해도 방법이 없다는 것이다.[20]

---

14) 경상도·전라도·충청도 3도의 田畓을 改量하여 경상도의 田稅는 총 26만 2천 결이고, 전라도는 24만 5천 5백 결이고, 충청도는 16만 3백 결을 얻었다는 것을 성과로 들고 있다(『景宗實錄』 권2, 즉위년 10월 기해, 41-138).

15) 다음 글에서도 알 수 있듯이 조선전기 이래의 토지개혁 논의에서도 그러한 입장이 잘 드러나 있다. 李景植, 「朝鮮前期의 土地改革論議」, 『韓國史研究』 61·62 합집, 1988. 10.(『朝鮮前期土地制度史研究II』재수록) ; 金泰永, 「朝鮮前期의 均田·限田論」, 『國史館論叢』 5, 1989.

16) 金容燮, 앞의 글, 1990 ; 앞의 글, 1989.

17) 『世宗實錄』 권35, 세종 9년 3월 갑진, 3-65.

18) 崔潤晤, 「世宗朝 貢法의 原理와 그 性格」, 『韓國史研究』 106, 1999.

19) 『正祖實錄』 권5, 정조 2년 6월 임진, 45-27.

위와 같은 정전법 논의에 있어서 경계가 의미하는 것은 방법상 正正方方한 토지구획에 의해 농민에게 恒産을 마련해주는 것이라는 것을 알 수 있다. 그런데 정전법은 우리나라에서 실행키 어려우니 균전이나 양전의 방법을 행해야 함에도 불구하고 제대로 시행되지 못하고 있다는 것이다. 이러한 논의의 배경에는 정전제가 표방한 토지획정과 분급체제에 대한 理想을 전제한 뒤 그것을 현실화시키지 못하는 상황에서 量田이라는 현실적인 방법만이라도 행해져야 한다는 생각이 깔려 있다.

②의 견해는 유집일의 방전법을 말하는 것으로서 方田=經界策이라고 할 수 있다. 우의정 申琓이 箚子와 함께 8條의 冊子를 바치면서 전면에 등장하게 된 것이다. 여기에서 그는 우선 우리나라의 量制인 양전법이 매우 소략하여 경계를 바르게 하지 못했고, 세종대 田分 6등으로 개혁하여 조금 균등하게 되었지만 여전히 田制가 문란할 수밖에 없는 상황을 말하고 있다. 그가 제시한 방법은 바로 유집일의 방전법을 근거로 한 것이었다.[21] 방전법은 정전법을 시행할 때 가장 어렵다고 한 구획정리, 즉 논두렁, 밭두렁을 새로 만드는 것이 아니라 뚝[墩]을 쌓아 표식을 만들어 토지파악을 쉽게 하는 것이다. 돈대를 설치하고, 360步 간격으로 표지를 세워 기준을 삼는 방식으로 하여 사방 1里를 1井으로 삼는다. 이런 방식이면 몇 일만에 전 토지를 측량할 수 있을 것이라는 것이다. 이같은 방전법은 전국의 토지를 손바닥 들여다 보듯이 地籍圖로 그려 내고 그것을 국가는 관리만 하면 된다는 것이다. 이에 은결이나 누결 등 국가의 수취 대상에서 빠져나가는 토지는 있을 수 없다는 것이다. 이를 八道에 두루 시행한다면, 수백 년 동안 문란해진 경계를 정돈할 수 있을 것이라고 생각한 것이다.

방전법의 목적은 국가의 정확한 토지 파악과 획기적인 토지관리에 있

20) 『正祖實錄』권5, 정조 2년 6월 임진, 45-27.
21) 崔潤晤, 「肅宗朝 方田法 시행의 역사적 성격」, 『國史館論叢』38, 1992.

었다. 그러나 이러한 방법은 대토지 소유자들의 반대에 부딪쳐 실패로 돌아가고 말았다. 반대 이유는 국가가 농민을 생각하고 均賦稅를 실현하기 위해 경계책을 펼치는 것이 아니라 增結만을 목적으로 하고 있다는 것이다. 방전법이 아니라 기존의 量田法을 통한 문제해결을 원하고 있는 것이다.

③의 견해는 가장 일반적이고 현실적인 견해로 자주 등장하며 양전론을 통해 문제를 해결하려는 양전=경계책이다. 대개의 경계의 뜻은 이러한 내용으로 쓰이고 있으며 전통적으로 경계 문제를 해결하는 방법으로서 이 같은 양전법을 채택하고 있었다. 이른바 균부세의 방법으로서의 양전=경계책이[22) 경계책 가운데 가장 현실적인 방법론이라고 믿고 있었기 때문이었다. 즉 '定經界 均賦稅'하는 방법을 통해 당면 과제를 해결하려 하고 있었던 것이다. 이 같은 방법은 양안이나 행심책의 내용과 형식에 그대로 반영되어 나타났다. 본고에서도 주로 살피는 양전은 바로 이 같은 내용을 갖는 경계책이다. 양전론으로의 귀결은 ②와 ③같은 근본적인 대책을 수반하는 방법이 제기되었지만 벽에 부딪친 결과 마련된 것이기도 하다.

이러한 ①②③의 井田=經界策, 方田=經界策, 量田=經界策이라는 세 가지 방법을 통해 확인할 수 있는 경계의 내용은 다음과 같이 요약될 수 있다. 그것은 인정을 펼치는데 경계가 우선이며, 그것은 정전법이나 방전법에 의한 방법은 문제가 많거나 불가능하다는 것, 그리고 양전법에 의해 부세를 균등히 하는 것에 초점이 모아진다. 현실상 농민에게 토지를 분급해줄 수 있는 방법이 없기 때문에 방법상으로는 양전법이 채용될 수밖에 없으며, 양전을 통해 달성해야 할 목표는 마지막 방법으로서 현실의 토지

---

22) 이와 같은 양전론의 배경으로서 '均賦稅' 논리는 다음의 글이 참고된다.
   金容燮,「朱子의 土地論과 朝鮮後期 儒學」,『延世論叢』21, 1985 ;「朝鮮後期 土地改革論의 推移」,『東方學志』62, 1989(이상『增補版 朝鮮後期農業史研究 II』일조각 수록).

소유 관계를 인정한 가운데 경계를 분명히 하는 정도에 둘 수밖에 없었다. 이는 결국 토지를 많이 소유한 자에게는 많은 조세를 부과하고 토지가 적은 농민에게는 적게 부과한다는 균부세의 목표임을 알 수 있다. 이 시기 지배 방식의 특질이 양안에서도 잘 나타나 있는 것이다.

3. 量案의 기능

양전사업이 경계를 확정하고 제반 토지지배 관계를 명확히 하려는 목적을 달성하기 위해 조사되었다면 그 결과물인 양안에는 이러한 내용과 형식이 담겨 있었을까? 이에 대한 답을 얻기 위해 경자년 양안의 기재 양식과 양전사목에 대한 분석을 통해 그 내용을 검토해 보기로 하자.

우선 경자양안의 형식을 통해 경계책과 관련된 내용을 추적해 보기로 하자. 全州府의 「己亥量田(康熙 59년, 1719)導行帳」의 형식으로 정리된 양안은23) 다음과 같은 형식으로 기재되었다.24)

<표 1> 庚子量案의 기재 형식

①	康熙五十九年　月　日　全羅右道全州府　己亥量田導行帳		
②	今量合字　伊北面　伊作里　前坪		
③	第一　　肆等直田南北長捌拾壹尺 　　　　東西廣貳拾參尺	拾負貳束	東北金自龍松田南伊 西地界西同人田	起主金潤可
④	西犯二作肆等梯田南北長柒拾尺 　　　　北大頭貳拾肆尺 　　　　南小頭捌尺	陸負貳束	西伊西界路東南 同人田北金自龍松田	起主同人

---

23) 『全羅右道全州府己亥量田導行帳』(규15035) 全州府 編, 20冊.

24) 양안 서식은 세로쓰기 정렬방식으로서 15칸, 즉 15필지가 한 면에 정리되어 있으나 여기에서는 편의상 가로쓰기 정렬방식으로 표를 그렸다.

①에서는 양전 시행 연월일과 군현명을 적고, ②에서는 1719년 당시 천자문 가운데 '合'이라는 字號로부터 측량한 今量으로서 伊北面 伊作里 앞들녘[前坪]에서 시작했다는 것을 보여준다. ③의 첫 번째 칸은 地番 '第一'의 6등전 가운데 4등 直田의 長廣尺을 표시하여 周尺으로 환산한 넓이를 알게 해준다. 두 번째 칸에는 結負를 적고, 세 번째 칸에서는 동서남북 四標를 표시하여 해당 토지의 상대적 위치를 표시한다. 네 번째 칸에서는 起主를 적는다. ④는 두 번째 지번을 적어야 하나 첫째 지번의 金潤可 토지 내 새로 起耕을 했거나 또는 分作하여 2필지로 나눈 경우 새로 지번을 매기지 않고 2작, 3작, 4작의 형식으로 적는 경우이다. 이 토지는 앞의 토지를 기준하여 西犯하니 서쪽으로 犯入했다는 것을 알 수 있다. 나머지는 마찬가지로서 기주는 역시 앞의 김윤가이다. 위와같은 형식으로 한 面 단위로 책을 만들며 많으면 2책으로 하든가, 적으면 두개 면을 1책으로 만든다. 이같은 양안의 형식은 道 단위로 차이점을 보이기도 하고, 파견된 均田使나 해당 지역의 監司·守令에 따라 조금씩 다르다.

경자양안 작성의 지침인 양전사목을 통해[25] 양안은 어떠한 기능을 하고 있었는가를 살펴보자. 경자양전을 위한 양전사목은 1717년(숙종 43)의 丁酉事目에 의해 그 대강이 마련되었으며 이후 마련된 私節目까지 포괄하여 양안의 기능과 역할을 담고 있다. 경자양전의 사목은 이미 1700년(숙종 26) 양전 논의 때부터 거론되나 마무리되지 못한 채 1716년(숙종 42)에 다시 양전 논의가 시작되면서 1717년(숙종 43, 강희 56)에 삼남양전

---

25) 『新補受敎輯錄』 戶典 量田에는 숙종 43년(丁酉, 1717)의 양전사목 13개 조항과 숙종 46년(庚子, 1720)의 2개 조항, 그리고 영조 31년(乙亥, 1755)의 1개 조항 등 총 16조항이 실려 있다. 『典錄通考』 戶典 量田에도 新補受敎된 15항목을 포함하여 총 18항목이 실려 있어 『新補受敎輯錄』의 양전사목을 몇가지 순서가 바뀐 그대로를 다시 확인할 수 있다. 『度支志』 外篇 권4, 版籍司 田制部2, 量田式에 실려있는 숙종 44년 戊戌년의 조항 5개 항과 『量田謄錄』(규장각)의 「庚子慶尙左道均田使量田私節目」 23개 조항도 참고된다.

방침이 재확인되기에 이르렀다. 당시 호판였던 권상유에 의하여 작성된 量田事目이[26] 현재 전하는 康熙丁酉 양전사목이다.[27] 그러나 1717년의 양전 방침은 미증유의 흉작과 전염병으로 1719년(숙종 45)으로 연기되었고 1720년(숙종 46, 경자, 강희 59)에 이르러서야 양전이 종료되었다. 이같은 己亥・庚子量田은 1717년 양전사목 마련부터 토지측량과 量案 즉 量田導行帳이 완성된 1719~1720년까지의 짧은 기간이었지만 그 논의 과정은 오랫동안 계속되어 왔던 것을 알 수 있다.

이때 국가의 입장에서 가장 중요한 것은 양안으로부터 조세 부담자를 확정하기 위해 소유권자를 확정하며 그를 통해 해당 토지의 조세량을 부과하는 일이다. 즉 起主의 성명을 파악해 내는 동시에 四標와 田形을 통해 토지의 境界를 명확히 하고 나아가 전국 토지의 비옥도[田品 等第]를 조정하여 結負數에 따라 조세를 확정하는 3가지 사항으로 정리해 볼 수 있다. 곧 후대의 토지대장과 지적도, 공시지가로의 발전 형태이다.[28] 물론 이 같은 기능은 조선후기 양안에 종합적이고 복합적인 형태로 그 기능과 역할을 다하고 있었지만 여기에서는 3가지 과정을 나누어 하나 하나를 개별적으로 살펴보자.

---

26) 『肅宗實錄』 권60, 숙종 43년 9월 계유, 40-677.

27) 『新補受敎輯錄』 量田條 참조.

28) 양안의 3가지 기능은 근대적 토지소유가 성립하는 가운데 분화되어 갔다. 우리 나라의 경우에는 광무년간의 양전지계사업(1899~1904년)을 획기로 일단계 정리되었고, 일제하 해방 후를 거쳐 현재에 이르게 되면서 지금의 완전히 분화된 모습을 갖추게 된다. 현재의 토지 1필지에 대한 가치 평가는 土地臺帳・地籍圖라는 地籍公簿와 地價 公示를 통해 이루어진다. 즉 양안이 이 같은 토지대장・지적도・공시지가 확정이라는 절차를 통해 3가지 문서로 분화되며, 후술하듯이 土地・建物登記簿를 더하여 4가지 문서로 분화되면서 一物一權的 토지권리를 규정하고 있다. 오늘날의 不動産登記法은 이 같은 양안의 종합적 기능에 대한 내용을 담고 있다.

1) 所有權 확정 기능

첫 번째로 들 수 있는 양안의 기능은 토지소유권에 대한 보존과 확정 기능이다. 조세부담자이며 동시에 소유주로서의 起主에 대한 규정을 통해 양안의 소유권 대장으로서의 성격을 추출해 보자.[29]

> I-1. 凡田四標及主名 懸錄於量案 而毋論陳起量滿五結 則用一字號標之 (用千字文 而字內以一二三爲次第)[30]
>
> I-2. 陳田並皆懸錄主名 無主處亦以無主懸錄 量後願爲起耕者 呈本曹受立案 然後依法永作己物 無文籍 僞稱己物欲爲懸主於量案 査覈現露 則論以冒占之罪 全家徙邊[31]
>
> I-3. 改量時 久遠田畓之訟 卽決者 趁時處決 定其主客 從實懸量 而有未及詳査 難處於邊決者 姑以時執懸量 而從容査卞 果有本主 則勿以量名爲拘 卽爲推給 如有不干之人 乘其本主在遠 暗錄己名於他田畓 以爲日後橫占之計者 全家徙邊[32]
>
> I-4. 結負欺隱之弊 多出於土豪 而畏其全家之律 例以奴名爲佃夫 而量田時 主戶知情欺隱者 則各其主戶 勿論朝官 斷以全家之律[33]

I-1에서는 起主를 양안에 현록하되 四標와 함께 표시하여 경계를 분명히 하고 있다. I-2에서 확인할 수 있는 것은 진전의 경우에는 陳主라고 하고, 無主地인 경우에는 無主라고 한다. 만일 무주지를 양전 후 起耕하려

---

29) 오늘날의 토지대장으로 분화하여 나가기 이전 단계의 기능이라고 할 수 있다.

30) 『度支志』外篇 권4, 版籍司 田制部2, 量田式의 肅宗 44년(戊戌) 항목으로서, 『續大典』戶典 量田의 細注에는 다음과 같이 세분화되어 실려 있다.
"相訟田地已決者 以決得人懸主 未決訟者 姑以時執懸主 而推後査卞 勿以量名爲拘 ○ 陳田亦皆懸主 無主處 以無主懸錄 無文籍僞稱己物懸主者 杖一百遠地定配 ○不干之人 乘其本主在遠 暗錄己名於他人田地者 杖一百流三千里".

31) 『典錄通考』戶典 量田 ; 『新補受敎輯錄』戶典 量田.

32) 『典錄通考』戶典 量田 ; 『新補受敎輯錄』戶典 量田.

33) 『典錄通考』戶典 量田 ; 『新補受敎輯錄』戶典 量田.

고 하는 자는 호조에 立案을 제출한 연후 자기의 소유지[永作己物]로 만
들 수 있다. 소유권 취득과정에 대해서도 立案을 통한 방법을 명확히 제
시해 놓고 있다. 그런데 I-3에서 확인할 수 있는 것은 본 소유주가 먼 곳
에 있는 不在地主이기 때문에 田畓訟이 일어나는 경우가 잦았는데 이때
는 양안에 時執한 자를 임시로 달아 놓고 후에 판결이 나는 대로 바꾸도
록 하라는 조항이다. 한편 기주를 모두 소유주로 보기에는 어려운 경우가
나타나는데, I-4의 조항이 그것을 보여준다. 즉 은결은 대개 지방의 토호
로부터 나오는데 은결에 대한 全家徙邊律의 적용을 두려워한 토호들이
奴名을 佃夫로 하여 代錄하는 경우이다. 이 같은 경우 노명이 기주로 등
재되어 있더라도 실제 소유주가 아닌 것은 분명하다.

　이러한 경우가 많아지자 기주에 대한 기재 방식을 명확히 하고자 1820
년 순조년간에는 다음같은 조항을 추가하여 제반 폐단을 방지하고자 하
였다. 士夫와 양민, 공사천을 기주로 현록하는 방식을 규정한 것으로서
다음과 같다.

I-5a. 曾前田案中 士夫不書名 只書奴名 混而難辨 今則二品守監司以上
　　書其姓某職某奴某 正三品以下 悉書姓名及奴名 良民具姓名 公私賤
　　只書其名[34]爲乎矣 本主在於遠地 時作者非其奴僕 則別以主某人 時
　　作某人是如懸錄 各樣位田屯田牧場等處 則各隨其所稱書塡爲齊[35]
I-5b. 量田四標之書以人名者 雖是舊制 而常漢名字 既多相同 從以賣買
　　土無常主 則所錄人名 非久變幻 靡所的從 今番段四方犯標 皆以某字
　　第幾田 某字第幾畓懸錄 以爲永久無變 據一憑五之地爲齊[36]

I-5a에서처럼 단지 노명을 기록하는 폐단을 없애고자 양반의 경우에는

34) 『純祖實錄』 권23, 순조 20년 3월 계미, 48-160 ; 『量田事目』(연세대).
35) 『量田事目』(庚辰 5월, 純祖 20) 更關草.
36) 『量田事目』(庚辰 5월, 純祖 20) 更關草.

2품 守監司 이상은 姓과 직역, 노명을 기록하고, 3품 이하는 성명과 노명, 양민은 성명을 모두 쓰고, 공사천은 단지 이름만을 쓰도록 하였다. 그리고 부재지주인 경우 時作이 지주의 노복이 아닌 경우에는 主와 시작을 모두 기록하도록 하였다. 한편 I-5b에서처럼 양민[常漢]인 경우 이름이 같아 토지매매가 이루어지면 주인이 바뀌게 되면서 기록한 인명은 정확치 않게 되니 사방 범표에 자호지번까지 기록하면 영구토록 해당 토지는 바뀜이 없을 것이라는 것이다.

이 같은 과정에서 확인할 수 있는 것은, 起主란 입안을 통해 소유주로 등재된 자인 기주, 진주 또는 무주를 내용으로 하는 자로서 해당 토지에 대해 권리를 행사하는 자라는 점이다. 경상도 지역의 경자양안에서는 양반의 토지소유가 직역과 함께 노명이 기록되고 있어 그러한 국가의 의도가 관철되고 있었다.[37] 국가는 기주에 대해 토지소유권을 보장해주고자 하였다. 그것의 궁극적 목표는 조세수취에 있다. 납세자와 소유권자를 일치시켜 감으로써 국가는 수세를 원활하게 하고 소유자의 입장에서는 자신의 소유권을 보호받을 수 있도록 하는 것이다. 국가는 그러한 장치로서 입안을 통한 기주의 확정, 그리고 사표 기재를 통한 토지소유자 확정 과정을 마련하고 있었다. 향후 소유권 분쟁이 일어났을 때 양안이 기능하는 것은 이 같은 법규정에 준해서였다.

한편 이러한 국가의 의도와는 달리 향촌에서는 노비를 소유한 양반의 경우 奴婢名이나 戶名으로 代錄하는 관행이 있었으며 나아가 分戶別産하거나 合戶를 통해 자신의 토지를 관리하는 경우도 고려하지 않을 수 없다. 기주와 소유권 관계가 절대적으로 일치하지만은 않는다는 점이다. 그것을 국가 차원에서는 은결과 관련있다는 점에서 어떠한 방법이든 實

---

37) 전라도 지역의 경자양안에는 어떠한 이유에서인지 명확치 않지만 직역이 생략된 채 기록되어 있는 경우가 많아 신분에 따른 토지소유 분석이 어렵게 되어 있다. 전주부 蔥田面 분석이 참고된다(金容燮, 「量案의 硏究」, 1960 ; 『증보판 朝鮮後期農業史硏究 I』, 1995 참조).

名을 노출시키고자 하였으나 개인 소유주 차원에서는 달랐다. 왜냐하면 노명이나 호명을 통해 양안에 기재하더라도 소유권을 행사하는데 아무런 문제가 없다는 점에서 실명을 밝히지 않고 있었다.[38] 이러한 관행은 臺帳에 본명을 노출시키는 것을 천시하는 풍습에서 연유했다고 알려져 있으며, 나아가 자신의 토지를 보호하는 방편으로서 실명을 밝히지 않는 경우도 있다. 나아가 자신의 토지를 관아에 빼앗길 것을 염려하여 노비명으로 숨기는 경우도 있다고 한다.[39] 양안 상의 이 같은 관행은 양안이 갖고 있는 시대상을 반영하는 것으로서 이 시기 문서의 특징이기도 하다. 곧 양안 문기의 종합적 성격이라고 할 수 있다.[40]

---

38) 양안의 기주가 양안상에 分戶되거나 合戶 형태로 기록된 경우가 있음은 소유권 추적에 있어 고려될 부분이다(김용섭, 앞의 책, 1995, 102~121쪽). 한편 대록, 분록, 합록된 경우가 많기 때문에 양안은 그대로를 믿을 수 없으며 虛簿에 지나지 않는다는 부정적인 견해도 나와 있다. 예컨대 李榮薰 敎授의 「光武量田의 歷史的 性格 - 忠淸南道 燕岐郡 光武量案에 관한 事例分析 - 」, 『近代朝鮮의 經濟構造』, 比峰出版社, 1989 ; 「光武量田에 있어서 <時主>파악의 실상 - 忠淸南道 燕岐郡 光武量案의 사례분석 - 」, 『대한제국기의 토지제도』, 민음사, 1990이 그것이다.

39) 이러한 농촌관행은 지방마다 다르며 명확치 않다. 「官三雇三校三等に關する事項」(국편)이라는 보고서에 의하면 官衙·雇馬屯·鄕校 등의 土地에 '三'이라는 대표적인 문자를 사용하여 상징적으로 표현하듯이, 토지문기에서 실명 대신 노비명을 사용하는 경우도 유사한 동기에서 나타난다는 것이다. 즉 각지 都書員의 보고를 종합해보면 대체로 양반의 경우 실명 사용을 천시하여 대신 자신의 소유를 상징하는 대상을 설정한다는 것이다. 이외에도 자신의 토지를 보호하기 위한 목적도 있다고 보고하고 있다.

40) 종합적이라는 뜻은 오늘날의 토지대장, 지적도, 공시지가와 토지등기부로 분화되기 이전 4가지 문서의 역할을 하고 있다는 점을 말한다. 특히 양안의 토지대장으로서의 기능은 1914년 「土地臺帳規則」(조선총독부령 제45호)으로 분화되면서 토지의 소재, 지번, 지목, 地積, 地價, 소유자의 주소·씨명 또는 명칭, 質權·전당권·지상권의 내용을 등록하도록 하고 있다. 전면 개정된 「地籍法」(1975. 12. 31. 법률 제2801호)에서는 토지대장의 등록사항을 토지의 소재, 지번, 지목, 면적, 소유자의 성명 또는 명칭·주소·주민등록번호(국가·지방자치단체·법인 또는 법인 아닌 사단이나 재단 및 외국인은 그 등록번호), 기타 내무부령으로 정하는

2) 量田圖의 기능

양안의 두 번째 기능으로서 토지의 위치와 경계를 표시하는 量田圖 기능에 대해 살펴보자. 양전도는 토지대장과 함께 소유권을 증명할 수 있는 중요한 地籍의 하나이다.[41] 즉 아래와 같은 양전사목의 규정이 그와 같은 것을 잘 보여준다.

> II-1. 凡田四標及主名 懸錄於量案 而毋論陳起量滿五結 則用一字號標之(用千字文 而字內以一二三爲次第)[42]
>
> II-2. 各樣田形 打量時 只以人所易知方田直田梯田圭田句股田名色 推類打量 以爲便易之地 若田形不分明處 以方田直田裁作打量 斜缺處別作田形打量 而只以五名色懸錄打量[43]
>
> II-3. 打量時 監官等 以起爲陳 以陳爲起 田形失實 循私落漏 用意妄冒者 每一負杖一十 至杖一百而止 通計滿一結者全家徙邊 佃夫之符同用奸者 亦爲一體定罪[44]
>
> II-4. 田畓之宛然全庫 用意落漏於田案者 勿論負之多少 任使與佃夫 並刑推後 全家徙邊 田畓仍爲屬公[45]
>
> II-5. 各邑成冊末端 必書解負人姓名 更加叩算 果有差着 勿論用情無情 一依事目內 量田監官落漏妄冒者例 每一負杖一十 至杖一百而止 通計滿一結者 用全家徙邊之律(康熙丁酉量田事目)(肅宗43年 丁酉)[46]

사항을 기재하고 있다. 토지대장은 지적도·임야대장·임야도 및 數値地籍簿와 함께 地籍公簿라 하여 지적법에서 관리되고 있다(地籍法 제2조 용어의 정의 참조).

41) 오늘날의 地籍法에서는 地籍公簿라 하여 토지대장·임야대장을 포함하여 지적도·임야도 및 數値地籍簿를 지칭하고 있으며 지적대장 및 도면을 통해 해당 토지를 확인할 수 있다(地籍法 제2조 용어의 정의 참조).

42) 『度支志』 外篇 권4, 版籍司 田制部2, 量田式의 肅宗 44년(戊戌).

43) 『度支志』 外篇 권4, 版籍司 田制部2, 量田式의 肅宗 44년(戊戌).

44) 『典錄通考』 戶典 量田 ; 『新補受敎輯錄』 戶典 量田.

45) 『典錄通考』 戶典 量田 ; 『新補受敎輯錄』 戶典 量田.

46) 『典錄通考』 戶典 量田 ; 『新補受敎輯錄』 戶典 量田.

Ⅱ-1은 앞에서도 살펴보았듯이 四標로서 해당 토지의 상대적 위치를 표시했다. 동서남북의 주변 토지를 포함하여 해당 지번까지 5개의 토지를 묶어 표시함으로써 그 위치를 알게 한다. 그와 같은 토지의 위치는 다시 字號地番으로 표시됨으로써 마무리되게 된다. 해당 토지의 자호지번과 사표의 결정은 양전 때 이루어지는데, 양전 방향은 대체로 관아 또는 객사를 중심으로 우회하면서 그 때마다 犯入하는 방향을 적고 四標를 기록하는 방식이었다. 사표를 기재하는 것은 해당 지번의 토지에 대한 위치 확정과 권리자를 파악하는데 있다. 국가의 토지관리 방식에 있어 개인 소유권을 확정해주고 그것을 바탕으로 收租했다는 것을 보여준다. 사표를 통해 해당 지번의 토지를 확정하는 것 외에 전답 도형을 양안에 기재했다. 방법은 Ⅱ-2에서 보듯이 숙종 경자양전 단계까지만 하더라도 전답 도형을 그려 넣지 않고 단지 기본 5형[方田·直田·梯田·圭田·句股田]을 중심으로 長廣 척수를 기재하는 데 그쳤다. 이후 광무양전 단계에 이르면 전답 도형을 양안에 그려넣는 방식으로 발전하게 된다.47) 전답 도형을 통해 境界48)를 분명히 하고자 하였던 것이다.

양안에서의 사표와 전형은 양전도의 역할을 대신 했던 것으로 볼 수 있다. 量田圖로서 魚鱗圖나 地籍圖가 국가의 양전사업에 채용된 경우는 발견되지 않지만 구암 韓百謙(1552~1615)의 箕田圖49)나 숙종조 1700년

---

47) 일제하 「課稅地見取圖」나 현재의 「地籍圖」는 전답도형과 사표가 발전한 형태이다. 일정한 축적으로 전국 토지의 지적을 작성하였으며 1918년 조선총독부령 제75호로써 토지대장 규칙을 개정할 때 토지대장 등본의 발행은 물론 지적도 등본도 발행할 수 있도록 규정하고 있다. 해방 후 「地籍法」 제10조의 지적도 및 임야도 등록사항에는 토지의 소재, 지번, 지목, 경계, 기타 내무부령으로 정하는 사항을 기재하고 있으며 地籍圖 확인을 통해 토지대장의 지번을 확인해 낼 수 있다.

48) 오늘날에는, 境界라 함은 地籍圖나 林野圖 위에 地籍測量에 의하여 地番別로 劃定하여 登錄한 線 또는 數値地籍簿에 登錄된 座標의 連結을 말한다(地籍法 第2條 용어의 정의).

49) 『久菴遺稿』 上, 箕田遺制說.

俞集一(1653～1724)의 方田圖,[50] 丁若鏞의 魚鱗圖,[51] 1884년 趙汶의 三
政圖,[52] 한말 丘井量圖,[53] 1897년 俞鎭億의 量尺網圖[54]로 제안된 지적도
는 모범적인 사례로 그 전형을 이루고 있다. 이 같은 지적도의 특징은 전
국 토지를 낱낱이 국가가 파악하고 관리할 수 있다는데 있다. 또한 그것
이 나온 배경에는 진전이나 은루결로 인한 제반 폐단을 이정하는 데 있
다고도 할 수 있었다.

예컨대 양전사업에 있어 고의로 누락시키는 경우 엄벌에 처하라는 지
시가 내려올 정도였다. Ⅱ-3이나 Ⅱ-4에서 보듯이 감관 이하 서리나 佃夫
가 서로 짜고 은결이나 진전을 만들어 내는 사례가 많았기 때문이었다.
지적을 완성하는 데 있어 5결 마다 1자호로서 字號地番을 완성한다는 원
칙 아래 해당 토지를 일목요연하게 관리할 수 있게 되었다. 만일 필지가
나뉘거나[55] 새로 지번을 매기는 경우[56]가 나타난다면 이전의 자호지번은
계승되지 않고 바뀌게 되는데, 물론 이 같은 상황이 계속된다면 혼란을
초래하지 않을 수 없기 때문에 대대적인 양전사업이 행해지기를 기다려
재정리되었고, 그때까지는 단지 지번 아래 一作, 二作 등과 같은 순으로
分作되던 토지를 기재하고 있었다.

이 같은 보완과정을 거쳐 地籍公簿로의 발전이 도모되었던 것을 알 수
있다. 따라서 18세기 초의 경자양안이 公簿로서 완성되기 위해서는 앞에

---

50) 崔潤晤, 앞의 글, 1992.
51) 『經世遺表』제8권, 地官修制 田制10, 井田議2.
52) 「三政圖說」(연세대학교 소장본).
53) 『丘井量法事例幷圖說』.
54) 『田案式』方田條例.
55) 양안의 二作, 三作 등으로 分作되는 경우가 그러하다. 예컨대 舊量에서는 1作이
던 것이 나뉘어 2, 3作이 되면 각기 主名이 있을 것이니 이전의 合錄으로 인해
뒤섞여 어지러운 폐단이 있어서는 안된다고 하여, 원래 第次에서 1字를 내려
'二作', '三作'이라고 實數에 따라 차례로 기록하여 구별하도록 하고 있다(『量田
謄錄』庚子慶尙左道均田使量田私節目).
56) 加耕田이나 隱漏結을 量案에 入錄시키는 경우가 이에 해당한다.

서 검토했던 양안상의 起主에 대한 권리 확정과정과 양안상의 모든 토지
가 은루결 등의 명목으로 누락되지 않고 地籍에 모두 포괄되기를 기다려
야 했다. 이 시기 양안이 갖는 지적공부로서의 시대적 성격이라고 할 수
있다.

3) 土地 評價의 기능

양안의 중요한 세 번째 기능으로서 토지의 가치를 평가하는 田品 等第
에 대해 살펴보자. 그것은 양안상의 田品과 結負, 長廣尺數의 기재를 통
해 토지생산성을 측정하는 방법으로 이루어지고 있었다. 그와 같은 기준
은 조선 전시기에 걸쳐 토지 평가의 기준이 되었던 結負制를 통해 마련
되고 운용되어 왔다.[57] 아래의 양전사목에 그러한 결부제 운용 방식이 잘
나타나 있다.

Ⅲ-1. 凡田分六等 每二十年改量成籍 藏於本曹本道本邑[58]
Ⅲ-2. 諸道田畓 從前累經檢量 等數高下 旣已從實懸錄於量案中 此則前
　　後宜無異同 今番改量時 則量後加起之處 等數高下 一從土品施行 而
　　至於曾前量案所在 田畓等第 勿爲昇降 其中或有不得已釐正者 各邑
　　一從里中公論 抄報監營 自監營別爲摘奸 詳知其實狀 然後始許改正
　　而同改正庫員字號等第成冊 一件亦爲上送本曹 以前頭摘奸時憑考之
　　地 土豪輩如有夤緣冒僞 有所現露 則都監官以下及佃夫 並繩以 全家
　　之律 該邑守令亦爲從重論罪(依大明律制違 杖一百)[59]

----

57) 조선 결부제의 완성에 대해서는 다음의 글이 참조된다.
　　金容燮, 「結負制의 展開過程」, 『韓國中世農業史研究』, 지식산업사, 2000 ; 崔潤
　　晤, 앞의 글, 1999 ; 李榮薰, 「『田制詳定所遵守條畫』의 制定年度」, 『古文書研
　　究』, 1996.
58) 『經國大典』 量田 戶典.
59) 『典錄通考』 戶典 量田 ; 『新補受敎輯錄』 戶典 量田.

Ⅲ-3. 凡田竝用一等尺打量 各等遞降 解負結負 每等一負減一束五把 一
等尺實積爲十負 則二等田爲八負五束 至六等田爲二負五束 餘等倣
此(肅宗44年 戊戌)[60]

Ⅲ-4. 量田尺數 從遵守冊定式 以一等磨鍊造作 兩端烙印 下送監營 使之
依此造作行用量繩 麻索草索沾濕露水 則交急短縮 必致地小負多之
寃 以水濕不縮之物 如竹索杻色之類 造作打量[61]

Ⅲ-1과 Ⅲ-2에서 보듯이 결부제 하의 전품 규정은 세종 貢法 이래 전답
의 비옥도를 6등분하여 사용해 왔다. 이때 전품은 되도록이면 올리거나
내리지 말도록 규정하고 있다. 만일 함부로 고치는 경우는 엄벌에 처하고
있었다. 이 같은 토지 비옥도는 다시 Ⅲ-3에서처럼 長廣 척수를 곱하여
解負함으로써 면적이 다시 환산되게 된다. Ⅲ-4에서 보듯이 양전척은 일
체 遵守冊에 기반하여 一等尺 단위로 量繩을 만들어 측량하였으며 물에
젖더라도 줄어들지 않는 竹索이나 杻索으로 만들도록 하였다.

해당 토지에 대한 평가, 더 정확히는 토지생산성을 평가하는 방법으로
서의 결부제는 중세 전시기를 거치면서 발달해 왔다. 전국의 토지를 6등
분하여 전분6등제를 운용하는 방법이었다. 물론 국가의 입장에서는 같은
토지라도 풍흉에 따라 토지생산량이 달라진다는 것을 전제로 年分法을
적용하여 수취하였다. 세밀한 계산방식을 통해 결부제를 운용하고 그를
통해 해당 토지에 대한 평가를 할 수 있었으니 양안이야말로 중세국가의
조세대장으로서의 기능을 지속적으로 수행하고 있었다고 할 수 있다. 결
부제를 통해 국가는 전국 토지를 일목요연하게 파악할 수 있었고, 당해
년도의 풍흉에 따른 생산량과 수취량을 장악할 수 있었다.

한편 결부제를 통해 해당 토지의 토지생산성을 파악하고 그에 알맞는
조세 부과를 행할 수 있었던 것에 비해, 농촌에서는 어떠한 방식으로 해

---

60)『度支志』外篇 권4, 版籍司 田制部2, 量田式의 肅宗 44년(戊戌).
61)『典錄通考』戶典 量田 ;『新補受敎輯錄』戶典 量田.

당 토지에 대한 평가를 행하고 있었는가를 살펴볼 필요가 있다. 농촌에서
는 結負制 외에 斗落制를 통해 해당 토지의 생산성을 파악하는 것이 관
행이었다. 전품 6등에 의한 6등의 비옥도 파악방식과 조세 부과방식에 비
해 두락이라는 전통적인 생산량 평가방식을 여전히 병용하고 있었던 것
이다. 결부제가 국가 차원의 공식적인 생산성 파악 방식이었다면, 두락제
는 민간 차원의 개별적이고 지역적인 생산성 파악 방식이라고 할 수 있
다.

　토지매매는 이와 같은 결부제나 두락제 등에 의해 해당 토지에 대한
생산성 평가가 이루어지고 있었고 그에 따라 매매가격이 결정될 수 있었
다. 매매 관행은 국가의 공식적인 결부제 외에 실제 농촌의 斗落이라든가
해당 지역의 비옥도 등에 따라 다시 환산되기도 했던 것이다. 이 같은 점
때문에 양안상의 결부는 비록 해당 토지에 대한 전국 차원의 기준에 비
추어 6등급으로 나누어지고 있었지만, 민간에서는 그와 같은 기준만으로
매매 가격을 결정하지는 않았다. 토지에 대한 가치 평가에 있어 국가 차
원에서 대체적인 윤곽만을 마련한 결부제 방식에다가 민간의 두락제를
결부한 방식이 병용되었던 것이다. 이러한 점은 국가가 마련한 6등분 구
분 방식이 세밀하지 못하다는 것을 보여주며 보완될 필요가 있다는 것을
보여준다. 국가가 전국의 토지를 보다 효율적으로 관리하기 위해서는 토
지 등급을 더욱 세밀화시킬 필요가 있다.[62]

　결부제 방식의 토지 평가는 중세 전시기에 걸쳐 조세수취의 근거가 되
었으며 나아가 토지 매매상의 기준을 마련할 수 있었다. 그러한 예가 매
매문기에 기록된 양안의 자호지번과 결부수라고 할 수 있다.[63]

---

62) 오늘날의 토지 평가는 「地價公示 및 土地등의 評價에 관한 法律」로 규정되어,
　　'土地의 適正價格을 評價·公示하여 地價算定의 基準이 되게 하고, 土地·建
　　物·動産등의 鑑定評價에 관한 사항을 정함으로써 이의 적정한 價格形成을 도
　　모'하고 있어 세분화되어 운영되고 있다.
63) 吳仁澤, 앞의 글, 1996.

지금까지 양안의 기능에 대해 3가지로 나누어 살펴 보았듯이 그 기능과 역할 면에서 종합적이고 복합적이라고 할 수 있다. 즉 ① 소유권, ② 양전도, ③ 토지 평가라는 3가지 기능이 중첩되어 복합적으로 표현된 것이 양안이라고 할 수 있으며 그것이 각각의 역할을 담당하던 것이 조선시기의 현실이었다. 다음과 같은 표를 통해 양안의 기능을 정리해 볼 수 있다.

<표 2> 量案의 기능

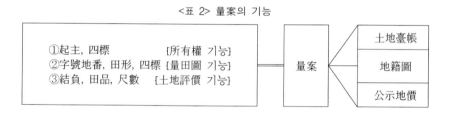

위의 도표에서 볼 수 있듯이 양안의 기능은 오늘날의 토지대장과 지적도, 공시지가의 기능으로 분해되어 세분화되었다. 조선시기의 양안이 갖고 있던 기능이 비록 각 분야마다 완전한 역할을 다하지는 못했다 하더라도 당시 제반 문서의 형식은 이미 갖추고 있었다고 할 수 있다. 이 같은 점을 바탕으로 ①의 소유권 기능은 그대로 토지대장으로 확대 발전하였으며, ②의 양전도 기능은 지적도로 세밀화되었고, ③의 기능은 공시지가 마련의 근거가 될 수 있었던 것이다. 따라서 양안이라는 하나의 문서가 3가지 기능을 완전히 담당할 수는 없었다 하더라도 그 모태가 되고 있었던 것을 알 수 있다.

4. 量案의 역할

양안의 3가지 기능을 바탕으로 양안이 어떠한 역할을 맡고 있었는가를 살펴보자. 곧 3가지 기능이 토지에 대한 소유권 대장으로서의 역할과 조세대장으로서의 역할로 어떻게 분화 발전되고 있었는가에 대한 분석이다.

첫 번째로 양안의 소유권 대장으로서의 역할을 이해하기 위해 양안의 소유권 보존과 확정 기능이 어떻게 표현되고 있었는가를 살펴보자.

양안의 公簿로서의 기능과 역할은 국가가 개인의 소유권을 어떠한 방식으로 보호해 줄 수 있는가와 관련이 있다. 그것은 사적 소유권자의 입장에서는 개별 토지에 대한 지배권의 성격을 보여주는 것이며 그것을 어떻게 보존할 수 있는가의 문제와 관련이 있다. 곧 개인의 토지소유권 획득과정과 그에 대한 권리 실현 방법은 국가의 보호를 받을 수 있었는가와 밀접한 관련이 있다.

우선 기주의 기재 방식에 대한 논의는 앞에서 살펴보았기 때문에 여기에서는 기주의 권리 부분에 초점을 맞추어 살피기로 한다. 곧 기주의 권리가 얼마나 행사될 수 있는가의 문제로서 그것이 소유권이라면 국가로부터 어떻게 보호받을 수 있었을까?

토지의 권리를 확정하는 데 있어 우선되는 것은 기주이기 때문에 기주에 대한 규정을 주목해 보자. 앞의 자료 I-1에서 I-5까지 살펴보면 기주의 표현 방식이 다양한 것을 발견할 수 있다. I-1의 '主', I-2의 '陳主'·'無主', I-3의 '時執'·'本主'·'量名', I-4의 佃夫가 그것이다.[64] 여기에서 주, 진주,

---

64) 양안상의 主 규정에 대해, 본고와는 논지가 다르지만 세세한 부분에까지 자세히 검토한 李榮薰 敎授의 다음과 같은 연구가 참조된다. 「量案上의 主 規定과 主名 記載方式의 推移」, 『조선토지조사사업의 연구』, 1997, 제1장 ; 「朝鮮佃戶考」, 『歷史學報』 142, 1994 ; 「朝鮮前期 名字 考察 - 16세기 土地賣買明文으로부터 -」, 『古文書研究』 6, 1994 ; 「光武量田에 있어서 <時主>파악의 실상 - 忠淸南

무주, 본주는 분명 양안상의 기주이며 이들은 I-2에서 볼 수 있듯이 호조에 입안을 내어 자신의 소유지[永作己物]로 만든 경우이다. 한편 I-3의 時執은 양전이 행해지던 시점에서 파악된 양명을 당분간 기주로 올리는 경우로서 양전 이후 소유권 판결이 나면 확정을 하는 경우이다. I-4의 佃夫는 主戶인 토호들이 자신의 토지를 숨기기 위해 奴名을 기주로 올리는 경우로서, 자신의 姓과 직역을 함께 기재했다면 별 문제가 없겠지만 노명만 올렸다면 이때의 기주를 소유자로 보기 어렵다. I-3이나 I-4의 규정은 기주를 판단하기 어렵거나 기주가 아닌 경우에 대한 처벌을 논하고 있다. 양전이 20년마다 행해지기 어려운데다가 입안을 통해 소유권을 획득할 수 있었고, 또한 이 같은 소유권도 매매를 통해 계속 바뀌는 현실에서 되도록이면 소유권자를 기주로 파악해 두는 것이 국가의 公簿로서의 기능을 극대화시킬 수 있었기 때문이다. 비록 기주를 소유주로 파악해내지 못하는 경우가 있더라도 양안은 소유권을 정당화할 수 있는 법률 상의 근거를 제공하는 權原으로 만들어가고자 했던 지배층의 의지를 읽을 수 있다.

양안상 기주의 소유권 획득은 일반적으로 매매, 상속, 증여, 개간 등의 방법에 의한 것이었는데 17세기 이후 '起耕者爲主'라는 법규정을[65] 통해 볼 수 있듯이 개간으로 소유권을 획득해가는 경우가 많았던 것을 볼 수 있다.[66] 그러나 입안만 제출해 놓고 경작하지 않는 경우나 심지어는 그러한 입안을 매매하는 행위에 대해서는 '侵占田宅律'로 처벌하고 있다.[67]

道 燕岐郡 光武量案의 사례분석」, 『대한제국기의 토지제도』, 金鴻植 외, 민음사, 1990 ; 「光武量田에 있어서 <時主>파악의 실상(ii) - 京畿道 · 忠淸南道 光武量案 事例分析」, 『省谷論叢』 23, 1992.

65) 『續大典』 戶典 田宅, "閑曠處 以起耕者爲主".

66) 李景植, 「17世紀의 農地開墾과 地主制의 展開」, 『韓國史硏究』 9, 1973.

67) '侵占他人田宅者'의 경우 田地1畝, 家屋1간 이하는 笞50에 처하고 每田地 5畝 家屋3간에 罪 1등을 가중하되 杖80 徒2년에서 그친다고 규정하고 있다(『大明律直解』 戶律 田宅 盜賣田宅).

'立案者爲主'에 대해서는 제한을 가하고 있는 것을 볼 수 있다. 조선초기 이래 墾田을 중시하던 것처럼 이 시기에도 起耕田을 확보하려는 국가의 의지를 엿볼 수 있다.

경자양안에 나타난 기주의 기재 방식도 이 같은 양상을 잘 보여준다. 즉 아래의 표에서 볼 수 있듯이 陳主·無主 또는 垈主로 표시되며 이들의 소유권 연혁을 추적할 수 있도록 舊主와 今主를 표시함으로써 陳主라 할지라도 舊陳主와 今陳主[68]를 모두 파악하고 있었다. 매매, 상속 등의 사유로 인해 구주와 금주가 모두 연결되지는 않는 경우가 있다 하더라도 소유권자를 연속적으로 파악하고자 했던 국가의 의지를 읽을 수 있다.

<표 3> 庚子量案에서의 起陳구분과 起主 표시

		起陳 구분	舊今 구분
경상도	南海縣	起主·陳主	없음
	比安縣	起主	起主의 舊主·今主
	尙州牧	起主·陳主	起主의 舊主·今主
	醴泉郡	起主·陳主	起主·陳主의 舊主·今主
	龍宮縣	起主·陳主·垈主	起主의 舊主·今主
	義城縣	起主·陳主·垈主	起主·陳主의 舊主·今主
전라도	高山縣	起續陳	起主·陳主의 舊主·今主
	南原縣	起陳	陳主의 舊主·今主
	綾州牧·順天府	起續陳	陳主의 舊主·今主
	任實·全州·和順	起陳	陳主의 舊主·今主

그러나 이 같은 국가의 의지가 실효를 거두기 위해서는 양안이 20년마다 작성될 필요가 있었고 그때마다 소유주를 추적할 필요가 있었다. 실제는 그렇지 못한 것이 양전의 실상이었다. 때문에 양안상의 소유권에 대한

---

68) 舊陳이란 양전사업 이전부터의 陳田이었지만, 今陳이란 時起田 가운데 査陳이라 하여 陳田으로 인정되지 못한 채 '白地應稅'하는 경우이다(「量田踏驗節目」, 『烏山文牒』己卯 8月日 傳令, "量舊陳 則如前懸錄爲旀 時起中陳處 入於査陳者 査陳是如懸錄爲旀 未及於査陳 而卽今白地應稅者 今陳是如懸錄爲乎矣……").

연속적인 파악은 이루어질 수 없었다. 그 역할은 개인이 소유하고 있는 토지매매 문기라든가 입안을 통해 권리 확인이 가능했고 이것으로도 확인이 안될 때는 소송이 확대될 수밖에 없었다. 경우에 따라 다르겠지만 입안을 중심으로 판결이 나지 않을 경우에는 결국 결국 토지 권리의 출발점인 양안 상의 소유권 확인으로까지 이어지게 되는 경우도 나타나게 된다.[69]

결국 양전사업이 행해지던 시점에서의 소유권자를 파악하고 그에 대해 그 권리를 인정해 줄 수는 있었지만 그러한 기능을 계속할 수는 없었다. 소유권을 확정하고 보존해주는 기능면에서 양안이 가질 수밖에 없던 한계라고 할 수 있다. 그 역할은 따라서 입안이나 입지, 문기 등의 제반 토지문서에 넘길 수밖에 없었다.

그러기 위해서는 立案이나 立旨, 또는 文券·文記·文契 등의 보조 문서가 별도로 기능하고 있었다는 점을 동시에 살펴볼 필요가 있다. 이들 문서에 대한 정확한 관계 설정을 통해 양안의 역할을 정확히 살필 수 있다. 아래 도표는 소유권을 취득하는 과정에서 양안과 제반 문서가 어떠한 관련을 맺고 있는가를 잘 보여준다.

<표 4> 量案과 토지문서의 관련성

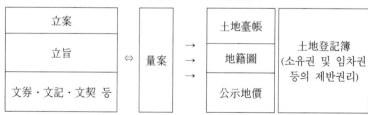

위에서 살펴보았듯이 양안의 소유권 보존 기능은 제반 문서에 의해 보

---

69) 吳仁澤, 앞의 글, 1996.

완되고 있었으며 그것이 오늘날 세분화되면서 토지대장·지적도·공시지가 및 토지등기부로 발전하였다고 할 수 있다. 제반 토지문서는 이 같은 양안 상의 起主나 자호지번, 전품, 결부를 등사하여 권리의 근거로 삼고 있었다. 그것이 가능했던 것은 양안에 소유권 보존의 기능과 양전도로서의 기능, 그리고 토지평가의 기준이 마련되고 있었기 때문에 가능했으며, 그러한 것은 公簿로서의 위치를 높여줄 수 있었다. 한편 양안이 오래되어 기능을 다하지 못할 때는 立案이나 매매문기의 기록 내용이 보완되고 있었던 점에서 쌍방간의 관계는 상호 보완적이기까지 하다.

立案은 관에서 발급하는 문서 형식으로서[70] 개인의 토지·가옥·노비 등의 매매 양도의 사유가 발생했을 때 이를 공증해주는 문서이다.[71] 임란 때 文券이 많이 유실되자 1601년(宣祖 34, 辛丑) 王命으로 立案을 다시 내주도록 조치를 취하기도 했다.[72] 입안이 강력한 공증력을 가지며 지속적으로 효력을 발생하던 것에 비해 立旨는 일시적인 효력을 갖는 문서였다. 입지는 흔히 토지나 노비문기를 다시 만들기 위해 관에 所志를 내면 所志의 하단에 판결의 결과를 쓰고 立旨를 성급한다는 題音을 쳐서 官印을 찍어 발급해주던 문서 형식이었다. 입지를 받으면 입안에 대신하는 결정적인 증거자료로 사용될 수 있었다.[73] 이외에도 文券·文記·文契 등

---

70) ○ 田地家舍賣買限十五日勿改 幷於百日內告官受立案 奴婢同(『經國大典』 戶典 賣買限條)
   ○ 自壬辰五月以後 戊戌十二月以前賣買文記 雖未及斜出 證參明白者 皆許施行(萬曆 己亥1599年 承傳 ;『受敎輯錄』戶典 賣買)
   ○ 田畓賣買 依法文 官斜立案(順治 庚子1660年 承傳 ;『受敎輯錄』戶典 賣買)
   ○ 田地家舍奴婢賣買 納請用作紙(相見刑典)後 立案成給(『續大典』戶典 賣買限).
71) 『經國大典』禮典 立案式에 의하면 입안 절차는, 당사자인 買受人이 賣渡人의 所在官에 立案을 申請하면 堂上官, 堂下官의 서명과 財主·證人·筆執을 檢覈하여 官에서 입안을 발급해 주었다.
72) 『受敎輯錄』刑典 文記.
73) 朴秉濠, 『韓國法制史特殊研究』, 韓國研究圖書館, 1960, 57～79쪽.

토지나 노비 등의 재산과 권리에 관계되는 문서 역시 소유권을 증빙하던
문서로 통행되고 있었다. 賣買文記나 和會文記 등이 대표적인 문서형식
으로서 개인간의 토지나 노비매매 또는 상속·증여 때 작성되었다.

　이와 같이 20년 양전 원칙이 지켜지지 못하게 되자 양안의 기능과 역
할은 국가 차원의 公簿로서 기능하기 위해 그 역할을 여타 문서에 위임
하고 있었다. 소유권 보존과 확정 기능은 양안 외의 입안이나 개별 차원
의 문서를 통해 상호 보완되고 있었던 것이다. 그러한 역할을 바탕으로
후대 土地臺帳과 地籍圖, 公示地價 原簿가 작성될 수 있었고, 이들 삼자
는 별도로 역할을 맡기 보다는 상호 보완적인 형태로 기능하고 있다. 곧
양안이라는 하나의 양식이 담당하고 있던 것을 바야흐로 3가지 양식이
동시에 담당함으로써 완결되게 된다.

　한편 이들 3가지 양식과 더불어 해당 토지에 대한 상세한 권리를 표현
한 것이 오늘날의 土地登記簿이다.[74] 이것은 양안 상에서도 이미 그 맹
아 형태가 보이고 있다.

　곧 所有權 및 耕作權·賭地權 등이 그것으로서 경자양안에서는 民田
의 경우에는 기주만이 표시되고 있어 이 모든 것을 살필 수 없다. 단 宮
房田의 경우 收租權을 중심으로 권리상의 중첩된 양상이 표현되고 있어
다소 복잡하지만 소유권과 경작권을 중심으로한 제반 권리를 확인할 수
있다.

　1종 有土인 경우와 2종 有土, 無土의 경우가 소유권과 경작권을 중심
으로 2중, 3중으로 얽혀있다.[75] 이 시기 양안에 기록된 권리 표현방식의

---

74) 「不動産登記法」 第2條의 登記할 事項에 따르면, 登記는 所有權, 地上權, 地役
　權, 傳貰權, 抵當權, 權利質權, 賃借權 등의 제반 권리의 設定, 保存, 移轉, 變
　更, 處分의 制限 또는 消滅에 대하여 이를 한다고 규정하고 있다. 따라서 등기
　부에는 이같은 제반 권리가 표시되어 언제라도 추적이 가능하다.
75) 1종 유토의 경우 토지소유권이 宮房에 있으며 宮房-作人의 방식으로 구조화되
　고 있으며, 2종 유토의 경우 民有地이지만 開墾·折受나 投託에 의해 사실상의

특징이라고 할 수 있다.[76]

耕作權에 대해서는 국가의 공적 영역이 아니라 사적 영역이기 때문에 개인적 차원의 문제로 돌리고 있었다. 즉 양안상의 民田의 경우 作人을 별도로 파악하고 있지 않았기에 개별적인 지주제 경영은 확인될 수 없다. 때문에 耕作權에 관한 기록을 보기 위해서는 별도의 개인적 추수기나 지주 경영 문서를 통해서만 확인이 가능하다. 기주에 대한 소유권을 중심으로 양전사업을 진행시켰고 국가의 입장에서는 그만큼 기주 곧, '起耕者爲主'를 중심으로 한 진전 개간 정책을 고수했던 결과였다.

그러나 궁방전은 收租權을 매개로 성립한 경우이기 때문에 경작권자를 파악하고 있었다. 궁방전이나 둔전 등의 경우 중답주 형태의 지주가 존재하며 이에 대한 표시방식은 일반 민전의 양안과 달랐다.[77] 양자를 동시에 표시하되, '主'와 '作'을 통해 기주와 시작을 파악하였던 것이다. 경우에 따라서는 2중, 3중 내지 4중의 권리가 중첩된 경우까지 발전해 갔

소유권이 궁방으로 넘어가면서 宮房-中畓主-作人으로 구조화되었다. 또한 無土의 경우는 民有地로서 3~4년(정조대 이후 10년)마다 번갈아 가면서 조세를 궁방에 납부하던 토지였다.

76) 광무년간의 양안에 이르러서야 이 같은 권리가 표시되기 시작했다. 時主와 時作이 동시에 기재되고 있을 뿐 아니라, 양전사업에 있어 地契 발행을 통해 토지소유권을 인정해주는 절차는 징세대장으로서의 기능, 즉 토지소유권부의 기능을 보다 확대하였던 것이다. 이 같은 기능을 登記簿의 소유권 보호 방식으로 볼 수 있다(金容燮,「光武年間의 量田地契事業」,『韓國近代農業史研究 下』, 一潮閣, 1968, 336쪽 ; 崔元奎,「大韓帝國期 양전과 官契發給事業」,『대한제국의 토지조사사업』, 한국역사연구회 근대사분과 토지대장연구반, 1995).

77) 金容燮,「司宮庄土에서의 時作農民의 經濟와 그 成長 - 載寧餘勿坪庄土를 中心으로 -」,『亞細亞研究』19, 1965(『증보판 朝鮮後期農業史研究 I』1995 재수록) ; 朴廣成,「宮房田의 研究」,『인천교대논문집』5, 1970 ; 朴準成,「17·18세기 宮房田의 확대와 所有形態의 변화」,『韓國史論』11, 서울대 국사학과, 1984 ; 李榮薰,『朝鮮後期 社會經濟史』, 한길사, 1988 ; 都珍淳,「19세기 宮庄土에서의 中畓主와 抗租」,『韓國史論』13, 1985 ; 李政炯,「17·18세기 궁방의 민전 침탈」,『釜大史學』20, 1996.

다.[78] 곧 절수권을 통해 해당 토지를 지배하였던 국가기관과, 실제의 사적 토지소유자인 기주, 그리고 경작자인 시작을 동시에 포괄함으로써 조세수취권과 토지소유권 그리고 경작권에 대한 권리를 동시에 표현하고자 했던 것이다. 기주의 권리가 그대로 상존하는 가운데 절수된 경우에 대한 국가의 파악방식이라고 할 수 있다. 이 같은 방식은 광무양전에 이르면 일반 민전에도 적용되어 田畓主와 함께 時作을 동시에 파악하게 된다. 경우에 따라 結戶를 별도로 파악하여 조세부담자를 함께 표시하는 경우로까지 발전하기에 이르렀다.[79]

이 같은 제반 권리의 표현은 곧 소유권에 대한 권리 외에 여타 권리가 분화하던 것을 국가가 파악하고 나아가 보호할 수 있는 방법을 강구하게 되는 과정이라고 할 수 있으나 조선후기의 양안에는 보이지 않는다. 국가가 토지소유권을 法認하고 그것에 대해 소유권 증서를 발행한 것은 대한제국 시기에 이르러서였다. 이 시기 개인의 소유권은 국가적 차원에서 법인되고 그러한 선상에서 권리를 인정받은 것은 아니었다.

이같이 해당 토지에 대한 소유권의 상세한 규정은 마련되지 않았고 또한 그것에 대한 등기 역시 이루어지지 않고 있었으니[80] 곧 소유권 행사에 있어 국가 차원의 확인 과정이 준비되지 않았던 것을 알 수 있다. 이 때문에 입안이나 입지, 매매문기 등을 통해 권리를 보존하고 확인하는 과정이 별도로 존재하였던 것이다. 만일 입안이나 매매문기가 소유권 분쟁

78) 愼鏞廈,「李朝末期의「賭地權」과 日帝下의「永小作」의 關係 - 小作農賭地權으로의 成長과 沒落에 대하여」,『經濟論集』Ⅵ의 1, 1967 ; 金容燮,「韓末에 있어서의 中畓主와 驛屯土地主制」,『東方學志』20, 1978 ; 裵英淳,「韓末驛屯土調査에 있어서의 所有權 紛爭」,『韓國史硏究』25, 1979.
79) 최윤오·이세영,「光武案과 時主의 실상 - 충청남도 온양군 양안을 중심으로 - 」,『대한제국의 토지조사사업』, 제4장 ; 최원규,「대한제국기 量田과 官契發給 事業」,『대한제국의 토지조사사업』, 제3장.
80) 부동산등기에 관한 법규정으로서 1912년 제령 제9호로 제정된「朝鮮不動産登記令」은 폐지되고「不動産登記法」(1960년1월1일 법률 제536호)으로 바뀐다.

을 해결하는 근거가 되지 못하면 최종적으로는 양안의 소유권에까지 소급하여 그 연원을 추적하여 해결하고 있었던 것은 물론이다. 그러한 점에서 양안은 제반 토지문서와 밀접한 관련성을 맺는 한편, 토지에 대한 권리를 확인하고 추적할 수 있는 근거를 마련하고 있었다는 점에서 그 역할의 중요성이 드러난다.[81]

두 번째로 국가의 공식문서로서의 量案이 公簿로서 기능할 수 있기 위해서는 위와 같은 소유권 보존기능 외에 조세대장으로서의 역할을 어떻게 맡고 있었는가를 살필 필요가 있다. 곧 양안의 조세대장으로서의 기능과 역할에 대한 측면을 정리할 필요가 있다.

양안에는 전답의 비옥도, 즉 토지생산성을 통해 해당 토지에 대한 가치를 평가할 수 있는 田品과 結負·尺數가 기재됨으로써 收稅의 근거자료가 되고 있다. 이 같은 기록을 중심으로 양안은 조세대장으로서의 역할을 수행할 수 있었으며 아래의 표가 그러한 양상을 잘 보여준다.[82]

<표 5> 量案, 行審冊과 土地臺帳·衿記

```
┌───────┐     ┌───────┐     ┌───────────┐
│       │     │       │     │  土地臺帳  │
│ 量案  │ →  │ 行審冊 │ ─<  │ --------- │
│       │     │       │     │   衿記    │
└───────┘     └───────┘     └───────────┘
```

수세 대장으로서의 역할 역시 행심책을 통해 양안이 재생산되면서 동시에 깃기라는 별도의 田政 문서로 만들어지면서 가능했다. 특히 행심책의 역할은 양안을 거의 그대로 등사해 냄으로써 양안의 기능과 역할을 재생산해 내고 있다는 점에서 중요하다. 게다가 행심책은 매년 작성됨으로써 양안의 한계를 보완할 수 있었기 때문이다. 특히 깃기라는 수세대장

---

81) 吳仁澤, 앞의 글, 1996.
82) 崔潤晤, 앞의 글, 2000. 6.

이 만들어지기 위해서는 양안이나 행심책이 필요했다. 양안이 20년마다 만들어지지 못하면서 그 역할을 다한 것은 행심책이었으며, 그것을 바탕으로 양안이 재생산되었을 뿐 아니라 깃기라는 납세자 중심의 조세대장이 만들어질 수 있었던 것이다. 양전사업에 커다란 문제가 없는 한 만들어진 양안은 이같은 역할을 통해 자신을 재생산하고 있었다.

이 같은 점에서 양안은 그 역할을 다하고 있었으며, 비록 완결된 문서로서의 위치를 지니지는 못했지만 그 順機能을 주목해 볼 때 대단히 중요한 문서라는 것을 확인할 수 있었다.

5. 맺음말

양안은 조선후기 사회경제적 위기에서 마련된 量田=經界策의 결과물이다. 이것은 方田法이나 井田法을 통한 經界策이 실현 불가능하다는 것을 배경으로 마련된 방법으로서 조선의 전통적인 토지조사사업이기도 하다. 양전사업의 목적은 토지분배를 통해 농민에게 恒産을 마련해 주는 데까지는 미치지 못했으나 '定經界 均賦稅'하는 방법을 통해 사회경제적 토대를 마련하고 있었다는 것을 알 수 있다.

이 같은 양전사업은 양전 시점에서나마 농업 현실을 명확히 파악함으로써 토지지배 방식의 근거를 만들어 놓고자 했다. 그것의 정확성과 신뢰성이 의심된다면 양안은 토지에 대한 권원으로 기능할 수 없었기 때문이다. 따라서 농촌사회 내 사정을 정확히 반영하지 않을 수 없었고 그것의 변동을 수용해 내기 위해 제반 문서가 동시에 가동하고 있었다. 따라서 양안에는 당시기 토지소유의 사적 지배 형태가 명확히 파악되어 있었고 그것을 결부제를 통해 개별 토지와 기주를 연결시켜 수취해 내고 있었던 것이다.

양안의 종합적 기능과 역할은 오늘날 여러 가지로 분화된 문서양식을 통해 확인이 가능하다. 그러한 양안은 크게 소유권 대장으로서의 기능과 조세대장으로서의 측면으로 나누어 검토할 때 그 기능과 역할이 분명히 드러난다. 그것은 양전사목에서도 잘 나타나 있듯이 소유권 보존과 확정 기능, 양전도의 기능, 그리고 토지 평가의 기능 3가지를 통해 잘 드러나 며, 이 같은 기능을 바탕으로 완전하지는 못하지만 2가지 역할을 맡고 있 었던 것이다. 소유권 대장으로서의 역할과 조세대장으로서의 역할이 그 것이다.

전자의 소유권 대장으로서의 역할은 기주에 대한 기록 방식과 자호지 번, 사표, 전형을 통해 확인되고 있었다. 특히 기주에 대한 파악은 단순히 조세부담자로서의 기주가 아니라 토지소유권자로서의 기주를 확인함으 로써 국가의 소농민보호책을 마련할 수 있는 토대를 마련하고자 했다. 이 같은 노력은 기주의 토지를 중심으로 주변 사방의 사표를 확인하고 전형 을 그려 넣는 형태로 발전했고 이는 비록 양전도로 발전하지는 못했지만 국가적 토지지배 방식의 18세기적 형태라고 이해할 수 있다. 이것은 나중 에 토지대장과 지적도로 발전하였으며 이를 통해 公簿로서의 위치를 완 결시키게 된다.

제반 문서와 관련해서는 양안상의 자호지번이 매매문기 등의 문서에 그대로 기재됨으로써 양안의 역할이 수평적으로 보존되고 있었을 뿐 아 니라 행심책에 의해 양안의 기재 내용이 등재되어 매년 확인됨으로써 양 안의 역할과 기능이 재생산되었던 것이다. 행심책은 양안을 등사한 것으 로 양안의 양식을 그대로 보존하고 있었다. 특히 행심 답험 때는 전답주 는 물론 시작인까지 기록해 넣음으로써 소유권자는 물론이고 경작자까지 도 파악하려는 시도가 나타났다. 이러한 시도는 문서로서의 완결성을 기 하기 위한 것으로서 비록 개별적으로는 입안과 매매문기, 분재기 등을 통 해 자신의 사적소유가 확인되더라도 양안이나 행심책을 통해 그것을 면밀히 파악하려는 국가의 의지가 엿보인다. 그러면서도 동시에 公簿로서의 양안과 행심책은 입안과 매매문기, 분재기를 통해 그 역할을 다할 수 있었다는 점 때문에 그 기능면에서 종합적이지만 완결성을 보이지는 못했다.

후자의 조세장부로서의 역할은 결부수와 장광척수를 통해 근거가 마련되고 있었던 점에서부터 시작되었다. 그러나 이 같은 기능 역시 보조 장부가 필요했다. 매년 변화하는 農形을 반영하기 위해서는 또 다른 수세장부가 필요했으며 이 역시 행심책의 답험 과정을 바탕으로 마련될 수 있었다. 특히 행심 답험 때 전답주 및 시작인 양자를 모두 파악함으로써 국가의 조세수취에 만전을 기하고 있었던 것은 시작인의 조세부담 양상이 보편화되면서 나타난 파악방식으로 볼 수 있다. 양안의 자호지번 순대로 재조사된 것이 행심책이라면, 깃기책으로의 정리방식은 납세자를 중심으로 재정리함으로써 납세자를 정확히 확정하는 작업이었다. 따라서 깃기책을 정리하기 위해서는 행심책에서의 시기결 및 유래진잡탈·면세전이 조사되어야 했으며, 중앙정부의 급재를 반영하는 선에서 납세액을 확정하고 있었다.

18세기 국가의 토지관리 방식과 수세 행정의 특징상, 양안이 갖는 종합적 기능과 역할은 비록 완결성을 갖지는 못했지만 그것을 바탕으로 소유권을 확인해 갈 수 있었고 나아가 조세수취를 위한 제반 절차를 마련하고 있었다는 점이다. 분화하기 이전의 양안은 한 번 만들어지고 그 기능을 다하는 것이 아니라 행심책을 통해 계속 재생산되고 있었다. 즉 양안을 통해 조사되던 사항은 모두 행심책에 반영되게 되었으며 반대로 행심책에 조사된 매번의 변동사항은 다시 양안에 반영되고 있었기에 그것이 가능했다.

따라서 양안의 기능과 역할은 행심책을 통해 토지대장으로서의 소유권 장부로 분화 발전하거나, 행심책의 기록 내용을 바탕으로 납세자별 깃기로 분화되어 조세대장으로서의 역할을 담당하는 두 가지였다고 할 수 있다. 양안이 비록 스스로는 완결되지 못했다 하더라도 여타 보조 문서로 분화됨으로써 조선국가의 公簿로서 자리할 수 있었다. 이는 당시기 문서 체계와 그것이 가능했던 조선의 사회구조의 특징을 반영하는 것이다. 양안은 여전히 당시기 최고의 국가 문서로서 제반 소유권 및 조세 행정에 영향을 미치고 있었으며 그 역할은 아무리 강조해도 지나치지 않을 것이다.

朝鮮後期의 量案과 行審冊

최 윤 오

1. 머리말

조선후기의 경제적 토대는 중세 전시기에 걸쳐 그래왔던 것처럼 토지와 인민에 대한 긴박정책을 통해 유지되고 있었다. 그 중 토지에 대한 국가의 지배 방식은 사적 토지소유에 대한 조사와 그에 해당하는 조세 부과를 통해 실현되었다. 양전사업을 통해 작성된 量案은 이 같은 내용을 담고 있었으며 行審冊은 양안을 등사해 내어 해당 고을의 기주와 납세액을 확정하는 과정에서 작성되었다. 따라서 양자의 밀접한 관련하에 양안은 행심책을 통해 재생산되었다고 할 수 있다.

매 20년마다 시행된다고 규정되어 있던 양전사업이지만[1] 그 원칙이 지켜진 적은 없었다. 그렇지만 일단 전국 차원의 양전사업이 진행되면 각 군현별 총액을 다시 확정하고 국가의 수조지를 파악해 냄으로써 중앙과 지방의 재정 운영뿐 아니라 제반 役부과와 부세 수취의 근거를 다시 기획하였던 데서 그것은 국가 차원의 거대한 토지조사사업이었다고 할 수 있었다. 이때 작성된 양안은 군현별 총액제 운영방식을 재확정할 뿐 아니라 군현 하부의 면리 단위에까지 영향을 미치고 있었다. 양안을 바탕으로 한 향촌 내 수세 행정은 다시 한번 행심책을 통해 기주에 대한 조사와 납

---

[1] 『經國大典』 戶典 量田, "凡田分六等 每二十年改量成籍 藏於本曹本道本邑".

세자를 확정하는 작업을 연계시키는 가운데 완성되고 있었다.

지금까지는 이러한 양안을 행심책과 관련해서 연구되지를 못했다. 때문에 양안에 대한 연구를 바탕으로 양자의 관련성을 다시 한번 검토할 필요가 있다.

우선 양안의 기능은 소유권 대장으로서의 역할과 조세장부로서의 역할 두 가지로 나누어 볼 수 있다. 소유권 대장으로서의 양안은 신분제 변화와 소유권 변동이라는 측면에서 주목되어 왔고, 이를 통해 신분제 붕괴와 중세사회의 해체 양상을 밝혀낼 수 있었다. 이 같은 연구는 조선후기 사회변동의 역동적인 상황을 밝혀줌으로써 양안 연구의 길잡이가 되었다.[2] 양안 상의 토지소유권 관리 기능이 점차 강화되었던 점을 제반 토지문서에 기재된 양안의 자호지번을 검토해 냄으로써 양안의 중요성을 다시 확인할 수 있었고,[3] 地主家 문서를 발굴하여 갑술·경자양전과의 관련성 및 그 시대적 성격을 검토하는 작업도 검토하는 가운데[4] 양전의 토지소유 및 경영과의 관련성이 밝혀지고 있다.

한편 조세대장으로서의 역할에 초점을 맞춘 일련의 연구도 진행되었는데, 우선 기주에 대한 대록·분록·합록 현상을 검토해 냄으로써 토지소유자로 보기 어렵다는 점을 통해 양안을 조세대장의 일 형태로 보거나,[5] 또한 경자양안을 수조권적 토지지배와 관련하여 개별 토지 대상이 아니라 면단위 대상의 수조대장으로 파악한 연구도 그러한 예로 볼 수 있다.[6]

---

2) 金容燮, 『증보판 朝鮮後期農業史硏究 I』, 지식산업사, 1995.
3) 吳仁澤, 「肅宗代 量田의 推移와 庚子量案의 성격」, 『釜大史學』 23, 1992 ;「朝鮮後期의 量案과 土地文書」, 『釜大史學』 20, 1996 ;『17·18세기 量田事業 硏究』, 釜山大學校 史學科 博士學位論文, 1996.
4) 김건태, 「갑술·경자양전의 성격-칠곡 석전 광주이씨가 전답안을 중심으로」, 『역사와 현실』 31, 1999.
5) 李榮薰, 『朝鮮後期社會經濟史』, 한길사, 1988, 제1장 「量案의 성격에 관한 재검토-慶尙道 醴泉郡 庚子量案의 事例分析-」.
6) 宮嶋博史, 『朝鮮土地調査事業史の硏究』 前篇-李朝時代の國家の土地把握, 東

　　그러나 조세대장으로서의 양안 역시 매년의 年分에 따른 농업 변동 상황에 긴밀하게 대처할 수 없기 때문에 무엇인가 보완책이 필요할 수밖에 없었다. 그것이 곧 행심책과 깃기를 통한 수세 행정과정이었다. 지금까지 연구된 수취제도에 대해서는 養戶[7]·作夫 과정[8] 및 전결세 수세 제도 전반에 걸친 검토가[9] 그러한 연장선에서 이루어진 작업이다.

　　따라서 양안의 자기 완결성은 다른 보조문서를 통해 이루어질 수밖에 없을 것이라는 점은 쉽게 짐작이 간다. 이 같은 점에서 양안을 보완하던 제반 田政 관련 문서 가운데 가장 중요하다고 할 수 있는 행심책에 대해 알아보고 그것이 어떠한 기능을 담당하고 있었는가를 검토해 보기로 하자. 행심책의 존재가 양안의 토지소유와 수세행정을 보완해주는 자료가 되고 있었다는 점이 밝혀진다면 양전사업의 의의 또한 보다 분명해질 수 있을 것이기 때문이다.

　　나아가 양안의 기능이 행심책을 통해 재생산되고 있었다는 점이 문서의 양식을 통해 확인될 수 있으리라고 생각된다. 곧 양안의 기능과 역할이 행심책을 통해 어떻게 나타나고 있었는지를 18세기 초반의 行審冊으로 추정되는 『洞中行審』 분석을 통해 확인해 보기로 한다.[10] 행심책에 대한 연구는 양안에 대한 연구와 더불어 조선의 토지지배 방식을 밝힐 수 있는 계기가 될 수 있을 것이라고 본다.

京大學 東洋文化研究所 報告, 高麗書林, 1990.
7) 金甲周, 「朝鮮後期의 養戶」(上·下), 『歷史學報』 85·86, 1980.
8) 李榮薰, 「朝鮮後期 八結作夫制에 대한 研究」, 『韓國史研究』 29, 1980.
9) 金玉根, 『朝鮮後期 經濟史研究』, 瑞文堂, 1980 ; 『朝鮮王朝 財政史研究』, 一潮閣, 1984 ; 鄭善男, 「18·19세기 田結稅의 收取制度와 그 運營」, 『韓國史論』 22, 1990 ; 이철성, 「18세기 田稅 比摠制의 實施와 그 성격」, 『韓國史研究』 81, 1993.
10) 본고와 관련하여 '1720년 庚子量田 事目과 量案의 성격'(假題)이라는 주제를 통해 양안이 지니고 있는 문서로서의 종합적 성격을 분석해 보았지만 지면 관계상 별고로 발표할 예정이다. 여기에서는 문서로서의 행심책에 초점을 두고 양안의 기능을 어떻게 보완하는지를 검토하는데 그친다.

2. 量案과 行審冊의 기능

양안의 역할과 기능은 아무리 강조해도 지나치지 않지만, 과연 양전사업이 20년마다 시행되지 못했는데 어떻게 그 기능을 다할 수 있었을까? 그 역할을 대신 담당할 수 있는 田政 문서가 있었던 것은 아닐까? 행심책이 바로 그러한 역할을 담당한 것이라는 점을 잘 알려져 있었으면서 구체적인 분석이 이루어지지 못한 실정이다.

양안을 그대로 등사한 행심책은 양안의 본래의 기능과 역할을 어떠한 방식으로 계승하고 발전시킨 문서였을까?[11] 양안의 역할을 대신한 장부로서는 앞에서도 살펴보았듯이 그 기능에 따라 여러 가지로 분화되고 있었다. 우선 행심책의 역할과 기능을 살피기 위해 우선 田政 관련 문서를 정리해 보자. 전정 문서는 종합적이고 복합적인 기능을 갖는 양안을 바탕으로 여러 가지 문서로 분화되었기 때문이다. 그와 같은 보조문서는 양안의 소유대장으로서의 기능과 조세장부로서의 2가지 기능을 보완하면서 분화되었다.

우선 양안의 명칭은 일반적으로 양안,[12] 田籍,[13] 田案,[14] 臺帳,[15] 田案臺帳,[16] 量田導行帳[17] 등으로 불렸다. 군현·면리단위의 양안의 경우에

---

11) 1910년 土地調査事業에 있어 帳簿體系의 변화를 추적한 「量案から「土地臺帳」へ」(宮嶋博史, 『朝鮮民族運動史研究』 5, 1988)에서는 量案→ 土地臺帳으로의 계승이 부정되고 衿記→ 結數連名簿→ 土地臺帳으로 정비되었다고 했으나 이는 양안의 조세장부로서의 기능에 대한 일면적인 접근방식에 지나지 않는다. 오히려 양안의 기능상 量案→ 行審冊을 통해 結數連名簿 또는 土地臺帳으로 분화되었다고 볼 수 있다. 본고에서는 이 같은 측면에서 행심책의 기능과 역할을 주목하고자 한다.

12) 茶山硏究會, 『譯註 牧民心書 II』, 創作과 批評社(丁若鏞, 『牧民心書』), 1979, 180쪽. 이하 『譯註 牧民心書』로 함.

13) 『譯註 牧民心書 II』, 200, 266쪽.

14) 『譯註 牧民心書 II』, 175쪽.

15) 『四政考』 田案, "田案 是爲臺帳 計摠卜曰元帳付".

는 邑量案·面量案·面里量冊 등으로 구분했다.[18] 이 같은 양안의 명칭
은 양전의 규모에 따라 달리 불렸는데 조선의 경우에도 시기에 따라서
사용하는 명칭이 조금씩 변화했다.

이 같은 양안은 소유권을 확정하고 그것을 파악하고자 하는 과정이 있
었고, 나아가 조세대장으로의 기능에 중점을 둔 기능으로 분화되게 된다.

우선 소유권자를 조사하기 위해 국가가 할 수 있는 일은 양안에 四標
및 전답주의 이름을 현록하는 방법으로[19] 地籍을 公簿化시키고 있었다.
국가의 관리가 가능한 형태로 양안을 작성하는 방법이다.

이때 국가는 양안상의 기주를 단순히 납세 대상자로 파악하는 것을 넘
어서 토지소유와 경영 주체를 파악하려 했는가의 문제는 양안의 신빙성
과 관련이 있었다. 납세자와 소유주를 일치시켜 파악함으로써 국가의 소
유지뿐 아니라 개인의 소유지까지 관리하고 지배할 수 있기 때문이다. 이
같은 양전사업은 양안을 통해 계속 시도되고 있었으며 동시에 양안의 소
유권을 보완하는 매매문기나 立案 등의 여타 문서를 통해 완결되고 있었
다.

우선 양안 작성 때 토지와 기주를 일치시키려는 작업은 量田圖를 통해
파악되고 그것에 대해 입안 또는 매매문기에 기재하게 함으로써 현실화
되었다. 즉 첫 번째로는 양전도로서의 지적도를 작성하여 전국의 토지를
일목요연하게 파악해 내는 것이고, 두 번째로는 소유권을 증명할 수 있는
문서를 마련하는 방법이었다.

우선 양전도 제작은 箕田圖,[20] 方田圖,[21] 魚鱗圖,[22] 三政圖,[23] 丘井量

---

16) 『譯註 牧民心書Ⅱ』, 237쪽.
17) 1720년 庚子量案의 경우 양안을 導行帳이라는 명칭으로 정리하고 있다.
18) 「田政節目」(연세대).
19) 『度支志』外篇 권4, 版籍司 田制部2, 量田式의 肅宗 44년(戊戌), "凡田四標及主
    名 懸錄於量案 而毋論陳起量滿五結 則用一字號標之(用千字文 而字內以一二
    三爲次第)".
20) 『久菴遺稿』上, 箕田遺制說.

圖,24) 量尺網圖25) 등의 시도를 통해 經界를 밝히고 구획을 짓는 지적도를 만드는 방식이 구상되어 왔다. 그러나 양안에 채택된 방법은 이 같은 이상적인 형태가 아니었다. 이 같은 시도는 전국의 토지를 세세하게 관리해 낼 수 있었지만 제도로 현실화되지는 못했다. 양안에 채용된 방식은 사표와26) 전답 도형도27)이다. 사표로서 주변 토지의 기주를 함께 파악하고 해당 토지의 전답 도형도를 그려 넣음으로써 토지지배자를 명확히 하고자 했다. 그들이 곧 국가가 파악하고자 하던 납세 대상자였던 것은 물론이다. 양자를 일치시켜야만 전정 운영을 원활히 할 수 있었기 때문이다.

두 번째로는 양안을 바탕으로 소유권 증명서를 발급하는 일로서 국가가 소유권을 공증하는 과정이다. 이러한 방법 역시 한말 광무양전 시기의 地契 발급을 통해서 현실화될 때까지는 채택되지 못했다.28) 다산 정약용은 토지에 대한 권리를 확정하고 보호할 수 있도록 私券・紅契라는 방식을 제안하였다.29) 사권에는 양안에 게재된 일체의 사항은 물론 稅額 및

---

21) 崔潤晤, 앞의 논문, 1992.

22) 『經世遺表』 제8권, 地官修制 田制10, 井田議2.

23) 「三政圖說」(연세대학교 소장본).

24) 『丘井量法事例幷圖說』.

25) 『田案式』方田條例.

26) 『量田事目』(庚辰5月, 純祖20) 更關草, "量田四標之書以人名者 雖是舊制 而常漢名字 旣多相同 從以賣買 土無常主 則所錄人名 非久變幻 靡所的從 今番段四方犯標 皆以某字第幾田 某字第幾畓懸錄 以爲永久無變 據一憑五之地爲齊".

27) 『度支志』外篇 권4, 版籍司 田制部2, 量田式의 肅宗 44년(戊戌), "各樣田形 打量時 只以人所易知方田直田梯田圭田句股田名色 推類打量 以爲便易之地 若田形不分明處 以方田直田裁作打量 斜缺處別作田形打量 而只以五名色懸錄打量".

28) 金容燮, 「光武年間의 量田・地契事業」, 『亞細亞研究』 31, 1968 ; 崔元奎, 「韓末日帝初期 土地調査와 土地法 硏究」, 연세대학교 사학과 박사학위논문, 1994 ; 崔元奎, 「대한제국기 量田과 官契發給事業」, 『대한제국의 토지조사사업』, 한국역사연구회 근대사분과 토지대장연구반, 민음사, 1995, 제3장.

매매에 관한 사항을 적어 넣고 縣令·田監·田吏가 서명했다. 매매 때마다 이 같은 문권을 발급받도록 하는데 이를 紅契라 하였다. 이 같은 방식을 통해 토지매매도 국가가 직접 관리하는 방식이다.[30]

기존의 입안에서도 양안의 자호지번을 적어 넣음으로써 양안을 매개로한 매매 관행이 존재했는데, 이는 양안의 소유권이 입안에 의해 재확인된 것을 보여준다.[31] 입안 전체가 양안에 바탕을 두고 자호지번에 의거했다면 서로 간에 단점을 보완했을 것은 틀림없다. 즉 양안은 자호지번을 제공하여 권리의 근거를 제시하고, 입안이나 매매문기는 소유권 변동을 입증할 수 있기 때문이었다. 이 같은 방법은 조선초기 이래의 立案이나 立旨·賣買文記가 비록 양안과의 관련성 아래 운용되고 있었다는 것을 보여준다. 그러나 이 같은 문서체계 역시 양안을 바탕으로 발급된 것이 아니었다는 점 때문에 국가의 토지지배 방식이 완결되지는 못한 것을 보여준다.

한편 양안의 조세대장으로서의 기능 역시 수많은 장부로 세분화되어 이용되었다. 이 같은 장부들이 양안을 토대로 하여 양안을 그대로 등사하여 이용하는 것도 있고, 양안을 다시 인명별로 정리한 것도 있다.

이 같은 장부체계의 성립은 收稅 체계의 정착과정과 밀접한 관련을 맺고 있었다. 수세 제도의 변화와[32] 그에 따른 향촌 내 조세수취[33] 과정에

29) 『丁茶山全書』, 『經世遺表』 田制別考2 魚鱗圖說, 下, 169쪽.
30) 『丘井量法事例並列圖』 第5節, 魚鱗圖法의 私券式도 그러한 예를 보여준다.
31) 16〜17세기에는 30〜40% 정도의 비율이었지만, 18세기에 이르면 80% 이상 양안의 자호지번을 적어 넣고 있다(吳仁澤, 「17·18세기 量田事業 연구」, 1996, 199쪽).
32) 金玉根, 『朝鮮王朝 財政史研究』, 제6장 踏驗定額稅制, 제7장 比摠定額稅制, 1984 ; 李哲成, 「18세기 田稅 比摠制의 實施와 그 性格」, 『韓國史研究』 81, 1993.
33) 李榮薰, 「朝鮮後期 八結作夫制에 대한 硏究」, 『韓國史硏究』 29, 1980 ; 김선경, 「조선후기의 조세수취와 面里운영」, 연세대학교 석사학위논문, 1984 ; 鄭善男, 「18·19세기 田結稅의 收取制度와 그 運營」, 『韓國史論』 22, 1990.

대한 접근방식을 통해 양안과 관련하여 조세수취가 어떻게 이루어지는가를 살펴볼 수 있다. 조선후기의 結稅 수취방식은 세종의 貢法이 무너지고 임진왜란을 거치면서 敬差官 답험에 의한 답험정액세법이 성립하는데,[34] 이 같은 경차관 답험제 역시 17세기 말 18세기 초에 걸쳐 比摠 정액세법이 성립하면서[35] 바뀌어 갔다. 1720년 경자양전을 전후하여 비총법의 토대가 마련되었다고 볼 수 있으며 수세체계의 변화와 함께 향촌 내에서의 조세수취도 行審, 給災, 作夫의 세 단계에 변화가 있었지만 큰 골격은 그대로 유지되고 있었다. 즉 한 해의 田政의 진행은 대개 6월에 각 면의 書員을 분정하고 전결문서를 정돈하여 각면 풍헌에게 내려 주면, 8월 초열흘 이후 각 면 풍헌으로 하여금 災實을 답험하고 9월에 농사 형편을 헤아려 계산[打籌]하여 마감하면 10월에 作結하여 제반 부세를 부과하게 된다.[36]

첫 단계로 행심이란 양전에 의해 확정된 時起結과 實結을 매년 8월 초열흘 이후 한 해의 農形을 답험하여 살피고 다시 확정하는 과정이다. 이때 살피는 항목은 주로 災傷田이나 陳田·續田, 加耕田, 還起田이다. 이때 작성되는 행심책은 답험장부의 뜻으로 踏簿,[37] 또는 災頉及新起成冊[38]으로 불리며 馬上記[39]·馬上草[40]라고도 했다. 특히 행심책에 裳紙

---

34) 제도적으로는 인조 12년(1634) 永定法 실시를 계기로 정착되었고 영조 36년 (1760) 비총법이 법제화될 때까지로 볼 수 있다.

35) 비총제의 성립시기는 숙종 20년(1694)을 전후하여 실시되기 시작하여(정선남, 앞의 논문), 1730년대에는 관행으로 정착하면서(이철성, 앞의 논문) 제도화되는 가운데 1760년 『萬機要覽』(財用編2 年分)에 법제화되었다.

36) 「政要抄」, 『朝鮮民政資料』, 146쪽.

37) 『譯註 牧民心書』戶典六條 稅法 上, 219쪽.

38) 「田政節目」.

39) 「經理院前督刷冊子」 21 : 黔巖屯新屯踏驗馬上記, 光緒19年(經理院 編).

40) 마상초는 書員이 看坪한 것을 기록한 문서인데(『譯註 牧民心書Ⅱ』, 237쪽), 후에는 지방에 따라 깃기의 이명으로도 사용한 것같다(『土地調査參考書』 3호, 1909년 10월, 103쪽). 즉 1909년의 조사에 의하면, "북한의 몇 지방에 있어서는 각면

를 붙이기 때문에 行審裳冊이라고도 했다.

한편 행심책을 田案과 같은 용어로 사용하고 있는 경우가 있다. 이러한 경우 즉 전안 자체를 속칭 행심상책이라고 한 것은[41] 행심책이 어떠한 방식으로 만들어졌는가를 보여준다. 즉 경자양전 진행과정에서 양안의 草案을 각 관에 남겨두었다가 매년 행심할 때마다 곧 그 裳紙를 고치는 것이 일반적인 관례였다고 하듯이,[42] 양안 또는 전안에 帶紙를 裳紙 형태로 붙여 고쳐 사용했다는 것을 보여준다. 양안이 正案의 형태로 완성되기도 전에 이미 행심책이 만들어지는 경우도 있어[43] 초안을 기반으로 하되 양전사업 이후의 행심 답험의 결과를 기록하게 되어 있다. 이러한 과정을 통해 양안이 행심책으로 변하여 그 기능을 그대로 이전하고 있음을 알 수 있다. 때문에 행심책이라고 되어 있는 경우 양안과 거의 다름이 없는 것도 발견된다.

현재까지 남아있는 행심책을 통해 그 특징을 확인해 보자.

특히 『靈巖郡露兒島行審』[44]은 영암군 노아도 소재의 禧嬪房의 행심책으로서 대개 1690년(肅宗 16)의 것으로 추정되는 경자양전 이전 시기의 것으로 주목된다.[45] 희빈방은 1694년(肅宗 20) 廢妃되어 賜死된 禧嬪張氏의 궁방으로서 1689~1694년까지 존속했다. 양식을 보면 각 필지마다 자호·지번·양전방향·등급·전형·장광척·결부·사표 및 기주와

에 田監이라 칭하는 자가 있어 3년마다 1회에 걸쳐 토지의 實地를 답사하고 지번을 따라 토지를 列記하여 간단한 양안으로도 볼 수 있는 것을 작성하니 이를 마상초라 칭하였다. 깃기는 이것을 보고 작성한다"고 하고 있다(『土地調査參考書』 3호, 1909년 10월, 103쪽).

41) 「政要抄」, 『朝鮮民政資料』, 146쪽.
42) 『量田謄錄』 庚子 4월 21일, "題辭內 所謂草案 各其官留上 每年行審時 輒改其裳紙者 乃通行之規是去乙".
43) 『量田謄錄』 庚子 3월 일, "正案一件外 戶曹上及營上件段 固當依朝令安徐是乎矣 行審冊段 趂秋成前不可不成出……".
44) 『靈巖郡露兒島行審』(규19000) 3冊 筆寫本, 영암군 편.
45) 『奎章閣韓國本圖書解題』 史部2, 460쪽.

작인을 기록하고 있어 양안의 형식과 똑같은 것을 알 수 있다. 기주는 모두 희빈방으로 되어 있고, 작인은 대개 이름만 기재하는 방식으로 양안의 형식을 그대로 간직하고 있다.

그렇지만 양안과 다른 것이 기주·작인란 밑에 行審帶紙가 붙어있다는 점이다. 행심대지에는 판독하기 어려운 기호로 행심의 내용을 담고 있는데, 그 내용을 추정할 수 있는 것은 각 자호 끝에 기경 전답 외에 今陳전답의 결부수가 별도로 집계되고 있다는 점이다. 그리고 필지가 분할되어 작인이 2명으로 늘어나는 경우를 다시 기록하고 있었다. 즉 1690년 이전에 작성된 양안을 바탕으로 진전을 조사하고 작인의 변동을 다시 기록하는 등 행심의 결과를 기재한 행심책의 전형이라는 것을 알 수 있다.

그 외의 행심책은 대개 19세기의 것으로서[46) 양안을 등사하고 그 위에 행심대지를 대거나 기주란 아래쪽 빈칸에 행심내용을 기록하고 있다.

행심책 가운데는 양안에서 필요한 사항만 간략히 등사하여 이용하는 경우도 있다. 『永興府憶岐社打量大帳謄書』[47)의 제1책은 「憶岐社二道栗山里所付正續及加續幷 丙申改打量行審冊謄書」라고 하여 행심의 내용을 담고 있다. 특징은 기주를 위로 올려 양안 중 일부 양식만 등사하여 정리하는 방식을 보여주고 있다. 면리와 자호는 기록하고 있지만 지번은 없고 대신 일련번호를 매겨 표시하고 있다. 그리고 장광척과 사표를 생략

---

46) 『全羅道長興府所在丙午陸畓行審謄書』(奎18917, 哲宗 1年, 1850) ; 『諸island面加土島行審』(奎18999, 珍島府 편, 高宗 8年, 1871) ; 『釜山面佐自川員田畓行審』(奎18110의1, 東萊府 編, 高宗 7年, 1870) ; 『宗親府田畓案』(奎9752, 표지 : 務安一西面行審·務安二西面行審·陽川縣屯田畓案)[純祖年間(1800~1834)] ; 『(東萊府)沙川面新草梁員田畓行審』(奎18110의2, 東萊府 編, 高宗 8年, 1871) ; 『慶尙左道東萊牧場屯田畓種畓不種量案』(奎18112, 표지 : 辛未九月日改量行審」 高宗 8年, 1871) ; 『陰竹郡所在龍洞宮屯田畓打量行審冊』(奎18296, 光武 4年, 1900) ; 『行審冊』(奎26605).

47) 『永興府憶岐社打量大帳謄書』(古大 4258.5-15. 永興府 編, 憲宗 13年, 1847). 표지는 '憶岐社二道栗山里正續行審冊謄書'로 되어 있고 내용은 憶岐社二道 栗山里所付 正續及加續 幷丙申改打量 行審冊謄書이다.

해 간략한 등사 방식을 취하고 있다.

기주란에는 납세자를 파악하기 위해 주로 移來移去를 중심으로 기주의 변동을 추적하고 있는 것이 보인다. 제2책(「永興府憶岐社栗山里 所付正續及加續幷 丙申打量大帳謄書」)의 기주와 비교해 보면 그것을 잘 알수 있다. 즉 양안의 기주를 중심으로 이래이거가 행해지는 양상을 볼 수있으며, 아래쪽에는 행심대지를 대지 않고 경작자의 변동을 기록한 것이특징이다. 행심의 구체적인 내용은 담고 있지 않은 대신 주로 경작자의변동에 초점을 맞춘 기록 방식임을 알 수 있으며, 기주를 중심으로 파악함으로써 작부책을 만드는 것을 전제로 한 것임을 알 수 있다.

위에서도 보았듯이 양전이 끝나면 이후에는 양안을 등사하여 각 년의농형을 看審 답험하여 그 결과를 기재해 넣는다. 양안을 그대로 베껴 넣어 행심책을 만들고 그 위에 필지마다 치마 모양의 종이를 裳紙로 대어경작자의 이름과 변동 상황을 기록했던 것이다. 따라서 행심책은 여기에서 한 걸음 더 나아가 표재와 작부 과정의 기본 장부가 될 수밖에 없었다. 행심과정은 양안의 필지를 기반으로 필지별 농형을 조사하고 그 해의납세 실결을 결정하였기 때문이다. 따라서 이후 다시 양전사업이 시행되기 전까지 행심책을 통해 양안의 기능과 역할은 재현되고 있다고 해도과언이 아니다.

두 번째 단계인 급재 과정은 답험정액세제 단계에서는 행심답험을 통해 수령과 감사가 執災한 災結·陳結을 바탕으로 敬差官의 覆審 답험으로 진행되는 재결 파악 과정이다. 비총정액세제 단계에서는 執災·報災·俵災로 급재 과정이 진행되었다. 즉 수령과 감사에게 보고된 執災결수를 호조에서 경차관을 파견하지 않고 감사의 농형 보고에 따라 報災하면 그에 상당하는 년도의 수세액을 기준으로 전세액과 급재 결수를 결정하였고, 이에 따라 감사는 각 군현에 재결을 俵災하고 다시 면리 단위로 표재하여 재결을 나누어준다.48) 이 같은 집재와 표재 과정은 답험정액세제 단계의 급재 방식이 비총제 방식으로 운영되는 가운데 정착되었다. 이때 災結帳簿 또는 災冊,[49] 査陳成冊[50]도 별도로 작성되어 재결이나 진결을 기록해 두고 매년 참고하였던 것같다.

한편 세 번째 단계인 작부(作夫는 혹 結戶, 束戶, 打戶)[51] 과정은 時起摠數를 재정리하되 토지가 아닌 납세자별 조세대장을 만들어 개인별로 조세를 부과하는 근거를 만드는 과정이다. 즉 납세자를 중심으로 정리하되 8결 혹은 4결 단위로 應稅 조직을 만들어 공동납의 형태로 납세할 수 있도록 하였다.

작부 방식은 지역명칭과 함께 개인별로 토지가 마치 소매깃처럼 나열하기 때문에 깃기라는 별칭으로 불렸다. 이 같은 작부과정은 移來移去와 작부(주비깃기 또는 作矣)를 거쳐 대략 8결 단위의 토지를 묶어 주비(注非・注備・主比・主飛・註非 등으로 표기되었으며 묶음이라는 뜻)를 짓게 되는데,[52] 대개 수세가 마무리되는 11월에서 1월[53] 전까지 진행된다. 이래이거란 징수의 편의를 위해 전결에 대한 징세권을 납세자가 있는 곳으로 이동시키는 과정으로서, 납세자의 작부 순서는 일체 家坐冊의 作統 순서에 따른다.[54] 이렇게 작성된 작부 문서는 衿記 혹은 衿記冊, 籌板 또는 作夫冊이라 하여 토지의 자호지번 순이 아니라 납세자 순으로 정리되는 것이 다르다. 깃기책은 이후 수세를 위한 기본 장부로서 중시되었으며,[55] 이 같은 깃기책 작성과정에서 향촌의 田政이 제대로 마무리되는가

---

48) 『大典通編』 권2, 戶典 收稅.

49) 『譯註 牧民心書Ⅱ』 戶典六條 稅法 上, 216쪽.

50) 『鳥山文牒』 己卯(1759년) 8월 일 量田踏驗節目.

51) 「居官大要」 田政, 『朝鮮民政資料』, 276쪽.

52) 李榮薰, 앞의 논문, 1980 참조.

53) 각도의 漕稅倉이 수세를 완료하는 기간이 1월까지이며(『經國大典』 戶典 漕轉), 서울로의 세곡 운송은 2월부터 시작하여 각도 별로 다르지만 5월 15일까지 마무리한다(『續大典』 戶典 漕轉).

54) 「田政節目」.

의 여부가 결정된다.

깃기책을 만들 때 참고로 하는 것은 양안이 아니라 행심책이었다. 행심책이 양안을 그대로 베껴 내었기 때문에 양안의 기능은 행심책을 통해 다시 그 기능이 연장될 뿐 아니라 조세장부로서의 기능으로 분화되고 있음을 알 수 있다. 깃기책도 행심책의 裳紙를 참고하여 같은 사람의 結卜을 모아 납세자별로 재정리하는 것에 지나지 않았다. 束戶할 때는 토지를 갖지 못한 자나 면세전은 작부하지 않고, 반드시 전답을 가진 자[有田畓者]만 戶를 세웠다.[56] 이리하여 깃기판은 災傷을 입은 경우까지 모두 포함하여 時起摠數로 기록한 후 개인별로 '都合已上 幾卜幾束'이라고 납세총액을 계산하여 기록해 넣는다.[57] 이를 바탕으로 작성되는 戶板式은 衿記板(籌板)과 달리 재상을 입은 토지를 제외한 납세 실결만을 기록하였다.[58] 마지막으로 작성되는 戶首冊은 개인별 납세결수를 확인한 후 8결 내지 4결 단위로 작부하고, 그 가운데 한 사람의 납세자를 해당 작부의 납세 대리인인 戶首로 한 책으로서 응세 실결을 바탕으로 하기 때문에 반드시 호판식을 이용하여 작성한다.

행심–급재–작부 과정을 통해 집계된 수세 실결은 양안의 元帳付 전답을 바탕으로 마련된 것이었다. 즉 아래의 표에서 볼 수 있듯이 양안의 원장부 전답 결총은 당해 시점에서 파악할 수 있는 결부수 총액이다. 두 번째는 시기결총으로서 원장부전답에서 유래진잡탈·면세전을 제외한 기경전이다. 세 번째의 수세 실결총은 시기결총에서 해당 년도의 재상 전

---

55) 결세장부는 이후 지방마다 다양한 형태로 정리되게 되는데, 地稅臺帳, 地稅徵收簿, 結數板, 募音冊, 作伏簿, 均賦, 考卜作伏, 中草 등으로 불리는 깃기책의 형태가 그것이다(『土地調査參考書』 2호, 융희 3년, 1909년 10월).

56) 「居官大要」 田政, 『朝鮮民政資料』, 276쪽.

57) 「居官大要」 田政, 『朝鮮民政資料』, 269쪽, "合聚行審帶紙中 同人結卜 毋論入災與否 一從時起摠數 ——列錄後 書都合已上 幾卜幾束 名之曰衿記板 或曰籌板".

58) 「居官大要」 田政, 『朝鮮民政資料』, 270쪽.

답을 제외한 액수로서 실결총이라고 한다.

<표 1> 大槩狀의 結總 내력과 장부 형식

구분	결 총 내 력		장부 형식
원장부전답결총	流來陳雜頉・免稅田		量案
시기결총	災傷免稅田		行審冊・籌板
실결총	收稅實結		行審冊・戶板

위의 대개장에서 볼 수 있듯이 해당 년도의 수세 실결총 파악 과정은 대개 장을 통해 감영에 보고되고 다시 중앙으로 올리게 되어 있다.[59] 즉 양안의 원장부 전답은 행심책을 통해 災摠 및 응세실결이 파악되어 감영에 보고되게 되어 있다. 그리고 향촌 내 수세과정은 행심책을 바탕으로 별도로 주판과 호판이 작성되어 농민으로부터 직접 수세하는 과정이 진행되었다. 이 같은 장부체계는 중앙과 지방을 매개하는 고리로서 행심책이 중심이 되어 움직이고 있었다는 것을 잘 알 수 있다. 양안과 행심책은 이처럼 중앙과 지방의 결부제 운용의 중심에 위치하고 있었으며 그것을 기반으로 하여 제반 수세 장부가 마련되고 있었던 것이다.

지금까지 양전 이후 수세에 이르는 과정에서 작성된 전정문서를 살펴본 것은 양안이 어떠한 방식으로 영향을 주었는가를 보기 위해서였다. 예컨대 경자양안은 1720년 양전이 마무리되면서 작성되었고 이후 삼남의 양안이 한말 광무년간에 이르러 작성되었다 하더라도 그 사이 180여 년간의 양안은 여러 가지 형태의 전정문서로 분화되어 이용되었던 것이 그 전형적 예라고 할 수 있다.

다시 한번 정리하자면 양안의 기능은 행심책이나 입안・매매문기에 의

해 재생산되고 있었다. 양안은 토지조사가 행해지던 시점에서나마 농업
사정을 될 수 있는 한 정확하게 파악함으로써 하나의 근거로 삼고자 했
다. 그것의 정확성과 신뢰성이 의심된다면 그것은 토지에 대한 권리의 근
거로 기능할 수 없었다. 따라서 농촌사회 내 현실을 그대로 반영하지 않
을 수 없었고 그것이 변동한다면 또한 그것을 수용할 수 있는 방법이 마
련되게 되었다. 즉 소유권 차원에서는 양안의 자호지번이 그대로 기재됨
으로써 양안의 역할이 보존되고 있었을 뿐 아니라 행심책에 의해 양안의
기재 내용이 등재되어 매년 재확인됨으로써 양안의 역할과 기능이 보존
되었던 것이다. 부분적으로 양안의 소유권 추적 기능이 체계적으로 이루
어지지는 못했다고 할지라도 그것은 18세기 소유권의 존재형식이라고 할
수 있다.

　양전이 마무리된 후의 수세과정은 나아가 행심책에 의해 재현되는 가
운데 급재과정을 거쳐 作夫되기에 이르며, 이러한 제반 과정이 대개장에
정리되어 보고되었던 것이다. 행심책의 장부로서의 역할은 실로 양안을
보존하고 그것을 연장하는 기능까지 담당했다는 점에서 주목되지 않을
수 없다.

3. 行審冊의 역할-『洞中行審』 사례

　행심책의 사례분석 자료로서 검토할 『洞中行審』은 강원도 원주의 池
內面 행심책으로서 양안을 그대로 등서했을 뿐 아니라 행심 과정을 그대
로 기록하고 있다는 점에서 희귀하다.[60]

---

60) 『洞中行審』은 국편 소장 자료로서 등사본이다. 뒷장에 보면 採訪者 및 소유자,
　등사·교정·검열자를 기록해 놓았다. 본래 元道喜(경기도 여주군 북내면 거주)
　씨가 소장하던 원본을 昭和 11년 申秉鎬 씨가 採訪하고 中村榮孝 씨가 검열하
　여 보관하게 된 것으로써 원씨 일가에서 보관하던 자료인 것같다.

본 자료의 저본이 된 양안은 강원도 양전 후 작성된 원주군 양안 중 일부인 면단위 양안이며 작성연대는 숙종 경자양전(1720년) 이전 강원도 양전이 시행된 1709년으로 보인다. 그렇지만 행심의 내용이 기록된 것은 그 이후이기 때문에, 강원도 양전이 시행된 시기를 통해서 양안 작성의 시기를 추정해 보고 나아가 행심책에 등장하는 인물의 생몰연대를 통해서 행심책의 작성연대를 추정해 볼 수 있다.

저본이 된 원주의 양전 상황을 알아보기 위해 강원도 양전을 살펴보자. 강원도 양전은 1684년(숙종 10) 갑자년에 相臣 閔鼎重이 建請하여 양전이 시행되었으나 數三邑의 결수가 크게 줄어 잠정적으로 중단된 이후,[61] 1708년(숙종 34) 영의정 崔錫鼎에 의해 강원도 양전이 시행되었다.[62] 1709년 관동지방의 서쪽 지역 16고을을 모두 타량했을 때도[63] 10고을은 시행치 않았을 정도로 강원도 지방은 地力을 다하더라도 조세를 충당하기에 어려웠고, 한번 양전한 뒤에는 그 형세가 반드시 땅을 내버려서 황폐화시키는 지경에 이르게 되었던 것이다.[64]

한편 행심책의 연대를 알 수 있는 방법으로는 기주의 이름과 생몰연대를 통해 추정하는 방법밖에 없다. 기주 가운데 元平君이 등장하는데 인조반정 때 공로로 원평부원군이 된 元斗杓(1593, 선조 26~1664, 현종 5)로서 숙종조 좌의정까지 오른 인물이다. 원평군은 본관이 원주로서 侍中公派[65]에 속하며 益謙을 중시조로 삼고 있다. 특히 본 행심책의 지내면은 이들이 집성촌을 이루고 있는 지역으로서 현재까지 연고를 갖고 있다.[66] 때문에 행심책에 등장하는 인물 가운데 다수가 원주 원씨 족보에서

61)『肅宗實錄』권46, 숙종 34년 9월 무술, 40-303.
62)『肅宗實錄』권46, 숙종 34년 9월 무술, 40-303.
63) 17읍은 강릉·정선·평창·홍천·횡성·영월·원주·춘천·평해·통천·울진·고성·양구·흡곡·삼척·양양·간성이다(『萬機要覽』, 財用編2 各道量田).
64)『英祖實錄』권60, 영조 20년 9월 병술, 43-151.
65)『原州元氏世譜』.
66) 경기도 여주군의 北內面(18세기 원주군 지내면)은 시조 元益謙의 10대손 元仲稑

확인되고 있으며 대개 17세기 말 18세기 초의 생존 인물임이 확인된다.[67] 따라서『동중행심』의 작성연대는 1709년 강원도 양전 때 작성된 양안을 바탕으로 18세기 중엽 이전 어느 시기에 등사되었을 확률이 높다. 행심책이 작성된 정확한 연도를 측정하기 어려운 것은 행심의 내용 외에 간혹 추가된 내용 때문이다. 곧 개별적인 토지매매 상황이라던가 賭地에 관한 내용이 2, 3군데 기록되어 있어 근거가 되기는 하지만 행심책이 작성된 시점은 아니다.

『동중행심』의 기록 내용은 양안을 바탕으로 했기 때문에 裳紙의 아래쪽에는 양전 당시의 상황이 그대로 남아 있고, 그것을 바탕으로 행심 답험한 내용을 기재하고 있다. 즉 상지에 기록한 내용이 행심 답험한 내용으로써 1장씩만 붙어 있다.[68] 이후 답험 행심이 계속 되었더라면 여러 장의 상지가 붙어 있었겠지만 남아있는 것은 1장의 상지뿐이다. 따라서 그것은 양전 이후 첫 번째 행심 또는 두 번째 행심 이후 보관된 자료일 가능성이 높다.[69] 첫 면에도 '池內面 初作行審'이라 기록한 것도 처음 만든

이 뿌리를 내린 이후 4백여 년간 지켜온 원주 원씨의 대표적 집성촌이다. 오늘날에도 많은 자손들이 모여 살고 있다.

67)『原州元氏世譜』에서 확인되는 다음의 몇몇 인물만 보더라도 18세기 초반의 상황을 기록한 것이라는 것을 알 수 있다. 예컨대, 前經歷 元萬成(顯宗 丙午 1666~肅宗 癸巳 1713), 儒學 元夢得(肅宗 丙戌 1706~正祖 戊戌 1778), 儒學 元夢良(肅宗 壬申 1692~肅宗 己亥 1719), 儒學 元夢說(肅宗 癸亥 1683~肅宗 己亥 1719), 儒學 元碩昌(孝宗 甲午 1654~英祖 庚戌 1730) 등이 그렇다. 한편 17세기 중엽에 죽은 원평군이 이 시기에도 기재된 이유를 정확히 알 길이 없지만 아마도 원평군의 종가에 상속된 토지로 봐야하지 않을까 한다.

68)『洞中行審』을 등사할 때(昭和 12년, 1937) 원본도 상지가 1장뿐이었는지 확인되지 않는다. 등사 과정에서 생긴 移記 상의 오류도 보인다는 점에서 자료로서 완전 복원이 쉽지 않다.

69) 연대 추정을 어렵게 하는 곳이 보인다. 상지의 내용 가운데 후대에 개인적으로 매매 또는 賭地 관계 사항을 加筆한 혼적을 보이는 곳이 6곳 정도가 있는데 대체로 18세기 중엽 경의 기록이다. 공문서에는 기재될 수 없는 사항이기에 아마도 개인적으로 보관하던 자가 기록한 것으로 여겨진다.

행심책을 등사했거나, 그것을 저본으로 이후의 행심을 행하였던 것같다. 한편 다행스럽다고 할 수 있는 것이 등사되어 보관될 때 아전들만이 아는 기호들이 정서되어 상황을 확인할 수 있기 때문이다.

현재 남아있는 행심책을 보면, 대개 양안을 등사한 채 행심 답험의 결과가 기재되지 않거나 기재되더라도 양안의 형식을 벗어나지 못했다. 비록 양안을 등사했다 하더라도 기재 내용이 행심 답험의 상황을 그대로 전해주는 것은 드물고, 존재한다 해도 그 내용을 파악하기 어렵다. 왜냐하면 수령이 문서를 보려고 해도 아전들이 사용하는 글자는 本體라고 하여 덩굴풀이나 모래 같아 형상이 기괴하여 분별할 수 없었기 때문이다.[70]

『동중행심』은 원주군 지내면의 양전 상황의 일부와 행심의 내용을 전달해 주는 자료로서 지내면 수세 장부의 기초자료가 되었음은 물론일 것이다. 행심책이란 앞에서 살펴보았듯이 양안을 등사했고 그것을 바탕으로 제반 수세 문서가 작성되었기 때문이며 당연히 양안과 수세 과정의 중간 연계 문서로서 기능을 담당했으리라 추정할 수 있다.

우선 양안으로서의 『동중행심』에 대해 살펴보자. 수록 내용은 지내면 가운데 달평원, 좌산석원, 연곡원 들녘의 11개 자호[71]에 해당하는 전답 총1376필지를 기록하고 있다. 지내면 양안 가운데 일부만을 기록한 것으로 보인다. 실제 행심 때 행심책을 뜯어 나누기를 혹 2~3字, 혹 4~5字씩 주어 수일이 걸리지 않도록 하여 모두 곳곳을 답험하게 한 기록을 보면,[72] 한 면의 행심책을 나눈 것은 답험의 편의를 위해 일상 행해 왔던 것같다. 지내면 행심책의 토지분포 상황을 보면 다음 <표 2>와 같다.

총결부수는 田의 경우 총 37결21부1속(진전 3결26부)이며, 畓은 총 20결80부6속(진전 26부2속)으로서 수기수세하는 續田이 많아 전의 50.2%에

---

70) 『譯註 牧民心書Ⅱ』, 田政 稅法 上, 221쪽.

71) 慈, 隱, 惻, 造, 次, 弗, 離, 節, 義, 廉, 退.

72) 「政要 二」田政法, 『朝鮮民政資料』, 55쪽, "其出送時 行審冊各爲分破 或給二三字 或給四五字 不數日內 盡爲逐庫踏驗 從實執卜……".

이르고 있어 이 지역 역시 강원도의 다른 지역처럼 척박한 토지가 많음을 알 수 있다.

<표 2> 지내면 전답 및 진전답 결부수(단위 : 結-負-束)

區分 田品	田	(陳田)	畓	(陳畓)
4	64-3	0	0	0
5	1-83-5	7-1	5-36-0	2-3
6	16-04-5	80-0	14-98-0	21-9
속전	18-68-8	2-38-9	46-6	2-0
계	37-21-1	3-26-0	20-80-6	26-2

신분에 따른 토지소유 실태를 보면 다음 <표 3>과 같다. 본 자료의 경우 지내면의 일부이기 때문에 신분구성에 있어 특수한 양상을 띠고 있다. 즉 『동중행심』의 총1376 필지 가운데 무주지 6필지(16부6속), 기타 1필지를 제외하고 양반이 802필지, 중인이 9필지, 상민이 66필지, 노비가 491필지를 소유하고 있다. 등장하고 있는 양반 152명, 중인 1명, 상민 30명, 노비 170명, 僧人 1명 등 총354명이다.

<표 3> 신분별 토지소유 상황(단위 : 結-負-束)

구분 신분	田(%)	(陳田)	畓(%)	(陳畓)
양 반	22-20-2(60)	2-56-5	13-87-9(67)	22-1
중 인			57-5(2)	
상 민	1-80-0(5)	1-2	1-17-7(6)	
노 비	13-01-9(35)	68-3	5-15-7(25)	4-1
합 계	37-02-1(100)	3-26-0	20-78-8(100)	26-2

신분별로는 양반이 전의 60%, 답의 67%를 소유하고 있어 압도적일 뿐아니라 진전은 79%, 진답은 84%를 소유하고 있어 양반의 진전답 소유가많다. 진전의 경우 79%와 84%에 해당하는 토지를 양반이 차지하고 있다

는 것은 이 시기 양반층의 권세와 진전소유와의 상관성을 짐작케 한다.[73]
또한 상민의 숫자가 적고 노비가 많은 것이 특징인데, 토지소유도 노비가
전은 35%, 답은 25%를 소유하고 있다.[74]

한편 행심책으로서의 『동중행심』은 양안을 기반으로 어떠한 내용을 담
고 있는지를 살펴보자. 본 자료는 18세기 초엽 행심책의 일반적인 내용을
그대로 전달해 주고 있다. 우선 양안의 형식에서 보이는 자호지번과 범
표, 전품, 전형, 장광척수, 결부수까지는 그대로이고 사표와 기주란 위에
(사표와 기주는 그대로 확인이 가능하도록) 10필지마다 1장의 상지를 덧
대어 행심 답험의 조사 내용을 기재하고 있다. ①에서 보듯이 양전 내용
이 그대로 등사된 것은 사표와 기주를 확인할 수 있다는 점 때문이다. 그
위에 卜興이란 자가 경작하는 59번 답의 행심 표시가 ②에 '卜興 行'이라
고 되어 있다. 나머지는 모두 이 같은 상지의 표시가 행심의 내용을 전달
해 주고 있다.[75]

①	第五十九西犯五等圭畓長玖拾貳尺 活拾捌尺	參負參束	東有生田西戊還畓 南路北水今田	起主儒學元泰昌奴孝吉
②	第五十九西犯五等圭畓長玖拾貳尺 活拾捌尺	參負參束	卜興 行	

---

73) 경상도 용궁현에도 그와 같은 사실이 보인다(김건태, 「경자양전시기 가경전과 진
전 파악 실태 - 경상도 용궁현 사례 - 」, 『역사와 현실』 36, 2000).

74) 양반층의 직역으로는 儒學이 가장 많고 이외에 判書·吏判·右尹·判官·前別
將·前經歷·前萬戶·前宣傳官·前縣監·進士 등을 비롯하여 元平府院君이
등장하는 등 원주 원씨의 집성촌을 중심으로 班勢가 두드러진 곳임을 알 수 있
고, 중인으로는 譯官, 평민층은 良人, (驛)馬位, 保人, 驛吏, 노비층의 직역으로
는 內奴, 奴, 私奴, 私婢, 驛奴 등이 등장한다.

75) 앞부분 '慈' 1~37번 필지와 끝 부분 '退' 174~179에는 상지가 원래 없었는지 떨
어져 나갔다. 보존 과정에서 탈락했는지 아니면 본래 행심을 행하지 않았는지
알 수 없다.

행심 답험하는 과정은 '與量田無異'하다고 하여[76] 실제 양전과 다름이
없다는 인식을 하고 있던 상황에서 행심책은 양안의 기능을 보조하고 있
었다고 볼 수 있다. 양안과 행심책에서 우선 파악하고자 했던 것은 해당
토지와 그것에 대한 권리를 갖고 있는 자를 파악하여 확정하는 일이었다.
그것은 행심-급재-작부 과정을 통해 마무리되고 있었으며 행심책의 田
主, 時作 파악이 중요하다는 것을 말해주고 있다.

기주와 作人에 대한 파악은 결수 확보와 함께 전정의 출발점이라고 할
수 있었으며, 행심책에서는 양자를 모두 파악하고자 했다는 데 특징이 있
었다. 양안에서의 기주는 앞에서도 살펴보았지만 직역과 성명, 그리고 노
명을 모두 기록하는 방식이었다. 그렇지만 행심책에서 기록한 경작자의
경우는 성씨는 생략하고 이름만 기록한 名字가 대부분이다.[77] 위에서도
볼 수 있듯이 '卜興'이란 기록 방식이 그러한 예이다.

여기에서의 '卜興'은 어떠한 존재였을까?

우선 이들의 존재가 시작인일 가능성이 있다는 점이 18~19세기 답험
에 관한 지침에 나타나고 있다.

踏驗時 毋論田畓懸起實下 田畓主名時作人名 雙書於裳紙[78]

즉 매번 전답의 起實을 적어놓은 아래쪽에 田畓主名과 時作人名을 나
란히 상지에 기록하라는 기록을 보면, 전답주 외에도 작인명을 파악하려
고 하였던 것을 알 수 있다. 실제 충청도 예산 지방의 기묘년(1759, 영조
35) 8월에 내린「量田踏驗節目」에 관한 전령에서도 田主 뿐 아니라 時作
名을 함께 파악하도록 하고 있다.[79]

76)『烏山文牒』己卯 8월일 量田踏驗節目.
77) 행심답험에 동원된 時作은 총 247명으로서 성명이 모두 기록된 자는 8명에 지나
   지 않았다.
78)『居官大要』田畓踏驗規式(奎古5122-7).

시작명을 파악하고자 한 것은 경작 관행과 관련이 있다. 파종하는 種子
를 누가 부담하고 結稅는 누가 부담하는지에 따라 전답주에 책임이 있는
지 시작에게 책임이 있는지가 가려질 뿐 아니라 농간을 방지할 수 있었
기 때문이다. 답의 경우 災實이 섞여 구별하기 힘들면 소출을 따져 種稅
를 댈 수 있는 곳은 實로 돌리고 그렇지 못하면 災로 돌리게 되는데 이때
主作人名을 함께 기록하게 하고 있다.[80] 뿐만 아니라 전의 경우 파종한
穀名을 기록하게 하였다.[81] 이 같은 관행은 전세를 탕감받는 데 있어, 賭
地가 실시되는 경우에는 전세를 부담하는 작인이 혜택을 받고, 竝作이
행해지던 수전의 경우에는 전세를 전주가 부담했기에 전주가 혜택을 받
게 된다.[82] 이 같은 농업관행에서 시작을 파악하고 관리하는 것은 중요하
다. 전세 부담자를 확정하는 일이고 이는 행심책이나 작부책 제조 과정에
서 필수적인 일로 자리잡게 되었던 것이다.

作夫할 때 賭地를 맡은 作者에게 紙牌를 지급하여 근거로 삼도록 하
는 경우는 시작의 표기에 대한 중요성을 보여주는 전형적인 사례이다.[83]
해당 토지에 대한 정보(字號第次, 田形, 長廣尺數, 等負, 主名, 陳起, 四
方犯標)를 기록한 지패는 매매 때 이용될 수 있었고 또한 수세를 행하는
데 있어 긴요하게 쓰일 수 있었기 때문이며,[84] 잃어버렸을 때는 관에 立

79)『烏山文牒』己卯 8월일 量田踏驗節目
   "一. 田主勿爲出他 預爲待令……
   一. 勿論田畓 ――逐庫踏驗……時作名 幷以明白懸錄於帶紙……".
80)『居官大要』,「田畓踏驗規式」, "十卜庫全皆付種 一穗之粒 或成或不成 災實相
   雜 難於區別是去等 卽其地打作所出之穀數 董當種稅有餘斗數 則歸實是遣…
   …先書十卜內 後雙書災實卜數 及主作人名是遣……"(奎古5122-7).
81)『烏山文牒』己卯 8月日 量田踏驗節目, "一. 勿論田畓 ――逐庫踏驗……時作名
   幷以明白懸錄於帶紙 田則所播穀名 亦爲區別懸錄爲齊'.
82) 金容燮,「續 量案의 硏究」,『증보판 朝鮮後期農業史硏究 I』, 1995, 359쪽.
83)「田政節目」, "……若許人賭地 則爲明文 傳給紙牌於作者 以爲作夫時 考準之地
   是乎矣 如有闊失之事是去等 呈官立旨 更爲 成出是齊".
84)「田政節目」, "有主田畓段 毋論陳起 逐庫爲紙牌 書字號第次田形 長廣尺數等負

旨를 올려 다시 발급받도록 하였던 것이다. 농업관행이 도지법이 행해지는 곳에서는 따라서 시작명 파악이 전답주 파악만큼 중요했다고 할 수 있다.

이러한 관행 때문에 자리잡게 된 행심책의 시작명 기재 방식은 앞에서 보았듯이 '卜興'이라는 戶名으로 나타나고 있었다. 조세 부담자로 볼 수 있다. 이 같은 호명은 각 동리의 사정을 잘 아는 地審人에 의해 파악되어 기록되게 되며 名字만 기록함으로써 명확치 않지만 향촌의 수세 행정에 있어서는 문제될 것이 없었다. 정확히 하려면 전주와 佃夫의 이름을 모두 밝히더라도 호명을 함께 기록해야 했지만,[85] 간편하게 호명만 기록하는 경우가 많았던 것이다. 호명만 기록하는 것은 시작인의 존재가 고정된 자가 아니고 계속 바뀌기 때문에 實名 대신에 기록한다는 것이다.[86] 이렇게 虛名이지만 향촌내 조세 징수를 행하는데 있어서는 별 문제가 없었던 것이다. 양안이나 호적과 같은 국가의 조사사업에는 사대부의 이름이라도 명백히 적어야 하지만, 조세 징수를 행하는 문서라면 戶奴名을 기록하는 것을 아무렇지도 않게 여겼던 것이다.[87]

행심의 파악 대상으로는 지금까지 살펴본 전답주와 시작명 외에 農形을 파악하는 것이 중요했다. 다음은 행심 답험의 기재내용 중 그러한 예를 보여주는 몇 가지 예이다.

主名陳起 四方犯標 踏印以置是如可 賣買之際 傳與傳受是旀……".

85) 『譯註 牧民心書 Ⅱ』, 338쪽, "未移之簿 其式曰……田主李得春 佃夫金尙東 戶名 福丹……".

86) 『譯註 牧民心書』, 210~211쪽.

87) 『磻溪隨錄』, 田制 上, 36쪽, "曰 田籍如戶籍 國之大事 且爲後日考驗之地 不可 不明白也 若各年行用排總文書 則依今例 只書戶奴名可也".

a	第五十八西犯五等句田長伍拾陸尺 活貳拾陸尺	貳負玖束	三每 豆		
b	第六十西犯六等圭畓長柒拾柒尺 活貳拾參尺	捌負捌束	一卜五 二卜五 二卜 二卜八	卜興 海今 五金 同人	行 行 行 行

a는 전의 경우이고, b는 답의 경우로서 첫 번째 자호 '慈' 가운데서 뽑은 것이다. 우선 전의 경우는 파종한 穀名을 모두 기록하게 되어있다.[88]
『동중행심』에 기재된 것을 나열하면 '各穀, 古豆, 豆, 木, 黍, 粟, 元斗, 太, 反太, 花, 反花' 등이다. 여기에 보이는 곡명 가운데 '反'을 붙인 경우는 아마도 '反畓'의 경우처럼 바꾸어 파종한 것을 기록한 것같다. 답의 경우에는 卜興, 海今, 五金, 同人[89] 4명이 8부8속을 나누어 짓고 있는 것을 모두 표시하고 그것에 대한 답험의 결과로서 '行'이라고 하고 있다. 그런데 '反行'이라는 기록이 곳곳에 보이는데 명확히 무엇을 표시하는지 알 길이 없다. 아마도 행심의 결과를 번복하여 다시 행심한 경우를 표시한 것이 아닌가 여겨진다. 이외에도 '秋' 또는 '秋行', '出' 또는 '出行'이라고 하여 행심의 표시가 있는데 정확히 알 길이 없다.

행심하는 방법은 지방마다 다른데, 크게는 두 가지 방식에 의한다. 첫 번째는『동중행심』에 보이는 것처럼 행심책을 뜯어 나누어 가지고 답험하되 직접 기록하는 방법이 있고, 두 번째는 田夫로부터 田結單子나 災結單子를 받아들여 행심책을 고치는 방법이다. 어떠한 방법이건 서원의 농간을 막기 위해 別有司를 뽑도록 하고 있으며,[90] 서원 대신 面任을 엄

---

88)『烏山文牒』己卯 8月日 量田踏驗節目, "一. 勿論田畓 ――逐庫踏驗……時作名 幷以明白懸錄於帶紙 田則所播穀名 亦爲區別懸錄爲齊".
89) '同人'이라 함은 앞의 인물을 가리킨다.
90)「政要」二, 『朝鮮民政資料』, 55쪽, "各邑田政之法 不一其規 或送書員而踏驗 或 捧自單而磨勘 然書員則幻弄偸結 罔有紀極……各面各里 必擇中庶中稍解事理 及家計稍實者 名之爲別有司……".

선하기도 한다. 행심과정에서의 서원과 奸民輩들의 작당을 막을 방법을 강구하는 데 전정의 효과가 있다고 믿고 있었기 때문이었다.

행심 답험의 방법 가운데 가장 일반적인 경우는 田主로 하여금 재탈단 자를 바치게 하여 그것으로 행심책을 고치고 또한 그것을 바탕으로 깃기 책 및 작부책을 만드는 것이다.[91] 재탈단자는 今頉單子(陳災나 新覆沙 등의 當年災와 그 해의 成川浦落 등의 永災)와 舊頉還起單子(舊川, 舊 浦, 舊沙 등과 還起 파악)를 엄히 조사하여 바치게 한다. '舊陳, 今陳,[92] 仍陳,[93] 垈陳' 등이나 防川·成川으로 인한 '川反浦落·泥生浦落', 또는 씨앗을 뿌리지 않거나 제초를 하지 않은 곳(初不付種·初不除草), 제반 災傷田(水災, 旱災, 風災, 霜災, 蟲損災), 이앙을 안했거나 늦게 한 경우 (未移秧, 晚移秧) 등도 당년 재결로 파악하여 기록한 경우이다. 당년재가 아닌 永災(仍川이나 舊川 등)도 세세하게 파악하고 있다. 이들 재탈단자 는 지방에 따라 災頉成冊으로 만들어 후일의 근거로 삼고 있었다.

행심책을 이용하여 적간하고 은루결을 색출하는 방법도 제시되고 있었 는데 이는 수령이 반드시 알아두어야 할 것 중의 하나였다. 기경한 加耕

---

91) 田政의 방법 가운데 가장 체계적인 방법은 모든 사항을 단자(單子)에 기록하게 하여 받아들이는 방법이다. 陳災·雜頉 뿐아니라 實結 및 作名까지 기록하게 하며, 나아가 移來移去까지 조사해 넘으로써, 단자를 기반으로 행심책을 만들고 작부책까지 한 번에 마무리하는 방법이다. 처음 농간이 있으면 고치기 힘들다. 이외에 당년의 재탈이 적을 경우에는 新還起만을 간단히 조사하여 마감하는 방 법도 있다(「政要」三, 田政, 『朝鮮民政資料』, 83~90쪽).

92) 『烏山文牒』己卯 8月日 量田踏驗節目, 傳令, "一. 量舊陳 則如前懸錄爲旀 時起 中陳處 入於査陳者 査陳是如懸錄爲旀 未及於査陳 而卽今白地應稅者 今陳是 如懸錄爲乎矣 白地徵稅之處段 字號卜數作者 并以——區別 別件成冊修補 以 爲憑考之地爲齊".

93) 『量田謄錄』「庚子慶尚左道均田使量田私節目」, "川反浦落, 成川覆沙등 永頉處 로서 금번에 査正하여 이미 사실대로 되돌린 것 외에, 비록 還起하지 못하고 田 形이 갖춰져 있더라도 나중에 起耕하는 것이랑 다른 元田과 함께 打量하여 그 밑에 '仍陳'이라 懸錄하며……".

田이나 還起田을 파악하는 것은 기본이지만 은루결을 색출하라는 중앙의 지시에 따를 수도 없고 따르지 않을 수도 없는 현실이었다. 다음과 같은 은루결 색출 방법을 통해 그러한 사정을 살펴보기로 하자.

누결을 查括하는 첫째 방법은 하루를 잡아 서원의 算板冊과 行審冊을 거두어 비교하는 것이다. 行審 상지에는 '災'로 기록되었는데 산판에 실결로 들어가 있는 것은 모두 漏結이다. 두 번째로 각면 서원의 算板 및 行審冊을 모두 거두어들인 다음 新舊 상지를 모두 제거하고 다시 답험하여 비교하는 방법이다. 각 면에서 별도로 兩班都監 및 중인 가운데 일을 잘 알고 문필이 있는 자 각 1인을 택하여 각 해당 면에 행심책을 내보내어 다짐을 받고 災實을 답험케 하여 일일이 상지에 기록하게 한 후에 이전의 상지와 비교해 보게 한다. 세 번째로는 舊量陳을 今陳頉로 만든 것을 적발하는 방법이다. 무조건 금진탈을 만들어 災摠을 많이 잡아두는 폐단이 흔하다. 답험하고 들어온 후 元帳冊과 비교하여 다시 상지를 살펴 중간에 還起한 것이 아니면 이는 舊量陳이다.[94]

위의 3가지는 서원의 농간을 밝혀내는 편법으로서 정법은 아니라고 한다. 그러면서도 문제가 되는 것은 은여결을 일일이 적발하더라도 처리하기가 심히 곤란하다는 점이다. 즉 전처럼 '알지도 못하고 듣지도 않는 것이 좋다'고 하는 것보다 못한 것이 바로 이를 가리킨다. 바야흐로 수령이라는 자가 전연 모르거나 권위를 보이지 못할까 해서 기록해 둘 뿐이지 은루결은 알고서도 파악치 않는다는 뜻이다. 이 같은 사항은 각 지방의 수령이 알아서 판단해야 할 문제로서 지방 운영에 있어 필수적인 것이기도 했기 때문이다.

행심책의 역할은 이같이 양안의 기능을 보조할 뿐 아니라 지방의 재정 운영에 필수적인 장부였다. 행심책은 양안을 그대로 등사하여 상지를 덧대어 사용했고 그것을 바탕으로 작부책과 호판책이 만들어질 수 있었다.

---

94) 「先覺追錄」, 『朝鮮民政資料』, 219~220쪽.

농민들로부터 전결단자나 재결단자를 받아 행심책과 비교하고, 그것을 바탕으로 깃기책을 만드는 경우도 있었지만 그 역시 행심책을 바탕으로 운영되고 있었다.

행심책의 기능을 좀 더 확장해 보면 양안의 역할을 연장시키고 있었다고 할 수 있다. 예컨대 양안에 기재해 넣어야 할 사항은 성책으로 만들어 바치고 있었는데 그것은 행심책을 기반으로 조사된 내용으로서, 成川浦落으로 전답의 형태가 바뀐 곳이나 강변에 진흙이 모여 새로 만들어진 전답, 또는 새로 洑梁을 열어 밭이 논이 된 곳 등이다.[95] 이런 곳에 대해서는,

> 年年爲成冊三件 一件上戶曹 一件上營門 一件留置本官 所在量冊中 這這付黃籤 釐正是乎矣 本官必須親審打量 營門亦必須別遣裨將 另爲摘奸 然後付籤量案是齊[96]

매년 3건을 성책하여 1건은 호조에, 1건은 영문에, 1건은 본관에 두고 量冊에 대강 黃籤을 붙여 釐正하고 그것을 바탕으로 양안에 첨부토록 하고 있다. 행심책은 매년 변동되는 사항을 파악하여 기록함으로써 양안을 갱신할 수 있는 자료가 되고 있었던 것이다.

4. 맺음말

양안은 기본적으로 국가경제의 기반인 토지에 대한 정보를 담고 있기 때문에 중시되지 않을 수 없었다. 국가적인 차원에서 양안이 담당했던 기능과 역할은 아무리 강조해도 지나치지 않지만 지방 차원에서는 양안을

---

95) 「田政節目」.
96) 「田政節目」.

기반으로 구체적인 수세행정을 펼쳐내야 했기 때문에 그것을 보완할 수 있는 절차가 필요했다.

곧 양안이 갖는 기능과 역할을 완결시킬 수 있는 형태로서의 행심책과 깃기를 통한 수세 실결 확보 과정이다. 이때의 행심책은 양안을 그대로 謄寫하여 매년 行審·踏驗한 결과를 기재하고 그것을 토대로 조세장부인 衿記를 작성하는 기초 장부로 기능하고 있었다. 즉 납세자별 조세장부인 깃기를 마련하기 위해서는 각 토지 지목의 풍흉에 따른 農形을 조사해내는 동시에 납세자를 확정하는 과정에서 중요한 자료를 제공하고 있었다. 이 같은 과정이 행심과정이다. 따라서 행심책은 해당 지역의 양전 상황을 그대로 간직하게 되며 나아가 양전 이후의 농형과 농업경영 상황을 그대로 전해주게 된다.

나아가 납세자를 명확히 파악하기 위해 기주뿐 아니라 時作까지 파악하고 있었다는 점이 주목된다. 그것은 곧 양안의 기주를 재조사할 뿐 아니라 실제 경작자까지 파악해 냄으로써 책임 소재를 명확히 하려는 의도였다. 이 같은 과정은 곧 소유권뿐 아니라 전세를 담당했던 경우의 경작자의 권리까지 보호하기 시작했다는 의미가 된다.

양안과 행심책에 대해서는 크게 소유권 대장으로서의 기능과 조세대장으로서의 측면으로 나누어 검토할 때 그 기능과 역할을 분명히 확인할 수 있었다. 행심책은 양안의 이 같은 기능에 대해 보완적인 방식으로 존재했던 것이다.

즉 소유권 차원에서는 양안의 자호지번이 매매문기 등의 문서에 그대로 기재됨으로써 양안의 역할이 수평적으로 보존되고 있었을 뿐 아니라 행심책에 의해 양안의 기재내용이 등재되어 매년 확인됨으로써 양안의 역할과 기능이 재생산되었던 것이다. 비록 대록이나 분록 또는 합록 등 부분적으로 양안의 소유권 추적 기능에 정확성이 결여되었다 하더라도 그것은 향촌 관행을 반영하는 과정에서 나온 현상이기 때문에 18세기 소유권의 존재 형식을 반영하는 것이라고 이해할 수 있다.

행심책은 양안을 등사한 것으로 양안의 양식을 그대로 보존하고 있었다. 특히 행심 답험 때는 전답주는 물론 시작인까지 기록해 넣음으로써 양자의 존재를 확인하고 있었다. 이는 물론 국가의 조세수취를 완전하게 하기 위한 것이지만, 동시에 시작인의 조세부담 양상이 보편화되면서 그를 보호하기 위한 조치로 나타난 것이라고 할 수 있다. 또한 개별적으로는 입안과 매매문기, 분재기 등을 통해 자신의 사적소유를 확인하고 있었으며 그것이 행심책을 통해 조사될 수 있었다. 그렇지만 여전히 公簿로서의 양안과 행심책은 입안과 매매문기, 분재기를 통해 그 역할을 다할 수 있었다는 점 때문에 그 기능면에서 완결성을 보이지는 못했다.

또한 양안의 조세장부로서의 기능은 결부수와 장광척수를 통해 수세대장으로 자리하게 되었다. 그러나 이 같은 기능 역시 보조장부가 필요했다. 역시 매년 변화하는 農形을 반영하기 위해서는 또 다른 수세장부가 필요했으며 이 역시 행심책의 답험과정을 바탕으로 마련될 수 있었다. 양안의 자호지번 순대로 재조사된 것이 행심책이라면 깃기책으로의 정리방식은 납세자를 중심으로 재정리함으로써 납세자를 정확히 확정하는 작업이었다. 따라서 깃기책을 정리하기 위해서는 행심책에서의 시기결 및 유래진잡탈·면세전이 조사되어야 했으며, 중앙정부의 급재를 반영하는 선에서 납세액을 확정하고 있었다.

지금까지 양안과 행심책의 기능과 역할을 통해 확인할 수 있었던 것은 18세기 국가의 토지관리 방식과 수세 행정의 특징이다. 양안의 종합적 기능은 비록 완결성을 갖지는 못했지만 그것을 바탕으로 소유권을 확인해 갈 수 있었고 나아가 조세수취를 위한 제반 절차를 마련할 수 있었다. 비록 분화하기 이전의 양안과 행심책의 장부 양식이지만 제반 문서와의 연계성은 상호 보완적인 차원에서 완결되고 있었다.

양안을 통해 기주와 납세자를 일치시키려는 노력은 토지대장으로서,

그리고 조세장부로서의 2가지 역할을 완수하기 위한 필수적인 과정이었
다. 따라서 양안은 2가지 역할을 동시에 담아내려 했고 그 결과 행심책과
깃기 등의 몇 가지 장부로 분화되기에 이른다. 곧 행심책을 통해 소유자
와 납세자를 파악하고자 했으며 더 나아가 깃기로의 분화 과정을 통해
납세자를 확정하는 과정이다.

그러한 과정은 양안으로부터 시작되어 계기적으로 완성되었다. 즉 ①
양안→행심책→토지대장으로의 소유권 대장의 발전과 ② 양안→행심책
→깃기라는 조세대장으로의 발전이 그것이다. 이 같은 점에 비추어 양안
은 가능한 양전사업 당시의 사실을 정확히 담지 않을 수 없었다. 그래야
만 모든 장부의 權原으로서 기능할 수 있었기 때문이다. 토지에 대한 爭
訟이 결국 양안을 통해 마무리되는 것을 보더라도 그러하다. 양안은 이
같은 점에서 소유권대장으로서, 그리고 조세대장으로서의 기능을 담당하
고 있었으며 그것을 가능하게 한 것은 행심책이었다.

양안은 여전히 당시기 최고의 국가문서로서 제반 토지 지배방식과 조
세 행정에 영향을 미치고 있었으며 토지와 그것에 긴박된 농민을 함께
파악하고자 하였던 것이다. 이와 같은 양안의 기능과 역할은 중세국가 유
지에 있어 필수적이었으며 한 번 만들어지고 그 역할을 다하는 것이 아
니라, 행심책을 통해 재생산되고 있었던 것이다. 따라서 양안을 통해 조
사되던 사항은 모두 행심책에 반영되게 되었으며 반대로 행심책에 조사
된 매번의 변동사항은 다시 양안에 반영되고 있었던 것을 알 수 있었다.
단지 양자의 차이는 양안이 국가의 公簿로서 역할을 했다면 행심책은 양
안이 존재해야 작성될 수 있었고 매년 다시 고쳐지기 때문에 그 기능과
역할면에서 양안을 보완하였다는 점이 다르다.

따라서 양안이나 행심책을 불완전한 형태만을 주목하여 虛簿로 돌려
버리기보다는 조선국가의 公簿로서 자리할 수 있었던 당시기 문서체계와
그것이 가능했던 조선의 사회구조를 밝히는 작업이 계속될 필요가 있다.

제3부
경자양안의 토지소유와 그 성격

갑술·경자양전의 성격
-칠곡 석전 광주이씨가 전답안을 중심으로-

김 건 태

1. 머리말

17세기 조선사회는 부세 측면에서 획기적인 변화를 경험했다. 조선의 부세체계는 토지를 대상으로 부과하는 田稅, 인구와 토지를 종합하여 부과하는 貢物, 인구를 대상으로 부과하는 軍役이 그 전형을 이루고 있었다. 인구와 토지를 종합하여 부과하던 공납체계는 16세기 후반부터 서서히 바뀌기 시작하여 17세기 후반에 대동법으로 변화하였다. 부세가 토지로 집중되는 현상이 더욱 가속화되었던 것이다. 전답문제 또한 이 시기에 급변하고 있었다. 16세기에는 연해안을 비롯해 내륙지방에서 개간사업이 활발하게 진행된 데 힘입어 그 이전 시기에 비해 전답이 크게 증가하였다. 전답면적은 16세기 초반 이래 지속적으로 증가하였으나 임란과 호란을 겪으면서 크게 줄어들었다. 양란 후 전답 면적은 진전이 다시 기경되고, 나아가 내륙과 연해안 지방의 개간사업이 꾸준히 진행됨으로써 17세기 말까지 지속적으로 증가하였다.

이같이 대동법이 여러 지역으로 확산되고, 나아가 전결수가 시기와 지역에 따라 변화함으로써 17세기 조선정부는 전국의 토지를 정확히 파악할 필요성을 더욱 강렬하게 느끼게 되었다. 그리하여 정부는 인조 12년

갑술양전을 실시하였으나 큰 성과를 거두지 못하였고, 그 후 현종 4년의
계묘양전을 비롯한 여러 번의 크고 작은 양전사업을 실시하였지만 그 성
과 역시 미미했다. 갑술양전 이후 약 90여 년 만에 시행된 숙종 46년의
경자양전을 통해 소기의 성과를 거두게 되었다. 따라서 경자양전의 결과
물인 경자양안은 17~18세기 토지소유문제, 개간 등 농촌현실 전반을 이
해하는 데 필요한 단서를 다수 제공한다고 할 수 있다.

　이러한 이유 때문에 일찍부터 경자양안은 학계의 주목을 받아왔다. 일
찍이 김용섭은 起主는 독립 농가세대라는 전제하에 경자양안을 분석하여
토지소유문제를 비롯한 18세기 농촌사회의 실상을 밝히려고 하였다.[1] 그
에 의하면 토지가 대부분 소수의 지주에게 집중됨으로써 다수의 농민들
은 영세농으로 전락하여 생계마저 위협받고 있었지만, 일부의 영세농은
부를 축적하기도 하였다고 한다. 한편 이영훈은 경자양안 상의 기주가 적
지 않게 분록, 합록되어 있다는 점을 근거로 기주=농가세대설을 부인하
고, 이어 조선후기 토지소유 분화 양상은 대지주와 소규모 토지소유가 줄
어드는, 즉 하향 평준화하는 추세였다고 하였다.[2] 오인택은 경자양전의
논의과정 및 갑술양전 이후에 진행된 개간의 실상과 그 성격에 대해 밝
히려고 하였다.[3] 그에 의하면 경자양전은 收稅實結을 더 많이 확보하여
국가재정을 견실히 하고, 나아가 전답소유문제를 분명히 하려는 목적하
에 진행되었다고 한다. 또한 신전개간은 인구밀도가 높은 곳이나 山田에
서 활발히 진행되었으며 관료=지주층이 새로운 양전의 시행을 반대하였
다고 한다.

　1) 金容燮,「量案의 研究」,『朝鮮後期農業史研究Ⅰ』, 一朝閣, 1987 ;「朝鮮後期 身
　　分構成의 變動과 農地所有」,『東方學志』82, 1993.
　2) 李榮薰,「量案의 성격에 관한 재검토」,『朝鮮後期社會經濟史』, 한길사, 1988 ;
　　「韓國史에 있어서 近代로의 移行과 特質」,『經濟史學』21, 1996.
　3) 吳仁澤,「朝鮮後期 新田開墾의 성격」,『釜山史學』18, 1994 ;「庚子量田의 시행
　　논의」,『釜山史學』23, 1998.

   기왕의 연구는 양안, 관찬자료, 고문서 등 양전과 관련된 여러 자료를 폭넓게 이용함으로써 경자양전 및 당시의 농촌현실과 관련된 문제들을 여러 각도에서 밝혀 주었다. 그렇지만 갑술양전의 내용은 경자양전을 거치면서 어느 정도 변화하였는가, 경자양전의 결과물은 당시의 농촌현실을 어느 정도 반영하고 있었는가, 경자양전의 성격은 어떠했는가 등에 관한 문제는 여전히 논쟁의 여지를 남기고 있는 것으로 보인다. 이러한 문제가 해명될 때 경자양전과 경자양안의 성격이 좀 더 분명해질 것으로 기대된다. 경자양전과 관련하여 미해명의 문제가 남게 된 원인 가운데 하나는 선행 연구들이 주로 경자양안에 의거했기 때문이라고 생각된다. 따라서 경자양전 연구를 더욱 진전시키기 위해서는 기존에 활용된 자료들에 더하여 갑술·경자양전의 실상을 비교할 수 있는 자료 및 당시 농촌에서 일어나고 있던 여러 가지 상황을 현장감 있게 전달하는 기록들을 아울러 활용하는 것이 필요하다. 이에 본고에서는 갑술·경자양전의 실상을 비교할 수 있을 뿐만 아니라 당시의 농촌실상을 비교적 생동감있게 보여주는 漆谷 石田 廣州李氏 監司宅의 田畓案과 추수기[4]를 통하여 갑술·경자양전의 성격에 대하여 살펴보고자 한다.

2. 자료소개

1) 전답안의 구조와 내용

   경자양전이 시행될 무렵 칠곡 석전 광주이씨 감사댁은 남인 공론을 주도하는 재지사족이었다. 감사댁의 재지적 기반은 李元禎(1622~1680)·李

---

4) 漆谷 石田 廣州李氏 감사댁에 대한 정보와, 同家에서 작성한 여러 가지 자료에 대한 설명은 金建泰, 「조선후기 양반가의 농업경영문서」, 『역사와 현실』 25, 1997 참조.

聘命(1646~1701) 부자의 활약으로 더욱 굳건해졌다. 이들은 남·노가 첨 예하게 대립하던 숙종 전반기 남인공론을 주도하던 위치에 섰고, 그 결과 18세기 이후 남인 계열 내에서 칠곡 광주이씨 감사댁이 차지하는 위치는 더욱 높아졌다. 이원정은 숙종 전반기 이조판서를 역임하고, 이담명은 기 사환국(1689)으로 재등용되어 경상감사까지 지냈다. 그러나 이원정이 경 신출척(1680) 때 희생되고, 나아가 갑술환국(1694) 이후에는 일문의 사환 이 거의 끊어짐으로써 감사댁의 정치적 입지는 크게 줄어들었다. 이렇듯 갑술환국 이후 감사댁은 중앙정계와 일정한 거리를 두었음에도 불구하고 그들의 재지적 지위는 낮아지지 않았다.

사환이 끊어진 이후에도 감사댁이 이전과 같은 재지적 지위를 유지할 수 있었던 까닭은 학연·혈연으로 얽힌 강인한 사회적 기반에 더하여 막 대한 양의 전답으로부터 얻어지는 경제력이 뒷받침되었기 때문이다. 감 사댁의 정치·경제적 전성기는 17세기 후반이었는데, 경상감사를 역임한 이담명은 2000여 두락의 전답을 소유하고 있었다. 감사댁의 전답 규모는 이담명대를 전환점으로 하여 그 이후에는 지속적으로 줄어들었다. 몇 차 례 분할상속이 이루어짐으로써 18세기 후반이 되면 감사댁의 전답 규모 는 약 600두락 전후로 줄어들었다.5)

감사댁은 단순히 많은 전답을 집적하는 데만 그치지 않고, 그것을 효율 적으로 관리하기 위한 방안을 다각도로 모색해 나갔다. 감사댁에서 작성 해 둔 전답안이 그러한 사실을 전해주고 있다. 감사댁에서는 18세기에 작 성한 전답안(이하 작성 시기순으로 일련번호를 달았음)을 5개 남기고 있 다. 「전답안1」에는 칠곡·성주·고령 소재 전답이 정리되어 있다. 이 전 답안은 첫머리에 '辛巳(1701)年田畓卜數'라는 문구가 있고, 숙종 28년 (1702) 시헌력 뒷면에 기록되어 있다. 따라서 「전답안1」은 1702년에 작성

---

5) 漆谷 石田 廣州李氏 감사댁의 전답 규모에 대한 설명은 金建泰, 「17~18世紀 兩班地主層의 土地所有樣相」, 『成大史林』 12·13합, 1997 참조.

되었음을 알 수 있다. 감사댁에서는 이담명이 사망하자 곧 있을 재산상속에 대비하기 위해 이 전답안을 작성하였다고 볼 수 있다.

「전답안2」에는 칠곡·성주·인동·고령·흥덕 소재 전답과 관련된 여러 가지 것들이 정리되어 있다. 이 전답안의 작성시기는 아래와 같은 두 가지 사실을 미루어 볼 때 이담명의 맏아들 李世琛(1671~1731)이 부모의 재산을 상속받은 숙종 34년(1708)으로 추정된다. 그 이유는 첫째, 이 전답안의 첫 머리에 '丁亥(1707)以後田畓置簿'라는 문구가 있고, 숙종 29년(1703) 시헌력 뒷면에 실려 있다. 둘째, 「전답안2」에는 奉祀條와 장자인 이세침의 몫으로 분배된 전답은 기재되어 있으나, 둘째 아들 李世璟(1683~1704) 이하 여타 자녀들의 몫은 보이지 않는다. 이 두 가지 사실로 미루어 볼 때, 이세침이 분재받은 토지와 그가 이전부터 소유하고 있던 전답의 실태를 정리하기 위해 부모의 재산을 상속받은 1708년 전답안을 작성하였다고 여겨진다.

「전답안1」과 「전답안2」가 시헌력 뒷면에 기록되어 있는 것과는 달리 「전답안3」과 「전답안4」는 한권의 책으로 묶여져 있다. 칠곡 소재 전답만이 정리되어 있는 「전답안3」의 작성시기는 「전답안2」와 「전답안4」가 작성된 사이 시기의 그 어떤 시점이라고 판단된다. 이 전답안은 「전답안4」보다 앞에 실려 있고, 작성양식이 「전답안1」·「전답안2」의 그것과 같고, 「전답안4」의 그것과는 다른 점에서 그러한 사실을 알 수 있다. 칠곡·성주·인동·고령·임천·흥덕 소재 전답이 정리되어 있는 「전답안4」는 첫 머리의 '庚子改量至男'이라는 글구로 미루어볼 때 경자(숙종 46년, 1720) 양전 직후 작성된 것으로 보인다. 「전답안4」가 경자양전 직후 작성된 사실로 미루어 볼 때 동일한 책으로 묶여 있는 「전답안3」은 이세침이 경자양전을 앞두고 자신의 전답과 관련된 것들을 정리할 때 작성되었다고 볼 수 있다.

칠곡·성주·인동·고령·임천 소재 전답이 정리되어 있는 「전답안5」

는 경자양전 종료 후 약 15여 년이 지난 시점, 즉 이세침(1671~1731)의 재산이 상속되기 직전에 작성되었다고 여겨진다. 숙종 42년(1716) 시헌력 뒷면에 실려 있는 이 전답안의 작성양식이 「전답안4」의 그것과 동일하고, 전답안 가운데 '壬子(1732)年奴介業處買得'이라는 문구가 있고, 「전답안4」에 실린 필지가 거의 대부분 이 전답안에도 실려 있는 점 등이 그러한 사실을 알려주고 있다. 결국 석전 감사댁에서는 갑술(인조 12년, 1634)양안에서 자신 소유의 전답에 해당하는 부분을 등사하여 「전답안1」·「전답안2」·「전답안3」을 작성하였고, 「전답안4」·「전답안5」를 작성할 때는 경자양안을 참고하였음을 알 수 있다.

감사댁뿐만 아니라 이담명의 둘째 아들 李世璟(1683~1704)가에서도 전답안을 남기고 있다. 이 집안에서는 이세경의 아들 李裕中(1705~1747)의 소유전답을 정리한 「전답안6」을 남겼다. 1742년에 매득된 토지가 「전답안6」에 실려있는 데서 그러한 사실을 알 수 있다. 이유중의 사망을 전후해서 전답의 실태를 정리하려는 목적에서 「전답안6」을 작성하였다고 여겨진다.

이같이 18세기 칠곡 감사댁에서는 약 30여 년 동안 갑술·경자양안에서 등사한 전답안을 5번이나 작성하였는데, 번거로움을 무릅쓰고 그렇게 한 까닭은 무엇 때문일까. 그 이유는 첫째, 전답의 소유권을 분명히 해두려는 데 있었다. 재산상속과 경자양전을 전후한 시점에 양안에서 자신의 전답만을 등사한 전답안을 작성해 두었다는 데서 우리는 감사댁의 의도를 엿볼 수 있다. 둘째, 전답 관리를 더욱 철저히 하려는 데 있었다. 전답 위치, 전답유래, 두락수 등 전답과 관련된 여러 가지 정보를 자세하게 기록해 둠으로써 지주제를 더욱 효율적으로 운영할 수 있었다.

감사댁 전답안을 살펴보면 그것의 작성목적이 좀더 분명해진다. 현존하는 대부분의 전답은 양안에 실려 있는 여러 가지 정보 가운데 일부 내용만 담고 있지만, 경우에 따라서는 양안에 없는 정보를 제공하기도 한

다. 양안과 전답안은 내용면에서 서로 차이가 있을 뿐만 아니라 용어상에
서도 차이를 나타내는 경우가 있다. 이러한 현상은 양안과 전답안 작성의
주체와 목적이 다르기 때문에 발생한다. 칠곡 석전 광주이씨 감사댁에서
작성한 전답안의 검토를 통해 양자의 공통성과 차별성에 대해 좀 더 자
세히 살펴보기로 하자.

「전답안2」·「전답안4」에 실린 칠곡지역 전답의 기재 형식을 살펴보면
다음과 같다.

> <자료 1> 「田畓案2」……A-漆谷巴旀坊石田員 B-是字南犯十 C-六等 D-
> 梯田 E-十三卜三束內五卜 F-量無主陳 G-(四標) H-高道巖 六斗落 時
> 順吉 上里衿
> <자료 2> 「田畓案4」……A-漆谷巴旀坊石田員 B-言字第十八南犯 C-六
> 等 D-圭田 E-(長廣尺) F-三卜 一束 G-(四標) H-高道岩 六斗落

A·H항은 <자료 1>과 <자료 2>에 소개된 필지가 모두 칠곡 파며방
석전원 고도암에 소재한 6두락 전, 즉 동일한 필지임을 보여주고 있다. 자
번, 결부수가 변한 사실을 볼 때 <자료 1>은 갑술양안, <자료 2>는 경
자양안을 등사하였음을 알 수 있다.

정부에서 작성한 양안과 위의 두 자료는 외형상 공통성과 차별성을 동
시에 지니고 있는데, 공통성은 A~G에 해당하는 부분이다. 감사댁에서는
전답 소유권을 더욱 공고히 하려는 목적으로 번거로움을 무릅쓰고 양안
에 기재된 내용을 거의 대부분 등사했다고 여겨진다. 차별성은 전답안에
따라 조금씩 차이가 있다. 「전답안2」와 양안의 차별성을 살펴보면 전답안
H에 해당하는 부분, 즉 員보다 더 구체적인 지역명칭, 두락수, 작인,[6] 전

---

6) 作人名 다음에 열거한 18필지에만 기재되어 있다. 漆谷 石田員 是字 10번 田…
…時順吉, 漆谷 石田員 是字 13번 田……時千奉, 漆谷 石田員 君字 141번 田…
…時世望母, 漆谷 石田員 嚴字 183번 田……作, 漆谷 石田員 力字 570번 畓…

답유래 등은 양안에 없고, 양안에 있는 장광척수가 「전답안2」에는 없다. 또한 「전답안2」의 F항에 있는 '量'이라는 용어는 갑술양안에는 없었을 것으로 여겨지는데,[7] 이러한 차이는 바로 양안과 전답안의 작성 주체가 서로 다른 데서 기인한다고 볼 수 있다. 「전답안4」와 양안의 차별성을 살펴보면 전답안 H에 해당하는 부분은 양안에 없는 항목이고, 경자양안에 있는 기주란이 전답안에 없다. 「전답안4」의 개별 필지에 기주란이 제외된 원인은 동 전답안 모두에 '庚子改量乭男'이라고 표시해 두었기 때문으로 보인다. 감사댁은 지주제를 효율적으로 운영하려는 의도에서 양안에 없는 H항을 기록해 두었다고 여겨진다. 전답의 구체적인 위치와 당시의 지주제 운영 단위인 두락의 수를 정확히 기록해 둠으로써 지주제를 더욱 효율적으로 운영할 수 있었던 것이다.

이와 같은 형식과 내용을 갖춘 칠곡 감사댁 전답안을 분석할 때 유념해야 할 사항이 하나 있다. <자료 1, 2>를 통해 구체적으로 살펴보기로 하자. <자료 1>의 B~G 부분은 갑술양전 때의 사실을 보여주지만, A·H 부분은 전답안이 작성된 시점, 즉 1708년의 상황을 보여주고 있다. 양안은 한번 작성되면 다시 양전을 시행하여 새로운 양안이 작성될 때까지 그 내용이 변하지 않는다. 그러나 지명과 두락은 시간이 변화함에 따라 바뀔 수도 있다는 것이다. 즉 갑술양전 때에는 <자료 1>에 소개된 필지

…承明幷作, 漆谷 石田員 忠字 619번 田……或作同人, 漆谷 太平員 設字 955번 畓……時執1卜己龍·3卜守奉, 漆谷 太平員 設字 955번 畓 二作……時守奉, 漆谷 赤火員 行字 181번 畓……時順丹, 漆谷 上長員 溪字 73번 畓……時昌己, 漆谷 上丁員 成字 213번 畓……時卜龍, 漆谷 上丁員 成字 214번 畓……時貴男, 漆谷 上丁員 成字 211번 畓……3斗落 千奉·2斗落 太輝·3斗落 戒業, 漆谷 上丁員 律字 231번 畓……黃座首奴愛京, 漆谷 法丁員 芥字 53번 畓……12卜 太民·8卜8束 太卜, 高靈 論好員 舍字 162번 畓……時萬順, 高靈 余每陽好員 甲字 5번 畓……時萬順, 高靈 余每陽好員 甲字 7번 畓……時萬順.

7) 양안 상의 '起'에 대한 검토는 李榮薰, 「朝鮮量田史에 있어서 主 規定과 이름形態의 推移」, 『조선토지조사사업의 연구』, 민음사, 1997 참조.

의 지명이 칠곡 파며방 석전원이 아닐 수도 있다. 나아가 두락의 면적은 시기에 따라 변화하기 때문에 갑술양전 시에는 동 필지가 6두락이 아닐 수도 있다는 사실을 염두에 둘 필요가 있다. 결국 <자료 1>에는 갑술양 전 시기의 상황과 1708년 상황이 동시에 실려 있는 셈이다. 그런데 <자료 2>는 경자양전 직후에 작성되었기 때문에 모든 내용은 경자양전 시기 의 상황을 보여준다고 할 수 있다.

한편 「전답안2」에 실려 있는 내용은 모두 갑술양전의 실상을 보여주지 만, 「전답안4」에 실려 있는 내용은 지역에 따라 경자양전의 실상을 보여 주기도 하고, 갑술양전의 실상을 보여주기도 한다. 즉 「전답안4」에 실린 칠곡·인동·성주·임천 지역의 내용은 경자양전의 실상을 보여주고, 고 령·흥덕 지역의 내용은 갑술양전의 실상을 보여주고 있다. 그러한 모습 을 좀더 자세히 살펴보기로 하자.

「전답안2」·「전답안4」에 실린 인동지역 전답의 기재 형식을 살펴보면 다음과 같다.

<자료 3> 「田畓案2」……A-仁同文良面院谷員 B-集字北犯六十八 C-一 等 D-直畓 E-(長廣尺數) F-二十二卜六束 G-量玉上 H-牙叱垈三斗落
<자료 4> 「田畓案4」……A-仁同文良面院谷員 B-驅字五十七 C-一等 D- 直畓 E-(長廣尺數) F-二十三卜二束 G-牙叱垈三斗落

자번, 결부수가 변한 사실을 볼 때 <자료 3>은 갑술양안, <자료 4>는 경자양안을 등사하였음을 알 수 있다.

「전답안2」·「전답안4」에 실린 성주지역 전답의 기재 형식을 살펴보면 다음과 같다.

<자료 5> 「田畓案2」……A-星州南山里坊城外員 B-紡字 犯二 C-五等 D- 圭田 E-三卜二束 F-量春同 G-(四標) H-本牙里皮牟二斗落

       <자료 6> 「田畓案4」……A-星州南山里坊城外員 B-弟三 C-五等 D-圭田
       E-(長廣尺數) F-四卜二束 F-(四標)

    위에서 제시한 내용만으로 본다면, <자료 6>에는 두락수가 나오지 않
아 두 자료가 동일 필지의 내용을 담고 있다는 사실이 바로 드러나지 않
는다. 동일 지역이라는 사실은 다음과 같은 두 가지 사실에서 확인된다.
첫째, 위에서 제시한 자료는 두 전답안에서 모두 성외원의 첫 번째 필지
이다. 둘째, 두 자료의 사표를 살펴보면 동쪽에 모두 해자가 자리하고 있
다.[8] 이렇듯 두 자료는 동일 필지임에도 불구하고 경자양전을 거치면서
자번이 바뀌고,[9] 결부수가 변화하였는데, 이러한 사실은 <자료 5>는 갑
술양안, <자료 6>은 경자양안을 등사한 것임을 의미한다.
    「전답안2」·「전답안4」에 실린 고령지역 전답의 기재 형식을 살펴보면
다음과 같다.

       <자료 7> 「田畓案2」……A-高靈南邑內論好員 B-經字五十一東犯 C-三
       等 D-直畓 E-(長廣尺數) F-七卜四束 G-(四標) H-二斗落
       <자료 8> 「田畓案4」……A-高靈南邑內論好員 B-經字五十一東犯 C-三
       等 D-直畓 E-(長廣尺數) F-七卜四束 G-(四標) H-二斗落

    자번, 등급, 전형, 장광척수, 결부수, 사표가 동일한 사실을 볼 때 <자
료 7·8>은 모두 갑술양안을 등사한 것임을 알 수 있다.
    「전답안2」·「전답안4」에 실린 홍덕지역 전답의 기재 형식을 살펴보면
다음과 같다.

---

8) 자료 5의 사표 - 東垓丘西老金南先緝北 ; 자료 6의 사표 - 東垓子陳西南北三方
    亙南垈田.
9) 자료 6에서는 자호가 확인되지 않으나 번호가 3으로 나와 있어, 경자양전을 거치
    면서 자번이 바뀌었음을 알 수 있다.

<자료 9-1>「田畓案2」……A-興德顯內面鄕校洞 B-薑字第十東犯 C-四等
D-梯田 E-(長廣尺數) F-六卜七束 G-(四標) H-量金山

<자료 9-2>「田畓案2」……(興德顯內面鄕校洞 薑字第十 : 인용자) B- 二
作東犯 C-四等 D-梯田 E-(長廣尺數) F-八卜七束 G-(四標) H-量金山

<자료 10>「田畓案2」……A-興德顯內面鄕校洞 B-字字田 C-十卜 D-太六
斗落只 實五斗落 壬辰衿

<자료 11-1>「田畓案4」……A-興德顯內面鄕校洞 B-字字第十東犯 C-四
等 D-梯田 E-(長廣尺數) F-六卜七束 G-(四標) H-金山

<자료 11-2>「田畓案4」……(興德顯內面鄕校洞 宇字第十 : 인용자주) B-
二作東犯 C-四等 D-梯田 E- (長廣尺數) F-八卜七束 G-(四標) H- 太五
斗落田

위에서 보듯이「전답안2」에는 두 종류의 홍덕지역 전답안, 즉 <자료 9
와 10>이 등사되어 있다. 이세침가에서는 홍덕 향교동 현내면에 소재한
전답을 1필지밖에 소유하지 않은 것으로 미루어 볼 때 <자료 9와 10>은
동일 필지임이 분명하다. 따라서 <자료 9>의 2필지가 <자료 10>에서 1
필지로 합필되었음을 알 수 있다. <자료 9와 10>을 비교해 보면, 자호와
결부수가 서로 다르다. 이러한 사실을 통해 홍덕지역에서는 갑술양전 이
후 郡量田이 시행되었음을 알 수 있다.

그런데 경자양전을 등사한 <자료 11>을 살펴보면 자호와 두락수는[10]
<자료 10>과 동일하고 그 외의 부분, 즉 자번, 등급, 전형, 장광척수,[11]
결부수, 사표,[12] 양명 등은 <자료 9>와 동일하다. 이세침가에서는 홍덕

---

10) 전답안의 원본을 살펴보면 자료 11-1과 11-2의 합이 5두락임이 확연히 드러난다.
11) 자료 9-1과 자료 11-1의 장광척수는 東西長五十八尺, 東大頭三十尺, 西小頭十二
尺이고, 자료 9-2와 자료 11-2의 장광척수는 東西長六十九尺, 東大頭三十尺, 西
小頭十六尺이다.
12) 9-1과 11-1의 사표는 東全人田, 西次同畓, 南永立畓, 北路이고, 9-2와 11-2의 사
표는 東順德田, 西全人田, 南永立畓, 北路이다.

지역의 전답을 「전답안4」에 기재할 때 자번은 갑술양안 이후 경자양전 이전 어느 시점에 작성된 양안의 내용을, 자번 이외의 내용은 갑술양안의 내용을 등사하였음을 알 수 있다.

「전답안4」에만 기재되어 있는 임천지역의 전답은 아래 <자료 12>에서 보듯이 경자양안을 등사한 것이다.

<자료 12-1> 「田畓案4」……A-林川紙谷面抄谷路上 B- 字弟三 C-三等
D-直畓 E-(長廣尺數) F-十七卜八束 G-(四標)
<자료 12-2> 「田畓案4」……(林川紙谷面抄谷路上 字弟三 : 인용자)二作
C-三等 D-梯畓 E-(長廣尺數) F-六卜九束 G-(四標) (合 : 인용자) H-七
斗落 舊毻男 今奴己鶴

위의 자료에서는 舊·今 양명이 모두 등장하는데, 이는 경자양안을 등사한 것임을 보여준다.

이상의 사실은 칠곡 석전 감사댁에서는 경자양전 직후 거주지에서 가까이 위치한 칠곡·인동·성주지역의 전답안은 새로 작성된 경자양안에서 등사하고, 멀리 떨어진 지역의 전답안은 새로 작성된 경자양안에서 등사하거나 이전부터 전해오던 전답안을 그대로 등사하여 「전답안4」를 작성하였음을 보여준다.

이같이 칠곡 석전 감사댁에서는 여러 시점에 작성된 전답안을 남기고 있기 때문에 동가의 전답안을 통해 갑술·경자양전의 실상을 자세하게 살펴볼 수 있다. 이 글에서는 이세침대에 작성된 두 개의 전답안, 즉 갑술양안을 등사한 「전답안2」와 경자양안을 등사한 「전답안4」를 중심으로 분석하려고 한다. 두 전답안을 선택한 까닭은 첫째, 두 전답안은 가장 많은 지역의 정보를 담고 있고, 둘째, 작성시기가 비슷해 동일 필지를 비교분석하기가 용이하기 때문이다.

2) 전답분포 현황

칠곡 감사댁에서는 「전답안2」와 「전답안4」를 작성한 사이 시기, 즉 20여 년 동안 적지 않은 전답을 매득 혹은 방매했기 때문에 두 전답안에 실려있는 전답 규모는 약간 다르다. 「전답안2」·「전답안4」에 실려있는 전답 규모를 정리한 것이 <표 1>이다. 「전답안2」에는 칠곡·인동·성주·고령·홍덕 등에 소재한 전답 269필지 1020여 두락, 「전답안4」에는 칠곡·인동·성주·고령·홍덕·임천 등에 소재한 전답 259필지 1322두락이 실려있다. 전답안에 실려있는 전답은 동일 군현 내에서도 여러 곳에 산재해 있었다. 「전답안4」의 경우를 살펴보면, 칠곡 전답은 7개 방(면),[13] 13개 원(리),[14] 39개 동(평),[15] 인동전답은 3개 면,[16] 3개 원(리),[17] 3개 동,[18] 성주전답은 4개 방,[19] 16개 원,[20] 고령전답은 3개 면,[21] 12개 원,[22]

---

13) 巴旀(84)·大谷(13)·蘆谷(7)·道村(1)·文朱(6)·八苩(4)·退川坊(2) : (괄호)안의 숫자는 필지 수임.
14) 石田(76)·古亭(8)·東丁(7)·月塢(6)·蛇山(1)·上(1)·下(1)·知里·余鞭谷(2)·大平(1)·主馬(4)·上長(6)·柳山員(2) : (괄호)안의 숫자는 필지 수임.
15) 高道岩(1), 嚴正浦(2), 九成浦(7), 首陽里(1), 奈前(2), 里直(3), 龍道(1), 池上(1), 池內(3), 金玉洞(3), 麻赤洞(6), 甘洞(1), 望章洞(1), 基後(1), 松田(1), 耳巖(5), 池塘(1), 夜方浦(22), 里門外(2), 案山(2), 瓦冶所(2), 刀洞(2), 都里鞭洞(1), 石坪(4), 斗之洞(4), 平章山(1), 閏石橋(1), 送路洞(3), 上古亭(1), 東亭(7), 沙非浦(2), 甀淵浦(3), 蛇山(1), 野得(1), 楮谷(1), 蘆谷(2), 王方(2), 後坪(1), 梅南(6), 八苩(4), 不明(3) : (괄호)안의 숫자는 필지 수임.
16) 若木(1)·歧山里(3)·文良面(5) : (괄호)안의 숫자는 필지 수임.
17) 池太(1)·赤達(3)·院谷員(5) : (괄호)안의 숫자는 필지 수임.
18) 若木(1), 歧山浦(3), 牙叱垟(5) : (괄호)안의 숫자는 필지 수임.
19) 吾刀旨(1)·茶叱垟(26)·南山里(27)·本牙里坊(4) : (괄호)안의 숫자는 필지 수임.
20) 蟹洞(1)·加刀(3)·堤內(2)·堤下(7)·梨井(1)·注池(3)·鉢山(1)·蓼池(4)·大召池(5)·城外(8)·下右牙(7)·上右牙(8)·梨坪(2)·月牙(2)·本牙里(3)·下之員(1) : (괄호)안의 숫자는 필지 수임.
21) 邑內(5)·一良(19)·乃谷面(1) : (괄호)안의 숫자는 필지 수임.
22) 赤林(2)·館南(2)·古客舍(1)·下沙赤(2)·拓界(3)·論好(1)·余每陽(8)·乭谷(1)·杖破(1)·山下(1)·乭旨(2)·葛項員(1) : (괄호)안의 숫자는 필지 수임.

<표 1> 「전답안2」·「전답안4」에 나타난 전답규모

지역	전답	1708년			1720년		
		필지	결-부-속	두락	필지	결-부-속	두락
칠곡	전	45	6-75-2	361.3(38.3)	33	4-60-2	323.8(62.8)
	답	103	8-46-7	270.4	84	7-65-1	247.7
	합	148	15-21-9	631.7	117	12-25-3	571.5
인동	전	8	0-95-2	49.7(13.7)	3	0-68-3	35
	답	11	0-78-9	20.4(1.9)	6	0-69-8	18.5
	합	19	1-74-1	70.1	9	1-38-1	53.5
성주	전	11	0-96-1(0-20-5)	42.1(13.1)	21	2-54-6	256(72)
	답	33	3-47-7	95	38	3-89-0	119.1(92.1)
	합	44	4-43-8	137.1	59	6-43-6	375.1
고령	전	1	0-47-0	?	2	0-10-8	6.1
	답	24	1-96-8	48.5(1.5)	23	2-17-7	47
	합	25	2-43-8	48.5 + ?	25	2-22-5	53.1
홍덕	전	6	0-60-2(0-15-0)	16(7)	6	0-42-7	14
	답	27	2-67-7(0-28-0)	117.6(65.6)	16	1-38-4	45.9(2.9)
	합	33	3-27-9	133.6	22	1-88-1	59.9
임천	전				5	0-31-1	7.3
	답				22	4-33-0	146.7
	합				57	4-64-1	154
합계	전	71	9-31-4	469.1+?	70	8-67-7	697.1
	답	198	17-37-8	551.5	189	20-13-0	624.9
	합	269	26-69-2	1020.6+?	259	28-80-7	1322

* 비고 결부속의 (괄호)는 결부수가 확인되지 않는 필지를 두락을 기준으로 환산한
것임.
** 두락의 (괄호)는 두락수가 확인되지 않는 필지를 결부를 기준으로 환산한 것임.23)

---

23) 1707년과 1720년 전답안의 결부수는 다음과 같이 계산하였음.
　　「전답안2」
　　칠곡 전 6필지 71부 5속의 두락수는 확인되지 않음. 1결＝53.5두락의 비율로 두
　락수 계산함.
　　인동 전 4필지 26부 2속의 두락수는 확인되지 않음. 1결＝52.2두락의 비율로 두
　락수 계산함.
　　인동 답 3필지 7부 4속의 두락수는 확인되지 않음. 1결＝25.9두락의 비율로 두
　수 계산함.
　　성주 전 4필지 29부 9속의 두락수는 확인되지 않음. 1결＝43.8두락의 비율로 두
　락수 계산함.

홍덕전답은 4개 면,[24] 9개 원,[25] 임천전답은 1개 면,[26] 5개 원[27]에 소재하고 있다. 이렇듯 여러 지역에 전답이 산재하기 때문에 칠곡 감사댁의 전답안을 분석한 결과는 6개 군현의 양전실상에 대한 일반성을 어느 정도 획득할 수 있다고 여겨진다.

성주 전 1필지 9두락의 결부수는 확인되지 않음.

홍덕 전 4필지 26부 3속의 두락수는 확인되지 않음. 1결＝26.5두락의 비율로 두락수 계산함.

홍덕 전 1필지 4두락의 결부수는 확인되지 않음.

홍덕 답 17필지 1결 53부 2속의 두락수는 확인되지 않음. 1결＝42.8두락의 비율로 두락수 계산함.

홍덕 답 3필지 15두락의 결부수는 확인되지 않음.

고령 답 1필지 6부 1속의 두락수는 확인되지 않음. 1결＝24.6두락의 비율로 두락수 계산함.

　　「전답안4」

칠곡전 8필지 93부 5속의 두락수는 확인되지 않음. 1결＝62.8두락의 비율로 두락수 계산함.

성주전 10필지 71부 9속의 두락수는 확인되지 않음. 1결＝72두락의 비율로 두락수 계산함.

성주답 22필지 3결 9속의 두락수는 확인되지 않음. 1결＝92.1두락의 비율로 두락수 계산함.

홍덕답 2필지 8부 8속의 두락수는 확인되지 않음. 1결＝2.9두락의 비율로 두락수 계산함.

24) 縣內(2)·一南(3)·一西(2)·二西面(15) : (괄호)안의 숫자는 필지 수임.

25) 鄕校洞(2)·中防築洑(3)·法知谷村(2)·各鼻橋(2)·水条洑(2)·長亭子(3)·道林峴(2) ·山亭(2)·沙川洞村(4) : (괄호)안의 숫자는 필지 수임.

26) 紙谷面(27) : (괄호) 안의 숫자는 필지 수임.

27) 沙谷路上(2)·篤硯(2)·蛇峙(10)·松亭(1)·南塘里員(12) : (괄호)안의 숫자는 필지 수임.

3. 갑술·경자양전의 실상

1) 자호개정

경상도 지역의 경우 갑술·경자양전 때의 자호는 매 5결마다 천자문의 순서에 따라 주어졌다. 그러므로 동일 필지의 자호라도 양전이 새로 시행되면 바뀔 수밖에 없다. 양전을 시작하는 기점, 양전을 진행하는 방향, 두 시기 사이에 일어난 전답의 증감 정도에 따라 동일 필지의 자호가 변하기 때문이다. 감사댁의 전답안은 갑술·경자양전 시에 일어난 자호변경의 실상을 구체적으로 보여주고 있다.

칠곡전답의 경우 「전답안2」의 103필지가 「전답안4」에서 확인되고, 인동의 경우 「전답안2」의 10필지가 「전답안4」에서 확인된다. 성주의 경우 「전답안2」의 32필지가 「전답안4」에서 확인된다. 경자양전을 거치면서 칠곡전답은 91필지로 감소하였고, 인동전답은 8필지로, 성주전답은 27필지로 줄어들었다. 갑술양전에서 2作, 3작으로 나누어 양전된 필지가 경자양전에서는 하나의 필지로 양전된 경우가 적지 않기 때문에 이러한 현상이 일어났다. 두 전답안에서 모두 확인되는 필지를 대상으로 하여 경자양전을 거치면서 갑술양전 때 주어진 자호가 어떻게 바뀌는지를 살펴보자.

갑술양전 때에 주어진 칠곡·인동지역의 전답자번은 경자양전을 거치면서 모두 바뀌었다. 칠곡지역의 경우 갑술양전 때에 주어진 29개의 자호(是, 事, 嚴, 與, 敬, 孝, 竭, 忠, 則, 盡, 自, 命, 臨, 深, 履, 薄, 夙, 似, 蘭, 甚, 竟, 登, 攝, 夫, 設, 伯, 意, 侈, 磻)가 경자양전을 거치면서 33개의 새로운 자호(言, 初, 愼, 終, 宜, 榮, 所, 籍, 甚, 竟, 學, 優, 登, 仕, 攝, 職, 甘, 孔, 懷, 兄, 弟, 氣, 交, 箴, 逸, 守, 雅, 陛, 纓, 土, 盟, 精, 呂)로 바뀌었다. 자호가 천자문의 순서에 따라 이어지지 않은 까닭은 전답이 여러 곳에 분산되어 있기 때문이다. 인동지역의 경우 갑술양전 때에 정해진 4개의 자호(章, 以, 集, 墳)가 경자양전을 거치면서 4개의 새로운 자호(愛, 睦,

驅, 轂)로 개정되었다. 성주지역의 경우 갑술양전 때에는 자호가 12개(紡, 侍, 擧, 足, 悅, 豫, 嫡, 後, 盜, 叛, 布, 皆)였으나 경자양전을 거치면서 주어진 자호는 전답안에서 확인되지 않는다.

칠곡지역의 자호 29개가 경자양전을 거치면서 33개로 늘어난 까닭은 다음과 같은 두 가지 이유에서 비롯되었다. 첫째, 갑술양전 이후 새로 개간된 전답이 경자양전을 거치면서 양안에 등재됨으로써 결부수가 늘어났거나, 둘째, 갑술양안에도 올라 있던 전답이 경자양전을 거치면서 결부수가 증가되었기 때문이다. 이 두 가지 원인 가운데 주된 원인은 뒤에서 살펴보듯이 첫 번째 것이다.

2) 갑술·경자양전의 전품 책정원칙

전답의 결부수를 결정하는 요소 가운데 가장 큰 비중을 차지하는 부분이 바로 전품이다. 따라서 갑술·경자양전 당시 정부는 양전 시행 이전에 미리 제시한 전품 책정에 대한 기본틀을 여러 반대에도 불구하고 굳건히 유지했다. 인조 12년 경상좌도 양전사 이현이 올린 다음과 같은 장문의 상소를 통하여 전품 책정과 관련된 갑술양전 시기의 원칙을 살펴볼 수 있다.

신이 삼가 보건대 해조의 事目 가운데 시행할 수 없는 것이 두 가지가 있는데, 그 하나는 기필코 평시의 결부대로 채우려 하는 것입니다. (중략) 평시에는 호구가 해마다 증가하여 땅은 좁은데 사람이 많아 거름을 주는 것이 백 배나 많아지니 척박한 땅도 모두 기름지게 마련입니다. (중략) 그런데 지금은 土豪는 물론 小民들까지도 모두 넓은 토지를 두게 되었습니다만 수확은 평시에 비하여 반감되었습니다. 더구나 임진년 이후로 국가에 일이 많아 세·공·부 이외에 三手粮·別收米·五結布·唐粮米 및 雜色의 役이 있게 되었는데, 이는 모두 평시에는 없었던 것들입니다. 요역의 煩苦함이 이와 같으니, 백성들이 생활을 보호받을 수 있는 것은 오로지 결부가 헐한 데에 있습니다. 지금 만약 평시의 결부를 모두 채우려면 등급을 모두 평시 정한 바대로 따라야 그 수를 채울 수 있을 것입니다. 호서우도 10여 고을과 영남좌도 8~9고을은 아직 평시의 田案이 그대로 있기 때문에 백성들이 떠나가고 토지가 대다수 황폐해졌습니다. 이것이 결부를 꼭 평시와 같이 해서는 안되는 분명한 점입니다. 지금 우선 현재의 토질이 비옥하고 척박한 정도에 따라 곡물 산출량의 다소를 묻고 등급을 정하면서 舊例에 구애받지 말고 현실에 맞게 등급을 계량한다면 백성들도 원망하지 않고 얻게 되는 결부 또한 배가 될 것입니다. (중략) 비국이 이미 정해진 일을 중지할 수 없다고 하니, 상이 따랐다.28)

위에서 보듯이 이현은 갑술양전을 맞이하여 이전의 전품에 구애되지 말고, 토지가 임란 이전보다 척박해진 현실을 반영하여 새롭게 전품을 책정하자고 주장하였으나, 일정량의 결부를 확보하려던 정부는 그의 주장을 무시하고 평시, 즉 임란 이전의 전품을 계승하도록 하였다.

이전 시기의 전품을 계승하는 관행은 다음과 같은 경자양전 사목에서 보듯이 경자양전까지 지속되었다.

諸道의 전답은 종전에 檢量을 여러 번 겪었기 때문에 등급의 고하는 이미 실태를 좇아 양안에 기록되어 있다. 따라서 전후에 다름이 없이 같게 하는 것이 마땅하다. 금번에 다시 양전할 때에는 양전한 뒤에 더 기경된 곳의 등급 고하는 한결같이 토지 품질에 좇아서 시행한다. 일찍이 전양안에 기록된 바에 이르러서는 전답의 등급은 올리거나 내리지 않는다. 그 중에 특히 부득이한 사유로 이정해야 되는 경우에는 각읍은 일절 마을의 공론에 좇아 감영에 抄報하고 감영에서는 따로이 적간하여 상세히 그 실상을 탐지한 뒤에야 비로소 고치는 것을 허용한다. 고친 庫員, 字號, 등급을 동일하게 성책하여 1건을 또한 호조에 올려 보내어 前頭로써 적간할

28) 『仁祖實錄』 권30, 인조 12년 윤8월 27일 경술.

때에 증빙 자료로 삼아야 한다.[29]

위에서 보듯이 경자양전의 전품은 개간된 전답과 부득이한 사유로 전품을 다시 책정하여야 하는 곳을 제외하고 모두 그 이전, 즉 갑술양전 때의 전품을 계승하였던 것이다. 이는 약 90여 년 전에 책정된 전품을 계승함을 의미하는 것이 아니고, 200여 년 전에 책정된 전품을 계승함을 뜻한다. 왜냐하면 갑술양전 때의 전품이 앞에서 보았듯이 임란 이전의 것을 계승하였기 때문이다.

외관상으로 갑술·경자양전 공히 그 이전의 전품을 계승하였다는 점에서 공통성이 있지만, 양자의 내면적 성격은 확연히 다르다. 이현의 주장을 근거로 본다면 갑술양전의 전답등급은 현실보다 높게 책정되었다고 할 수 있다. 즉 임란으로 황폐화된 농촌이 갑술양전 때까지도 완전히 복구되지 않았음에도 불구하고 정부는 임란 이전에 책정된 전품을 계승함으로써 더 많은 결부수를 확보하려고 하였던 것이다. 이러한 정부의 정책은 결과적으로 전답을 소유한 농민에게 전세가 현실보다 과중하게 부과되는 현상을 초래하였다.

경자양전의 실상은 갑술양전 때의 상황과는 달랐다. 갑술양전 이후 洑·堤堰과 같은 수리시설이 다수 설치되고, 이앙법이 더욱 널리 보급되는 등 전답의 비옥도와 농법이 크게 변화하였으나, 경자양전 당시 정부는 이를 적극적으로 반영하지 않고 갑술양전의 전품을 계승하였던 것이다. 이러한 정부의 정책은 전답을 소유한 농민에게 전세가 현실보다 가볍게 부과되는 결과를 초래하였다.

---

29) 『新補受教輯錄』, 「戶典」 量田條, "諸道田畓 從前累經檢量 等數高下 旣已從實 懸錄於量案中 此則前後宜無異同 今番改量時 則量後加起之處 等數高下 一從 土品施行 而至於曾前量案所載 田畓等第 勿爲陞降 其中或有不得已釐正者 各 邑一從里中公論 抄報監營 自監營別爲摘奸 詳知其實狀然後始許改正 而同改 正庫員字號等第成冊 一件亦爲上送本曹 以前頭摘奸時憑考之地".

<표 2> 갑술·경자양전 당시 칠곡지역 전답등급

		갑술양전			경자양전		
	등급	필지	결-부-속	두락	필지	결-부-속	두락
전	3	11	2-36-5	114	9	1-52-1	94.3
	4	7	1-77-9	60	6	1-10-9	77.7
	5	1	0-30-4	25	2	0-25-1	25
	6	3	0-09-8	13	3	0-09-5	13
	불명				1	0-09-1	7
	합계	22	4-54-6	212	21	3-06-7	217
답	2	5	0-56-0	16	4	0-53-2	13.8
	3	41	2-81-8	88.7	37	3-06-5	92.4
	4	31	2-18-2	76.4	22	1-99-3	69.1
	5	2	0-14-5	12	2	0-16-9	12
	6	2	0-02-7	0.8	2	0-03-0	2.1
	불명				3	0-21-5	9
	합	81	5-73-2	193.9	70	6-00-4	198.4

경자양전 당시 갑술양전의 전품을 계승하는 쪽으로 입장을 정리한 정부는 관리, 토호배들의 비리가 개입되는 것을 미연에 방지하고, 나아가 전품을 공정하게 책정할 수 있는 방안을 다각도로 강구하였다.[30] 그 결과 경자양전 당시 갑술양전의 전품은 잘 계승되었다. 감사댁의 전답안은 경자양전이 갑술양전의 전품을 계승한 상황을 선명하게 보여주고 있다. 감사댁의 두 전답안에서 동시에 확인되는 필지의 전답 등급을 정리한 <표 2>, <표 3>, <표 4>에서 보듯이 경자양전의 등급은 갑술양전 때에 정해진 것이 대부분은 그대로 계승되었다.

---

30) 『新補受教輯錄』,「戶典」量田條, "諸道田畓 從前累經檢量 等數高下 既已從實 懸錄於量案中 此則前後宜無異同 今番改量時 則量後加起之處 等數高下 一從 土品施行 而至於曾前量案所載 田畓等第 勿爲陞降 其中或有不得已釐正者 各 邑一從里中公論 抄報監營 自監營別爲摘奸 詳知其實狀然後始許改正 而同改 正庫員字號等第成冊 一件亦爲上送本曹 以前頭摘奸時憑考之地 土豪輩如有貪 緣冒僞 有所現露則都監官以下及佃夫 並繩以全家之律 該邑守令亦爲從重論罪 (依大明律 制違杖一百)".

<표 3> 갑술·경자양전 당시 인동지역 전답등급

	등급	갑술양전			경자양전		
		필지	결-부-속	두락	필지	결-부-속	두락
전	1	1	0-23-2	10	2	0-29-8	15
	3	1	0-14-2	5			
	합계	2	0-37-4	15	2	0-29-8	15
답	1	1	0-22-6	3	1	0-23-2	3.0
	2	2	0-05-3	3			
	3	1	0-10-3	1.5			
	4	3	0-19-9	7			
	5	1	0-13-4	4			
	불명				5	0-46-6	15.5
	합	8	0-71-5	18.5	6	0-69-8	18.5

<표 4> 갑술·경자양전 당시 성주지역 전답등급

	등급	갑술양전		경자양전	
		필지	결-부-속	필지	결-부-속
전	1			1	0-08-4
	2	3	0-27-8	3	0-31-9
	3	1	0-06-9	1	0-07-4
	4	2	0-09-2	2	0-07-5
	5	2	0-05-1	2	0-05-8
	불명	1	0-11-6		
	합계	9	0-60-6	9	0-61-0
답	1	11	0-90-7	6	0-95-7
	2	7	0-99-0	8	1-12-4
	3	2	0-18-9	2	0-11-9
	4	2	0-22-6	2	0-23-0
	불명	1	0-05-5		
	합	23	2-36-7	18	2-43-0

갑술·경자양전 당시의 필지 수가 다르게 나타나는 까닭은 경자양전을 거치면서 몇 개의 필지에서 합필 현상이 일어났기 때문이다.

먼저 칠곡지역의 등급 변화를 살펴보면, 갑술양안의 103필지(전 22, 답 81) 가운데 94필지(전 20, 답 74)는 등급이 불변이고, 5필지(전 1, 답 4)는 등급이 변하였고, 4필지(전 1, 답 3)는 변화 유무를 알 수 없다. 그런데 등급이 변한 필지 가운데 4필지(전 1, 답 3)는 갑술양전 때 등급이 달랐던 2필지가 경자양전에서 1필지로 통합되면서 등급이 변화된 것이다. 결국 등급이 변한 필지는 1필지에 불과하다고 할 수 있다. 인동의 경우 갑술양안의 10필지(전 2, 답 6) 가운데 2필지(전 1, 답 1)는 등급이 불변이고, 전 1필지는 등급이 변하였고, 답 7필지는 변화 유무를 알 수 없다. 마지막으로 성주지역의 등급 변화를 살펴보면, 갑술양안의 32필지(전 9, 답 23) 가운데 등급이 변한 경우는 1필지이다. 위의 <표 4>에서는 확인이 되지 않지만, 전답안을 살펴보면 갑술양전에서 3등급 판정을 받은 1필지가 경자양전에서 2등급 판정을 받았다. 1등급의 필지 수가 줄어든 원인은 필지가 합쳐졌기 때문이고, 갑술양전의 상황을 알려주는 「전답안2」의 불명 1필지는 경자양전에서 3등급 판정을 받았다.

3) 다섯 가지 전형의 적용실태

양전을 효과적으로 수행하기 위해서는 여러 가지 전형을 몇 개로 단순화시킬 필요가 있다. 이러한 필요성으로 인해 정부는 갑술·경자양전 당시 모든 전답을 直[직사각형]·方[정사각형]·圭[이등변삼각형]·句[삼각형]·梯[사다리꼴]형 가운데 하나로 정형화시켰다. 다양한 형태의 전답을 5개 전형으로 통일시키는 것은 쉬운 일이 아니었지만, 작업의 효율성과 공정성을 높이기 위해 정부는 더 이상의 전형은 인정하지 않았다. 설령 5개의 전형에 부합하지 않는 전답이 있더라도 약간의 가공을 거쳐 5개 전형 가운데 하나로 만들도록 하였다.[31] 전형은 전품과 달리 갑술양전의 것을 계승하지 않고, 양전과정에서 필지별로 새롭게 적용시켰기 때문에 갑

---

31) 『量田謄錄』, "五等田形外 雖有田形難辨者是良置 有難創出別樣田形 一依事目 以裁直田裁方田裁斷打量爲齊".

<표 5> 갑술·경자양전 당시 칠곡지역 전형

	전형	갑술양전			경자양전		
		필지	결-부-속	두락	필지	결-부-속	두락
전	제	12	1-76-4	100	7	1-51-6	112.4
	직	10	2-78-2	112	10	1-12-5	74.6
	구				1	0-11-3	10
	규				2	0-12-2	13
	불명				1	0-09-1	7
	합	22	4-54-6	212	21	3-06-7	217
답	제	47	3-32-9	108.8	26	2-22-7	73
	직	27	1-92-0	66.3	26	2-29-2	76.7
	방				1	0-05-1	1.5
	구	1	0-06-5	3	7	0-51-8	16.2
	규	6	0-41-8	15.8	7	0-70-1	22
	불명				3	0-21-5	9
	합	81	5-73-2	193.9	70	6-00-4	198.4

술양전에서 정해진 전답의 전형은 경자양전을 거치면서 상당히 변했다. 감사댁의 전답안은 전형 변화의 실상을 구체적으로 보여주고 있다.

감사댁 소유 칠곡전답은 경자양전을 거치면서 전답 103필지 가운데 45필지(전 14, 답 31)는 전형이 변하였고, 54필지(전 7, 답 47)는 전형이 계승되었고, 4필지(전 1, 답 3)는 변화 유무를 알 수 없다. 인동전답은 경자양전을 거치면서 10필지 가운데 2필지(전 1, 답 1)는 전형이 변하였고, 전 1필지는 전형이 계승되었고, 7필지는 변화 유무를 알 수 없다. 성주전답은 경자양전을 거치면서 32필지 가운데 7필지(전 2, 답 5)는 전형이 변하였고, 22필지(전 6, 답 16)는 전형이 계승되었고, 3(전 1, 답 2)필지는 변화 유무를 알 수 없다.

이렇듯 전형은 전답안에 기재된 내용을 근거로 보았을 때는 80여 년 동안 약 50% 정도 변화하였다. 하지만 실제의 전형은 이보다 적게 변화되었다고 판단된다. 하천범람으로 인한 전답의 부분적 유실, 이전에 없던 새로운 농로의 개설, 이미 경작되고 있는 전답과 접한 황무지의 개간 등

<표 6> 갑술·경자양전 당시 인동지역 전형

	전형	갑술양전			경자양전		
		필지	결-부-속	두락	필지	결-부-속	두락
전	제	1	0-14-2	5			
	직	1	0-23-2	10	2	0-29-8	15
	합	2	0-37-4	15	2	0-29-8	15
답	제	1	0-08-3	3	1	0-23-2	3
	직	7	0-63-2	15.5			
	불명				5	0-46-6	15.5
	합	8	0-71-5	18.5	6	0-69-8	18.5

<표 7> 갑술·경자양전 당시 성주지역 전형

	전형	갑술양전			경자양전		
		필지	결-부-속	두락	필지	결-부-속	두락
전	제	1	0-01-8		1	0-16-8	
	직	4	0-34-7		3	0-22-5	
	방				1	0-08-4	
	규	3	0-12-5		4	0-13-3	
	불명	1	0-11-6				
	합	9	0-60-6		9	0-61-0	
답	제	6	0-79-8		6	0-93-5	
	직	12	1-26-6		11	1-38-6	
	구	1	0-10-0				
	규	2	0-02-5		1	0-10-9	
	불명	2	0-17-8				
	합	23	2-36-7		18	2-43-0	

에 의해 80여 년 동안 전형이 적지 않게 변화하였을 것이다. 그러나 이러한 이유 때문에 절반 가까운 전답의 전형이 변화되었다고 보기는 어렵다. 다시 말하여 전형 변화율이 50% 정도 되려면 지주나 작인들이 전답 모양을 변화시키는 현상이 광범위하게 진행되어야만 가능하다.

그런데 지주와 작인들이 다수의 전형을 변화시키는 것은 쉬운 일이 아니었다. 특정 지주의 전답일 경우 별 어려움 없이 하나의 필지를 여러 개로 분할하거나, 여러 개의 필지를 하나로 합칠 수 있지만, 이러한 방법으로 다수의 전형을 바꿀 수는 없다. 앞의 <표 2>・<표 3>・<표 4>에서 보듯이, 갑술양전 이후부터 경자양전 사이에 합필, 분필된 예는 그다지 많지 않았다. 따라서 80여 년 동안 전형이 50% 정도 변화되려면 두렁을 경계로 하고 있는 지주들이 서로 합의하여 전답 모양을 새롭게 바꾸는 현상이 광범위하게 진행되어야 한다. 그러나 현실적으로 특정 전답은 두렁을 경계로 소유자가 각기 다른 여러 필지의 전답과 접하고 있기 때문에, 서로 접해 있는 전답의 전형을 변화시키는 작업은 쉬운 일이 아니다. 즉 광범위한 전형 변화는 개별 지주들에 의해서는 이루어질 수 없고, 지역 단위로 진행되어야만 가능한 것이다. 그러나 조선시대에는 지역 단위로 전형을 변화시키는 사업이 광범위하게 추진된 적은 없었다. 결국 갑술・경자양전 시기 다양한 형태의 전형을 다섯 가지로 정형화시키는 과정에서 양전 실무자들의 전형 판단 기준이 달랐기 때문에 전형이 50% 정도까지 변화하였다고 할 수 있다.

개별 필지별로 살펴보았을 때는 전형이 심하게 변하였으나, 지역 전체를 살펴보면 전형의 변화가 그다지 심하지 않았다. 「전답안2」와 「전답안4」에서 동시에 확인되는 칠곡, 인동, 성주전답의 전형을 정리한 <표 5>・<표 6>・<표 7>에서 보듯이 칠곡의 경우 전은 제전이 5필지 줄어들었고, 답은 제답이 19필지 줄어들었고, 인동, 성주의 경우 큰 변화가 없다. 이러한 사실에서도 갑술・경자양전 시기에 양전 실무자들의 전형판단 기준이 달랐기 때문에 전형이 50% 정도까지 변화하였음을 알 수 있다. 왜냐하면 개별 필지의 전형이 변화하게 되면, 지역 전체의 전형도 바뀌는 것이 일반적 현상이기 때문이다.

4) 결부수 변화양상

개별 필지의 결부수에 영향을 미치는 요소는 등급, 전형, 실지측량이다.

경자양전 당시 등급은 갑술양전에서 계승되었으나 전형이 바뀌고, 나아가 실지측량이 다시 이루어졌기 때문에 동일 필지라도 결부수는 바뀌기 마련이다. 결부수 변화상을 감사댁의 전답안을 통해 추적해보기로 하자.

감사댁 전답안의 결부수 변화양상을 정리한 <표 8>에서 보듯이 경자양전을 거치면서 대부분의 필지에서 결부수 변동이 있었다. 칠곡의 경우 田은 21필지 가운데 7필지에서 18부 6속이 증가하였고, 13필지에서 1결 66부 5속이 감소하여, 전체적으로는 1결 47부 9속이 감소하였다. 다시 말하여 갑술양전의 전 4결 54부 6속이 경자양전을 거치면서 3결 6부 7속이 되었으며, 변화율은 33%이다. 수치 상으로 보면, 경자양전을 거치면서 결부수가 상당히 변화한 것처럼 보이지만, 실상은 그렇지 않다. 왜냐하면 칠곡 대곡방 월오원 소재 전 3필지에서 결부수가 1결 56부 8속이 감소하였기 때문이다. 이 3필지를 제외하면 칠곡 전의 결부수는 큰 변화가 없었다고 볼 수 있다. 칠곡 답은 70필지 가운데 40필지에서 64부 5속이 증가하였고, 26필지에서 37부 3속이 감소하여 전체적으로는 27부 2속이 증가하였다. 즉 갑술양전의 답 5결 73부 2속이 경자양전을 거치면서 6결 4속이 되었으며, 변화율은 5%에 지나지 않는다. 답의 결부수는 변화가 거의 없었다고 할 수 있다.

인동지역의 경우 전은 2필지 가운데 1필지에서 8속이 증가하고, 1필지에서 8부 4속이 감소하여, 전체적으로는 7부 6속이 감소하였다. 다시 말하여 갑술양전의 37부 4속이 경자양전을 거치면서 29부 8속이 되었으며, 변화율은 20%이다. 전에서 적지 않은 결부수 변동이 있었다고 할 수 있다. 인동 답은 6필지 가운데 3필지에서 8부 4속이 증가하였고, 2필지에서 10부 1속이 감소하여 전체적으로는 1부 7속이 증가하였다. 즉 갑술양전의 답 71부 5속이 경자양전을 거치면서 69부 8속이 되었으며, 변화율은 2% 에 지나지 않는다. 답의 결부수는 변화가 거의 없었다고 할 수 있다.

<표 8> 갑술양전 대비 경자양전의 결부수 변화 양상

			전		답		합계	
			필지	증감규모 (결-부-속)	필지	증감규모 (결-부-속)	필지	증감규모 (결-부-속)
칠곡	변화	증가	7	+ 0-18-6	40	+ 0-64-5	47	+ 0-83-1
		감소	13	- 1-66-5	26	- 0-37-3	39	- 2-03-8
	불변		1	0-04-2	4	0-20-2	5	0-24-4
	증감량			- 1-47-9		+ 0-27-2		- 1-20-7
인동	변화	증가	1	+ 0-00-8	3	+ 0-08-4	4	+ 0-09-2
		감소	1	- 0-08-4	2	- 0-10-1	3	- 0-18-5
	불변				1	0-06-0	1	0-06-0
	증감량			- 0-07-6		- 0-01-7		- 0-09-3
성주	변화	증가	5	+ 0-05-6	8	+ 0-14-7	12	+ 0-20-3
		감소	4	- 0-05-2	10	- 0-08-4	15	- 0-13-6
	증감량			+ 0-00-4		+ 0-06-3		+ 0-06-7

그런데 인동의 경우 필지 수가 지나치게 적기 때문에 인동지역의 일반적 변화상이 이와 같다고 말하기는 어렵다고 생각된다.

성주지역의 경우 전은 9필지 가운데 5필지에서 5부 6속이 증가하였고, 4필지에서 5부 2속이 감소하여, 전체적으로는 4속이 증가하였다. 다시 말하여 갑술양전의 60부 6속이 경자양전을 거치면서 61부가 되었으며, 변화율은 0.6%이다. 전에서는 결부수 변동이 거의 없었다고 할 수 있다. 성주 답은 18필지 가운데 10필지에서 14부 7속이 증가하였고, 8필지에서 8부 4속이 감소하여 전체적으로는 6부 3속이 증가하였다. 즉 갑술양전의 답 2결 36부 7속이 경자양전을 거치면서 2결 43속이 되었으며, 변화율은 3%이다. 답의 결부수 변화는 거의 없었다고 할 수 있다. 결국 칠곡·인동·성주의 결부수를 종합해 볼 때, 동일 필지의 경우 경자양전을 거치면서도 갑술양전 결부수가 크게 변하지 않았음을 알 수 있다.

이러한 현상은 삼남지방에서도 거의 비슷하게 나타났다. 갑술양전을 통해 충청도에서 258,460결, 전라도에서 335,577결, 경상도에서 301,819결을 확보하였고, 경자양전을 통해 충청도에서 255,208결, 전라도에서

377,159결, 경상도에서 336,778결을 확보하였다. 경자양전을 거치면서 충
청도에서 3,252결(약 1%) 감소, 전라도에서 41,582결(약 12%) 증가, 경상도
에서 34,959결(12%) 증가하였다.[32] 즉 경자양전을 통해 확보된 결수는 갑
술양전의 895,856결보다 73,289결 더 많은 969,145결인데, 이는 갑술양전
에 비해 약 8% 증가한 양이다. 경자양전으로 증가된 73,289결에는 동일
필지의 결부수가 약간 증가된 양과 갑술양전 이후 개간된 전답의 결부수
가 합쳐져 있다. 갑술양전 이후 진행된 연해안 지역의 대규모 개간사업과
소규모의 내륙지역 개간사업[33]의 결과가 경자양전에 반영되었음을 감안
할 때 동일 필지의 결부수 증가는 그다지 크지 않았음을 알 수 있다.

5) 양명의 실상과 성격

16~17세기에는 여러 명의 토지가 특정인의 명자로 '깃기[衿記]'와 같
은 부세관련 문서에 등재된 경우가 허다했다. 명종 3년 金益壽는 당시의
실정을 다음과 같이 전하고 있다.

> 신이 들으니, 죄인의 田地를 推刷하여 屬公시킬 때에 간혹 그와 家戶
> 를 같이 했다가 전지를 빼앗긴 자도 있다고 합니다. 대체로 평상시 전지
> 가 있는 백성들은 으레 그 전지를 권세가에 붙여서 가호를 같이하여 載錄
> 해 놓는데, 그것은 곧 徭役을 가볍게 하기 위한 것입니다. 그런데 지금 죄
> 인의 전지를 속공시키면서 그런 것을 일체 분간하지 않고 비록 문권이 있
> 다 하더라도 수령은 국법이 두려워서 辨正하려 하지 않고, 京中의 재상에
> 게 이를 이미 절수해 버렸으니, 궁벽한 시골의 무지한 백성이 어찌 구중
> 궁궐에 하소연할 수 있겠습니까. 백성의 생활은 이 전토에 달려 있는데
> 그 전토를 남김없이 다 빼앗아 버리니 어찌 원통하고 억울하지 않겠습니

---

32) 『增補文獻備考』 권142, 田賦考 2.
33) 17세기 개간에 대한 자세한 내용은 宋贊燮, 「17·18세기 新田開墾의 확대와 經
營形態」, 『韓國史論』 12, 1985 ; 吳仁澤, 앞의 논문, 1994 참조.

까.34)

　위의 기사에서 보듯이, 16세기 당시 백성들이 요역을 가볍게 하기 위하
여 자신의 전토를 권세가에 합록하는 현상이 비일비재했다. 전지를 합록
했다가 권세가의 전지가 屬公됨에 따라 그들이 합속한 전토도 함께 속공
되는 경우도 허다했음을 위의 기사는 전하고 있다.

　합록의 관행은 17세기에도 여전하였다. 17세기 들어 미증유의 전답소
송이 발생했을 때 지방관들은 여러 명의 전답을 특정 사람의 量名으로
양안에 합록해 두는 관행 때문에 판결을 내리는 데 적지 않은 어려움을
겪었다.35) 정부는 이러한 합록에서 비롯되는 문제를 해소하려는 목적에
서 경자양전 당시 전답 소유주를 정확하게 파악하려고 노력하였다. 그 일
환으로 구 양안에서 1作이던 것이 나뉘어 2·3작으로 된 것까지도 합록
으로 인한 폐단을 미연에 방지하기 위하여 나뉘어진 필지별로 주인의 이
름을 기재하게 하였다.36) 이 같은 정부의 노력에도 불구하고 경자양전 과
정에서도 전답이 합록, 분록, 대록되는 관행은 여전히 계속되었다.37)

　경자양전 당시의 양명 기재실상은 칠곡 감사댁 전답안에서 잘 드러난
다. 칠곡 감사댁은 대부분의 전답을 갑술양전 이후에 매득했기 때문에 경

34)『明宗實錄』, 명종 3년 무신 2월 을묘, "且臣聞之 罪人田地 推刷屬公時 有或同
　　戶 而見奪者 盖常時百姓之有田地者 例付勢家 同戶載錄 欲其役歇也 今於屬公
　　一切不問 雖有文券 守令劫以國法 不爲辨正 京中宰相 旣已折授 窮村愚民 豈
　　能訴憫於九重乎 民之資生 在於田土 而奪盡無遺 豈無抑冤乎 是時人心巧詐 民
　　有田土 欲免徭役 並錄於勢戶者 十常八九 自乙巳以後 被罪人財産 連續沒官
　　民田並錄者 雖有世傳文券 今授功臣 故民之失業者 不知其幾".
35) 17세기 전답소송에 대해서는 金建泰,『16~18世紀 兩班地主層의 農業經營과 農
　　民層의 動向』, 성균관대학교 박사학위논문, 1996 ; 李榮薰, 앞의 논문, 1997 참
　　조.
36)『量田謄錄』, "舊量一作 今爲二三作 各有主名 則不可仍前合錄 致有混淆之弊
　　元第次下降一字以二作三作 從其實數列錄 以爲區別之地爲齊".
37) 李榮薰, 앞의 논문, 1988 참조.

자양전 이전까지는 감사댁의 전답에는 다양한 양명이 붙어 있었다. 감사댁 소유의 전답에 붙혀진 다양한 형태의 갑술양명은 경자양전을 거치면서 모두 개정되었다. 칠곡지역 전답 103필지의 양명 43개,[38] 인동지역 전답 10필지 양명 7개,[39] 성주지역 전답 32필지 양명 18개[40]는 乭男으로 개명되었다. 현존하는 경상도 지역 양안에 兩班起主는 대체로 직역+성명+奴名의 형태로 등재되어 있는 사실을 미루어 볼 때, 돌남이라는 양명은 경자양안에서는 '幼學 李世琛奴乭男'으로 기재되었을 것으로 여겨진다. 임천지역의 양명 또한 경자양전을 거치면서 개명되었다. 임천지역 전답 27필지의 양명은 8개였는데,[41] 경자양전을 거치면서 2필지는 '奴己鶴', 나머지 필지는 '元日'이라는 양명으로 양안에 등재되었다. 경자양전 당시 부재지주의 전답에는 단순히 노비 이름만 기재되는 경우도 적지 않았기 때문에[42] 경자양안에 기재된 임천지역 소재 칠곡 감사댁 전답의 양명이 어떠한 형태였는지는 정확히 알 수 없다. 여하튼 경자양전을 거치면서 수십 개의 양명이 3개로 정리된 점만은 분명하다 하겠다.

　이세침은 자신의 전답을 3개의 양명으로 분록하였을 뿐만 아니라, 타인의 토지를 자신의 양명으로 합록하기도 했다. 이담명의 차자계인 이유중가에서도 경자양전을 계기로 돌남이라는 새로운 양명을 자신들의 전답에 붙였다. 더 자세히 살펴보도록 하자. 아래의 필지는 1708년 분재 때 이

---

38) 介孫, 件里金, 件里同, 九龍, 今石, 金召史, 年金, 德生, 乭伊, 斗男, 得男, 莫世, 萬卜, 末叱介, 明生, 朴日亂, 甫元, 富潤, 非郎, 士男, 尙卜, 石立, 石崇, 順男, 於屯, 銀乃, 銀孫, 應萬, 李, 日夫, 日石, 芿叱卜, 張山, 丁立, 丁守, 丁好, 從孫, 注叱金, 注叱孫, 春孫, 後卜, 厚卜.

39) 業山, 永代, 千綠, 千林, 玉上, 內斤介, 戒代 : 나머지 9필지의 양명은 확인되지 않음.

40) 乭同, 呂孝盟, 連卜, 莫乃, 末叱金, 命生, 時男, 是立, 銀金, 應男, 二云, 入沙里, 鄭年, 丁云, 春同, 春孫, 孝立, 興漢 : 나머지 12필지의 양명은 확인되지 않음.

41) 京金, 九加金, 乭男, 白德, 鋤乙金, 永金, 元立, 儀粂.

42) 자세한 실상은 李榮薰, 앞의 논문, 1988 참조.

유중의 아버지 이세경의 몫으로 분배된 것이다.

　　石田員 二龍處 買得 763畓 13卜 5束 二作畓 5卜 3束
　　　　　　764畓　3卜 6束 夜方浦井畓 5斗落[43]

　위의 필지는 갑술양전 당시에 命자 자번에 속했다. 1701년에 작성된
「전답안1」에서 해당 부분 및 그 전후 필지를 예시하면 다음과 같다.

　　石田員 737 盡字 4等 梯畓 26卜 5束 量從孫　　(四標)　　　夜方浦 8斗畓
　　石田員 763 命字 2等 直畓 13卜 5束 量斤心　　(四標)─┐　夜方浦 5斗落
　　石田員　　二作 2等 梯畓　5卜 3束 量同人　　(四標)　│　二龍處買
　　石田員 764 命字 3等 梯畓　3卜 6束 量石音分 (四標)─┘
　　石田員 765 命字 3等 梯畓　6卜　　量日夫　　(四標)

　이세경의 몫으로 주어진 명자 763·764번 필지는 분재가 이루어진 이
후 감사댁에서 작성한 「전답안2」에는 나타나지 않는다. 「전답안2」에서
명자 737번 이하의 몇 필지를 순서대로 옮겨보면 다음과 같다.

　　石田員 盡字 737　4等 梯畓 26卜 5束 量從孫　　(四標)　　　夜方浦 8斗畓
　　石田員 盡字 755　3等 梯畓 14卜 3束 量張彦世 (四標)─┐　夜方浦 4斗落
　　石田員 盡字 756　6等 直畓　　 4束 量仝人　　(四標)　│
　　石田員 盡字 759　3等 梯畓　5卜 8束 量春孫　　(四標)─┘　合 6斗落

　　石田員 命字 765　3等 梯畓　6卜　　量日夫　　(四標)　　　夜方浦 1斗 2升落
　　石田員 命字 773　3等 梯畓　6卜 5束 量件里同 (四標)　　　夜方浦 1斗 8升落

---

43) 1708년에 작성된 「分財記1」.

위에서 보듯이 「전답안2」에는 이세경의 몫으로 분배된 명자답 3필지가 없다. 명자 763 · 764번 필지는 이유중가의 소유지이기 때문에 감사댁의 전답안에 나타나지 않은 것이다. 갑술양전 때 주어진 자번은 경자양전을 거치면서 바뀌었다. 이러한 사실을 확인하기 위하여 경자양전 직후 작성된 「전답안4」에서 위의 「전답안2」에 해당하는 부분을 옮겨보면 아래와 같다.

石田員 竟字 51 3等 梯畓 12卜 7束 (四標)┐
石田員 竟字 52 6等 直畓   4束 (四標)├ 夜方浦 6斗落畓
石田員 竟字 55 3等 梯畓 6卜 3束 (四標)┘
石田員 竟字 61 3等 梯畓 5卜 7束 (四標)┐ 夜方浦 3斗落畓
石田員 學字 8 3等 梯畓 5卜 1束 (四標)┘

위에서 보듯이 갑술양전 당시 盡자 자번과 명자 자번이 주어진 필지에는 경자양전을 거치면서 각각 竟자와 學자 자번이 주어졌음을 알 수 있다. 여기에 더하여 1708년 이세경의 몫으로 주어진 야방포 소재 5두락 답은 경자 55번에서 경자 61번 사이에 위치하고 있음도 알 수 있다. 이유중가에서 1740년대에 작성한 「전답안6」에는 경자 55번에서 61번 사이에 해당하는 필지가 실려 있다. 그 부분을 옮겨보면 다음과 같다.

石田員 衿 竟字 59 2等 直畓 12卜 9束 量乭男 (四標) 夜方浦 3斗落
石田員 衿 竟字 60 3等 梯畓 8卜 4束 量乭男 (四標) 夜方浦 2斗落

야방포에 소재한 경자 59 · 60번 필지 5두락은 1708년 이세경의 몫으로 분배된 것임을 알 수 있다. 이유중가에서도 경자양전을 맞이하여 2필지의 답을 돌남이라는 양명으로 양안에 등재하였던 것이다. 위에서 보듯이 이유중가에서는 2필지의 답이 상속된 것임을 밝혀두었는데, 「전답안6」에 실린 전답 가운데 양명이 돌남이면서 동시에 상속된 필지가 적지 않다. 결국 이세침과 이유중은 돌남이라는 양명을 함께 사용했던 것이다.

이세침과 이유중은 왜 동일한 양명을 사용했을까. 해결의 실마리는 두 사람의 관계를 살펴보면 드러난다. 이세침과 이유중은 호적과 족보상으로는 숙질간이지만, 실제로는 부자지간이다. 이세침의 아우 이세경이 아들을 얻지 못한 상태에서 일찍 사망하자, 그의 사후에 태어난 이유중이 승중자로 입적되었다. 어린 이유중이 양아버지의 전답을 물려받게 되자, 생부 이세침이 양자로 보낸 어린 아들을 대신하여 전답을 관리하게 되었고, 그 연장선상에서 경자양전 당시 이유중의 전답을 자신의 전답과 합록하였던 것으로 보인다.

이러한 추정은 양명의 유래를 살펴보면 더욱 분명해진다. 이세침가의 양명으로 경자양안에 등재된 돌남이라는 명자는 이세침가에서 1708년에 작성한 분재기, 1737년에 작성한 노비안, 1740년대 이후에 작성한 10여 개의 호구단자 등에서 찾아지지 않는다. 이는 돌남이 오래 전에 사망한 노비였음을 의미한다. 오래 전에 사망한 노비의 명자가 어떤 연유로 해서 경자양안의 양명으로 등재되었을까. 그 까닭은 이세침가에서 오래 전부터 돌남의 이름으로 전세를 납부하고 있었던 데서 찾아진다.[44] 즉 오늘날의 납세고지서와 그 성격이 비슷한 깃기[衿記]의 명자인 돌남이 경자양안의 양명으로 등재되었던 것이다. 이세침은 양자로 보낸 어린 아들 소유의 전답에 부과된 부세까지도 돌남의 이름으로 납부하다가 경자양전을 맞이하여 자신이 관리하던 이유중의 전답을 돌남이라는 양명으로 합록하였던 것이다.

이 같은 합록이 가지는 의미는 전답에 부과된 부세를 동일한 이름으로

---

44) 「1702년 時憲曆」, "壬辰乭男作卜 乭男六結八十五卜七束內 六十九卜六束頉 十卜三束尙伊去 一卜六束奉鶴去".

납부한다는 데에 있다. 즉 합록된 사람의 양명으로 부세만 납부할 뿐이
고, 소유권은 각각 따로 행사한다는 것이다. 칠곡 석전 이씨가의 경우 생
부와 양자로 간 아들의 전답이 동일한 양명으로 합록되었지만 서로가 아
무런 제약 없이 전답을 관리·처분할 수 있었다. 경자양전 이후 이세침과
이유중은 전답안과 추수기를 각각 별도로 작성해가면서 전답을 관리하였
으며, 나아가 필요에 따라 그것을 임의로 방매하였다. 서로는 자유의사에
따라 전답을 관리·처분하였던 것이다.

4. 경자양전의 성격

   오랜 논의 끝에 실시된 경자양전은 등급, 전형, 장광척수, 결부수, 양명
을 확정함으로써 일단락되었다. 이제 막대한 인원과 경비가 투입된 경자
양전이 당시의 농촌 현실을 어느 정도 정확히 반영했는지를 살펴보기로
하자. 경자양전이 당시의 농촌현실을 충실히 반영하였다면 1결에서 생산
되는 벼의 양은 등급별로 큰 차이가 없어야 된다. 그런데 경자양전의 결
과는 그렇지 못했다. 그러한 실상을 구체적으로 살펴보기 위해 칠곡 감사
댁의 추수기를 토대로 등급별 벼 생산량을 정리한 것이 <표 9>이다.
<표 9>에서 보듯이 1701~1754년 동안 3·4등급 답의 생산량이 모두 확
인되는 연도는 47개년이다. 답 1결의 벼 생산량을 기준으로 보면 3등급
답이 우위에 있는 경우는 7개년(1713·1714·1727·1729·1731·1737·
1743)에 지나지 않는 반면, 4등급 답이 우위에 있는 경우는 40개년이나
된다. 1결을 기준으로 볼 때, 이 기간 동안은 4등급 답은 3등급 답보다
14% 정도 더 많은 벼를 생산했다. 이러한 사실은 경자양전이 농촌 현실
을 정확하게 반영하지 못했음을 의미한다.
   양전의 결과가 현실과 상당한 괴리를 나타내게 된 원인을 몇 가지로

생각해 볼 수 있다. 첫째, 임란 이전에 책정된 전품을 그대로 계승함으로써 경자양전 당시의 비옥도를 충실하게 반영하지 못했기 때문이다. 즉 洑, 堤堰과 같은 수리시설의 도움으로 수리불안전지대가 수리안전지대로 변화되면 그 지역에 있는 답의 등급은 당연히 종전보다 높게 책정되어야 함에도 불구하고 그렇지 못했다. 우리는 <표 9>를 통해 임란 이전부터 경자양전 사이에 일어난 전답 비옥도의 변화상을 일부 엿볼 수 있다.

4등급 답보다 3등급 답에서 더 많은 벼가 생산된 연도의 생산량을 살펴보면 1713년 655.4두, 1714년 471.5두, 1727년 644두, 1729년 969.4두, 1731년 276.2두, 1737년 597.3두, 1743년 399두이다. 이들 7개년 가운데 1729년을 제외한 나머지 6개년의 생산량은 18세기 전반 칠곡지역 3·4등급 답 1결의 벼 생산량인 842.1두에 미치지 못한다. 좀 더 정확히 말하면 3등급 답이 4등급보다 더 많은 벼를 생산한 해는 대체로 심한 흉년이 든 해였다. 47년 가운데 흉년이 심하게 찾아든 10개년을 살펴보면, 1731년이 가장 혹심했고, 그 다음은 차례로 1743년, 1714년, 1725년(519두), 1732년 (523.8두), 1745년(596.1두), 1737년, 1727년, 1713년, 1738년(665.4두) 순이다. 첫 번·두 번·세 번째를 비롯하여 일곱·여덟·아홉 번째에 해당하는 연도에 3등급 답은 4등급 답보다 더 많은 벼를 생산했다.

이 같은 사실은 3등급 답의 상당 부분은 4등급 답보다 계곡 상류에 위치한 水源에서 상대적으로 가까운 지역에 분포되어 있었음을 의미한다. 따라서 보, 제언과 같은 수리시설이 널리 보급되지 않은 시기에 양전이 이루어지면 계곡 상류에 위치한 수리안전답이 수원으로부터 멀리 떨어진 전지보다 더 높은 등급을 받기 마련이다. 그런데 16~17세기 동안 보, 제언과 같은 수리시설이 빠르게 확대됨으로써 사정은 변화하였다. 수리시설의 확충은 계곡에서 약간 벗어나 있는 지역, 즉 상대적으로 햇빛을 더 많이 받을 수 있으나 수리시설이 확충되기 이전에는 물이 제대로 공급되지 않아 수리불안전답으로 남아있던 곳을 웬만한 가뭄에도 물이 끊이지

<표 9> 칠곡지역 3·4등급 답의 생산량 (단위 : 두)

년도	등급	결-부-속	수확량	1결	년도	등급	결-부-속	수확량	1결
1701	3	1-72-4	1760.0	1020.9	1702	3	1-37-7	1341.0	973.9
	4	1-14-3	1412.0	1235.5		4	1-26-6	1408.0	1112.2
	평균	2-86-7	3172.0	1106.4		평균	2-64-3	2749.0	1040.1
1703	3	1-41-0	1945.2	1379.6	1705	3			
	4	1-05-7	1619.0	1531.7		4	0-15-0	189.0	1260.0
	평균	2-46-7	3564.2	1444.7		평균	0-15-0	189.0	1260.0
1706	3	1-16-7	1152.0	987.1	1707	3	1-57-7	1519.0	963.2
	4	1-19-0	1396.0	1173.1		4	1-19-1	1392.0	1168.8
	평균	2-35-7	2548.0	1081.0		평균	2-76-8	2911.0	1051.7
1708	3	1-51-1	998.0	660.5	1709	3	1-58-1	1303.0	824.2
	4	1-41-6	1084.0	765.5		4	1-49-4	1515.0	1014.1
	평균	2-92-7	2082.0	711.3		평균	3-07-5	2818.0	916.4
1710	3	1-52-6	1585.0	1038.7	1711	3	1-44-0	1222.0	848.6
	4	1-52-8	2218.0	1451.6		4	1-58-8	1568.6	987.8
	평균	3-05-4	3803.0	1245.3		평균	3-02-8	2790.6	921.6
1712	3	1-47-3	1656.0	1124.2	1713	3	1-57-4	1072.0	681.1
	4	1-44-0	1816.0	1261.1		4	1-38-9	870.0	626.3
	평균	2-91-3	3472.0	1191.9		평균	2-96-3	1942.0	655.4
1714	3	1-56-0	843.0	540.4	1715	3	1-59-6	1612.0	1010.0
	4	1-44-5	574.0	397.2		4	1-42-3	1668.0	1172.2
	평균	3-00-5	1417.0	471.5		평균	3-01-9	3280.0	1086.4
1716	3	0-92-3	608.0	658.7	1717	3	1-70-2	1372.0	806.1
	4	0-54-5	440.0	807.3		4	1-42-6	1506.2	1056.1
	평균	1-46-8	1048.0	713.9		평균	3-12-8	2878.2	920.1
1718	3	1-35-8	1014.2	746.7	1719	3	1-20-9	1084.0	896.6
	4	1-19-5	1285.0	1075.3		4	1-31-7	1516.0	1151.1
	평균	2-55-3	2299.2	900.6		평균	2-52-6	2600.0	1029.1
1720	3	0-22-0	440.0	676.9	1721	3	1-07-7	708.0	657.4
						4	1-27-6	1203.2	942.9
	평균	0-22-0	440.2	676.9		평균	2-35-3	1911.2	812.2
1724	3	1-55-6	1444.0	928.0	1725	3	1-49-5	690.0	461.5
	4	1-52-2	1826.0	1199.7		4	1-34-5	784.0	582.9
	평균	3-07-8	3270.0	1062.4		평균	2-84-0	1474.0	519.0
1726	3	1-39-2	923.0	663.1	1727	3	1-16-7	755.0	647.0
	4	1-22-6	924.0	753.7		4	0-88-1	564.0	640.2
	평균	2-61-8	1847.0	705.5		평균	2-04-8	1319.0	644.0
1728	3	1-42-6	782.0	534.9	1729	3	1-76-1	1911.0	1085.2
	4	1-32-2	1178.0	884.3		4	1-90-1	1639.0	862.1
	평균	274-8	1960.0	713.2		평균	3-66-2	3550.0	969.4

년도	등급	결-부-속	수확량	1결당	년도	등급	결-부-속	수확량	1결당
1730	3	2-09-3	1974.0	943.1	1731	3	1-49-3	465.0	311.0
	4	2-04-1	2130.0	1043.6		4	1-62-3	395.6	243.7
	평균	4-13-4	4104.0	992.7		평균	3-11-6	860.6	276.2
1732	3	1-69-7	851.0	501.5	1733	3	1-55-8	1014.0	650.8
	4	1-78-5	973.0	545.1		4	1-50-4	1054.0	700.8
	평균	3-48-2	1824.0	523.8		평균	3-06-2	2068.0	675.4
1734	3	1-68-0	1324.0	788.0	1735	3	1-88-5	1728.0	916.7
	4	1-78-9	1696.0	948.0		4	1-78-4	1892.0	1060.5
	평균	3-46-9	3020.0	870.6		평균	3-66-9	3620.0	986.6
1736	3	1-94-0	1695.0	873.1	1737	3	1-32-7	908.0	684.3
	4	1-64-8	1738.0	1054.6		4	0-83-6	384.0	459.3
	평균	3-58-8	3433.0	956.8		평균	2-16-3	1292.0	597.3
1738	3	0-65-4	432.0	660.6	1739	3	1-50-2	1718.0	1143.8
	4	0-38-0	256.0	673.7		4	1-02-5	1406.0	1371.7
	평균	1-03-4	688.0	665.4		평균	2-52-7	3124.0	1236.2
1740	3	1-50-2	1454.0	968.0	1742	3	1-63-4	1624.0	993.9
	4	0-81-3	880.0	1062.4		4	0-87-1	1128.0	1295.1
	평균	2-31-5	2334.0	1008.2		평균	2-50-5	2752.0	1098.7
1743	3	1-72-9	760.0	439.6	1744	3	1-54-2	1530.0	992.2
	4	0-96-4	301.0	312.4		4	1-05-8	1152.0	1088.8
	평균	2-69-3	1061.0	394.0		평균	2-60-0	2682.0	1031.5
1745	3	1-54-2	907.0	588.8	1746	3	1-44-7	1138.0	786.5
	4	0-98-6	600.0	608.5		4	0-82-2	788.0	958.6
	평균	2-52-8	1507.0	596.1		평균	2-26-9	1926.0	848.8
1747	3	1-44-7	1052.0	727.0	1748	3	1-44-7	1596.0	1085.7
	4	0-68-7	686.0	998.5		4	1-13-9	1248.0	1095.7
	평균	2-13-4	1738.0	814.4		평균	2-58-6	2844.0	995.8
1749	3	1-44-7	944.0	652.4	1750	3	1-44-7	1165.0	805.1
	4	1-02-5	952.0	928.8		4	1-02-5	1138.0	1110.2
	평균	2-47-2	1896.0	767.0		평균	2-47-2	2303.0	931.6
1752	3	1-25-1	960.0	767.4	1753	3	1-44-7	1046.0	722.9
	4	0-87-2	908.0	1041.3		4	0-93-7	882.0	941.3
	평균	2-12-3	1868.0	879.9		평균	2-38-4	1928.0	808.7
1754	3	1-25-7	938.0	746.2	전체	3	69-61-5	56566.2	812.5
	4	0-68-2	692.0	1014.7		4	57-97-2	54874.4	946.6
	평균	1-93-9	1630.0	840.6		평균	127-58-7	111440.6	873.4

* 수확량은 병작답 수취량의 2배로 환산하였고, 등급과 결부수가 모두 확인되는 필지
만 계산하였음.

않는 수리안전답으로 만들었다. 그 결과 햇빛을 더 많이 받을 수 있는 지역에 위치한 답은 계곡에 위치한 전지, 즉 물은 풍부하게 공급되나 일조량이 상대적으로 적은 곳보다 더 많은 벼를 생산할 수 있게 되었던 것이다. 따라서 칠곡지역의 경우 4등급 답이 3등급 답보다 더 많은 벼를 생산할 수 있었던 까닭도 바로 수리시설이 확대된 결과였다고 할 수 있다.

둘째, 비옥도가 다양한 전답을 6등급으로 나누는 데서 당시의 현실이 제대로 반영되지 못할 가능성이 있다. 감사댁의 「전답안4」에서 두락의 면적 분포를 정리한 <표 10>에서 그러한 실상을 확인할 수 있다.[45] 동일 지역이라 하더라도 전답 1두락의 면적은 다양하였다. 전의 경우 1두락의 면적이 40평 미만에서 120평 이상까지 다양하게 분포되어 있고, 답의 경우 50평 미만에서 250평 이상까지 다양하게 분포되어 있다. 이러한 현상은 구한말까지도 지속되었다. 1906년 조사에 따르면 동일 지역이라도 비옥도에 따라 1두락의 면적이 서로 달랐다.[46] 또한 <표 10>에서 보듯이 1두락의 면적이 다양한 현상은 답보다 전에서 더 심하게 나타난다. 다시 말해 전의 경우 지역마다 밀집된 구간이 서로 다르지만, 답의 경우 어느 지역을 막론하고, 100에서 150평 사이 구간과 150평에서 200평 사이 구간에 집중되어 있다. 이는 필지별 비옥도의 차이가 답보다 전에서 컸음을

---

45) 다음과 같은 과정을 거쳐 두락을 평으로 환산하였다. 앞의 자료 2에서 소개한 '圭田, 南北長一百十三尺·活二十二尺, 三卜一束, 六斗落'을 예로 들어보자. 먼저 양전척을 기준으로 하면 이 필지의 면적은 113×22/2=1243 평방 양전척이다. 1243 평방 양전척을 ㎡로 환산하면(1양전척은 주척 4尺 9寸 9分 9厘이고, 1주척은 24㎝이므로 1양척은 1.02m이다. 따라서 1 평방 양전척을 1㎡로 환산하려면 1×1.02×1.02를 하면 된다) 1243×1.02×1.02=1293㎡이다. 1293㎡를 평으로 환산하면 1293/3.3=391평이다. 이 필지를 기준으로 1두락을 평으로 환산하면 391/6=65평이 된다.

46) 『韓國土地農産調査報告』,「全羅道·慶尙道」, 297~299쪽 ; 같은 책,「京畿道·忠淸道·江原道」, 89~104쪽 참조.

<표 10> 「전답안4」에 실린 전답 1두락의 면적분포(단위 : 평)

지역		칠곡			인동			성주			고령			흥덕			임천		
	면적	필	두락	평	필	두락	평	필	두락	평	필	두락	평	필	두락	평	필	두락	평
전	120이상	1	2	291										6	14	2449	4	7	1104
	100~120	4	29	3057															
	80~100	4	24	2090				1	20	1691							1	0.3	25
	60~80	9	137	10296	3	35	2370	2	40	2628	1	2.1	149						
	40~60	4	29	1549				2	30	1370									
	40미만							6	94	2934	1	4	152						
	합계	22	221	17283	3	35	2370	11	184	8623	2	6.1	301	6	14	2449	5	7.3	1129
답	250이상	3	4.2	1099															
	200~250	11	39.1	8724	1	3	733				2	3	726	4	18	4081			
	150~200	27	73.3	12512				9	16.1	2750	14	31	5261	2	4	716	5	29	4700
	100~150	25	78.6	10474				4	7.4	1084	7	13	1275	5	10.9	642	15	108	13464
	50~100	9	24.7	2308				3	3.54	315				1	7.1	99	2	9.7	929
	50미만	1	4	152										2	3	96			
	합계	76	223.9	34819				16	27	4149	23	47	7712	14	43	7092	22	146.7	19093

의미한다. 결국 비옥도가 다양한 전답을 6등급으로 분류하는 과정에서 전품이 현실과 괴리될 여지가 있었다. 등급판정과 6가지로 단순화된 전답등급 문제에 더하여 다양한 전형을 제·직·방·구·규전 등 5가지로 정형화시키는 과정에서, 장광척을 실측하는 과정에서 당시의 실상이 양안에 제대로 반영되지 못했다고 할 수 있다.

이같이 경자양전이 당시의 농촌현실을 정확하게 반영하지 못하게 된 원인은 여러 가지였으나, 가장 결정적인 요소는 바로 전답등급을 새로 책정하지 않고 임란 이전의 전품을 적용한 갑술양전의 결과를 계승한 부분이다. 전형을 판단하는 과정과 장광척을 실측하는 과정에서 발생한 오차는 그다지 크지 않았다. 이 부분에서 오차가 크면 절대면적에 큰 영향을 주게 되는데, 전체 면적을 기준으로 볼 때 경자양전의 결과는 대체로 당시의 현실과 부합했다. 경자양전 당시 칠곡지역 답 1두락은 96평이고, 전 1두락은 78평이다.[47] 이러한 전답면적은 절대면적을 기준으로 할 때 답 1

47) <표 10>을 보면 칠곡지역 전답 가운데 두락과 평수가 모두 확인되는 필지는 전

두락은 전 1두락에 비해 대체로 2배 정도 넓다는 사실과 잘 부합한다. 이
유중이 칠곡 고정원에 소재한 답 1두락을 전 2두락으로 변경시킨 데서[48]
알 수 있듯이 당시에는 두락수가 동일한 경우 답의 면적은 대체로 전의
2배였다.

전품을 현실에 맞게 조정하게 되면 갑술양전 이래 수리시설이 더욱 확
대되고, 이앙법이 널리 보급된 현실이 경자양전에 충실히 반영되어 다수
의 필지에서 등급이 상향조정되고 그 결과 더 많은 결수가 확보되는데,
왜 정부는 경자양전의 전품을 계승하였는지가 궁금해진다. 의문은 갑술
양전 이후 경자양전까지 조정에서 벌어진 양전논의를 살펴보면 어느 정
도 해소된다. 갑술양전 이후 경자양전 사이 약 90년 동안 정부는 몇 번이
나 양전을 다시 시행하려고 하였으나, 관료=지주의 거센 저항에 부딪혀
번번이 실패하고 말았다. 숙종대에 들어와서도 양전 실시 여부를 놓고 정
부와 관료=지주는 약 30여 년간 날카롭게 대립하였다.[49] 숙종 45년 김창
집이 올린 다음과 같은 차자는 지주들의 저항 모습을 잘 보여주고 있다.

비록 양전하는 일로써 이를 말해 보더라도, 수령은 사사롭게 누락된 結
卜을 쓰는 것에 욕심을 내고 豪右는 그 災實을 眩亂시키는 것을 이롭게
여기는데, 수령의 毁譽가 호우의 입에서 나오므로, 호우가 불편하다고 하
면 수령은 이를 편들어 監司에게 보고하고, 또 뒤따라 馳啓하면서 갖가지
로 推託하여 일부러 遷延시키고, 마지막에는 量尺의 장단과 민간의 癘疫
때문이라고 핑계를 삼고 있으니, 신은 처음부터 일을 피한 감사를 譴責해
서 파직하지 않을 수 없다고 생각합니다.[50]

22필지 221두락 17283평이고, 답 76필지 223,9두락 34819평이다. 이를 근거로 칠
곡지역 1두락의 면적을 살펴보면, 전 1두락은 약 78평이고, 답 1두락은 약 156평
이었다.

48) 「1731年李裕中秋收記」, "古亭員 一斗畓作田二斗落".

49) 경자양전의 시행논의에 대해서는 오인택, 앞의 논문, 1998 참조.

50) 『肅宗實錄』 권63, 숙종 45년 1월 임인.

위에서 보듯이 호우=지주들은 지방관을 움직여 그들의 이익을 관철시키려고 하였고, 지주들과 이해관계를 같이 하던 지방관들은 갖가지 이유를 들어 양전을 반대했다. 지주들의 저항에 직면한 정부는 지주들의 저항을 최소화하면서 양전을 끝낼 수 있는 방안을 모색하지 않을 수 없었다. 그 방안이 바로 갑술양전의 전품을 계승하는 것이었다.

당시 농촌현장에서 양전을 지휘하던 균전사들은 양전사목에 실린 전품 조항을 수정하고, 나아가 전품을 현실에 맞게 재조정할 것을 주장하였으나 정부는 이를 묵살하였다. 저간의 사정은 대략 다음과 같다. 숙종 45년 가을 전품을 현실에 맞게 재조정하자는 전라좌도 균전사 김재로의 건의가 있은 지 얼마 후, 경자양전 논의를 주도했던 영의정 김창집을 비롯하여 우의정 이건명, 전라도 균전사 김재로, 예조판서 민진후, 호조판서 송상기 등이 한 자리에 모여 전품에 관련된 문제를 논의하였다. 전품문제에 대해 말문을 연 사람은 김창집이었다. 그가 전품을 크게 고치지 않는 것이 마땅하다고 하자 이건명이 그의 의견에 동의하였다. 그러나 김재로는 이에 반대하면서 전품을 현실에 맞게 재조정하자고 하였으며, 김재로의 의견은 민진후에 의해 지지를 받음으로써 양자의 의견은 팽팽히 맞섰다. 이같이 서로의 의견이 충돌하자 송상기는 元田과 元畓의 전품은 갑술양전의 것을 계승하고, 雜頉陳起 처는 전품을 새로 책정하자는 타협안을 제시하였다.

그러나 양전논의를 주도하던 영의정 김창집은 이러한 타협안마저 거부하고 모든 전답의 전품은 갑술양전의 것을 계승하여야 됨을 다시 한번 역설하였다. 이 날의 논의에서 김창집의 의견이 받아들여짐으로써 전품은 갑술양전 때의 것을 계승하게 되었다.[51] 정부가 적지 않은 관료들의

---

51)『備邊司謄錄』, 숙종 45년 9월 병술, "領議政金(昌集)所達 今番事目中 如有土品之變改者 則就舊案等第升降 俱不過一二等 而若初不改量則已矣 旣行改量而猶循前案 無甚變通 則殊非均田之意 使之從實執等 而只以略倣舊等 勿爲太變之意 申明分付事 金在魯亦爲仰達矣 大凡地品 古之瘠薄 今爲肥厚 古之肥厚

거센 반대에도 불구하고 전품을 계승한 원인은 바로 지주들의 저항을 최소화하려고 하였기 때문이다. 새로운 양전의 성공적인 시행은 지주들의 협조가 있어야 가능하다는 사실을 인식하고 있던 정부 또한 양전을 반대하는 지주들의 입장을 어느 정도 수용해주지 않을 수 없었던 것이다.

지주들 또한 비록 외형상으로는 양전을 거세게 반대했지만 부세의 전세화가 가속화되는 상황을 현실로 받아들이지 않을 수 없다는 사실도 인식하고 있었다. 따라서 한편으로는 양전을 반대하면서도 다른 한편으로는 양전이 시행되더라도 피해를 최소한으로 줄일 수 있는 타협안을 모색할 수밖에 없었다. 양자간의 대립은 새로운 양전을 실시하되, 전품은 갑술양전의 것을 계승한다는 선에서 정부와 관료=지주가 타협함으로써 해소되었고, 그 결과 경자양전이 시행될 수 있었다고 생각된다. 즉 날카롭게 대립하던 정부와 관료=지주가 경자양전을 앞두고 전품은 종전대로 계승한다는 점에 묵시적으로 합의하였기 때문에, 경자양전 당시 전품을 새로 책정하지 않았다고 여겨진다.

정부의 입장에서 본다면 전품을 계승함으로써 갑술양전 이후 진행된

今爲瘠薄 則等數區別之際 宜有升降之道 而此不當過加升降 只倣舊等 無爲太變 使甚順便矣 右議政李(健命)曰 事目中以高不過一二等 下不過一二等 定式者 盖慮民心巧詐 輒以低等爲事 從實執等 成爲不易 若倣舊等 無甚高下 則遵行似易 故以此爲定式矣 (全羅道均田使) 金在魯以爲均田出於均賦役之意 則古之一二等 今或爲五六等 古之五六等 今或爲一二等 今宜隨其土品 從實執等云 而其所謂略倣舊等 勿令太變者 與事目中無過一二等之意 不甚相左矣 禮曹判書閔鎭厚曰 若一倂變等 則事必煩擾 而易生奸弊 事目之意 似在於此 然古之一等 今當爲六等 而只降一二等 則民必呼寃 古之六等 今當爲一等 而只升一二等 則國亦豈無所失乎 等數不精 則均田使難免其責 而勒令無過一二等 則烏在其均田之意哉 金在魯之意是矣 戶曹判書宋相琦曰 改量時升降 無過一二等云者 遵守冊中亦有之而盖元田元畓 則等數雖無大段變易之理 他如雜頉陳起等處 古今地品或有不同 此則當以卽今所見 從實升降 似不必預以某等爲定矣 金(昌集)曰 坐田等處當變等數 而亦似不多矣 略倣舊等而無至太變 似合事宜 使之依所達爲之何如 令曰依爲之".

수리시설의 확충과 이앙법의 보급에 힘입어 증대된 생산물에 대한 부세를 추징하지는 못하게 되었지만 새로운 양전을 통해 갑술양전 이후 개간된 전답에서 부세를 거둘 수 있었다. 이미 살펴보았듯이 정부는 경자양전을 실시함으로써 갑술양전 때보다 8% 정도 더 많은 결수를 확보했다. 여기에 더하여 갑술양전 당시 진전으로 파악되었다가 그 이후 기경전이 된 전답에서도 부세를 거둘 수가 있었다. 감사댁 전답안은 이러한 사실을 잘 보여주고 있다. 「전답안2」에 실린 전답 가운데 14필지 87부 8속(전체의 6%)은 갑술양전에서 진전으로 파악된 것이다. 더 자세히 살펴보면 전 11필지 71부 9속(유주진전 4필지 45부 7속, 무주진전 7필지 26부 2속), 답 3필지 15부 9속(유주진전 1필지 10부 5속, 2필지 무주진전 5부 4속)은 갑술양안에는 진전으로 기재되었다. 이들 진전은 경자양전에서는 기경전으로 파악되었다.

한편 전세를 부담하던[52] 지주들은 경자양전이 시행됨으로써 양전비용의 일부를 부담하고, 나아가 갑술양전 이후 진전에서 기경전으로 바뀐 곳과 새로 개간한 전답의 부세도 정식적으로 납부해야 했다. 하지만 경자양전이 갑술양전의 등급을 그대로 계승함으로써 수리시설의 보급과 이앙·견종·간종법의 일반화 등에 힘입어 증대된 생산량을 지주들이 차지하는 것을 정부로부터 공식적으로 추인받게 되었다. 이미 살펴보았듯이 경자양전 이후에도 1두락에서 생산되는 벼의 양이 3등급보다 4등급에서 더 많았는데, 합리적인 부세제도가 정착되게 되면 4등급 답 가운데 적지 않은 부분의 전품이 더 높게 책정되고 부세 또한 더 많이 내야 한다. 그러나 경자양전의 결과는 그렇지 못했다. 경자양전 당시 갑술양전의 전품을 계승함으로써 전답에 부과되는 부세량은 여전히 그 이전의 기준과 동일하였고, 그 결과 지주들은 경자양전 이후에도 큰 타격을 입지 않게 되었던 것이다.

---

52) 경자양전 당시 전세를 부담하는 관행에 대해서는 金建泰, 앞의 논문, 1996 참조.

5. 맺음말

이상에서 칠곡 석전 광주이씨가의 전답안과 추수기를 통해 갑술·경자 양전의 실상 및 경자양전이 가지는 의미와 그 성격에 대하여 살펴보았다. 지금까지의 논의를 요약하고 그 의의를 살펴보는 것으로써 맺음말을 대신하고자 한다.

갑술양전의 내용은 경자양전을 거치면서 새롭게 변화되고, 그대로 유지되기도 했다. 자호는 양전을 시작하는 기점과 양전을 진행하는 방향이 달랐을 뿐만 아니라 갑술양전 이후 새로운 전답이 다수 생겨남에 따라 변화하였다. 자호와 달리 갑술양전의 전답 등급은 경자양전을 거치면서도 거의 변하지 않았다. 갑술양전의 등급이 경자양전 때에도 계승되었지만, 양자가 지니는 의미는 확연히 다르다. 갑술양전의 전답등급은 당시의 현실보다 높게 책정되었다. 즉 임란으로 황폐화된 농촌이 갑술양전 때까지도 완전히 복구되지 않았음에도 불구하고 정부는 임란 이전에 책정된 전품을 계승함으로써 더 많은 결부수를 확보하려고 하였다.

한편 경자양전의 실상은 갑술양전의 상황과는 전혀 달랐다. 갑술양전 이후 답에서는 보, 제언과 같은 수리시설이 확충된 데 힘입어 이앙법이 더욱 널리 보급되고, 전에서는 간종·견종법이 일반화되는 등 농업환경이 크게 개선되었으나, 경자양전 당시 정부는 이를 적극적으로 반영하지 않고 갑술양전의 전품을 계승하였다. 그 결과 경자양전에서는 현실에 비해 전품이 낮게 책정되었다.

전형은 전품과 달리 갑술양전의 것을 계승하지 않고, 양전과정에서 필지별로 새롭게 적용시켰기 때문에 갑술양전에서 정해진 전답의 전형은 경자양전을 거치면서 대부분 변했다. 개별 필지별로 살펴보았을 때는 전형이 심하게 변하였으나, 지역 전체를 살펴보면 전형의 변화가 그다지 심하지 않았다. 이러한 현상은 갑술·경자양전에 종사했던 실무자들의 전형 판단기준이 달랐기 때문이었다.

경자양전 당시 등급은 갑술양전의 것을 계승하였으나 전형이 바뀌고, 나아가 실지측량이 다시 이루어졌기 때문에 동일 필지라도 결부수는 바뀌었다. 개별 필지의 결부수는 심하게 변하였으나, 그들의 합은 경자양전 시기와 갑술양전 시기가 거의 비슷했다. 경자양전 당시 정부는 소유주를 정확히 기재하려고 하였으나, 양전은 정부의 의도대로 이루어지지 못했다. 즉 적지 않은 전답이 합록, 분록, 대록되었다. 비록 양안 상에 합록, 분록, 대록하더라도 소유자는 아무런 제약 없이 전답을 관리·처분할 수 있었다.

여러 가지 원인으로 말미암아 경자양전은 당시의 농촌현실을 정확하게 반영하지 못하였는데, 그러한 현상이 빚어진 가장 결정적인 요소는 바로 전답등급을 새로 책정하지 않고 갑술양전의 것을 계승한 부분이다. 새로운 양전 시행 여부를 두고 날카롭게 대립하던 정부와 관료=지주가 새로운 양전을 시행하되, 전품은 종전대로 계승한다는 점에 타협하였기 때문에 경자양전 당시 전품을 새로 책정하지 않았다. 갑술양전 이후 경자양전 사이 약 90년 동안 정부는 몇 번이나 양전을 다시 시행하려고 하였으나, 관료=지주의 거센 저항에 부딪혀 번번이 실패하고 말았다. 숙종대에 들어와서도 양전 실시 여부를 놓고 정부와 관료=지주는 약 30여 년간 날카롭게 대립하였다. 이러한 대립은 새로운 양전을 실시하되, 전품은 갑술양전의 것을 계승한다는 합의점에 정부와 관료=지주가 동의함으로써 해소되었고, 그 결과 경자양전이 시행될 수 있었다.

정부의 입장에서 본다면, 전품을 계승함으로써 갑술양전 이후 수리시설의 확충과 이앙법의 확대 보급에 힘입어 증대된 생산량에 대한 부세를 완전히 징수하지는 못하게 되었지만, 새로운 양전을 통해 갑술양전 이후 개간된 전답에서 부세를 거둘 수 있었다. 여기에 더하여 갑술양전 당시 진전으로 파악되었다가 그 이후 기경전이 된 전답에서도 부세를 거둘 수가 있었다. 한편 전세를 부담하던 지주의 입장에서 본다면, 경자양전이 시행됨으로써 양전비용을 부담하고 나아가 갑술양전 이후 개간한 전답의 부세도 정식적으로 납부해야 되지만, 갑술양전의 등급을 그대로 계승함으로써 수리시설의 보급, 이앙·견종·간종법의 확대 보급에 힘입어 증대된 생산물을 차지하는 것을 정부로부터 공식적으로 추인받게 되었다.

경자양전 시기 가경전과 진전 파악 실태
-경상도 용궁현 사례-

김 건 태

1. 머리말

조선정부가 막대한 비용이 들어가는 경자양전을 시행한 목적 가운데 하나는 더 많은 출세실결수를 확보하는 데 있었다. 따라서 경자양전을 성공적으로 끝마치기 위해서는 농민들, 특히 전세의 상당 부분을 담당하고 있던 양반들의 협조가 절대적으로 필요했다. 경자양전의 전품은 갑술양전 때의 전품을 계승한다는 원칙을 정한 원인도 양반들의 양전반대론을 무마하기 위한 조치였다.[1] 이같이 경자양전에서는 결수에 가장 큰 영향을 미치는 전품을 새롭게 조정하지 않았기 때문에 더 많은 출세실결수를 확보하기 위해서는 개간지를 가능한 한 많이 확보하고, 진전을 최소한으로 줄일 필요가 있었다.

당시 조선농촌에는 갑술양전 이후에 개간된 전답과 갑술양안 상에 기경전으로 등재되었지만 그 이후 여러 가지 이유로 진전으로 변한 농토가 혼재해 있었다. 양란 이후 인구가 급속히 증가함으로써 농민들, 특히 소농민들은 항상적인 경작지 부족현상에 시달려야만 했다. 이 같은 상황하에서 농민들은 더 많은 경작지를 확보하기 위해 버려진 황무지를 개간하

---

1) 김건태, 「갑술・경자양전의 성격」, 『역사와 현실』 31, 1999.

는 데 적극적으로 참여하였다. 활발한 인구이동 또한 개간을 촉진시켰다. 특정 성씨를 중심으로 한 동성촌락이 발달함으로써 그 지역에 살고 있던 타성들이 새로운 거주지를 찾아 이주하는 현상이 광범위하게 나타났다. 거주지를 옮긴 농민들은 기존의 논밭을 경작하는 한편, 황무지를 개간하는 데에도 많은 관심을 보였다.

이같이 농민들이 개간을 통해 더 많은 전답을 확보해 나가고 있었지만, 다른 한편에서는 기존의 경작지가 황무지로 변해가기도 했다. 봄철의 가뭄으로 인해 파종을 하지 못한 논밭에는 일년 내내 잡초만 무성히 자라기도 하고, 여름철의 홍수는 곡물이 자라고 있는 논밭을 한순간에 모래밭으로 바꾸어 버리기도 했다. 대홍수가 지나가고 나면 옥토가 흔적도 없이 사라지는 사태가 곳곳에서 일어났다.

조선정부가 경자양전의 순조로운 진행을 위해 전품은 종전대로 계승하도록 결정하였기 때문에 경자양전이 소기의 성과를 거두기 위해서는 농촌 곳곳에 흩어져 있던 加耕田과 陳田을 정확히 파악하여야만 하였다. 더 많은 출세실결수를 확보하기 위해서 경자양전을 실시한 조선정부가 당시 가경전과 진전을 어떻게 파악해 갔는가를 밝히는 것이 본 글이 가지는 문제의식이다. 다시 말하여 본 글을 통해 경자양전 시기 가경전과 진전을 파악할 때 양반들의 이익이 어떻게 관철되고 있었는지를 밝히려고 한다.

경자양전 시기의 가경전과 진전 파악실태를 구체적으로 살펴보기 위해서는 경자양안을 분석할 필요가 있다. 오인택은 남해현 경자양안을 분석하여 경자양전 시기의 개간지 파악실태를 일부 밝혔다.[2] 그에 의하면 新田開墾은 인구밀도가 높은 곳이나 山田에서 활발히 진행되었다고 한다. 오인택의 연구를 제외하면 경자양전 시기 개간지와 진전 파악의 실상을

---

2) 吳仁澤, 「朝鮮後期 新田開墾의 성격」, 『釜山史學』 18, 1994 ; 「庚子量田의 시행 논의」, 『釜山史學』 23, 1998.

실증적으로 분석한 연구는 거의 없는 실정이다.

이같이 경자양전 시기 가경전과 진전 파악의 실상과 그 성격에 대한 문제는 상당부분 미해명된 상태로 남아있다. 이러한 문제가 해명될 때 경자양전과 경자양안의 성격, 나아가 당시의 농촌의 실상이 좀 더 분명해질 것으로 기대된다. 본 글에서는 경상도 용궁현 경자양안을 분석하여 그 지역의 가경지와 진전 파악의 실상과 그 성격을 밝히고자 한다.

2. 자료소개 및 지역개황

20세기 초반 행정구역 통폐합 조치에 따라 소멸되어버린 龍宮縣은 경자양전 당시 경상도 북단의 산간지역에 위치한 고을이었다. 당시 용궁현은 10개 면(邑內·申上·申下·南上·南下·北上·北下·內上·內下·西面)으로 구성되어 있었으며, 동으로 예천·안동, 서쪽으로 상주, 남으로 의성·비안, 북쪽으로 풍기와 경계를 접했다. 용궁현은 백두대간에서 뻗어나온 높고 낮은 산줄기 사이로 낙동강이 유유히 흐르는 지역에 위치했다.

<그림 1>을 통해 용궁현의 지역환경을 좀더 자세히 살펴보도록 하자. <그림 1>은 비록 20세기 초반에 작성된 지도이지만, 그것을 통해 18세기 전반의 상황을 개괄적으로 추론하는 데는 큰 무리가 없다. 왜냐하면 200여 년 동안 지형을 바꿀 정도의 대규모 토목사업이 없었기 때문이다. 읍내면을 가운데 두고 동쪽으로 신상·신하면이, 서쪽으로 서면이, 남쪽으로 내상·내하·남상·남하면이, 북쪽으로 북상·북하면이 자리잡고 있다. 북상·북하면 뒤쪽으로 상당히 높은 산록이 달리고, 남상·내상면에는 얕은 산록이 빼곡이 들어서 있다. 이러한 산록 사이로 거대한 낙동강과 그 지류인 내성천이 완만히 흘렀다. 낙동강은 신하·남하·남상면

<그림 1> 경상도 용궁현 지역개황

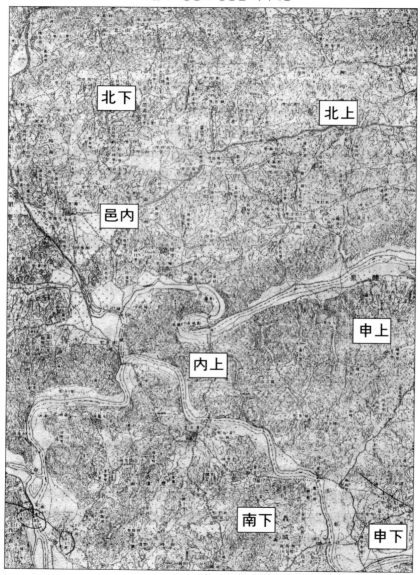

북단을 휘감아 돌면서 흐르고, 예천을 지나온 내성천은 북상·읍내면 남단을 거쳐서 낙동강과 합류한다.

경자양전 당시 용궁현은 조그마한 군현이었다. 용궁현의 실상은 18세기 후반 중앙정부에서 파악한 경상도 60개 군현의 호수, 인구수, 전답면적을 살펴보면 비교적 구체적으로 확인된다.[3] 용궁의 호수 3,128호는 경상도 60개 군현 가운데 39위, 인구 12,475인은 38위, 호당 인구 4인은 40위에 해당한다. 이렇듯 호수와 인구수는 경상도 전체에서 하위권에 속했지만, 전답면적은 중위권을 유지했다. 용궁의 전답 3,566결 34부 2속은 경상도 60개 군현 가운데 26위였다. 용궁현의 전답 규모는 여타 군현의 그것에 비해 크게 뒤떨어지지 않았으나, 지목구성은 열악한 편이었다. 여타 군현에 비해 전의 비중이 매우 높았다. 전답 3,566결 34부 2속은 전 2,318결 61부와 답 1,247결 73부 2속으로 구성되었기 때문에 전의 비율이 65%에 달했다. 이 수치는 경상도의 한전 비율 58%를 훨씬 상회하였고, 60개 군현의 한전 비율 가운데 20위에 해당하는 것이다.

1720년 경자양전의 결과물인 『龍宮縣庚子改量田案』(이하 용궁양안)은[4] 18세기 전반 이 지역의 농업구조를 소상히 전해준다. 용궁현 경자양안 가운데 현재 7개 면(신하·신상·남하·북하·북상·내상·읍내면)의 양안이 현존하고, 3개 면의 그것은 전하지 않는다. 현존하는 양안의 상태가 대체로 양호하기 때문에 당시의 실상을 비교적 정확히 파악할 수 있다. 북상면과 신하면 양안은 완전한 형태이고, 남하면 양안은 앞부분 일부가, 내상면 양안은 5필지의 '起主'란이, 북하면 양안은 10필지의 전형 혹은 지목 부분이, 신상면 양안은 30필지의 '기주'란이, 읍내면 양안은 29필지에 해당하는 부분이 결락되거나 훼손된 상태이다.

---

3) 戶數, 人口數, 田畓面積은 『輿地圖書』 참조.

4) 『龍宮縣庚子改量田案』(奎14953, 奎14955).

<표 1> 용궁현 각 면의 전답규모(단위 : 결-부-속)

		南下		內上		北上		北下	
		筆地	面積	筆地	面積	筆地	面積	筆地	面積
畓		1,953	128-57-4(38)	2,705	125-27-8(35)	2,110	164-60-3(39)	2,195	180-35-6(45)
田		4,479	211-55-8(62)	6,188	234-18-9(65)	4,821	253-23-9(61)	4,279	224-05-8(55)
合計		6,432	340-13-2(100)	8,893	359-46-7(100)	6,931	417-84-2(100)	6,474	404-41-4(100)
		申上		申下		邑內		合計	
		筆地	面積	筆地	面積	筆地	面積	筆地	面積
畓		1,609	99-03-6(27)	1,304	54-01-1(23)	1,382	120-80-2(28)	13,258	872-66-0(34)
田		5,575	266-45-0(73)	3,701	180-22-9(77)	5,638	311-88-9(72)	34,681	1,681-61-2(66)
合計		7,184	365-48-6(100)	5,005	234-24-0(100)	7,020	432-69-1(100)	47,939	2,554-27-2(100)

* (괄호) 안의 숫자는 合計 대비 백분율임.

『용궁양안』은 당시의 지목구성을 소상히 전해준다. 산록이 현 북단과 남쪽에 위치하고, 하천은 현 남단을 흐르고 있었기 때문에 지목구성은 면별로 적지 않은 차이를 나타냈다. 『용궁양안』을 통해 면별 지목구성을 살펴본 것이 <표 1>이다. 전의 비율이 7개 면 평균인 66%를 초과하는 면은 신하·신상·읍내이고, 현 평균 이하인 면은 북하·북상·남하·내상이다. 대체로 현 북단과 남쪽 산록 사이에 위치한 면은 전의 비율이 현 평균보다 낮고, 남쪽 산록 지대에 위치한 면은 전의 비율이 현 평균보다 높았음을 알 수 있다.

용궁현은 산간지대에 위치했기 때문에 전이 많았을 뿐만 아니라 토질 또한 비교적 척박했다. 용궁현 각 면의 전답등급을 정리한 <표 2>에서 보듯이 7개 면 전체를 살펴보면, 4등급 전답이 가장 많은 비중을 차지하고 있다. 한편 전답의 비옥도는 면에 따라 약간의 차이를 보이고 있다. 3개 면(남하, 내상, 신하)은 1등급 농토가 전혀 없고, 나머지 4개 면의 1등급 전답도 그 비중이 낮다. 2등급 전답의 비중은 7개 면 모두 10%미만이다. 3등급 전답의 비중은 북하·읍내면을 제외하면 모두 20%미만이다. 6등급 전답의 비중은 4개 면(신상, 북상, 신상, 신하)은 30%미만이고, 나머지 3개 면은 20%미만이다. 결국 7개 면에서 4등급 혹은 5등급 전답이 가

<표 2> 용궁현 각 면의 전답등급 (단위 : 결-부-속)

等級	南下 筆地	南下 面積	內上 筆地	內上 面積	北上 筆地	北上 面積	北下 筆地	北下 面積
1					16	1-66-2	36	4-27-0(1)
2	56	4-28-0(1)	29	1-86-2(1)	84	7-12-8(2)	245	27-19-8(7)
3	625	56-88-7(17)	444	30-36-2(3)	533	54-29-6(13)	982	93-81-8(23)
4	1,226	89-87-5(27)	1,861	117-54-4(33)	1,932	155-07-1(37)	2,019	149-35-8(37)
5	2,414	116-87-0(34)	2,862	126-84-7(35)	2,005	108-46-5(26)	1,401	65-99-2(16)
6	2,111	72-22-0(21)	3,697	82-85-2(23)	2,360	90-99-3(22)	1,791	63-77-8(16)
不明					1	0-22-7		
合計	6,432	340-13-2(100)	8,893	359-46-7(100)	6,931	417-84-2	6,474	404-41-4(100)

等級	申上 筆地	申上 面積	申下 筆地	申下 面積	邑內 筆地	邑內 面積	合計 筆地	合計 面積
1	61	33-02-1(9)			65	12-94-9(3)	178	51-90-2(2)
2	133	17-37-6(5)	29	3-90-2(2)	348	39-28-5(9)	924	101-03-1(4)
3	497	35-76-6(10)	393	30-97-2(13)	1,264	118-12-3(27)	4,738	420-22-4(16)
4	1,388	88-92-0(24)	1,480	95-20-1(41)	1,877	126-26-4(29)	11,783	822-23-3(32)
5	2,350	106-91-6(29)	871	39-65-0(17)	1,194	51-97-1(12)	13,097	616-71-1(24)
6	2,755	83-48-7(23)	2,232	64-51-5(27)	2,271	84-08-6(19)	17,217	541-93-1(21)
不明					1	0-01-3	2	0-24-0
合計	7,184	365-48-6(100)	5,005	234-24-0(100)	7,020	432-69-1	47,939	2,554-27-2

* (괄호) 안의 숫자는 合計 대비 백분율임.

장 높은 비중을 나타내고 있다. 4개 면(북하, 북상, 신하, 읍내)은 4등급 전답의 비중이 가장 높고, 3개 면(남하, 내상, 신상)은 5등급 농지가 제일 많다. 전반적으로 척박한 전답이 높은 비중을 보이고 있는 가운데 각 등급의 비중은 면마다 차이를 나타내고 있었던 것이다.

신분별 소유면적 또한 각 면마다 서로 상이했다. 『용궁양안』을 통해 신분별 토지소유현황을 살펴본 것이 <표 3>이다. <표 3>을 작성할 때 직면한 기술적 문제는 다음과 같은 기준에 따라 처리했다.

첫째, 同音異字의 성명을 지닌 기주들은 동일인으로 취급한다.
둘째, 名만 지닌 기주는 동명의 姓 보유자와 동일인으로 간주한다.
셋째, 명이 양반의 노비명과 동일한 기주는 양반의 노비로 간주한다.

<표 3> 용궁현 각 면의 신분별 전답소유 현황 (단위 : 결-부-속)

	南下		內上		北上		北下	
	筆地	面積	筆地	面積	筆地	面積	筆地	面積
兩班	2,749	150-73-4(44)	1,774	81-71-0(23)	2,791	169-32-0(41)	3,703	234-09-8(58)
中人	175	10-46-6(3)	1,203	47-28-7(13)	847	55-63-2(13)	506	32-01-6(8)
平民	2,312	113-85-1(34)	4,466	170-07-8(47)	2,120	122-82-4(29)	1,553	93-64-5(23)
賤民	769	34-09-0(10)	1,080	42-93-3(12)	729	37-47-6(9)	439	25-08-7(6)
其他	152	12-90-5(4)	248	7-84-0(2)	190	12-81-9(3)	239	17-42-2(4)
無主	275	18-08-6(5)	122	9-61-9(3)	254	19-77-1(5)	34	2-14-6(1)
合計	6,432	340-13-2(100)	8,893	359-46-7(100)	6,931	417-84-2(100)	6,474	404-41-4(100)
	申上		申下		邑內		合計	
	筆地	面積	筆地	面積	筆地	面積	筆地	面積
兩班	1,489	72-70-2(20)	631	39-71-2(17)	2,018	134-18-7(31)	15,155	882-46-3(35)
中人	455	22-93-9(6)	670	31-50-4(13)	1,595	93-74-8(22)	5,451	293-59-2(11)
平民	4,532	197-25-2(54)	2,268	100-66-3(43)	1,367	73-15-8(17)	18,618	871-40-1(34)
賤民	437	15-22-7(4)	1,115	45-60-2(20)	1,246	53-47-5(12)	5,815	253-89-0(10)
其他	249	53-83-5(15)	240	11-24-6(5)	528	56-65-4(13)	1,846	172-72-1(7)
無主	22	3-53-1(1)	81	5-51-3(2)	266	21-46-9(5)	1,038	81-03-5(3)
合計	7,184	365-48-6(100)	5,005	234-24-0(100)	7,020	432-69-1(100)	47,939	2,554-27-2(100)

* (괄호) 안의 숫자는 合計 대비 백분율임.

** 其他는 馬位田과 같은 국유지, 書院田 등의 공동소유지, 寺刹 소유지 등임. 이하 동.

넷째, 성명이 동일하거나 앞의 첫째, 둘째 기준에 의하여 동일인으로 취급된 기주가 둘 이상의 직역을 지니더라도 동일인으로 취급한다.

다섯째, 위의 넷째 경우 가운데 상이한 신분에 속하는 직역을 둘 이상을 보유한 기주의 신분은 상위신분으로 확정한다.

여섯째, 기주의 신분은 이준구의 분류기준을 따른다.[5]

다시 <표 3>으로 돌아가 각 신분층의 전답소유 현황을 살펴보기로 하자. 각 신분층의 전답소유 실상이 면마다 서로 다른데, 양반층의 토지가 가장 많이 분포된 면과 평민층의 전답이 가장 많은 비중을 차지하는 면으로 대별된다. 남하·북상·북하·읍내면은 양반층의 소유지가 가장 많

---

5) 李俊九, 『朝鮮後期身分職役變動』, 一潮閣, 1993.

은 비중을 차지하는 곳이다. 남하면 전답의 44%, 북상면 농지의 41%, 북하면 농토의 58%, 읍내면 전답의 31%가 양반소유지이다. 한편 내상·신상·신하면은 평민층의 소유지가 가장 높은 비율을 보이는 곳이다. 내상면 전답의 47%, 신상면 농지의 54%, 신하면 농토의 43%가 평민층의 소유지이다.

이같이 면 단위로 전주의 신분구성이 크게 다르게 나타나는 현상은 동성촌락의 발달과 깊은 관련이 있다. 남하·북상·북하·읍내면은 양반들의 동성촌락이 발달했고, 내상·신상·신하면은 평민들의 동족마을이 집중된 곳이었던 것이다. 남하·북상·북하·읍내면에 정착하여 동성촌락을 형성했던 대표적인 양반 성씨와 그들의 전답소유 실태에 대해 좀더 살펴보도록 하자.[6]

남하면의 전답을 소유한 양반 성씨는 모두 25개였다.[7] 25개 성씨에 속하는 양반들이 모두 남하면에 세거지를 둔 사람들은 아니다. 그 중 일부는 타면, 더 나아가 다른 군현에 거주하던 양반들이다.[8] 25개 성씨 가운데 남하면의 토지를 가장 많이 소유한 성씨는 鄭이다. 그들이 소유한 농지 70결 36부 9속은 남하면 양반소유지의 46.7%에 해당한다. 정씨 성을 가진 양반전주 역시 남하면에 거주하는 전주와 타 지역에 거주하는 전주로 구성되어 있었다.[9] 당시 남하면에 거주하던 정씨 양반은 대부분 동래

---

6) 용궁현의 양반 동성촌락의 실태를 필자가 몇 번의 답사를 통하여 직접 조사하였다.

7) 姜, 郭, 權, 金, 南, 文, 朴, 裵, 孫, 宋, 辛, 安, 柳, 尹, 李, 任, 張, 全, 鄭, 趙, 崔, 韓, 玄, 洪, 黃.

8) 서울, 高靈, 尙州, 安東, 醴泉, 寧海, 眞寶 등에 거주하는 전주가 확인된다. 그러나 타 지역에 거주하는 전주의 실제 숫자는 이보다 더 많았다고 생각된다. 왜냐하면 경자양안이 부재전주의 거주지를 정확히 기재하지 않았기 때문이다.

9) 양안에서는 단지 眞寶에 거주하는 정비건과 서울에 거주하는 정한주만이 부재전주로 확인된다. 그러나 정씨 성을 가진 부재전주는 이보다 더 많았을 것으로 추측된다. 왜냐하면 경자양안이 부재전주의 거주지를 정확히 기재하지 않았기 때문이다.

정씨와 청주 정씨였으며, 전자의 族勢가 후자의 족세보다 더 컸다.

북상면의 전답을 소유한 양반 성씨는 모두 25개였다.[10] 25개 성씨에 속하는 양반들 가운데는 남하면 이외의 곳에 거주하던 자들도 있었다.[11] 25개 성씨 가운데 북상면의 토지를 가장 많이 소유한 성씨는 安이다. 그들이 소유한 농지 49결 24부는 북상면 양반소유지의 29.1%에 해당한다. 당시 북상면에는 순흥 안씨들이 대대로 터전을 잡고 살아가고 있었다.

북하면의 전답을 소유한 양반 성씨는 모두 37개였다.[12] 37개 성씨에 속하는 양반들 가운데는 북하면에 세거지를 둔 전주도 있었고, 타 면과 다른 군현에 거주하던 자들도 있었다.[13] 37개 성씨 가운데 북하면의 토지를 가장 많이 소유한 성씨는 全이다. 그들이 소유한 농지 48결 6부 3속은 북하면 양반소유지의 20.5%에 해당한다. 당시 북하면에는 용궁 전씨들이 대대로 터전을 잡고 살아가고 있었다.

읍내면의 전답을 소유한 양반 성씨는 모두 25개였다.[14] 25개 성씨에 속하는 양반들 가운데는 읍내면에 세거지를 두지 않은 자들도 있었다.[15] 25

---

10) 姜, 權, 金, 文, 朴, 潘, 裵, 邊, 孫, 宋, 辛, 安, 楊, 柳, 李, 任, 張, 全, 鄭, 趙, 朱, 蔡, 崔, 洪, 黃.

11) 북상면 양안에는 전주의 거주지가 전혀 기재되어 있지 않아 타 면과, 타 군현에 거주하던 전주의 실상을 알기 어렵다. 그런데 남하면에 거주하는 鄭泰東(남하면 −1결 30부 4속 ; 북상면−40부 9속), 鄭泰明(남하면−9부 6속)이 북상면의 토지를 소유하고 있는 것으로 북상면에도 타 지역에 거주하는 전주가 적지 않았음을 알 수 있다.

12) 姜, 高, 郭, 權, 琴, 金, 南, 盧, 都, 文, 朴, 潘, 裵, 白, 邊, 徐, 孫, 辛, 安, 楊, 嚴, 柳, 尹, 李, 任, 張, 全, 鄭, 趙, 朱, 蔡, 崔, 泰, 韓, 玄, 洪, 黃.

13) 尙州, 安東, 醴泉, 豊基, 咸昌 등에 거주하는 전주가 확인된다. 그러나 타 지역에 거주하는 전주의 실제 숫자는 이보다 더 많았다고 생각된다. 왜냐하면 경자양안이 부재전주의 거주지를 정확히 기재하지 않았기 때문이다.

14) 姜, 高, 權, 金, 南, 盧, 文, 朴, 徐, 辛, 安, 楊, 柳, 尹, 李, 任, 張, 全, 鄭, 趙, 朱, 蔡, 崔, 洪, 黃.

15) 서울, 江陵, 尙州, 安東, 醴泉, 豊基, 榮川, 眞寶, 善山, 禮安 등에 거주하는 전주가 확인된다. 그러나 타 지역에 거주하는 전주의 실제 숫자는 이보다 더 많았다

개 성씨 가운데 읍내면의 토지를 가장 많이 소유한 성씨는 李이다. 그들
이 소유한 농지 55결 56부는 읍내면 양반소유지의 41.4%에 해당한다. 당
시 읍내면에는 경주 이씨들이 대대로 터전을 잡고 살아가고 있었다.

대부분의 면에서 양반층과 평민층이 토지소유규모에서 1, 2위를 나타
내고 있으나, 신하면과 읍내면은 예외이다. 신하면은 천인층의 소유전답
이 19.9%로 양반의 그것보다 높다. 이 같은 현상이 일어난 까닭은 寺奴婢
가 많은 전답을 소유하고 있었기 때문이다. 그들은 전답 28결 15부 9속을
소유하고 있었는데, 그 수치는 신하면 전체 전답의 12%, 천인 소유지의
61.7%에 해당한다. 읍치지역과 멀리 떨어진 곳에 시노비의 소유지가 많
은 까닭은 이 지역에 司饔院分院, 巡營水鐵場, 石場 등이 있었기 때문인
것으로 추측된다. 즉 적지 않은 시노비들은 정부에서 운영하는 사옹원분
원,[16] 순영수철장,[17] 석장[18] 등과 관련이 있었다고 여겨진다.

한편 읍내면은 중인층의 소유전답이 21.7%로 양인의 그것보다 높다.
이러한 현상은 호장, 공생, 기관 등과 같은 관속들이 많은 토지를 소유한
데서 비롯되었다. 그들은 전답 64결 63부 2속을 소유했는데, 그 수치는 읍
내면 전체 전답의 14.9%, 중인층 소유지의 68.9%에 해당한다.

여기서 각 면의 전답구성은 그 지역의 신분구성과 어느 정도 연관성이
있다는 사실에 주목할 필요가 있다. 이미 살펴보았듯이 양반들이 많이 거
주하는 북하·북상·남하·읍내면 가운데 앞의 3면은 답의 비중이 현 전
체 평균보다 높은 지역이다. 그리고 평민층이 많이 거주하는 신하·신상
·내상면 가운데 앞의 2면은 전의 비중이 현 전체 평균을 초과하는 곳이
다.

고 생각된다. 왜냐하면 경자양안이 타 지역에 거주하는 전주의 거주지를 정확히
기재하지 않았기 때문이다.

16) 사옹원장인의 토지는 1결 25부 4속이다.

17) 巡營水鐵場과 관련된 수철장인 혹은 그 보인들의 소유토지는 3결 86부 5속이다.

18) 석장과 그 보인의 소유전답은 4결 2부 7속이다.

3. 용궁현의 가경전과 진전 실상

1) 가경전의 규모와 등급

경자양전을 통해 이전보다 더 많은 출세실결수를 확보하려 한 정부는 개간지를 파악하는 데 많은 노력을 기울였다. 갑술양전 이후 정부의 지속적인 개간장려책[19]과 농촌인구의 꾸준한 증가현상이[20] 서로 맞물림으로써 전국에 걸쳐 농지개간이 활발히 진행되었다. 17세기 후반 경상도 북부지역 농민들은 다양한 개간법을 이용하여 새로운 전답을 마련해갔다.[21]

---

19) 갑술양전 이래 정부의 개간장려책에 관한 내용은 다음 글을 참조. 宋讚燮, 「17·18세기 新田開墾의 확대와 經營形態」, 『韓國史論』 12, 1985 ; 李景植, 「17世紀 農地開墾과 地主制의 展開」, 『韓國史研究』 9, 1973.

20) 권태환·신용하, 「조선왕조시대 인구추정에 관한 일시론」, 『동아문화연구』 14, 1977.

21) 慶尙道 安東 豊山에서 생활한 柳元之(1598~1674)가 17세기 후반에 편찬한 『忠孝堂農書』에는 다음과 같은 다양한 개간법이 소개되고 있다.
"『忠孝堂農書』 「開荒田條」 ○凡開荒田 先縱牛羊踐踏 令草根浮動 待七月耕之 草[死] 非七月 則復生矣 明年氷解又耕後下種 大凡開荒之法 初耕宜深 後耕宜淺 初深後淺 則生地不起土 又軟熟 ○又云 七月 芟草燒之 至春而開之 則根朽而省工 若林木絶大者 則口象之 ○墾荒畲 輪木長可四尺爲五六稜 兩頭貫木環 以繩繫之 令兒童騎牛或馬 以繫環繩繫鞍後兩旁 以曳之 其木自輪轉殺草 若沮甚 人牛陷沒之地 則用栲栳殺草後 引水 下種 ○一云 沮甚卑陷處 則以稻稈 結作鱗次草苞 以有鱗次者親土布之 鑿取畲旁高地土 且於草苞領上 橫結一長木 繫繩於木上兩邊 使人負其繩而曳之 至畲之彼邊盡處 復回向初來處 曳覆其土 而去又取新土 漸次曳覆於畲上 以厚埋其草後 引水下種 則草爛而谷自茂 甚爲省工云 ○尹監司謫元在慶山謫所 其地多荒地 葭芦接天彌望 尹令一童奴 春間縱火焚之於陳地 相去尺許作區 周回數尺許 每區種糖十許粒 待草生鋤之 其兩區中間芦草 以鎌刈之 仍布其地 不過一鋤 糖已茁茂 草不得生 翌年復於年前所作兩區之間荒地 更作新區 種糖如前法 其舊區種豆太水荏之屬 第三年 自然已成熟田 犁耕無碍 力省而功倍 甚爲妙法云 ○荒田種木花 亦依此法云".
『忠孝堂農書』와 관련된 자세한 사항은 다음의 글을 참조. 金建泰, 「朝鮮中期 移秧法의 普及과 그 意義」, 『國史館論叢』 63, 1995 ; 崔仁基, 「河回 豊山柳氏 宗家 所傳 古農書에 관한 硏究」, 성균관대학교 석사학위논문, 1997.

<표 4> 용궁현 각 면의 가경전답 규모 (단위 : 결-부-속)

	南下	內上	北上	北下	申上	申下	邑內	합계
전답규모 (A)	340-13-2	359-46-7	417-84-2	404-41-4	365-48-6	234-24-0	432-69-1	2,554-27-2
加耕地 (B)	5-99-9	20-64-8	5-47-0	3-60-7	24-19-7	21-44-0	7-15-3	88-51-4
B/A*100	1.8%	3.1%	1.3%	0.9%	6.6%	9.2%	1.7%	3.5%

『용궁양안』은 갑술양전 이후 개간이 활발히 진행되던 용궁현의 실상을 비교적 생동감 있게 전하고 있다.『용궁양안』에서 가경전의 규모를 정리한 <표 4>에서 보듯이 그 비율은 0.9%~9.2%까지 면별로 다양하다. 이 같은 현상은 양반거주지역보다 평민거주지역의 가경전 비율이 높은 데서 비롯되었다. 신하·신상·내상·남하·읍내·북상·북하면 순으로 전체 답에서 가경전이 차지하는 비중이 높다. 이미 보았듯이 신하·신상·내상면은 평민층 소유지의 비중이 높고 남하·읍내·북상·북하면은 양반층 소유지의 비중이 높은 지역이다.

양반거주지역보다 평민거주지역의 가경전 비율이 높다는 사실은 평민층이 소유한 개간지가 많았을 가능성을 제시한다. 용궁현에서는 그러한 가능성이 현실로 나타났다.『용궁양안』에서 각 신분층이 소유한 가경지 현황을 정리한 <표 5>에서 보듯이 남하·내상·신상·신하면에서는 평민층의 가경지가, 북상·북하면에서는 양반층의 그것이, 읍내면에서는 천인층의 그것이 가장 큰 비중을 점하고 있다. 평민층이 적극적으로 개간에 나서고 있었음을 알 수 있다. 한 뙈기의 땅이라도 더 늘리려고 자갈을 골라내고 풀뿌리를 캐내는 소농민들의 모습이 연상되는 부분이다.

한편 위의 사실을 근거로 용궁현에 거주하던 양반층이 개간에 소극적인 자세를 보였다는 결론을 곧바로 도출하기는 어렵다. 왜냐하면 적지 않은 양반들은 갑술양안에 무주진전으로 등재되어 있는 전답을 개간하는 데 적극성을 띠었기 때문이다.

<표 5> 용궁현 각 면의 신분별의 가경전답 소유현황 (단위 ; 결-부-속)

신분	南下		內上		北上		北下	
	筆地	面積	筆地	面積	筆地	面積	筆地	面積
兩班	110	1-73-1(29)	218	3-28-0(16)	124	1-97-8(36)	107	1-64-6(46)
中人	5	0-12-5(2)	183	2-37-6(12)	22	0-40-4(8)	18	0-17-3(5)
平民	163	2-66-8(44)	822	9-80-0(47)	106	1-49-8(27)	73	0-87-3(24)
賤民	70	0-92-4(15)	207	2-74-6(13)	69	1-09-8(20)	39	0-66-4(18)
其他	3	0-04-1(1)	118	2-26-2(11)	23	0-44-1(8)	9	0-25-1(7)
無主	13	0-51-0(9)	2	0-18-4(1)	1	0-05-1(1)		
合計	365	5-99-9(100)	1,550	20-64-8(100)	345	5-47-0(100)	246	3-60-7(100)

신분	申上		申下		邑內		合計	
	筆地	面積	筆地	面積	筆地	面積	筆地	面積
兩班	239	8-00-8(33)	88	3-72-6(17)	99	1-83-4(26)	985	22-20-3(25)
中人	32	0-54-9(2)	137	2-26-9(12)	55	0-81-7(11)	452	6-71-3(7)
平民	391	11-59-9(48)	515	9-45-7(44)	125	1-84-9(26)	2,195	37-74-4(43)
賤民	86	2-18-8(9)	233	3-95-4(18)	150	2-25-2(31)	854	13-82-6(16)
其他	28	1-85-3(8)	82	1-76-8(8)	20	0-34-0(5)	283	6-95-6(8)
無主			8	0-26-6(1)	2	0-06-1(1)	26	1-07-2(1)
合計	365	24-19-7(100)	1,063	21-44-0(100)	451	7-15-3(100)	4,795	88-51-4(100)

* (괄호) 안의 숫자는 合計 대비 백분율임.

갑술양전 이후 각 신분층이 양안상의 무주진전을 개간해간 내용을 정리한 <표 6>에서 보듯이 북상·북하·읍내면에서는 양반층이 평민층보다 무주진전을 더 적극적으로 개간했다. 남하면을 제외하면 전체 전답에서 양반소유지가 가장 큰 비중을 점하는 면에서는 양반들이 무주진전 개간에 상당한 열의를 보이고 있었던 것이다.

이 두 사실을 종합하면 양반들은 갑술양안에 등재된 진전의 개간에는 적극적이었고, 갑술양안상에 미등재된 황무지 개간에는 소극적이었다는 분석결과를 얻을 수 있다. 그런데 우리는 이러한 분석결과를 접하면서 다음과 같은 의문을 떨쳐버릴 수가 없다. 양반들은 이미 양안에 등재되어 있어 은루결로 처리하기 어려운 전답보다 양안에 등재되지 않아 은루결로 처리하기 쉬운 황무지를 개간하는 데 더 적극성을 보이지 않았을까. 여기서는 일단 문제만 제기하고 해답은 다음 장에서 찾기로 한다.

<표 6> 용궁현 각 면의 신분별 무주진전의 개간현황 (단위 : 결-부-속)

신분	南下		內上		北上		北下	
	筆地	面積	筆地	面積	筆地	面積	筆地	面積
兩班	146	4-88-9(15)	64	1-47-5(9)	135	5-64-3(19)	13	25-7(32)
中人	14	0-45-4(1)	45	1-48-3(9)	40	1-69-0(6)		
平民	257	9-28-3(29)	219	6-14-5(37)	114	3-65-1(12)	2	0-20(3)
賤人	92	3-03-2(9)	92	2-71-8(16)	92	3-77-9(12)	3	13-5(17)
其他	5	0-20-6(1)	11	0-34-6(2)	5	0-21-0(1)		
無主	193	14-38-6(45)	80	4-44-6(27)	195	14-99-7(50)	8	37-9(48)
合計	707	32-25-0(100)	511	16-61-3(100)	581	29-97-0(100)	26	79-1(100)

신분	申上		申下		邑內		合計	
	筆地	面積	筆地	面積	筆地	面積	筆地	面積
兩班	10	0-34-7(6)	25	1-37-4(9)	81	4-12-4(13)	474	18-10-9(14)
中人			46	2-07-9(13)	64	2-73-4(9)	209	8-44-0(6)
平民	48	1-83-8(34)	196	5-72-8(37)	60	2-11-0(7)	896	28-77-5(22)
賤人	7	0-14-3(3)	123	2-96-3(19)	111	3-84-0(12)	520	16-61-0(12)
其他			2	0-03-4	11	1-24-0(4)	34	2-03-6(2)
無主	9	3-04-6(57)	26	3-30-4(21)	207	16-97-3(55)	718	57-53-1(44)
合計	74	5-37-4(100)	418	15-48-2	534	31-02-1(100)	2,851	131-50-1(100)

* (괄호) 안의 숫자는 合計 대비 백분율임.

용궁현 가경지는 그곳의 자연지리적 특성 때문에 대부분 전이었다. 그러한 실상을 좀더 구체적으로 살펴보기 위하여 개간전답의 실상을 『용궁양안』에서 정리한 내용이 <표 7>이다. 모든 면에서 개간답의 비중이 개간전의 그것보다 현저히 낮다.

우리는 여기서 내상·신상·신하면의 개간답 비중이 여타 면의 그것에 비해 상대적으로 높다는 사실에 주목할 필요가 있다. 왜냐하면 신상·신하면은 여타 면에 비해 상대적으로 전의 비중이 높았고, 내상·신상·신하면은 평민층에 소유한 전답의 비중이 가장 높은 곳이기 때문이다. 대체로 평민층 소유의 전답 비중이 높은 곳, 즉 전의 비중이 높은 면에서 가경답의 비중이 가경전의 그것에 비해 상대적으로 높게 나타나고 있다. 이와 달리 양반 거주지역에서는 가경답의 비중이 가경전의 그것에 비해 상대적으로 낮았던 것이다.

<표 7> 용궁현 각 면 가경전답의 지목구성 (단위 : 결-부-속)

		南下		內上		北上		北下
	筆地	面積	筆地	面積	筆地	面積	筆地	面積
畓	42	0-44-6(7)	283	3-39-0(16)	27	0-36-1(7)	10	0-24-7(7)
田	323	5-55-3(93)	1,267	17-25-8(84)	318	5-10-9(93)	236	3-36-0(93)
合計	365	5-99-9(100)	1,550	20-64-8(100)	345	5-47-0(100)	246	3-60-7(100)

		申上		申下		邑內		合計
	筆地	面積	筆地	面積	筆地	面積	筆地	面積
畓	62	2-44-2(10)	229	2-37-2(11)	35	0-38-3(5)	688	9-64-1(11)
田	714	21-75-5(90)	834	19-06-8(89)	416	6-77-0(95)	4,108	78-87-3(89)
合計	776	24-19-7(100)	1,063	21-44-0(100)	451	7-15-3(100)	4,796	88-51-4(100)

* (괄호) 안의 숫자는 合計 대비 백분율임.

이러한 현상은 다음과 같은 이유에서 비롯되었다고 여겨진다. 양반 거주지역에서는 일찍부터 伏와 같은 간단한 수리시설을 이용한 논농사가 활기를 띠었기[22] 때문이라고 판단된다. 즉 양반 거주지역에서는 17세기 후반 경에 이미 논으로 개간할 수 있는 곳은 거의 개간된 상태였다고 생각된다.

경자양전 이전까지 가경전에는 공식적으로 전품이 매겨져 있지 않았다. 가경전은 경자양안에 등재됨으로써 비로소 전품을 부여받게 되었다. 정부는 가경전의 전품을 책정하는 문제를 두고 여러 차례 논의를 거듭하였다.[23] 왜냐하면 전품은 부세량에 가장 큰 영향을 미치는 문제이기 때문이다. 논의 결과 개간전의 전품은 토질의 비옥도를 살펴서 결정하도록 정해졌다.[24] 용궁현의 양전 담당자들은 개간지의 전품을 판정할 때 정부의 결정을 비교적 잘 준수하였다. 『용궁양안』에서 개간지의 전품을 정리한 <표 8>에서 보듯이 그곳의 가경전은 대부분 최하등급을 받았다.

22) 李泰鎭, 「16世紀의 川防(洑)灌漑의 발달」, 『韓㳓劤停年紀念史學論叢』, 1981.
23) 염정섭, 「숙종대 후반 양전론의 추이와 경자양전의 성격」, 『역사와 현실』 36, 2000.
24) 『新補受教輯錄』, 「量田」, "今番改量時 則量後加起之處 等數高下 一從土品施行".

<표 8> 용궁현 각 면 가경전답의 등급 (단위 : 결-부-속)

등급	南下		內上		北上		北下	
	筆地	面積	筆地	面積	筆地	面積	筆地	面積
1								
2								
3	1	0-00-2					1	0-11-0(3)
4	6	0-17-1(3)	34	1-09-8(5)	1	0-05-7(1)	6	0-14-4(4)
5	24	0-52-7(9)	109	2-01-5(10)	17	0-41-4(8)	16	0-23-8(7)
6	334	5-29-9(88)	1,407	17-53-5(85)	327	4-99-9(91)	223	3-11-5(86)
合計	365	5-99-9	1,550	20-64-8(100)	345	5-47-0(100)	246	3-60-7(100)

등급	申上		申下		邑內		合計	
	筆地	面積	筆地	面積	筆地	面積	筆地	面積
1	1	1-53-0(6)					1	1-53-0(2)
2			1	0-02-8			1	0-02-8
3	9	0-52-1(2)			11	0-16-3(2)	22	0-79-6(1)
4	13	0-46-2(2)	5	0-07-9	34	0-96-5(13)	99	2-97-6(3)
5	51	1-16-2(5)	56	1-47-2(7)	54	0-93-8(13)	327	6-76-6(8)
6	702	20-52-2(85)	1,002	19-88-9(93)	351	5-05-9(71)	4,346	76-41-8(86)
合計	776	24-19-7(100)	1,063	21-44-0	451	7-15-3	4,796	88-51-4

* (괄호) 안의 숫자는 合計 대비 백분율임.

읍내면을 제외한 여타 면의 개간지는 85%이상이 6등급으로 판정났다. 기경전의 대부분이 4~5등급이었음을 미루어볼 때 개간은 주로 척박한 곳에서 이루어졌음을 알 수 있다.

2) 진전의 규모와 등급

농민들이 흘린 땀방울 덕택에 적지 않은 황무지가 옥토로 변해가기도 했지만, 다른 한 편에서는 애써 일구어 놓은 논밭이 황무지로 변해가기도 했다. 진전은 자연재해로 인해 발생하기도 하고, 부세 압박 때문에 농민들이 경작을 포기함으로써 생겨나기도 했다. 용궁현에서도 진전이 적지 않게 발생했다. 『용궁양안』에서 진전으로 기재된 필지를 정리한 <표 9>에서 보듯이 용궁현의 진전비율은 비교적 높은 수준이다. 면 단위를 기준

으로 할 때 그 수치는 낮게는 14%에서 높게는 21%까지 차등을 보이고
있다.

문제의 심각성은 단순히 진전 비율이 높다는 데서 그치는 것이 아니다.
대체로 양반층의 소유전답이 높은 비중을 차지하는 면에서 진전 비율 또
한 높다는 데에 문제의 심각성이 있다. 내상면을 제외하면, 양반층의 소
유전답이 높은 비중을 차지하는 4개 면(남하, 북상, 북하, 읍내)의 진전비
율이 나머지 2개 면의 진전비율보다 높게 나타난다.

이같이 양반층의 소유전답이 높은 비중을 차지하는 면에서 진전비율
또한 높게 나타나는 원인은 양반층의 전답 가운데 진전이 많이 섞여 있
었기 때문이다. 신분별 진전소유 현황을 정리한 <표 10>에서 보듯이 양
반층은 5개 면(남하, 북상, 북하, 신하, 읍내)에서 가장 많은 진전을 소유
한 전주로 나타난다. 나머지 2개 면(내상, 신상)에서는 평민층이 가장 많
은 진전을 소유하고 있었다. 경제력이 우월한 양반들이 무슨 이유로 평민
층보다 더 많은 전답을 진전으로 방치시키고 있었는지 궁금하다. 이 의문
에 대한 해답은 다음 장에서 구해보기로 한다.

진전은 대부분 전에서 발생했다. 『용궁양안』에서 진전의 지목구성 현
황을 정리한 <표 11>에서 보듯이 7개 면 모두 진전에서 차지하는 전의
비중은 90% 이상이다. 앞서 보았듯이 용궁현 7개 면에서 전이 차지하는
비율은 55~77%였다. 이 같이 전에서 진전이 많이 발생하게 되는 까닭은
밭농사의 특성 때문이다. 논은 각종 영양분이 녹아있는 물을 자주 공급받
기 때문에 퇴비를 많이 사용하지 않더라도 대규모의 한·수해만 들지 않
으면, 어느 정도의 소출을 기대할 수 있다. 그러나 밭은 곡식의 성장에 도
움이 되는 영양분을 거의 대부분 퇴비에 의존할 수밖에 없다. 즉 밭농사
는 많은 퇴비를 필요로 했기 때문에 농민들은 지력을 보강하는 차원에서
밭을 묵히는 경우가 많았다. 특히 산곡간에 위치한 척박한 밭에서 그러한
일이 자주 발생했다.[25]

<표 9> 용궁현 각 면의 진전현황 (단위 : 결-부-속)

	南下	內上	北上	北下	申上	申下	邑內	合計
田畓規模(A)	340-13-2	359-46-7	417-84-2	404-41-4	365-48-6	234-24-0	432-69-1	2,554-27-2
陳田(B)	62-51-7	56-95-8	85-75-4	59-44-3	46-73-6	32-24-1	70-58-4	414-57-1
B/A*100	18%	16%	21%	15%	12%	14%	16%	16%

<표 10> 용궁현 각 면의 신분별 진전소유 현황 (단위 : 결-부-속)

	南下		內上		北上		北下	
	筆地	面積	筆地	面積	筆地	面積	筆地	面積
兩班	509	19-69-7(32)	287	10-66-1(19)	696	33-14-8(39)	817	34-75-8(58)
中人	27	1-17-4(2)	193	7-08-2(12)	153	7-01-7(8)	93	3-46-5(6)
平民	370	16-83-7(27)	613	23-49-4(41)	429	17-07-1(20)	241	11-75-2(20)
賤人	134	5-84-1(9)	116	5-32-9(9)	162	7-61-0(9)	102	5-23-7(9)
其他	25	0-88-2(1)	24	1-12-1(2)	29	1-13-7(1)	56	2-08-5(3)
無主	273	18-08-6(29)	120	9-60-9(17)	254	19-77-1(23)	34	2-14-6(4)
合計	1338	62-51-7(100)	1353	56-95-6(100)	1723	85-75-4(100)	1343	59-44-3(100)
	申上		申下		邑內		合計	
	筆地	面積	筆地	面積	筆地	面積	筆地	面積
兩班	200	12-71-6(27)	77	9-99-6(31)	331	16-91-7(24)	2917	137-89-3(33)
中人	41	1-79-2(4)	59	3-65-2(12)	237	10-18-6(15)	803	34-36-8(8)
平民	496	25-03-7(54)	161	7-73-8(24)	175	8-68-4(12)	2485	110-61-3(27)
賤人	49	2-50-0(5)	91	4-26-2(13)	214	8-97-1(13)	868	39-75-0(10)
其他	20	1-16-0(2)	15	1-08-0(3)	69	4-35-7(6)	238	11-82-2(3)
無主	22	3-53-1(8)	81	5-51-3(17)	266	21-46-9(30)	1050	80-12-5(19)
合計	828	46-73-6(100)	484	32-24-1(100)	1292	70-58-4(100)	8361	414-57-1(100)

* (괄호) 안의 숫자는 합계 대비 백분율임.

정부는 더 많은 출세실결수를 확보하기 위해서 경자양전을 실시했지만, 이러한 진전은 출세실결수 증가와 무관한 지목이었다. 따라서 정부는 경자양전을 통해 농민들이 적극적으로 개간에 나설 수 있는 동기를 제공하려고 했다.

---

25) 『備邊司謄錄』 72冊, 숙종 45년 10월 23일, "旱田之休其地力 或起或陳……山峽沙石之地 土品瘠薄 或起或陳".

<표 11> 용궁현 각 면 진전의 지목구성 (단위 : 결-부-속)

		南下		內上		北上		北下
	筆地	面積	筆地	面積	筆地	面積	筆地	面積
畓	156	2-98-0(5)	190	4-85-9(8)	248	7-04-5(9)	127	3-98-4(7)
田	1182	59-53-7(95)	1163	52-43-7(92)	1475	78-70-9(91)	1216	55-45-9(93)
合計	1338	62-51-7(100)	1353	57-29-6(100)	1723	85-75-4(100)	1343	59-44-3(100)

		申上		申下		邑內		合計
	筆地	面積	筆地	面積	筆地	面積	筆地	面積
畓	30	0-84-2(2)	15	0-71-0(2)	66	1-67-5(2)	832	22-09-5(5)
田	798	45-89-4(98)	469	31-53-1(98)	1226	68-90-9(98)	7529	392-47-6(95)
合計	828	46-73-6(100)	484	32-24-1(100)	1292	70-58-4(100)	8361	414-57-1(100)

* (괄호) 안의 숫자는 合計 대비 백분율임.

<표 12> 용궁현 각 면의 진전등급 (단위 : 결-부-속)

등급		南下		內上		北上		北下
	筆地	面積	筆地	面積	筆地	面積	筆地	面積
1					3	0-06-1		
2	14	0-86-8(1)	1	0-03-0	16	0-25-8	9	0-33-2(1)
3	60	3-81-0(6)	53	2-64-8(4)	70	2-77-5(3)	57	2-06-8(3)
4	120	4-51-7(7)	201	10-54-2(18)	295	11-64-1(14)	288	12-64-5(21)
5	430	15-24-8(25)	427	18-65-0(33)	500	23-04-7(27)	314	10-45-9(18)
6	714	38-07-4(61)	671	25-42-6(45)	839	47-97-2(56)	675	33-93-9(57)
合計	1338	62-51-7(100)	1353	57-29-6	1723	85-75-4	1343	59-44-3(100)

등급		申上		申下		邑內		合計
	筆地	面積	筆地	面積	筆地	面積	筆地	面積
1	1	0-08-6			1	0-03-2	5	0-17-9
2	1	0-07-3			15	0-51-5(1)	56	2-07-6
3	30	2-35-4(5)	20	0-81-2(3)	88	3-37-9(5)	378	17-84-6(4)
4	97	4-50-0(10)	104	6-06-8(19)	216	11-48-2(16)	1321	61-39-5(15)
5	290	13-23-1(28)	116	5-63-7(17)	214	8-08-4(11)	2291	94-35-6(23)
6	409	26-49-2(57)	244	19-72-4(61)	758	47-09-2(67)	4310	238-71-9(58)
合計	828	46-73-6	484	32-24-1(100)	1292	70-58-4	8361	414-57-1

* (괄호) 안의 숫자는 合計 대비 백분율임.

그러한 의도는 진전의 등급을 낮게 책정하려는 정책으로 이어졌다. 경자양전을 앞두고 정부는 진전의 등급을 어떻게 책정할 것인가를 두고 여러 차례 논의를 거듭하였다. 논의는 진전의 등급을 주변 전답의 그것보다

1등급 낮게 책정하는 것으로 매듭지어졌다.[26] 개간자의 부세부담을 덜어주기 위함이었다. 이러한 정책은 용궁현에서도 관철되었다. 『용궁양안』에서 진전의 등급을 정리한 <표 12>에서 보듯이 7개 면 모두 진전은 6등급이 제일 많았다. 용궁현 전답이 대체로 4~5등급이었음을 감안하면, 진전의 전품은 주변의 전답보다 낮게 책정되었음을 알 수 있다.

4. 가경전과 진전 파악의 성격

우리는 앞에서 면 단위로 볼 때 대체로 양반 거주지역에서는 가경전이 적은 반면 진전은 많았고, 평민 거주지역에서는 그 반대의 현상이 일어났음을 살펴보았다. 그리고 양반층의 전답에서는 가경전의 비율이 낮은 반면 진전의 비율은 높고, 평민층의 전답에서는 그 반대 현상이 나타나고 있음도 알 수 있었다. 노비를 많이 보유한 양반들이 개간에도 소극적이었고, 전답 또한 많은 부분을 진전으로 방치해 두었다는 사실은 쉽게 이해되지 않는다. 여기서는 그러한 분석결과가 무엇을 의미하는지에 대해 살펴보기로 한다.

문제의식을 좀 더 분명히 하기 위해 먼저 면 단위로 가경전과 진전의 실상을 대비시켜보자. <표 13>은 『용궁양안』에서 면 단위로 가경전과 진전의 실상을 정리한 것이다. 가경전의 비율은 평민들이 많이 거주하는 신하·신상·내상면에서 월등히 높다. 한편 진전의 비율이 높은 지역은 북상·남하·읍내·내상면이다. 진전의 비율이 높은 4개 면 가운데 내상면을 제외한 3개 면은 모두 양반들이 많이 거주하는 지역이다.

이러한 현상은 진전은 양반층의 소유지에서 상대적으로 많고, 가경전은 평민층의 소유지에서 많은 데서 비롯되었다.

---

26) 염정섭, 앞의 논문, 2000.

<표 13> 용궁현 각 면의 가경·진전 규모 (단위 : 결-부-속)

	南下	內上	北上	北下	申上	申下	邑內	合計
전답규모 (A)	340-13-2	359-46-7	417-84-2	404-41-4	365-48-6	234-24-0	432-69-1	2554-27-2
加耕地 (B)	5-99-9	20-64-8	5-47-0	3-60-7	24-19-7	21-44-0	7-15-3	88-51-4
陳田 (C)	62-51-7	57-29-6	85-75-4	59-44-3	46-73-6	32-24-1	70-58-4	414-57-1
B/A*100	1.8%	5.7%	1.3%	0.9%	6.6%	9.2%	1.7%	3.5%
C/A*100	18%	16%	21%	15%	12%	14%	16%	16%

<표 14>는 『용궁양안』에서 각 신분별 가경지와 진전 소유현황을 정리한 것이다. 전체 가경전과 진전 가운데 양반층과 평민층이 소유한 실상을 살펴보면 양반층에서 소유한 진전의 비율이 동 신분층에서 소유한 가경전의 그것보다 높게 나타나는 면은 5개(내상·신상·신하·북상·북하) 면이고, 나머지 2개 면에서는 그 반대 현상이 일어나고 있다. 한편 7개 면 모두에서 평민층 소유의 가경전 비율이 동 신분층에서 소유한 진전의 그 것보다 높게 나타난다.

여기서 우리는 기경전이 진전으로 변하지 않도록 애쓰고, 나아가 부지 런히 새로운 농토를 일구는 소농민들의 모습을 쉽게 연상할 수 있다. 그 런데 다수의 노비노동력을 보유한 양반들은 황무지를 옥토로 일구는 데 도 소극적이고, 나아가 기존의 경작지마저 쑥대밭으로 변하도록 내버려 두었다는 사실은 쉽게 이해되지 않는 부분이다. 다시 말해 당시의 양반들 은 기존의 경작지가 진전으로 변하도록 내버려두지도 않았고, 새로운 전 답을 개간하는 데도 그토록 무관심하지 않았다.

당시 양반들의 소유지 가운데 가경전이 진전으로 변하는 곳도 없지 않 았다. 이미 보았듯이 양반들의 전답 가운데 적지 않은 부분은 타 지역에 거주하는 전주의 소유지였다. 당시까지도 분할상속제가 유지되고 있었기 때문에 양반들은 원방전답을 적지 않게 소유하고 있었다.

<표 14> 용궁현 각 면의 가경·진전의 소유자 신분 (단위 : 결-부-속)

	南下		內上		北上	
	加耕田	陳田	加耕田	陳田	加耕田	陳田
兩班	1-73-1(29)	19-69-7(32)	3-28-0(16)	10-66-1(19)	1-97-8(36)	33-14-8(39)
中人	0-12-5(2)	1-17-4(2)	2-37-6(12)	7-08-2(13)	0-40-4(8)	7-01-7(8)
平民	2-66-8(44)	16-83-7(27)	9-80-0(47)	23-49-4(41)	1-49-8(27)	17-07-1(20)
賤人	0-92-4(15)	5-84-1(9)	2-74-6(13)	5-32-9(9)	1-09-8(20)	7-61-0(9)
其他	0-04-1(1)	0-88-2(1)	2-26-2(11)	1-12-1(2)	0-44-1(8)	1-13-7(1)
無主	0-51-0(9)	18-08-6(29)	0-18-4(1)	9-28-1(16)	0-05-1(1)	19-77-1(23)
合計	5-99-9(100)	62-51-7(100)	20-64-8(100)	57-29-6(100)	5-47-0(100)	85-75-4(100)

	北下		申上		申下	
	加耕田	陳田	加耕田	陳田	加耕田	陳田
兩班	1-64-6(46)	34-75-8(58)	8-00-8(33)	12-71-6(27)	3-72-6(17)	9-99-6(31)
中人	0-17-3(5)	3-46-5(6)	0-54-9(2)	1-79-2(4)	2-26-9(12)	3-65-2(12)
平民	0-87-3(24)	11-75-2(20)	11-59-9(48)	25-03-7(54)	9-45-7(44)	7-73-8(24)
賤人	0-66-4(18)	5-23-7(9)	2-18-8(9)	2-50-0(5)	3-95-4(18)	4-26-2(13)
其他	0-25-1(7)	2-08-5(3)	1-85-3(8)	1-16-0(2)	1-76-8(8)	1-08-0(1)
無主		2-14-6(4)		3-53-1(8)	0-26-6(1)	5-51-3(17)
合計	3-60-7(100)	59-44-3(100)	24-19-7(100)	46-73-6(100)	21-44-0(100)	32-24-1(100)

	邑內		合計			
	加耕田	陳田	加耕田	陳田		
兩班	1-83-4(26)	16-91-7(24)	22-20-3(25)	137-89-3(33)		
中人	0-81-7(11)	10-18-6(15)	6-71-3(7)	34-36-8(8)		
平民	1-84-9(26)	8-68-4(12)	37-74-4(43)	110-61-3(27)		
賤人	2-25-2(31)	8-97-1(13)	13-82-6(16)	39-75-0(10)		
其他	0-34-0(5)	4-35-7(6)	6-95-6(8)	11-82-2(3)		
無主	0-06-1(1)	21-46-9(30)	1-07-2(1)	80-12-5(19)		
合計	7-15-3(100)	70-58-4(100)	88-51-4(100)	414-57-1(100)		

* (괄호) 안의 숫자는 合計 대비 백분율임.

이러한 양반소유의 원방전답은 17세기 후반 이래 노비도망이 본격화되면서 진전으로 변하는 경우가 적지 않았다. 원방에 소재한 양반소유의 전답은 그 관리가 용이하지 않아 가경전이 진전으로 변하기도 했지만, 그러한 진전은 그 지역에 거주하는 양반들에 의해 다시 기경전으로 변했다.

양반들은 결혼을 통한 끈끈한 인맥과 학연을 매개로 한 돈독한 우의를 서로간에 유지하고 있었기 때문에 쉽게 정보를 주고 받을 수 있었다. 그리고 그들은 여타 신분층에 비해 개간에 필요한 인적·물적 자원을 풍부하게 소유하고 있었다. 경상도 봉화에 거주하던 權斗紀(1659~1722)가 1714년 경상도 안동 풍산에 거주하던 柳生員에게 보낸 아래의 간찰은 그러한 사실을 잘 보여주고 있다.

　　道心에 있는 당신 農庄의 陳荒未墾地를 斥賣하려는 뜻이 있다는 것을 들었다. 진실로 그러한가. 나의 집은 심히 빈곤해서 일년을 이어나가는 일이 항상 걱정된다. 비옥한 전답은 가격이 높기 때문에 매득할 계획을 세우기 어렵다. 값이 싼 진황지를 매득해서 개간할 계획이다. 답장을 보내줄 때 당신의 생각을 자세히 설명해 주지 않겠는가. 한 곳은 具書房家의 田地 옆 시냇가에 있고, 한 곳은 炭堂에 있는데, 모두 갈대밭으로 변했다.[27]

　正言을 지낸 권두기는 유생원에게 진황지로 버려둔 두 곳의 전지를 자신에게 방매해 주도록 요청하고 있다. 정언을 지낸 권두기가 빈곤하다고 하는 것은 어디까지나 양반의 입장에서 그러하다고 할 수 있다. 이렇듯 양반들은 진황지 개간에 많은 관심을 가지고 있었던 것이다.

　사정이 이러함에도 불구하고 무슨 이유 때문에『용궁양안』에는 양반들이 여타 신분층에 비해 상대적으로 진전을 많이 소유하고, 평민들은 여타 신분층에 비해 상대적으로 기경전을 많이 소유한 것으로 등재되어 있을까. 그 까닭은 경자양안을 작성하면서 평민층의 소유지에 대해서는 제대로 경작되지 않아도 가경전으로 등재하고, 나아가 진전마저 기경전으로 등재하는 경우가 비일비재했기 때문이다. 반면 양반들의 소유지에 대해

---

27) 成均館大學校 博物館,『河回簡札』151, "柳生員 侍使……就道心貴庄中 陳荒未墾者 聞有斥賣之意云 信否 鄙家貧甚 常患卒歲 而好田土多價者 實難生意 未墾而價廉者 欲買取爲起耕計 未可回示皁白否 其一則具書房家田溪邊 其一則炭堂伏在者 渾是蘆葦田也……甲午 十月 初三日 戚記 斗紀".

서는 적지 않은 가경전을 양안에서 누락시켰을 뿐만 아니라 상당수의 기
경전을 진전으로 등재하였기 때문이다.

영조 3년 10월 24일 경상감사 황선이 올린 다음과 같은 상소는 평민들
의 소유지가 양안에 어떻게 등재되었는지를 잘 보여주고 있다.

> 경자양전 시기 面任輩들이 實結을 채우기 위해 수십년 동안 未墾處에
> 억지로 主를 懸錄하고, 혹 無田 빈민이 있으면 磽确處를 가리키며 후일
> 에 敷菑할 수 있다고 꾀어 그 이름을 主로 懸錄하였습니다. 무릇 量案에
> 主가 懸錄된 田地는 新起之中에 例入되어 지금까지 7·8년 동안 白地徵
> 稅하였습니다. 하물며 오랫동안 荒廢된 田地에 대해서도 科外의 租를 요
> 구하니 孑遺한 民들이 삶을 의지할 수 없습니다. 기타 川反·浦落된 곳
> 도 역시 이와 같은 類입니다.[28]

위의 사료는 경자양전 당시 빈잔한 농민들이 자갈밭을 개간하려고 하
면 그곳마저 가경전으로 양안에 등재하던 모습을 생생하게 전하고 있다.
『용궁양안』에서 평민층이 여타 신분층에 비해 가경전을 많이 소유한 것
으로 나타난 이유도 바로 여기에 있었던 것이다.

영조 5년 1월 23일 경상감사 박문수가 올린 다음과 같은 상소는 평민
들의 진전이 양안상에 기경전으로 등재되던 모습을 잘 보여주고 있다.

> 陳田은 當初 改量할 때 朝家에서 田畓의 陳起를 물론하고 主를 懸錄
> 하도록 했는데, 그 당시 均田使들은 陳田에 主를 懸錄하도록 허락하면
> 후일에 爭端이 있을 수 있고, 또 주인이 있으면 다른 사람이 畊食하려고

---

28) 『承政院日記』648권, 영조 3년 10월 24일 479쪽, "慶尙監司黃璿疏曰……庚子改
   量時 面任輩 爲其苟充實結 或以屢十年未墾處 勒令懸主 或有貧民之無田者 見
   其磽确處 猶倖日後之敷菑 遂以其名懸主 凡係量案懸主之地 例入於新起之中
   至今七八年 白地徵稅 況此積年 荒廢之地 責其科外之租 則孑遺之民 無以聊生
   其他川反浦落等處 亦多此類".

해도 薄土에 公私 간에 收稅하는 것이 많아서 반드시 기경하지 않을 것
입니다. 그렇다면 후일의 큰 弊端은 반드시 이 때문에 생길 것이라고 했
습니다. 이에 節目을 만들어 陳田은 主를 懸錄하지 못하도록 한 까닭에
田主들이 土地를 全失할 것을 염려하여 모두 진전을 기경전으로 바꾸어
主로 懸錄하면서 이르기를 비록 지금은 陳田을 기경전으로 바꾸어 主를
懸錄했지만, 장차의 田政에서는 官家에서 진전으로 懸頉해 주지 않을까
라고 했다. 이로 이유 때문에 다투어 기경전으로 바꾸어 주를 懸錄하였지
만, 그 후 朝家에서 진전을 許頉해주지 않았기 때문에 白地徵稅의 폐단
이 생겼습니다. 모든 읍에서 그러합니다.29)

　　정부에서 진전에는 主를 기재하지 못하게 하였기 때문에 전주들이 자
신의 토지를 잃어버릴까 두려워한 나머지 진전을 기경전으로 바꾸어 양
안에 등재했다는 것이다. 진전마저 기경전으로 등재한 전주들은 지방관
청과 여러 경로로 연결되어 있는 양반층보다 힘없는 평민층에서 더 많았
음을 것으로 추정된다.
　　이 같이 진전마저도 기경전으로 등재해야만 했던 평민들과 달리 양반
들은 여러 가지 편법을 동원하여 기경전마저도 진전으로 등재했다. 양반
들이 이용한 편법 가운데 하나를 소개하면 다음과 같다. 대부분은 기경되
고, 일부가 진전으로 남아있는 필지를 진전으로 등재하는 것이었다. 1738
년 충청도 임천에서 진전에 대한 양전을 실시할 당시의 상황을 전해주는
다음과 같은 자료에서 그 일단을 읽을 수 있다.

---

29) 『承政院日記』 679권, 영조 5년 1월 23일 360쪽, "慶尙監司朴文秀疏曰……陳田
　　則當初改量時 朝家勿論田畓之陳起 使之懸主 而其時均田使以爲陳許懸主 非
　　但後來有爭端 且有其主 則人雖欲眄食 而以其薄土公私收稅之多 必不起畊 然
　　則後來大弊 必在於此 乃作節目 以陳田則使之勿爲懸主 故田主慮其土地全失
　　皆以陳爲起而懸主曰 雖今於陳田 以起懸主 將來田政之時 官家其不懸頉以陳
　　乎 由是爭以起懸主 而其後朝家不以其陳而許頉 白地徵稅之弊 邑皆有之".

이른바 內頉(1필지 내에 일부는 기경되고, 나머지 일부는 진전인 경우를 뜻함)에 대한 것. 비록 일부라도 사소한 피해를 입은 곳이 있으면 土豪·奸民들이 (진전으로) 混同 冒錄하여 漏結로 처리하는 수가 매우 많다.……某災 某頉 답을 막론하고, 10卜 內에 재해처가 혹 1·2卜 內인 경우는 (진전으로) 거론하지 말 것.30)

위의 자료에서 보듯이 경자양전 당시 임천지방에서는 토호와 간민들이 전답의 일부분만 피해를 입어도 멀쩡하게 경작되는 나머지 부분까지도 진전으로 등재했는데, 그 사례가 허다했다. 토호로 지칭되는 임천지방의 양반들은 內頉을 이용하여 기경전을 진전으로 등재했던 것이다. 이러한 임천지역 사례를 비추어 볼 때 용궁지역의 양반층 또한 기경전을 진전으로 등재하는 경우가 적지 않았음을 미루어 짐작할 수 있다.

나아가 양반들은 그들의 가경지를 상당 부분 양안에서 누락시켰던 것으로 보인다. 경종 2년 11월 3일 정언 이광도가 올린 다음과 같은 상소는 그러한 개연성을 보여주는 자료이다.

三南 근 200邑 가운데 新量이 稍均한 곳은 거의 없다. 羅州·潭陽 등 邑은 新結이 증가한 것이 처음에는 5000~6000結이었으나, 끝내 수천 결로 마감되었을 따름이다. 이와 유사한 사례는 매우 많다. 忠州의 경우 初量의 허위와 再量의 착오를 이미 조정에서 알고 있다. 本州人들이 傳하는 바를 들으니, 혹은 舊量에 비하여 배나 증가했다고 하고 혹은 6000~7000結 이상 증가했다고 하는데, 本邑에서 上報한 數는 증가분이 다만 2000여 결이다. 色吏가 奸竊한 것이 장차 몇 천 결인가. 듣건대 正田等의 결수가 증가한 외에 山面의 火耕田도 모두 元帳에 들어갔다고 한다. 그렇다면 上報한 結數는 본래부터 지킬 수 없는 것이니 舊量에 비해 몇 배

---

30) 『嘉林報草』, 戊午(1738年) 八月 二十九日 ; 各面傳令, "所謂內頉段 雖一隅一頭片片庫庫些少被害之處 土豪奸民輩混同冒錄以致漏結之數多是去乎……毋論某災某頉畓庫 十卜之內或有一二卜內災處是良置 勿爲擧論爲齊".

증가했다는 說은 虛罔한 것이 아닌가. 대개 量田의 政事는 至重한데, 改量改案할 때 奸僞가 易行하여 量田의 政事는 거개가 소루하고 각박하기 때문에 各邑 結數의 증가분이 비록 多寡가 不同하여도 大邑은 증가분이 적어도 수천 결을 내려가지 않는다. 奸吏가 所竊한 것이 대개 몇 배 뿐이 겠는가. 이렇다면 피차의 陳墾이 서로 盈縮한데, 正案의 所漏와 守令의 所昧로 田夫(簿) 또한 제대로 돌아가지 못했다. 이로 미루어 본다면 忠州의 증가분이 旧案의 거의 배가 되었음에도 2,000여 결로 上報되는 데에 그쳤다 하더라도 이상할 것이 없다.31)

위의 자료에 따르면 삼남 각 읍에서는 경자양전을 통해 새로이 확보한 전답의 일부만 중앙정부에 보고하였다는 것이다. 중앙정부에 보고되지 않은, 즉 양안에 등재되지 않은 토지의 대부분은 양반들의 소유지였음을 쉽게 짐작할 수 있다. 평민들의 가경지는 낱낱이 조사하여 양안에 등재하 였다는 앞의 자료는 그러한 사실을 방증한다.

한번 양안에 등재된 필지는 은결로 처리하여 탈세하기 어렵기 때문에 양반들은 그들의 가경지가 양안에 등재시키지 않도록 애썼던 것이다. 『용궁양안』은 양안에 등재된 전답을 후일 양안에서 탈루시키는 것은 거의 불가능하다는 사실을 잘 보여준다. 『용궁양안』은 오로지 『갑술양안』에

---

31) 『承政院日記』 547권, 경종 2년 11월 3일 733쪽, "三南近二百邑中 新量之稍均者 蓋無幾焉 而如羅州潭陽等邑 新結所增 始則五六千結 而終勘以數千結而止 則 他邑之類此者 蓋不勝其多矣 至於忠州 則初量之虛位 再量之錯亂 業已朝廷之 所知 而每聞本州人所傳 則或云所增 幾倍於舊量 或云所增 殆過六七千結云 而 本邑上報之數 則所增 只是二千餘結 其色吏之奸竊 其將爲幾千結耶 聞其正田 等數增衍之外 山面火耕之田 盡入於元帳云 然則上報之數 本不可爲準 而幾倍 舊量之說 恐非虛妄也 蓋量田之政 事至重而役至鉅 改量改案之際 奸僞易行 精 審極難 而頃年量政 擧皆鹵疎刻迫(薄) 故各邑結數之所增 雖有多寡之不同 而大 邑所增之數 少不下數千結 至於奸吏所竊 擧不啻徒 此則彼此陳墾 互相盈縮 而正案之所漏 守令之所昧 田夫(簿)之亦莫了其歸宿者也 以此推之 忠州所增之 幾倍於舊案 而上報之僅止二千結 亦無足怪矣".

등재되어 있었다는 이유만으로 成川, 水破, 浦落, 掘破 등으로 인해 혼적조차 파악할 수 없는 필지도 빠짐없이 기재해 두고 있다. 남하면 125필지 5결 53부 1속, 내상면 190필지 11결 98부 1속, 북상면 148필지, 5결 1부 5속, 북하면 139필지 4결 17부 5속, 신상면 86필지 8결 37부 9속, 신하면 90 필지 6결 36부 9속, 읍내면 96필지 7결 1부 5속이 成川, 水破, 浦落, 掘破 된 전답이다.

5. 맺음말

이상에서 경상도 용궁현 경자양안을 통해 경자양전 시기의 가경전과 진전 파악 실태와 그 성격에 대하여 살펴보았다. 지금까지의 논의를 요약하고 그 의의를 살펴보는 것으로써 맺음말을 대신하고자 한다.

20세기 초반에 있었던 행정구역 통폐합 조치에 따라 소멸되어 버린 龍宮縣은 경자양전 당시 경상도 북단의 산간지역에 위치한 고을이었다. 당시 용궁현은 10개 면으로 구성되어 있었는데, 현재 7개 면의 경자양안이 남아있다.

18세기 전반에는 동성촌락이 발달하고 있었기 때문에 7개 면 전주의 신분구성은 면별로 약간의 차이를 보였다. 남하·북상·북하·읍내면에서는 양반층의 토지가 가장 많은 비중을 차지했고, 내상·신상·신하면에서는 평민층의 토지가 가장 높은 비중을 점하고 있었다. 양반층의 토지가 많이 분포한 4개 면은 평민층의 토지가 많이 분포한 3개 면에 비해 답이 차지하는 비중이 상대적으로 높았다.

갑술양전 이후 정부의 지속적인 개간장려책과 농촌인구의 꾸준한 증가현상이 서로 맞물림으로써 용궁현에서는 농지개간이 활발히 진행되었다. 용궁현의 가경전 규모는 면에 따라 서로 다르게 나타났는데, 양반 거주지역보다 평민 거주지역에서 가경전의 비율이 높게 나타났다. 이러한 현상은 평민층에서 많은 개간지를 소유하고 있었기 때문에 발생했다. 갑술양전 이후에는 평민층뿐만 아니라 양반들도 개간에 적극 참여하였다. 적지 않은 양반들은 갑술양전 이후 무주진전을 개간하는 데에 열의를 보였다.

용궁현의 가경지는 그곳의 지리적 특성 때문에 대부분 전으로 구성되었지만, 면에 따라 가경전의 지목구성이 약간씩 달랐다. 대체로 평민층 소유의 전답 비중이 높은 곳, 즉 전의 비중이 높은 면에서는 가경답의 비중이 가경전의 그것에 비해 상대적으로 높게 나타나고 있다. 그리고 양반 거주지역에서는 가경답의 비중이 가경전의 그것에 비해 상대적으로 낮았다. 이러한 현상은 양반 거주지역에서는 일찍부터 伏와 같은 간단한 수리시설을 이용한 논농사가 활기를 띠었기 때문이었다. 양반 거주지역에서는 17세기 후반에 경에 이미 논으로 개간할 수 있는 곳은 거의 개간된 상태였던 것이다.

가경전은 경자양안에 등재됨으로써 비로소 전품을 부여받게 되었다. 정부는 가경전의 전품을 책정하는 문제를 두고 여러 차례 논의를 거듭하였다. 왜냐하면 전품은 부세량에 가장 큰 영향을 미치는 문제이기 때문이다. 논의 결과 가경전의 전품은 토질의 비옥도를 살펴서 결정하도록 정해졌다. 용궁현의 양전 담당자들은 가경전의 전품을 판정할 때 정부의 결정을 비교적 잘 준수하였다. 그곳의 가경전은 대부분 최하등급을 받았다.

농민들이 흘린 땀방울 덕택에 적지 않은 황무지가 옥토로 변해가기도 했지만, 다른 한편에서는 애써 일구어 놓은 논밭이 황무지로 변해가기도 했다. 용궁현에서도 진전이 적지 않게 발생했다. 용궁현의 진전비율은 비교적 높은 수준을 나타냈는데, 면 단위를 기준으로 할 때 그 수치는 낮게는 14%에서 높게는 21%까지 차등을 보이고 있다. 진전비율이 높게 나타나는 면은 대체로 양반층의 소유전답이 높은 비중을 차지하는 지역이었다.

진전은 대부분 전에서 발생했는데, 이러한 현상은 밭농사의 특성 때문에 발생했다. 논은 각종 영양분이 녹아있는 물을 자주 공급받기 때문에 퇴비를 많이 사용하지 않더라도 대규모의 한·수해만 들지 않으면, 어느 정도의 소출을 기대할 수 있다. 그러나 밭은 곡식의 성장에 도움이 되는 영양분을 거의 대부분 퇴비에 의존할 수밖에 없다. 즉 밭농사는 많은 퇴비를 필요로 했기 때문에 농민들은 지력을 보강하는 차원에서 밭을 묵히는 경우가 많았다.

정부는 더 많은 출세실결수를 확보하기 위해서 경자양전을 실시했지만, 진전은 출세실결수 증가와는 무관한 지목이었다. 따라서 정부는 경자양전을 통해 농민들이 적극적으로 개간에 나설 수 있는 동기를 제공하려고 했다. 정부는 부세부담을 덜어주기 위해 진전의 등급을 주변전답의 그것보다 1등급 낮게 책정하도록 결정하였다. 이러한 정책은 용궁현에서도 관철되었고, 그 결과 용궁현의 진전은 6등급이 제일 많았다.

결국 용궁현 경자양안은 다음과 같은 두 가지 특성을 나타내고 있었다. 첫째, 면 단위로 볼 때 대체로 양반 거주지역에서는 가경전이 적은 반면 진전은 많았고, 평민 거주지역에서는 그 반대의 현상이 일어났다. 둘째, 양반층의 전답에서는 가경전의 비율이 낮은 반면 진전의 비율은 높고, 평민층의 전답에서는 그 반대 현상이 나타났다. 이러한 현상은 다음과 같은 이유에서 비롯되었다.

경자양안을 작성하면서 평민층의 소유지에 대해서는 제대로 경작되지 않아도 가경전으로 등재하고, 나아가 진전마저 기경전으로 등재하는 경우가 비일비재했다. 반면 양반들의 소유지에 대해서는 적지 않은 가경전을 양안에서 누락시켰을 뿐만 아니라 상당수의 기경전을 진전으로 등재하였다. 한번 양안에 등재된 필지는 은결로 처리하여 탈세하기 어렵기 때문에 양반들은 그들의 가경지가 양안에 등재되지 않도록 애썼고, 나아가 기경전마저 진전으로 등재시키려고 노력하였던 것이다.

　당시 정부는 한편으로는 출세실결수를 증가시킬 수 있고, 다른 한편으로는 양반들의 저항을 줄일 수 있는 방안을 강구할 수밖에 없었다. 정부가 양반들이 적지 않은 가경전을 양안에서 누락시키고, 나아가 상당수의 기경전을 진전으로 등재하는 것을 어느 정도 묵인할 수밖에 없었던 원인도 바로 거기에 있었다. 이렇게 함으로써 양반들의 커다란 저항 없이 경자양전을 순조롭게 끝마칠 수 있었던 것이다.

朝鮮後期 量案상의 토지소유와 그 성격
-全州府 娘山面 量案을 중심으로-

최 윤 오

1. 머리말

1720년 庚子量案에 나타난 面 단위 지주경영을 중심으로 병작지주의
토지소유의 不在地主的 성격을 검토해 보기로 하자. 이 같은 작업은 병
작지주제의 경영방식을 분석하는데 있어 面 단위, 혹은 郡縣 단위, 더 나
아가서 전국 단위의 부재지주 경영을 검토함으로써 조선후기 지주경영의
특징을 명확히 하려는 데 있다.

이 같은 병작지주제의 발달은 조선후기 사회변동과 생산력 발달을 배
경으로 더욱 확대되고 있었으며,[1] 정부지배층의 입장에서는 그것을 量案
에 체계적으로 반영하여 수취해 내고자 하였다. 이러한 병작지주의 분산
적 토지소유를 명확히 파악하는 것이야말로 收稅政策에 있어 납세자를
확정하고 소유자를 확인하는 작업이기도 했기 때문이다. 庚子量案에서
구체화되기 시작한 納稅者 확정과 所有權 확인 과정은 그러한 17·18세

---

1) 김용섭,「量案의 硏究 - 朝鮮後期 肅宗 末年(1719·1720)의 農家經濟」;「續·量
案의 硏究 - 民田 地主지에서의 時作農民의 經濟狀態」(이상『증보판 朝鮮後期
農業史硏究I - 農村經濟·社會變動』, 지식산업사, 1995 수록) ; 이경식,「17世紀
의 農地開墾과 地主制의 展開」,『韓國史硏究』9, 1973 ;「農業의 발달과 地主制
의 變動」,『제2판 한국사연구입문』, 지식산업사, 1987.

기 사회생산력 발달과 그 변동양상을 반영하고 있다고 할 수 있다.[2]

당시 정부지배층에서는 양안상의 起主를 법적으로 인정하기 시작했고, 나아가 양안을 중심으로 지주층의 토지소유를 보장하는 계기를 만들지 않을 수 없었다.[3] 지주층들은 양안 상의 소유권을 기반으로 토지확대가 가능했고 유통경제를 배경으로 부재지주 경영도 활발해지게 되었기 때문이다. 이러한 방향은 국가의 소농경영 보호를 명분상으로 내걸고 있기는 했지만 지주경영을 중심으로 한 계급적 지배방식을 유지한 채 제도화시켜 갔던 것이다. 곧 지주제 중심의 체제 재편과정이었고, 그들이 의도하던 하지 않던 자연스럽게 지주제 중심의 국가운영 방식이 자리하게 되었던 것이다.

1720년의 庚子量田은 중세사회 해체기의 양상을 반영하는 중요한 지표로 주목된다.

量案을 통해 국가는 土地所有를 法認하고 각 개인은 그것을 바탕으로 자기의 소유권을 주장할 수 있는 근거를 마련해가고 있었기 때문이다. 그러한 점에서 근대적 토지소유가 갖추어야 할 요소를 하나씩 준비하고 있었다고 볼 수 있다.[4]

이러한 상황에서 소유지를 확대하고 상품경제를 바탕으로 더욱 성장하기 시작한 병작지주는 토지가 존재하는 面 내에 거주하거나 他面 혹은 군현, 서울에 거주하면서 지방에 흩어져 있는 자신의 토지를 경영하였다는 점에 그 특징이 있다. 이들을 추출하기 위해 남아있는 庚子量案 가운

---

2) 최윤오, 「朝鮮後期의 量案과 行審冊」, 『역사와 현실』 36, 2000. 6.

3) 이경식, 앞의 글 ; 김건태, 「갑술·경자양전의 성격 - 칠곡 석전 광주이씨가 전답안을 중심으로」, 『역사와 현실』 31, 1999.

4) 國家의 量案을 통한 토지소유권 확정과 그에 대한 法認 과정은 19세기 말, 20세기 초의 光武 量田地契事業을 통해 구체화되고 있었다. 이 같은 입장에서 연구사를 정리한 최윤오의 「농업개혁과 근대적 토지소유」(한국역사연구회 엮음, 『한국역사입문』③ 근대·현대편, 1996)가 참고된다. 그 전단계로서의 경자양전은 이러한 근대적 소유권 성립의 준비 단계로서 주목될 수 있다.

데 娘山面을 중심으로 둘러싸고 있는 주변 面을 전부 분석하여 娘山面과 어떠한 관계가 있는가를 살피는 방법론이 필요하다.

여기에서 살펴볼 面內·面外 지주경영 역시 양안상의 1개 面을 중심으로 面內에서는 어느 정도의 토지소유를 하고 있으며, 面外에는 또한 어느 정도의 地主經營을 행하고 있는가를 검토하는 한 사례가 될 것이다. 이 같은 방법을 통해 1개 면의 양안 분석을 통해 농민층의 존재형태를 정확히 추출해 볼 필요가 있다.

2. 全州府 娘山面의 지역개관

1720년 경자양전 시기의 全州府 娘山面 토지소유를 중심으로 병작지 주제 발달의 양상을 추적하기로 한 것은 낭산면이 지니고 있는 지역적 특색 때문이었다.

우선 첫 번째로 낭산면을 중심으로 인접 지역인 伊東面과 伊北面에 모두 경자양안이 남아있다는 점이 주목된다. 낭산면은 북쪽에 만경강을 끼고 있고 동쪽은 만경강으로 흘러드는 全州川→ 楸川 줄기로 둘러싸여 있으며, 남쪽과 서쪽에 각기 이동면, 이북면이 위치한다. 이 같은 특징 때문에 낭산면의 지주층을 중심으로 이동면, 이북면에 어느 정도의 토지를 갖고 있는가를 살피기에 적당하다. 경자양안이 남아있는 지역 가운데 일정 지역을 중심으로 동서남북 모두 양안이 남아 있어 분석이 가능한 지역은 얼마 되지 않는다. 게다가 산악 지역이 아닌 평야 지대로서 교류가 비교적 원활한 대도읍 중심의 표본을 찾기란 쉽지 않다. 따라서 낭산면 중심의 분석은 전주라는 대도읍의 외곽이지만 평야지대이면서 만경강을 끼고 있기 때문에 인근 지역과의 교류뿐만 아니라 서울과의 교류도 가능하다는 점 때문에 여러가지로 유리하다고 보았기 때문에 분석 대상으로 삼게 되었다.

낭산면 양안은 1720년 경자양안이 시행된 전주부 20책 가운데 제19책으로 작성되었다.[5] 낭산면은 현재의 지명 상에는 없다. 과거 언제인가 조촌면에 통폐합되어 버렸다. 1757(영조 33)~1765년(영조 41) 경에 작성된 『輿地圖書』에도 나타나 있지 않은 것으로 보아 경자양전 이후 통폐합된 것으로 보인다. 『輿地圖書』보다 앞선 18세기 전반기 지역 변화를 반영한[6] 『海東地圖』의 全州府 帖에는[7] 伊東面, 伊北面과 함께 娘山面이 표시되어 있다.[8] 全州府의 서북쪽에 위치하고 있으며, 이후의 지도에는 대개 助村面으로 표기되고 있어 통합된 것으로 보인다.[9] 『輿地圖書』에 이미 助村面으로 표기되고 있어 18세기 중엽에 이미 낭산면이 조촌면으로 통합된 것같다.

庚子量案에 기록된 낭산면의 洞里를 통해 그 위치를 확인해 보기로 하자. 양안에 나타난 것은 古郞里, 九思里, 甑里, 坪里, 威朴里 5개로서 모두 현재의 조촌면 경내에 위치하고 있다. 즉 고랑리는 현재의 古浪里와 일치하며, 구사리는 현재의 東山里, 증리는 현재의 半月里에 新增里,

---

5) 『全羅右道全州府己亥量田導行帳』(규15035)의 내용은 다음과 같다. 제1책 : 仇耳洞面, 제2책 : 府東面・府北面, 제3책 : 北一道面 北二道面, 제4책 : 南一道面, 제5책 : 西一道面, 제6책 : 利西面・利北面, 제7책 : 利東面・利南面, 제8책 : 東一道面, 제9책 : 伊西田, 제10책 : 蘿田面, 제11책 : 歸信面・雨林谷面, 제12책 : 南二道面, 제13책 : 回浦面, 제14책 : 限良所面, 제15책 : 府南面・府西面, 제16책 : 伊南面, 제17책 : 伊東面, 제18책 : 所陽面, 제19책 : 娘山面, 제20책 : 伊北面.

6) 楊普景, 「郡縣地圖의 발달과 『海東地圖』」, 『海東地圖』, 서울대학교 규장각, 1995, 해설.

7) 『海東地圖』下, 서울대학교 규장각, 1995.

8) 18세기 중엽 군현지도 제작이 활발한 가운데 편찬된 『輿地全圖』・『輿地圖』・『廣輿圖』도 이 시기 정보를 담고 있다. 그 중 『廣輿圖』에도 娘山面의 위치가 정확히 그려져 있어 참고되었다.

9) 1872년의 지방지도 가운데 全州府(규10468)의 助村面은 伊北面과 伊東面에 둘러싸인 형태로 그려져 있다.

舊增里로 나뉘어 있으며, 평리는 고랑리의 동북쪽 마을이며, 함박리는 위치가 정확치 않으나 양전방향을 쫓아 보건대 대개 동북방쪽이며 만경강가에 위치한 춘평리 일대로 보인다.[10] 1872년 지방지도의 助村面에는 伊北面과 伊東面에 둘러싸인 형태로 그려져 있으며 曾里, 上里, 新甘里, 古浪里, 新里, 楸川里로 洞里 명칭이 바뀌어 있다.[11] 증리나 고랑리를 빼고는 나머지 동리의 명칭이 바뀐 것을 알 수 있다. 1896년 전주부가 폐지되고 郡이 되면서 관할하던 지역을 주변의 익산군, 김제군, 연산군에 넘겨주었다가, 1914년 행정구역 통폐합에 따라 또다시 개편되었다.[12]

현재의 지명과 그 위치를 살펴보기 위해 1914년에 정리된 행정구역 상황을 참조하여 구분해 보면 아래의 표와 같다.[13]

<표 1> 낭산면 지역의 동리 명칭

경자양안의 낭산면 지명	대한제국기의 助村面 지명	1914년 助村面	현재의 助村面
증리, 동산리 일부	하증리, 신증리, 신룡리, 반월리, 실리, **구증리**, 동산리	반월리	반월리 일부
춘평리, 평리, 고랑리 일부	**춘평리**, 월곡리, 수곡리, **평리**, **고랑리**, 신감리, 상평리, 청계리, 상신리, 감정리	고랑리	고랑동 일부
동산리 일부	구상리, 신복리, **동산리**, 족항리, 덕룡리, 유상리, 반룡리, 동곡리	동산리	동산동 일부
상리 일부	예암리, 학상리, **상리**, 신교리, 매화리, 구주리, 반룡리, 유상리, 동곡리	동곡리	팔복동 일부
	시천리, 신동리, 유교리, 와룡리, 용흥리, 용소리	시천리	
	사금리, 오송리, 신기리, 신풍리, 용소리, 덕중리	오송리	
	하가리, 학동리, 상가리, 덕중리, 덕룡리	상가리	

* 고딕으로 표시한 부분이 낭산면 지역의 里名

---

10) 한글학회,『한국지명총람』(전북편), 1981, 127~129쪽, 완주군 조촌면 참조.
11) 全州地圖(규10468),『조선후기 지방지도 - 전라도편』, 서울대학교 규장각, 1996.
12) 한글학회,『한국지명총람』(전북편), 1981, 59~60쪽, 완주군 참조.
13)『新舊對照 朝鮮全道府郡面里洞名稱一覽』, 1917, 全羅北道 全州郡 助村面 참조.

위의 표에서 알 수 있듯이 娘山面은 助村面에 포함된 지역의 하나로
서 그 위치는 현재의 전주시 덕진구 助村洞, 古浪洞, 東山洞, 八福洞 지
역임을 알 수 있다.[14]

다시 낭산면과 인접하고 있는 이동면과 이북면 지역의 현 위치를 추적
해 보자.

경자양전 당시의 이동면은 현재 조촌면 지역에 흡수되어 사라진 상태
이다. 1914년 행정구역 개편 때 이동면·부북면 각 일부를 합하여 이동면
으로 하였고, 조촌·이북·이동면 일부를 합하여 조촌면으로 만든 것을
보면 이동면과 이북면 지역의 상당 부분은 조촌면으로 흡수된 것을 알
수 있다. 자세히 살펴보면 1914년 행정구역 개편시 이동면은 대한제국기
의 전주군 부북면 지역과 이동면 지역을 주축으로 개편되었으며, 이외에
도 조촌면, 부동면, 부서면, 용진면, 우림면, 부남면 일부가 흡수되었다.[15]
이때 편입되지 않은 옛 이동면 지역은 주로 조촌면으로 편입되었다.[16] 이
같은 과정을 역추적하여 경자양전 당시의 이동면 지역을 복원해 본 결과
현재의 조촌면 여의리·장동리·만성리 및 팔복동 일부를[17] 포함하는 것
임을 알 수 있다.

경자양전 당시의 이북면 지역 역시 현재의 조촌면으로 대부분이 편입
되어 사라진 상태이다. 1872년의 전주지도에 나타난 이북면은 九井里, 龍
井里, 大楚院, 大興里, 聖德里로 구성되어 있었다. 1914년 행정구역 개편

---

14) 조촌면이 전주시 덕진구에 흡수된 것은 1987년 1월이며, 그 이전까지는 完州郡
    助村面으로 존재하다가 1985년 邑으로 승격되었다.
15) 『新舊對照 朝鮮全道府郡面里洞名稱一覽』, 1917, 全羅北道 全州郡 伊東面·助
    村面 참조.
16) 1917년 당시 이동면은 이 같은 과정을 거쳐 인암리, 인후리, 노송동, 상생리, 중
    산리, 서신리, 홍산리, 화산리로 재편되었다.
17) 1957년 11월 6일 법률 제453호 전주시 구역 확장에 따라 조촌면의 동곡리·동산
    리의 일부, 신복리·여의리의 일부, 유제리를 편입하여 팔복동으로 함. 한글학
    회, 『한국지명총람』(전북편), 1981, 369쪽, 전주시 팔복동 참조.

때 대부분이 조촌면으로 편입되었는데 현 지명을 중심으로 살펴보건대 대개 조촌면 화전리·성덕리·용정리 지역임을 알 수 있다.

　이 같은 과정을 통해 확인할 수 있는 낭산면 및 이동면·이북면 지역의 위치는 아래의 그림과 같다.[18]

<그림 1> 낭산면 및 이동면·이북면의 지역 개관

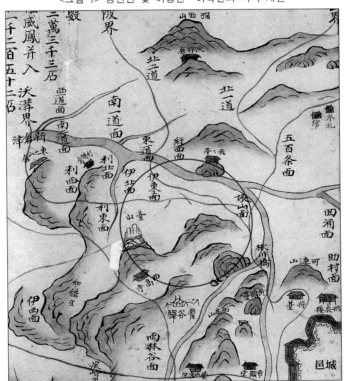

　두 번째로는 낭산면의 생산적 조건 및 주변 지역과의 관련성을 살펴보기 위해 장시와 포구상업을 통한 유통망을 검토해 보자.[19]

---

18)『海東地圖』全州府.

19) 이시기 장시와 상품경제 발달에 관해서는 다음의 글을 참고하였다.

낭산면은 우선 전북평야, 다시 말하면 호남평야의 중심에 위치하고 있다. 호남평야는 북쪽으로는 전라북도의 북단인 益山郡 龍安面으로부터, 남쪽으로는 井邑郡에 이르는 길이 78㎞의 평야지대이다. 완주뿐 아니라 김제, 익산, 옥구의 평야지대를 포함하는 곡창지대로 알려져 있다.

場市는 全州府內 大場을 중심으로 南門城外場(2일), 西門城外場(7일), 東門外場(9일), 北門外場(4일)이 열리고, 전주부의 서북쪽에 伊城場과 參禮場이 위치하여 각각 1·6일과 3·8일에 장시가 열리며, 북동쪽에는 峯上場과 仁川場이 각각 5·10일과 2·7일에 장시가 열려 이 지역 유통경제를 맡고 있다.[20] 낭산면과 이동면, 이북면 지역은 주로 서쪽에 위치한 서문성외장과 이성장, 삼례장을 이용하여 곡물을 상품화할 수 있었다. 19세기 초의 『林園經濟志』는 府內 大場이 매2일 南門外, 매7일 西門外에서 열리고, 小場이 매4일 北門外, 매9일 東門外외서 열려 북으로는 燕貨가 들어오고 동쪽으로부터는 倭産이 들어온다고 하여 수없이 많은 물자들이 교역되고 있음을 기록하고 있다. 이외에 鳳翔場은 東北30리 鳳翔面에서 5·10일에 열리며, 仁川場은 東北100리 陽良所面에서 2·7일에 열리며, 上牙場은 北方 70리 南二面에서 3·8일에 열리며, 沃野場은 북방 60리 北一面에서 4·9일에 열리고, 參禮場은 西北 30리 五百條面에서 3·8일에 열리고 石佛場은 西方 60리 東一面에서 1·6일에 열리며, 伊城場은 北方 70리 利北面에서 1·6일 열린다고 하여 자세히 기록하고 있다.[21] 전주의 장시는 18세기 중엽 8개 장시가 열리던 것이 19세기 초에는 11개로 증설되었으며, 대개 금강과 만경강이 위치해 있는 서북방향에 몰려 있는 것이 특징이다.

崔完基, 「朝鮮中期의 貿穀船商」, 『韓國學報』 30, 1983 ; 李景植, 「16세기 場市의 成立과 그 基盤」, 『韓國史研究』 57, 1987 ; 韓相權, 「18세기말~19세기초의 場市발달에 대한 基礎研究」, 『韓國史論』 7, 1981.
20) 『輿地圖書』 全羅道 全州.
21) 『林園經濟志』 倪圭志 卷4, 貨殖 八域場市 湖南 全州.

전주의 장시가 이처럼 西北 방향에 몰려 있는 것은 물자를 모으고 유
통시키는 역할이 浦口와 관련이 있기 때문이며, 선박을 이용한 물류 유통
중심지로서의 浦口 간의 원격지 무역으로 자연스럽게 연결되고 있었기
때문이었다. 지방장시가 대형화되면서 점차 포구를 연결하는 상품유통망
이 확대되어 갔던 것이다. 이 같은 전주지역의 장시는 아래와 같이 만경
강과 금강을 향해 서쪽과 북쪽으로 열려 있다는 것은 어찌보면 이 시기
상품경제 발달과 함께 형성된 것이며 시간이 흐를수록 더욱 발달하고 있
었다. 동쪽과 남쪽으로는 그에 비해 장시 발달이 덜 되어있다. 아래의 그
림이 그러한 양상을 잘 보여준다. 점선으로 표시된 장시는 19세기 전반기
에 증설된 상아장, 옥야장, 석불장으로서 모두 만경강가에 위치하고 있어
물자교역량이 크게 늘어난 것을 보여준다.

<그림 2> 전주지역 장시와 포구상업

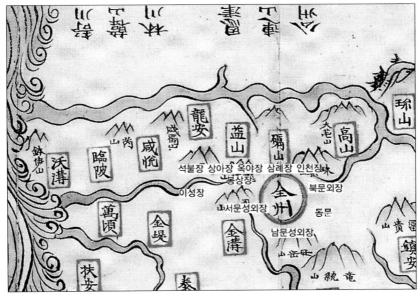

장시와 포구의 물류 유통망은 특히 낭산면 지역을 중심으로 보았을 때 만경강 유역 방향으로 열려 있는 형세이다.

낭산면과 이북면, 이동면은 1872년 「전주지도」에 의하면 전주부와 楸川橋로 연결되고 있고,[22] 북으로는 臨陂에 이르는 도로가 열려 있다. 임피(지금의 옥구군 임피면)로 통하기 위해서는 이북면 북쪽의 沙川津을 이용하여[23] 全州府 東一道面을 지나야 한다.[24] 이렇게 전주의 곡물은 만경강을 통해 유출되거나 혹은 임피를 통해 금강하구로 연결되게 된다. 이 같은 물류 유통이 가능한 것은 호남평야가 아주 평탄하고 低濕한 평야지대이기 때문에 이 곳을 흐르는 만경강과 동진강이 자유로이 蛇行을 거듭하면서 서해안에 이르고 있기 때문이다.[25] 특히 전주의 沙灘은 18세기 중엽 상품유통의 중심지로 알려진 포구의 하나였다.[26] 이러한 포구의 형성은 全州川·三川이 沙灘에서 만나 서북쪽으로 흐르다가 다시 삼례교 부근에서 高山川·所陽川을 만나 만경강이 되어 서쪽으로 흘러가는 형세이기 때문에 자연스럽게 형성되었다. 이같이 추탄은 전주 쪽의 물줄기가 모여 만경강으로 흘러들어가는 길목에 위치하여 물자교역의 중심 역할을 담당했던 것이다.

『擇里志』에서 거론하고 있던 포구로는 전주의 沙灘 외에도 낙동강 하구의 칠성포, 영산강 하구의 법성포, 흥덕의 사진포, 금강의 강경포 등을 들고 있는데[27] 이들 포구는 선박을 통한 상품유통이 가능하기 때문에 온

---

22) 「全州地圖」(규10468).

23) 沙川津은 현재의 조촌면 화전리에 위치한 나루로 추정되며 현재 이 곳에는 만경강교가 지나고 있다. 또한 익산으로 나가는 전라선 철도가 삼선철교를 지나는데, 철교가 설치된 곳도 이 부근이다.

24) 『海東地圖』 全州府 ; 「全州地圖」(규10468).

25) 『全州府史』, 1942 ; 『全州市史』, 1974, 제1장 4절 전라북도 지세 참조.

26) 沙灘은 현재 전북 전주시 서신동의 고사평 서북쪽 남천과 세내가 합류하는 곳에 있는 여울로서 楸灘 또는 가래여울이라고도 함.

27) 李重煥, 『擇里志』 卜居總論 生利條.

갖 물산이 모이는 곳으로 주목받고 있었던 것이다.[28] 특히 금강의 강경포
는 전북평야 지역과도 밀접한 관련이 있으며, 전주 북부로 연결되는 금강
유역의 풍부한 수량은 충청도 남부지역과 전라도 북부지역의 쌀이나 면
화의 집산지로서의 역할을 담당하고 있을 뿐 아니라 각종 물자를 서울로
교역하고 있었다.[29] 포구는 이처럼 강과 바다가 만나는 지점에서 발달했
으며 이전의 稅穀 유통 차원에서 벗어나 18세기에 이르면 상품유통의 전
면적인 발달에 발맞추어 더욱 발전하게 된다. 적어도 18세기 중반 이전까
지의 포구와 포구 사이의 유통, 즉 원격지 유통의 양상은 대포구를 상품
유통의 거점으로 하여 대포구와 대포구, 대포구와 그 주위의 場市를 연결
하는 형내로 발전하게 된다.[30]

또한 전라도 지역 稅穀의 집결지였던 聖堂倉(咸悅에 있음)과 群山倉
(沃溝에 있음), 法聖倉(靈光에 있음)은 각기 금강과 영산강 유역에 위치하
여 주변 고을의 세곡을 서울로 상납하고 있었기 때문에 이 지역 상품경
제 발달에 미치는 영향이 적지 않았다.[31] 특히 옥구에 설치된 群山倉은
전주와 인근 지역인 진안, 장수, 금구, 태인, 임실 등의 전세와 대동비를
모아 조운하고 있어 전주지역의 유통경제와 밀접한 관련을 맺고 있었다.
뿐만 아니라 함열에 설치된 聖堂倉 역시 조선초기 龍安에 설치되었던 德
城倉을 옮겨 설치한 것으로 함열, 고산, 진산, 운봉, 익산, 금산, 용담, 남
원의 전세와 대동을 관장하고 있어 군산창과 더불어 이 지역 유통경제의
중추적인 역할을 담당하고 있었다.

지금까지 살펴본 장시와 포구상업을 중심으로 한 유통구조는 전주지역
의 상품경제 발달을 촉진하고 있었으며 나아가 낭산면을 중심으로 한 이

28) 李炳天, 「朝鮮後期 商品流通과 旅客主人」, 『經濟史學』 6, 1983 ; 高東煥, 「18,
    19세기 外方浦口의 商品流通 발달」, 『韓國史論』 13, 1985.
29) 李榮昊, 「19세기 恩津 江景浦의 商品流通構造」, 『韓國史論』 15, 1986.
30) 高東煥, 앞의 글, 239쪽.
31) 『萬機要覽』, 財用編2 漕轉 漕倉 全羅道.

동면, 이북면 지역에도 그 영향이 적지 않았을 것으로 보인다. 따라서 이 지역을 중심으로 한 지주제 발달과 그 양상은 다른 지역보다 일층 활발했을 것이라는 예측을 가능케 한다.

3. 全州府 娘山面 양안의 面內·面外地主

1) 낭산면 및 이동면·이북면 토지분포

낭산면과 주변 이동면, 이북면의 토지분포 양상을 통해 낭산면의 토지소유자가 다른 면에 어느 정도의 토지를 소유하고 있었는지를 검토하여 보자. 이 같은 과정은 양안상의 面內 토지소유와 面外 토지소유의 양상을 검토함으로써 토지소유의 특징을 추출해 낼 수 있는 방법이 될 수 있기 때문이다.

양안은 面을 단위로 하여 작성되며 모든 수세행정이 대체로 面을 단위로 하여 시행된다. 이 같은 과정은 면리제의 재편과정을 거치면서 자리잡게 되지만,[32] 양전사업과 관련해서도 조선초기 이래 年分等第 구분의 기준이 面分等을 중심으로 운용되고 있었기에 面 단위는 수세 행정에 있어 중요하다.[33] 낭산면 양안 작성은 打量都監官 李泰夏의 지휘 아래 有司 幼學 鄭春賓과 都廳算士 朴榮燁, 柳益燁가 책임을 맡아 완성시켰다. 그들이 解負한 결과는 낭산면 양안의 面 통계로 합산되었으며 그것을 정리하면 다음 <표 2>와 같다.

---

32) 김준형, 「조선후기 면리제 성격」, 서울대 석사학위논문, 1982 ; 김선경, 「조선후기 조세수취와 면·리 운영」, 연세대 석사학위논문, 1984.

33) 『經國大典』 戶典 收稅, "모든 田地는 매년 9월15일 이전에 수령이 年分等第를 심사하여 정하고(邑內와 4面을 각기 等第한다)……".

<표 2> 娘山面 양안의 面摠(단위 : 결-부-속)

구분 \ 결부수	결수	전	답
田畓摠	396-75-5	140-73-1	256-02-4
면세전답	6-15-1	3-99-1	2-16-0
금진전답	1-47-9	1-23-7	24-2
구진전답	47-76-0	46-33-0	1-43-0
時起田畓	341-36-5	89-17-3	252-19-2

* 면세전답의 내역은 宮房(전28부7속, 답23부3속), 官屯(전3결70부4속), 校位(답28부
6속), 寺位(답1결64부1속) 등이다.

또 낭산면과 인접해 있는 이동면과 이북면의 면통계를 함께 정리하면
다음 <표 3>과 같다.

<표 3> 낭산면·이동면·이북면의 面摠(단위 : 결-부-속)

구분 \ 面	낭산면	이동면 1作	이동면 2作	이북면
田畓摠	396-75-5	587-35-9	565-63-8	453-31-3
면세전답	6-15-1	2-35-8	4-10-3	1-71-4
금진전답	1-47-9	15-98-5	10-96-2	7-87-1
구진전답	47-76-0	191-65-0	193-69-8	66-51-8
時起田畓	341-36-5	377-45-6	356-87-5	377-20-7

아래의 <표 4>는 경자양전에 나타난 낭산면과 이동면, 이북면의 垈主
와 起主數이다. 戶口數를 파악하기 위한 자료로서는 1789년(정조 13) 총
계인 『戶口總數』가 있으나 경자양전 시점과 69년 차이가 난다는 점을 변
수로 넣어야 한다. 또한 낭산면은 조촌면에 흡수되어 버렸기 때문에 정확
한 실상이 나타나 있지 않고, 단지 이북면과 이동면의 호구수만 참고할
수 있다. 이들 3면의 起主와 垈主, 戶口數를 비교해 본 것이 아래의 표다.
단 이 표는 無主陳田이나 면세전(궁방전, 둔전 등)은 제외한 통계이다.

<표 4> 娘山面·伊東面·伊北面 거주 현황(단위 : 명)

구분 면	起主數	垈主	(家屋)	戶	(口)
낭 산 면	806	142	195	-	-
이 동 면	2059	458	555	852	2233
이 북 면	831	232	284	351	1114

* 낭산면은 조촌면에 흡수되었으며, 조촌면 元戶는 818, 口數는 2649이다.
* 이동면 1, 2作 구분

위의 표를 통해 확인할 수 있는 것은 국가에서 파악한 戶口數와 垈主數, 그리고 起主數의 관련성이다.

우선 垈主 142명은 낭성면 거주민이 거의 확실하지만, 이동면이나 이북면의 戶數 852명과 351명에 비해 그보다 적은 458명과 232명으로 각기 53.8%와 66.1%만이 파악된 실정이다. 따라서 垈主만으로 낭성면의 부재지주를 파악하는 것은 부족한 감이 없지 않다. 한편 家屋數를 계산해 보면 垈主數보다 다소 많이 파악되어 낭성면, 이동면, 이북면이 각각 195, 555, 284채가 파악되었다. 이들은 家垈를 소유하지 못하는 자들로서 家垈(또는 家屋)을 여러 채 소유하는 자들의 挾戶로 존재하는 자들일 가능성이 많다. 이들의 존재는 家主와 신분적 예속관계인 지주와 작인관계인 主戶와 挾戶일 수 있지만 전혀 무관한 賃貸戶일 경우도 존재할 것이다.[34] 한편 이들 垈主數가 戶數에 미치지는 못하는 데 戶主로 파악되는 인물들 상당수가 파악에서 어떻게 누락되었는지를 판단할 자료는 없다. 이렇게

---

34) 호외집 임노동층으로서의 성격을 주목한 논문으로 金容燮, 「韓末·日帝下의 地主制 - 사례3 : 羅州李氏家의 地主로의 성장과 그 農業經營」, 『震檀學報』 42, 1976 ; 최윤오, 「18·19세기 농업고용노동의 전개와 발달」, 『韓國史硏究』 77, 1992 등이 참조되며, 李世永, 「18·19세기 兩班土豪의 地主經營」, 『韓國文化』 16, 1985에서는 종속 작인 또는 임노동층으로서의 성격을 주목했다. 挾戶의 종속소작인으로서의 성격을 강조한 글로는 李榮薰, 『朝鮮後期社會經濟史』, 1988, 제4장, 제5장이 참조된다.

많은 수가 누락되었을리는 없고 量案에 누락된 대부분의 戶主는 挾戶의
상태로 존재했을 가능성이 많다.[35]

　한편 起主로 등장하는 낭산면의 806명이 과연 모두 낭산면 거주민인가
하는 점도 역시 주목된다. 起主數를 보더라도 이동면과 이북면의 2059명,
831명이 口數 2223명과 1114명에 비해 적은 편이다. 다소 인구의 증가를
감안한다면 이동면의 경우 2059명과 2223명이 비슷하게 나타나지만, 여
기에서도 고려할 변수가 있다. 『호구총수』의 2233명의 구성은 남1125명,
여1108명으로 이루어져 있는데 경자양안의 2059명의 起主는 대개 남성의
이름으로 판단된다.[36] 따라서 이 같은 점을 고려한다면 起主 가운데는 거
주지와 무관하게 나타나는 인물이 다수 보인다는 것을 알 수 있다.[37]

　이 같은 점을 보다 명확하게 이해하기 위해 기존의 연구에서 확인된
경우와 비교해 보기로 하자. 아래의 표는 大邱의 租岩面, 義城의 龜山面,
全州의 蘮田面 양안에 나타난 起主와 『戶口總數』의 戶口數를 대비하여
정리한 것이다.

---

35) 戶籍상의 戶口 파악의 기준과 量案의 垈主 파악의 기준이 다르기 때문에 양자
　의 통계를 숫자 상으로만 비교하는 것은 문제가 있다. 量案의 파악 기준은 戶口
　가 아니라 田結을 기준으로 하기 때문이다. 이 같은 호적과 양안의 불일치는 양
　자의 자료로서의 성격이 다르며 작성 목적이 다르다는 점도 고려할 필요가 있
　다. 따라서 양자를 단순 비교할 때는 일치하지 않는 경우가 일어날 수밖에 없다.
36) 여성의 이름이 확실한 경우는 婢로 기록된 수양, 예단, 차금, 최씨婢유량, 유씨婢
　금춘, 이극로婢을량 등 6명에 지나지 않는다. 그에 비해 奴名은 약 2711명이나
　보인다.
37) 量案의 기능이 토지소유권자와 납세자를 확인하여 土地에 조세를 부과하는데
　있지, 戶에 부과하지 않기 때문에 이러한 현상이 나타난다고 볼 수 있다. 그에
　비해 戶籍은 戶口 파악이 우선이므로 당연히 토지에 대해서는 소홀할 수밖에
　없다. 따라서 量案과 戶籍 양자의 역할 차이를 전제한 후 자료를 이용해야 할
　것이다. 이때 量案의 起主가 戶主가 아님은 확실하며, 垈主인 경우도 있지만 개
　별 起主로서의 존재라는 것이 전제되어야 할 것이다.

<표 5> 起主와 戶口의 관련성

面＼구분	起主	戶(口)	비율 (戶/起主)	비고 (起主/戶)
租岩面	774	191(794)	24.7%	4.1배
龜山面	772	256(775)	33.2%	3.0배
蘹田面	1341	656(1583)	48.9%	2.0배

위의 표에서 보다시피 起主數는 口數에 비슷하나, 戶數와 비교해 보면 起主數의 24.7%에서 48.9%만 파악될 정도로 차이가 난다. 起主數는 戶數의 각 4.1, 3.0, 2.0배나 파악되고 있다.[38]

한편 아래 <표 6>은 조암면 量案과 戶籍을 비교하여 확인 가능한 모든 起主의 거주형태를 찾아 내어 비교한 것이다. 주목할 것은 이들 기주수의 구성 역시 해당 面民만으로 이루어진 것은 아니라는 점을 잘 보여준다.[39]

<표 6> 조암면 起主의 구성과 농지비율

지역＼기주	기주수	기주비율	농지비율	평균소유
조암면	271명	34.1%	64.3%	59부9속
(周邊面民)	247명	31.1%	35.7%	17부2속
(타지역 등)	277명	34.8%		

위의 표에서 보다시피 기주의 비율이 해당 面民의 경우가 34.1%, 周邊面民인 경우가 31.1%, 그리고 타 지역민이나 未詳人이 34.7%로 밝혀진 상태이다. 조암면의 기주 774명 가운데 34.1%만이 面民이고 나머지는 인접한 주변 면민이거나 타지역에 거주하는 자들이라는 통계이다. 이같이

38) 金容燮, 「量案의 研究」, 『史學研究』 7·8, 1960(『증보판 朝鮮後期農業史研究 Ⅰ』, 103쪽에서 재인용).
39) 金容燮, 「朝鮮後期 身分構成의 變動과 農地所有」, 『東方學志』 82, 1993(『증보판 朝鮮後期農業史研究 Ⅰ』, 539쪽에서 재인용).

타지역민의 수가 더 많은 것은 농지의 私的所有가 자유롭다는 점과 주변
지역에 비해 平野地에 농지가 발달하고 있고, 인구가 많은 도시 근교에
위치하며 유통경제가 특히 발달하고 있는 지역 사정 때문에 그러하였을
것으로 보인다.[40]

　面民의 비율은 이러하더라도 土地所有의 상황은 역으로 나타난다. 즉
조암면민의 비율은 34.1%에 지나지 않지만 그들의 농지소유의 비율은
64.3%에 이르며 조암면 전체 토지의 2/3에 해당한다. 그에 비해 주변면민
이나 타지역민에 해당하는 65.9%의 기주가 조암면 농지의 35.7%를 차지
하고 있다. 즉 1/3에 해당하는 토지를 평균 17부 2속이라는 영세한 농지
소유 형태로 차지하고 있어 조암면민의 평균 토지소유 59부 9속에 훨씬
미치지 못한다.

　따라서 起主 분석만으로 해당 면민의 토지소유 상황을 분석하려 할 때
는 이 같은 점을 충분히 고려하여 검토해야 한다. 그렇다면 낭산면의 토
지분포 상황을 통해 이 지역 기주로 등록된 자들의 토지소유 형태는 어
떻게 나타나는지를 검토해 보기로 하자. 즉 낭산면의 토지소유자를 중심
으로 이들이 주변 이동면, 이북면에 어느 정도의 토지를 소유하고 있었는
지를 살펴보는 것이다. 곧 토지소유가 어떠한 방식으로 나타나는지를 살
펴볼 수 있는 방법으로 낭산면의 起主가 부재지주로서 다른 지역의 토지
를 어떠한 방식으로 소유하고 있는가를 추적하여 밝히는 작업이다. 물론
이 같은 작업은 앞에서 살펴본 것처럼 起主 모두가 낭산면민은 아니라는
점을 전제로 이루어질 것이다.

　아래 <표 7>은 낭산면과 비교하기 위해 이동면, 이북면의 전답 분포
를 정리한 것이다.

---

40) 金容燮, 앞의 글, 540쪽.

<표 7> 낭산면 및 이동면·이북면 전답 분포표(단위 : 결-부-속)

전답 면	전	(垈 田)	답	전 체
낭 산 면	122-26-8	6-13-3	238-40-4	366-80-5
이 동 면	525-71-1	18-38-6	423-14-3	967-24-0
이 북 면	160-49-9	10-09-7	255-49-4	426-26-0
전 체	833-56-6	37-11-9	933-54-7	1804-40-2

낭산면의 경우는 약65%가 답으로 이루어져 있어 이북면의 약60%와 함께 높은 비율을 보이고 있다. 만경강변에 위치한 이유 때문이다. 그에 비해 이동면의 경우 畓 43.7%에 비해 田이 56.3%로 높다.

아래의 <표 8>은 낭산면과 비교하기 위해 이동면, 이북면의 전답 분포와 기주수를 정리한 것이다.

<표 8> 낭산면 및 이동면·이북면 기주 및 대주수

구분 면	起主數	垈主數	(家屋數)	면적	(垈主當 평균면적)
낭산면	806	142	195	132-48-3	93-3
이동면	2059	458	555	419-14-6	91-5
이북면	831	231	282	221-87-6	96-1
전 체	3468	829	1032	836-18-9	100-9

* 전체의 통계가 다른 것은 3개면에 중복된 경우가 있기 때문임.

낭산면의 기주수는 806명이지만 실제 낭산면에 거주했을 것으로 추정되는 垈主는 142명에 지나지 않는다. 이들 垈主 가운데는 실제 거주하지 않는 경우도 있으나, 이런 비율을 감안하더라도 142명은 거의 확실할 것 같다. 물론 142명 외에 누락된 인물도 있을 것이기에 추가되어야 할 것같다. 또한 실재 가옥수를 보면 142명보다 많은 195채로 나타나고 있어 挾戶 방식으로 거주하는 인물이 더 존재했을 것으로 추정되나 밝힐 자료가 없다. 따라서 806명의 기주 가운데 17.6%만이 낭산면 거주자로 파악되며 이

들의 평균 면적은 93부 3속에 이르러 대단히 넓은 면적을 소유하고 있는
것으로 나타난다(이동면이나 이북면도 각기 91부 5속, 96부 1속을 소유하
고 있다). 물론 가옥수 195채로 환산하더라도 1채당 평균 면적이 67부 9
속에 이른다. 그렇다면 垈田으로 평가된 부분은 가옥이 들어서 있는 것은
물론이고 집 주위에 채마를 기르는 圃田을 경작하는 것으로 볼 수 있다.
이러한 垈田은 대개 直營地로 경영했을 것으로 보인다.

2) 낭산면 起主의 면내·면외 지주경영

　지주제 일반의 소유와 경영형태가 量案에 남아 있지는 않지만 당시기
농업경영 자료를 바탕으로 富農과 中農, 小農, 貧農을 구분해 낼 수 있
다.[41] 부농이란 1結 이상을 소유한 농가를 말하며, 중농은 1結 이하, 소농
은 50負 이하, 빈농은 25負 이하의 농지를 가진 층을 말한다.[42] 여기에서
부농을 다시 A, B, C 세 층으로 나누어 10결 이상을 소유한 농가를 A급,
5결 이상을 소유한 농가를 B급, 1결 이상을 C급으로 나누어 볼 수 있는
데, 이들 가운데는 지주경영을 비롯하여 자소작 상농층도 포함되어 있다.
즉 부농층 가운데 다수의 지주층이 포함되어 있다는 점을 중심으로 양안
상의 지주제의 흔적을 추적해 볼 수 있다.
　아래의 <표 9>는 낭산면 기주 806명이 낭산면에 소유하고 있는 토지
와 이동, 이북면에까지 부재지주로서 갖고 있는 토지소유 상황을 정리한
것이다. 806명은 앞에서도 보았듯이 142명 정도가 낭산면민으로 확인되
고 나머지는 인근 주변의 면민으로 보인다. 따라서 그들의 거주지가 확인
되기 어려운 상황에서 806명의 토지소유 및 주변에 어느 정도의 토지를
가지고 있는가를 살펴볼 수 있는 기회가 된다.

---

41) 양안과 농민의 소유분화에 관한 검토는 아래의 글을 참고하였다.
　　金容燮,「量案의 研究」,『증보판 朝鮮後期 農業史研究 I 』, 150～154쪽.
42) 위의 글.

<표 9> 낭산면 起主 806명의 토지소유상황(단위 : 결-부-속)

구분 기주	낭산면				전체			
	기주	비율	총結負	평균	기주	비율	총結負	평균
A 10결 이상	0	0	0	0	0	0	0	0
B 5결 이상	2	0.2	14-09-6	7-04-8	4	0.5	14-27-1	7-13-6
C 1결 이상	94	11.7	164-83-4	1-75-4	145	18.0	183-71-3	1-95-4
D 50부 이상	111	13.8	77-65-8	70-0	108	13.4	108-59-6	97-8
E 25부 이상	155	19.2	54-72-3	35-3	157	19.5	81-59-7	52-6
F 25부 이하	444	55.1	55-43-0	12-5	392	48.6	96-07-4	21-6
	806	100	366-74-1	45-5	806	100	484-25-1	60-1

* 官屯田이나 宮房田, 각종 位田, 僧田, 無主田 등은 起主 통계에서 제외함.
** 전체 결부수는 이동면과 이북면

위의 표에서 낭산면 806명이 경작하는 총 결부수가 366결74부1속으로 1결 이상을 경작하는 부농이 낭산면에서만 96명이었는데, 다른 지역까지 합해 계산해 보면 149명으로 1.6배나 급증한 것을 볼 수 있다. 낭산면 부농 96명의 경작면적은 178결 93부였지만 전체를 합한 부농 149명의 경작면적은 302결 88부 6속으로 면적 역시 1.7배나 넓다. 따라서 부농의 경작형태는 1개 면만을 통계할 때 축소되어 나타나는 것을 알 수 있다.

또한 중소빈농은 반대로 확대되어 나타나는 것을 알 수 있다. 즉 낭산면만을 보면 D, E 중·소농은 각각 111, 155명으로 거의 변함이 없지만 F급 빈농은 444명에서 392명으로 훨씬 줄어든 숫자로 나타난다. 빈농의 경우 낭산면에서는 12부 5속만을 경작했지만, 전체적으로는 21부 6속으로 거의 2배에 해당하는 면적으로 나타났다. 따라서 이 같은 사례만을 통해 보더라도 최하층 농민은 지나치게 확대되어 나타나 있는 것을 알 수 있다.

富農의 존재에 대해 다시 한번 검토해 보기로 하자. 5결 이상을 경작하는 자가 2명, 1결 이상을 경작하는 富農이 94명 모두 11.9%에 해당한다는 점을 통해 부농 경영의 형태를 검토해 보기로 하자. 이들의 평균 경작 면적이 1결 75부 4속에 이르고 있어 自作으로 경작하기에는 힘에 벅찬 면적이다. 茶山 丁若鏞이 19세기 초에 환산한 것으로는 자영농 1호당 평균 가족 3~5명이 20두락, 즉 대략 50負 정도를 경작하는 것을 표준 경영으로 보고 있다.[43] 1석락 20두락, 즉 50負를 가족 노동력으로 自耕할 수 있다면 1결(40두락) 이상되는 것은 廣作에 해당한다. 이앙법이 보급되면서 경작 가능한 면적이 최대 2~4배까지 가능한 것으로 평가된다.[44] 즉 40두락에서 80두락이면 1결 내지 2결에 해당하는 면적이고 이러한 면적을 경작하려면 廣作을 하거나 地主經營을 통해 경작할 수밖에 없다. 게다가 이들 가운데는 5결 이상을 경작하는 부농도 2명이나 있어 평균 7결4부8속을 경작하고 있다. 이들의 경영은 지주경영이 아니라면 불가능한 면적이다.

낭산면 기주 806명이 다른 지역에 갖고 있는 경작지는 어떠한 형태로 존재하는가를 보자.

이들은 아래 <표 10>에서 보다시피 낭산면 외의 주변 토지를 경작함으로써 자신의 경작지 면적을 넓히고 있다. 그 중 1결 이상을 경작하는 농민인 부농 C가 겨우 11.5% 정도에 그치나, D, E, F에 해당하는 중농, 소농, 빈농은 다른 지역에서 경작지를 구하는 비율이 상당히 높다. 각각 39.8%, 49.1%, 73.3%에 해당하는 토지를 더 경작하고 있어 소토지농민일수록 다른 인근 지역에서 경작지를 확보하려는 경향이 높은 것으로 나타난다. 부농일수록 토지를 面內에 집중시키는 경향이 높다는 것을 알 수 있다. 전체적으로는 다른 지역에 32%에 해당하는 토지를 더 경작하고 있는 것으로 나타난다.

---

43) 茶山 丁若鏞은 당시 1결(40두락 내지 60두락)의 면적을 2戶가 佃作할 수 있는 적정 면적으로 보았다(『牧民心書』卷5, 戶典 平賦).

44) "附種으로 불과 10여 斗落을 짓던 자가 移秧하면 가히 1, 2石落을 광작할 수 있다"(『日省錄』정조 22년 5월 22일)고 한 것을 보면 2배 내지 4배를 짓는 것을 알 수 있다.

<표 10> 娘山面 起主 806명의 面外土地 경작 비율

증가율 구분	기주수	인원증가	결수증가	평균증가	결수증가율
A 10결 이상	0	0	0	0	0.0
B 5결 이상	2	2	17-5	8-8	1.2
C 1결 이상	94	51	18-87-9	20-1	11.5
D 50부 이상	111	-3	30-93-8	27-9	39.8
E 25부 이상	155	2	26-87-4	17-3	49.1
F 25부 이하	444	-52	40-64-4	9-2	73.3
	806	0	117-51-0	14-6	32.0

한편 위의 표에서 보이듯이 기주 806명이 낭산면 외에 이동면과 이북면에 경작하고 있는 면적을 환산해 보면 484결 25부 1속에 이른다. 117결 51부를 더 경작하고 있어 1.3배나 많다. 평균 14부 6속을 더 경작하고 있으며 面內 경작지 외에 面外에서 구하는 비율이 32%정도라는 것을 알 수 있다. B급 부농은 2명이 증가하였지만, C의 부농은 51명이나 증가했을 뿐 아니라 경작면적 증가비율도 11.5%로 확대되어 나타나고 있어 원래보다 상향분화의 가능성이 높다.

중소빈농의 경우는 숫자상으로 오히려 줄어드는 경향을 보인다. 중소농의 경우 인원수는 크게 차이가 없지만 경작면적을 보면 39.8%에서 49.1%로 확대되어 나타나고 있다. 그에 비해 최하층 빈농의 경우는 인원수가 52명이나 줄어들고 있고 경작면적은 73.3%나 확대된 형태로 나타나고 있어 원래보다 축소되어 나타난 것을 확인할 수 있다.

따라서 위의 통계를 통해서 확인할 수 있는 것은 양안분석에 있어 1개 면만을 대상으로 할 때는 부농은 축소되어 나타나고 있고, 빈농은 확대되어 나타나고 있다. 따라서 이 같은 부재지주 처리 방식을 통해 부농층이 더욱 확대되어 검토될 필요가 있다. 전체적으로는 상향 분화의 가능성이 높은 것이며 이 같은 상황은 18세기 단계의 생산력 증가에 따라 더욱 부농경영이 확대되어 가는 경향과 일치하고 있음을 보여준다.

3) 낭산면 垈主의 면내·면외 지주경영

지금까지는 낭산면 기주 806명에 대해 面外 경작지 비율을 알아 보았으나, 더 정확한 추세를 보기 위해 낭산면에 거주하는 142명의 경작지 비율을 알아 보자. 아래의 <표 11>은 낭산면 대주 142명이 낭산면에 소유하고 있는 토지와 이동, 이북면에까지 부재지주로서 갖고 있는 토지소유 상황을 정리한 것이다.

<표 11> 娘山面 垈主 142명의 토지소유 상황 (단위 : 결-부-속)

구분 \ 대주	낭산면				전체			
	垈主	비율	총結負	평균	垈主	비율	총結負	평균
A 10결 이상	0	0	0	0	0	0	0	0
B 5결 이상	1	0.7	7-26-6	7-26-6	1	0.7	7-26-6	7-26-6
C 1결 이상	49	34.5	86-33-1	1-76-2	52	36.6	88-11-7	1-79-8
D 50부 이상	34	23.9	24-54-1	72-2	32	22.5	25-10-3	73-8
E 25부 이상	24	16.9	8-66-6	36-1	25	17.6	8-66-6	36-1
F 25부 이하	34	23.9	2-91-9	8-6	32	22.5	4-23-0	12-4
	142	100	129-72-3	91-4	142	100	133-38-2	93-9

여기서 주목되는 것은 대주 142명 가운데 1결 이상을 경작하는 부농이 B급 농민 1명을 포함하여 50명에 35.2%에 이르고 있어 부농이 1/3이상이 된다는 점이다. B급 5결 이상을 경작하는 대지주 1명은 평균 7결 26부 6속을 경작하고 있으며, C급의 1결 이상을 경작하는 인물 49명까지 포함하여 面內 지주층이라고 할 수 있다. B급 농민은 다른 지역에 경작하는 면적이 없이 面內 대토지소유자로 나타나지만, C급 농민 34.5%는 다른 지역에도 농지를 갖고 있어 3명이 추가된 상태이지만 그 비율은 높지 않다. 또한 다른 지역에 경작하는 면적도 거의 없다. D, E급 농민 역시 커다란 변화는 보이지 않는다. 단지 최하층 F급 농민은 다른 지역에 경작지를 갖고 있어 낭산면에서는 평균 8부 6속을 갖고 있었지만 다른 지역을 합하면 12부 4속에 이르러 그 형편이 조금 나아진 것으로 나타난다.

아래 <표 12>는 낭산면 垈主 142명의 경작 증감 상황을 정리한 것으로, 지금까지 살펴보았듯이 面內 垈主로서 거주하는 자들이 다른 지역에 경작지를 가진 비율이 극히 낮은 것을 보여준다.

<표 12>에서는 낭산면 대주 142명의 다른 지역에 토지를 경작하는 비율은 매우 미미한 것으로 나타난다. 인원 증감면에서 보면 C급 1결 이상 부농만이 3명으로 증가 비율을 보이고 있을 뿐이다.

<표 12> 娘山面 垈主 142명의 面外土地 경작 비율

구분 \ 증가율	대주수	인원증가	결수증가	평균증가	결수증가율
A 10결 이상	0	0	0	0	0.0
B 5결 이상	1	0	0	0	0.0
C 1결 이상	49	3	1-78-6	3-6	2.1
D 50부 이상	34	-2	56-2	1-7	2.3
E 25부 이상	24	1	0	0	0.0
F 25부 이하	34	-2	1-31-1	3-9	44.9
	142	0	3-65-9	2-6	2.8

단지 F급 25부 이하를 경작하는 빈농의 경우 다른 지역에 농지를 갖고 경작하는 비율이 높은 것은 평균 8부 6속으로는 생계가 어렵고, 그것을 보충하기 위해 다른 지역까지 진출하는 것이다. 이들 빈농도 따라서 다른 지역의 경작지까지 포함하면 크게는 변함이 없지만 12부 4속 정도를 경작하여 44.9%의 증가를 보인다.

그렇다면 이 같은 전체 추세를 통해 面內地主라고 할 수 있는 垈主 142명 가운데 A, B, C급 농민은 주로 面內토지를 경작하고 있는 것을 알 수 있으며, 垈主 가운데 부농이라고 할 수 있는 A, B, C급 농민의 비율이 35.2%에 이르고 있어 面內 142명의 1/3 이상인 50명에 달하는 점을 주목할 수 있다.

4) 면내지주·면외지주의 존재형태

806명의 起主 가운데 부농층의 面內·面外 농지소유 형태를 세부적으로 검토해 보기로 하자. 1결 이상을 경작하는 A, B, C급 부농의 농지경작 형태를 알아보기 위해 그들의 소유 상황을 1결 단위로 정리하여 다시 한 번 정리한 것이 아래의 <표 13>이다.

<표 13> 낭산면 1결 이상 富農 起主의 面內 및 面外耕作

지역 / 구 분	면내지주	면외지주	증가수
7결 이상	1	2	1
6~7결	1	1	0
5~6결	0	1	1
4~5결	2	6	4
3~4결	6	12	6
2~3결	17	28	11
1~2결	69	99	30
계	96	149	53

위의 표에서 보다시피 낭산면 기주 806명 가운데 1결 이상을 경작하는 부농 96명은 이동면과 이북면을 포함하여 환산해 보면 53명이 늘어난 149명으로 나타난다. 결수로 환산해 보면 96명이 경작하는 면적이 178결 93부이고 149명이 다른 지역에서 경작하는 면적까지 합하면 197결 98부 4속이어서 약 19결 5부4속을 더 경작하는 것을 알 수가 있다.

그런데 위의 표에서 주목할 것은 면외지주로 새로 등장한 인물 가운데는 낭산면에 거의 토지를 갖지 못한 인물이 다른 지역에 더 많은 토지를 경작하는 경우가 나타난다는 점이다. 다음과 같은 53명의 인물이 그러하다.

<표 14> 낭산면 面外地主 53명의 경작상황

구 분 \ 지 역	면외지주 53명	낭산면內 경작상황 (중농·소농·빈농)
7결 이상	0	-
6~7결	1	소1
5~6결	0	-
4~5결	3	중 1·소 1·빈 1
3~4결	3	중 1·소 1·빈 1
2~3결	10	중 4·소 1·빈 5
1~2결	36	중21·소 8·빈 7
계	53	중27·소12·빈14

위에서 볼 수 있듯이 53명의 面外地主의 낭산면 경작상황을 보면 50부에서 1결까지 경작하던 중농이 27명으로 가장 많지만, 25부에서 50부까지의 소농경작을 하던 경우도 12명, 25부 이하의 빈농으로 계산되던 14명이 실은 다른 면에 경작지를 얻어 1결 이상을 경영하고 있는 것으로 나타난다. 이들이야말로 낭산면에서는 중소빈농에 해당하는 열악한 처지이지만 다른 면의 경작지까지 포함하면 중소지주로 나타나는 경우까지 보인다는 점에서 面外地主라고 할 수 있다. 따라서 이러한 경우 역시 면내 농지경작 상황을 보면 중소빈농으로 나타나지만 다른 지역 경작면적까지 환산해 보면 지주층으로 나타나는 경우가 많다는 점이다. 따라서 이러한 통계를 통해서도 부농층은 축소되어 나타나고, 빈농층은 지나치게 확대되어 하향분화 양상을 보여주는 것으로 착각하게 만든다.

아래의 <표 15>는 낭산면 垈主 가운데 1결 이상의 부농경영을 하는 50명이 어떠한 방식으로 존재하는가를 보여준다. 낭산면 起主 가운데 부농 96명보다는 적은 숫자이지만 이들은 起主와는 다른 양상을 보인다.

<표 15> 낭산면 垈主 중 1결 이상 富農의 面內 및 面外 경작

구 분 \ 지 역	면내지주	면외지주	증가수	비 고
7결 이상	1	1	0	
6~7결	0	0	0	
5~6결	0	0	0	
4~5결	1	2	1	
3~4결	3	2	-1	*-1명
2~3결	9	9	0	
1~2결	36	39	3	*중2·빈1
계	50	53	3	

* 면내지주 3~4결 경작자중 1명이 4~5결 경작자로 바뀌어 -1로 나타남

즉 위에서 볼 수 있듯이 낭산면 垈主層의 경작양상은 다른 지역에 경작지를 갖는 경우가 드물다. 대단히 소극적이라고 할 수 있다. 2결 이상의 부농층의 경우에는 거의 증감이 없는 것이 특징이며, 1~2결을 경작하는 경우 3명이 증가한 것으로 나타나는데, 이들의 낭산면에서의 존재형태는 중농 2명과 빈농 1명이었다. 이들 역시 중농, 빈농이 아니라 사실은 부농층이었음이 밝혀진 셈이다.

4. 맺음말

지금까지 낭산면 기주 806명의 경작상황과 대주 142명의 토지소유 상황을 검토해 보았다. 또한 이들의 부농경영을 검토하기 위해 1결 이상을 경작하는 부농만을 뽑아 娘山面內의 경작 상황을 알아보고, 또한 다른 면에 경작하는 상황을 함께 검토해 봄으로써 垈作地主의 부재지주로서의 특징을 추출해 보았다. 이들을 각기 面內地主와 面外地主로 분류하여 검토할 수 있었다.

<표 13>과 <표 14>를 통해서 확인해 본 바를 정리해보면 하층농민

의 경우 지나치게 그 하향분화로서의 특징이 확대되어 평가될 가능성이
많다는 것이 발견되었다. 낭산면 806명 가운데 최하층 빈농이 평균 12부
5속을 경작하는 것으로 나오지만 다른 지역을 계산에 넣어보면 21부 6속
으로 경작면적이 증가하며, 인원수는 총 444명에서 392명으로 상당히 줄
어든다. 즉 하층민의 경우 대개 다른 면에 어느 정도의 토지를 소유하고
있으며 심지어는 부농층인 경우도 있다는 점이다. 따라서 하층민의 수는
하향분화의 형태가 아니라 상향 조정되어야 할 필요가 있다.

또한 806명의 기주 가운데는 C급 이상의 부농층이 다른 지역에서 경작
지를 확대하는 비율이 높은 것을 확인할 수 있었으며 따라서 이들의 비
율은 더 상향 조정될 필요가 있다. 이들 가운데 부농비율은 기주 806명
가운데 11.2%에 달하지만, 대주 142명을 중심으로 보면 35.2%가 부농으
로 나타난다. 142명의 垈主는 면내 거주가 확실한 자들로서 다른 지역에
적극적으로 토지를 집적하기 보다는 면내 토지에 그치는 수동적인 자세
를 보이고 있다.

이러한 양상을 종합해 보면 농민층의 양극화 양상이 하향화되는 추세
가 아니라 전체적으로 상향조정될 필요가 있다.

이 같은 양상이 나타나는 것은 806명의 起主 가운데 D, E, F에 해당하
는 중농, 소농, 빈농이 다른 지역에서 경작지를 구하는 비율이 상당히 높
은 것을 보면 그 이유를 알 수 있다. 각각 39.8%, 49.1%, 73.3%에 해당하
는 토지를 더 경작하고 있어 소토지농민일수록 다른 인근 지역에서 경작
지를 확보하려는 경향이 높은 것으로 나타난다.

따라서 위의 통계를 통해서 확인할 수 있는 것은 양안분석에 있어 1개
면만을 대상으로 할 때는 부농은 축소되어 나타나고 있고, 빈농은 확대되
어 나타나고 있다는 점이다. 이 같은 부재지주 처리 방식을 통해 과소평
가된 부농층의 존재라든가 과대평가된 소빈농층의 문제를 통해 농민층분
화의 양극화 현상을 예상할 수 있다.

이 같은 양안상의 농업경영에 대한 분석 방식은 조선후기 지주제 발달의 양상과 농민층분화의 대강을 추적할 수 있는 또 하나의 방법론으로서 주목되며, 그것이 가능한 것은 1720년의 경자양전사업의 결과물로 남아 있는 量案이 18세기 토지소유의 일단을 반영하기 때문이다. 비록 전주부 낭산면을 중심으로한 사례연구를 중심으로 일반화시키는 것은 무리가 있겠지만, 이 같은 양상은 충분히 주목할 가치가 있다.

또한 이러한 분석이 가능한 것은, 量案이 갖고 있는 소유권 장부로서의 역할과 조세장부로서의 역할이 18세기 전반기 경자양안을 기점으로 보다 확실히 분화해가고 있다는 점 때문이며 따라서 그것의 신빙성은 더욱 높아진다.[45] 곧 地籍과 稅籍의 분리과정을 통해 양안의 기능이 보다 그 기능을 명확히 해가고 있었던 것이다. 삼남지역에 걸친 경자년간 양전사업은 그러한 차원에서 추진되었고, 이는 당시기 양반집권층이 직면한 田政의 위기를 타개할 수 있었던 최후의 사업이라는 것을 보여준다.

朝鮮國家가 양전사업을 통해 달성하고자 했던 均賦稅 정책의 성격은 현실적 土地所有를 바탕으로 한 것이었고, 그것은 곧 당시기 국가의 수세정책이 지주제 발달을 전제로 하고 있다는 것을 보여주는 명백한 증거였다. 낭산면 양안에서도 드러난 面內·面外 토지 집적과 경영방식이 그러한 일측면을 보여준다.

---

45) 최윤오, 앞의 글, 2000. 6.

17~18세기 田畓所有規模의 零細化와 兩班層의 對應

김 건 태

1. 머리말

양반들이 妻鄕을 따라 거주지를 옮기던 16세기까지는 父系 못지 않게 母系의 역할도 대단히 중요했다. 이때에는 양반들의 사회적 입지는 父系 뿐만 아니라 모계로부터도 크게 영향을 받았다. 왜냐하면 子女均分相續 制 하에서는 母系의 財産을 기반으로 집안을 일으킬 수도 있었기 때문이 다. 그런데 조선후기 양반들의 사회적 입지는 자신이 속한 門中이나 同 姓村落의 위상에 따라 결정되었다. 조선후기에는 양반들이 문중이나 동 성촌락을 벗어나면, 더 이상 지체 높은 양반으로 살아갈 수 없었다. 이러 한 현상은 17세기 중엽부터 서서히 예고되고 있었다.

17세기 중엽부터 宗法秩序가 정착되면서 母系의 역할은 축소되고, 父 系中心의 同姓村落과 門中이 양반들의 삶에 커다란 영향을 미치기 시작 했던 것이다. 이때부터 男女差別, 長子奉祀, 同姓不婚 등을 내용으로 하 는 父系中心의 가족제도와 상속제도가 조선사회에 정착하기 시작하였다. 이러한 사실은 社會史, 家族事, 思想史 분야의 연구가 이룬 성과이다.[1]

---

[1] 崔在錫,「朝鮮時代 相續制에 관한 硏究」,『歷史學報』53·54, 1972 ; 李光奎, 「朝鮮時代의 財産相續」,『韓國學報』3, 1976 ; 崔在錫,「朝鮮時代의 族譜와 同 族組織의 變化」,『歷史學報』81, 1979 ; 崔在錫,「朝鮮時代 門中의 形成」,『韓

그런데 17세기 중엽부터 종법질서가 정착하게 되는 경제적 배경은 자세히 밝혀지지 않았다. 따라서 농업사, 특히 토지소유규모의 변화가 종법질서의 정착에 미친 영향을 밝힐 때 조선후기 사회변동에 내재된 의미가 더욱 분명해질 것으로 기대된다. 그리고 종법질서의 정착이 향촌사회에 끼친 영향을 살펴보기 위해서는 양반들이 동성촌락과 문중을 유지하는 데 필요한 물적 토대를 어떻게 형성해 갔는지를 밝힐 필요가 있다.

조선후기 토지소유문제에 대해 일찍부터 주목한 연구자는 金容燮이다. 그는 조선후기부터 토지소유의 양극분해가 진행된다고 하였다. 시간이 흐름에 따라 토지는 소수의 지주에게 집중되고, 대부분의 농민은 토지를 상실하고 作人으로 전락한다는 것이다.[2] 한편 李榮薰은 양안분석을 토대로 조선후기에는 토지소유규모가 영세균등화된다고 하였다. 조선후기로 갈수록 대토지 소유자가 감소하는 대신 영세농이 두껍게 형성된다는 것이다.[3]

이같이 조선후기 토지소유양상이 어떠한 추이를 보였는가에 관한 문제는 여전히 논쟁의 여지를 남기고 있다. 본 글은 이 같은 기존의 연구성과를 염두에 두면서 조선후기 토지소유양상의 추이와 양반층의 대응 양상을 살펴보고자 한다. 이를 위해 먼저 17~18세기 慶尙道 龍宮縣 田主들의 田畓所有 現況을 고찰하고자 한다. 다음으로 祭位田과 契田의 擴大過程과 그 管理形態를 살펴보고, 마지막으로 門中과 契의 財政運營에 대해 고찰하고자 한다.

國學報』 32, 1983 ; 崔在錫, 「朝鮮時代 親族構造의 變化」, 『정신문화연구』 24, 1985 ; 金容晩, 「朝鮮時代 均分相續制에 관한 一研究」, 『大邱史學』 23, 1983 ; 이해준, 『조선시기 촌락사회사』, 민족문화사, 1996 ; 정진영, 『조선시대 향촌사회사』, 한길사, 1998.

2) 金容燮, 『朝鮮後期農業史研究 I』, 一潮閣, 1970.

3) 李榮薰, 「韓國史에 있어서 近代로의 移行과 特質」, 『經濟史學』 21, 1996.

2. 17~18세기 田畓所有 現況

1) 兩班層의 田畓所有規模 推移

조선후기 同姓村落을 형성하고 생활하던 在地兩班의 入鄕祖는 대체로 15세기 말~16세기 전반에 활동하던 사람들이다. 조선후기 재지양반의 입향조 가운데 대부분은 妻鄕을 따라 이주한 다음 妻家 재산을 바탕으로 대규모 농장을 개설한 인물이다. 당시의 대규모 농장은 대체로 개간에 의해 형성되었다. 사방 둘레가 수십여 리나 되는 無主閑曠地를 折受받아 노비노동력을 이용하여 농장을 개설한 양반들도 있었다.[4]

활발한 개간에 힘입어 확장 일로를 걷고 있던 전국의 농지규모는 양란을 거치면서 크게 줄어들었지만, 17세기 중·후반을 거치면서 양란 이전의 수준을 회복하였다.[5] 이 시기 농민들은 陳田 개간에 힘쓰는 한편 그 이전에는 경작된 적이 없는 황무지를 개간하는 데도 많은 공력을 투여했다. 이러한 황무지 개간은 18세기 전반에도 활발하게 진행되었다. 그 결과 농토는 점점 늘어나는 추세였다.[6]

이같이 16~18세기 전반에 개간이 활발히 진행될 수 있었던 원인 가운데 하나는 농촌 인구가 지속적으로 증가했기 때문이다. 16~18세기 전반 인구추이 또한 농지규모 추이와 비슷한 궤적을 그렸다. 16세기 전반이래 줄곧 증가하던 농촌인구는 양란의 영향으로 격감했지만 17세기 중엽부터 18세기 전반까지는 지속적으로 증가하였다. 이 시기 동안에는 인구가 증

---

4) 당시의 개간과 농장개설에 대해서는 다음의 글을 참고. 李樹健, 『嶺南學派의 形成과 展開』, 一潮閣, 1995 ; 金建泰, 「16~18世紀 兩班地主層의 農業經營과 農民層의 動向」, 성균관대학교 박사학위논문, 1996.

5) 宋讚燮, 「17·18세기 新田開墾의 확대와 經營形態」, 『韓國史論』 12, 1985 ; 李景植, 「17世紀 農地開墾과 地主制의 展開」, 『韓國史研究』 9, 1973.

6) 吳仁澤, 「朝鮮後期 新田開墾의 성격」, 『釜山史學』 18, 1994 ; 김건태, 「경자양전 시기 진전과 가경지 파악 실태」, 『역사와 현실』 36, 2000.

가하였기 때문에 개간이 지속적으로 진행되었음에도 불구하고 농민들의 토지소유규모는 점점 영세화되었다. 庚子量案은 1634~1720년 사이에 진행된 개별 전주의 영세화 추세를 생생하게 전하고 있다.

그 실상을 경상도 용궁현 경자양안을 통해 구체적으로 확인해 보도록 하자. 경자양전 당시 용궁현은 10개 면(邑內·申上·申下·南上·南下·北上·北下·內上·內下·西面)으로 구성되어 있었으나, 현재 7개 면(邑內·申上·申下·南下·北上·北下·內上)의 양안만이 전하고 있다.7) 용궁현 경자양안은 경상도 지역의 여타 경자양안처럼 갑술양전 시기의 토지소유자가 舊로, 경자양전 시기의 토지소유자를 今으로 표기하고 있다. 따라서 舊主와 今主의 토지소유 양상을 분석하면 17~18세기의 토지소유규모 추이를 확인해 볼 수 있다. 먼저, 舊主는 대체로 성이 없이 단지 名만 기재되어 있기 때문에 그들의 토지소유 현황을 분석할 때 직면한 기술적 문제는 다음과 같은 기준에 따라 처리했다.

첫째, 同音異字의 名을 지닌 舊主들은 同一人으로 취급한다.
둘째, 名만 지닌 舊主는 同名의 姓 보유자와 동일인으로 간주한다.

다음으로 今主의 토지소유 현황을 분석할 때 직면한 기술적 문제는 다음과 같은 기준에 따라 처리했다.

첫째, 同音異字의 姓名을 지닌 起主들은 同一人으로 취급한다.
둘째, 名만 지닌 起主는 同名의 姓 보유자와 동일인으로 간주한다.
셋째, 名이 양반의 노비명과 동일한 기주는 양반의 노비로 간주한다.
넷째, 성명이 동일하거나 앞의 첫째, 둘째 기준에 의하여 동일인으로 취급된 기주가 둘 이상의 직역을 지니더라도 동일인으로 취급한다.

---

7) 용궁현 경자양안과 용궁지역의 개황에 대한 자세한 내용은 김건태, 앞의 「경자양전 시기 가경전과 진전 파악 실태」 참조.

舊主와 今主의 토지소유 양상을 분석할 때 고려해야 할 문제가 있다. 그것은 舊主는 대체로 名만 기재되어 있지만, 今主의 기재형태는 ① 姓名+奴婢名字, ② 姓名, ③ 名字 등의 3가지라는 사실이다. 다시 말하여 분석의 잣대가 다르다는 것이다. ①의 형태에서 동일인이 두 개 이상의 노비명자를 보유하고 있는 경우가 있다. 이 경우 명자를 기준으로 분석하면 성명을 기준으로 분석할 때에 비해 1인의 토지소유면적은 줄어든다. 예를 들면 南下面의 權道行은 婢今女와 婢月今이라는 명자를 사용하고 있다. 이 경우 성명을 기준으로 하면 권도행 1인으로 계산되지만, 명자를 기준으로 하면 今女와 月今의 소유지로 나뉘어진다. 2개 이상의 노비명자를 사용하는 금주의 현황을 정리한 것이 <표 1>이다.

한편 금주의 명자를 기준으로 분석하면 성명을 기준으로 분석할 때에 비해 1인의 토지소유면적이 증가하는 경우도 있다. ①번 유형에서 성명은 상이하나 노비명자가 동일한 경우가 있다. 예를 들면 남하면에서 甲山은 南以煜과 南以福 2인에게 사용되고 있다. 그리고 ①번 유형의 노비명자와 ②번 유형의 명자가 동일한 경우가 있다. 예를 들면 남하면의 宋光元 奴命伊와 御正 鄭命伊와 같은 사례이다. 그리고 ②번 유형에서 姓이 다르고 名字가 동일한 경우이다. 예를 들면 남하면의 水軍 李守命과 良人 金守命과 같은 경우이다. 마지막으로 ②번 유형의 명자와 ③번 유형의 名字가 동일한 경우가 있다. 예를 들면 남하면의 私奴 月立과 步兵 金月立과 같은 사례이다. 이들 네 가지 경우 명자를 기준으로 분석하면 성명을 기준으로 분석할 때에 비해 1인의 토지소유면적은 증가한다. 2인 이상이 동일한 명자를 사용하는 금주의 현황을 정리한 것이 <표 2>이다.

이렇듯 금주의 토지소유현황은 성명을 기준으로 할 때와 명자를 기준으로 할 때가 서로 다르기 때문에 명자를 기준으로 그들의 토지소유현황을 정리할 필요가 있다. 다시 말하여 구주와 금주의 토지소유현황을 비교할 때는 동일한 잣대를 사용하는 것이 중요하다는 것이다.

<표 1> 한 명의 起主가 2개 이상의 명자를 사용한 사례 (단위 : 人)

	南下	內上	北上	北下	申上	申下	邑內	合計
名字를 2개 사용한 起主	34	10	32	52	13	8	22	171
名字를 3개 사용한 起主	6	2	8	11	3		3	33
名字를 4개 사용한 起主	2	1	4	2	1			10
名字를 5개 사용한 起主						1		1

<표 2> 起主의 名字가 동일한 사례 (단위 : 人)

	南下	內上	北上	北下	申上	申下	邑內	合計
2人의 名字가 同一	53	104	93	83	100	58	106	597
3人의 名字가 同一	20	17	20	24	21	8	16	126
4人의 名字가 同一	3	6	5	5	4	2	3	28
5人의 名字가 同一			1	1	5	1	1	9
6人의 名字가 同一	1					1		2
7人의 名字가 同一	1			1				2
10人의 名字가 同一			1					1

　명자를 기준으로 금주의 토지소유현황을 정리할 때 직면한 기술적인 문제는 다음과 같이 처리하였다.

　첫째, 동일인이 姓名+奴婢名字로 기재되기도 하고, 단지 姓名만으로 등재되기도 하는 유형이다. 이 경우 성명만 기재된 필지의 명자는 奴婢名字로 처리하였다. 예를 들면 남하면의 金尙吉은 4필지에는 金尙吉奴天女로, 나머지 1필지에는 金尙吉로 기재되어 있다. 이 경우 1필지의 명자는 天女로 하였다.

　둘째, 특정인이 노비명자를 2개 이상 쓰면서도, 일부 필지에는 단지 姓名만 기재해 놓은 유형이다. 이 경우 성명만 기재된 필지의 명자는 많이 사용된 노비명자로 처리하였다. 예를 들면 남하면의 權道行은 6필지에는 權道行婢今女로, 2필지에는 權道行婢月今으로, 나머지 12필지에는 權道行으로 기재되어 있다. 이 경우 12필지의 명자는 今女로 하였다.

위와 같은 기준에 따라 舊主의 소유현황, 성명을 기준으로 계산한 금
주의 소유현황, 명자를 기준으로 계산한 금주의 소유현황을 정리한 것이
<표 3>이다. 소유규모는 金容燮[8]의 예에 따라 6개로 나누었다.

합계란에서 용궁현의 전체 추이를 살펴보기로 하자. 갑술양전에서 경
자양전 사이 약 90년 동안 전답규모는 7% 늘어났다. 전주 또한 증가했다.
구주 대비 금주의 그것은 성명을 기준으로 할 때 52%, 명자를 기준으로
할 때 35% 늘어났다. 전답규모의 증가율이 전주의 그것에 미치지 못하기
때문에 전주의 평균 소유규모는 감소했다. 그것은 갑술양전 당시 53부 7
속(2310결 92부 3속÷4303)이고, 경자양전 시기에는 금주의 성명을 기준
으로 하면 37부 9속(2474결 13부 7속÷6535), 명자를 기준으로 하면 42부
5속(2474결 13부 7속÷5823)이다.

전체적으로 보면 전주의 수는 증가하지만, 구간별로 살펴보면 그 추이
는 서로 달랐다. 1결 이상을 소유한 상층구간의 전주는 감소하고, 1결 미
만을 소유한 하층구간의 그것은 증가하고 있다. 그러한 추세는 금주의 성
명을 기준으로 할 때가 명자를 기준으로 할 때보다 더 선명하다. 이같이
금주의 기준에 따라 구체적인 소유규모의 추이가 상이하지만, 그 추세가
동일하기 때문에 우리는 성명을 중심으로 금주의 소유현황을 살피기로
한다. 그렇게 함으로써 보조자료를 사용하기가 편리하기 때문이다. 소유
규모 추이를 좀더 구체적으로 살펴보기로 하자.

10結 이상을 소유한 전주는 1634년 당시 2에서 1720년 현재 3으로 증
가하였다. 표면상으로는 10결 이상을 소유한 전주가 증가한 것으로 나타
나지만 내면을 살펴보면 그렇지 않다. 10結 이상을 소유한 전주는 1634년
당시 모두 驛(신상 1, 읍내 1)이다. 驛에서 소유한 전답은 모두 馬位田이
다. 그리고 1720년 현재 두(신상 1, 읍내 1) 개의 역과 읍내면에 거주하고
있던 李濮이 10결 이상을 소유하고 있다.

---

8) 金容燮, 「土地所有와 農民層 分化」, 『朝鮮後期農業史研究』I, 一潮閣, 1970.

<표 3> 1634·1720년 용궁현 전주의 토지소유 현황 (단위 : 結-負-束)

區間	南下					
	舊		今			
	舊		實名		名字	
	田主數	結-負-束	田主數	結-負-束	田主數	結-負-束
10結이상						
5結~10結	3(1)	22-91-4(8)	1	6-69-6(2)	1	6-51-1(2)
1結~5結	91(19)	161-51-4(54)	87(11)	152-88-4(47)	88(12)	156-59-4(49)
50負~1結	84(18)	62-07-0(20)	83(10)	56-67-3(18)	91(12)	61-48-1(19)
25負~50負	82(17)	28-70-0(9)	150(19)	54-13-0(17)	147(20)	52-21-4(16)
25負미만	212(45)	25-71-3(9)	485(60)	51-66-3(16)	416(56)	45-20-6(14)
合計	472(100)	300-91-1(100)	806(100)	322-04-6(100)	743(100)	322-04-6(100)

區間	內上					
	舊		今			
	舊		實名		名字	
	田主數	結-負-束	田主數	結-負-束	田主數	結-負-束
10結이상						
5結~10結						
1結~5結	98(13)	149-92-0(47)	68(6)	100-52-7(29)	84(9)	126-55-4(36)
50負~1結	116(16)	85-52-3(26)	177(17)	126-21-3(36)	164(18)	118-73-1(34)
25負~50負	116(16)	41-10-8(13)	165(15)	59-33-0(17)	145(16)	52-16-1(15)
25負미만	410(55)	43-84-2(14)	657(62)	63-77-8(18)	536(57)	52-40-2(15)
合計	740(100)	320-39-3(100)	1067(100)	349-84-8(100)	929(100)	349-84-8(100)

區間	北上					
	舊		今			
	舊		實名		名字	
	田主數	結-負-束	田主數	結-負-束	田主數	結-負-束
10結이상						
5結~10結	4(1)	24-67-5(7)			1	5-52-7(1)
1結~5結	102(14)	173-99-8(45)	83(8)	145-46-8(37)	94(10)	154-76-5(39)
50負~1結	131(18)	92-09-4(24)	166(16)	116-97-6(29)	161(17)	114-27-4(29)
25負~50負	143(20)	52-51-8(14)	202(19)	72-48-1(18)	198(21)	70-82-1(18)
25負미만	339(47)	38-89-2(10)	589(57)	63-14-6(16)	484(52)	52-68-4(13)
合計	719(100)	382-17-7(100)	1040(100)	398-07-1(100)	938	398-07-1(100)

區間	北下					
	舊		今			
	舊		實名		名字	
	田主數	結-負-束	田主數	結-負-束	田主數	結-負-束
10結이상						
5結~10結	5(1)	30-83-6(8)	1	5-89-7(1)	2	11-71-3(3)
1結~5結	113(18)	204-69-3(51)	103(11)	172-68-3(43)	102(12)	178-28-0(44)
50負~1結	125(19)	89-76-9(22)	146(15)	100-03-1(25)	147(17)	100-21-5(25)
25負~50負	108(17)	37-93-7(10)	172(18)	61-71-2(15)	158(18)	56-56-6(14)
25負미만	294(45)	36-15-6(9)	536(56)	61-94-5(16)	477(53)	55-49-4(14)
合計	645(100)	399-39-1(100)	958	402-26-8(100)	886	402-26-8(100)

區間	申上					
	舊		今			
	舊		實名		名字	
	田主數	結-負-束	田主數	結-負-束	田主數	結-負-束
10結이상	1	49-98-8(16)	1	50-05-0(14)	1	50-05-0(14)
5結~10結	2	12-65-2(4)	2	12-88-8(4)	2	12-88-8(4)
1結~5結	65(11)	119-10-5(37)	69(7)	100-06-5(28)	78(10)	116-84-8(32)
50負~1結	99(17)	71-93-4(22)	129(14)	89-37-6(24)	126(15)	89-19-7(25)
25負~50負	105(18)	37-47-6(12)	168(18)	59-63-1(16)	144(18)	51-46-3(14)
25負미만	304(53)	30-45-7(9)	586(61)	49-94-5(14)	465(57)	41-50-9(11)
合計	576(100)	321-61-2(100)	955(100)	361-95-5(100)	816(100)	361-95-5(100)

區間	申下					
	舊		今			
	舊		實名		名字	
	田主數	結-負-束	田主數	結-負-束	田主數	結-負-束
10結이상						
5結~10結	1	5-20-5(3)				
1結~5結	56(13)	90-68-4(46)	58(9)	93-11-5(41)	68(12)	108-11-0(47)
50負~1結	60(13)	43-29-2(22)	88(14)	62-95-5(27)	83(15)	58-42-2(26)
25負~50負	88(20)	31-39-2(16)	109(17)	38-08-3(17)	93(16)	32-58-8(14)
25負미만	243(54)	26-15-3(13)	392(60)	34-57-4(15)	326(57)	29-60-7(13)
合計	448	196-72-6(100)	647(100)	228-72-7(100)	570(100)	228-72-7(100)

區間	邑內					
	舊		今			
	舊		實名		名字	
	田主數	結-負-束	田主數	結-負-束	田主數	結-負-束
10結이상	1	33-20-6(9)	2	44-33-8(11)	2	43-94-0(11)
5結~10結	3	16-98-2(4)	1	5-69-3(1)	1	5-37-3(1)
1結~5結	109(16)	189-86-6(49)	78(7)	144-11-2(35)	86(9)	157-47-8(38)
50負~1結	93(13)	63-99-3(16)	127(12)	89-11-4(22)	126(13)	88-99-7(22)
25負~50負	131(19)	45-98-4(12)	171(16)	60-47-4(15)	161(17)	57-81-7(14)
25負미만	366(52)	39-68-2(10)	683(64)	67-49-1(16)	564(60)	57-61-7(14)
合計	703(100)	389-71-3(100)	1062(100)	411-22-2(100)	940(100)	411-22-2(100)

區間	合計					
	舊		今			
	舊		實名		名字	
	田主數	結-負-束	田主數	結-負-束	田主數	結-負-束
10結이상	2	83-19-4(4)	3	94-38-8(4)	3	93-99-0(4)
5結~10結	18	113-26-4(5)	5	31-17-4(1)	7	42-05-2(2)
1結~5結	634(15)	1089-78-0(47)	546(8)	908-85-4(37)	600(10)	998-62-9(40)
50負~1結	708(16)	508-67-5(22)	916(14)	641-33-8(26)	898(15)	631-31-7(26)
25負~50負	773(18)	275-11-5(12)	1137(17)	405-84-1(16)	1046(18)	373-74-6(15)
25負미만	2168(50)	240-89-5(10)	3928(60)	392-54-2(16)	3268(56)	334-51-9(13)
合計	4303(100)	2310-92-3(100)	6535(100)	2474-13-7(100)	5822(100)	2474-13-7(100)

* 無主地는 계산에서 제외하였음

** ( )안은 %

경자양전 당시 이설이 전답 11결 17부 9속을 소유한 전주로 나타난 까닭은 그가 나이 어린 조카 소유의 전답을 合錄하여 양안에 등재하였기 때문이다. 『慶州李氏族譜』를 통해 이설의 가계도를 그려보면 다음과 같다.

之宗(1647~1716) ── 濃(1667~1714) ── 元龍(1699~1762)
                                      └ 穣(1705~1787)
                  └ 渫(1679~1748) ── 重穆(1700~1767)
                                      └ 重和(1704~1783)

李渫은 경자양전이 시행되기 5년 전에 사망한 李之宗의 둘째 아들이다. 당시 그의 형 이식은 이미 사망한 상태였고, 맏조카 元龍은 22세, 둘째 조카 穰은 15세였다. 이들 가운데 유일하게 이설만이 용궁현 양안에 등장한다. 이는 이설이 사망한 그의 형 이식을 대신하여 집안의 모든 전답을 자신의 이름으로 등재하였음을 의미한다. 왜냐하면 당시에도 분할상속제는 여전히 시행되고 있었기 때문이다. 즉 분할상속제하에서는 삼촌이 10결이 넘는 전답을 소유하게 되면, 조카들 역시 적지 않은 전답을 소유하게 마련이다.

다른 지역의 경자양안에서도 조카의 전답과 나이 많은 삼촌의 전답이 양안에 합록되어 있는 사례가 발견된다. 칠곡 석전에 거주하고 있던 이세침은 경자양전을 맞이하여 어린 조카 이유중의 전답과 자신의 토지를 합록하였다.[9] 결국 용궁현 7개 면에서는 경자양전 당시 10결 이상을 소유한 전주는 驛을 제외하면 존재하지 않았던 것이다. 따라서 10결 이상을 소유한 전주수는 변화가 없었다고 할 수 있다.

한편 5결 이상 10결 미만의 전답을 소유한 전주는 줄어들었다. 갑술양전 당시 18이었으나 경자양전 시기에는 5로 줄었다. 두 시기 사이에 전주의 수가 3분의 1이하로 감소하였음을 알 수 있다. 1결 이상~5결 미만을 소유한 전주의 수 역시 감소하였으나 그 추세는 5결 이상~10결 미만을 소유한 전주의 그것보다 훨씬 완만하다. 갑술양전 당시 634였으나, 경자양전 시기에는 546이었다.

이같이 두 시기 사이에 1결 이상을 소유한 전주의 수는 줄어들었으나, 1결 미만을 소유한 전주의 수는 증가하였다. 1결 미만~50부 이상을 소유한 전주의 수는 708에서 916로, 50부 미만~25부 이상을 소유한 전주의 수는 773에서 1137로, 25부 미만을 소유한 전주는 2168에서 3928로 증가하였다. 두 시기 사이에 영세농이 격증하고 있었음을 알 수 있다.

---

9) 김건태, 「갑술·경자양전의 성격」, 『역사와 현실』 31, 1999.

  용궁현 경자양안은 17세기 전반~18세기 전반 사이에 전주들의 토지소유규모가 영세화되는 현상을 선명하게 보여주고 있는 것이다. 이러한 추세는 경상도 여타 지역에서도 나타났다. 경상도 尙州牧 丹東面과 경상도 大邱府 租岩面에서도 동일한 추세가 확인되었다.[10]

  두 시기 사이에 토지소유규모가 영세화된 가장 큰 원인은 농촌인구가 증가하는 상황하에서 분할상속제가 시행되었기 때문이다. 갑술양전 이후에 적지 않은 황무지가 새롭게 개간되었지만, 부모대의 전답이 여러 명의 자식에게 분할상속됨으로써 자식대의 전답규모는 선대에 비하여 축소되었던 것이다. 인구증가와 분할상속제의 시행에 더하여 17세기 후반부터 급격히 진행된 노비제의 해체는 두 시기 사이에 25부 미만의 전답을 소유한 영세농이 격증하게 된 원인으로 작용하였다.

  17세기 전반까지만 하더라도 노비들은 상전의 동의를 얻은 다음 자신의 토지를 상속·방매하는 경우가 많았다. 즉 당시에는 노비들의 재산권 행사가 적지 않은 제약을 받았다. 이때에는 노비들의 토지와 노비주의 전답이 동일한 名字로 양안에 등재되는 경우 또한 허다했다. 이러한 상황은 17세기 중·후반을 거치면서 크게 변했다. 노비제가 해체됨으로써 노비의 후손들은 토지를 상속·방매할 때 그 어떤 제약도 받지 않았을 뿐만 아니라 소유전답을 자신의 이름으로 양안에 등재하였다. 나아가 그들의 조상들은 감히 상상조차 할 수 없었던 일, 즉 조상의 상전이었던 양반들을 상대로 전답소송을 제기하는 것도 마다하지 않았다.[11]

  그런데 면 단위를 기준으로 보면 군 전체 추이와 동일한 추이, 즉 상층농이 감소하고 하층농이 증가하는 지역도 있지만 일부 면에서는 다른 추이를 나타내기도 한다. 남하·내상·북상·북하·읍내면의 추이는 군현

10) 李榮薰, 앞의 「韓國史에 있어서 近代로의 移行과 特質」.
11) 金建泰, 앞의 「16~18世紀 兩班地主層의 農業經營과 農民層의 動向」 ; 李榮薰, 「量案 上의 主 規定과 主名 記載方式의 推移」, 『조선토지조사사업의 연구』, 민음사, 1997.

전체의 그것과 동일하지만,[12] 신상·신하면에서는 1결 미만을 소유한 전주뿐만 아니라 1결 이상을 소유한 전주도 증가하였다. 이같이 두 면의 추이가 현 전체의 그것과 다르게 나타나는 까닭은 1결 이상~5결 미만을 소유한 전주가 증가했기 때문이다. 그러한 전주의 수는 신상면에서 4(명자기준 13), 신하면에서 2(명자기준 12) 늘어났다. 구주 대비 증가율은 각각 7%(명자기준 20%)와 4%(명자기준 27%)이다.

두 면에서 1결 이상~5결 미만을 소유한 전주의 수가 금주의 명자를 기준으로 했을 때 적지 않게 증가하였음에도 불구하고 그 지역에서 토지 소유의 양극분해는 일어나지 않았다. 왜냐하면 50부 이상~1결 미만을 소유한 전주, 25부 이상~50부 미만을 소유한 전주, 25부 미만을 소유한 전주 또한 증가하였기 때문이다. 신상면은 각각 30%(명자기준 27%), 60%(37%), 93%(52%) 증가하였고, 신하면은 각각 47%(명자기준 38%), 24%(명자기준 6%), 61%(명자대비 34%) 증가하였다.

1결 이하를 소유한 전주와 더불어 1결 이상~5결 미만을 소유한 전주도 증가한 두 면의 농업환경, 전주의 신분 등이 여타 면의 그것과 어떠한 공통성과 차별성을 지니고 있는지 살펴보자. 먼저 농업환경을 살펴보면 7개 면 가운데 갑술양전 이후에 개간이 가장 활발히 이루어진 곳이 바로 신하·신상면이다. 갑술양전 이후에 개간된 전답이 경자양전 시기의 전답에서 차지하는 비중을 살펴보면 남하면은 1.8%, 내상면은 5.7%, 북상면은 1.3%, 북하면은 0.9%, 신상면은 6.6%, 신하면은 9.2%, 읍내면은 1.7%이다.[13] 개간전답의 면적은 신상면이 첫 번째, 신하면이 두 번째로 많고, 개

---

12) 남하면의 경우 田主의 姓名을 기준으로 경자양전 시기의 소유규모를 계산하면 두 시기 사이에 50負 미만~1결 이하를 소유한 田主의 수가 감소한다. 그런데 田主의 名字를 기준으로 하면 증가한다. 따라서 두 시기 사이에 50負 미만~1결 이하를 소유한 田主의 수가 감소한다고 보기 어렵다.
13) 용궁현의 개간 실태에 관련된 자세한 사실은 김건태, 앞의 「경자양전시기 가경전과 진전 파악실태」 참조.

간전답이 전체 전답에서 차지하는 비중은 신하면이 가장 높고, 신상면이 두 번째로 높다.

다음으로 전주의 신분구성을 살펴보면, 남하·북상·북하·읍내면은 양반층의 소유전답이 가장 높은 곳이고, 내상·신상·신하면은 평민층이 소유한 전답의 비중이 가장 높은 곳이다. 양반층의 전답 비율은 남하면 44%, 내상면 23%, 북상면 41%, 북하면 58%, 신상면 20%, 신하면 17%, 읍내면 31%이다. 평민층의 전답 비율은 남하 34%, 내상면 47%, 북상면 29%, 북하면 23%, 신상면 54%, 신하면 43%, 읍내면 17%이다.[14] 결국 1결 미만을 소유한 전주뿐만 아니라 1결 이상~5결 미만을 소유한 전주의 수가 증가한 두 면은 개간답의 비중이 높고 평민층 소유의 비중이 높은 곳임을 알 수 있다.

그런데 개간답의 비중과 평민층 소유의 전답 비중이 높다고 해서 반드시 1~5결 이상을 소유한 전주의 수가 증가하는 것은 아니다. 즉 7개 면 가운데 내상면은 개간답의 비중이 3번째로 높고, 평민층 소유의 전답 비중도 두 번째로 높지만 1결 이상~5결 미만을 소유한 전주의 수는 두 시기 동안 감소하고 있다. 이는 곧 토지소유규모 추이는 농업환경, 전주의 사회적 신분보다 전주 개인의 능력에 더 많은 영향을 받았음을 의미한다. 신상·신하면에서 1결 이상~5결 미만을 소유한 전주들의 성격에 대해 좀 더 자세히 살펴보도록 하자.

1결 이상~5결 미만을 소유한 전주들의 신분과 그들의 소유면적을 정리한 <표 4>에서 보듯이 전주의 신분구성은 크게 두 유형으로 나뉘어지고 있음을 알 수 있다. 남하·북상·북하·읍내면에서는 양반이 가장 많고, 신상·신하·내상면에서는 평민이 가장 많다.

---

14) 용궁현 田主의 신분구성에 대한 자세한 사실은 김건태, 앞의 「경자양전시기 가경전과 진전 파악실태」 참조.

<표 4> 1결 이상 5結 미만을 소유한 전주의 신분 (단위 : 결-부-속)

	南下		內上		北上		北下	
	田主	面積	田主	面積	田主	面積	田主	面積
兩班	43	85-66-6	19	33-71-9	49	95-04-7	71	125-67-8
中人	2	5-08-0	14	21-69-5	9	12-99-6	10	15-11-1
平民	33	48-12-6	30	38-22-5	19	29-14-0	16	22-61-5
賤民	5	7-57-4	4	5-35-9	2	3-07-4	2	2-73-4
其他	4	6-43-8	1	1-52-9	4	5-21-1	4	6-54-5
合計	87	152-88-4	68	100-52-7	83	145-46-8	103	172-68-3

	申上		申下		邑內		合計	
	田主	面積	田主	面積	田主	面積	田主	面積
兩班	26	43-19-4	14	23-90-7	32	66-22-9	254	473-44-0
中人	5	7-77-4	8	14-93-6	31	49-55-7	79	127-14-9
平民	38	49-09-7	23	33-97-2	9	11-99-9	168	233-17-4
賤民			10	14-56-4	1	1-79-8	24	35-10-3
其他			3	5-73-6	5	14-52-9	21	39-98-8
合計	69	100-06-5	58	93-11-5	78	144-11-2	546	908-85-4

＊ 其他는 馬位田과 같은 국유지, 書院田과 같은 공동소유지, 寺刹 소유지 등임. 이
하 동.

<표 5> 1결 이상～5결 미만을 소유한 평민전주의 加耕田 규모 (단위 : 결-부-속)

	南下		內上		北上		北下	
	田主	面積	田主	面積	田主	面積	田主	面積
개간지	19	0-52-3	23	1-03-7	9	0-33-5	6	0-17-3
전체전답	33	48-12-6	30	38-22-5	19	29-14-0	16	22-61-5

	申上		申下		邑內		合計	
	田主	面積	田主	面積	田主	面積	田主	面積
개간지	22	3-62-7	15	0-90-4	2	0-00-6	96	6-60-5
전체전답	38	49-09-7	23	33-97-2	9	11-99-9	168	233-17-4

　　이러한 사실은 평민들 가운데 일부가 그들의 전답규모를 확대해 나갔
기 때문에 신상·신하면에서 두 시기동안 1결 이상～5결 미만을 소유한
전주의 수가 증가하였음을 의미한다.
　　1결 이상～5결 미만을 소유한 신상·신하면의 평민전주들이 전답규모
를 확대해간 방법은 16세기 양반들이 농장을 확장하던 그것과 달랐다. 주

지하듯이 16세기 양반들은 노비노동력을 이용한 개간을 통해 대규모 농장을 신설했다.[15] 이와 달리 1결 이상~5결 미만을 소유한 신상·신하면의 평민전주들은 매득을 통해 그들의 전답규모를 늘려갔다. 즉 그들의 전답 가운데서 개간지가 차지하는 비율은 얼마 되지 않았다. 1결 이상~5결 미만을 소유한 평민전주들의 전답에서 개간지가 차지하는 비중을 정리한 <표 5>에서 보듯이 신상·신하면의 평민 전주 가운데 개간전답을 소유한 전주 수는 각각 22와 15이다. 그리고 그들이 소유한 개간지는 각 3결 62부 7속(소유전답 대비 7%)과 90부 4속(소유전답 대비 3%)에 불과하다.

2) 地主層의 田畓所有 樣相

기왕의 연구에서는 1結 이상의 전답을 소유한 전주를 부농으로 간주하였다.[16] 이같이 結을 기준으로 하여 전주의 토지소유 현황을 살피면 면적단위가 당시의 그것과 동일하다는 장점이 있지만 단점도 내포하고 있다. 그 단점은 結이 오늘날에는 쓰이지 않는 단위이기 때문에 지주적 존재들의 모습을 실감 있게 그려내는 것이 쉽지 않다. 따라서 조선시기에 일반적으로 사용되던 면적단위와 오늘날 보편적으로 쓰이고 있는 면적단위의 차이에서 발생하는 문제점을 해결하기 위해서는 坪을 기준으로 조선시기 지주들의 토지소유 양상을 살펴볼 필요가 있다.

그렇다면 18세기에는 어느 정도의 전답을 소유하면 地主[17]的 존재가 되었을까. 용궁에서 그다지 멀리 떨어지지 않은 漆谷 石田 廣州李氏 兩班家의 사례[18]를 통하여 그 윤곽을 살펴볼 수 있다. 광주이씨가는 18세기

---

15) 李樹健, 앞의 『嶺南學派의 形成과 展開』; 金建泰, 앞의 「16~18世紀 兩班地主層의 農業經營과 農民層의 動向」.

16) 金容燮, 앞의 「土地所有와 農民層 分化」.

17) 본 글에서 사용하는 地主의 의미는, 토지를 소유한 모든 사람을 가리키는 것이 아니라, 자신의 토지를 타인에게 대여하고서 지대를 수취하는 田主를 뜻하는 용어로 한정한다. 그리고 田主는 土地所有者 일반을 가리키는 용어로 사용한다.

에 노비를 동원하여 田은 최대 78두락, 畓은 최대 47두락까지 家作하였다. 당시 칠곡지역의 답 1두락은 약 160평, 전 1두락은 약 80평이므로[19] 광주이씨가의 가작지 규모는 전 6,240평(78×80), 답 7,520평(160×47)이다. 따라서 광주이씨 양반가는 10,000평 이상을 가작하였음을 알 수 있다.

18세기 광주이씨가의 奴 加音伊는 칠곡에 거주하면서 上典家의 전 14두락과 답 45.5두락을 並作하기도 했다. 加音伊 병작지 규모는 전 1,120평(14×80), 답 7,280평(45.5×160)이다. 따라서 加音伊는 8,000평 이상의 전답을 경작하기도 했다고 할 수 있다. 18세기 광주이씨가의 奴 守一은 星州에 거주하면서 상전가의 전 85두락과 답 8두락을 경작하였다. 守一의 경작규모는 전 5,100평(85×60), 답 1,280평(8×160)이다. 결국 守一은 6,000평이 넘는 전답을 경작했다고 볼 수 있다.

이렇듯 이씨 양반가의 가작지 규모와 노비의 경작지 규모는 달랐다. 이러한 현상은 양반은 다수의 노비를 동원하여 농사를 짓고, 노비는 가족구성원이 중심이 되어 경작을 했기 때문에 발생했다. 이러한 사실은 지주적 존재의 범주를 일률적으로 설정하는 것이 쉽지 않음을 의미한다. 18세기 조선 농촌에는 예속노동력을 동원하여 농사를 짓는 양반과 가족구성원이 중심이 되어 경작을 하는 평·천민이 섞여 있었던 것이다.

우리가 분석대상으로 삼고 있는 용궁현에서도 地主들의 토지소유규모는 매우 다양하였을 것이다. 즉 10,000평 이상의 전답을 경작하는 자작농과 5,000평을 소유한 지주가 함께 생활하고 있었을 가능성을 배제할 수 없다. 이러한 가능성을 염두에 두면서, 용궁현에서 10,000평 이상을 소유한 전주를 지주로 간주하기로 한다.

---

18) 金建泰, 앞의 「16~18世紀 兩班地主層의 農業經營과 農民層의 動向」.
19) 김건태, 앞의 「갑술·경자양전의 성격」.

<표 6> 1634·1720년 용궁현 전주의 토지소유 현황 (단위 : 坪)

區間	南下					
	舊		今			
	舊		實名		名字	
	田主數	坪	田主數	坪	田主數	坪
5만坪 이상	1	76998(4)				
3만~5만坪	4(1)	131690(6)	1	49257(2)	1	48605(2)
1만~3만坪	55(12)	782169(37)	55(7)	811437(34)	59(8)	868220(36)
5천~1만坪	83(17)	601222(28)	82(10)	556296(23)	81(11)	543103(23)
2천~5천坪	104(18)	331728(15)	177(22)	564325(24)	177(24)	569636(24)
2천坪 미만	225(48)	214915(10)	491(61)	418713(17)	425(57)	370464(15)
合計	472(100)	2138722(100)	806(100)	2400028(100)	743(100)	2400028(100)

區間	內上					
	舊		今			
	舊		實名		名字	
	田主數	坪	田主數	坪	田主數	坪
5만坪 이상						
3만~5만坪	1	32685(1)	1	33390(1)	1	33390(1)
1만~3만坪	50(7)	675114(28)	28(3)	386359(14)	37(4)	524415(19)
5천~1만坪	120(16)	851640(36)	152(14)	1042482(38)	154(17)	1080343(39)
2천~5천坪	142(19)	470186(20)	234(22)	788706(29)	208(22)	703484(26)
2천坪 미만	427(58)	359098(15)	652(61)	505988(18)	529(57)	415293(15)
合計	740(100)	2388723(100)	1067(100)	2756925(100)	929(100)	2756925(100)

區間	北上					
	舊		今			
	舊		實名		名字	
	田主數	坪	田主數	坪	田主數	坪
5만坪 이상	1	52691(2)				
3만~5만坪	4(1)	162921(6)	2	72491(2)	2	80576(3)
1만~3만坪	58(8)	874196(32)	50(5)	738755(25)	56(6)	791977(27)
5천~1만坪	97(13)	681664(25)	116(11)	787208(27)	120(13)	825649(28)
2천~5천坪	188(26)	626780(23)	241(23)	785529(27)	240(26)	772403(26)
2천坪 미만	371(52)	330053(12)	631(61)	550753(19)	520(55)	464131(16)
合計	719(100)	2728305(100)	1040(100)	2934736(100)	938(100)	2934736(100)

區間	北下					
	舊		今			
	舊		實名		名字	
	田主數	坪	田主數	坪	田主數	坪
5만坪 이상	1	60626(2)				
3만～5만坪	6(1)	219162(8)	2	71269(3)	2	76699(3)
1만～3만坪	63(10)	928816(35)	47(5)	696474(26)	52(6)	792946(29)
5천～1만坪	98(15)	657356(25)	113(12)	764181(28)	110(12)	753313(28)
2천～5천坪	143(22)	497325(19)	218(23)	685388(26)	205(23)	638806(24)
2천坪 미만	334(52)	292993(11)	578(60)	473618(17)	517(58)	429166(16)
合計	645(100)	2656278(100)	958(100)	2690930(100)	886(100)	2690930(100)

區間	申上					
	舊		今			
	舊		實名		名字	
	田主數	坪	田主數	坪	田主數	坪
5만坪 이상	2	240618(11)	1	185548(7)	1	185548(7)
3만～5만坪	2	63043(3)	2	83987(3)	3	105614(4)
1만～3만坪	40(7)	632714(29)	42(4)	570391(21)	43(5)	624059(23)
5천～1만坪	83(14)	567686(26)	102(11)	684455(26)	114(14)	774449(29)
2천～5천坪	140(24)	455814(20)	227(24)	754536(28)	199(24)	667554(25)
2천坪 미만	309(54)	241030(11)	581(61)	412125(15)	456(56)	333818(12)
合計	576(100)	2200905(100)	955(100)	2691042(100)	816(100)	2691042(100)

區間	申下					
	舊		今			
	舊		實名		名字	
	田主數	坪	田主數	坪	田主數	坪
5만坪 이상						
3만～5만坪	2	66892(5)				
1만～3만坪	25(6)	379735(28)	33(5)	478489(27)	40(7)	569941(32)
5천～1만坪	55(12)	402242(29)	72(11)	498977(28)	70(12)	492927(28)
2천～5천坪	99(22)	308976(22)	149(23)	488573(28)	134(24)	447595(26)
2천坪 미만	267(60)	214926(16)	393(61)	297058(17)	326(57)	252634(14)
合計	448(100)	1372771(100)	647(100)	1763097(100)	570(100)	1763097(100)

區間	邑內					
	舊		今			
	舊		實名		名字	
	田主數	坪	田主數	坪	田主數	坪
5만坪 이상	1	149382(6)	2	210684(8)	2	206528(8)
3만~5만坪	3	99561(4)	2	80705(3)	2	80544(3)
1만~3만坪	45(6)	693529(29)	36(3)	536957(20)	40(4)	592441(22)
5천~1만坪	89(13)	631931(27)	84(8)	574059(22)	91(10)	625707(24)
2천~5천坪	151(22)	472090(20)	225(21)	709041(27)	214(23)	678727(26)
2천坪 미만	414(59)	341596(14)	713(67)	533656(20)	591(63)	461155(17)
合計	703(100)	2388089(100)	1061(100)	2645102(100)	940(100)	2645102(100)

區間	合計					
	舊		今			
	舊		實名		名字	
	田主數	坪	田主數	坪	田主數	坪
5만坪 이상	6	580315(4)	3	396232(2)	3	392076(2)
3만~5만坪	22	775954(5)	10	391099(2)	11	425428(2)
1만~3만坪	336(8)	4966273(31)	291(4)	4218862(24)	327(6)	4763999(27)
5천~1만坪	625(15)	4393741(28)	721(11)	4907658(28)	740(13)	5095491(29)
2천~5천坪	967(22)	3162899(20)	1471(23)	4776098(27)	1377(23)	4478205(25)
2천坪 미만	2347(55)	1994611(12)	4039(62)	3191911(18)	3364(58)	2726961(15)
合計	4303(100)	15873793(100)	6535(100)	17881860(100)	5822(100)	17881860(100)

* 無主地는 계산에서 제외하였음.

** ( )안은 %.

坪[20]을 기준으로 용궁현 전주들의 토지소유 실상을 분석한 <표 6>을

---

20) 庚子量案에 등재된 개별 필지의 면적을 계산하는 방법은 두 가지 있다. 첫째는 田形과 長廣尺數를 토대로 개별 필지의 坪數를 산출하는 방법이고, 둘째는 등급과 結負數를 토대로 개별 필지의 坪數를 산출하는 방법이다. 본 글에서는 두 번째 방법으로 개별 필지의 평수를 산출하였다. 실제 두 가지 방법으로 동일한 필지의 평수를 계산하면 약간의 오차가 발생하지만, 크게 문제될 정도는 아니다. 北上面 推字 1번 필지를 예로 들어보면 다음과 같다. 동 필지는 3等, 梯田, 長 121尺·大頭 33尺·小頭 16尺, 20負 9束이다. 첫 번째 방법으로 평수를 구해보면 다음과 같다. 이 필지는 (33+16)÷2×121＝2,965평방 척이다. 2,965평방 양전 척(1양전척＝1.02M)를 평방 미터로 환산하면 2,965×1.02×1.02＝3,084평방 미터

통해 그 지역 지주제의 실상을 살펴보기로 하자. 금주의 실명을 기준으로 경자양전 당시 지주, 즉 10,000평 이상을 소유한 전주에 대해 살펴보면, 그들의 수는 전체 전주 6,535 가운데 304(전체 기주의 5.6%), 그들의 소유 전답은 전체 전답 17,881,860평 가운데 5,006,193(전체 면적의 30%)이다. 용궁현 전체의 지주제 현황은 5.6%의 기주가 30%의 전답을 소유하고 있는 수준이었다.

이 같은 지주제 규모는 갑술양전 당시에 비해 크게 축소된 것이다. 갑술양전 당시 지주의 수는 전체 전주 4,203 가운데 362(8.6%), 그들의 소유 전답은 전체 전답 15,873,793 가운데 6,322,542(전체의 40%)이다. 경자양전 당시에 비해 지주의 숫자도 많고, 그들이 소유한 절대 면적도 넓고, 그들이 소유한 전답이 전체 전답에서 차지하는 비중도 높았다. 단순히 절대면적의 측면에서 볼 때 갑술양전~경자양전 사이에 지주제는 축소되고 있었다고 볼 수 있다.

한편 이러한 사실을 근거로 갑술양전~경자양전 사이 시기에 지주제일반이 축소되었다는 결론을 곧바로 도출할 수 없다는 사실을 분명히 해둘 필요가 있다. 왜냐하면 집약화가 진행됨으로써 동일한 면적을 소유한 전주가 갑술양전 때에는 자작농의 범주에 들었지만, 경자양전 시기에는 지주적 존재로 바뀔 수도 있기 때문이다. 즉 갑술양전~경자양전 사이 시기에 이앙법과 견종법이 일반화된 데 힘입어 집약적 농법이 더욱 발전함으로써 그 이전 시기에 비해 개별 농가의 경작면적이 줄어들었음을 상기할 필요가 있다.

이다. 3,084평방 미터를 평으로 환산하면 3,084÷3.3=935평이다. 두 번째 방법으로 평수를 구해보면 다음과 같다. 209(속)÷0.07011(3등급 환산비율)=2,981평방 척이다. 2,981평방 척은 3,101평방 미터이다. 3,101평방 미터는 939평이다. 결국 양자 사이에는 4평의 오차가 있다. 참고로 등급간의 결부수 환산비율을 제시하면 다음과 같다. 1만평방 양전척을 기준으로 하여 1등=1결, 2등=85부 1파, 3등=70부1속1파, 4등=55부7파, 5등=40부, 6등=25부이다.

  한편 면 단위를 기준으로 보면 군 전체 추이와 동일한 추이, 즉 상층농이 감소하고 하층농이 증가하는 지역도 있지만 일부 면에서는 다른 추이를 나타내기도 한다. 남하·내상·북상·북하·읍내면의 추이는 군현 전체의 그것과 동일하지만, 신상·신하면에서는 10,000평 미만을 소유한 전주뿐만 아니라 10,000평 이상을 소유한 전주도 증가한다. 이같이 두 면의 추이가 현 전체의 그것과 다르게 나타나는 까닭은 10,000평 이상~30,000평 미만을 소유한 전주가 증가했기 때문이다. 그러한 전주의 수는 신상면에서 2(명자기준 3), 신하면에서 8(명자기준 18) 늘어났다. 구주 대비 증가율은 각각 5%(명자기준 7.5%)와 32%(명자기준 60%)이다. 두 면에서는 갑술양전~경자양전 사이에 지주의 수가 증가했고, 신하면에서는 두 시기 사이에 절대 면적의 측면에서 볼 때도 지주제가 확대되고 있었다.

3. 共同所有 田畓의 擴大와 그 管理

  이렇듯 용궁현에서는 17세기 전반~18세기 전반 사이에 양반들의 토지소유규모는 축소되었지만 적지 않은 상민들은 토지소유규모를 확대해 갔다. 이는 개별적으로 보았을 때 양반과 평민의 경제력 차이가 그 이전시기보다 축소되었음을 의미한다. 이 같은 현실하에서 양반들이 개별·분산적으로 행동한다면, 그 이전과 같은 영향력을 발휘하는 일이 쉽지 않음을 뜻하는 것이기도 하다. 즉 경제력이 뒷받침되지 않으면, 사회적 영향력 또한 축소되기 마련이다.

  양반들이 향촌사회에서 영향력을 유지하기 위해서는 여러 가지 문제에 대해 집단적으로 대처할 필요가 있었다. 즉 18세기 전반까지도 여전히 양반들의 전답은 평민들의 그것보다 더 많았다. 용궁현 전체의 현황을 살펴보면 1,479명의 양반이 882결 46부 3속(1인당 59부 7속), 2,767명의 평민이

871결 40부 1속(1인당 31부 6속)이다.[21]

이같이 토지소유의 영세화는 양반들로 하여금 族的 결속력을 공고히 하도록 만들었다고 생각된다. 토지소유의 영세화 현상은 17세기 중엽을 전후하여 종법질서가 정착되고, 나아가 동성촌락과 문중이 발달하게 된 원인 가운데 하나로 작용했다고 판단된다. 양반들은 17세기 중엽부터 동성촌락과 문중을 발달시키고, 그 조직을 유지하는 데 필요한 경비를 충당하기 위하여 제위전과 계전 등을 마련했다.

1) 祭位田과 契田의 擴大

토지소유규모를 늘려가던 16세기 양반들은 당시의 관행에 따라 자녀들에게 재산을 균등하게 나누어 주었다.[22] 이 같은 상속관행은 17세기 후반으로 접어들면서 서서히 바뀌기 시작했다. 왜냐하면 전답집적이 어려운 여건하에서 실시된 자녀균분상속은 개별 지주가의 전답규모를 축소시켰기 때문이다. 전답규모의 영세화 현상은 재지양반들로 하여금 子女均分相續을 멈추는 대신 재산상속에 있어 男女間에 차등을 두도록 만들었다. 봉화에 世居地를 둔 權霽男妹가 1682년 작성한 분재기의 서문은 그러한 사실을 잘 보여주는 사례이다.

아버지는 살아생전에 말씀하시기를 "적은 양의 田民을 자녀 8명에게 균등하게 나누어 주면 자식들이 모두 가난해질 뿐만 아니라 남자들의 경우 돌아가면서 받드는 조상의 제사를 제대로 지내지 못하니……약간의 전민을 세 명의 아들에게 모두 나누어 주며 女壻들에는 나누어 주지 않

---

21) 용궁현 전주의 신분구성과 그들의 토지소유 현황에 대한 자세한 내용은 별도의 글을 통해 발표할 예정이다.
22) 在地兩班의 移住와 田畓獲得 과정에 대해서는 李樹健, 앞의 『嶺南學派의 形成과 展開』 참조.

는다"라고 하셨다.[23]

　그들의 말을 빌리자면 전답 725.8두락과 노비 142구를 자식들에게 물려준 權尙忠은[24] 살아 생전 자신의 재산규모가 적다는 이유를 들어 田民을 남자에게만 나누어 준다고 했다.
　예천에 거주하던 안동권씨가에서 1690년 작성한 분재기의 서문도 그러한 사실을 잘 보여주는 자료이다.

　　　兄弟는 같은 집에 살지 않고, 男妹는 여러 곳에 흩어져 있으니, 전래되어 오는 약간의 田民을 分執하는 것이 마땅하다. 그런데 産業이 극히 零星하고, 더욱이 女息들은 집안 제사를 輪設치 않게끔 이미 家式을 만든 까닭에 이번 分錄에는 不均을 면할 수 없다.[25]

　부모로부터 전답 3結 64負 1束과 婢 2口를 물려받은 예천 안동권씨가의 남매들은 부모의 재산이 적다는 이유로 남자들이 더 많은 전답과 노비를 상속받는 대신 여자들은 부모의 제사를 받들지 않는다는 데에 서로가 합의하고 있다.
　양반들은 17세기 후반부터 남녀차등상속 관행을 서서히 정착시켰을 뿐만 아니라 그 이전 시기에 비해 재위전답의 비중을 늘려갔다. 경상도 칠곡에 거주했던 이담명가의 사례는 그러한 모습을 극명히 보여주는 경우

---

　23)『慶北地方古文書集成』,「權霖男妹和會文記」, "父主在世時 有教曰 些少田民 子女八人處 平均分給 則其矣等 皆爲不實叱分不喩 男子段 先世輪回祭祀 窮不能奉行……同若干田民 三男處 盡數分給爲遣 女壻處 則不爲分給爲乎矣".
　24) 權霖男妹는 1682년 부모의 재산을 분배하기 위하여 분재기를 처음 작성하였다가 무슨 이유에서인지 1687년 분재기를 다시 작성하고 있다. 전답 725.8斗落과 노비 142口는 1687년에 작성된 분재기에 실린 양이다.
　25)『慶北地方古文書集成』,「權燈男妹和會文記」, "兄弟不得同室 男妹散在各處 則若干傳來田民 勢當分執 而第以産業極甚零星 矧又家間祭祀 女息處不爲輪設 已成家式 故今玆分錄 未免不均".

이다. 이담명의 사후 1708년 부인 李氏는 자식들에게 재산을 물려주면서 전답 1,484.8두락의 30%에 해당하는 448두락을 봉사조로 책정했다.[26]

남녀차등상속이 시행되고, 나아가 그 전시기에 비해 재위전의 비중이 높아가던 17세기 중엽을 전후하여 嫡長子 중심의 家系運營을 합리화시키는 宗法秩序와 性理學的 禮制가 정착됨으로써 양반지주들에게 남녀차등상속을 실시할 수 있는 사상적 근거를 마련해 주었다. 17세기 후반 이후에 작성된 일부 분재기는 남녀차등상속을 실시하는 근거로 결혼한 여자들이 친정과 멀리 떨어져 살기 때문에 부모의 제사를 받들지 못한다는 데서 찾고 있다.[27]

이러한 논리는 16세기 상황을 살펴보면 선뜻 이해되지 않는다. 왜냐하면 남녀균분상속이 이루어지던 16세기에도 여자들이 결혼하게 되면 친정과 멀리 떨어져서 생활하는 경우가 비일비재했기 때문이다. 따라서 여자가 친정과 멀리 떨어져 생활하는 현상 이외의 사실에서 양반지주들이 남녀차등상속을 실시한 이유를 찾는 것이 더 합리적이다. 재산규모가 더욱 영세해지는 것을 우려한 양반지주들은 종법질서에 의탁하여 남자들만 부모의 제사를 받들게 하고, 이를 근거로 남녀차등상속 관행을 정착시켰다고 판단된다.

이같이 조선후기 양반들이 남녀차등상속 관행을 정착시키고, 나아가 제위전의 비중을 높인 까닭은 강고한 족적 유대를 바탕으로 한 동성촌락을 발전시키는 데 필요한 확고한 경제적 기반이 필요했기 때문이다. 제위전은 특히 문중구성원의 유대를 공고히 해주는 중요한 매개고리 역할을

26) 김건태, 앞의 「16~18世紀 兩班地主層의 農業經營과 農民層의 動向」.
27) 『慶北地方古文書集成』, 「朴洵妻李氏許與文記」, "女息段 遠地難行祭祀 奴婢叱 分平均分給爲遣 田畓乙良 減數 此意幷爲知悉事";『慶北地方古文書集成』, 「李楷妻鄭氏許與文記」, "女息段 居在他官 先代輪回祭祀 似難辦行 故奴婢則 依前分給 而田畓則減數分給爲去乎 汝等各體余心永久遵行事……女息先代祭 祀 雖不輪行 家翁忌祭 依例輪行爲㫆 春秋墓祭 付圍繞叱分 辦行事".

하였다. 양반들은 제위전을 통해 획득한 곡물로 祭需를 장만하였을 뿐만
아니라 문중구성원의 화합을 도모하는 데 필요한 경비를 충당하기도 했
다.[28]

제위전은 여러 가지 경로를 통해 마련되었다. 첫째, 자식들이 부모가
생시에 소유하고 있던 전답의 일부를 떼어서 제위전을 마련하는 방법이
다. 조선시기 제위전은 대체로 이러한 방법으로 마련되었다.

둘째, 후손 가운데 특정인이 자신의 전답으로 先代의 제위전을 마련하
는 경우이다. 안동 풍산에 거주하던 安必昌은 1732년 분재기를 작성하면
서 자신의 전답 가운데 일부를 떼어서 零星한 선대의 제위전을 보충한다
는 뜻을 밝혔다.[29]

셋째, 18세기 이후 노비제가 급격히 해체되는 시대분위기에 편승하여
祭位奴婢들도 다수 도망을 갔는데, 이 경우 그들이 소유하고 있던 전답
을 宗中에서 회수하여 제위전으로 삼았다. 1655년 남원 둔덕방에 거주하
던 이유형은 제위노들이 도망을 가자 그들의 전답을 회수하여 제위전을
삼았다.[30]

넷째, 族契·文契田이 제위전의 역할을 일부 담당하는 경우이다. 전라
도 영암에 거주하던 남평문씨는 18~19세기에 족계전답과 소종계전답에

---

28) 祭位田에서 수취한 곡물의 사용처에 대해서는 1990년 韓國精神文化硏究院에서
   간행한 『古文書集成7 - 義城金氏編Ⅲ』, 「錢穀置簿7」이 구체적으로 보여주고 있
   다. 동 자료는 1885년 金邦杰(1622~1695)의 祭位田에서 수취한 곡물의 양과 그
   사용처에 대해 적어두고 있다. 동 자료의 성격과 작성시기에 대해 좀더 부연 설
   명하면 다음과 같다. 김방걸의 후손들은 의성김씨 가운데 金鶴山派로 불리고,
   동 자료의 題名이 「金鶴山別備都錄」으로 되어 있고, 소장처가 金邦杰宗家라는
   사실에서 김방걸의 제위전과 관련된 문서임을 알 수 있다. 有司 金顯洛과 金燦
   鎭이 乙酉年에 문서를 작성하였는데, 『義城金氏族譜』에 의하면 김찬진은 1848
   에 태어나서 1927년에 사망한 것으로 되어있다. 따라서 을유년은 1885년이 된다.
29) 『慶北地方古文書集成』, 「安必昌許與文記, "吾家累代奉祀是乎矣 世業 「脫漏」
   奉祀田民 甚爲零星 不可以此奉行是乎等以 吾增備遠地田畓以 補其不足之數".
30) 『전북대학교박물관도록』 412·413번 문기.

서 거두어들인 곡물로 先代祭祀에 필요한 祭需를 장만하였다.[31] 조선후기 들어 종법질서의 정착에 힘입어 門契·族契가 더욱 활성됨에 따라 族契·文契田이 제위전의 역할을 하는 경우 또한 더욱 늘어났다.

2) 祭位田과 契田의 管理

조선후기 종법질서의 정착은 祭位田을 양적으로 확대시켰을 뿐만 아니라, 그 소유형태 또한 변화시켰다. 종법질서가 정착되기 이전에는 親盡=代盡, 즉 4代奉祀가 끝나면 제위전은 종가에 귀속되었고, 宗孫은 친진된 제위전을 자손들과 나누어 가지기도 하고 자신이 임의로 처분하기도 했다.

안동 임하에 거주하던 金涌의 부인 李氏는 친정 男妹들과 1611년 상속받은 재산의 내역을 분재기로 작성하면서 여러 제위전에 대해 자세히 규정해 두었다. 文純公 李滉은 자손대로 제사를 받들 수 있는 不遷位로 책정되었기 때문에 이황의 제위전은 百世토록 종손에게 주기로 했다. 그리고 丹城 叔父主와 그 養父母의 제위전은 代盡後 祭主가 임의로 처분하도록 한다는 데 동의했다.[32] 안동 임하에 거주하던 柳復起의 처 鄭氏 또한 1620년 자식들에게 재산을 나누어 주면서 봉사조로 책정된 婢에 대한 규정을 일러주었다. 대진 후에는 奉祀條로 책정된 비 仁春을 종가에서 차지하도록 하였다.[33]

---

31) 『古文書集成』 21, 「族契帖」.

32) 『慶北地方古文書集成』, 「金涌妻李氏男妹和會文記」, "先祖父文純公府君祠宇 百世不遷 墓祭亦不廢百世之意 先君在世時已定 故上項宗家及奉祀奴婢 並其 所生田畓與墓位除出備庫 雖至百世 都給承重者 以重祀事爲旀 丹城叔父主與 其養父母田民 雖多祭位 依先祖父主遺戒 田民量宜除出給其主祭子孫 以供祭 祀 代盡後 同田民 令其主祭人 任意區處爲旀".

33) 『慶北地方古文書集成』, 「柳復起妻鄭氏許與文記」, "寧海婢仁春段置 先世祭祀 位 定置爲去乎 代盡後還屬宗家 使之以次分執爲齊".

한편 종법질서가 정착되기 이전에는 대부분의 양반들은 대진된 제위전과 봉사조 노비를 자손들로 하여금 실정에 맞게 처리하도록 하였으나, 간혹 규정을 달리하는 경우도 있었다. 대진된 제위전답을 종가에 귀속시키되, 종손의 주도하에 잘 관리하여 영구히 폐하지 말도록 당부하기도 했던 것이다. 안동 예안에 거주하던 金富弼 남매들은 1559년 분재기를 작성하면서 제위전의 처리에 대해 다음과 같이 결정하였다. 후손들은 대진된 후에도 제위전을 대대로 相傳하면서 墓祭를 계속 지내도록 당부했다.[34]

이같이 종법질서가 정착되기 이전에는 친진된 제위전에 대한 처리문제는 가문에 따라 약간씩 달랐다. 그리하여 친진된 이후에도 제위전을 그대로 유지하는 가문이 있는가 하면, 친진된 제위전을 자손들이 나누어 갖거나 혹은 방매하는 집안도 있었다. 안동 임하에 거주하던 金璡의 후손들은 김진이 봉사조로 물려준 靑杞소재 전답 600여 두락을[35] 4대 奉祀가 끝난 이후에도 오랫동안 그대로 유지했다. 동 가에서 1741년 작성한 田畓案에 의하면 당시 청기전답은 9결 92부 7속이었다.[36] 이와 달리 종법질서가 정착되기 이전에는 적지 않은 양반들은 친진된 제위전을 종손이 임의로 방매하거나 자손들이 나누어가졌다. 조선후기 다수의 양반가에서 친진된 묘소의 제위전을 새로 장만하는 데서 그러한 사실을 알 수 있다.

그런데 종법질서가 정착되면서 친진된 제위전을 관리하는 양상이 변화하였다. 이 시기에도 여전히 친진된 제위전은 이전과 마찬가지로 종가에 귀속되는 경우가 적지 않았지만, 그 관리형태는 이전과 달랐다. 조선후기

---

34) 『慶北地方古文書集成』, 「金富弼男妹和會文記」, "墓側田畓等乙 僉議別出爲去乎 奉祀子孫執持辦行爲乎矣 至於代盡爲良置 塋側入葬者子孫 世世相傳 無關墓祭 至於無窮爲齊".

35) 『慶北地方古文書集成』, 「金璡許與文記」, "靑杞田畓乙 片片庫乙 良妾子女亦中分給是遣 大田畓四十餘石落處及家舍乙良 承重者以 專給是乎矣 長子無後爲去乙等 繼後者 無繼後 則次第承重者耕食 祭祀事乙 代代無改事".

36) 韓國精神文化研究院, 『古文書集成7 - 義城金氏編』 3, 「田畓案」6, 1990.

에는 친진된 제위전을 그 이전 시기처럼 종손이 독단적으로 처리하는 것
이 아니라 문중구성원과 더불어 함께 관리하였다. 이는 제위전에 대한 종
손의 권리가 그 이전 시기에 비해 축소되었음을 뜻한다. 또한 친진된 제
위전을 관리하는 데 있어 여자들이 완전히 제외됨을 의미하는 것이기도
하다.

종손이 친진된 제위전을 문중구성원과 더불어 함께 관리하는 양상은
종법질서가 정착되기 이전 시기부터 서서히 싹트기 시작했다. 안동 풍산
에 거주하던 柳仲郢妻 金氏는 자식들에게 제위전 관리에 대해 다음과 같
이 훈시했다. 남편 유중영이 매득하여 마련한 陵洞과 豊基 제위전을 친
진 이후에도 계속 유지시키고, 후손들이 나누어 가지거나 방매하는 사태
가 발생할 경우에는 자손들이 관에 고하여 그 죄를 다스리라고 하였다.[37]

고령에 거주하던 朴瑜男妹들은 1631년 분재기를 작성하면서 제위전
관리에 대한 규정을 더욱 자세하고 엄격하게 마련해 두었다. 불천위로 책
봉된 아버지의 제위전은 친진 이후에도 지속시키고, 종손과 지손 가운데
선출된 有司 1인이 공동으로 관리하되, 유사는 1년마다 교체하라고 명시
했다.[38]

봉화에 거주하던 權霖男妹들은 1687년 분재기를 작성하면서 제위전과
祭位條로 책정된 노비에 대한 관리규정을 구체적으로 마련해 두었다. 훗

---

37) 『慶北地方古文書集成』, 「柳仲郢妻金氏許與文記」, "陵洞段置 家翁三年內 以其
　　 祭奠所餘 買田一庫 其後豊基亦 指揮措置 畓數三庫乙 加買得 以其所出 爲祭
　　 享之用爲置……萬一不肖後孫 不計祭享重 托以代盡分占設計 或欲放賣者乙良
　　 他子孫等 劃卽告官治罪".

38) 『慶北地方古文書集成』, 「朴瑜男妹和會文記」, "奉祀段置 凡士大夫有大勳勞於
　　 國家 則神主不遷之文 載在國典爲有去等 父主敎是 當島夷肆毒之日 把截東都
　　 立大勳業光先裕昆之功 當享百世之祀是去乎 爲宗孫者 雖代盡之後 勿爲替遷
　　 四時忌辰等祭 盡誠奉祀爲旀 春秋墓祭段 田所出遷 則田民乙 亦不可任意撓動
　　 是昆 雖至百口他子孫處 分衿不得事是旀……此亦中 墓田所出乙 宗孫主 以支
　　 孫一人 別定有司 同力次知 一年相遞爲旀".

날 山直所生의 노비들이 증가하더라도 子孫들은 사사로이 그들을 侵役해서는 안되며, 대진 이후에는 노비신공과 묘위전답의 소출로 제사를 지내도록 하였다. 만약 후손들이 제사를 성실히 받들지 않는 자가 있으면 門長과 子孫들이 의논해서 그를 論罰하도록 부탁했다.[39]

안동 풍산에 거주하던 安必昌 또한 1732년 자식들에게 재산을 물려주면서 제위전에 관련한 규정을 자세하게 마련해 두었다. 제사는 종가에서 담당토록 하고 제위전 또한 종가에 영원히 귀속시키지만, 만약 제사를 받드는 후손이 제위전을 임의로 방매하는 사태가 발생하면 여러 자손들은 관에 고하여 奉祀孫의 잘못을 바로 잡도록 하였다.[40]

이같이 종법질서가 정착되면서 종손이 친진된 제위전을 임의대로 처리하던 형태에서 종손과 문중구성원들이 함께 관리하는 양상으로 변화되었다. 이러한 관행이 정착되는 과정은 문중에 따라 약간의 차이가 있었다. 적지 않은 문중에서는 제위전을 둘러싸고 종손과 지손 사이에 갈등을 빚기도 했다. 이러한 갈등은 제위전에 대해 서로가 더 많은 권리를 가지려고 한 데서 비롯되었다. 대부분의 갈등은 문중 내부에서 마무리되고 밖으로 표출되지 않았지만, 경우에 따라 종손과 문중구성원 사이의 갈등이 외

---

39)『慶北地方古文書集成』,「權霡男妹和會文記」, "山直段置 諸子孫視同遺漏例 多侵責任意使喚 使不得安接爲臥乎所 其在奉先之道 極爲未安是去乎 今此山直後所生 雖至百口 子孫等 無以雜談侵役爲旀 雖代盡之後良置 以山直身貢及墓位所出 依禮典永世勿廢爲乎矣 同祭祀乙 或有不謹之事是去等 門長及子孫等 收議論罰爲旀 雖代盡後良置 山直奴婢所生乙 子孫等勿爲分執爲旀 宗子孫主張爲乎矣 支孫處永勿分給爲旀".

40)『慶北地方古文書集成』,「安必昌許與文記」, "吾家累代奉祀是乎矣 世業 (脫漏) 奉祀田民 甚爲零星 不可以此奉行是乎等以 吾增備遠地田畓 以 補其不足之數 而其數不小 所以厚宗也 與先代若干傳來世業 專付於汝矣處 體念厚宗之本意 遠 (脫漏) 祭祀 貧寒支孫輪行除良 宗家世世擔當辦行爲旀 (脫漏) 民段 置萬世不動 永屬宗家 以爲奉祭祀之地是遣 口口他子女段 不可除給 以負我專付之本意是去乎 汝亦自備分給 以助生理是置 如是成文之後 奉祭之孫 任意放賣是去乎等 諸子孫 告官辨正 以不孝論斷爲旀".

부로 표출되기도 했다. 관의 힘을 빌어 종손과 문중구성원 사이의 분규를
해결하려는 경우가 그 대표적인 예이다.

　조선후기 南原 屯德坊에 세거하던 전주이씨 문중에서는 친진된 제위
전을 둘러싸고 종손과 지손들의 줄다리기가 오랫동안 지속되었는데, 그
대략은 다음과 같다. 南原 屯德坊에 세거하던 全州李氏家에서는 李曄이
중심이 되어 1609년 이엽의 曾祖 聃孫과 曾祖母 및 祖 渾과 祖母의 位
土로 답 15두락을 마련해 두었다. 이로부터 150여 년이 지난 뒤 제위전을
둘러싼 분쟁이 일어났다. 엽의 6대손인 李宗煥이 어린 나이에 종손이 되
자 그의 傍祖인 李潤華가 종환을 대신하여 종가의 일을 도맡아 보았는
데, 그 때 윤화는 渾의 歲一祭 비용을 마련하려는 의도에서 1609년 이엽
이 渾의 제사를 위해 마련했던 위토 가운데 7두락을 宗中에 내어놓았다.
그런데 이종환이 장성한 뒤 宗人들이 7두락 가운데 4두락의 소출만으로
渾의 제사비용을 마련하고 나머지 3두락의 소출을 서로 분배하여 써버린
다는 사실을 알았다. 이에 이종환은 3두락을 돌려받아 그 소출로 산소의
보수 및 宗事에 관련된 여러 가지 일들을 하는 것이 좋겠다고 생각하고,
이러한 뜻을 門長과 여러 宗人들에게 전하였으나 받아들여지지 않았다.
그러자 이종환은 마침내 1757년 관에 訴狀을 올려 동 3두락을 宗中으로
환속케 해달라고 요구하였다. 소장을 접한 관에서는 3두락을 종중으로 반
환토록 한 것으로 추정된다. 왜냐하면 이종환의 후손 李正銓은 1805년
所志를 올려 나머지 4두락마저 반환케 해 달라고 요구하였기 때문이
다.[41]

　전주이씨 문중에서는 이엽의 제위전을 둘러싸고도 분쟁이 일어났다.
그 대략은 다음과 같다. 이엽의 8대손인 李正銓은 이엽의 후손이 친진되
고, 그의 위패가 묘소 옆에 묻힌 다음 이엽의 제위전 7두락 가운데 3두락

41) 全北大學校 博物館,『朝鮮時代 南原 屯德坊의 全州李氏와 그들의 文書Ⅰ』13
・27番 文記, 1990.

을 종가로 반환해 달라고 문장과 종인들에게 간청하였다. 문장과 종인들이 요구에 불응하자, 이정전은 1795년 소장을 제출하여 3두락을 반환케 해 달라고 요구하였다.[42]

전라도 남평현 덕곡에 살던 정씨들도 제위전을 둘러싸고 갈등을 빚었다. 정씨들은 外先祖인 徐氏가 後嗣 없이 사망하자 그의 유산으로 제위전을 장만하여 10여 대 동안 제사를 모셔왔다. 그러던 중 족인 鄭聖休가 제위전 3두락을 몰래 방매해 버리자, 鄭鳳奎는 소장을 제출하여 동 3두락을 환속케 해 달라고 요청하였다.[43]

경기도 광주군에 거주하던 廣州安氏 一門에서도 제위전을 둘러싸고 분쟁을 일으켰다. 광주안씨 문중은 前 宗孫 安命崙의 처 任氏가 悖倫 행위를 저지르자, 다른 후손으로 하여금 宗統을 잇도록 해 달라고 요청하였고, 관에서는 광주안씨 일문의 요청을 받아들였다. 그로부터 얼마 뒤 문중재산의 실태를 점검하던 門中有司들은 전 종손 安命崙과 그의 처 任氏가 문중구성원의 동의 없이 不遷位 祭位田을 절반 가까이 방매하였음을 뒤늦게 알게 되었다. 사태의 심각성을 깨달은 門中有司 安瑞熙 등은 전 종손 安命崙과 그의 처 任氏가 함부로 방매한 제위전을 還推해 줄 것을 관에 호소하였고, 관에서는 그들의 요구를 들어주었다. 그리하여 그들은 安命崙과 그의 처 任氏가 함부로 방매한 제위전 8결여를 되찾게 되었다.[44]

전북 扶安郡에 거주하던 부안김씨 문중에서도 조선후기 祭位田畓을 둘러싸고 족친끼리 소송을 벌였다. 부안김씨 문중은 宗家의 後嗣가 끊어지자, 족친 김생원을 入養하여 宗統을 이었다. 종손이 된 김생원은 종가

---

42) 全北大學校 博物館,『朝鮮時代 南原 屯德坊의 全州李氏와 그들의 文書 I』22
   · 23番 文記, 1990.

43)『全北大學校博物館圖錄』311번 문기.

44) 韓國精神文化研究院,『古文書集成40 - 正書本』,「廣州安氏篇」所志類 2, 3, 4,
   1998.

재산의 실태를 점검하는 과정에서 養家 庶從叔이 6~7대 동안 전래되어
오던 제위전답 가운데 상당 부분을 盜賣하였음을 확인하게 된다. 이에 그
는 도매된 제위전답을 되찾기 위하여 宗子, 宗孫이라도 제위전답을 임의
로 방매할 수 없다는 명분을 내세워 1721년 官衙에 所志를 올려 동 전답
을 推尋하여 줄 것을 호소하였다.[45]

전라도 靈光郡에 거주하던 寧越辛氏 문중에서도 제위전을 둘러싸고
족친간에 갈등을 빚었는데, 사건의 전말은 다음과 같다. 辛致默, 辛兌元,
辛幸默, 辛之默 등은 7대조 제위전을 마련하는 목적으로 山直을 시켜 20
량을 주고 답 4두락을 매입하게 하였다. 그런데 전답매매 과정에서 거간
을 선 족친 辛再壽는 新舊文券을 종가로 보내지 않고, 畓主인 外戚 白士
文에게 주어버렸다. 매매문서를 다시 돌려받은 백사문은 신재수와 더불
어 도매하려고 하자, 辛致默, 辛兌元, 辛幸默, 辛之默 등은 관에 소지를
올려 답 4두락을 찾아 줄 것을 호소하기에 이르렀다.[46]

이렇듯 제위전을 둘러싼 분쟁이 도처에서 발생하는 가운데 족친간의
갈등을 미연에 방지할 수 있는 조치를 강구하는 문중도 나타났다. 경자양
전을 맞이하여 경상도 예천, 풍기 등지에 살고 있던 金時一을 비롯한 禮
安金氏 族人 60명은 제위답을 門中奴의 이름으로 양안에 등재시켜 달라
고 1720년 관에 요청하였다. 이들은 後嗣 없이 사망한 侍養外高祖를 위
해 제위답과 제위노비를 마련하여 제사를 지내왔는데, 長孫 金龜萬이 宗
人들 몰래 노비를 팔고 전답을 전당잡힌 까닭에 제위답을 문중노의 이름
으로 양안에 등재하려고 하였다.[47]

이렇듯 제위전을 둘러싸고 분쟁을 겪기도 하고, 또 갈등을 미연에 방지
하려고 노력하는 과정을 거치면서 제위전은 문중 구성의 공동 소유물이

---

45) 韓國精神文化研究院, 『古文書集成 二』, 「扶安金氏篇」 所志類 16, 1998.
46) 韓國精神文化研究院, 『古文書集成 二十七』, 「靈光寧越辛氏篇 I」 所志27~30,
  1998.
47) 『全北大學校博物館圖錄』 312번 문기.

라는 인식이 점차 정착되어 갔다. 경상도 칠곡에 거주하던 廣州李氏家에서는 재산분재 내역을 李聃命의 부인과 함께 門長도 추인하고 있는데, 제위전을 둘러싼 갈등을 미연에 방지하려는 의도에서 그렇게 하였다고 생각된다. 이씨 부인과 門長의 입회하에 이담명의 조카 李世璜이 이같은 내용을 담은 분재기를 작성하고, 이씨는 도서를 찍고, 문장 李台命은 手結을 하여 분재내역을 확인하였다.[48]

이같이 칠곡에 거주하던 광주이씨들은 18세기 초반부터 이미 종가와 문중이 제위전답을 공동으로 관리한다는 데에 합의했기 때문에 그 관리가 비교적 순조롭게 이루어졌다. 18세기 전반에는 종가에서, 18세기 중반부터는 문중에서 제위전을 관리하였다. 그러한 사실은 종가에서 숙종 11년(1685)~정조 11년(1787)까지 약 100여 년에 걸쳐 작성한 추수기에서 드러난다. 종가에서 작성한 추수기에는 1707~1748년까지 星州 茶山地域에 소재한 200여 두락의 제위전답에서 수취한 곡물량과 경작인이 기록되어 있고, 그 이후에는 성주 다산지역 제위전에 대한 내용은 없다. 1749년부터는 문중에서 동 제위전을 관리하였기 때문에 그러한 현상이 발생하였다고 추정된다. 이러한 현상은 종법질서가 정착됨으로써 제위전에 대한 공동소유 의식이 뿌리내린 결과였던 것이다.

4. 門中과 契의 財政運營

祭位田, 각종 契田 등 공동소유 전답의 관리형태는 구체적으로 어떠했는지에 대해 靈巖에 세거하고 있던 南平文氏 一族이 남긴 자료를 통해 살펴보기로 하자. 南平文氏 一族은 세조찬탈에 대해 부정적인 입장을 취

---

48) 漆谷 廣州李氏家의 자료 및 농업경영에 대해서는 金建泰, 앞의 「16~18世紀 兩班地主層의 農業經營과 農民層의 動向」 참조.

했던 文孟化(?~1487)가 처향을 따라 永保村에 은거한 것이 계기가 되어 靈巖에 자리잡게 된다.

남평문씨들은 현종 5년(1664) '奉先祖 至誠盡禮 講睦一門 情意益篤'을 목적으로 族契를 만들었다. 그리고 족계가 창계된지 약 100여 년 후인 18세기 중엽 영암의 場巖 마을에 거주하던 文益賢(1573~1646)의 후손들은 영암지방에 살고있던 남평문씨 일족 전체를 아우른 족계와 별도로 그들을 중심으로 한 小宗契를 창계하였다.

족계와 소종계를 통해 족내적인 화합을 이끌어낸 남평문씨들은 契의 지속적인 번창을 위하여 재원을 마련한 다음 공동으로 그 재원을 관리하였다. 그리고 그들은 재정운영의 투명성을 기하기 위하여 일종의 財政出納簿라 할 수 있는 「族契用下記」와 「小宗契用下記」를 해마다 작성해 가면서 재원을 관리했다. 두 자료는 1741~1928년 가운데 1766~1778년과 1817~1818의 15개년이 결락된 時系列을 형성하고 있다.[49]

남평문씨 일족이 '조상에 대한 제사와 일문의 정의을 돈독히' 하기 위하여 계를 창립하였던 만큼 재정지출 용도 또한 다양하였다.

즉 奉祭祀, 接賓客, 契會, 각종 宴會, 齊舍保守, 각종 扶助, 지주제 운영 등에 필요한 경비를 계 재정에서 지출하였다. 1845년 「소종계용하기」에서 계 재정의 실상을 정리한 것이 <표 7>이다. 분석을 위하여 1845년 문서를 선택한 이유는 「족계용하기」와 「소종계용하기」가 동시에 남아있는 첫 해가 1845년이고, 계답이 대규모로 방매되기[50] 이전 시기이기 때문이다. 문서를 살펴본 결과 두 계의 재정지출 양상이 거의 비슷했기 때문에 「소종계용하기」만을 분석하였다.

49) 자료와 남평문씨 문중의 농업경영과 관련된 자세한 내용은 金建泰, 「1743~1927年 全羅道 靈巖 南平文氏 門中의 農業經營」, 『大東文化硏究』 35, 1999 참조.
50) 1850년, 族契에서는 43두락, 小宗契에서는 61.6두락을 방매하였다.

〈표 7〉 1845년 소종계 재정지출 현황

使用處	種類	量	備考
祭祀	租(斗)	326.5 (68.3%)	秋享, 場岩, 松溪
	米(斗)	10.74(17.9%)	
	錢(兩)	13.59(18.1%)	
契會	米(斗)	25.1 (42.7%)	婚契契會, 新捧, 三捧, 別會, 累次別捧, 初捧, 別捧, 傳與, 付標會, 春下記修正
	錢(兩)	25.59(34.1%)	
宴會	租(斗)	15.0 (3.1%)	柳川洞金鼓, 神廳金鼓處, 蔚月樓成造時兩次觀光, 才人
	米(斗)	5.22(8.7%)	
	錢(兩)	5.77(7.7%)	
接賓客	米(斗)	3.27(5.5%)	康津客, 廣岩客, 鳩林客, 龜山客, 吉村客, 白碩士, 白雲洞客, 比谷客, 松內客, 新客東床禮, 安洞客, 永保客, 月南客, 長興宗人, 淸風宗人, 海南客, 華山客, 會津客
	錢(兩)	2.17(2.9%)	
扶助	租(斗)	30.0 (6.3%)	松溪執位栗山護喪, 順興文僧求乞, 廷試赴擧, 官白場時近邑赴擧員來往, 老人十二員粮, 初喪, 婚姻, 全州科
	米(斗)	12.44(20.8%)	
	錢(兩)	18.89(25.1%)	
建物保守	租(斗)	1.1 (0.2%)	捧上廳門修理, 捧上廳塗背, 捧上廳改突, 磐岩亭修井, 庫舍蓋草
	米(斗)	1.62(2.7%)	
	錢(兩)	2.26(3.0%)	
農事	租(斗)	16.0 (3.3%)	松溪執位秋監, 沙器所秋監, 竹田圍籬, 所耕分給
	米(斗)	1.54(2.6%)	
	錢(兩)	0.77(1.0%)	
庫直 山直	租(斗)	74.0 (15.5%)	私乃, 種子, 所耕
分排	錢(兩)	5.75(7.7%)	橋邊會, 會津客來, 槎谷老人會, 場岩亭中伏會
其他	租(斗)	30.23(6.3%)	減縮
	錢(兩)	0.35(0.5%)	租作錢時
合計	租(斗)	477.83	
	米(斗)	59.93	
	錢(兩)	75.14	

　　남평문씨 계는 계답에서 租를 수취하였으나, 각종 경비는 租, 錢, 米세 가지로 형태로 지출하였다. 지출을 대비해 남평문씨 족계는 作錢, 즉租를 시장에 팔아서 전을 확보하고,[51] 作米, 곧 방아를 찧어서 미로 만들

---

51) 作錢과 관련된 구체적인 내용은 全盛昊, 「朝鮮後期 米價史 硏究」, 성균관대학교 박사학위논문, 1998 참조.

었다. 조가 가장 많이 지출된 곳은 제사비용인데, 1년 지출의 68%에 해당하는 양이다. 미와 전은 계회 경비조로 가장 많이 지출되었는데, 미는 1년 지출의 43%, 전은 1년 지출의 34%에 해당하는 양이다. 그리고 租, 錢, 米의 대부분은 제사, 계회, 연회, 접빈객, 부조 비용으로 지출되었다. 이를 볼 때 남평문씨 계는 적어도 1845년까지는 설립취지를 비교적 충실하게 이어왔음을 알 수 있다.

제사비용은 대부분 場岩·松溪祭祀에 필요한 제수를 마련할 때 지출된 것인데, 「文契帖」에는 제수의 종류와 양에 더하여 그 품질까지 지정해놓고 있다. 계회, 연회, 접빈객에 필요한 비용은 대부분이 음식을 마련하는 데 지출된 것이다. 이때 미는 대부분 밥을 짓는 데 사용되었는데, 1인의 한끼 식사를 준비하기 위해 쌀 7홉이 소모되었다. 전은 대부분 소금에 절인 생선[佐飯], 멸치, 靑魚, 김[海衣], 全魚와 같은 해산물을 비롯하여 浸菁, 浸醬, 湯餠, 쇠고기[黃肉], 두부[泡] 등을 구입할 때 지출되었는데, 그 대부분은 밑반찬용이다. 그리고 분위기를 고조시키는 데 필요한 酒도 구입했다. 그리고 연회의 흥을 돋구기 위해 광대[才人]도 비용을 주고 불렀다.

봉제사, 계회, 연회, 접빈객에 필요한 경비만큼은 아니지만, 경조사 때의 부조비용도 적지 않았다. 그 대부분은 계원이나 그 가족의 初喪이나 婚事에 쓰였다. 그리고 전주에서 실시한 科擧, 官에서 실시하는 白日場에 참가하는 계원들의 경비를 일부 보조하기도 했다.

이같이 남평문씨 계답의 소출은 문중조직을 유지하는 데 필요한 비용으로 쓰였다. 나아가 계답은 남평문씨 계원들의 생계기반의 일부가 되기도 했다. 19세기에는 지대량이 하락하고, 나아가 부세정책마저 심하게 경직됨으로써 양반과 상민 모두 크나큰 시련을 겪었다. 양반들이라고 하여 곡물 수입이 감소하고 출세실결수가 증가하는 현실로부터 자유로울 수 없었다. 족계 창립원들은 先祖奉祀와 문중화합을 위해 기금을 낼 정도로 생활에 여유가 있었으나, 적지 않은 후손들은 19세기 들어 생계유지를 위해 계답을 경작하는 처지로 전락하게 되었다. 적지 않은 양반들은 계답을 생계유지 기반의 일부로 삼았던 것이다. 1851년 族契畓 경작인은 족계원 12명, 비족계원 8명으로, 1881년 小宗契畓 경작인은 족계원 9명, 비족계원 3명으로 구성되어 있었다.

남평문씨 계에서는 한 해 동안 쓰고 남는 계답의 소출은 그 다음 해로 이월시켰다. 이월되는 것은 주로 租와 錢이었다. 그런데 이월되는 租와 錢은 계답에서 수취하는 벼의 총량이 점차 줄어들었기 때문에 시간이 흐를수록 감소되었다. 소종계의 재정규모 추이를 정리한 것이 <그림 1>이다. 1819년이래 租(계열1)와 錢(계열2)의 이월량은 지속적으로 줄어들고 있다. 특히 조는 1851년부터 급속히 줄어들고 있는데, 그 이유는 답을 대량으로 방매했기 때문이다.

남평문씨 계에서 무슨 이유 때문에 계의 존립기반이 흔들리는 위험을 무릅쓰고 토지를 방매했는지는 정확히 알 수 없지만, 예기치 못한 긴박한 상황이 벌어져, 그 비용을 마련하기 위해서 전답을 방매하였을 것으로 추정된다. 소종계에서는 1두락당 벼 4두 밖에 수취하지 못한 1852년 106냥을 받고 답 20.9두락을 방매하고, 족계에서는 1두락에 벼 0.8두 밖에 수취하지 못한 1888년 239냥을 받고 답 43.7두락을 방매하였다.

이것은 계원을 구휼하는데 필요한 자금을 확보하려는 목적으로 그렇게 했다고 추정된다. 실제 韓氏 문중에서는 1877년 흉년이 들어 한씨 20여 호가 굶어 죽을 처지에 이르자 그들을 구휼하기 위해 宗中畓 3두락을 100냥을 받고 방매했다.[52]

남평문씨 계에서는 구휼 이외의 목적으로 답을 방매한 경우가 있었을 것이다. 1871년 鄭氏 문중에서는 족보간행을 위해 종중에서 임시로 설립한 譜所 운영자금을 마련하기 위해 120냥을 받고 종중의 답 4두락을 방

---

52) 『全北大學校博物館圖錄』 324번 문기.

<그림 1> 소종계의 租·錢의 이월량

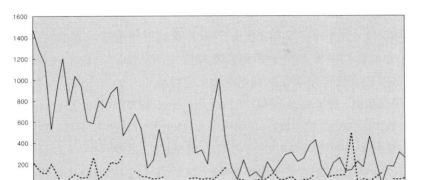

매하기도 했다.[53] 그리고 1798년 李氏 문중에서는 문중을 위해 소송을 벌이다 유배당한 문장의 路資와 贖錢을 마련하기 위해 28냥을 받고 문중답 2두락을 방매하였다.[54]

　이같이 문중조직을 유지하는 데 필요한 경비와 계원들의 생계기반을 제공하던 祭位田과 契田을 비롯한 공동소유의 전답은 19세기 중엽이후 크게 감소하였다. 토지소유가 영세화되는 현실하에서 족적 결속력을 유지해주는 매개고리 역할을 하던 공동소유지가 축소됨으로써, 양반들의 族的 결속은 크게 이완되기 시작했던 것으로 보인다. 양반과 평민의 경제력이 그다지 큰 차이를 보이지 않는 현실하에서 양반들의 족적 결속력이 크게 약화됨으로써, 그들의 사회적 영향력 또한 점차 위축되어 갔다고 생각된다.

53) 『全北大學校博物館圖錄』 333번 문기.
54) 『全北大學校博物館圖錄』 334번 문기.

5. 맺음말

이상에서 17~18세기 田畓所有 現況과 公同所有 전답의 擴大와 그 管理, 그리고 門中과 契의 財政運營에 대해 살펴보았다. 본문의 내용을 정리하는 것으로써 맺음말을 대신하고자 한다.

甲戌量田~庚子量田 사이 약 90여 년 동안 龍宮縣의 전답규모는 7% 늘어났다. 그리고 田主數는 4,303에서 6,535로 증가하였다. 전체적으로 보면 전주의 수는 증가하지만, 구간별로 살펴보면 그 추이는 서로 달랐다. 1결 이상을 소유한 상층구간의 전주는 감소하고, 1결 미만을 소유한 하층구간의 그것은 증가하고 있었다. 용궁현에서는 17세기 전반~18세기 전반 사이에 전주들의 토지소유규모가 영세화되었다.

면 단위를 기준으로 보면 군 전체 추이와 동일한 추이, 즉 상층농이 감소하고 하층농이 증가하는 지역도 있지만 일부 면에서는 다른 추이를 나타내기도 한다. 申上·申下面에서는 1결 미만을 소유한 전주뿐만 아니라 1결 이상~5결 미만을 소유한 전주도 증가했다. 두 면에서 1결 이상~5결 미만을 소유한 전주의 수가 적지 않게 증가하였음에도 불구하고 그 지역에서 토지소유의 양극분해는 일어나지 않았다. 왜냐하면 1결 미만을 소유한 전주 또한 증가하였기 때문이다.

신상·신하면은 여타면에 비해 개간답의 비중이 높고, 평민층이 소유한 전답의 비중이 높은 곳이었다. 신상·신하면에서 1결 이상~5결 미만을 소유한 전주의 신분을 살펴보면 평민층이 가장 많았다. 그들이 전답을 집적한 방법은 개간이 아니라 매득이었다.

1결 이상을 소유한 전주가 줄어든다는 사실은 개별 지주제의 규모가 축소되었음을 의미한다. 갑술양전~경자양전 사이에 10,000평 이상을 소유한 전주의 수가 감소하였다. 그리고 그들이 소유한 전체면적 또한 축소되고 있었다.

　이러한 사실은 개별적으로 보았을 때 양반과 평민의 경제력 차이가 그이전 시기보다 축소되었음을 보여준다. 이 같은 현실하에서 양반들이 개별·분산적으로 행동한다면, 그 이전과 같은 영향력을 발휘하는 일이 쉽지 않다. 양반들이 향촌사회에서 영향력을 유지하기 위해서는 여러 가지문제에 대해 집단적으로 대처할 필요가 있었던 것이다. 토지소유의 영세화는 양반들로 하여금 族的 결속력을 공고히 하도록 만들었다고 생각된다. 토지소유의 영세화 현상은 17세기 중엽을 전후하여 종법질서가 정착되고, 나아가 동성촌락과 문중이 발달하게 원인 가운데 하나로 작용했다고 판단된다. 양반들은 17세기 중엽부터 동성촌락과 문중을 발달시키고, 그 조직을 유지하는 데 필요한 경비를 충당하기 위하여 제위전과 계전등을 마련했던 것이다.

　전답규모의 영세화 현상은 재지양반들로 하여금 子女均分相續을 멈추는 대신 재산상속에 있어 男女間에 차등을 두도록 만들었다. 양반들은 17세기 후반부터 남녀차등상속 관행을 정착시켰을 뿐만 아니라 그 이전 시기에 비해 제위전답의 비중을 늘려갔다. 양반들은 祭位田을 양적으로 확대시켰을 뿐만 아니라, 그 소유형태 또한 변화시켰다. 종법질서가 정착되기 이전에는 親盡=代盡, 즉 4代奉祀가 끝나면 제위전은 종가에 귀속되었고, 宗孫은 친진된 제위전을 자손들과 나누어 가지기도 하고 자신이 임의로 처분하기도 했다.

　종법질서가 정착되기 이전에는 친진된 제위전에 대한 처리문제는 가문에 따라 약간씩 달랐다. 그리하여 친진된 이후에도 제위전을 그대로 유지하는 가문이 있는가 하면, 친진된 제위전을 자손들이 나누어 갖거나 혹은방매하는 집안도 있었다. 그런데 종법질서가 정착되면서 친진된 제위전을 관리하는 양상이 변화하였다. 이 시기에도 여전히 친진된 제위전은 이전과 마찬가지로 종가에 귀속되는 경우가 적지 않았지만, 그 관리형태는이전과 달랐다. 조선후기에는 친진된 제위전을 그 이전시기처럼 종손이

독단적으로 처리하는 것이 아니라 문중구성원과 더불어 함께 관리하였
다.

 이러한 관행이 정착되는 과정은 문중에 따라 약간의 차이가 있었다. 적
지 않은 문중에서는 제위전을 둘러싸고 종손과 지손 사이에 갈등을 빚기
도 했다. 이러한 갈등은 제위전에 대해 서로가 더 많은 권리를 가지려고
한 데서 비롯되었다. 대부분의 갈등은 문중 내부에서 마무리되고 밖으로
표출되지 않았지만, 경우에 따라 종손과 문중구성원 사이의 갈등이 외부
로 표출되기도 했다. 관의 힘을 빌어 종손과 문중구성원 사이의 분규를
해결하려는 경우가 그 대표적인 예이다.

 양반들은 공동전답의 소출을 문중의 유지와 문중구성원의 族的 결속
력을 다지는 데 사용하였다. 奉祭祀, 接賓客, 契會, 각종 宴會, 齊舍保守,
각종 扶助, 지주제 운영 등에 필요한 경비를 계 재정에서 지출하였다. 나
아가 계답은 계원들의 생계기반이 되기도 했다. 19세기에 들면서 계답을
경작하여 생계를 유지하는 양반도 생겨났다.

 양반들은 문중조직의 유지와 문중구성원의 생계보조를 위해 계답과 제
위전을 방매하기도 했다. 토지소유가 영세화되는 현실하에서 족적 결속
력을 유지해주는 매개고리 역할을 하던 공동소유지가 축소됨으로써, 양
반들의 族的 결속은 크게 이완되기 시작했다. 양반과 평민의 경제력이 그
다지 큰 차이를 보이지 않는 현실하에서 양반들의 족적 결속력이 크게
약화됨으로써, 그들의 사회적 영향력 또한 점차 위축되어 갔다.

 본 글은 종법질서의 정착과 동성촌락의 발달 원인을 경제적 측면에서
살펴보았다. 사상사와 사회사적 접근이 동시에 이루어질 때 종법질서의
정착과 동성촌락의 발달이 갖는 의미가 더욱 분명해질 것으로 기대된다.

18세기 후반 양전의 변화와 '時主'의 성격
-충청도 懷仁縣 사례를 중심으로-

왕 현 종

1. 머리말

조선후기 농촌사회에서는 양란 이후 피폐된 상황에서 농업생산성이 점차 회복되고 토지소유권의 획득과 매매, 이전 등이 빈번하게 이루어지고 있었다. 일반농민들은 자기 토지의 소유권 의식을 강화시켜 갔으며, 양반지주들은 우월한 지위를 이용하여 소작농민들의 소작료 수취를 강화한다든지 토지소유의 확대를 시도하고 있었다. 이에 따라 농민계층뿐만 아니라 양반지주층 내에서도 토지의 소유와 경작을 둘러싸고 심각한 대립을 초래하고 있었다. 이런 갈등을 완화하고 조율하기 위해서는 새로운 토지제도의 정비가 필요하였다. 17·18세기에는 각 지역에 주기적으로 양전사업을 실시하였다. 대표적인 것으로는 1634년에 시행된 甲戌量田과 1719년과 1720년에 실시된 己亥·庚子量田을 들 수 있다. 이는 효율적인 조세수취를 위해서도 필요한 조처였다.

조선후기 양전사업의 시행과정과 성과에 대해서는 일찍부터 주목해 왔다.[1] 초기 연구에서는 양전사업을 통해 작성된 '量案'이야말로 당시 사적 토지소유권의 실체와 농민층의 분해를 보여주는 가장 적절한 자료라고

---

[1] 김용섭, 「양안의 연구」, 『조선후기농업사연구Ⅰ』, 일조각, 1970, 78~188쪽.

간주하였다. 그렇지만 구체적인 양안의 표기방식이나 기록된 인물의 존재형태 등을 충분히 검토하지는 못했다. 이후에는 양안상에 기록된 人名에 대한 비판적인 검토가 시도되었으며, 경자양전의 구체적인 과정이나 양안의 성격에 대한 연구가 뒤따랐다.2) 특히 소유권자를 나타내주는 起主를 어떻게 이해할 것인가 하는 문제가 중요시되었다. 예컨대 '起'와 '起主'로 기록되는 양식상의 차이를 밝히려는 관점도 제기되었다.3) 이렇게 양안 기재 양식의 분석을 통해서 토지소유권의 발전정도와 성격을 규명하려는 과제가 조선후기 토지제도사 연구상 논쟁의 초점이 되고 있다.

　본 논문에서는 18세기 중·후반, 즉 영조·정조년간에 제기된 양전 논의와 시행과정을 다시 정리하고자 한다. 경자양전 이후 개량전과 사진양전이라는 두 가지 양전방식이 시도되었으므로 몇 지역의 양전사례를 들어 양안 작성방식의 변화를 살펴보려고 한다. 그 중에서도 토지소유권자의 등재방식에 새롭게 등장하는 '時'라는 표기에 주목하고자 한다.

---

2) 이영훈, 「양안의 성격에 관한 재검토 - 경상도 예천군 경자양안의 사례분석」, 『조선후기사회경제사』, 한길사, 1988 ; 미야지마 히로시(宮嶋博史), 『朝鮮土地調査事業史の硏究』, 일본 동경대학 동양문화연구소, 1991 ; 오인택, 「숙종대 양전의 추이와 경자양안의 성격」, 『부산사학』 23, 1992 ; 김건태, 「갑술·경자양전의 성격」, 『역사와 현실』 31, 1999 ; 송찬섭, 「숙종대 재정 추이와 경자양전」, 『역사와 현실』 36, 2000 ; 염정섭, 「숙종대 후반 양전론의 추이와 경자양전의 성격」, 『역사와 현실』 36, 2000 ; 김건태, 「경자양전 시기 가경전과 진전 파악 실태 - 경상도 용궁현 사례」, 『역사와 현실』 36, 2000 ; 최윤오, 「조선후기의 양안과 행심책」, 『역사와 현실』 36호, 2000 ; 오인택, 「경자양전의 시행 조직과 양안의 기재 형식」, 『역사와 현실』 38호, 2000.

3) 이영훈은 조선후기에 토지소유주로서 主규정이 성립한 것은 경자양전의 '起主' 이후라 하였다. 기주는 조선왕조의 國田체제 내에서 존재하는 것으로서 한시적이고 제한적인 소유자였다고 간주하였다(이영훈, 「양안상의 主 규정과 主名 기재방식의 추이」, 『조선토지조사사업의 연구』, 민음사, 1997, 53~198쪽). 오인택은 '起'와 '起主'의 차이를 단계적으로 구별해 볼 수는 없으며, 전라도 경자양안에서 나타나는 '起'는 단지 '起主'의 생략형태에 불과하다고 비판하였다(오인택, 앞의 논문, 2000, 181쪽).

　전라도 高山縣 양안과 충청도 懷仁縣 양안이 하나의 전형적인 사례로 제시될 수 있다. 종래 양안에서는 토지소유자를 기록할 때 舊主와 今主, 혹은 起主라고 했던 데 비하여, 이들 양안에서는 '舊와 時'로 표시하고 있었다. 이는 19세기 말 대한제국의 광무양안에 나타나는 '時主'의 선행형태를 보여주는 것이며, 경자양전 이후 국가와 민의 입장에서 나타나는 토지소유권 의식의 변화를 보여주는 지표로서 주목할 만한 것이었다.

　그래서 해당 지역 양안의 분석과 함께 여러 가문의 족보와 鄕案을 상호 비교 검토함으로써 토지소유자인 時主의 실체와 양안 상의 성격을 파악해 보려고 한다. 이러한 분석은 당시 향촌사회에서 이루어진 토지소유권 의식의 변화양상을 추적하는 데 도움을 줄 것이며, 아울러 18세기 이후 조선왕조국가가 추진했던 토지소유권자 파악방식의 변화를 살펴볼 수 있을 것이다.

2. 경자양전 이후 양전 방식과 양안의 변화

1) 읍별양전의 시행과 변화

　숙종 말년 1719년과 1720년에 걸쳐 시행된 경자양전은 국가적인 차원에서 심혈을 기울인 전국적인 양전사업이었다. 이미 1634년에 실시된 갑술양전 이후 각 지역에서 토지소유와 조세의 과다를 둘러싼 사회적 갈등을 수습하려는 차원에서 경자양전이 시도되었다.

　새로운 양전의 결과에 대해 일각에서는 토지의 전품등급이 실제보다 더 비옥하게 매겨져 결부수가 실상보다 많이 산정되었으므로 增結로 인해 조세부담이 가중된다는 비판이 제기되고 있었다.[4] 양전 직후에 벌써

---

4) 오인택, 「17·18세기 양전사업 연구」, 부산대 사학과 박사학위논문, 1996, 86~93
　　쪽 ; 염정섭, 앞의 논문, 2000, 159~174쪽.

다시 양전을 실시하자고 하거나 기왕의 것을 아예 폐기하자는 주장이 나올 정도였다. 이는 양전방식을 둘러싸고 농촌사회의 제계층의 이해가 착종되어 있었기 때문이었으며, 근본적으로는 결부제라는 토지파악방식을 고수하고 있었기 때문에 어쩔 수 없이 발생한 것이었다.[5]

18세기 중반 영조년간에 이르러서는 농지의 경작상태가 크게 변화되고 있었고, 그에 따른 토지소유자의 변화도 많았다. 새롭게 양전을 통해 농촌현실을 반영하지 못하는 한, 각 지방의 結弊는 심화될 수밖에 없었기 때문에 다각도로 양전의 시행을 모색하지 않을 수 없었다.

1726년(영조 2)에는 황해도 2, 3개 읍에서 양전을 하자는 논의가 있었다. 다음 해에는 경상도 개녕에서 양전이 완료되었고, 이어 경주, 울산, 기장, 지례 등 4개 읍에서도 양전이 이루어졌다.[6] 1730년(영조 6) 경기와 황해도에서는 전체 도차원으로 양전을 시행할 것을 검토하기도 했다. 그렇지만 전면적인 양전이 여러 가지로 부담이 초래될 수 있다는 고려하에 문제가 심한 지역에만 부분 개량한다는 방침을 정했다.[7] 1731년에는 충청도 여러 개 읍이 풍년을 기다려 양전을 시행하자고 했다. 1735년에 들어서서 황해도 몇 고을에서 마침내 양전을 실시하기로 결정하였으며,[8] 이듬해 경기도에서도 다시 양전 논의가 일어나 양근, 삭녕, 적성, 연천, 마전, 지평 지역에서 양전을 실제 시행하였다.[9] 1746년 황해도 신천에서 양전이 이루어졌다.[10] 1749년에 경상도 10읍을 대상으로 양전할 것을 정하

---

5) 김용섭, 「결부제의 전개과정」, 『한국중세농업사연구』, 지식산업사, 2000, 258~272쪽.

6) 『備邊司謄錄』, 영조 3년 9월 28일, 8-139(영인본 권-쪽수로 표시, 이하 같음) ; 10월 2일, 8-104쪽 ; 10월 22일, 8-161.

7) 『備邊司謄錄』, 영조 6년 11월 16일, 8-911~912.

8) 『備邊司謄錄』, 영조 7년 12월 27일, 9-205~207 ; 영조 11년 윤 4월 22일, 10-20~21.

9) 『備邊司謄錄』, 영조 12년 7월 17일, 10-296~297 ; 영조 14년 3월 1일, 10-592.

10) 『備邊司謄錄』, 영조 22년 10월 11일, 11-655~656.

여 둔 후, 경주, 장기, 연일, 흥해 등 4읍에서 양전을 실시하였다.[11] 1757년 경기도 수원과 장단에 양전을 시행하였다.[12] 이렇게 경자양전 이후 삼남지역 및 황해, 경기도의 지역에서는 읍차원에서 개별적인 양전이 시행되고 있었다.

한편 1739년과 1740년에는 다시 도 단위로 거대 규모의 양전을 실시하자는 주장이 일어나고 있었다.[13] 전라도에서는 경자양전 이후 새로 경작지로 還起田을 8천여 결이나 파악했지만, 반면에 새로 발생했다는 진전이 무려 9천여 결이나 보고되었다. 새로운 양전의 효과가 의문시된 셈이었다. 그래서 전면적인 改量이 문제를 크게 일으킬 수 있었으므로 '陳田'을 빠짐없이 조사하는 편이 도리어 나을 것이라고 결정했다. 물론 루田을 철저히 조사하여 新起田을 모두 양안 원장부에 추가로 올리도록 하는 조건에서였다.[14] 이후 1745년에 광주, 나주, 태인, 고부, 흥덕, 고창 등 6개 읍을 필두로 하여 1756년까지 전주, 금구, 임실, 익산, 고산 등 전라도 14개 읍을 대상으로 하였다.[15] 결국 진전의 전품을 강등한다거나 續田으로 편성하는 방식으로 진전에 대한 조사가 이루어졌다. 이는 도 단위의 거대 양전을 시행하지 못하는 상황에서 결폐를 부분적으로 시정하려는 고육책이었다.

1758년(영조 34) 8월에는 전라도와 충청도 일대에 전면적인 양전을 실

---

11) 『備邊司謄錄』, 영조 25년 3월 23일, 11-886 ; 4월 21일, 11-900쪽 ; 8월 1일, 11-941 ; 영조 26년 5월 30일 12-93~94.

12) 『備邊司謄錄』, 영조 33년 5월 25일, 12-966 ; 영조 34년 2월 5일 13-62 ; 8월 4일, 13-131.

13) 『備邊司謄錄』, 영조 15년 8월 1일, 10-826 ; 영조 16년 6월 4일, 10-918.

14) 『備邊司謄錄』, 영조 16년 6월 4일, 10-918~919.

15) 『備邊司謄錄』, 영조 21년 5월 16일, 11-451~452 ; 5월 30일, 11-459~460 ; 7월 13일, 11- 489 ; 7월 21일, 11-491 ; 9월 20일, 11-508~509 ; 영조 22년 10월 11일, 11-655~656 ; 23년 5월 29일, 11-741~742 ; 8월 3일, 11-763 ; 8월 21일, 11-774 ; 8월 22일, 11-775 ; 영조 26년 1월 11일, 12-30 ; 영조 32년 윤9월 6일 12-885~886.

시하자는 주장이 다시 대두되었다. 1755년과 1756년에 발생한 대흉년의
영향의 여파로 각 지역에서 진전이 과다하게 발생했기 때문이었다. 좌의
정 金尙魯는 전라도와 충청도 지역에 전면적인 改量을 하자는 의견을 내
놓았다.16) 그러나 논의과정에서 전체 도 단위에서나마 진전의 파악과 등
급 조정에 그치자는 쪽으로 축소되었다. 이에 따라 1759년(영조 35) 2월
비변사는 '호남·호서 陳田降續節目'을 제정했다.17) 여기서는 주로 호남
각읍의 진전 6,300여 결과 호서 10읍의 진전 2,000결을 대상으로 하여 續
田의 降等, 진전의 降續 등의 조사원칙을 규정하였다. 대체로 전품의 고
하에 관계없이 속전 6등으로 삼아서 隨起收稅한다는 것이었다.18)

절목의 반포 이후에 전라도에서는 전품을 일괄로 6등으로 낮추는 선에
서 처리하였으므로 원래 정한 査陳의 원칙은 그대로 적용되지 않았음을
알 수 있다. 아무튼 당시 단양, 회인, 청안 등은 사전에 조사가 이루어졌
으며, 이 해에는 호서 19개 읍에서 실시되고 영동과 옥천에 이어 그 이외
30여 개 읍이 조사할 대상이었다. 이에 따라 호서지방 2,400여 결의 진전
은 수기수세의 조처를 받도록 했으며, 나머지 30여 개의 읍 2,400여 결도
정밀하게 조사될 것이었다.19)

이때 정비된 양안에는 특별히 '己卯査陳'으로 조처된 전결이라는 의미
에서 '己卯降續' 4자를 반드시 기재하여 두도록 하였다. 이것을 통해 田
主에게 증빙의 근거가 될 수 있도록 했다.20) 1759년에는 진전을 철저하게
조사하려는 査陳量田이 대대적으로 시행되었다. 이러한 과정을 통하여
기존의 양안이 수정되고 농지의 현실태가 일정하게 양안에 반영되었으며

16) 『備邊司謄錄』, 영조 34년 8월 8일, 13-133～134.
17) 『備邊司謄錄』, 영조 35년 2월 6일, 「湖南 湖西陳田降續節目」, 13-205～207.
18) 오인택, 앞의 논문, 1996, 133～136쪽.
19) 『備邊司謄錄』, 영조 35년 11월 27일, 13-347.
20) 『備邊司謄錄』, 영조 35년 2월 6일, 13-206, "量案中各其陳處書頭 着己卯降續四
字 以爲田主憑信之地".

이에 힘입어 지세수취방식도 변화했다. 다름아닌 경차관 답험방식에서
비총제로 바뀌는 하나의 계기가 되었다.[21]

　그런데 18세기 중·후반 사진양전을 도 단위라는 비교적 큰 규모로 시
행하자고 하는 논의나 새로운 양전실시를 주장하는 주기가 대개 20년에
한 번 정도였다는 점을 주목할 필요가 있다. 1739년, 1759년의 양전논의
에서도 확인할 수 있거니와, 1779년에도 다시 재론되고 있었다. 이 해에
는 정조와 주요 대신들이 양전의 필요성과 시행방식을 면밀하게 재검토
하고 있었다. 정작 본 회의에서는 단안을 내리지 못하는 가운데, 향후 양
전 시행을 위한 개량규정을 만들고자 하였다.[22] 이 해는 공교롭게도 기해
양전 이후 60주년을 맞이하는 해였다. 이후에도 1819년 李止淵이 충청,
전라 양도의 양전을 건의한 후, 다음 해인 1820년(순조 20)에 전국의 양전
을 결의하고, 양전사목을 작성하기도 했다.[23] 이와 같이 적어도 20년에
한 번은 전면적인 개량이거나 사진을 하거나 간에 대대적인 규모의 양전
이 시행해야 한다는 점을 강하게 인식하고 있었음을 추측할 수 있다.

　당시 양전의 필요성이 제기되었던 이유는 결부제에 의한 토지조사와
조세부과제도에 여러 가지 병폐가 있었기 때문이었다. 일단 한번 양전이
이루어지면, 일반 결부제에 근거하여 일단 토지의 등급을 묶어놓았기 때
문에 이후 진전이 발생하거나 신기전이 계속 추가되었음에도 불구하고
적절하게 반영할 수 없다는 것이었다. 그렇다고 해서 전면 개량을 하기에
는 대단한 물력과 인력이 소모되었음으로 과중한 부담을 회피하면서도
진전의 변화를 파악할 수 있는 효율적인 양전방식이 필요했다. 그래서 채

21) 이철성, 「18세기 전세 비총제의 실시와 그 성격」, 『한국사연구』 81, 1993, 79~83
　　쪽.
22) 『備邊司謄錄』, 정조 3년 11월 7일, 15-790~791.
23) 『備邊司謄錄』, 순조 19년 9월 12일, 21-210~213 ; 9월 16일, 21-214~215 ; 12월
　　12일, 21-246~249 ; 순조 20년 1월 2일, 3일, 21-254 ; 4월 6일, 21-271 ; 8월 5일,
　　21-290~291 ; 8월 24일, 21-295~296.

택된 방식이 사진양전이었다. '今陳成冊', '査陳成冊' 등의 대장을 별도로
작성하면서 기존의 양안을 수정 보완하고 있었다.[24]

　따라서 경자양전 이후 18세기 중반 조선왕조국가의 양전방식은 크게
두 가지 방향으로 이루어지고 있었음을 알 수 있다. 하나는 아주 심각한
결폐가 있는 지역에는 개량을 실시함으로써 폐단을 일거에 시정해 보려
는 것이다. 이는 문자 그대로 '改量田'이라고 부르고 있다. 이는 주로 경
기나 해서, 강원 등 경자양전이 이루어지지 않은 지역을 대상으로 하였지
만, 기왕에 양전을 시행한 삼남의 일부 지역에서도 다시 시행되고 있었
다. 다른 하나는 부세제도의 폐단이 심한 군현을 대상으로 진전을 조사하
여 기존의 양안을 수정 보완한다는 것이다. 이를 '査陳量田'으로 부르고
있다. 이는 이전의 경자양전의 양안에 기초하여 추후 변경된 농지의 상태
를 수시로 조사함으로써 결폐를 부분적으로 시정하려는 방식이었다. 18
세기 이후 양전 방식은 대체로 개량전 보다는 사진양전의 방식을 선호하
고 있었다고 할 수 있다.

　2) 사진양안과 '時'의 기재

　그러면, 18세기 후반 농지의 변동과 소유자의 변화를 어느 정도 양안에
반영시키고 있었는지 구체적인 양전사례를 통해서 검토해 보기로 하자.
경자양전 이후 각 지역에서 시행된 양전의 내용을 파악하기 위해서는 구
체적인 양전과정을 밝히는 것과 아울러 당시 조사된 양안 자체를 분석하
는 것이 필수적이다. 그러나 18세기 전후 양안을 비교할 수 있는 지역사
례는 일부에 지나지 않는다. 단지 전라도 고산현, 능주목, 전주부, 화순현,
고부군 양안과 충청도 회인현 양안 등이 있는데, 여기서는 전라우도 고산
현 양안을 먼저 검토해 보자.

---

24)『備邊司謄錄』, 정조 2년 9월 6일, 15-639.

　18세기 고산현의 양안으로는 1719년 기해양안과 1748년 무진양안, 1759년 기묘양안 등 세 종류의 대장이 남아있다.[25] 각기 29년, 11년간의 차이를 두고 작성되었다. 물론 군 전체나 면 단위의 양안이 완벽하게 남아있지 않아서 전면적으로 대조 비교하기 어렵다. 특히 뒤의 두 양안은 진전만 따로 조사하여 기록한 '陳田臺帳'이므로 영조년간에 추진되었던 사진양전의 방식을 구체적으로 알 수 있는 자료로서 가치가 있을 뿐이다.[26]

　우선 고산현 西面 양안의 내용을 살펴보자. 1719년에 작성된 기해양안에는 起田은 85결 39부 9속, 起畓은 164결 72부 4속, 續起田이 2결 56부 6속이었고, 陳田은 今陳과 舊陳을 합해서 92결 24부 6속, 陳畓은 1결 17부 5속이었다. 그 밖에 관둔 起畓 11부 5속과 寺垈田 20부 8속이 있었다. 그래서 전체 결수가 346결 43부 3속이었다. 전체 전답 결수 중 진전이 차지하는 비중은 약 27%를 차지하고 있었다.

　이후 29년이 지난 1748년에 다시 진전에 대한 조사에 착수하였다. 구래의 진전과 새로운 진전을 조사할 뿐만 아니라 양전 후 다시 降續되었거나 起墾하였거나 성천, 포락 등 진전으로 된 것도 조사했다. 모든 토지의 다양한 변동을 조사하고 있었다. 그 결과, 새로이 진전 117결 19부 7속과 진답 10결 98부 3속 등을 조사하였다.[27] 이렇게 매필지마다 신·구의 토지상태를 대조하여 번거롭게 기록한 것은 진전의 토지상태를 정확하게 파악하고자 한 것이었다. 그런데 조사과정에서 환기전의 경우에는 토지

---

25) 『全羅右道 高山縣己亥量田導行帳』(규 15033, 15034) 11冊, 숙종 45년(1719) ; 『全羅右道高山縣戊辰改量導行帳』(규 15030) 5冊, 영조 24년(1748) ; 『全羅道高山縣己卯降續降等陳田正案』(규 15031) 2冊, 영조 35년(1759).

26) 1759년 전라우도 고산현 진전양안은 경자양안에서 진전만을 추려 별도로 작성하였으므로 지번은 연속되지 않으며, 사표는 이전의 양안 내용을 옮겨 적었으며, 강등 여부와 還陳 여부에 중점을 두어 기록했다.

27) 『全羅右道高山縣戊辰改量導行帳』(규 15030), 1冊, 西面 都已上條.

등급의 재평가와 함께 부수적으로 소유자의 변동도 추적하여 기록하는 성과를 거두고 있었다. 이 점이 바로 당시 토지소유자 파악의 변화를 엿볼 수 있는 측면이다.

　　다음은 전라우도 고산현 서면 진전 개량 도행장의 일부이다.[28) 고산현 西面 竹山坪의 진전 상황을 나타낸 것이다.

<자료 1> 고산현 서면 1748년(무진) 진전양안 사례

사례	자호	지번	전품	결부	기주	이름	전품	강속	결부	기주이름
①	舊量 正字	1	6등	2부 1속	起主	李奉石	6등 2부 1속		2속 1부 9속	起主 李奉石內 仍起主 奴亡太 成川主 同人(李奉石)
②	旧量 蘭字	33	5등	3부 8속		舊陳無主	3부 8속	降6등	2부 3속	舊陳 無主
③	旧量 如字	55	5등	18부		舊陳無主	17부 4속	降6등	6속 10부 9속	舊陳 無主內 前起主 奴介先 仍陳無主
④	舊量 之字	34	5등	41부 4속		舊陳無主	41부 4속	降6등	25부 9속	舊陳無主

　　사례①은 양안상의 正字 1번 토지에 대해 기록한 것이다. 1719년 기해 양안에는 기주가 이봉석이었지만 1748년에는 해당 토지 내에 새로이 奴亡太가 경작하는 토지가 생기고, 나머지 땅은 성천이 되어 진전으로 편입되었다. 이에 따라 내지번을 부여하여 이 토지를 노망태의 소유로 인정해 준다는 것이다. 사례②는 구진 무주의 토지에 대해 5등급에서 6등급으로 전품을 낮추어 결부를 줄여주고 있는 예이다. 이는 차후에 개간을 위한 배려로 볼 수 있다. 사례③은 앞의 두 가지 사례를 모두 보여준다. 18부 중에서 6속은 본래의 기주 노 개선의 땅으로 판정되었으며, 나머지는 진전이 되어 결부를 낮추어 준다는 것이다. 사례④는 사례②와 같다. 이렇게 서면 전체의 필지 중에서 구진이나 금진으로 되어 있는 토지를 대상

---

　28)『全羅右道高山縣戊辰改量導行帳』(규 15030), 1冊.

으로 일일이 결부수와 토지소유자를 대비하고 있는 것이었다. 그리하여 문제 있는 토지들은 일부 강등과 강속을 허용하면서 지나친 결부의 부담을 대부분 줄여주고 있었다.[29]

그런데 이후 고산현에서는 11년만에 다시 진전양안을 작성하게 되었다. 1759년 문제시되고 있는 전답의 등재내용을 수정하여 陳田正案을 만들었다.[30]

<자료 2> 고산현 서면 1759년(기묘) 진전양안 사례

사례	자호	지번	전품	결부	양주	시주이름	진기여부
①	舊量 正字	1	6등	2속	量 李奉石	時 奴禮春	
②	旧量 蘭字	33	6등	2부 3속내 3속	量 舊陳無主	時 徐萬卜	辛未起 壬申還陳
③	旧量 如字	50 2작	6등	10부 9속	量 舊陳無主	時 奴介先	辛未起 壬申還陳
④	舊量 之字	34	6등	25부 9속	量 舊陳無主	時 奴戒奉	辛未起 壬申還陳

<자료 1>과 비교해 보면, 1759년 진전양안도 종래 기해양안에 근거하여 자호, 지번, 전답, 진기, 사표, 결부 등이 그대로 옮겨 적는 형식을 취

---

29) 이 해 서면 진전양안에서 조사된 내용은 아래와 같았다.

고산현 서면의 진전 강등전표(단위 : 결 - 부 - 속)

구결(1719)		신결(1748)		차이
등급	결수	등급	신결수	
2등	31.1	4등	20.1	11.0
3등	3.48.5	5등	1.99.1	1.49.4
4등	13.87.1	6등	6.30.5	7.56.6
5등	72.56.9	강속	45.35.6	27.21.3
6등	8.67.9	잉치	8.67.9	
합계	98.91.5	합계	62.53.2	36.38.3

전체 강등, 강속 대상의 토지는 모두 98결 91부 5속이었다. 2등전부터 5등전까지 해당 토지를 대개 2등급을 낮추어서 재평가하였으며, 6등전에 해당하는 진전일 경우에는 그대로 두었다. 등급변동의 대부분을 차지하는 것은 5등전에 해당하는 진전이었다. 이로써 결세 부담이 평균 36.8%의 감소로 되어 차후 환기에 유리한 조건이 조성되도록 한 것이었다.

30) 『全羅道高山縣己卯降續降等陳田正案』(규 15031), 2冊, 영조 35년(1759).

한다는 점을 알 수 있다. 이 진전양안이 기해양전과 무진양전의 연장선에
서 있다는 것을 보여준다. 그렇지만 이 양안이 이전 양안과 현저하게 달
라진 점이 있었다. 그것은 새로운 토지소유자들을 찾아내고 있었을 뿐만
아니라 이들을 표시하는 양식상의 변화가 있었다. 다름아니라 토지소유
자를 '量'과 '時'로 표기하고 있다는 것이다. 여기서 量은 곧 量主, 양안상
등재된 소유자명을 가르킨다. 즉 기해양안에 기록되어 있는 기주의 이름
이다.

<자료 2>의 사례 ②, ③, ④에서는 1719년에는 구진의 상태에서 無主
였고, 1748년에는 역시 무주였으나 결부가 낮추어졌으므로 1751년 신미
년에 새로 경작자가 등장하여 토지를 개간하였다는 사정을 알 수 있다.
그렇지만 해당 토지들은 경영상의 문제였거나 혹은 조세부담으로 인해서
였든지 이듬해인 1752년에 다시 진전으로 돌아갔다. 이렇게 1759년의 진
전양안은 진전에서 기경으로, 다시 진전으로 환원되는 과정을 겪었던 사
정을 그대로 보여준다.

그런데 그러한 토지들이 모두 예전과 같이 무주진전으로 돌아가지는
않았다. 즉 ②의 경우 기해양전상에는 구진 무주였으나 1759년에는 서만
복으로, ③의 경우 노 개선으로, ④의 경우는 노 계봉으로 명시되고 있다.
이들 토지는 무주의 진전이 아니라 有主의 진전이라는 것이다. 그리고 그
러한 토지의 소유주를 '時 누구'라고 기록하고 있는 것이다. 사례 ①도
1719년에 이봉석이 기주로 등재되었다가 1748년에 일부의 토지를 노 망
태가 소유하게 되었으며, 다시 1759년에는 노 예춘이 소유하게 되었다는
것을 보여준다. 그만큼 현재 토지를 소유하고 있는 地主에게 토지소유권
을 명확하게 표기해두고자 하는 농촌현실을 반영시키고 있는 것이다.

그렇다면 새롭게 등장한 '時'에 관한 해석이 주목된다. 이를 단지 토지
를 빌려 짓는 차경인, 즉 時作人을 가리키는 것으로 볼 수도 있다. 그러
나 이 진전양전은 단순한 답험의 장부가 아니라 진전의 변동과 소유자의

변동 상황을 기록한 대장이었고, 正案으로서 양안이라는 점을 고려해야
한다. 왜냐하면 현재 진전인 토지를 파악하는데, 굳이 陳田상태 이전에
경작했던 시작인을 조사할 필요는 없었을 것이기 때문이다.

　이를 구체적으로 해명하기 위해서는 양전사목의 규정 변화를 면밀하게
검토해야 할 것이다. 경자양안에서 기록되었던 舊主, 起主, 今이라는 표
기와 관련하여 이 시기 '時'라는 표기가 등장하게 되는 계기를 살펴보아
야 한다. 그런데 '시'라고 기록하는 형태는 이미 갑술양안 당시에도 적지
않게 나타난다고 한다.31) 그렇지만 양전과정에서 명시적으로 '時'를 기록
해 두어야 한다는 규정이 나타난 것은 1720년 경자양전 이후의 일이었다.

　① 양전을 다시 실시할 때 오래된 전답의 송사를 곧 결정할 만한 것은
곧바로 처결하여 주인과 그렇지 않은 사람을 정하여 결정하고 실상에 따
라 양안에 올린다. 그러나 상세한 조사가 미치지 못해 갑자기 처결하기
어려운 것은 임시로 현재 차지하고 있는 사람을 時執이라고 하여 量名으
로 기록하되 조용히 조사하여 과연 본래의 주인이 있으면 양안에 (기록
된) 이름에 구애받지 말고 곧바로 추심하여 준다. 만약 (그 토지와) 관련이
없는 사람이 토지의 본 주인이 먼 곳에 있는 틈을 타서 다른 사람의 전답
에 자기 이름을 몰래 기록하여 뒷날에 멋대로 점유할 계책을 삼으면 전가
사변한다.32)

---

31) 1634년 갑술양전 당시에도 時執 또는 時作과 같은 표기가 나타나고 있는데, 이
　　는 경작자인 동시에 사실상의 소유, 지배라는 의미를 담고 있다고 한다(이영훈,
　　앞의 책, 1997, 78~96쪽).
32) 위의 규정 중 '以時執懸量'의 해석은 여러 갈래 해석이 가능한데, 관건은 '時執'
　　을 '시집한 사람'이라고 보느냐 아니면 특별히 '시집'이라고 별도로 표시하는 경
　　우로 볼 수 있느냐이다. 여기서는 일단 후자의 견해를 취했다.『新補受敎輯錄』
　　戶典 量田(『규장각자료총서』(법전편), 서울대학교 규장각, 1997, 434쪽), "改量時
　　久遠田畓之訟 卽決者 趁卽處決 定其主客 從實懸量 而有未及詳査 難處於遽決
　　者 姑以時執懸量 而從容査卞 果有本主 則勿以量名爲拘 卽爲推給 如有不干之
　　人 乘其本主在遠 暗錄己名於他田畓 以爲日後橫占之計者 全家徙邊".

② 전과 답을 가리지 말고 일일이 지역을 돌아다니면서 답험할 것. 재실과 진기는 눈으로 보이는 바대로 기록하고 **時作名은 아울러 별도의 대지에 명백하게 기록하여 둔다.** 또한 밭에는 파종하는 곡물 이름을 구별하여 기록할 것이다.[33)]

인용문①은 1743년(영조 19)에 편찬한 『신보수교집록』에 수록된 부분이다. 개량할 때 오랫동안 토지의 소유권을 둘러싸고 송사가 있는 필지에 대해 소유권 판정방식을 규정한 부분이다. 그 중에서도 토지의 주인을 처결하기 곤란한 것은 '時執'이라고 양안상에 올리고, 추후에 조사하여 본주가 있으면 양안상에 등재된 이름에 관계없이 본주에게 돌려주라는 것이었다. 여기서 "임시로 현재 차지하고 있는 사람"이란 일반적으로는 토지의 영유자이기는 하지만, 소유자로서 입증할 만한 이전의 공문서, 예컨대 양안이나 관에서 발급한 문서를 갖추고 있지 못한 사람을 가리킨다.[34)] 이는 사실상 1720년 숙종의 전교에 의해 확정된 원칙이었지만, 실제로 경자양전을 실시할 때 양안에 반영되었는지는 알 수 없다.[35)]

이 규정은 경자양전과 그 이후에 발생하는 토지소유권의 분쟁을 대비하는 규정으로서 향후 토지소유권자의 판정방법을 명시적으로 규정하였다는 점에서 중요했다.[36)] 그래서 『신보수교집록』에 수록되었을 뿐만 아니라 1744년(영조 20)에 속대전을 편찬할 때도 그대로 삽입되었다.[37)]

---

33) 『烏山文牒』己卯 8월「量田踏驗節目」, "一. 勿論田畓 ——逐庫踏驗 灾實陳起 一從目所見 時作名 并以明白懸錄於帶紙 田則所播穀名 亦爲區別懸錄爲齊".

34) 『新補受敎輯錄』戶典 量田(『규장각자료총서』(법전편), 432쪽), "陳田並皆懸錄主名 無主處亦以無主懸錄 量後願爲起耕者 呈本曹受立案 然後依法永作己物 無文籍僞稱己物 欲爲懸主於量案 査覈現露 則論以冒占之罪 全家徙邊".

35) 『新補受敎輯錄』戶典 量田(『규장각자료총서』(법전편), 434쪽), "馬位田一体行量 而執折則 勿許變改 以時執載案 康熙庚子承傳".

36) 최윤오, 「조선후기 토지소유권의 발달과 지주제」, 연세대 사학과 박사학위논문, 2001, 32~42쪽.

37) 『續大典』戶典 量田의 細注에도 '時執'이라는 규정이 실려있다. "相訟田地已決

인용문②는 충청도 예산 지방에 1759년(영조 35) 8월에 내린 「量田踏驗節目」의 일부분이다. 이것은 당시 충청도와 전라도 일대에서 시행한 '기묘사진'의 일환으로 시행했던 답험조사의 세부방침을 구체적으로 설명한 것이다.[38] 특히 토지의 경작상태를 조사하는 답험과정에서 시작명을 아울러 조사하였다는 점에서 중요하다. 그런데 조사대상이 단지 '시작명'만을 대상으로 한 것이 아니라 소유자명을 함께 기록했다는 점이 주목할 만한 점이었다.[39] 또한 적는 방식이 원장부에 기록하는 것이 아니라 별도로 帶紙에 붙여 기록한다는 점에서 양안의 소유자 등재와는 구별되고 있다. 이러한 기록방식은 이전의 개인이나 궁방의 토지에서 도조를 조사할 때 흔히 나타나는 방식이었으나 이 시기 군현단위의 양안작성과정에서 특별히 채택되어 소유자와 함께 시작인을 동시에 파악했다고 보기는 어려울 것이다.

이와 같이 1759년 전라도 고산현 양안에 나타난 '時'는 이 시기 양안상의 기재형태와 양전규정상으로 보아 특정한 의미를 담고 있다고 하겠다. 즉 '시'란 법전규정상으로는 아직 本主가 나타나기 이전에, 혹은 본주로 확정하기 이전에 '임시로 잠정적인 소유자'로 규정한다는 것을 의미했다. 이에 따라 양전할 당시에 토지소유자를 조사할 때는 이전의 토지주인을 뜻하는 舊主나, 양안상에 기록된 量主와 대비되는 의미로 썼던 것이다. 결국 양안상에 등장한 '시'는 토지를 새로 조사할 당시 '현실의 토지소유자'라는 의미였다. 그래서 보다 확정적인 토지소유자로서의 성격을 확정

者 以決得人懸主 未決訟者 姑以時執懸主 而推後査卞 勿以量名爲拘 ○ 陳田
亦皆懸主 無主處 以無主懸錄 無文籍僞稱己物懸主者 杖一百遠地定配 ○不干
之人 乘其本主在遠 暗錄己名於他人田地者 杖一百流三千里".
38) 『烏山文牒』己卯 8월, 「量田踏驗節目」(『각사등록 10 - 충청도편 5』, 국사편찬위
원회, 609~610쪽) ; 최윤오, 앞의 논문, 2000, 231~238쪽.
39) 『居官大要』(奎古5122-7), 「田畓踏驗規式」, "踏驗時 毋論田畓懸起實下 田畓主名
時作人名 雙書於裳紙"(44쪽) 참조.

짓기 위해서는 군현단위의 전면적인 양전을 통해서 새롭게 양안이 정리
되지 않으면 안되었다. 실제 그러한 양전이 일부 지역에서 실시되고 있었
다. 그러면 실제로 이 시기 현실의 토지소유자가 양안에 어떻게 등재되어
파악되고 있었는지에 대해 살펴보기로 하자.

3. 충청도 회인현의 양전 시행과 양안 작성

18세기 중반 이후 농촌사회의 변화와 농민층 분화를 알 수 있는 사례
를 발견하기 무척 어렵다.[40] 그 중에서 충청도 懷仁縣 量案을 주목할 필
요가 있다.[41]

회인현 양안은 최근까지도 정확한 작성연대를 알 수 없었다. 왜냐하면
양안의 겉표지나 뒷부분이 낙장이 되어 있어 작성한 일자나 양전관리의
이름이 기록되어 있지 않기 때문이다. 초기 연구에서는 경자양전 보다 陳
田이 많이 나타난다는 점에 주목하여 1669년(현종 10)에 작성된 양안이라
고 추정하였다.[42] 이 양안이 그동안 주목받아온 이유는 다름이 아니라 양
안 상의 이름 기재 방식의 변화를 알 수 있는 사례로 간주했기 때문이었
다.[43] 그러나 최근 양안의 원본이 재발견되고 작성연대 추정이 수정됨으

---

40) 1791년(정조 15)에 만들어진 전라도 고부군 聲浦面 양안이 있으나, 전후로 비교
할 만한 자료가 없다(김용섭, 「『고부군성포면양안』의 분석 - 정조 15년 고부민의
농지소유」, 『증보판 조선후기농업사연구Ⅰ』, 지식산업사, 1995, 209~236쪽).
41) 조선후기 회인현에서는 여러 차례 양전을 시행했겠지만, 그 동안 조사된 양안은
남아있지 않다. 다만 1901년 5월에 작성된 광무양안이 있으므로 상호 비교할 수
있는 사례분석의 대상이 된다(『忠淸北道懷仁縣量案』(규 17684), 6冊, 지계아문
편, 1901년).
42) 회인현 양안은 양란 이후 현종 10년 충청도 양전에서 숙종 35년 호서 양전 당시
까지 사이에 작성된 것으로 추정하였다. 더 정확하게는 1669년(현종 10, 己酉) 충
청도 양전을 전후해서 개별적으로 작성된 것으로 추정하였다(김용섭, 앞의 책,
1970, 81~82쪽).

로써 새로운 해석이 가능하게 되었다.[44]

<표 1> 회인현 양안의 자호별 전답구성(단위 : 결 - 부 - 속 %)

지구	자호	필지수	전	답	전비율	지구	자호	필지수	전	답	전비율
I	玄	55(63)	1.96.2	3.03.8	39.2	II	藏	65	4.61.0	39.0	92.2
	黃	90	4.59.8	40.2	92.0		潤	82	5.00.0	0	100
	宇	81	5.00.0	0	100		餘	47	5.00.0	0	100
	宙	49	3.46.3	1.53.7	69.3		成	61	4.92.2	7.8	98.4
	洪	94	3.75.5	1.24.5	75.1		歲	45(?)	*	*	*
	荒	64	3.35.8	1.64.2	67.2	III	景	19(60)	4.66.4	33.6	93.3
	日	48	4.18.6	81.4	83.7		行	61	3.00.6	1.99.4	60.1
	月	56	4.80.4	19.6	96.1		維	64	4.93.7	6.3	98.7
	盈	56	4.57.5	42.5	91.5		賢	65	4.77.9	22.1	95.6
	昃	47	5.00.0	0	100		剋	80	3.85.1	1.14.9	77.0
	辰	47	5.00.0	0	100		念	46	4.86.3	13.7	97.3
	宿	28(?)	*	*	*		作	59	4.79.1	20.9	95.8
II	收	54(75)	4.95.3	4.7	99.1		聖	44	4.73.8	26.2	94.8
	冬	110	5.00.0	0	100		德	33(?)	*	*	*

참고 : 玄자는 총 63필지(1-8번 필지 모름, 55필지만 등재되어 있음), 月(19번부터 40
번까지 20필지 결), 宿(29번 이하 결), 收(21번까지 결), 歲(46번이하 결), 景(41
번까지 결), 德(34번이하 결) ; * 표시는 자호결수 집계가 없는 것을 말함.

우선 회인현 양안의 체제와 내용에 대해서 살펴보자. 회인현 양안에 수
록된 범위는 28개 자호에 걸쳐 있으며 자호의 순서상 3개의 지역으로 분
리되어 있음을 알 수 있다. 따라서 현 전체의 양전결과를 수록한 자료는
아니다. 다만 확인할 수 있는 필지는 총 1,628필지이며, 총결수는 125결
정도였다.[45] 위의 표는 자호별로 전답의 구성을 나타낸 표이다.

43) 오인택, 앞의 논문, 1996, 177~179쪽 ; 이영훈, 앞의 책, 1997, 69~71쪽, 95쪽.
44) 이 양안은 표지가 없으며, 양안의 뒷장에는 1938년 6월 3일 조선사편수회에서 구
    입한 자료라는 도장(구입번호 1,120번)이 찍혀있을 뿐이었다. 이 자료는 1927년
    에 충청북도 사료조사과정에서 수집된 일군의 문서들과는 다르다. 1938년에 별
    도로 구입한 것으로 보인다. 현재 국사편찬위원회에 소장되어 있으며, 제목은
    『田畓等別記』(B13G86)이다. 1책 분량이며 크기는 38×31.5cm이다.

위의 양안 상 천자문 자호의 합계가 등재된 집계를 살펴보면, 전이 110 결 81부 5속이며, 답이 14결 18부 5속이었다. 그 중에서도 우, 오, 진, 동, 윤, 여 등의 지역은 모두 밭으로 구성된 토지였으며, 전체적으로 전의 비 중이 높아 88.6%에 이르고 있었다.

회인현 양안의 수록 지역은 연속된 자호의 순서로 보아 Ⅰ, Ⅱ, Ⅲ지구 로 나뉘어진다. 앞의 두 지구는 동일한 면 내에 소재한 토지일 가능성이 높았다. 20세기 초에 작성된 「회인현양안」(1901)과 「小名成冊」(1907)에서 근거를 찾아볼 수 있다.[46] 그 중에서도 뒤의 자료에 수록된 내용에 의하 면, 자호는 대체로 본 회인현 양안과 비슷한 순서를 가지고 있었다. 玄-月 자를 포괄하는 Ⅰ지구는 대개 校洞坪, 艾峙坪, 龍上洞坪 등에 분포하고 있다. 收-歲자를 포괄하는 Ⅱ지구는 訥谷坪, 竹岩坪, 黃坪里坪 등이다. 이곳은 다름 아닌 읍내면에 소재한 지역을 말한다. 반면에 景-德자가 있 는 Ⅲ지구는 桂山坪, 首谷坪, 淸龍坪, 斗山坪을 포괄하고 있다. 이곳은 당시 北面이다. 지금의 행정구역상으로는 충청북도 보은군 懷北面 북부 및 청주시 加德面의 일부에 해당된다.

회인현은 북으로 구룡산을 중심으로 하여 읍치를 아우르는 산 줄기가 내려오는 지형이었으며, 산이 높고 골이 깊었다. 그래서 文義의 동쪽은 전토가 좋고 懷仁의 북쪽은 산수가 좋아 그리로 옮겨가서 살고자 한다고 할 정도였다. 이런 지리적 조건 때문에 답에 비해서 전이 압도적으로 높 은 비율을 나타내는 것은 당연했다.[47]

---

45) 회인현 양안상 전체결수는 알 수 없다. 자호를 기준으로 28자호, 140결이기는 하 지만, 결부를 확인할 수 있는 필지만을 대상으로 하면, 125결 18부 2속이었다. 그 중에서 전은 56결 80부 9속으로서 총결수의 45.4%를 차지한다. 無主 진전은 127 필지, 17결 35부 8속이나 되었다.

46) 『忠淸北道懷仁縣量案』(규 17684), 6冊, 지계아문편, 1901 ; 『懷仁郡丙午條川沙田 畓石數結數踏査小名成冊』(규 16396), 청주세무소, 1冊(124장), 1907.

47) 『호서읍지』(1871)에 의하면, 한전이 991결 34부 7속, 수전은 168결 32부 7속으로 총 1,159결 67부 4속이었다. 한전의 비율은 85.5%로서 위 양안의 비율과 비슷하

　18세기 당시 이 지역에서는 흉년이 여러 차례 거듭되고 기민들이 발생함에 따라 인구의 변동이 극심하게 일어나기도 했다. 그래서 호서의 다른 지역에 재결을 처리하거나 속전으로 편입시킬 때 전형적인 사례가 될 정도였다.[48] 회인현의 인구동태를 살펴보면 1759년(영조 35) 기묘장적에서는 6개면 41개 리에 원호 1,006호, 인구 2,196명이었다.[49] 이후 1789년(정조 13)에는 13개 리가 증가하였으며, 원호도 184호, 인구도 2,272명이나 증가하였다. 이전에 비해서는 원호수가 18.3%, 인구수도 103.5%나 증가하였던 것이다. 당시 흉년이 빈번함에 따라 정부의 구휼조치가 집중적으로 이루어진 데 힘입은 것이었다.

　이런 상황에서 회인현과 같이 결폐가 심한 지역에서는 양전이 필요하다는 논의가 재삼 강조되고 있었다. 1778년(정조 2) 당시 충청도감사 徐有隣은 기묘사진 이후에도 진답이 4천여 결이나 문제로 되고 있으니까 개량을 하는 것이 최선의 방책이라고 하였다.[50] 회인현 지역에 양전이 바로 실시되지는 못했다. 실제로 실시된 것은 1791년(정조 15, 신해) 12월이었다. 충청도는 결폐가 심했던 청안, 결성, 회인 등 3읍에 양전을 실시하려고 하였다. 충청감사 朴宗岳은 결성과 회인의 양전이 이미 시작되어 해가 바뀌면 마칠 수 있을 것이라고 하면서 양전의 완료를 독려하고 있었다.[51] 그래서 이때 만들어진 양안이 현재 남아있는 회인현 양안일 가능성이 높다. 왜냐하면 1791년 이전에 회인현에 양전 실시에 관한 기록을 찾을 수 없다는 점과 아울러 양안에 등재된 인물이 대개 영·정조 년간에

　　다.
48) 『備邊司謄錄』, 영조 33년 4월 28일, 12-952 ; 영조 34년 2월 13일, 13-63.
49) 『輿地圖書』(영조 36년, 1760), 국사편찬위원회, 344쪽 ;『戶口總數』(정조 13년, 1789), 서울대학교 출판부, 97~98쪽.
50) 『備邊司謄錄』, 정조 2년 1월 10일, 15-555~557.
51) 『備邊司謄錄』, 정조 15년 12월 25일, 17-921 ;『承政院日記』, 정조 15년 12월 25일, 90-167~168쪽, "此忠淸監司 朴宗岳狀啓也 以爲淸安等三邑量田 己爲設施 而結城·懷仁兩邑事役 旣至就緖 待歲翻 可以告訖".

생존했던 인물이라는 점을 고려했기 때문이다.

　이렇게 새롭게 연대가 측정할 수 있다면, 회인현 양안에 기록된 기재내용과 토지소유자의 등재형태를 전면적으로 재검토할 필요가 있다.

<표 2> 회인현 양안의 기재 방식

사례	지번	양전방향	토지모양	장광척	등급	결부	사표	기·진표시	구·시 소유자명
1	玄字 十	南犯	直畓	東長玖拾伍尺 廣貳拾貳尺	參等	拾肆負陸	東渠北德只畓西 龍礼畓南乙生畓	起	旧 德只 時 禹師浩奴丁愛
	十一	北犯	句畓	東長長玖拾尺 活貳參壹尺	參等	陸負陸束	東丁愛畓北水礼畓 西甘德畓南成云畓	起	旧 龍礼 時 禹宅鼎奴龍礼
2	宇字 二十一	南犯	裁直田	東長柒拾尺 廣伍拾尺	伍等	拾負	東論先田北龍礼田 西甘德田南旨	起	旧 介孫 時 甘德
	二十二	西犯	裁直田	東長肆拾壹尺 廣參拾尺	伍等	肆負玖束	西仝人田北旨 南陳東龍礼田	起	旧 二先 時 丁得
	二十三	西犯	句田	南長壹百尺 活柒拾參尺	伍等	拾肆負陸	東二方仝人田西 得宗田北旨	起	旧 時 甘德
	二十四	南犯	裁直田	南長肆拾玖尺 廣拾伍尺	陸等	壹負捌束	南仝人陳東春 化田二方仝人	起	旧 時 甘德
	二十七	北犯	梯田	東長柒拾尺 大肆拾尺 小拾伍尺	伍等	捌負柒束	二方路北甘德 田西春化田	起	旧 禮上 時 得宗
3	宇字 六十	西犯	裁直田	南長玖拾尺 廣柒尺	陸等	壹負陸束	二方先丹田北甘 德西福男田	起	旧 汗徵 時 金水萬

　회인현 양안상에 기재된 표기방식은 대개 경자양안의 것과 대동소이했다.[52] 첫 번째 사례는 玄자 10번과 11번의 답을 기록한 것이다. 지번을 필

---

52) 초기 연구에서 회인현 양안의 일부내용을 예시해서 소개할 때, 起 앞에 사표를 생략하고, 토지소유자의 표기 앞에 旧와 時를 생략하여 간략하게 소개하였다(김용섭, 앞의 논문, 1970, 83쪽). 이에 따라 회인현 양안에서 주 규정이 보이지 않는다는 점, 기경 상태를 나타내는 起만 나타나고 있다는 점이 부각되었으며, 경자양전 이전단계에는 起主가 성립되어 있지 않았으며, 無姓의 名字형태가 지배적이었을 것으로 추정했다(이영훈, 앞의 책, 1997, 69~71쪽, 95~96쪽).

두로 하여 南犯, 北犯 등 양전 방향과 필지, 裁直, 梯, 句 등 전답모양, 장광척, 전답의 등급, 결부수, 동서남북 주변토지의 소유자를 표시한 四標, 전답의 경작여부를 표시하는 陳, 起, 그리고 전답을 소유하고 있는 소유자명의 순으로 되어 있다.[53] 10번 필지에는 舊主를 '덕지'로 기록해 두고, 時主를 '우사호노정애'로 기록해 두었다. 11번 필지에는 구주를 '룡례'로, 시주를 '우택정노룡례'로 표시해 두었다.

두 번째 사례는 宇자 21번부터 27번까지 전을 기록한 것이다. 여기서도 앞의 것과 같은 형식이다. 다만 소유자명이 성이 없이 2자로 기록되어 있다. 감덕, 정득, 득종 등이 그러한 예이다. 특이한 점은 23번과 24번 필지의 구주와 시주가 같은 사람인 '감덕'으로 기록한 것이다. 세 번째 사례는 宇자 60번 필지로서 시주가 성과 이름을 같이 표기하는 '김수만'의 형태로 기록되어 있다.

회인현 양안에서는 소유자명을 표시하는 방식으로 旧, 時로 표기한 점이 가장 큰 특징이다. 구주명은 모두 성이 없는 名字로 되어 있는 반면, 시주명은 세 가지 형태로 나뉘어져 기록되어 있다. 우선 姓名과 奴와 名으로 구성되어 있는 경우이다. 첫 번째 사례가 여기에 해당한다. 다음은 성명의 형태로 나오는 경우이다. 세 번째 사례가 그러한 예이다. 마지막으로는 名 2자의 형태로 나오는 경우로서 두 번째 사례가 해당된다. 세 가지 형태의 소유자명 기록방식을 필지별로 구분하여 표시하면 다음과 같다.

---

53) 회인현 양안의 기재양식은 경자양안 중 경상도 지역의 양안에서 보이는 5결 1자호의 원칙을 따랐고, 경작 여부를 중시하여 起를 기재한 점에서 전라좌도 양안의 형식을 반영했다(오인택, 앞의 논문, 2000, 174~181쪽 참조).

<표 3> 회인현 양안의 인명 기재 방식

사 례	필지수	비중	사람수	비중	수정필지수	비중
노비소유자	134	9.3	110	31.3	618	43.2
성명기록자	170	11.9	128	36.0	418	29.2
명기록자	1127	78.8	116	32.7	395	27.6
합 계	1431	100	355	100	1431	100

　　여기서는 회인현 양안에 수록된 전체 1,628필지에서 인명을 알 수 없는
필지, 관둔, 교위, 무주 등 197필지를 제외하고 모두 1,431필지를 분석의
대상으로 했다. 우선 노비소유자는 모두 134필지로서 9.3%의 비중을 차
지하고 있었다. 성명기록자와 명기록자는 각각 170필지와 1,127필지로 나
타났으며, 명기록자의 비중이 78.8%에 이르는 다수를 차지하고 있음을
알 수 있다.

　　그런데 필지를 기준으로 하지 않고 하나의 인물을 중심으로 재분류했
을 때는 양상이 크게 달라진다.[54] 특히 노비소유자의 경우에는 자신의 이
름과 노비를 일일이 밝혀서 기록하지 않고, 대표적으로 1, 2필지에 기재
한 후, 나머지는 노비명으로써만 등재하는 경우가 많았다. 예컨대 위의
사례에서 등장하는 '우택정노룡례'는 1필지에 불과하고 8필지는 '룡례'의
이름으로 등재시키고 있는 것이다.[55] 그리하여 노비소유자는 사람수로써

---

54) 조선후기 양안에서는 일반적으로 양반의 이름과 노명이 같이 기재되는 경우보다
　　는 노명으로 표시하는 경우가 훨씬 많았다. 1820년(순조 20) 양전사목에서도 종
　　래 사대부의 경우에는 자기 이름을 쓰지 않고 노명을 쓰는 폐단이 많았다고 지
　　적하고 있다(『量田事目』(庚辰 5月, 純祖 20) 更關草, "曾前田案中 士夫不書名
　　只書奴名 混而難辨 今則二品守監司以上 書其姓某職某奴某 正三品以下 悉書
　　姓名及奴名 良民具姓名 公私賤只書其名爲乎矣"). 회인현의 경우 동일한 노비
　　명을 사용하는 노비소유자인 양반호는 거의 발견되지 않았다는 점과 산간벽지
　　인 회인지역에서 비교적 예속관계가 높았을 것을 고려하여 노비명의 토지를 양
　　반호의 것과 합산하여 처리하였다.

55) 노비소유자와 노비를 합산하여 처리할 때 물론 오류가 발생할 수도 있다. 그렇지
　　만 회인현 양안에서는 동명이인으로 추정될 수 있는 인물은 그다지 많지 않았
　　다. 특히 양반 상전의 이름으로 기록된 토지 뒤에 바로 노비명이 거론되는 것으

는 성명기록자, 그리고 명기록자와 거의 비중이 같았지만, 실제 소유한 토지는 상당히 높은 수치인 43.2%에 이르게 나타났다. 그만큼 노비소유자가 본인 소유토지를 자기 휘하의 노비 이름으로 등재하고 있는 경우가 많다는 것을 알 수 있다.

이런 표기형태는 경자양안의 경우에서 크게 벗어난 것은 아니었다. 그렇지만 일반적인 경자양안에서는 구주, 기주, 혹은 금주의 형태로 기록된 데 반하여, 회인현 양안은 구주와 대비되는 시주를 등재시키고 있다는 점에서 차이를 보이고 있었다. 다시 말해서, 회인현 양전은 1720년 경자양전 이후 변화된 농촌현실을 반영하면서도 토지소유자의 변동을 '時'의 형식으로 파악해 내려는 것이었다.

이것은, 앞서 살펴보았듯이 18세기 중반이후 전라도 고산현 진전양안에서 기재된 '시'라는 파악의 연장선상에 있으면서 한 단계 더 진전된 것이었다. 회인현 양안에서는 이를 이제 양안의 기재 방식 안에 공식적으로 도입했다는 점이다. 이렇게 기재 양식의 변화를 보인 배경에는 당시 농촌사회에서 토지소유권 의식의 발달과정과 깊은 관련성이 있을 것이다. 이러한 측면은 회인현 양안에 등재되어 있는 시주의 실명여부와 함께 그들의 사회적 지위를 살펴봄으로써 해명할 수 있을 것이다.

4. '時主'의 존재와 양안상의 성격

회인현에는 예로부터 단양 禹氏와 남원 梁氏, 그리고 영해 朴氏의 세 성씨가 매우 유명하였다.[56] 그래서 속칭 '우양박'이라고 불렀다. 여기서는 회인의 주요 성씨 중에서 단양 우씨와 영해 박씨, 남양 홍씨, 고령 신씨

로 보아, 양안의 기록관행상 앞에 기록된 노비소유자의 토지라고 추정할 수 있다.
56) 김건식, 『보은의 지맥과 인맥』, 보은문화원, 1999, 301~312쪽.

문중의 인물들을 중심으로 살펴보기로 하자.[57]

　우선 단양 우씨는 읍내면 동북쪽에 위치한 艾谷, 혹은 艾峙라고 불리는 쑥티에서 동족마을을 이루고 살았다고 한다. 양안상에 나타난 인물을 보면 다음과 같다.

<자료 3> 단양 우씨의 양안상 이름 등재와 소유규모

이름	소유토지	양안상의 등재방식(필지수)	자명	생몰년대
우간호	23부 4속	禹簡浩奴先丹(1)/先丹(3)	衡叔	
우계호	21부 9속	禹繼浩奴丁得(1)/丁得(4)	善淑	을축(1745)~정묘(1807)
우기호	52부 2속	禹基浩奴乙生(1)/乙生(9)	子吉	신사(1701)~계묘(1783)
우룡복	16부 8속	禹龍卜奴得宗(1)/得宗(1)		
우사호	64부 6속	禹師浩奴丁愛(2)/丁愛(5)	士宗	임술(1742)~병진(1796)
우성구	64부	禹聖九奴春化(1)/春化(13)	君範	무신(1728)~기사(1809)
우성치	98부 3속	禹聖置奴德只(1)/德只(13)		
우행호	92부 1속	禹行浩奴每化(1)/每化(9)		
우택정	83부 9속	禹宅鼎奴龍禮(1)/龍禮(8)	和重	무자(1708)~계축(1793)
우면호	24부 4속	禹勉浩奴先薦(1)	昌哉	기묘(1759)~갑인(1794)

　단양 우씨들은 회인에 세거한 주요한 양반 성관 중의 하나였다. 단양 우씨들은 대개 실명으로서 등재하고 있었다. 토지소유자의 기록은 자기 이름과 노명을 함께 연이어서 기록하는 노비소유자 방식과 함께 명기록자의 형태로 노비명을 기재하는 두 가지 방식을 채택했다. 이 중에서 우택정은 이 지역에서 유학자로서 저명하였다.[58] 그는 1757년(영조 33)에 홍

---

57) 이하는 2001년 3월 회인 답사를 통해 현지에서 직접 조사한 내용을 토대로 하고 있다. 당시 회인 향교의 자료를 열람할 수 있게 편의를 봐주신 우쾌명씨를 비롯하여, 박근수씨, 홍송영씨, 향교의 전교로서 자료를 정리해 주신 김동기 선생님께 감사를 드린다.

58) 우택정은 자가 和仲이고 호가 蓬谷으로 입향조 세문의 5세손으로 자질이 효우하고 재주가 민첩하여 경사에 밝고 성리지학에 달통했다고 한다. 그는 어렸을 때부터 스스로 독서하여 학문을 대성시켜, 모산초당을 짓고 후학을 길렀다. 그래서 그를 仁山夫子라 불렀다고 한다(朴文鎬, 『壺山集』 권48, 「仁山六處士傳」).

년에 대한 구휼사업이 벌어졌을 때 마을사람들과 같이 상경하여 영조 임금을 뵙고 사은하기도 했다.[59] 우택정과 우면호는 족보상으로 祖孫관계로 확인되는데, 아들인 우성률의 경우에는 1781년에 사망하여 이 양안에는 어떤 토지도 소유하지 않은 것으로 나타났다.[60] 반면 우기호의 경우에는 이미 사망했음에도 어떤 사정이 있었는지 그대로 등재되어 있다.[61]

이렇게 회인현의 양전조사에서 단양 우씨의 경우에는 대부분의 필지에 대해 실명을 사용하여 등재하고 있으며, 일부 필지에 대해 종전의 소유자명을 그대로 기록하고 있음을 알 수 있다. 한편 단양 우씨 일가의 등재기록 상 특징으로 보아서, 노비소유자들은 양반으로서 자기의 실명을 사용하여 한 두 필지만 등재시켜 놓는 대신에, 나머지 필지에서는 노비의 이름으로 등재했을 것이라고 추정할 수 있었다.

다음으로 영해 박씨 문중의 경우를 살펴보자.[62] 영해 박씨의 경우에는 청주목사 朴彩의 6세손 孝元이 광해군 때 옥천군 소남면 가삼리에서 살다가 회인으로 들어와서 訥谷里에 살았다고 한다. 그래서 후손들은 계속해서 이곳에 거주하고 있었다. 그러던 중 19세기 말에는 壺山 朴文鎬는 이 지역 유림의 핵심으로서 풍림정사에서 수많은 제자들을 가르친 유학자로 유명하기도 했다.

---

59) 『英祖實錄』권90, 영조 33년 8월 23일, 43-660.

60) 『丹陽禹氏 大同譜』3권, 458쪽, "(禹)聖律, 생부 天鼎, 양부 宅鼎, 字名 大之, 병오(1726)~신축(1781)" 참조.

61) 족보상으로 보면, 우기호의 자손은 출계한 아들 執元(1726~1748)과 역시 출계한 손자 益疇(생부 집형, 1749~1806), 아들 執亨(1728~1803)와 손자 範疇(1752~1817) 등이 있어 복잡한 구성을 보여주고 있는데, 이러한 상황이 시주 등재의 미변경과 관련이 있었을 것이다(『단양우씨 대동보』3권, 444~445쪽 참조).

62) 『寧海朴氏大同譜』권2~3,「太師公派, 懷仁門中」, 45~75쪽 ;『寧海朴氏牧使公派派譜』(1985, 회상사) 권1, 8~101쪽. 족보에는 출생년도만 표기될 뿐 사망년도는 표시되지 않았음.

<자료 4> 영해 박씨의 양안상 이름 등재와 소유규모

이름	소유토지	양안상의 등재방식(필지수)	자명	출생년도
박경신	17부 3속	朴慶新奴貴奉(1)/貴奉(1)		
박광휘	3부 2속	朴光輝(1)/光輝(1)		
박련	24부 2속	朴鍊奴日生(1)/日生(1)	士甫	경신(1740)
박사빈	5부 1속	朴思彬奴多可金(1)/多可金(1)		
박사심	11부 4속	朴思審奴以每(1)		
박석희	48부 3속	朴錫希奴玉三(1)/玉三(2)		
박성보	5부 3속	朴聖甫奴允今(1)		
박성연	32부 1속	朴性淵奴万丹(1)/万丹(3)		
박성윤	1결 68부 2속	朴性潤奴丁位(1)/丁位(23)	性直, 字 眞卿	병인(1746)
박성진	94부 7속	朴性眞奴時丹(1)/時丹(10)		
박성천	1결 49부 6속	朴性天奴時禮(3)/時禮(6)		
박성호	5부 2속	朴性浩奴時才(1)	善養	신사(1761)
박성홍	1부 9속	朴性洪奴五壯(1)	子寬	갑신(1764)
박재겸	1결 62부 5속	朴在謙奴朔不(1)/朴在謙奴朮奉(1)/朔不(15)		
박진홍	14부 4속	朴鎭鴻奴七才(1)		
박찬	1결 20부 1속	朴鑽奴三月(1)/三月(8)	士順	을묘(1735)
박침	59부 2속	朴鍼奴連香(1)/連香(7)	士經	갑자(1744)
박현	15부 1속	朴鉉奴千禮(2)/千禮(3)	士玉	경술(1730)
박협	28부 6속	朴鋏奴丙戌(1)/丙戌(5)	士夾	기묘(1735)
박호	3부	朴鎬奴千德(1)		병인(1746)
박용	48부 9속	朴鏞奴承今(1)/承今(19)	上聲	병진(1736)
박령	19부 6속	朴鈴奴元禮(1)/元禮(3)	鳴甫	무오(1738)
박탁	8부 7속	朴鐸奴千金(1)	仲玉	계해(1743)
박희서	1결 6부 3속	朴熙瑞奴己禮(1)/己禮(10)/朴熙瑞奴於德(1)/於德(10)/朴熙瑞奴就江(1)	汝玉	정사(1737)

영해 박씨들도 실명을 그대로 사용하였다. 박찬, 박침, 박현 등을 비롯
한 일가 친척들은 당시 이 지역의 향안에도 그대로 올라가 있는 인물이
었다. 이중에서 박성윤, 박성진, 박재겸 등은 자기의 이름으로는 1필지 정
도였고 나머지는 모두 노비명으로 등록하고 있다. 朴性天은 자기의 이름
과 더불어 노비명인 '시례'로 각각 3필지와 6필지를 등재시키고 있었다.
그리고 朴熙瑞의 경우에는 모두 23필지중에서 자기의 이름으로는 3개의
필지에 등록하고 있었으나 기례, 어덕, 취강 등 각기 다른 노비명을 사용

하고 있었음을 알 수 있다. 박성윤과 박성천, 박재겸, 박찬, 박희서 등은 모두 1결이상의 토지를 가지고 있는 지주였다고 할 수 있다. 결국 이러한 회인현 양안상의 時 표기인물로 보아 時가 경지의 경작자를 표기하기 보다는 역시 時主, 즉 조사할 당시의 토지소유자를 표기한 것으로 보여진다.

한편 남양 홍씨 일가는 회인현 죽암평에 세거하고 있었다.[63] 이곳에는 회인 참의공파의 후손이 살고 있는데, 특히 영조 때 벼슬이 호조참의까지 올랐던 洪秉慶의 아버지인 洪夏禎이 양안에 등장하고 있다.

<자료 5> 남양 홍씨의 양안상 이름 등재와 소유규모

이름	소유토지	양안상의 등재방식(필지수)	자명	생몰년대
홍옥	28부 6속	洪沃奴季香(1)/季香(4)		
홍정	22부 2속	洪淨奴有德(1)/有德(1)		
홍천선	2결 31부	洪天先奴明德(1)/明德(21)		
홍하룡	41부 6속	洪夏龍奴季金(1)/季金(5)		
홍하서	2부 3속	洪夏敍奴己辰(1)	子三	경자(1780)~갑진(1844)
홍하인	5부 6속	洪夏仁奴吉化(1)/吉化(1)		
홍하일	52부 8속	洪夏一奴忠一(1)/忠一(5)		
홍하적	32부 2속	洪夏績奴甘春(1)/甘春(4)	汝順	임오(1762)~순조 을해(1815)
홍하정	57부 2속	洪夏禎奴金丹(1)/金丹(4)	就相	갑자(1744)~순조 정묘(1807)

이 중에서는 洪天先이 2결 31부로서 이 지역에서 가장 많은 토지를 가지고 있는 지주 중의 하나 사람이었다. 그는 자신의 이름으로 1필지를 가진데 불과했지만 명덕이란 이름으로 21개 필지의 토지를 소유하고 있었다.

다음으로 고령 신씨 가문의 경우를 살펴보자.

고령 신씨들은 대개 회인현 북면에 거주하고 있었던 것으로 보인다. 그 중에서 신지록의 아버지인 申世權이 1738년(영조 14) 사마시에 합격했을

---

63) 『남양홍씨세보』, 1956, 회인 참의공파 참조.

뿐 별다른 출사를 보이지 않았다.

<자료 6> 고령 신씨의 양안상 이름 등재와 소유규모

이름	소유토지	양안상의 등재방식(필지수)	자명	생몰년대
신두록	50부 8속	申斗祿奴千每(1)/千每(7)	而供	영조35년 기묘(1759)~순조23년 계미(1823)
신문중	13부 1속	申門中奴次分(1)/申門中奴愛春(1)		
신백록	33부 1속	申百祿奴厚辰(2)/厚辰(3)	士宜	영조13년 병진(1736)~순조 원년 신유(1801)
신범록	15부 5속	申範祿奴吉音才(1)	敍仲	영조41년 을유(1765)~순조 16년 병자(1816)
신억록	14부 2속	申億祿奴正月(1)/正月(1)	士億	영조22년 병인(1746)~순조 12년 임신(1812)
신의록	26부	申宜祿奴加卜(2)	永受	영조 2년 병오(1726)~순조 2년 임술(1802)
신의모	35부 8속	申義模奴貴香(1)/貴香(4)/申義模奴耆卜(1)/耆卜(1)		
신재록	2결 37부 7속	申載祿奴六香(1)/六香(16)		
신지록	93부 7속	申智祿奴二每(2)/二每(6)	士得	영조14년 무오(1738)~순조 14년 갑술(1814)
신혜권	8부 6속	申慧權奴貴男(1)	聖智	숙종 30년 갑신(1704)~?
신혜권	8부 6속	申慧權奴貴男(1)	聖智	숙종 30년 갑신(1704)~?
신홍록	35부 8속	申弘祿奴得禮(1)/得禮(7)	聖範	영조 13년 정사(1737)~?

　이들 가문의 대부분은 회인 향안에도 등재되지 않는 것으로 보아 회인 읍내면에까지는 크게 득세하지 못한 가문으로 보인다. 그렇지만 토지소유의 규모는 제법 큰 규모를 보여 신재록의 경우에는 2결 37부 7속으로 양안 기록상 최대의 토지소유자였으며 신지록의 경우도 93부 7속이나 되었다.

　한편 회인현의 주요한 양반 가문들의 후손들은 회인현 향안에 여러 차례에 걸쳐서 입록되고 있었던 인물들이었다. 예컨대, 1748년에 작성된 향안에는 우택정, 우성률, 홍하서 등이 입록되었다. 이후 18세기 후반경에 작성된 향안에는 훨씬 더 많은 사람들이 입록되었다. 즉 박찬, 박성윤, 박침, 박용, 박현, 박령, 박호, 박성천, 박성호, 박성홍, 우계호, 우행호, 우사호, 우면호, 우간호, 홍하정, 홍하적 등이 들어가고 있었다.[64] 이렇게 회인현의 주요한 양반가문은 선대에서 뿐만 아니라 후세들도 지속적으로 향안에 입록되는 가운데 향촌사회에서 우월한 지배자로서의 지위를 유지시켜 나갔던 것이다.

　한편 회인현 양안에는 기존의 양반 이외에도 평·천민들이 자신의 토지를 등재시켜 놓고 있었다. 이들 성명, 혹은 명기록자 중에서는 양반 시주에 버금갈 정도로 많은 토지를 소유한 부농이 존재하고 있었다. 예컨대 명기록자들 중에서 1결 이상의 토지를 소유한 사람은 6명이나 되었고, 성명기록자 중에는 1결 이상 토지를 소유한 사람이 5명이었다. 그 중에서 甘德은 구주로서는 36부 3속의 토지를 소유한 데 그쳤지만, 이제 시주로서는 2결 24부 3속의 토지를 가지고 있을 정도였다.

　이렇게 회인현 지방에는 양반지주와 농민층은 각기 신분계층의 차이에도 불구하고 토지소유의 확대를 기도하고 있었다. 그리고 토지소유권의 근거로서 자신의 이름을 실명으로 양안에 등재시킴으로써 국가로부터 소유권을 확인받고 있음을 알 수 있다. 또한 이들 토지소유자의 등재형식은 경자양안에서는 '舊'에 대비되는 '今'이라는 형태로 기록될 것이었지만, 18세기 중반이후 새로운 형식에 따라 '時'로서 기록되었던 것이다. 이렇게 하여 18세기 말 사적 토지소유권자들은 자신의 토지소유권을 인정받기 위해 국가의 토지장부인 양안에 자신의 이름을 '시주'로서 등재시켰던 것이었다.

　이에 따라 회인현 양안상에 나타난 '時主'는 이전과는 다른 성격을 지

---

64) 『(懷仁)鄕案』卷4(영조 13년, 1748) ; 『仙案』卷1(영조 24년, 1759) ; 『仙案』卷5(연대 미상, 18세기 후반~말 추정) ; 『鄕仙案』卷6(연대미상, 19세기 초반 추정) 참조.

니게 되었다. 앞서 18세기 후반 고산현 양안사례에서와 같이 사진양안에 등재되었던 '시'와는 차이가 있었다. 고산현의 경우는 대상이 진전이었으므로 진전의 환기여부가 중심이었음으로 토지의 권리범위를 나타내주는 四標를 제대로 기록할 수 없었다.[65] 따라서 고산현 진전양안상의 '시'는 양안의 형식상으로는 아직 미완성이었으며, 결국 '시'로서 규정된 소유권의 범위와 내용도 아직 미흡한 것이었다. 그렇지만 이제 회인현 양안에서는 모든 토지를 대상으로 하여 시주를 파악하게 되었다. 그리고 양안 상에 사표상의 이름과 時主名을 완전히 일치시킴으로써 비로소 소유권자의 권리를 보증하는 토지대장으로서의 양안을 완성한 것이었다.

이렇게 경자양전 이후 영조년간에 이루어진 양전의 발전형태가 바로 1791년에 만들어진 회인현 양안에 반영되어 있었다. 이는 고산현 진전양안과는 달리 한 단계 진전된 형태를 보여주고 있는 것이고 18세기 양전사에서 하나의 완결을 이루는 것이었다.

5. 맺음말

조선후기 농촌사회에서는 토지의 소유와 경영뿐만 아니라 국가의 조세수취를 둘러싼 계층간의 대립이 심화되고 있었다. 1720년 경자양전 이후 영조·정조년간에 전국 각 지역에서는 양전사업이 계속해서 시행되고 있었다.

본고에서는 경자양전 이후 18세기 중·후반 양전 방식의 변화와 양안 기재 방식의 추이를 검토하였다. 이 시기에 시행된 양전은 대체로 두 가지 형태로 이루어졌다. 결폐가 심한 지역을 대상으로 改量田을 실시하였

---

65) 위의 고산현의 세 시기 양안의 사표를 서로 비교해 보면, 1719년 기해양안 상의 사표가 이후 1759의 양안에 그대로 옮겨적고 있음을 알 수 있다. 이는 전면적인 개량이 아니고서는 사표의 수정이 불가능하기 때문이었다.

으며, 진전을 조사하는 査陳量田을 실시하는 경우가 많았다. 여기에서는 구체적인 양전사례로서 1748년과 1759년에 실시된 전라도 고산현 진전양안과 1791년에 실시된 충청도 회인현 양안을 검토하였다. 그 중에서도 토지소유자의 표기를 중심으로 해서 양안 기재 양식의 변화를 살펴보았다.

고산현의 양안에서는 토지의 진기여부를 세밀하게 파악하는 가운데 현실 토지의 소유자의 변동을 추적하여 새롭게 파악하고 있었다. 이는 경자양안상의 기주인 量主이외에 별도로 '時'라고 표기되었다. 당시 법전규정상으로는 '시'는 아직 본주가 나타나기 이전에, 혹은 본주로 확정되기 이전에 임시로 '잠정적인 소유자'로 규정한다는 것이었다. 1759년 고산현 진전양안의 '시'는 조사할 당시의 토지소유자를 의미했지만, 양안에 정식으로 등록된 것은 아니었다. 특히 사표를 표기할 때 주변토지의 소유자를 새로 재조사하여 수록하는 개량전의 과정이 필수적이었다.

이후 1791년에 시행된 충청도 회인현 양안에 등장하는 '時'가 비로소 공식적인 기재 방식으로 채택되었다고 보았다. 회인현에 세거한 단양 우씨, 영해 박씨, 남양 홍씨, 고령 신씨의 가문 족보와 대조하여, 양안상의 時가 현실의 소유자임을 확인하였다. 그리고 이 지역의 양반가문들이 모두 자신의 소유토지를 자신의 실명으로 등재하기도 하였지만, 대부분 솔하의 노비명으로 등재하고 있다는 점을 알 수 있었다. 또한 다른 일반농민층들도 역시 토지소유권을 확보하는 수단으로서 자신의 이름을 '시'로서 토지대장인 양안에 등재시키고 있었음을 알 수 있었다.

따라서 회인현 양안상에 등장하는 時는, 곧 時主를 가리키는 것으로 토지를 조사할 당시 현실적으로 존재한 토지소유자를 지칭하는 것이었다. 이것은 경자양안 상에 '기주'로서 표기되는 것과는 크게 다른 것이었다. 이전에는 진기의 여부가 소유주를 파악할 때 하나의 관건이었던 데 비하여, 18세기 중반이후에는 진기와 상관없이 현실의 토지소유자로서 인정했다는 것으로 해석될 수 있다. 또한 회인현 양전은 이전 양전에서 조사한 토지소유자를 '구주'로 규정하면서 새로이 토지소유권자인 '시주'를 확정하고 있는 것이었다. 회인현 양안에서는 모든 토지를 대상으로 하여 시주를 파악하게 되었으며, 양안상에 사표상의 이름과 時主名을 완전히 일치시킴으로써 비로소 소유권자의 권리를 보증하는 토지대장으로서의 양안을 완성한 것이었다. 이는 조선후기에 전개된 현실의 토지소유자의 권리가 점차 강화되는 추세에 있었음을 반영하는 것이었다.

그러므로 18세기 말 충청도 회인현 양안은 경자양안 이후 토지소유권의식의 성장을 반영하는 가운데, 현실의 소유자명인 시주명을 등재시키면서 하나의 토지대장으로서 일단 완결되었으며, 소유자명 등재방식에서 하나의 전기를 이루고 있었다. 그리하여 이후 100년이 지난 대한제국시기 광무양전·지계사업에서는 현실의 토지소유자를 지칭하는 '時主'라는 용어로 최종적으로 확정하였던 것이다.

찾아보기

_출 전

제1부 조선 숙종대 양전의 정치학과 양전론

이세영, 「朝鮮 肅宗代의 量田의 政治學」, 『조선후기 정치경제사』, 혜안, 2001.

염정섭, 「숙종대 후반 양전론의 추이와 경자양전의 성격」, 『역사와 현실』 36, 2000. 6.

송찬섭, 「숙종대 재정 추이와 경자양전」, 『역사와 현실』 36, 2000. 6.

제2부 경자양전의 시행과 양안의 기능

오인택, 「경자양전의 시행 조직과 양안의 기재 형식」, 『역사와 현실』 38, 2000. 12.

오인택, 「조선후기의 量案과 토지문서」, 『釜大史學』 20, 1996.

최윤오, 「朝鮮後期 量案의 기능과 역할」, 『韓國史의 構造와 展開』, 혜안, 2000.

최윤오, 「朝鮮後期의 量案과 行審冊」, 『역사와 현실』 36, 2000. 6.

제3부 경자양안의 토지소유와 그 성격

김건태, 「갑술·경자양전의 성격-칠곡 석전 광주이씨가 전답안을 중심으로-」, 『역사와 현실』 31, 1999. 3.

김건태, 「경자양전 시기 가경전과 진전 파악 실태-경상도 용궁현 사례-」, 『역사와 현실』 36, 2000. 6.

최윤오, 「朝鮮後期 量案상의 토지소유와 그 성격-全州府 娘山面 量案을 중심으로-」, 『實學思想研究』 17·18합집, 2000.

김건태, 「17~18세기 田畓所有規模의 零細化와 兩班層의 對應」, 『한국사학보』 9, 2000. 9.

왕현종, 「18세기 후반 양전의 변화와 '時主'의 성격-충청도 懷仁縣 사례를 중심으로-」, 『역사와 현실』 41, 2001. 9.

연구 참여자

이세영 | 한신대학교 국사학과 교수
염정섭 | 서울대학교 규장각한국학연구원 책임연구원
송찬섭 | 한국방송통신대학교 문화교양학과 교수
오인택 | 부산교육대학교 사회교육과 교수
최윤오 | 연세대학교 사학과 교수
김건태 | 성균관대학교 동아시아학술원(대동문화연구원) 연구교수
왕현종 | 연세대학교 원주캠퍼스 역사문화학과 교수

조선후기 경자양전 연구

한국역사연구회 토지대장연구반

2008년   9월 1일 초판 1쇄 발행

펴낸이 · 오일주
펴낸곳 · 도서출판 혜안
등록번호 · 제22-471호
등록일자 · 1993년 7월 30일

⊕ 121-836 서울시 마포구 서교동 326-26번지 102호
전화 · 3141-3711~2 / 팩시밀리 · 3141-3710
E-Mail hyeanpub@hanmail.net

ISBN 978 - 89 - 8494 - 349 - 0   93910

값   38,000 원